중급

행동경제학

BEHAVIORAL ECONOMICS

김상봉

(주)지필미디어

서문

행동경제학은 상당히 오랜 기간 동안 발전하여 왔다. 기존의 경제학들이 해결하지 못하는 선택에 관한 문제들을 풀려고 시도하였으며 많은 노벨경제학상 수상자를 배출하기도 하였다.

그러나 완전경쟁시장에만 익숙해져 있는 기존의 경제학 교재대로 시장이 움직인다면 효율성이 존재하며 사람들의 불만은 없어야 한다. 그러나 기존의 경제학의 1장에 존재하는 경제적인 인간과 합리적인 경제주체들에 대해 생각해 본다면, 과연 그럴까? 하는 질문을 수도 없이 던질 수 있다. 물론, 경제주체들은 합리적인 것에 가깝다. 이 말은 합리적이다라는 말과는 거리가 있다. 합리적인 것은 모든 미래에 발생할 수 있는 확률을 가지고 계산할 수 있어야 하며, 제대로 된 추론을 통하여 미래를 예측해야 한다. 그러나 실제의 생활은 그렇지 않다. 선택을 하는 것에 있어 현재의 기쁨을 위해 뒤로 미루기도 하는 등 선택을 제대로 못하는 경우도 많이 존재한다.

큰 눈이 내려서 한 도시를 마비시키고 있다고 하자. 눈을 치우기 위해 사용되는 삽의 가격은 원래 10,000원이라고 하자. 만약, 합리성을 기반으로 하는 경제학적인 논리에 따라 눈이 많이 내렸으므로 삽의 수요가 증가할 것이고, 삽의 수요증가에 따라 삽의 가격이 20,000원으로 올랐다고 하자. 그러나 많은 눈에 의해 고통당하고 있는 사람들에게 삽의 가격을 오른 것은 공정한(fair)지에 대해 묻는다면 일반적으로 50%가 넘는 사람들은 공정하지 않다고 대답한다. 따라서 공정성과 합리성이 양립하지 않을 수도 있다. 물론, 공정성과 합리성이 양립하는 경우도 존재하지만, 최근에는 경제적 인간에 근사하는 사람이나 기업 또는 정부의 선택이 항상 옳다고 보지는 않는다. 행동경제학에서 합리성에 근사하는 인간은 공정성에 가까워진다고 볼 수 있다.

그러나 행동경제학이 기존의 경제학을 완전히 무시하는 것이 아니다. 오히려 기존의 경제학이 해결하지 못하는 부분을 설명하려고 노력함으로써 기존의 경제학을 보완한다고 보는 것이 옳다. 즉, 심리학과 철학을 도입함으로써 숫자에 큰 가중치를 주는 부분들을 보완할 수 있다. 위의 예처럼 공정성 등과 같은 부분들은 사회적으로 매우 중요한 부분이다.

행동경제학이 재조명 받기 시작한지는 오랜 시간이 지나지 않았다. 여전히 기존의 경제학이 설명하지 못하는 부분들을 설명해야 한다. 그러나 시중의 책들은 대학교재라기 보다는 쉽게 읽혀질 수 있는 책들이다. 따라서 본 서적은 Cartwright의 저서의 최근 일부분을 도입하고 나머지 부분들은 최근의 이슈 등을 다루고 있다.

이 책이 나오기까지 많은 시간과 사람들의 도움이 필요하였다. 먼저, 가족들에게 감사하며 제대로 정리가 안 된 행동경제학을 수강한 한성대학교 경제학과 학생, 글로벌금융연구소 직원, 행동경제학을 먼저 강의하신 이우관 교수님께도 감사를 전하고 싶다. 또한, 미국에서 박사과정 중에 행동경제학을 알게 해 준 Texas A&M University와 행동재무학으로 박사학위 논문을 지도해 준 Dr. Jansen에게도 감사를 표하고 싶다. 마지막으로 이 책이 나오는데 많은 도움을 주신 ㈜지필미디어 고현희 대표님과 김성준 부장님께도 감사를 전한다.

2013년 2월

한성대학교 연구관에서

목차

CHAPTER 01 행동경제학 소개_3

Chapter 02 합리성과 선택기준_25

Chapter 03 복잡한 선택에 대한 단순한 휴리스틱_39

Chapter 04 리스크와 선택_129

Chapter 09 행복과 효용_399

Chapter 10 거시경제학과 행동경제학_451

표목차

그림목차

CHAPTER

01

행동경제학 소개

CHAPTER 01

행동경제학 소개

전략이 아름답다고 해도, 때때로 결과를 살펴봐야 한다.

-Sir Winston Churchill

행동경제학(behavioral economics)에 대한 정의로 이 책을 시작하려고 한다. 이는 매우 어려운 질문이지만 세 가지 답이 있을 수 있다. 만약, 세 가지를 묶으면 행동경제학의 정의를 내릴 수 있다. 첫 번째 답은 다음과 같다.

> 행동경제학은 경제적인 행위와 결과에 대한 것이다. 행동경제학은 왜 사람들이 핫도그를 사고, 일하러 가며, 은퇴를 위해 저축하고, 기부를 하며, 차를 사고 파는 등에 대한 이해이다. 또한, 사람들이 좋거나 나쁜 선택을 하는 지에 대한 이해이며 더 나은 선택을 하도록 도와줄 수 있다.

위의 정의는 모든 질문에 대해 위와 같이 답할 수 있으므로 좋은 답변이다. 그러나 문제는 매우 유용하게 사용하기 위해 너무 넓게 정의를 내린 점이다. 따라서 약간 다른 정의가 필요하다.

약간 다르겠지만, 경제적 행위와 결과를 이해하고 시도하기 위해 경제학자는 이미 환상적인 모형을 가지고 있다는 사실을 이용할 수 있다. 이러한 모형들은 경제학 교과서에 수록 되어 있으며 매우 아름답게 작동하는 이야기를 만들어 낼 수 있다. 예를 들어, 수요와 공급곡선을 유도할 수 있고, 균형가격과 균형수량을 풀 수 있으며 효율성과 사회적 후생을 증진시키기 위해 정책이나 메커니즘을 디자인 할 수 있다.

일반적인 경제학 모형의 잠재적인 문제는 매우 강한 가정에 기반한다는 것이다. 예를 들어, 합리적(rational)이고 계산적이며 이기적인 경제적 인간(homo economicus)인 사람들은 무제한의 계산 능력을 가지고 있으며 결코 구조적인 실수를 하지 않는다. 또한 예를 들어, 가격은 균형으로 수렴하는 시장구조가 작동한다고 가정한다. 그러나 왜 인간들이 경제적 인간으로 점근적으로 수렴하는 지 또는 시장구조가 작동하는 지에 대한 명확한 이유가 없다. 이는 두 번째 정의로 이어진다.

> 행동경제학은 인간에 대한 일반적인 경제학 모형을 검증하고 언제 모형이 작동하는 지, 언제 작동하지 않는 지에 대해 살펴보고, 우리가 관찰하는 것과 잘 맞는 지, 언제 모형을 변형하거나 수정할 수 있는 지에 알아보는 것이다.

이는 보다 실용적이고 좁은 정의이지만 어떻게 모형을 검증하고 변형하는가에 대한 질문이 남는다. 결국, 경제학자들은 모든 모형들을 검증하는가? 일반경제학 모형은 사람들이 관찰하는 이상현상에 대해 설명하기 위해 변경될 수 있을 만큼 유연하다. 유연하지 못한 것에서 탈출할 필요가 있기 때문에 세 번째 정의로 넘어간다.

> 행동경제학은 실험실의 실험, 심리학, 경제학에서의 다른 사회과학으로 나오는 통찰력을 적용하는 것이다.

따라서 인간의 행동과 심리학에 근거를 두고 일반적인 경제학 모형을 변형하고 정비하며 검증할 것이다. 즉, 경제적 인간을 인간의 가장 진화한 단계인 호모사피엔스(homo sapiens)로 바꿀 것이다.

만약 세 가지 정의를 조합한다면 매우 좋은 균형관계를 유지할 수 있다. 행동경제학은 기존의 경제적 행위를 더 잘 이해하기 위해 기존의 경제학 모형을 가지고 작업한다. 행동경제학의 목적이 기존 경제학 모형을 비판하는 것이 아니라 좋지 않는 부분을 보완하는 것이다. 경제학 모형을 검증하는 것은 목적을 위한 하나의 방법론이고 그 목적은 경제적 행위를 더 잘 이해하는 것이다.

행동경제학은 약 40년 동안 지속되어 왔다. 기존의 경제학을 이용하여 검증할 때 다양한 일이 존재하였다. 경제학 모형은 완전히 잘 작동할 수도 있다. 따라서 경제학을 위해 환상적인 일이 될 것이지만 행동경제학의 미래에 대한 흥미는 떨어진다. 다른 극단적인 측면에서는 경제학 모형이 쓸모없을 수도 있다. 이는 나쁜 소식이 된다. 실제로 발생하는 일은 잘 작동해 보이는 모형과 그렇지 않은 모형을 흥미롭게 혼합해야 하지만 대부분은 기존의 경제학을 크게 벗어나지 않으면서 약간 더 변형하게 된다.

행동경제학은 이를 통해 많은 것을 알려줄 수 있다. 기존의 경제학이 잘 작동할 때와 그렇지 않을 때를 현실과 어떻게 모형을 잘 부합시킬 지 알려줄 수 있다. 이것은 진화이며 왜 행동경제학이 혁명적인 경제학이 되고 경제적 행위를 이해하는 능력이 될 수 있는 것이다.

이 장에서는 기본적인 생각과 개념을 알아보도록 한다.

제1절 행동경제학의 역사와 논쟁

행동경제학은 흥미로운 역사를 가지고 있다. 여기서 너무 깊이 들어가지 않겠지만 논쟁 및 토론과 역사를 통해 행동경제학을 넘는 동기가 부여될 수 있으므로 유용하다. 논쟁과 토론은 여전히 이루어지고 있으므로 행동경제학이 제안하려고 하는 것이 무엇인지 알기 전에 이러한 것을 이해해 보자.

행동경제학이 언제 시작되었는 지는 알기 어렵지만 아담 스미스(Adam Smith)로 거슬러 올라가 보자. 경제학도들은 1776년에 출판된 아담 스미스의 국부의 원천에 관한 탐구(Inquiry into the Causes of the Wealth of Nations)를 알고 있을 것이다. 아담 스미스는 시장의 보이지 않는 손을 설명하였다. 사실 잘 알려지지 않은 아담 스미스의 책은 1759년에 출판된 도덕감정론(The Theory of Moral Sentiments)이다. 여기서 보이지 않는 손이 처음 등장한다. 흥미롭게도 아담 스미스는 사람들은 오직 자신의 이익에 의해서만 동기를 부여받지 않는다고 설명하였고 다른 사람들과의 동정심을 느끼고, 자연스러운 미덕의 감정을 가진다고 보았다.

요약하면, 아담 스미스는 도덕감정론에서 지난 30년동안 많은 것을 이야기 하였으므로 행동경제학에서 중요한 주제가 되어 왔다. 예를 들어, 특히 이 책의 많은 주제는 보상과 처벌의 중요성을 다루고 있다. 또 다른 주제로 다루고 있는 것은 관습과 유행의 영향이다. 즉, 아담 스미스는 행동경제학의 아버지인 것이다. 왜 200년 넘게 심각하게 다루어져야 하는 주제에 대해 분석하기 않고 기다려왔을까?

심리학은 아담 스미스 이후로 오랜 시간동안 경제학과 함께 해 왔기 때문에 위의 질문은 약간 잘못 되었다. 초기 경제학자들은 감정, 충동, 충격, 도덕과 같은 것들에 무게를 두었다. 예를 들어, 기존경제학에서 중요한 원리 중의 하나인 한계효용의 체감의 법칙(the law of diminishing marginal utility)은 심리학적 생각에 기반하고 있으며, 경제학자들은 연구의 발전을 위해 심리학자들의 연구를 이용하기도 하였다. 그러나 20세기 초에 경제학은 심리학과 행동경제학으로부터 떠났다. 행동경제학의 역사가 40년 정도 되었으므로 반세기 만에 다시 세상에 등장하였다.

이러한 이동은 파레토(Vilfredo Pareto)가 등장하면서 시작되었다. 파레토는 1897년 편지에서 다음과 같이 썼다. '순수 정치경제학은 심리학의 영역에서 가능한 적게 의존하는 것에 큰 흥미를 가지고 있다'. 파레토는 1900년에 선택이론에 대한 논문으로 새로운 접근의 서막이 되는 것을 알렸다. 그 때 파레토는 '주요 결과의 하나로서 모든 심리학적 분석은 제거된다'고 하였다. 왜 경제학에서 심리학을 제거하였을까? 가능한 일인 것인가?

뒤의 질문에는 답하기 쉽다. 심리학은 열망(desire)보다 선택(choice)에 초점을 두기 때문에 경제학과 분리되었다. 사람들이 현재 이러한 행동을 하는 이유에 대해 설명하는 것보다 현재 사람들이 어떤 행동을 하는 것을 기반으로 한 추론이 가능하다. 파레토를 다시 한 번 인용하면 '나는 왜 사람들이 하나와 다른 것에 무차별한 지에 대한 이유에는 관심이 없다. 나는 순수한 사실(fact)에 주목한다'. 이러한 접근은 파레토와 이후의 경제학자들에게 어려운 심리학적 질문에서 경제학을 추출하였고 합리적인 선택이론만을 수학적으로 발전시키는 여러 가지 의미를 가지게 되었다.

사실 파레토가 한 것처럼 사람들이 합리적이라면 무슨 일이 나타날까와 같은 질문은 좋은 질문이다. 아담 스미스가 보이지 않는 손을 설명한 것처럼 만약에 사람이 이기적이라면 무슨 일이 일어날까를 질문하는 것도 비슷한 주제가 된다. 그러나 수학적인 편의를 가정하면 사람들이 합리적이고 이기적이라는 것은 사람들이 실제로 합리적이고 이기적이라는 것을 의미하는 것은 아니다. 아담 스미스는 이를 인지하였고 파레토는 합리적인 선택, 선택의 결과와 실제로 사람들이 행동하는 것을 예측하는 지의 여부를 너무 자세히 구분하였다.

이러한 문제는 논쟁의 아름다움이나 단순화를 이유로 쉽게 잊혀질 수 있다. 어떤 사람이 실제로 흥미를 일으키는 아담 스미스의 추측은 다음과 같다. '자신의 이익을 추구함으로써, 자주 의도한 자신의 이익보다 사회의 이익을 효과적으로 추구하게 된다'. 이와 비슷하게 파레토의 새로운 선택이론은 넓게 적용될 수 있다. 사람들은 합리적이지도 않고 이기적이지도 않다는 사실을 간과하게 되었다. 경제적 인간은 왕이 되고 경제학은 심리학과 매우 먼 거리에 있게 된다.

경제적 인간은 20세기 이후에 보다 영리해지면서 파레토의 경고는 잊혀져 갔다. 예를 들어, 합리적 기대(rational expectation)는 경제적 인간은 어떤 경제학자보다도 경제의 작동원리에 대해 잘 아는 것을 의미한다. 행동경제학자 탈러(Richard Thaler)가 쓴 대로, 행동경제학은 여전히 상대적으로 태동기에 있다.

> 경제학자들이 점점 세밀하고 영리해 지고 있는 반면에 소비자는 인간으로 여전히 남아 있다. 우리가 모형화하는 행동에 대한 질문의 여지가 남는다. 2년 전 미국경제연구소(NBER) 컨퍼런스에서 나의 모형과 배로(Robert Barro) 교수의 모형의 차이를 다음과 같이 설명하였다. 배로교수의 모형은 여전히 똑똑하고 영리하지만 나는 사람들이 여전히 바보같다는 것을 그려 내었다.

경제적 인간이 대부분 그러하듯이, 사람들이 합리적이고 이기적이라고 가정하는 것은 경제적 행위를 모형화하는 것에 대한 새로운 시작점이 된다. 사실, 이 책의 많은 부분에서 이기적이고 합리적인 사람들이 무엇을 할 것인 지에 대해 질문할 것이고 좋은 시작점이 될 것이다. 중요한 점은 시작점이지 끝나는 점은 아니라는 것이다. 경제적인 행위를 모형화하는 것에 대해 생각하는 것이 가장 좋은 출발점이지만 경제적인 행위를 모형화하는 가장 좋은 방법일 필요는 없다. 이는 매우 큰 차이이다.

기존의 경제학은 여전히 전방위적으로 나아가고 있고 행동경제학은 그러한 물결을 압도할 만큼 상대적으로 발전하지 못했다. 많은 경제학자들은 복잡하고 세밀한 결과를 기존의 경제학을 기반으로 도출하고 있다. 이러한 결과가 지구상에 일어나는 것을 이해하는데 이용될 지의 여부는 확실하지 않다. 이것이 왜 행동경제학이 필요하고 행동경제학이 최근에 각광받고 있는 이유가 된다.

1. 행동경제학, 다시 태어나다

1960년부터 심리학은 점차적으로 경제학으로 다시 돌아가게 된다. 여기서는 네 가지 다른 요소를 살펴보자.

첫째 요소는 '당신은 심각한 공격을 할 수 없다'라는 것인데 사이먼(Herbert Simon)이 중요한 기여를 하였다. 사이먼은 경제적 인간에 의해 사람을 근사하는(approximating) 의미에 질문을 던졌다. 예를 들어, 1955년에 출판된 논문에서 합리적인 사람이 시작하기 전에 어떻게 행동해야만 하는 지에 대해 풀었다. '내 첫 번째 실증적인 가정으로, 어떤 복잡한 상황에서의 인간의 실제적인 선택에 있어서 이러한 계산이 수행된다는 완전한 정보의 부족함이 있다'. 대신 사이먼은 사람들이 소유하는 정보와 계산능력을 살펴보았고 이를 경제학 모형의 시작점으로 사용하였다. 인간에 의해 직면하는 제약을 인식하는 것을 제한된 합리성(bounded rationality)이라고 부른다.

사이먼은 'pioneering research into the decision-making process within economic organization'이라는 논문으로 1978년 노벨경제학상을 수상하였다. 그러나 경제적 인간

을 대부분 귀를 먹은 것처럼 느끼는 보다 인간과 같은 것으로 바꾸었다. 이러한 조짐으로 사이먼은 카네기멜론대학교(Carnegie Mellon Univeristy)의 산업행정학(industrial administration)에서 심리학 교수로 자리를 옮겼다. 1991년 그의 회고록에서 '내 경제학 친구들은 나를 포기하고, 심리학으로 자리를 보내 버리던가, 먼 땅으로 나를 보내 버렸다'라고 밝혔다.

사이먼이 쓴 것 중에서 부족한 것은 경제적 인간은 사람들이 어떻게 행동하는 가의 좋은 근사치가 아니라는 것에 대한 증명이었다. 다른 사람들처럼 그는 당연하다고 생각했을 것이지만 어떤 형식적인 증명의 부족으로 인해 경제학자들은 그의 논문을 무시하였다. 같은 것이 다음에서 말하는 두 번째 요소이다. 이를 '당신의 가정은 틀린 공격이다'라고 부르자. 카너만(Daniel Kahneman)과 트버스키(Amos Tversky)는 이에 많은 기여를 하였다. 여기서의 접근방법은 사람들이 실제로 경제적 인간과 다르다고 설명하는 것이다. 경제학자를 포함한 사람들을 모으고 다음과 같은 단순한 질문을 하는 것이 중요한 점이다.

> 야구배트 하나와 공 하나를 합하여 $1.10이다. 야구배트의 가격은 공의 가격보다 $1 비싸다. 공의 가격은 얼마인가?

대부분의 사람들은 10센트라고 대답하지만 자세히 생각하면 5센트이다. Tversky and Kahneman(1983)의 다른 예가 있다.

빌은 34살이다. 빌은 똑똑하지만 상상력이 없고, 완고하고 자기생활이 없다. 학교에서 그는 수학을 잘하지만 사회과학과 인문학에 약하다. 다음 8가지 요소 중에서 가장 그럴 듯한 것부터 그렇지 않은 것의 순서를 정하라.

- 빌은 취미로 포커를 하는 내과의사이다.
- 빌은 건축가이다.
- 빌은 회계사이다.
- 빌은 취미로 재즈를 연주한다.
- 빌은 취미로 서핑을 한다.
- 빌은 기록원이다.
- 빌은 취미로 재즈를 연주하는 회계사이다.
- 빌은 취미로 산에 오른다.

일반적으로 가장 그럴듯한 것은 빌이 취미로 재즈를 연주하는 회계사나 취미로 재즈를 연주하는 것보다는 그냥 회계사라고 답할 것이다. 어떻게 빌이 재즈를 연주하는 것보다 재즈를 연주하지 않는 회계사일 것 같을 수 있을까? 그럴 수 없다.

대부분의 사람들은 이와 같은 실수를 하는데 어떻게 경제적 인간이 일상적으로 하는 것처럼 복잡한 계산을 사람들이 할 수 있을까? 사람들은 경제적 인간이 아니거나 최소한 기존의 경제학에서처럼 가정한 것과 같지 않다는 많은 다른 예들과 증거들이 있다. 따라서 다른 가정들이 실용적이다. Kahneman and Tversky (1981)에 출판된 논문을 보자.

> 합리성의 정의는 많은 논쟁이 되어 왔다. 그러나 합리적인 선택은 일치성과 일관성이라는 필수적인 요소를 만족해야만 한다는 것에 일반적인 동의가 존재한다. 이 논문에서 사람들은 일치성과 일관성의 필요조건을 구조적으로 위배하는 결정문제를 다루고, 결정문제의 인지와 옵션의 평가를 지배하는 심리적인 원리를 위배하는 것을 추적할 것이다.

카너먼은 2002년에 'having grated insights from psychological research into economic science, especially concerning human judgment and decision-making under uncertainty'라는 논문으로 노벨경제학상을 수상하였다. 그러나 이 논문은 심리학이 다시 돌아오는데 중요한 역할을 하였다는 것에 확신이 없다. 왜냐하면 기존의 경제학에서 경제학자들의 공격을 자신있게 피해가기 쉽지 않기 때문이다. 결국 사람들이 경제적 인간과 같이 않다는 것은 확실하지 않을까? 실제 이슈는 경제적 인간으로 사람들이 근사화되는 모형이 좋은 예측을 할 수 있는가이다. Kahneman and Tversky 외 다른 행동경제학자들의 초기 연구는 이러한 주제였다.

세 번째 요소는 '시장은 현시(revelation)로 작동한다'이다. 버논 스미스(Vernon Smith)가 이 부분에 공헌하였다. 1955년, 스미스는 시장에 대한 일반적인 경제학 모형의 기본적인 예측이 옳다는 여러 실험을 하였다. 다음 장부터 자세히 살펴보겠지만 기본적으로 예측은 훌륭하며 놀랄만한 결과이다. 따라서 사람들이 경제적 인간과 같지 않다는 것은 중요하지 않다. 즉, 기본적인 경제학은 여전히 작동한다.

이러한 초기의 연구들은 행동경제학의 중요한 결과들을 제공하는 시장제도(market institution)의 연구로 연결된다. 스미스는 'for having established laboratory experiments as a tool in empirical economic analysis, especially in the study of alternative market mechanism'이라는 논문으로 2002년에 노벨경제학상을 수상하였다. 기존의 경제학을 넘어서는 반면에 기존의 경제학이 옳다고 확신하기 때문에 이 논문은 심리학이 다시 돌아오는데 너무 많은 짐을 지웠다. 왜 행동경제학이 필요할까?

세 번째 요소가 행동경제학이 다시 경제학으로 되돌아오는데 중요한 수단인 반면에 마지막 요소는 무엇일까? 마지막 요소는 '문제를 선택하는 어떤 균형'이다. 그리고 셀튼(Reinhard Selten)가 많은 기여를 하였다. 1950년대와 1960년대에 게임이론의 진화로 이러한 문제들이 해결되었다. 게임이론은 전략적 상황에서 행동을 반영하고 경제적 인간에 대한 수요들은 보다 엄격해 지게 한다. 인간은 기지적이고 합리적이며 경제적 인간처럼 어떤 경제학자보다 영리하다는 것은 텔레파시를 필요로 한다. 기본적으로 전략적 상황에서 경제적 인간이 해야 하는 것은 모호해 진다. 행동해야 할 합리적인 것들도 모호해 진다.

이러한 문제를 표현하는 기술적인 방식은 다중균형이 존재한다고 하는 것이다. 균형을 설명하기 위해 필요한 것은 '이해할 만 하다' 또는 '일어날 것처럼 보인다'라는 것이다. 이는 눈을 감고 다트를 다트판에 던지는 것과 같다. 성공적인 선택을 하기 위하여 사람들이 전략적인 상황에서 어떻게 생각하고 추론하는 지와 다른 사람이 어떻게 행동하는 지에 대해 질문하는 것이 당연하다. 즉, 심리학이 보다 필요하게 되고 통제된 실험이 필요한 것이다.

1950년대 셀튼은 여러 실험을 하였다. 첫 번째 실험은 산업 경제학과 관계가 있고 부분게임 완전성(subgame perfection)과 같은 중요한 이론적인 생각을 이끌어 내었다. 중요한 점은 시험들이 경제적 행위에 대해 보다 많이 배우는 유용한 방법이 되었다. 셀튼(1994)은 '나는 1962년의 논문처럼 순수하게 투기적인 접근법은 제한적인 가치가 되었다. 제한된 합리적인 경제행위의 구조는 의자에서 발견될 수 없고 실험을 해야만 한다'라는 글을 남겼다.

셀튼은 1994년 내쉬(John Nash)와 하사니(John Harsanyi)와 'for their pioneering analysis of equilibria in the theory of non-cooperative gaems'를 가지고 노벨경제학상을 수상하였다. 게임이론은 행동경제학이 다시 태어나게 하는 좋은 수단이었다. 기존의 경제학이 발전하는데 다음 단계를 논리성이 심리학과 실험에서 나왔기 때문이다. 기존의 경제학은 막다른 골목에 있었고 행동경제학은 앞으로 진행하게 해 주었다.

이러한 네 가지를 행동경제학이 다시 태어나게 하는 요소로 본다면 행동경제학이 우연히 생겨난 것은 아니다. 행동경제학은 많은 다른 각도에서 경제적 행위를 이해하는데 도움을 줄 수 있고 보다 진취적이게 해 줄 수 있다.

2. 행동경제학의 다른 면

4개의 다른 요소로 행동경제학의 재탄생을 설명하였으나 행동경제학은 서로 다른 하부 영역으로 나누어 진다. 여러 영역으로 나누어지지만 일부 용어는 상당히 중요하고 하부 영역에서도 많이 사용된다.

제한된 합리성(bounded rationality)는 사이먼(Herbert Simon)이 먼저 이야기 하였다. 여기서 아이디어는 계산능력, 기억, 정보, 시간과 같은 사람들이 직면하는 제약들을 인식하는 것이다. 예를 들어, 경제적 인간은 인간이 할 수 없는 수학적인 계산을 할 수 있다든가 인간이 할 수 있는 기억을 더 잘 한다고 가정할 필요가 없다.

오늘날, 제한된 합리성은 사람들이 직면한 제약들을 모형 내에 넣는다. 만약 제한된 기억을 가지고 있다면 합리적인 사람들은 어떻게 할까와 같은 문제를 푸는 접근이 있을 수 있다. 예를 들어, Alan은 컴퓨터의 비밀번호를 잊었다는 것을 안다면 어떤 비밀번호를 사용해야 할까? 이러한 접근법으로 사람들은 이기적이고 합리적인 경제적 인간으로 근사화될 수 있다고 가정한다. 즉, 약간 기억력과 수학적인 능력이 완벽하지 않은 인간이다. 이러한 접근을 무한 회귀문제(infinite regress problem)이라며 부르며 이후에 자세히 다루겠지만 어떻게 사람들이 제약이나 제한된 합리성을 최적적으로 다루는 지를 보게 될 것이다.

사실, 이러한 용어는 사이먼이 처음에 밝힌 것과는 약간 다르다. 원래의 연구에는 우리를 영리하게 만드는 간단한 휴리스틱 또는 고정적 편향(simple heuristic that make us smart)이라고 하였다. 이 접근법은 사람들이 결정을 위해 단순한 휴리스틱 또는 경험법칙(rules of thumb)을 사용한다는 것이다. 예를 들어, 컴퓨터에서 비밀번호를 입력하라고 하면 항상 같은 번호를 넣는 것이다. 이러한 방법으로 비밀번호를 덜 잊어버리게 될 것이다. 이와 같은 휴리스틱이 최적인가의 여부는 중요한 사항이 아니다. 보다 중요한 것은 사람들이 휴리스틱을 사용하고 결과에 대해 생각한다는 것이다.

위와 같은 접근법은 카너만과 트버스키(Kahneman and Tversky)와 같은 심리학자들의 접근과 일치한다. 그러나 휴리스틱은 편향(bias)를 동반하는 경향이 있고 편향은 중요한 요소가 된다. 예를 들어, 합리적인 휴리스틱은 반복적인 상황에서 발생한다. '지난번에 나는 무엇을 했을까?'. 예를 들어, Alan은 항상 같은 가게에 식료품을 사러 간다. 이해할 수도 있는 부분이지만, 이를 행동을 충분히 자주 바꾸지 않기 때문에 발생하는 현상유지 편향(status quo bias)라고 한다. Alan은 더 싸고 질 좋은 가게가 집 바로 옆에 생긴다고 해도 이전과 같은 가게에 가려고 할 것이다. 이러한 편향들을 인지편향

(cognitive biases)라고 한다.

인지편향은 잘 만들어진 실험에서 볼 수 있는데 심리학에서 연구 도구로 일반적이고 오랫동안 사용되어 왔다. 경제학에서 버논 스미스와 셀튼이 등장하기 전까지는 들어보지 못한 실험이었고 다른 실험들을 계속 진행해 왔다. 버논 스미스와 셀튼의 연구가 계속되면서 보다 일반적인 연구방법론이 되었으나 경제학적인 실험을 하는 학자의 비율이 심리학적 실험을 하는 학자들의 비율보다 훨씬 적다. 또한, 실험을 기반으로 하는 어떤 경제학 연구 분야를 실험경제학(experimental economics)라고 한다.

경제학자들이 보다 실험적인 방법론을 사용하면서 실험경제학은 훨씬 더 설명하기 어려워 졌다. 실험들은 서로 다른 방법으로 사용되며 서로 다른 연구주제에서 사용되고 있다. 예를 들어, 버논 스미스의 시장실험을 살펴보면, 제도나 집단의 행동에 초점을 두고 있으나 개인적인 행동에는 상대적으로 초점을 두지 않는다. 셀튼의 연구를 보면 개인적인 행동과 개인적인 행동이론의 검증에 초점을 두고 있다. 실험들은 게임이론부터 거시경제학까지 다양한 주제로 사용되고 있다.

한 편에서의 게임이론과 제한된 합리성 사이의 비교와 다른 한편에서의 인지편향에 대한 주제와 실험경제학은 매우 다르다. 그러나 이들은 모두 행동경제학에 포함된다. 넓은 행동경제학은 실험이 없는 이론적인 연구를 포함하고 이론이 없거나 적은 실험적인 연구도 포함해야 한다. 따라서 조사의 주제에 따라 분류를 해야 하고, 방법론에 따라 분류를 하면 안되므로 이 책에서는 이론과 실험을 혼합하려고 한다. 그러나 여전히 이론과 실험 사이에 큰 차이가 존재하고 연결하기 힘든 경우도 존재한다.

마지막으로 몇 개의 용어를 더 살펴보자. 경제 심리학(economic psychology)은 경제적인 의사결정의 심리학을 다루는 심리학의 하부분야이다. 예를 들어, 이 책을 구매하는데 인지 과정이 사용되었는 지에 대해 물을 수 있다. 행동경제학과 경제 심리학과의 차이는 약간 미묘하지만, 다음과 같다. 역사적으로 행동경제학이라고 불리는 것은 경제 심리학이라고 불리는 것이 더 맞아 보인다. 문제는 행동경제학은 경제 심리학에 매우 의존하고 있고 두 가지를 나누는 것은 힘들어 보인다.

다음 용어는 행동재무학(behavioral finance)이다. 이름에서 알 수 있듯이 행동재무학은 원론적으로 재무 의사결정과 재무적인 행동을 다루는 행동경제학의 한 분야이다. 여기서 행동재무학을 따로 다루기는 힘들겠지만 주요 이슈와 결과들을 제공하려고 한다. 즉, 효율성 시장가설(efficiency market hypothesis)의 유효성과 같은 행동재무학에서의 중요 이슈들을 언급하도록 하겠다.

또한, 신경경제학(neuroeconomics)를 도입하려고 한다. 새로운 장으로 구성될 것이다. 신경경제학은 가장 최신의 행동경제학의 발전이고 경제학에 신경과학을 접합하게 되었다. 지금까지는 신경경제학인 경제학보다 신경과학에 보다 많은 기여를 하였다. 이러한 이유로 다소 논쟁적일 수 있으나 경제학을 유의하게 발전시킬 수 있다고 할 수 있다.

3. 토론과 논쟁

행동경제학에서는 논쟁과 언쟁이 여전히 남아 있다. 경제학자들은 행동경제학이 필요한 지에 대해 질문하거나 경제실험이 필요한 지에 대해 질문한다. 행동경제학자는 신경경제학에 필요한 것과 같은 방법론과 기술에 대해 질문한다. 특이한 학문적인 불일치는 아직 없으나 불일치에 대해 아는 것은 중요하다. 네 가지 흥미로운 논쟁이 이 책을 통해 자세히 배울 것이다.

행동경제학의 쇠퇴와 재탄생을 추적하는데 약간의 도움이 되는 큰 질문으로 시작하자.

> 사람들은 경제적 인간에 근사화되는 것을 가정하거나 심리학적 가정들에 근거할 필요가 있을까?

일반적으로 심리학적으로 가정들에 근거할 필요가 있다. 프리드먼(Milton Friedman)이 옹호하는 긍정적인 경제학의 방법론(methodology of positive economics)으로는 그다지 확실하지 않다. 이 방법론의 근거는 모형과 이론은 예측에 의해 판단되는 것이지 가정들에 의해 판단되는 것이 아니어야 한다. 프리드먼(1953)은 다음과 같이 서술하였다.

> 특히 많이 유행하고 있으며 많은 피해를 입힌 하나의 혼동스러운 것은 경제학 분석에서 가정들의 역할에 대한 것이다. 의미있는 과학적 가설이나 이론들은 확실한 힘이 존재하거나, 존재하지 않거나 하는 것이 현상의 분류를 이해하는데 중요하다. 그러한 이론들이 가정들과 현실의 직접적인 비교로 검증될 수 없다. 사실, 이러한 것이 될 수 있는 의미있는 방법은 없다. 완전한 현실주의는 이룰 수 없고 충분히 실제적인 이론은 직접적인 목적에 충분히 잘 들어맞는 예측을 만들어 내거나 대안적인 이론을 보다 잘 예측하는 것을 살펴봄으로써 알 수 있다.

따라서 사람들은 경제적 인간과 같지 않다는 것은 그들이 경제적 인간과 같지 않다고 가정하는 이유가 아니다. 예측을 바라볼 필요가 있다. 차이를 보여주기 위하여 Alan은 서점에 책을 사려고 한다고 하자. Alan이 하는 행동은 인지모형(cognitive model)과 선택모형(choice model) 두 가지 모형이 있다. 인지모형은 Alan이 책을 사려는 것을 결정할 때 겪는 생각의 과정을 잘 서술할 것이다. 선택모형은 Alan이 책을 살 것인지의 여부를 결정여부를 잘 예측할 것이다. 어떤 모형이 더 나을까?

생각과정이 Alan이 행동하는 것을 더 잘 예측해야 하는 것을 서술해야 하므로 간단하지 않은 질문일 수도 있다. 그러나 복잡한 현실에서 다루기 쉬운 모형을 사용해야 하는 필요성으로 인해 딜레마에 직면하게 된다. 따라서 두 모형 중에서 선택을 할 필요가 있다.

인지모형은 Alan이 생각하는 것을 잘 서술하므로 심리학자에게 가장 좋다. 경제학자에게는 선택모형이 경제적인 예측을 보다 정확하게 해 주므로 좋다. 이것이 행동경제학이다. 따라서 심리적으로 가정에 기반을 두는 것이 경제학에 더 좋은 지는 확실하지 않다. 그리고 기존의 경제학보다 훨씬 좋지 못한 심리적으로 가정에 기반을 둔 모형을 이 책에서 설명할 것이다.

따라서 완벽한 모형은 인지모형과 선택모형을 합친 모형일 지도 모르지만 아직 발견하지 못했다. 행동경제학은 좋은 경제적인 예측으로 이론을 증명할 필요가 있고 기존의 경제학의 이론들도 증명할 필요가 있다. 이제 두 번째 논쟁으로 넘어가자.

기존의 경제학을 보다 강조하는 것은 좋은 것일까? 나쁜 것일까?

이러한 논쟁은 1985년 Behavioral Foundations of Economic Theory 컨퍼런스 후에 시작되었다. 컨퍼런스 조직위원장은 '합리적인 경제행위를 강요하는 구조적인 출발점을 문서화하는 증거의 실체를 증가-실험적 종류를 중심으로(a growing body of evidence-mainly of an experimental nature-that has documented systematic departures from the dictates of rational economic behavior)'(Hogarch and Reder, 1987)을 강조하였다. 컨퍼런스에 참석한 Vernon Smith(1991)는 '합리적인 모형의 함의와 일치하는 증거의 실체의 증가(a growing body of evidence that is consistent with the implications of rational model)' 를 강조하였다. 1988년에 Smith는 과학적인 진보는 때때로 이론의 추상적인 해석을 예상하는 권리를 가지는 것보다 어떤 것은 더 잘 작동하는 사실의 함의를 추구하는 것에 실패하는 문제가 있다.

논쟁은 오늘날까지 유효하다. 어떤 행동주의 경제학자들은 장점을 강조하기도 하고 어떤 경제학자들은 단점을 강조하기도 한다. 왜 일치하지 않을까? 가정과 예측 사이의 차이가 하나의 이유가 될 것이다. Smith와 같이 경제학적인 배경을 가지는 경제학자들은 기존의 경제학이 잘 들어맞는다는 것을 강조하는데 가정보다는 예측에 초점을 두기 때문이다. 심리학적인 배경을 가지고 있는 학자들은 가정의 제약에 초점을 두기 때문에 기존의 경제학이 잘 작동하지 않는다는 점을 강조하는 경향이 있다. 만약 기존의 경제학의 가정이 좋지 않지만 예측이 잘 맞는다면 불일치가 일어나는 이유를 살펴봐야 한다.

사람들이 예측을 평가하는 방법이 일치하지 않을 수 있으므로 훨씬 많은 이야기를 할 수 있다. 이는 부분적으로 사람들이 기존의 모형과 얼마나 멀리까지 비교하는가에서부터 비롯된다. 게임이론학자이자 실험경제학자인 Ken Binmire(2008)는 다음과 같이 설명하였다.

> 스펙트럼의 한 끝에, 전통적인 경제학 이론이 꽤 잘 예측하는 상황들을 살펴보는 것으로 경제학 이론을 정의하는 보수적인 실험자가 있다. 다른 하나의 스펙트럼의 끝에, 전통적인 경제학 이론의 예측은 실패하는 상황을 바라봄으로써 잘 작동하지 않는 경제학 이론을 보여주려 하는 급진적인 실험자가 있다.

그러나 상대적으로 안정적인 기반에서도 불일치가 있다. 다음과 같은 질문을 생각해보자.

> 만약 기존의 경제학 모형이 사람들이 익숙한 일이나 결정과 같이 경험한 것만 잘 예측한다면 어떻게 결론을 내려야 할까?

이 질문에 대한 대답은 매우 어렵다. 기존의 경제학은 어떤 사람이 어떠한 상황에 처음 직면하는 경우의 예측하는 것이 좋지 않고, 같은 상황에 직면하는 회수가 반복될수록 보다 좋은 예측력을 가진다. 이를 발견된 선호 가설(discovered preference hypothesis)라고 한다. 만약 사람들이 경험으로부터 배우는 기회가 늘어날수록 기존의 경제학은 좋은 예측을 할 수 있다는 것이다.

발견된 선호가설의 유의성에 대한 논쟁은 존재하고 경험의 기회가 없는 상황에서 기존의 경제학이 잘 예측하는 지를 살펴보면 될 것이다. 이에 답하는 것보다 만약 발견된 선호가설이 옳다면 어떠한 결론을 내려야 할까? 이것은 경험으로 배우는 충분한 기회를 사람들이 가지고 있는 지에 의존한다. 사람들이 인생에서 은퇴, 경력 선택, 집을 구매하는 것과 같이 한 번 또는 몇 번 경험할 중요한 많은 것이 있다. 이러한 상황에서 무슨 일이 일어날 지 예측할 수 있기를 원하지만 기존의 경제학은 훌륭하게 적용될까?

행동경제학자들은 심리학적 측면에서 경제학을 다시 쓰거나 심리학적인 통찰을 고려하는 기존의 경제학을 선택해야 할까?

일부 사람들은 기존의 경제학에 흠집을 내거나 감싸는 것부터 시작하려 할 것이다. 당신이 생각한 행동경제학이 바로 이러한 것일 지도 모른다. 그러나 행동경제학은 기존의 경제학에 흠집을 내려고 하는 것이 아니다. 행동경제학은 기존의 경제학으로 훨씬 더 많은 작업을 한다. 이것이 자연스러운 행동경제학의 출발점이다. 카너만(Daniel Kahneman)과 트버스키(Amos Tversky)는 다음과 같은 논문을 썼다. '출발점과 귀무가설의 주된 출처로서의 합리적인 주체 모형(The rational-agent model as our starting point and the main source of our null hypothesis)'. 카머러와 로웬스타인(Colin Camerer and Georgy Loewenstein, 2004)은 행동경제학의 중심은 경제적인 분석을 심리학적 뒷받침으로 하는 현실력을 증가시키는 확신이 경제학 스스로를 발전시킬 것이다라고 하였다.

제2절 행동경제학 방법론의 배경

행동경제학은 이론과 실험을 포함한다. 이 절에서는 행동경제학에서 사용되며 주로 경제적인 실험에 사용되는 간단한 방법론에 대해 설명한다. 주의할 것은 실험을 하는 방법론이나 실험 자료에 대한 통계적 검증을 하는 것이다. 여기서 사용할 용어들을 조금 더 설명하는 것이다. 주요 개념들은 본문에 나오겠지만 연구방법론은 박스의 형태로 다루기로 한다.

어떤 연구(research)에서는 실증연구(study)라는 용어를 사용할 것이다. 예를 들어, 임계점 공공재게임(threshold public good game)에서 사람들에게 주어진 돈이 협력하는 영향을 미치는 지 보는 것을 실증연구라 한다. 프로젝트(project)는 학습의 일부분이다. 위의 게임에서 어떻게 협상하는 지에 대해 보는 것을 프로젝트라고 한다. 이러한 실증연구의 대부분은 실험에 포함된다.

1. 실험적 배경

실험을 하기 위해서는 참가할 사람이 필요하다. 이를 피험자(subject) 또는 참가자(participant)라고 한다. 피험자를 모으기 위해 이메일을 보내고 광고를 하며 필요한 자원자를 모은다. 일부 실험을 제외한 대부분의 실험은 실험과목에서 듣고 있는 학생이며 6개의 과정(session)으로 실험하며 20명으로 구성되어 있다고 하자.

피험자가 도착하면 각 컴퓨터에 앉힌다. 실험이 끝날 때까지 대화는 금지되므로 피험자는 자신의 컴퓨터만 볼 수 있다. 따라서 익명으로 진행된다. 컴퓨터 옆에는 지침서(instruction sheet)가 있으며 다음과 같다.

- 이 실험에서 결정을 할 것이고 당신이나 다른 사람이 선택한 것에 의존해 돈을 받을 것이다. 실험이 끝나고 봉투에 돈이 넣어질 것이다. 당신만 얼마나 받는지 알 수 있을 것이다.
- 5개의 그룹으로 당신은 구성된다. 각 그룹은 5명으로 구성된다. 실험은 25라운드로 진행될 것이다. 각 기에 결정을 해야 하고 총소득은 모든 라운드에서의 결정에 의존한다.
- 각 라운드에서 당신의 그룹에서 당신과 나머지는 55개의 토큰(token)을 받을 것이다. 각 결정으로 55개의 토큰이 각 그룹계정에 할당된다.
- 그룹의 토큰이 125개를 넘으면 추가적인 각자 50개의 토큰을 받는다.
- 그룹의 토큰이 125개 이하이면 당신은 추가적인 토큰을 받지 않지만 그룹계정으로 토큰이 가게 된다.
- 따라서 마지막 라운드는 다음과 같다.
- 만약 그룹 계정의 토큰수≥125이면 당신의 소득=처음의 55개-그룹계정에 할당된 토큰+추가적인 50개
- 만약 그룹 계정의 토큰수<125이면 당신의 소득은 처음 55개이다.
- 모든 과정이 끝나면 간단한 질문지에 답한다. 각 세션(session)의 라운드에서 벌어들인 총금액에 £2를 더하여 현금으로 지급된다. 각 토큰은 0.5p의 가치가 있다.

z-tree라는 경제학 프로그램으로 실험은 진행된다. 따라서 피험자는 처음에 얼마나 많은 토큰을 그룹계정으로 넣을 것인지 요구받는다. 예를 들어, 그룹1에서 피험자1이 25개를 넣고, 피험자2가 0을 넣고, 피험자3부터 5까지 50, 25, 10을 넣는다고 하자. 통수

는 110이고 125보다 작다. 피험자는 이를 듣고 그들의 소득은 55임을 안다. 이러한 라운드가 1라운드의 끝이다.

2라운드도 마찬가지로 진행되며 실험은 30분~45분 정도 걸린다. 마지막 라운드가 끝나면 피험자들이 번 돈을 계산하여 현금으로 준다. 피험자는 평균 약 £10을 번다.

이 실험에서 피험자는 같은 일을 여러 번 하게 된다. 즉, 같은 임계점 공공재 게임을 25번씩 하게 되는 것이다. 다양한 이유 중에서 주된 이유는 사람들이 어떻게 경험을 공부하느냐를 보는 것이다. 예를 들어, 그룹에서 1라운드에서 짧게 목표를 말하고 반응을 본다. 사실, 2라운드에 배정된 토큰의 총량은 161개까지 올라가는데 이는 목표보다 높다. 지금까지 피험자가 실험을 통해 얼마나 멀리까지 진행하는지를 라운드(round)라는 개념으로 보았다.

이에 대한 결과로, 임계점 125개에 도달하는 그룹의 수는 몇 개인 지가 흥미롭다. 보다 추상적으로 본다면 $125에 새로운 TV 한 대를 사려고 하는 5명의 동거자를 생각하라. 어떤 사람은 TV를 살 이유가 있고, 어떤 사람은 없다. 넓게 보면 임계점인 125에 있으나 모자라는 이유가 있다. 이전연구로 보면 임계점에 도달하지 못할 것이라는 것을 알고 있다.

만약 보다 많은 토큰을 주면 임계점에 성공적으로 도달할까? 토큰 55개에 대응하여 각 동거인이 $55를 가지고 있다고 하자. 만약, $30이나 $70을 가지고 있다면 어떨까? 다소 성공적으로 임계점에 도달할 수 있을까?

비슷하게 55개의 토큰을 가지고 있는 것 대신 어떤 사람은 30개, 어떤 사람은 70개를 주고 임계점을 찾으면 된다. 이를 실험처리(experimental treatment)라 한다. 이는 실험의 5개 버전을 구분하는데 사용된다. 5개의 처리를 하지만 이미 언급한 3개에만 초점을 두기로 하자. <그림 1.1>은 이를 요약하고 피험자가 55, 30, 70개를 가지고 있는 경우를 나타낸다.

하나의 처리를 기준치처리(baseline treatment)라고 부르는데 비교를 위한 기준점처럼 취급한다. 여기에서는 55개의 토큰을 가지는 것이 기준치처리이다. 이미 다른 연구자들이 많이 사용하였기 때문에 이를 기초로 선택한다. 이러한 처리에서 무엇이 일어날 지 예상해야 하고 다른 연구자들의 결과와 비교해야 한다. 과학적인 진행에서 매우 중요하므로 기초는 일반적으로 이전연구에서 시행된 처리에 따른다.

실험과정(experimental session)과 실험처리(experimental treatment)의 차이는 다음과 같다. 실험과정은 실험이 수행될 때의 시공간에서의 특별한 사례이다. 예를 들어, 1월

그림 1.1 프로젝트의 개요

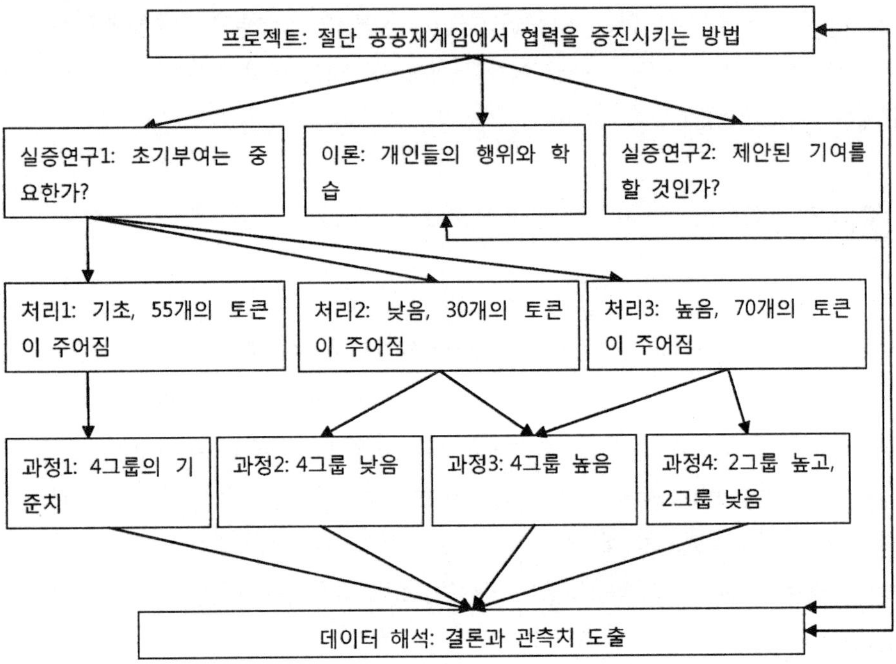

29일 금요일 오후 2시이다. 실험처리는 시험이 사용된 특별한 버전이다. 예를 들어, 피험자가 55개의 토큰을 가지고 있는 기준치처리이다. 과정과 처리는 약간 다르다. 여러 개의 처리를 가지는 1개의 과정이 있을 수 있고 같은 처리에서도 여러 개의 과정들이 있을 수 있다. 예를 들어, 처리 4에서 4개의 그룹 중에서 2개의 그룹은 높은 처리가 되어 70개의 토큰을 가지고 2개의 그룹은 낮은 처리를 가져 30개의 토큰을 가지는 것이다.

심리학에서 속임수(deception)은 잘 알려져 있지 않다. 이는 실험자가 기본적으로 하고자 하는 것을 피험자에게 거짓으로 설명하는 것이다. 만약 지침서에서 25라운드가 있고 토큰 1개는 0.5p의 가치가 있다면 실제로 그럴 것이다. 피험자들을 속일 수 없는 것은 피험자들이 모든 것을 알고 있다는 것이다. 사실, 대부분 실험에서 기본적인 요구사항은 피험자들이 단일맹검사(single-blind)라는 것이다. 이는 피험자들이 너무 많이 알고 있어 편향되지 않는다는 것이다. 만약 피험자들이 이를 안다면 피험자들이 하는 행동은 편향되게 된다. 따라서 피험자들을 속일 수 없는 반면에 최소한의 정보만을 주어야 한다.

실험은 매우 다양하다. 어떤 실험은 컴퓨터가 아닌 펜이나 연필로도 할 수 있다. 어떤 실험은 피험자들 사이에 상호교류가 없을 수도 있고 서로 대화를 못할 수도 있다. 어떤 사람들은 증권트레이더를 피험자로 하기도 하고, 어떤 사람은 초등학생을 피험자로 하기도 한다. 어떤 경우는 실험실에서 실험하기도 하고 어떤 경우에는 스포츠 쇼에서 실험하기도 한다.

2. 이론적 배경

실험은 이론이 없이 사용되지 않는다. 따라서 이론적 개념을 간단히 살펴보려고 한다. 위의 실험에서 1라운드만 존재하고 Alan이 참여한다고 생각하라. Alan이 해야 하는 것은 몇 개의 토큰을 그룹으로 배정해야 하는 것을 결정해야 한다. Alan은 0부터 55사이의 정수를 택할 수 있다. 이를 행동집합 또는 가능한 옵션집합(set of actions or set of possible options)이라고 한다. Alan은 이제 하나의 정수를 고른다. 행동(action)은 20개의 토큰을 그룹계정으로 배정하는 것과 같이 행동하는 것을 말한다.

이제, 행동(action)과 전략(strategy)를 구분하자. 전략은 Alan이 어떤 행동을 어떻게 선택하는 지를 나타낸다. 이를 설명하기 위해 두 번째 실증연구를 설명하자. 다른 사람들이 그룹에 얼마나 많이 배정하기 전에, 그룹의 1명이 다른 사람들은 계정에 얼마나 배정해야 한다고 제안하기가 가능하다고 하자. 만약 Alan이 제안을 하는 사람이 아니라면 행동집합은 이전과 같다. 즉, Alan은 0과 55사이의 정수를 택한다. 그러나 Alan의 선택은 제안에 조건부가 된다. 예를 들어, Alan의 전략은 제안된 대로의 토큰을 배정한다. 이러한 전략으로, Alan의 행동은 다음과 같다. 만약, 제안이 20개를 배정하라는 것이면 20개의 토큰을 배정하지만 제안이 25개의 토큰을 배정하라는 것이면 25개의 토큰을 배정한다.

따라서 행동과 전략은 다르고 행동은 관측가능하지만 전략은 관측 불가능하다. 예를 들어, Alan이 얼마나 많은 토큰을 주었는 지 관측하지만 제안이 달라지면 Alan이 얼마나 많은 토큰을 줄 지 알 수 없다.

다음으로 보수함수(payoff function)을 도입하기로 하자. Alan의 보수함수는 Alan와 다른 사람들의 사용하는 전략의 가능한 조합에 대한 보수이다. 예를 들어, 만약 모든 사람이 그룹에 20개의 토큰을 배정한다면, Alan의 보수는 55가 된다. 보수함수는 여러 형태로 나타날 수 있다. Alan를 포함하여 5명의 전략함수에 대한 Alan의 보수를 $u_{KIM}(s_1, s_2, s_3, s_4, s_5)$로 나타내자. 또 다른 방법은 Alan의 전략과 다른 사람의 전략의 함수로 보수를 $u_{KIM}(s_{KIM}, s_{-KIM})$으로 나타낸다. 위의 실험에서 보수함수는 다음과 같다.

$$u_{KIM}(s_{KIM}, s_{-KIM}) = \begin{cases} 55 - s_{KIM} + 50 & \text{if } s_1 + s_2 + s_3 + s_4 + s_5 \geq 125 \\ 55 & \text{if } s_1 + s_2 + s_3 + s_4 + s_5 < 125 \end{cases}$$

단순하게 나타내기 위하여 보수함수를 계산할 때 전략에 대한 행동을 빼면 된다.

한 가지 어려운 점은 보수에 대한 해석이다. 보수는 벌어들인 돈과 같이 객관적인 것으로 생각할 수 있다. 그러나 행복을 측정방법인 효용(utility)과 동일하게 보수를 생각하는 것이 일반적이다. 두 배의 돈을 벌어들이면 두 배의 행복이 늘어난다고 할 수 없다. 편의상, 보수함수와 효용함수를 다룰 수 있으나 여기서는 같다고 하자.

만약 그룹수, 행동과 전략집합, 개인에 대한 보수함수라는 요소를 구성하면 게임(game)을 가지게 된다. 1라운드에서 일어난 것을 단계적 게임 또는 기준게임 또는 구성게임(stage game or base game or constituent game)이라고 한다. 따라서 여기에서 단계적 게임은 임계점 공공재게임이다. 전체25라운드는 게임을 구성한다. 이러한 차이를 두는 이유는 어떤 사람은 1라운드에 일어난 것에 대해 조건부로 2라운드에 행동하기를 원할 지도 모르기 때문이다. 예를 들어, 만약 1라운드에 절단점에 도달한다면 2라운드에 같은 개수의 토큰을 배정할 것이다와 같은 전략은 조건부 전략이 된다.

마지막 개념은 게임의 가능한 결과이다. 두 개의 주된 개념은 파레토 효율성(Pareto efficiency)와 내쉬균형(Nash equilibrium)이다. 다른 사람에게 손해가 가도록 하지 않고서는 어떤 한 사람에게 이득이 되는 변화를 만들어내는 것이 불가능할 때 이 배분상태를 파레토 효율적이라고 한다. 결과가 파레토 효율적이지 않다고 해 보자. 그러면 최소한 한 사람에게 이득을 가져다 주고 다름 사람들은 손해가 되지 않는다. 이는 보다 개선된 것이다. 임계점 공공재게임에서 만약 모든 사람이 그룹 계정에 25개의 토큰을 배정하면 모든 사람은 80개의 토큰을 받게 된다. 이는 파레토 효율적이다. 만약 모든 사람이 그룹 계정에 0개의 토큰을 배정한다면 모든 사람은 보수로 55개의 토큰을 가지게 된다. 이는 파레토 효율적이지 않다. 따라서 파레토 효율성은 바람직한 것과 그렇지 않은 것을 수식화하게 해 줄 수 있다.

내쉬균형은 어떤 사람도 자신의 전략을 바꿀 수 없고 자신들의 보수를 증가시킬 수 없는 각 사람들의 전략을 나타낸다. 즉, 경쟁자 대응에 따라 최선의 선택을 하면 서로가 자신의 선택을 바꾸지 않는 균형상태를 말한다. 내쉬전략이 아닌 경우를 생각해보자. 어떤 사람이 자신의 전략을 바꾸어서 보수를 증가시킬 수 있다고 하면 다른 사람들도 전략을 바꾸지 않을 것이다. 따라서 모든 사람 i에 대해 다음과 같은 식이 성립한다.

$$ui(si,\ s-i) \geq ui(s,s-i)$$

여기서 s_i는 사람들이 선택하는 전략이고 s는 사람들이 선택하는 다른 전략이다. 임계점 공공재게임에서 그룹계정으로 모든 사람이 25개의 토큰을 배정하는 것은 내쉬균형이다. 사람들이 24개를 배정하면 전체는 5개만큼 임계점에 부족하므로 내쉬균형이 아니다. 또한, 어떤 사람이 25개보다 29개를 낸다면 보수가 증가할 것이다.

모든 사람이 그룹계정에 0개의 토큰을 배정하는 것도 내쉬균형이다. 왜냐하면 아무도 자신만 내는 것으로 임계점에 도달하지 못하기 때문이다. 즉, 내쉬균형은 파레토 효율적일 필요는 없다. 따라서 내쉬균형과 파레토 효율성은 다를 수 있다.

내쉬균형은 기존의 경제학에서 매우 중요한 역할을 한다. 경제적 인간은 내쉬균형을 행동하는 것과 다르지 않다. 그러나 복수의 내쉬균형이 존재한다. 여기서는 최소 2개의 내쉬균형이 존재함을 보였으나 실제로는 더 많을 수도 있다. 기존의 경제학은 경제적 인간이 선택하는 것에 대해 아무런 설명을 하지 못한다. 그러나 행동경제학에는 매우 유용하다. 실험에서 사람들이 이러한 게임을 할 때 무엇이 일어나는 지 이해할 수 있도록 해주고 경제적 행위를 모형화하는데 이론적인 능력을 향상시켜주는 단서가 될 수도 있으며 사람들이 어떻게 배우고 추론하는 지에 대해 더 잘 이해할 수 있도록 해준다.

CHAPTER

02

합리성과 선택기준

CHAPTER 02

합리성과 선택기준

제1절 합리성과 경제학

표준경제학과 다른 행동경제학은 기본적으로 합리성에 대해 견해의 차이를 나타낸다. 경제학의 기본 전제는 사람들이 모든 가능한 정보를 이용하여 합리적으로 선택한다고 가정한다. 표준경제학에서는 시장에서 경제학적으로 불균형이 지속되거나 또는 바람직한 자원배분이 이루어지지 않는 것에 대해 다음과 같은 이유로 설명한다.

만일 정보가 부족하거나 또는 정보가 비대칭적이면 역선택이나 도덕적 해이 문제가 발생한다. 그러나 정보가 충분하더라도 많은 정보를 제대로 처리할 수 있는 능력이 부족할 수도 있는 제한된 합리성(bounded rationality)이 존재할 수 있다. 가격의 경직성으로 인해 조정에 많은 비용이 소요된다거나 메뉴비용(menu costs)이 그 예가 된다. 또한, 주인이 없거나 또는 공공재의 경우 무임승차 문제가 발생할 수도 있다. 이러한 문제들에 대해 경제학에서는 일반적으로 조세, 보조금 등을 통한 인센티브 제도를 도입하거나 정보 제공을 원활히 하기 위한 제도를 도입한다.

정보 부족 또는 정보비대칭 문제는 취업박람회, 직업소개소 등에 대한 세금 감면 또는 보조금 지급으로 해결될 수 있다. 규제에 의해 강제적으로 정보를 확대하는 정책은 일정규모 이상의 기업에 회계감사제도 도입 및 회계 공시를 하면 된다. 공공재 또는 무임승차가 가능한 재화의 경우, 도로, 댐, 나무심기 등을 정부가 세금을 통해 자금을 확보하여 직접 공급하거나 또는 보조금을 지급한다. 주인이 없는 재화의 경우, 환경 등의 문제는 직접 규제하거나 또는 보조금 정책을 시행하기도 한다.

경제학에서 제기하는 시장실패는 사람들이 합리적으로 판단한다는 가정을 전제로 한다. 그러나 앞의 실험들에서 보여주는 바와 같이 사람들이 항상 합리적으로 판단하는 것은 아니다. 더구나 사람들은 비합리적 선택을 반복하는 경향을 보인다.

예를 들어, 조지 클루니와 짝퉁 클루니 또는 이코노미스트(Economist)의 광고 사례에서 사람들은 쉽게 비교가 가능한 대상이나 미끼가 주어질 때 판단이 달라질 수 있었다.

또한, 각인(imprinting)효과 또는 닻내림(anchoring) 효과에 따르면 한번 각인된 인식이나 편견이 사람들의 판단에 지속적으로 영향을 미친다.

절제의 어려움도 있을 수 있다. 건강을 위해 다이어트를 해야 함에도 눈앞에 있는 아이스크림을 보면 참지 못한다든지 또는 미래를 위한 저축을 해야 함에도 명품 옷이나 구두를 보면 신용카드를 긁는 행위 등이다.

위 사례들에서 보는 바와 같이 사람들이 항상 이성적인 것이 아니라면, 따라서 비만인 사람들이 많고, 노후에 대비한 충분한 저축을 하지 않는 사람들이 많고, 부정직한 행위를 하는 사람들이 많다. 이러한 경우 경제학에서는 대안으로 넛지 등이 있을 수 있다.

예를 들어 보자. 레스토랑에서 여러 사람이 같이 메뉴를 주문할 때 일행 중 한 사람의 주문이 다른 사람의 주문에 영향을 줄까? 맥주 집에서 여러 종류의 맥주 중 하나를 선택하고 자신이 선택한 맥주의 맛에 대해 만족도를 표기하는 실험을 실시하였다. 한 실험에서는 일행으로 같이 온 손님을 대상으로 여러 특이한 종류의 맥주에 대해 설명을 해 주고 사람들이 공개적으로 돌아가면서 선택하도록 하였다. 다른 실험에서는 공개적으로 돌아가면서 선택하기 보다는 주문서에 표시를 하도록 요구하였다. 나중에 맥주 맛에 대한 만족도를 표시하도록 설문조사를 실시하였다. 전자의 경우에는 다른 사람의 선택을 아는 것이 자신의 선택에 영향을 줄 수 있을 것이다. 결과에 의하면, 공개적으로 순서대로 주문 할 때 비공개로 주문한 경우에 비해 구색을 갖추기 위한 선택이 훨씬 많았고, 맥주 맛에 대한 만족도도 낮은 것으로 나타났다. 와인을 가지고 실험한 경우에도 비슷한 결과를 얻었다. 한 가지 흥미로운 결과는 개성을 중시하는 성향의 사람일수록 다른 사람과 다른 주문을 하려는 경향이 강하게 나타났다.

집단적 성향이 강하고 개성적인 것이 억제되는 곳에서는 조금 다른 결과를 얻게 된다. 홍콩에서는 공개적으로 주문하더라도 서로 다른 것을 주문하기 보다는 먼저 주문한 사람의 선택을 따라서 하는 경향이 강한 것으로 나타난다.

행동경제학은 인간들의 실수나 판단실수를 인정하고 그러한 실수나 잘못을 더 이상 저지르지 않도록 도와주는 것이다. 행동경제학적으로 가장 핵심적이고 중요한 주장은 인간들은 시스템적으로 실수를 반복하기 마련이라는 것이다. 인간들은 과거의 실수에서 배운다고 말하지만 어제의 실수도 쉽게 망각해 버리는 존재이기 때문에 똑같은 실수를 반복하기 마련이라고 본다.

제2절 기본적 효용이론

소비자가 일정한 기간 동안에 어떤 상품을 소비함으로써 얻는 만족감을 효용(utility)이라고 한다. 따라서 효용이란 어떤 상품의 객관적이고 고유한 성질의 것이 아니라 개인의 심리적 만족정도에 따라 다르게 나타난다. 여기서 주의하여야 할 것은 일정한 기간을 전제로 하여 어떤 상품에 대한 효용이 정의되어야 한다. 왜냐하면 시간의 경과와 더불어 그 상품에 대한 개인의 효용수준이 변화하기 때문이다. 예를 들어, 사탕을 좋아하다가 나이가 들어감에 따라 점차 사탕을 싫어하게 된다면 시간의 흐름에 따라 사탕에 대한 선호와 효용수준이 달라지게 된다. 사람들은 보다 높은 효용을 가져다 주는 상품을 선호(preference)하게 된다. 따라서 각 상품이 소비자에게 가져다 주는 효용의 크기를 알면 그가 무엇을 선택할 것인지 알 수 있다. 이러한 관점에서 효용의 개념을 이해하는 것은 소비자 행동원리를 분석하는데 중요하다.[1]

소비자가 일정기간 동안 어떤 상품을 일정한 양만큼 소비함으로써 얻는 만족의 크기를 총효용(total utility)이라고 한다. 일반적으로 상품의 소비량이 증가하면 총효용은 증가한다. 그러나 소비량이 계속해서 증가하면 만족이 포화상태에 도달하게 되고 그 수준을 넘어서면 오히려 총효용은 감소한다. 이와 같은 상품의 소비량과 총효용 사이의 함수관계를 효용함수(utility function)이라고 하며 다음과 같이 나타낼 수 있다.

$$U = u(Q) \tag{2.1}$$

이러한 소비자선호에는 네 가지의 기본공리가 존재한다. 첫째, 완비성으로 소비자는 임의의 두 재화묶음 간의 선호를 판단할 수 있어야 한다. 둘째, 이행성으로 A가 B보다 선호되고 B가 C보다 선호되면 A가 C보다 선호된다. 셋째, 연속성으로 어떤 재화의 소비량이 조금씩 변하는 경우, 효용도 조금씩 변화한다. 넷째, 단조성으로 재화소비량이 증가할수록 효용도 지속적으로 증가한다.

앞에서 제시한 네 가지 공리는 결국 합리적인 선호체계라면 기본적으로 갖추고 있어야 할 성격에 관한 요구를 뜻한다. 만약 이들이 모두 충족되어 있다고 가정한다면, 이제는 추상적인 선호체계의 세계를 떠나 구체적인 효용함수의 세계에 발을 내디딜 수 있다. 효용함수는 각 상품묶음이 주는 효용의 수준을 구체적인 숫자로 나타내 준다는 점

---

1) 본 절과 4절까지의 내용의 일부는 이준구(2008)를 인용 및 발췌하였다.

에서 매우 편리한 분석수단이 된다. 따라서 이제부터는 특별하게 다른 말이 없는 한 소비자의 선호체계가 네 가지 기본적 성격을 모두 갖추고 있다는 가정을 계속 유지할 것이다.

여기서 한가지 주의할 점이 있는데, 그것은 한 선호체계를 대표하는 효용함수가 유일하지 않다는 사실이다. 다음의 예를 살펴보자. A라는 상품묶음은 쌀 5단위와 옷 2단위로 구성되어 있는 한편, B는 쌀 3단위와 옷 7단위로 구성되어 있다고 하자. 만약 어떤 소비자가 상품묶음 B를 A보다 더 선호한다면, 효용함수는 B의 효용을 나타내는 숫자가 A가 나타내는 숫자보다 더 크다는 것을 나타내야 한다. 그런데 한 효용함수(U)가 있어, A에는 5의 함수 값을 부여하고 B에는 15의 함수 값을 부여한다고 하자. 다시 말해 이 효용함수는 A와 B에 각각 다음과 같은 함수 값을 부여한다고 하자.

$$U_1(A)=5,\ \ U_1(B)=15$$

효용함수 B의 효용이 A보다 더 크다고 판정하고 있으므로 소비자의 선호관계를 올바르게 대표하고 있는 셈이다. 그런데 또 다른 효용함수(U_2)가 있어 A와 B에 각각 다음과 같은 함수 값을 부여한다고 하자.

$$U_2(A)=72,\ \ U_2\ (B)=73$$

이 효용함수도 역시 B의 효용이 A보다 더 크다고 하는 점에서 소비자의 선호관계를 올바르게 대표하고 있다. 따라서 효용함수의 관점에서 보면 두 개의 효용함수 사이에 아무런 실질적 차이가 없다.

그러나 이 말에 납득이 가지 않는다고 느끼는 사람이 있을지 모른다. 에 따르면 B의 효용이 A의 효용보다 3배나 높게 평가되어 있는 데 비해, 는 둘 사이에 존재하는 효용의 차가 지극히 미미한 것으로 평가하고 있다. 물론 이 두 개의 효용함수가 모든 측면에서 똑같다고 말하는 것은 결코 아니다. 단지 여기서 행하고자 하는 경제 분석의 관점에서 볼 때 두 효용함수 사이에는 아무런 실질적 차이가 없다고 말할 뿐이다. 여기서 중요하게 생각하는 것은 두 효용함수가 모두 A보다 B에 더 높은 효용수준을 부여하고 있다는 사실이다. 두 효용함수 사이에 아무런 실질적 차이가 없다고 말하는 이유가 바로 여기에 있다.

각 상품묶음의 선호순서에만 관심을 가질 뿐 효용의 절대적 수준이나 상품묶음 사이의 효용 차이에 대해 전혀 관심을 갖지 않는다. 따라서 여기서 생각하고 있는 효용의 개념이 서수적 효용(ordinal utility)이라는 사실을 반영하고 있다. 효용을 서수적인 개념으로 파악하는 것은 현대 경제학의 특징적인 현상이며, 지금 배우고 있는 소비자이론의 모든 체계가 이에 기초해 정립되어 있다. 서수적 효용의 개념이 대두되기 이전에는, 사람이 느끼는 효용을 구체적인 단위-예컨대 유틸(utils)-로 측정하는 것이 가능하다는 기수적 효용(cardinal utility)의 개념이 널리 사용되던 시대도 있었다.

제3절 무차별곡선

우선 앞에서 무차별곡선(indifference curve)을 다음과 같이 정의하는 것으로부터 논의를 시작해 보기로 하자. 무차별곡선이란 소비자에게 똑같은 수준의 효용을 주는 상품묶음의 집합을 그림으로 나타낸 것이다.

무차별곡선에 기초하여 소비자의 행위를 분석하는 방법을 무차별곡선 분석(indifference curve analysis)이라고 부른다. 앞으로 이 분석방법에 의해 소비자의 선택행위를 분석하게 된다. 무차별곡선 분석에서는 소비자의 선호체계를 대표하는 무차별곡선이 다음에 열거한 여러 가지 성격을 가지는다고 가정한다. 다음 항에서 보게 되겠지만 무차별곡선이 언제나 이 성질들을 만족하고 있는 것은 아니다. 이와 같은 성격을 가지는 것은 정상적 또는 표준적인 경우에 해당되는 것이며, 예외는 얼마든지 있을 수 있다.

(1) 고려 대상이 되는 상품묶음을 나타내는 제 1상한의 모든 점은 그것을 지나는 하나의 무차별곡선을 가지게 된다.
(2) 무차별곡선은 우하향하는 모양을 가지게 된다.
(3) 원점에서 더 멀리 떨어져 있는 무차별곡선일수록 더욱 높은 효용수준을 대표한다.
(4) 두 개의 무차별곡선은 서로 교차할 수 없다.
(5) 무차별곡선은 원점에 대해 볼록한(convex to the origin)모양을 가지게 된다.

이상에서 열거한 다섯 가지 성격은 앞 절에서 소비자의 선호체계와 관련하여 설정한 네 가지 공리와 밀접한 관련을 맺고 있다. 우선 첫 번째 성격, 즉 어떠한 점이라도 할지라도 그것을 지나는 한 개의 무차별곡선을 가지고 있다는 성격은 완비성 공리로부터 나온 것이다. 완비성의 공리는 어떤 두 상품묶음의 짝에 대해서도 선호관계의 설정이 가능해야 하는 것이 필요한데, 모든 점에 대해 이것을 지나는 무차별곡선이 하나씩 있다는 것은 그와 같은 요구가 충족될 수 있음을 뜻한다.

두 번째와 세 번째 성격은 상품을 더 많이 소비할수록 더 좋다는 강단조성공리와 밀접한 관련이 있다. 이 공리가 만족되지 못하는 경우에 무차별곡선은 두 번째와 세 번째의 성격을 갖지 못할 수 있다. 뒤에 살펴 보겠지만 고려 대상이 되는 두 상품 중 하나가 쓰레기처럼 더 많이 소비할수록 나쁜 것이라면 무차별곡선은 우상향하는 모양을 갖게 된다. 네 번째 성격은 이행성 공리와 밀접한 관계를 가지고 있다.

다섯 번째 성격은 앞에서 소개한 네 가지 공리와 직접적 관련이 없고, 볼록성(convexity)이라는 선호체계에 관한 또 하나의 기본 가정을 추가한 데서 나온 것이다. 볼록성은 소비자가 극단적인 상품의 조합으로 구성된 상품묶음보다는 여러 상품이 고루 섞여 있는 상품묶음을 더욱 선호한다는 의미를 가지고 있다. 예를 들어, F는 쌀 8단위와 옷 2단위로 구성된 상품묶음, G는 쌀 2단위와 옷 8단위로 구성된 상품묶음을 나타내는데, 소비자가 이 두 상품묶음에서 똑 같은 크기의 효용을 얻는다고 하자. 그런데 쌀과 옷이 각각 5단위씩 포함된 제 3의 상품묶음 H가 있다고 한다. H는 F와 G를 평균해 만든 상품묶음이라고 할 수 있는데, 볼록성은 소비자가 F나 G보다 H를 더욱 선호한다는 것을 뜻한다. <그림 2.1>을 보면 H는 F와 G를 지나는 무차별곡선의 바깥쪽에

그림 2.1 볼록성이 있는 경우

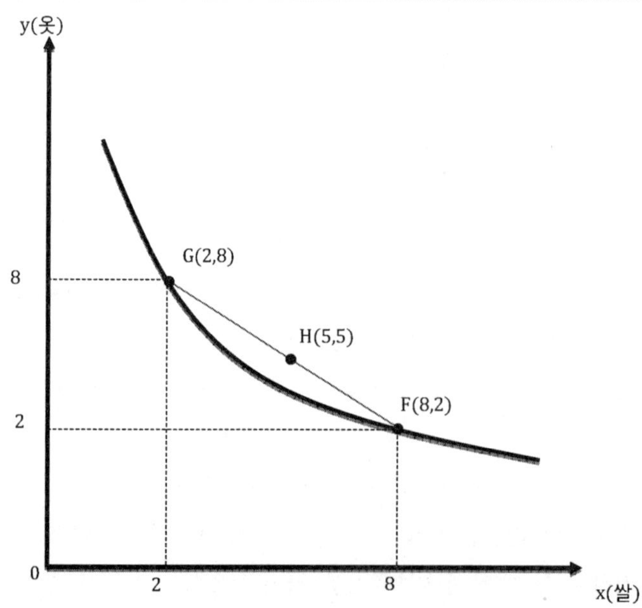

그림 2.2 볼록성이 없을 경우

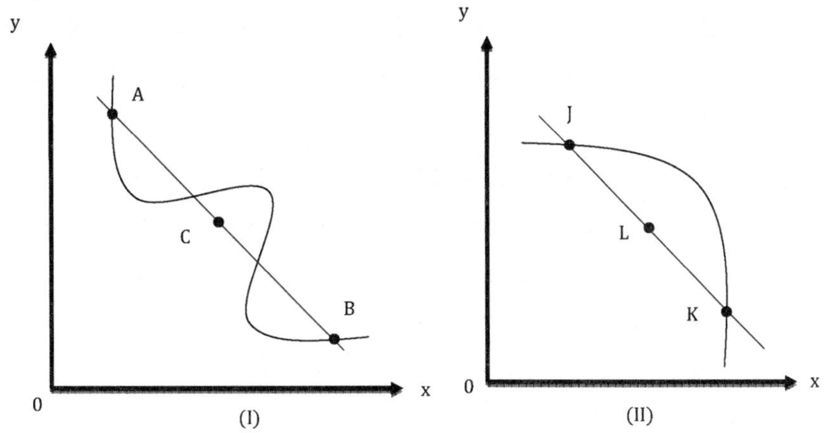

있어 이들보다 더 높은 효용을 주는 것으로 나타나 있다.

<그림 2.2>는 선호체계에 볼록성이 없을 때의 무차별곡선 두 가지를 보여주고 있다. 이러한 경우에는 앞에서 본 것과 반대로, 소비자가 여러 상품이 고루 섞여 있는 상품묶음보다 극단적인 상품의 조합으로 구성된 상품묶음을 더욱 선호하는 태도가 나타날 수 있다. 그림 (I)의 C는 A와 B를 평균해서 만든 상품묶음을 뜻하는데, A나 B보다 덜 선호되고 있는 것을 볼 수 있다. 마찬가지로 그림 (II)에서도 L이 J나 K보다 덜 선호되는 상품묶음으로 나타나 있다. 뒤에서 무차별곡선이 이와 같은 모양을 가질 때 어떤 문제가 발생하는지 보게 될 것이다. 그런데 선호체계가 볼록성을 가져 무차별곡선이 원점에 대해서 볼록하다는 것은 오른쪽으로 가면서 그것의 기울기가 점차 완만해짐을 뜻한다. 무차별곡선은 우하향하는 모양을 가지고 있어 기울기가 음(-)의 값을 가지는데, 오른쪽으로 가면서 그 절대값이 점차 작아진다는 것을 뜻한다. 이 사실이 어떤 의미를 가지는 이지 알기 위해서는 우선 무차별곡선의 기울기가 가지는 경제학적 의미를 알아야 한다. 무차별곡선의 기울기는 두 상품 사이의 주관적 교환비율이란 의미를 가지게 된다.

제4절 현시선호이론

지금까지 보아 온 전통적 소비자이론은 소비자의 선호체계에 대한 일련의 가정으로부터 논의를 시작하고 있다. 그러나 소비자의 선호체계에 이행성이 있다느니 또는 연속성이 있다느니 하는 것은 어디까지나 가정일 뿐, 정말로 그런 지의 여부는 아무도 알 수 없는 일이다. 이렇게 알지 못하는 선호체계에 대한 가정으로부터 출발하고 있다는 사실이 전통적 소비자이론의 큰 약점이라고 생각하는 사람이 있다. 만약 가정의 타당성 문제가 있다면 그로부터 도출된 이론의 전체체계가 흔들릴 수 있다는 것이 그들의 지적이다.

이러한 문제점을 갖지 않는 새로운 소비자이론을 찾으려는 시도에서 나온 것이 바로 현시선호이론(revealed preference theory)이다. 이 이론은 시장에서 관찰할 수 있는 소비자의 구체적 선택행위에서 논의를 출발시키고 있다는 점에서 전혀 관찰할 수 없는 선호체계로부터 출발하는 전통적 소비자이론과 좋은 대조를 보인다. 이와 같은 특성 때문에 전통적 소비자이론보다 훨씬 더 약하고 적은 수의 가정만으로도 이론의 정립이 가능하다는 장점을 갖게 된다.

가격과 소득을 조금씩 변화시키고 이에 대한 소비자의 반응을 측정하는 일을 무한히 반복할 수 있다면, 이를 관찰한 결과에 기초해 소비자의 선호체계가 어떤 성격의 것인가를 추론할 수 있다. 각 상황에서 소비자가 특정한 상품묶음을 구입하는 행위를 통해 선호체계의 성격이 조금씩 노출되기 때문이다. 예를 들어, 소비자가 어떤 상품묶음을 선택했다면, 그 상품묶음이 다른 상품묶음에 비해서 더 좋거나 아니면 그가 가진 소득으로는 다른 상품묶음을 살 수 없기 때문에 그와 같은 선택을 했다고 볼 수 있다. 따라서 이와 같은 관찰이 무한히 계속될 수 있다면 여러 상품묶음들 사이에 어떤 선호도의 서열이 매겨질 수 있다.

새무엘슨(Samuelson)이 이 이론을 처음 개발할 때 그가 마음에 두고 있었던 것은 기존의 소비자이론에 대한 하나의 대안을 제시해 보자는 생각이었다. 그의 목적은 구체적으로 관찰이 가능한 가격, 소득, 수량에 관한 자료를 활용해 소비자이론을 재정립하는 데 있었다. 그러나 그 이후의 이론적 진전은 몇 가지 가정이 추가될 때 현시선호이론과 전통적인 효용이론이 논리적으로 동등한 것이라는 사실을 밝혀내게 되었다. 현시선호이론은 기존의 소비자이론이 가지는 타당성을 다시 한번 확인해 주는 결과를 가져왔으며, 이러한 관점에서 보면 양자는 소비자의 행위를 이해하고자 하는 노력에서 협력적 또는 보완적인 관계를 가지는 것이라고 볼 수 있다.

쌀과 옷의 가격이 P_{x0}, P_{y0}로 각각 주어진 상황에서 어떤 소비자가 $Q_0=(x_0, y_0)$라는 상품묶음을 구입하는 것이 관찰되었다고 하자. 그런데 이 상황에서 또 하나의 상품묶음 $Q_1=(x_1, y_1)$을 선택할 수 있었는데도 Q_0를 선택했다면, 그는 Q_1보다 Q_0를 더 선호하고 있는 것이라고 말할 수 있다. 여기에서 Q_1도 선택할 수 있었다는 것은 그 소비자가 가진 소득으로 이를 구입할 수 있었다는 것을 뜻하며, 다시 말해 다음의 조건이 성립하고 있다는 말이다.

$$(2.2) \qquad P_{x0}x_0 + P_{y0}y_0 \geq P_{x0}x_1 + P_{y0}y_1$$

이 식은 주어진 가격하에서 Q_1을 구입하는데 필요한 지출이 Q_0를 구입하는 데 필요한 지출보다 크지 않음을 보여주고 있는데, 그렇기 때문에 소비자가 원하기만 했다면 Q_1도 충분히 선택할 수 있었던 것이다. 표현상의 편의를 위하여 주어진 가격도 $P_0 = (P_{x0}, P_{y0})$라는 벡터로 표현해 식(2.2)를 다음과 같은 벡터의 곱으로 다시 쓰기도 한다.

$$(2.3) \qquad P_0Q_0 \geq P_0Q_1$$

이와 같이 Q_0와 Q_1 두 상품묶음이 모두 선택가능한 상황에서 Q_0가 선택되었다면, "상품묶음 Q_0가 Q_1보다 현시선호되었다." (Q_0 is revealed preferred to Q_1)라고 말한다. 이 현시선호의 관계를 좀더 엄밀하게 표현하면 다음과 같다

현시선호관계는 P_0라는 가격벡터가 주어졌을 때 상품묶음 Q_0가 선택되었고, Q_1은 $P_0Q_0 \geq P_0Q_1$의 관계를 만족시키는 다른 어떤 상품묶음이라고 하면, Q_0가 Q_1보다 현시선호되었다고 말한다.

나아가 이 현시선호관계와 매우 비슷하나 그 내용에서 약간의 차이를 가지는 간접현시선호관계를 다음과 같이 정의하기로 한다.

간접현시선호관계는 Q_0가 Q_1보다 현시선호되고, Q_1은 다시 Q_2보다 현시선호되며, Q_2는 Q_3보다 현시선호되는 등의 관계가 Q_n까지 계속 이어진다면 Q_0는 Q_n보다 간접적으로 현시선호되었다고 말한다.

이 간접현시선호관계가 앞에서 정의한 현시선호관계와 명백한 차이를 가진다는 사실은 다음의 예를 통해 설명할 수 있다. <그림 2.3>에는 3개의 상품묶음이 나타나 있는데, 선분 AB로 나타난 예산선으로 대표되는 P_0의 가격벡터 하에서 Q_0가 Q_1보다 현시선호되는 것을 볼 수 있다. 다른 한편 선분 A'B'(붉은색)으로 그려진 예산선으로 대표되는 P_1의 가격벡터 하에서는 Q_1이 Q_2보다 현시선호된다고 한다. 이 경우 Q_0가 Q_2보다 현시선호된다고 말할 수 없다. 현시선호관계의 정의에 따르면 $P_0Q_0 \geq P_0Q_2$의 관계가 성립해야 Q_0가 Q_2보다 현시선호되었다고 말할 수 있는데, 그림에서 알 수 있듯 $P_0Q_0 < P_0Q_2$의 관계가 성립하고 있기 때문이다. 그렇지만 간접현시선호관계에 의해 Q_0가 Q_2

그림 2.3 간접현시선호

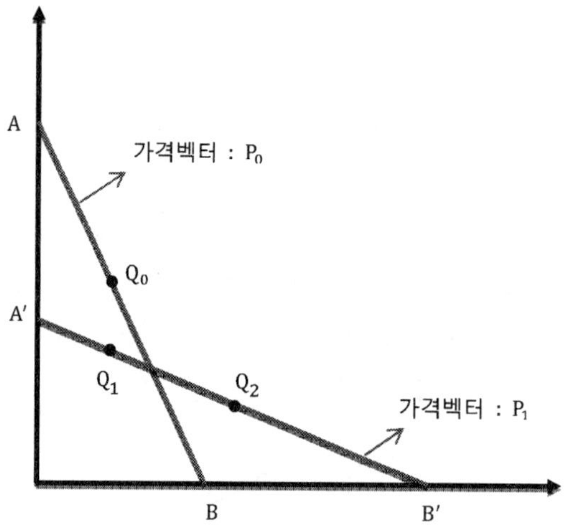

보다 "간접적으로 현시선호되었다"고 말할 수 있다.

앞에서 말한 것처럼 현시선호이론은 전통적인 소비자이론과 기본적으로 동등한 성격을 가지고 있다. 즉, 현시선호이론에 따라 시장에 나타난 소비자의 선택행위에 대한 관찰로부터 출발한다 해도, 그 선택행위가 현시선호의 공리를 만족시킨다면 전통적인 소비자이론과 같은 방식으로 접근하게 되는 결과가 빚어지는 것이다. 구체적으로 말해 현시선호이론에서 출발해도 소비자의 행위를 합리화시킬 수 있는 무차별곡선을 도출할 수 있으며, 또한 그 곡선은 전통적인 효용이론에서 상정하고 있는 것처럼 우하향하는 기울기를 가지는다는 뜻이다.

<그림 2.4>에서 제일 처음 관찰된 소비자의 선택행위는 선분 AB의 예산선이 주어졌을 때, F점의 상품묶음이 선택된 것으로 나타나고 있다. 소비자의 선택행위를 거듭 관찰함으로써 이 F점을 지나는 무차별곡선을 도출할 수 있다. 우선 예산선이 선분AB로 주어졌을 때 F점이 선택되었다는 것은, 이 예산선 아래의 구역에 속해 있는 모든 점보다 F점이 현시선호된다는 것을 뜻한다. 따라서 예산선 AB와 그 아래의 구역은 F점보다 열등한 상품묶음의 집합이 되어, 그 점을 지나는 무차별곡선이 있다면 결코 이 구역을 지날 수 없다.

나아가 F점의 오른쪽과 위쪽으로 만든 L자 모양의 구역(붉은색의 빗금) 안의 어떤 점도 F점보다 우월하다는 것을 보일 수 있다. 예를 들어, 그 점이 <그림 2.4>에서 보는 것처럼 E점으로 주어졌다고 하자. 어떤 가격과 소득 하에서 이 점이 선택되었다면, 그

그림 2.4 현시선호와 무차별곡선

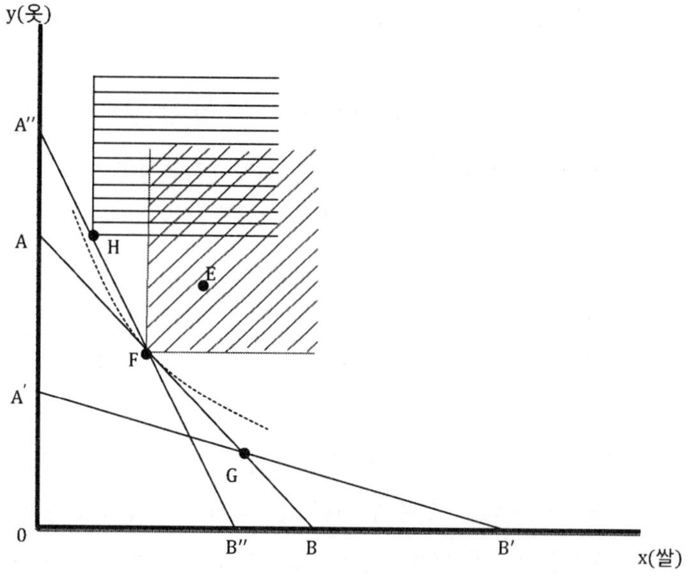

림에서 보듯 F점은 그 상황에서 그려질 수 있는 예산선의 안쪽에 놓여 지게 되므로 E점이 F점보다 현시선호되었다고 말할 수 있다. 결국 이 구역 안에 있는 어느 점이라도 할지라도 F점보다 우월하다고 할 수 있으므로 그 점을 지나는 무차별곡선은 이 구역도 통과할 수 없게 된다.

지금까지의 논의를 통해 F점의 양쪽으로 두 개의 구역을 무차별곡선이 통과할 수 없는 구역으로 판단해 고려대상으로부터 제외하였다. 소비자의 선택행위에 대한 관찰이 거듭되면서 더 많은 구역을 고려 대상에서 제외할 수 있다. 예를 들어, 이번에는 예산선이 선분 A'B'으로 주어지고, 이때 소비자가 G점을 선택하는 것이 관찰되었다고 하자. 그렇다면 선분 A'B'을 포함한 ΔOA'B'안의 구역도 고려 대상에서 제외할 수 있다. 왜냐하면 G점이 ΔOA'B'점보다도 현시선호되고 있는데, F점은 G점보다 현시선호되고 있으므로 간접현시선호관계에 의해 ΔOA'B'안의 점들은 F점보다 열등하다고 말할 수 있기 때문이다. 결국 ΔGBB' 역시 F점을 지나는 무차별곡선이 통과할 수 없는 구역으로 간주해 고려 대상에서 추가로 제외할 수 있다.

그러나 G점의 오른쪽과 위쪽으로 만들어진 L자 모양의 구역의 경우에는 상황이 다르다. 왜냐하면 이 구역 속에 있는 점들이 G점보다 우월한 것은 분명하지만, 마찬가지로 G점보다 우월한 점인 F점보다도 명백하게 더 우월하다는 보장이 없기 때문이다. 즉,

그 구역 속에 있는 점과 F점 사이의 관계가 분명치 않다는 것인데, 따라서 그 구역을 무차별곡선이 지날 수 없는 부분으로 간주해 고려 대상에서 제외하는 것은 불가능한 일이 된다.

다음에는 예산선이 선분 A''B''으로 주어졌다고 하자. 현시선호의 약공리가 충족되기 위해서는, 이 예산선하에서의 선택이 선분 A''F 위의 한 점에서 나타나야 한다. 예를 들어, H점이 선택되었다고 하자. 이 예산선 A'''B''' 위에 H점과 F점이 동시에 자리잡고 있으므로 H점이 F점보다 현시선호 되었다고 말할 수 있다. 따라서 H점보다도 우월한 점들인 L자모양의 구역(가로 줄 친 부분)에 있는 점들 역시 F점보다 우월한 점으로 간주할 수 있다. 이렇게 하여 또 하나의 구역이 F점을 지나는 무차별곡선이 통과할 수 없는 구역으로 판명된 셈이다.

따라서 F점을 지나는 무차별곡선이 있다면 그것은 아직까지 제거되지 않고 남은 부분, 즉 아무 것도 칠해지지 않은 부분의 어딘가를 통과하는 곡선이 된다. 지금까지의 과정에서 제거된 부분은 무차별곡선이 결코 지날 수 없다는 것이 확실한 부분인 데 비해, 남아 있는 부분은 지나게 될지 그렇지 않을지 잘 알 수 없는 무지의 구역(region of ignorance)이다. 만약 소비자의 선택행위에 대한 관찰이 거듭될 수 있고 이와 같은 선택이 현시선호의 공리를 충족시킨다면, 무지의 구역은 점차 줄어 결국 얇은 띠 모양의 구역만이 남게 된다.

물론 이것은 현시선호이론에서 나오는 하나의 논리적 귀결일 뿐, 현실에서 그렇게 많은 수의 관찰이 실제로 행해지고 그 결과 무차별곡선이 도출되기를 기대하기는 힘들다. 비록 논리적 귀결에 지나지 않는다 하더라도, 지금까지 본 것처럼 현시선호이론으로부터 우하향하는 모양을 가지는 무차별곡선이 도출될 수 있다는 사실은 현시선호이론과 전통적인 효용이론이 그 본질에서는 동등한 것이라는 사실을 시사해 주고 있다.

CHAPTER

03

복잡한 선택에 대한 단순한 휴리스틱

CHAPTER 03

복잡한 선택에 대한 단순한 휴리스틱

악의가 없는 합리적인 경제적 선택도 일정한 법칙 안에서는 매우 복잡하다. 예를 들어, 식료품 상점에서 진열되어있는 시리얼들을 보고 그 중 하나를 결정하는 쇼비자를 생각해보자. 소비자는 항상 구매하던 것을 구매하는가? 소비자는 소개된 새로운 시리얼을 사려고 노력하는가? 소비자는 특가상품을 구매하는가? 평상 시 사던 시리얼이 다음 주에는 특별한 제공이 되는가? 그리고 그것이 다른 상점보다 더 싼가? 소비자는 주말에 캐리비안 베이를 갈 수 있는 기회가 주어지는 시리얼에 유혹되는가?

사람들의 대부분은 이러한 문제들에 고민하는데 많은 시간을 소비하지 않는다. 실제로 대부분은 간단하게도 보통 사던 시리얼을 구매한다. 이러한 빠른 결정은 아마도 사람들을 행복하게 유지시켜주는 방법이다. 이것이 바로 고정적 편향, 어림짐작 또는 단순한 휴리스틱(simple heuristic)의 예이다. 휴리스틱은 사람이 문제를 해결하는 어떤 행동의 간단한 규칙이다. 소비자는 보통 자신이 사던 시리얼을 구매함으로써 자신들의 문제를 해결할 수 있다. 사람들이 만드는 대부분의 경제적 선택은 휴리스틱에 기초한다. 그렇지 않다면 삶은 장기적으로 복잡해질 것이다. 이것은 사람들이 어떻게 휴리스틱을 이용하고 어떠한 것들이 자신들의 결과가 될 수 있는지를 알아야 한다는 것을 의미한다. 휴리스틱과 휴리스틱이 발생시키는 편향은 책 전반에 걸쳐 반복되는 주제가 될 것이다.

제1절 체계적인 선택의 오류 예시

일반인들에게 다음의 두 테이블 중 어떤 테이블이 더 길까? 라고 물으면 대다수는 거의가 왼쪽 직사각형 테이블이 오른쪽 정사각형테이블보다 더 길다고 답한다. 그러나 사실 자를 직접 대고 재어보면 두 그림에서 직사각형이나 정사각형이나 길이가 같다. 이러한 실험에서 바로 알 수 있듯이 우리 자신들 두 눈앞에 바로 보이는 것도 이렇게 잘못 판단하는 경우가 많은데 우리 두 눈에 보이지 않는 것은 얼마나 많이 틀리겠는가?

그림 3.1 다르게 보이지만 같은 테이블

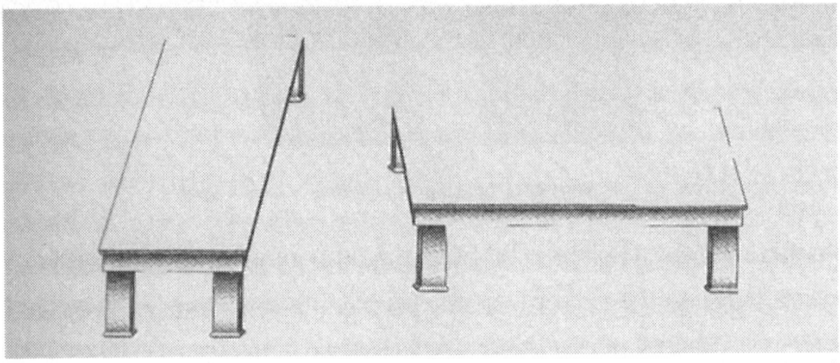

자료: Shepard(1990)

사람들이 통상적으로 판단하고 자기 생각이 맞다고 내리는 결론들이 얼마나 틀린 지를 자신들은 잘 모르고 있다.

이제 두 테이블을 위에서 보면 같은 크기의 테이블이 명백해진다. 같은 테이블도 보는 방향과 위치에 따라 다르게 인식한다는 것은 사람들이 체계적으로 틀릴 수도 있다는 것을 보여준다.

이는 사람들이 체계적으로 틀리게 인식하게 되는 것은 사람들이 사물을 인식하고 판단하는 시스템에 문제가 있기 때문이다.

자동 시스템(1차 시스템)과 숙고 시스템(2차 시스템)에 대해 알아보자. 사람들은 사물을 판단하는데 두 가지 방식의 인식시스템을 가지고 있다. 자동 시스템(automatic system) 또는 1차 시스템은 직관적이며 자동적인 인식방식으로 사고행위를 수반하지

그림 3.2 두 테이블의 상단

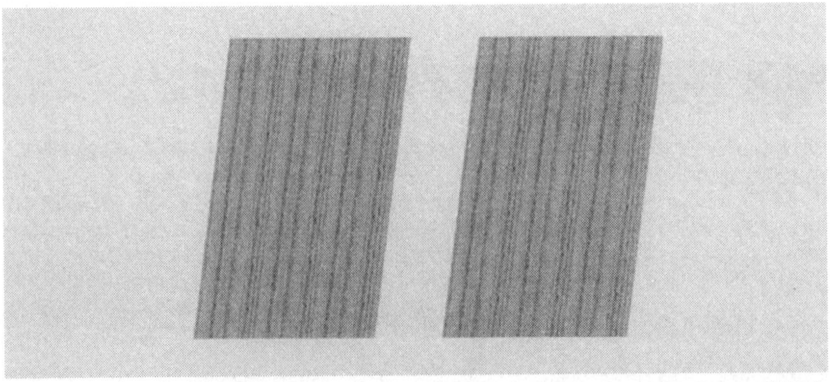

자료: Shepard(1990)

표 3.1 두 가지 인식체계

자동시스템(1차 시스템)	숙고시스템(2차 시스템)
통제할 수 없다.	통제할 수 있다.
노력이 필요 없다.	노력이 요구된다.
결합적이다.	연역적이다.
신속하다.	느리다.
무의식적이다.	의식적이다.
능란하다.	규칙을 따른다.

않는다. 예를 들어, 야구공이 날아올 때 순간적으로 피하는 행동, 번지점프를 하면서 무서워하는 행동, 또는 아이들을 보고 미소 짓는 행위 등이다. 자동시스템은 두뇌에서 가장 오래된 부분으로 인간, 개 또는 파충류가 모두 공통으로 가지고 있다.

숙고 시스템(reflective system) 또는 2차 시스템은 합리적 판단을 위해 사려 깊게 사고하는 시스템이다. 예를 들어, 411×37의 계산, 장래 진로 결정 등이 될 수 있다.

미국인들은 온도를 화씨(fahrenheit)로 표시할 때는 자동시스템을 사용하지만 섭씨(centigrade)로 표시할 때는 숙고시스템을 사용한다. 한국 사람들은 그 반대로 섭씨를 화씨로 바꿀 때 숙고시스템을 사용한다.

자동시스템은 훈련을 통해 정확도와 효율성을 높일 수 있다. 골프나 테니스를 칠 때 깊이 분석하지 않고서도 잘 칠 수 있는 것은 수많은 반복을 통해 훈련했기 때문이다.

자동시스템에 의존하는 직관적인 의사결정은 편향된 판단을 할 가능성이 높아진다. 여기서는 자동시스템이 어떻게 편향된 의사결정을 반복해서 하게 되는지를 보이고 이러한 편향된 의사결정을 가능한 최소화 할 수 있는 방안을 모색한다. 편향을 가져오는 요인으로는 휴리스틱(heuristic), 비현실적 낙관주의, 손실을 기피하려는 경향인 손실회피, 현상유지 편향(status quo bias), 프레이밍(framing) 등과 같이 다양한 원인으로 인해 발생한다.

1. 휴리스틱

고정적 편향 또는 어림짐작으로 해석되는 휴리스틱(heuristic)은 경험에 기반하여 문제를 해결하거나 학습하거나 발견해 내는 방법을 말한다. 즉, 문제를 해결하거나 불확실한 사항에 대해 판단을 할 필요가 있으나, 판단의 명확한 근거를 찾기 어려울 경우 사용하는 편의적 방법이다. 우리말로는 고정적 편향, 어림짐작, 체험적 발견법, 간편법 등으로 표현될 수 있다. 예를 들어, 안젤리나 졸리가 몇 살인지, 클리블랜드에서 필라델피아까지 거리가 얼마인지 추측할 때 어림짐작을 하게 된다. 이러한 어림짐작은 매우 유용할 수 있지만 많은 경우 체계적인 편견 또는 오류를 가져올 수 있다.

휴리스틱(heuristic)은 그리스어 heutiskein가 어원이며 to discover라는 의미를 가진다. 즉, 이미 정립된 공식에 의해서가 아니라, 정보가 완전하지 않은 상황에서 노력을 통해서 시행착오(trial and error)를 거치거나 경험을 통한 경험법칙(rule of thumb)을 통해 지식을 알게 되는 과정을 의미한다. 잘 추측하는 기술(art of good guessing)이라고 표현하기도 한다. 이 휴리스틱이라는 말 자체는 무척이나 오래된 개념이다. 보통 휴리스틱 기법(heuristic method)이라고 해서 발견적 방법, 발견법 정도로 번역되곤 하는데, 어떤 특정한 문제를 해결하는 방법에 관한 개념이다.

일반적으로 수학이나 물리학 등의 정교한 논리에 기반한 학문에서는 문제에 대해 정교한 해답을 찾는 것이 기본이다. 논리적으로 어긋남이 없어야 하고, 하나의 답 외에는 정답도 없어야 한다. 즉, One and only 라는 말에 맞게 명확한 답을 찾는 것이 주목적이 된다. 그러나 세상은 단순하지 않고 명확하지 않다. 인간의 심리를 비롯한 사회적 현상도 단순하지 않으며 명확하지 않다. 심지어 물리학에서도 이론물리에서 다루는 가상의 세계에서야 명확한 답을 구할 수 있지만 실제 세계에서는 그 답에는 언제나 수많은 요인에 의한 오차가 발생하기 마련이다. 결국, 실생활에 응용하기 위한 공학분야에서는 언제나 이상적인 참값보다는 적당한 비율 이하의 오차만을 가지는 실용적인 근사값 찾기가 더 중요해지기도 한다. 이러한 경우에 휴리스틱을 사용하기도 한다.

트버스키(Amos Tversky)와 카너만(Daniel Kahneman)은 사람들이 이러한 휴리스틱을 이용하는 데는 여러 가지 방법이 있다고 보았다. 휴리스틱에도 여러 종류가 있다. 예를 들어, 가용성 휴리스틱(availability heuristic)을 살펴보자. 북한과의 전쟁, 조류독감, 자동차 사고 등 일상생활에서 직면하는 리스크에 대해 사람들이 얼마나 대비를 해야 하는가 하는 문제에 대해 답을 해야 할 경우 사람들이 일반적으로 '관련 사례들이 얼마나 쉽게 떠오르는가'에 영향을 받는다. 즉, 관련 사례가 쉽게 떠오를수록 더 걱정을 하게 된다. 살인관련 뉴스가 자살 뉴스보다 훨씬 더 많이 보게 되고 따라서 사람들은 살인으로 인한 사망자가 자살로 인한 사망자보다 더 많을 것이라고 판단한다. 그러나 실제로는 그 반대이다. 최근 아동 성폭력 문제가 사회적으로 문제가 되고 주요 뉴스로 자주 방송됨에 따라 어린 여학생을 가진 부모들은 이 문제에 대해 더욱 심각하게 생각하는 경향이 있다. 또한, 북한에서 미제국주의 침략가능성에 대해 주민들을 지속적으로 교육한다. 북한 주민들은 미국의 침략가능성을 실질적인 위협으로 받아들일 것이고 이는 북한 주민을 통제하는 수단이 된다.

폭우로 인해 직접적으로 피해를 입은 사람은 뉴스를 통해서 본 사람보다도 그 리스크에 대해 훨씬 높게 평가한다. 큰 화재가 일어나고 많은 사망자가 발생하면 사람들의 화재보험 가입자 수가 증가하지만 점차 그 기억이 흐릿해지면서 가입자 수가 감소한다. 가용성으로 인한 편향은 정책결정에 잘못된 영향을 줄 수 있다. 예를 들어 최근 유례없는 집중 폭으로 인한 피해가 증가하면서, 폭우에 대비하지 못한 정부에 대해 비판여론이 높아진다. 그러나 이러한 폭우가 20년~30년에 한번 가능할 정도라면 폭우에 대비한 과도한 투자는 낭비적일 수 있다.

또한, 대표성 휴리스틱이 존재할 수도 있다. 사람들은 키가 2미터인 흑인이 1미터 68센티의 유태인보다 프로농구 선수일 가능성이 높다고 판단한다. 일반적으로 농구선수는 키가 큰 흑인이 많다는 점에서 선입관을 갖거나 대표적인 농구선수들은 대체적으로 키가 크고 흑인이라는 전형적 특성을 가지는다는 점에서 키가 큰 흑인들을 보면 농구선수일 가능성이 높다는 추측을 하게 된다. 이를 고정관념 또는 선입관에 의한 대표성 휴리스틱(representative heuristic)이라고 한다.

사람들은 이러한 대표성이나 또는 전형적인 특성을 기반으로 하는 추측 과정에서, 선입관 또는 고정관념을 가지게 되고 이것이 오류를 범하게 되는 중요한 요인이다. 예를 들어, 동전을 3번 던졌을 때 연속해서 앞이 나오면 무언가 계시가 있다든지 또는 행운이 따른다고 생각하게 되는 경향이 있다. 이는 확률론적인 관점에서 언제든지 일어날 수 있는 현상이고 계시와는 관련이 없다. 또 다른 예로 농구선수의 뜨거운 손(hot hand)이 될 수 있다. 농구 팬들은 한 선수가 연속으로 몇 번의 슛을 성공시키면, 이제 이 선수에게 신기(신의 기운)가 올라서 계속 골을 넣을 것으로 기대한다. 이를 유사성 휴리스틱(similarity heuristic)이라고 한다. 이에 대한 자세한 내용은 뒤에서 다루기로 하자.

이미 가지고 있는 정보나 관점이 판단을 어떻게 변화시키는가를 보는 실험인 맥주실험에서 밝혀진 비밀을 살펴보자. 사람들이 맥주를 선택하는 실험에 참가하도록 하였다. A컵에는 버드와이저를, B컵에는 같은 맥주에 식초를 2방울 정도 섞은 맥주이다. 적은 양의 식초를 음식에 넣으면 감칠맛을 증가시키는 효과가 있다. 사전에 아무런 정보를 주지 않는 경우와 B컵이 식초를 탄 맥주라는 것을 알 경우에 선택에 어떤 차이를 보일까? 식초를 탄 사실을 모르는 상태에서 맛을 본 대부분의 사람들은 B컵 즉 식초 탄 맥주를 선택하였다. 그러나 사전적으로 B컵이 식초를 탔다는 사실을 알게 되면 모두 일반

버드와이저를 담은 A컵 맥주가 맛있다고 답변하였다. 즉, 사전적으로 갖게 된 정보에 따라 맛에 대한 판단이 달라진다. 즉 사전적 관점이 사람들의 판단에 심각한 영향을 줄 수 있다는 것을 보여준다.

사전에 식초에 대한 정보가 없이 맥주를 마시고 맛에 대한 선택을 한 후에 식초를 탔다는 사실을 알게 될 경우의 반응을 살펴보고, 식초에 대해 사전 정보가 미각에 영향을 미친다면, 사전에 안 사람과 사후에 안 사람들 사이에 맥주 맛에 대해 서로 다른 판단을 할 가능성이 있다. 이에 대한 실험 결과는 식초에 대해 사전 정보를 가지지 못하고 식초 맥주를 선택한 사람이 나중에 식초 탄 맥주라는 것을 알고 난 후에는 식초 맥주를 더 좋아하는 경향을 가지고 있었다. 식초를 주었을 때 많은 실험 대상자들이 본인들이 직접 식초맥주를 만들어 마시기도 하였다.

또 다른 예로, 고급 식당 메뉴에 일반인들이 잘 이해하지 못하지만 멋지게 들리는 프랑스나 이태리식 메뉴를 보고 음식을 고르면 요리가 더 맛있게 느끼게 한다. 또한, 좋은 영화평은 영화가 더 재미있다고 느끼게 할 수 있다.

또한, 코카콜라와 펩시콜라 중 어느 것을 선호할까? 코카콜라 광고에서 시음장면을 보면 펩시 광고에서는 사람들이 펩시를 선호하고 코카콜라에서는 코카콜라를 선호한다. 무작위로 했을 경우, 어떻게 이러한 결과가 나왔을까? 일반적으로 코카콜라는 펩시와 코카콜라 컵을 명시적으로 보여주면서 실험하는 반면, 펩시는 알려주지 않고 실험한다. 코카콜라는 브랜드 이미지가 강하기 때문에 사람들은 브랜드를 알고 시음할 경우 코카콜라가 더 맛이 좋다고 느낀다. 브랜드를 모르고 시음할 경우에는 사람들이 일반적으로 펩시가 맛이 더 좋다고 판단하는 경향이 있다.

11장에서 자세히 다루겠지만 뇌활동을 관찰할 수 있는 기능성 핵자기 공명장치(fMRI)를 이용한 실험에서 사람들은 코카콜라인 지를 알고 마실 때와 모르고 마실 때 다른 반응을 보였다. 펩시콜라건 코카콜라건 콜라를 마실 때 사람들의 뇌 활동을 관찰한 결과, 강한 애착과 연관된 전두엽(prefrontal cortex)이 활성화되었다. 그런데 코카콜라라는 것을 알고 마실 경우에는 전두엽과 함께 기억작용, 연상작용 등을 주관하는 등쪽전전두엽피질(dorsolateral prefrontal cortex)이 활성화 되는 것으로 나타나 상표가 잘 알려진 코카콜라의 브랜드 이미지가 맛을 느끼는데 영향을 준다는 것을 실증적으로 보여주었다.

이러한 휴리스틱이 가진 힘은 무엇일까? 휴리스틱은 과거의 경험을 바탕으로 정보를 처리하는 뇌의 정보처리 방식의 하나이다. 즉 주어지는 정보를 처음부터 새롭게 분석하는 것이 아니고, 과거의 경험을 바탕으로 추론적으로 지름길 방식으로 처리하는 과정이다. 고정관념은 정보처리에 있어 효율적인 방법이기는 하지만 부정적 판단을 내리게 하는 경우가 많다. 예를 들어, 여성은 수학에 약하다는 고정관념이나 아시아계 미국인은 수학과 과학에 뛰어나다는 관념 등이다.

2. 비현실적 낙관주의

대다수 사람들은 자신을 평균 이상이라고 믿거나 자신은 암에 걸리지 않을 것이라는 낙관적 기대를 가진다. 즉, 사람들은 자신의 능력에 대해 높이 평가하는 경향을 가진다.

MBA 과정 학생들을 대상으로 '당신의 성적이 어느 범주에 들것으로 기대하는가?'하는 질문에 대해 상위 20%에 들 것으로 판단하는 학생이 절반 이상에 달했고, 중간 이하일 것으로 판단하는 학생은 5% 미만에 불과하였다. 이러한 '평균 이상' 효과는 어디에서나 찾아볼 수 있다. 자신의 운전 능력이 평균 이상이라고 생각하는 사람이 90%에 달하고, 거의 모든 사람들이 자신이 평균 이상의 유머 감각을 가졌다고 생각한다. 94% 정도의 대학교수가 자신이 평균적인 대학교수보다 우월하다고 믿고 있다. 미국에서 반 정도의 부부가 이혼함에도 결혼 초에 자신들의 결혼이 이혼으로 끝날 수 있다는 사실을 믿는 사람들은 거의 없다.

이러한 비현실적인 낙관주의는 사람들이 주변에서 닥칠 수 있는 수많은 리스크를 감수하는 행태를 설명한다. 즉, 사람들은 일반적으로 자신이 직장에서 해고당할 가능성, 심장마비에 걸리거나 암에 걸릴 가능성, 이혼할 가능성, 자동차 사고를 당할 가능성 등에 대해 낮게 평가하고 필요한 만큼 이에 대비하려는 노력을 하지 않는 경향이 있다. 그렇다고 과도한 비관주의 및 과도한 대응도 좋지 않을 것이다.

3. 현상유지 편향

사람들은 대개 친숙한 것을 바꾸지 않고 현재의 상황을 고수하려는 경향을 보인다. 예를 들어, 캘리포니아 주의 전력서비스에 대한 신뢰도와 전기요금의 선호에 대한 소비자들의 선택하게 하였다. 소비자 그룹을 둘로 나누어 실상을 파악하였다.

- 1그룹은 서비스 신뢰도는 높지만(연간 3회 정도 정전) 비싼 요금으로 계약한 소비자이다.

- 2그룹은 신뢰도는 낮지만(연간 15회 정도 정전), 요금이 1그룹보다 30% 싸게 계약한다.

이들 두 그룹에 요금과 신뢰도에 대한 6가지 정도의 조합을 제시하고 지금까지의 사용한 요금체계를 변경할 것인가를 물은 결과 대체로 현상을 유지하려는 경향을 나타냈다.

- 1그룹은 60%가 현상유지를 선호했고, 요금이 30%나 저렴한 서비스로 바꾸겠다는 소비자는 6%에 지나지 않는다.
- 2그룹은 잦은 정전에도 불구하고 58%가 현상유지를 선호하였다.

이러한 현상유지 경향은 선택할 수 있는 요금제도가 더 많아질수록 기존 요금체계를 유지하려는 경향이 강해진다. 핸드폰 요금제는 아주 다양하지만, 가입할 때 한번 선택하면 몇 년씩 그대로 유지하는 경향을 나타낸다.

이러한 현상유지 경향은 많은 곳에서 발견될 수 있는데, 예를 들어 많은 학생들은 매 수업시간에 같은 자리에 앉는다든지, 소비자들이 한 번 구입하면 같은 브랜드를 지속적으로 구입하는 경향을 가진다.

현상유지 편향은 마케팅에 자주 이용된다. 예를 들어 신용카드 회사에서 3개월 간 무료 잡지 구독권을 제공할 경우, 3개월 후에 조치를 취해서 구독 정지시키지 않으면 자동으로 유료로 전환한다. 핸드폰 가입 시 기기를 무료로 하는 대신 컬러링과 같은 다양한 서비스를 가입하도록 요구한다. 일정 기간 뒤에 이를 해지 하지 않으면 지속적으로 추가적 요금을 지불해야 한다.

제2절 효용과 탐색

Anna라고 불리는 쇼핑자가 식료품점 안에서 어떤 시리얼을 구매하는지 결정하는 것에서부터 시작해 보자. 여러 가지 다른 특성을 가지는 상품 중에서 잠재적인 선택을 할 수 있는 경우를 <표 3.2>와 같이 네 가지의 상품으로 좁혀 놓았다. Anna가 무엇을 살 지에 대해 어떻게 결정할 수 있을까?

표 3.2 시리얼 판매와 특성. 1=낮음, 2=중간, 3=높음

상품	가격	맛의 질(TQ)	건강의 질(HQ)
버젯(Budget)	$1	1	1
너티(Nutty)	$3	2	2
허니(Honey)	$4	3	2
슈페리어(Superior)	$6	3	3

기본적으로 생각하는 방법은 Anna가 돈과 특정 상품으로 결합된 효용함수(utility function)를 가지고 있다고 가정하는 것이다. Anna가 가진 효용 중에서 돈을 x, 시리얼 맛의 질은 TQ, 건강의 질은 HQ로 표시하면 u(x, TQ, HQ)로 나타낼 수 있다.

일반적으로 효용은 돈 또는 화폐에 대한 함수이다. 따라서 각 선택에 대해 평가할 때, Anna가 시리얼을 사고 난 후에 얼마의 금액이 수중에 남게 되는 지 살펴보면 된다. <표 3.3>을 보면 Anna는 초기에 $100를 가지고 있고 효용함수는 다음과 같다.

Anna가 어떤 시리얼도 구매하지 않으면 재산은 $100를 유지하고 효용을 200으로 가질 수 있다. 또는 버젯을 구입하여 $1를 지불하고 재산은 $99를 남기고 효용을 202로 가질 수도 있다.

Anna의 효용이 200 또는 204가 어떤 의미를 가지는지에 대해 궁금할 수 있다. 이는 앞 장에서 다룬 효용의 개념과 비슷하다. 이후의 장에서 이 문제에 대해서 보다 자세하게 보자. 즉, 행복과 만족에 관한 기본적인 효용의 측정에 대해서 생각해 보자. 더 높은 효용은 더 좋기 때문에 Anna는 높은 효용을 얻는 시리얼을 구매하려 할 것이다. 또한, 앞에서 다룬 기수적 효용(cardinal utility)의 관점에서 생각하지 않으면 더 발전된 단계로 진행할 수 없다. 즉, 효용 간의 차이는 어떤 의미를 가져야 한다. 따라서 다음과 같이 설명할 수 있다. 같은 가격을 기준으로 버젯을 구매하는 것(202)이 시리얼을 사지 않는 것(200)보다 좋고, 같은 금액으로 허니를 구매하는 것(204)이 버젯을 구매하는 것

표 3.3 초기의 재산(wealth)이 $100인 경우, 각 시리얼의 효용

선택	재산	TQ	HQ	효용(Utility)
아무 것도 선택하지 않음	$100	0	0	200
버젯(Budget)	$99	1	1	202
너티(Nutty)	$97	2	2	203
허니(Honey)	$96	3	2	204
슈페리어(Superior)	$94	3	3	203

(202)보다 좋다.

이러한 예에서 허니(honey)를 구매하는 것이 가장 높은 효용을 준다는 것을 알 수 있고 허니를 선택하는 것이 가장 좋은 선택이라고 볼 수 있다. 왜냐하면 가격과 질은 상충관계를 가지고 있기 때문이다. Anna는 허니의 가격을 넘지 않는 선에서 맛과 건강의 질을 향상시키기 위하여 다른 가능한 선택들 사이에서 $1에서 $4까지 지불할 것이다. 그러나 더 높은 효용을 위해 허니에 비해 추가적으로 $2를 지불하려고 하지 않을 것이다. 따라서 Anna가 허니를 구매할 것이라고 예측할 수 있다.

만약 허니가 효용을 극대화하는 것이라면 다행이다. 그러나 현실적으로 사람들은효용을 극대화하는 방법을 알지 못할 수도 있다. 아마도 버젯이나 슈페리어를 사려고 시도하지 않는다던가 한 번 시도는 해볼 수 있다. 그러나 곧바로 어떤 맛인지 잊어 버리거나 선호가 변했거나 또는 공장에서 나중에 질을 향상시켰을 것이다.

이러한 지식의 부족은 매우 중요하다. 또한, 이것은 효용을 극대화한다고 말하기 어렵고 효용이 무엇인지 알지 못한다. 따라서 조금 더 깊이 살펴볼 필요가 있는데 탐색을 하거나 임의적으로 선택을 할 때, 관련되는 것이 몇 가지 존재한다.

1. 탐색방법

만약 Anna가 상품의 질과 효용함수(utility function)를 모르다면 Anna는 더 좋은 정보를 얻기 위해 정보를 모으는 활동을 할 것이다. 이를 탐색(search)라고 하자. 탐색 휴리스틱(search heuristic)이란 Anna가 더 좋은 정보를 위해 무엇인가를 한다는 것을 말한다. 가능한 탐색 휴리스틱은 여러 가지가 존재한다. 일반적인 휴리스틱 중에서 앞에서 명명한 것과 비슷한 5가지를 살펴보자.

가장 명백한 탐색 휴리스틱은 무엇이든 시도하는 것(try everything)이다. 예를 들어, Anna가 모든 시리얼을 다 구매하여 먹어보고 최종적으로 가장 좋아하는 시리얼 하나만을 사게 될 것이다. 이것은 여러 가지 시리얼에 대해서 알아가는 것이 끝났음을 의미한다. 그러나 이러한 방법은 잠재적으로 많은 비용이 소요된다. 이유는 다음과 같다. 첫 번째 주에 허니를 구매했다면 허니를 좋아한다고 하자. 만약, Anna가 휴리스틱으로 고정시킨다면 다음 주부터 계속해서 많은 효용을 주지 못하는 다른 시리얼을 사려고 할 것이다. 그렇다면 차라리 처음부터 허니를 구매하고 계속하여 구매하는 것이 더 낫다.

이러한 탐색은 비용적인 측면에서 보면 포기효용(foregone utility)이라고 한다. 탐색을 한다는 것은 시간과 금전적인 면에서 비용이 수반된다. 더 좋은 탐색 휴리스틱로 인해 수반되는 비용들로 얻은 정보가 발생한 비용만큼의 이익을 주면 된다. 최적 탐색 알고리즘은 수학, 컴퓨터 과학, 경제학에서 오랫동안 이용되어 오고 있다. 그러나 최적 탐색 알고리즘은 전형적으로 매우 복잡하기 때문에 사람들이 최적의 상태와 가깝게 하기 위해 현실적으로 어떻게 탐색 휴리스틱을 사용해야 하는 지에 대해 생각해 보아야 한다. 만족(satisficing), 조건에 따른 제거(elimination by aspects), 직접적 인지(directed cognition)의 세 가지 종류의 휴리스틱이 있을 수 있다.

만족은 어떤 사람이 심리적인 요구수준(aspiration level)을 정해놓고 요구수준을 넘어서는 어떤 것을 찾기 전까지 지속적으로 탐색하는 것이다. 예를 들어, Anna는 맛이 좋고 건강에 좋은 것을 사기로 합리적으로 결정할 것이다. 이것은 심리적인 요구수준을 결정하고, 허니(honey)와 슈페리어(superior) 구매를 시도하기 전까지 다른 시리얼 구매를 계속적으로 시도하는 것을 말한다. 만족이라는 것은 최상의 상태에서 끝내는 것이 아니라 과도한 비용지출을 피하면서 상대적으로 좋은 것에서 끝이 난다. 예를 들어, 만약 Anna가 허니를 구매하기 전에, 슈페리어 구매를 시도한다면 절대 허니가 얼마나 좋은 지에 대해서 알지 못할 것이고 버젯(budget)이 얼마나 나쁜지에 대해서도 알지 못할 것이다.

만족이 최적에 얼마나 근접했는가는 전적으로 심리적 요구수준에 달려있다. 심리적 요구수준이 얼마인 지와 어떻게 변하는 지 알기 어렵기 때문에 만족이 어떻게 일어나는 지 알기는 어렵다. 예를 들어, 만약 Anna의 시리얼에 대한 요구수준이 $7보다 적은 비용으로 찾는 것이라면 버젯(budget)을 구매하는 것으로 끝낼 것이고, 요구수준은 매우 낮게 보일 것이다. 만약 요구수준이 $5보다 싸면서 맛있고 건강에 좋은 시리얼을 찾는다면 아마도 조건에 맞는 시리얼을 찾지 못하여 실망할 것이고 심리적 요구수준은 매우 높아 보일 것이다. 따라서 Anna는 요구수준을 적절하게 책정하고 수정하여야 한다. 그러나 정확하게 어떻게 할 것인지는 명확하지 않다.

이러한 문제를 해결할 수 있는 대안으로 직접적 인지(directed cognition)가 있을 수 있다. 직접적 인지는 사람들이 선택을 하기 전에 정보를 모으는 기회들에 대해 마치 마지막 기회처럼 취급하는 것이다. 실제로는 이러한 선택을 하는 것이 마지막 기회가 아니다. 직접적 인지는 Anna가 앞으로의 계획이 필요하지 않게 하므로 Anna의 선택을 보다 간단하게 만든다. 자세한 설명을 위해 Anna가 오직 너티(nutty)의 특성만을 안다고 가정해보자. 직접적 인지를 사용하여 자신에게 물을 것이다. '내가 하나의 대안적인 시리얼을 선택한다면 어떤 것일까?' 이것은 미래지향적인 계획을 하는 것보다 훨씬 간단한 질문인데 미래지향적이라는 것은 훨씬 조합적인 작업이다. 여기서 미래지향적이라는 것은 '내가 버젯(budget)을 산다면 허니(honey)보다 맛있을까?' 그리고 '만약 슈페리어(superior)를 사지 않는다면 그건 허니(honey)보다 맛있을까?' 와 같은 고민을 하게 된다는 것을 의미한다.

탐색 휴리스틱의 마지막은 조건에 따른 제거(elimination by aspects)이다. 가능한 선택을 조건에 따라 제거하고 순차적으로 어떤 심리적 요구수준 이하로 떨어지는 선택을 제거하는 것이다. 예를 들어, 만약 Anna의 요구수준이 $5 이하의 중간 정도의 맛과 건강의 질을 보장하는 시리얼을 구매하는 것이라면 가격적인 조건에서 슈페리어(superior)를 제거하고, 질적은 측면에서 버젯(budget)을 제거한다. 따라서 허니(honey)와 너티(nutty)가 남게 된다.

조건에 따른 제거는 허니와 너티와 같은 선택들을 생각하기보다 가격과 같은 조건을 비교한다는 점에서 이전의 휴리스틱과 다르다. 개념적으로 조건을 비교하면 된다. 최소가격부터 최고가격까지 즉, 최고부터 최악까지를 비교하는 방법이 간단하므로 매우 단순하게 측정할 수 있다. 물론, 조건을 비교한다는 것은 개인이 모든 가능한 선택에 대한 정보를 가지고 있다는 것을 전제로 한다. 가격과 건강의 질과 같은 조건은 가격과 내용물이 박스에 포함되어 있으므로 정보를 알 수 있다. 그러나 맛의 질이라는 조건은 모든 제품에 대해 맛을 보고 비교하기 전까지는 알기 힘들다. 따라서 조건에 의한 제거는 탐색을 설명할 뿐이지만 사람들이 다음에 무엇을 구매할 지, 구매하지 않을 지를 선택하는 것에 대해 중요한 역할을 할 수 있다.

지금까지 다룬 세 가지 휴리스틱은 <표 3.4>와 같이 대안이라기보다는 보완에 가깝다. 만족은 탐색해야 하는 시간에 대해 말해주지만, 무엇을 구매해야 하는 지에 대해서는 알려주지 않는다. 직접적 인지는 탐색의 시간에 대해 알려주지 않지만, 다음에 어떤 선택을 할 것인지에 대해 알려준다. 따라서 두 가지 휴리스틱을 조합하면 사람들이 어떻게 탐색하는지에 대해 알 수 있다. 일반적으로 하나의 휴리스틱이 항상 완벽하다고

표 3.4 탐색하는데 도움이 될 수 있는 5가지 휴리스틱

휴리스틱	잘 작동될 때	잘 작동되지 않을 때
모든 것을 시도하기	정보를 잘 알게 됨	탐색의 비용을 최소화
만족	탐색을 멈출 때	다음 선택을 알 때
직접적 인지	다음 선택을 제시	탐색이 미래지향적
조건에 따른 제거	선택을 하지 않을 때	탐색을 멈출 때
x분 동안 탐색	탐색시간 지속에 대한 확실함	탐색에서 성공과 실패에 반응

말할 수 없으므로 다른 일에 대해 다른 휴리스틱의 결합을 사용한다고 예상할 수 있다. 아마도 사람들이 정말로 어떤 휴리스틱을 사용할 것인지 사람들 스스로의 휴리스틱을 가지고 있을 것이다(연구방법 3.1).

연구방법 3.1 무한회귀 문제(The infinite regress problem)

Anna가 '어떤 시리얼을 선택할 것인지'에 대한 문제를 설명하고 자신의 효용을 극대화하는 시리얼을 선택해야 한다. 아마도 Anna는 자신에게 효용을 극대화하는 시리얼이 무엇인지 모를 것이다. 여기서 '어떻게 효용을 극대화하는 시리얼을 찾는가?'에 대한 추가적인 문제가 생긴다. 이 문제는 아직 해결하지 못한 초기의 문제보다 더 해결하기가 어렵다. 왜냐하면 선호에 대한 정보를 탐색하는데 여러 방법이 있으므로 다음과 같은 추가적인 문제가 발생한다. '어떻게 찾아 내는가, 어떻게 효용을 극대화하는 시리얼을 찾아내는가' 계속하여 다음과 같이 진행할 것이다. '어떻게 찾지, 어떻게 찾지, 어떻게 찾지……' 등이 반복되는 것이다.

보다 일반적으로, 문제에 대한 최적의 답을 찾는 것은 최적의 질문에 대한 최적의 방법을 찾고, 최적의 방법을 찾아내기 위한 최적의 방법을 찾아야 하는 것이 반복된다. 이러한 문제가 무한회귀의 문제로 알려져 있다. 명백하게, 만약 Anna 또는 그 누구라도 어떤 선택을 한다면 이러한 순환의 고리를 깨트려야할 것이다. 휴리스틱과 직관력은 결정을 하기 위한 간단한 규칙을 제공하는 단 하나의 방법이다. Anna는 어떤 휴리스틱을 사용하는 것을 선택하는 휴리스틱이 필요할 것이므로 다시 순환의 고리로 들어가게 되므로 전적으로 만족스러운 답은 아니다.

요컨데 문제는 사라지지 않으므로 행동을 모형화할 때 인식을 해야 한다. 행동 경제학은 주로 기본적인 휴리스틱에 집중한다. 즉, 휴리스틱은 구체적인 문제를 해결하기 위해서 만들어졌다. 보다 덜 하지만, 일반적인 관심은 휴리스틱을 선택하는 것에 대한 휴리스틱은 주어지는 것으로 보고 이후부터 논리를 전개한다. 휴리스틱을 선택하는 것에 대해 사람들이 어떻게 휴리스틱을 선택하는가에 대한 문제는 무시된다.

사람들이 어떻게 탐색을 하는 지에 대한 연구의 결과는 Gabaix et al.(2006)에서 알 수 있다. 이 연구에서 피험자들에게 각 옵션의 보수(payoff)가 10개의 숫자의 합인 8개의 옵션들 사이에서 선택하라고 한다. 10개의 숫자 중, 하나는 보이지만 다른 9개의 숫자는 화면에서 선택하게 하였다. 이전 Anna의 예에서 가격은 보이지만 건강에 대한 질을 알기 위해서는 박스에 있는 내용물의 구성을 알아야 했다. 마우스랩(mouselab)이라는 소프트웨어는 피험자가 찾아서 선택한 정보를 추적할 수 있게 해주며 피험자가 어떻게 탐색했는 지에 대한 정보를 준다.

피험자들이 얼마나 많은 데이터들을 찾는 지 알 수 있으며 피험자들이 찾는 순서를 알 수도 있다. 첫 번째 방법은 다음과 같다. 만약 피험자들이 특별한 휴리스틱을 사용하는 것을 살펴보는 것은 얼마나 많은 정보에 대해 피험자들이 각 선택에 대해 찾아야 했는 지 살펴보는 것이다. 선택에 있어 직관적 인식을 사용했다면 얼마나 많은 정보를 얻었을 지도 살펴보아야 한다. 이것은 얼마나 관찰된 탐색 행동이 탐색 휴리스틱과 적합한지를 측정한다. 두 번째 방법은 최종의 결정으로 만들어 진 것이 탐색 휴리스틱과 얼마나 일치하는 지에 대해서 살펴보는 것이다.

<그림 3.3>은 Gabaix et al.(2006)이 찾은 결과를 나타낸다. 직접적 인지는 피험자가 어떻게 탐색하는 지와 매우 잘 들어맞는다. 반면에 조건에 따른 제거에서는 잘 맞지 않는다. 선택의 적합성 측면에서 모든 알고리즘은 서로 비슷하게 나온다. 그리고 선택은 시간의 50% 정도로 측정된다. 피험자가 선택할 것이라는 것을 예측하는데 50%의 성공률이라는 것은 8개의 선택이 있었으므로 추측(guessing)에 의한 것보다 나은 방법이다.

그림 3.3 **탐색 휴리스틱이 탐색실험에서 관찰된 탐색과 선택이 얼마나 잘 맞는가. 우연히 예상될 수 있었던 것에 대해 일치는 측정되며 직접적 인지와 희생이 가장 일치하는 것으로 나타난다**

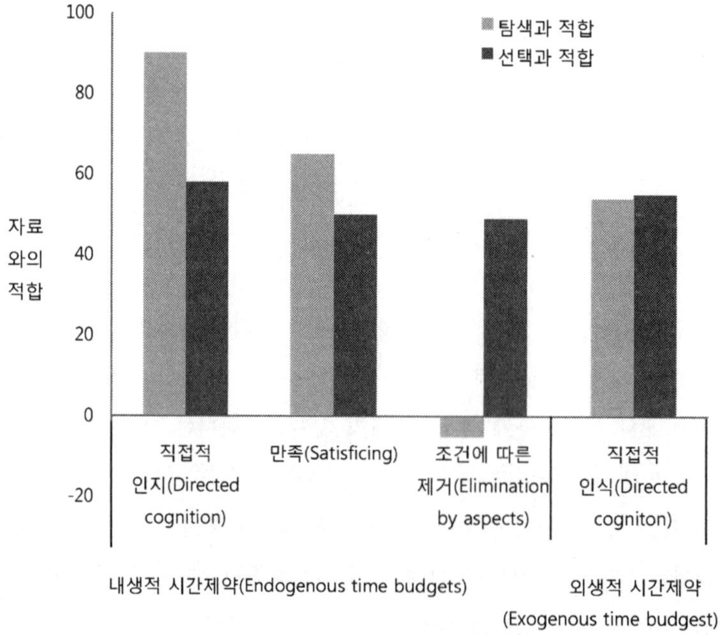

자료: Gabrix et al.(2006)

확실한 것은 피험자들은 이용했어야만 했던 세 가지 휴리스틱에 관해 선택적이지 않다. 즉, 그들은 너무 많이 또는 너무 적게 정보를 찾았다는 것이다. 첫째, 너무 많다는 것은 다음과 같다. 만약 하나의 선택이 가시적인 측면에서 너무 낮게 순위가 매겨진다면 그 선택에 대한 다른 정보를 탐색하지 않는다. 예를 들어, 만약 슈페리어(superior)가 매우 비싸다면 건강의 질에 대해 알아보지 않는다. 피험자들은 실험자가 예측한 경우보다 더 많은 정보를 찾는 경향이 있다(연구방법 3.2). 다음으로 매우 적은 상황이다. 여기에서 탐색하는데 얼마나 걸리는지 신경쓰지 않는다. 만약 탐색이 유용한 것이라고 발견하지 못한다면 탐색하는 것을 계속할 것이다. 그러나 만약 피험자가 많은 정보를 찾아내면 피험자는 탐색을 멈추지만 정보가 그다지 정보적이지 않은 경우에도 피험자는 탐색을 멈춘다.

연구방법 3.2 실험을 얼마나 오래 동안 해야 하는가?

실험을 실행하는 도중에 하나의 문제는 피험자가 결정하는데 얼마나 많은 시간을 주느냐 하는 것이다.

만약 일부 피험자들이 다른 사람에 의해 지체된다면 실무적인 수준에서 이러한 문제는 상당히 중요하다. 특히, 일부 사람이 다른 사람들보다 결정에 더 많은 시간을 가지게 실험이 실행되면 확실히 문제가 발생한다. 만약 각 피험자가 결정을 할 때 이러한 실험이 진행되면 일부 피험자는 빈둥거리게 된다. 한편으로는 만약 일부 피험자가 실험에 대해 생각하는 시간을 더 가졌다는 것을 의미하면 좋은 일이다. 그러나 다른 한편으로는 이것은 지루함으로 이어지고 실험에 대해서 생각을 적게 하는 것으로 이어질 수 있다.

만약 시간의 압력이라는 결과에 대해 흥미가 있다면 얼마나 많은 시간이 피험자에게 주어지는 지는 이론적으로 중요하다. 시간은 탐색에 있어 매우 적절하므로 중요하게 고려해야 한다. Gabaix et al.은 이것을 내생적인 시간 제약과 외생적인 시간제약을 비교하였다. 외생적 시간제약의 처리에서 피험자들은 8개의 특정한 선택 집합을 살펴볼 수 있는 고정된 시간을 가진다. 내생적 시간제약 처리에서 피험자는 25분 내의 시간으로 8개의 선택 집합 중 원하는 만큼을 살펴보았다

이러한 차이는 잠재적으로 정보적인 것으로 나타난다. 특히, 외생적인 제약보다 내생적인 제약이 있을 때 피험자들이 어떤 정보를 찾는 것에 보다 선택적이었다. 따라서 내생적인 시간제약이 있는 선택을 예측하는데 낮은 성공이 있다는 것은 피험자들이 너무 많은 시간을 가졌다는 것이다(그림 3.1). 최적적으로, 피험자들은 현재 최상으로 보고 있는 선택에 대해 보다 많은 정보를 찾았어야 했으나 이미 마음 속으로 결정을 하고 시간을 채우는 것이다.

이러한 관측치를 함께 취급하는 것은 다섯 번 째의 탐색 휴리스틱을 설명할 수 있다. 즉, 탐색하는데 얼마나 많은 시간을 쓸 것인지 결정하고 그 시간동안 탐색한다. 만약 Anna가 처음에 좋아하는 것을 구매하려고 하면 매우 오랫동안 탐색하지만, 만약 진짜 좋아하는 상품이 아니라면 거의 탐색하지 않는다. 그러나 탐색이 아마도 확정적인 시간의 길이를 늘리게 될 것이다.

많은 종류의 가능한 탐색 휴리스틱이 있고, 어떻게 사람들이 탐색을 하는 지에 대한 많은 연구가 존재한다. 그렇지만 이후의 장에서 탐색으로 돌아올 것이다. 따라서 나는 지금 하나의 이슈를 남길 것이다. 이 장에서는 어떻게 사람들이 간단한(또는 간단하지 않은) 휴리스틱을 복잡한 탐색 문제를 찾는데 사용하는지 살펴본다.

2. 임의적 선택

탐색의 과정에서 Anna는 몇 번의 임의적인 선택과 마주쳤을 것이다. 그 이유는 본인의 효용을 극대화는 것을 모르고 여전히 어떤 선택을 해야 하기 때문이다. 예를 들어, 선택의 폭이 너티(Nutty)나 허니(Honey)로 줄어든다면 다른 것보다 먼저 하나를 선택해야 하는 이유가 없게 된다. 어떤 것을 먼저 선택해야 하는가? 아마도 선택은 임의적일 것이고 선택을 위해서 동전을 던졌을 지도 모른다. 그러나 임의적인(arbitrary) 것은 무작위적인(random) 것을 의미하지는 않는다. 예를 들어, 허니의 밝고 붉은 포장에 의해 마음이 끌리게 될 수도 있고, 50%할인이라는 스티커가 붙은 너티(Nutty)에, 또는 TV광고에서 봤다는 이유로 버젯(Budget)을 선택할 것이다. 이러한 각각에 대한 선택은 체계적이다. 중요한 점은 선택은 다를 수 있고, 어떤 요소에 의해 영향을 받게 되는데 이것을 임의적 선택이라고 부른다. 몇 개의 예를 보도록 하자.

먼저, 갈등(conflict)과 비갈등적(non-conflict) 선택의 차이를 살펴보자. 선택에 있어 하나의 측면이 다른 선택의 측면보다 더 좋고, 다른 선택은 다른 측면에서 좋다면 갈등이라고 한다. 예를 들어, 버젯(Budget)이 비용적인 측면에서 좋고, 슈페리어(Superior)가 건강적인 측면에서 좋다면 이것은 갈등적인 선택이다. 만약 하나의 선택이 다른 모든 측면에서보다 좋다면 이것을 비갈등적이라고 한다. 예를 들어, 슈페리어가 $0.5에 팔린다면 비갈등적 선택이 된다.

갈등과 비갈등적인 잠재적 결과를 설명하기 위하여 Tversky and Shafir(1992)의 연구를 예로 살펴보자. 연구에서 피험자들은 CD player를 사기를 원한다고 요구받는다고 하자. 그리고 빠르게 하루만 세일을 하는 가게에 갔다고 하자. 일부 피험자들은 $99짜

그림 3.4 피험자들은 선택권이 없을 때보다 선택이 갈등적이거나 비갈등적일 때 선택을 한다. 피험자들은 갈등적인 선택에서 더 기다리곤 한다

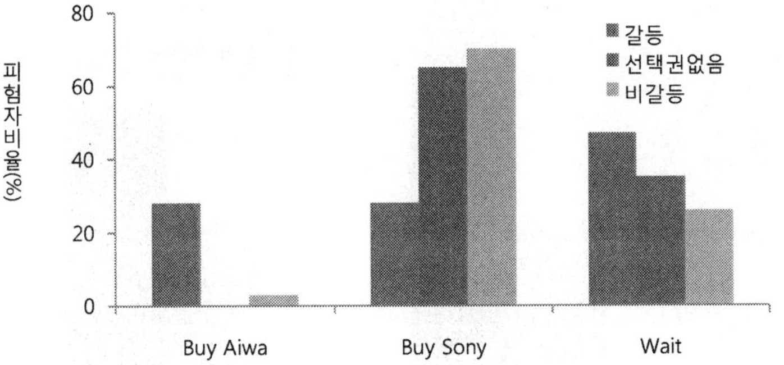

자료: Shafir et al.(1993)

리 Sony player와 $169짜리 최상품의 Aiwa player 사이에서 선택의 갈등을 한다고 하자. 물론, 어떤 피험자에게는 비갈등적인 선택의 요소로 Sony player를 $99에 선택하던지, 더 낮은 수준으로 좋지 않은 $105의 Aiwa player를 선택한다. 그리고 마지막 상황은 Sony player가 $99밖에 없다. 모든 피험자들에게 하나의 player를 살 것인지, 또는 다음 모형을 기다릴 것인지에 대해 질문하였다. <그림 3.4>가 선택에 대한 결과이다.

갈등적인 선택보다 비갈등적 선택에서 더 많은 사람들이 Sony 상품을 구매하는 것을 알 수 있다. 또한 다른 선택이 없을 때보다 비갈등적일 때 Sony 상품을 더 많이 선택하는 것을 알 수 있다. 후자의 관측은 선택의 정규성 조건(regularity condition)을 위반한다. 정규성 조건이란 가능한 옵션의 수가 증가하면 특정한 옵션을 구매하는 비율이 증가하지 말아야 한다는 것이다. 따라서 보다 열등한 옵션의 존재로 인해 Sony 상품을 사려고 하는 개연성이 존재한다.

대안은 비교를 기반으로 하는 것이 다소 바람직해 보일 수 있다. 즉, 대안의 특별한 면이 비교를 통해 다소 바람직하게 보이는 약간의 차이를 만들어 낼 수 있다. 설명을 위하여 Anna의 선택의 폭이 너티(Nutty)나 허니(Honey)로 줄고, 오직 세 가지 상품으로 너티, 허니, 버젯 또는 슈페리어 중 하나가 진열되어있다고 가정하자. 허니를 슈페리어와 비교하면 상대적으로 싸지만, 버젯이나 슈페리어와 비교하면 상대적으로 비싸다. 따라서 Anna는 슈페리어와 비교하면 허니를 사려고 할 것이다. 이는 상충대조(tradeoff contrast)의 예이다. 상충대조가설은 바람직한 질을 가진 상품을 보다 비싼 상품과 비교한다면 바람직한 질을 가진 상품은 보다 싸게 보인다.

Simonson and Tversky(1992)는 상충대조의 적절하게 보여주었다. 피험자들에게 지

그림 3.5 **$10짜리 추가적인 쿠폰을 구입하는 것은 무대 뒤에서 쿠폰이 $15 또는 $5인 것 중 어느 것에 노출되었는 지에 따라 달라진다**

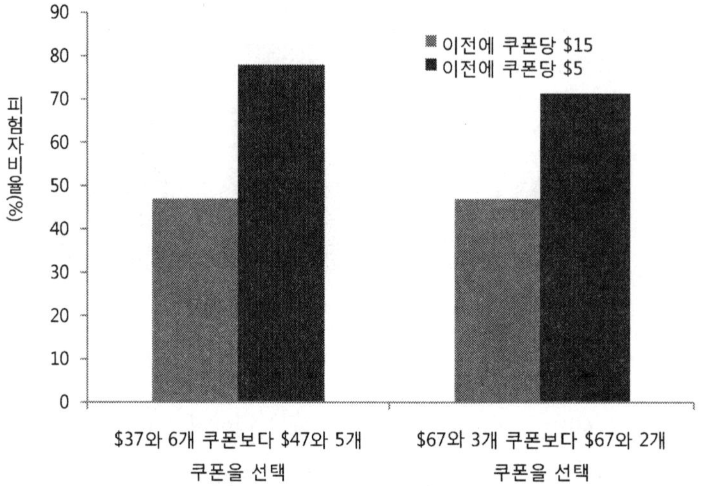

자료: Simonson and Tversky(1992)

역 상점에서 CD나 책을 구매할 수 있는 쿠폰과 현금 중에서 선택하라고 하였다. 실험 전에 무대 뒤에서 피험자들은 쿠폰의 가격을 $15나 $5 중 선택할 수 있다. 이후 피험자에게 같은 선택에서 추가적인 쿠폰에 대해 비용이 $10일 때를 선택할 수 있게 한다. <그림 3.5>는 이 실험의 결과이다. 피험자에게 첫 번째 선택은 $47과 5개의 쿠폰, 또는 $37와 6개의 쿠폰(추가적인 쿠폰비용은 $10)을 제공한다. 무대 뒤에서 $15의 쿠폰비용으로 알고 있던 피험자들은 추가적인 쿠폰을 더 구입하려고 한다. 반면에 무대 뒤에서 $5의 쿠폰비용으로 알고 있던 피험자들은 그렇지 않다. 이것은 상충대조가설와 일치한다. $10의 쿠폰은 무대 뒤에서 $15나 $5로 알고 있던 것에 의존한다.

이제 오직 버젯, 허니, 너티 세 가지만 전시된 시리얼 상점의 시나리오로 돌아가보자. 버젯은 싸다는 이점이 있고, 허니는 맛적인 측면에서 이점이 있지만, 너티는 타협이 불가능하다. 따라서 아마도 Anna는 너티가 중간에 있기 때문에 구매하려할 것이다. 이것이 사실이라면 소비자는 두 가지의 시리얼이 진열될 때보다 세 가지의 시리얼이 진열되어 있을 때 너티를 사게 된다. 이는 절충이 있는 극단회피(extreme aversion with comprise)이다. 또 다른 가능성이 있다. 허니 또는 버젯이 진열되면 Anna가 너티를 살 확률은 증가하지만 버젯이 진열되어 있으면 허니로 바꾸려고 할 것이므로 너티를 살 확률은 줄어든다. 이는 양극화만 있는 극단회피(extremenss aversion with polarization)의 예이다. <그림 3.6>은 이러한 효과를 보여준다.

그림 3.6 대안이 Emerson 플레이어, 최상급의 Sony 플레이어, Emerson과 Sony 둘 다 일 때 중간급의 Sony라디오를 선택하는 비율

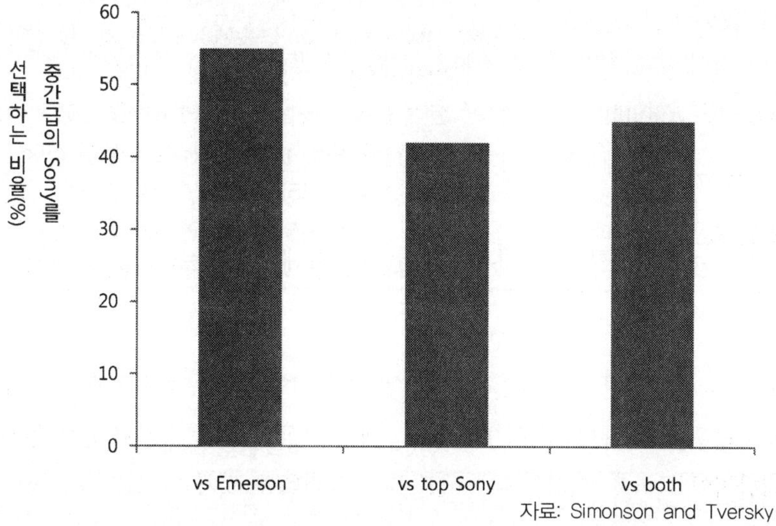

자료: Simonson and Tversky (1992)

극단회피에 관한 예를 보기 위해서 다시 Simonson and Tversky의 연구로 돌아가자. 피험자들은 중간급의 Emerson과 Sony, 그리고 최상급의 Sony라는 세 가지 카세트플레이어에 대한 정보를 준다. <그림 3.6>을 보면 중간급 질의 Sony를 선택한 비율을 알 수 있다. 최상품의 Sony를 진열했을 때 Emerson에 비해 중간급의 Sony의 선택비율이 줄어든다. 또한, Emerson이 추가되면 최상급의 Sony보다 중간급의 Sony를 선택하는 비율이 증가한다. 이러한 예가 양극화만 있는 극단회피의 예이다. 또한, 두 번째 예는 정규조건을 위반한다.

다음의 예에서 극단회피를 자세히 살펴보자. 첫째 Anna가 스스로 '나는 어떤 시리얼을 사야하지?'라고 물어본다고 생각해보자. 아마도 보다 극단적이고 높은 품질을 가진 슈페리어라고 할 것이다. Anna 스스로에게 '나는 어떤 시리얼을 사면 안되지?'라고 물어본다고 생각해보자. 아마도 슈페리어가 가장 극단적이고 가장 비싸기 때문에 슈페리어라고 답할 것이다. 두 가지의 상황에서 슈페리어가 훨씬 극단적인 사실이 확실해진다. Anna가 고려한 첫 번째 것이고 그리고 아마도 첫 번째 것을 받아들이거나 거절할 것을 의미한다. 이것은 어떤 사람이 원하는 것 또는 원하지 않는 것을 묻는 것을 선택하는 선택-거절 불일치(choose-reject discrepancy)를 만들어 낸다.

여기 Shafir et al.(1993)의 연구의 예가 있다. 피험자는 방학동안 두 가지 선택을 준

표 3.5 Anna의 선택이 세 가지 심리적인 효과에 의해 어떤 선택하는지의 예

심리적 효과	선택의 예
상충대조	만약 선택이 버젯, 너티, 허니라면 너티를 산다 만약 선택이 너티, 허니, 슈페리어라면 허니를 산다
절충이 있는 극단회피	만약 선택이 너티, 허니라면 허니를 산다 만약 선택이 버젯, 너티라면 버젯을 산다 만약 선택이 버젯, 너티, 허니라면 너티를 산다
양극화만 있는 극단회피	만약 선택이 너티, 허니라면 너티를 산다 만약 선택이 버젯, 너티라면 버젯을 산다 만약 선택이 버젯, 너티, 허니라면 허니를 산다

다. Spot A는 평균적인 날씨, 평균적인 햇빛, 평균적인 유흥문화를 가지는 중간적이다. Spot B는 많은 양의 햇빛, 아주 멋진 해변, 매우 강한 바람, 유흥문화가 존재하지 않는 매우 극단적인 곳이다. 피험자에게 어떤 것을 예약하는 것이 더 선호되는지에 대해서 물어본다. 서로 다른 피험자들은 일시적으로 각각의 장소에 대해서 예약을 미리한 후, 어떤 것을 취소할 것을 결정할 지에 대해 물어본다. <그림 3.7>에서 대부분의 피험자가 Spot B가 Spot A보다 더 선호함을 알 수 있다. 그러나 A와 B를 취소하는 것에 대해서는 비슷한 비율로 나누어 진다. 전체적으로 spot B에 관한 선택의 비율은 100%를 초과

그림 3.7 spot A와 spot B를 예약하거나 취소하는 비율. 만약 30%가 spot A를 선호하면 70%는 spot A를 거절하므로 두 열 모두 합치면 100%이다

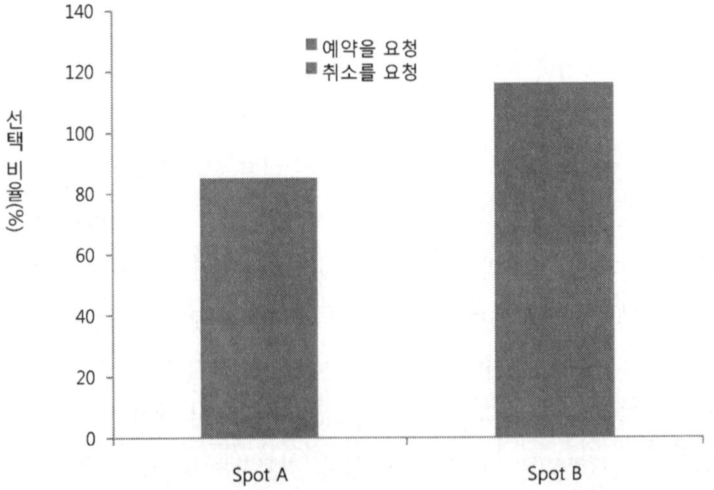

자료: Shafir et al.(1993)

한다. 즉, 사람들이 Spot B를 선호하지만 취소하기도 원한다는 것을 의미한다.

식료품 가게 안으로 들어가 Anna를 멈추게 하고 질문해 보자. 하나의 질문은 기업이 만든 새로운 시리얼에 대해서 $8를 충분히 지불할 의사가 있는가 하는 것이다. 이러한 질문 이후에 $6의 슈페리어는 상대적으로 저렴해 보이게 된다. 만약 질문이 $4가 된다면 슈페리어는 상대적으로 비싸 보인다. 이것은 사전적 단서 또는 기준에 의해 선택이 영향을 받는 닻내림 효과(anchoring effect)이다. 이것은 마치 상충대조처럼 보인다. 그러나 특정 상품에 대해 한 사람의 생각이 이전의 사건에 의해 영향을 받는 닻내림 효과와 다르게 상충대조는 2개 또는 더 많은 다른 상품이 비교된다.

어떻게 닻내림 효과가 일어나는지 설명하기 위해 Airely et al.(2003)의 연구를 살펴보자. 피험자는 자신들의 주민등록번호(Social Security Number) 마지막 2자리보다 높은 벨기에 초콜릿이나 다른 상품을 살 것인 지 물어본다. 예를 들어, 피험자들의 마지막 끝 두자리가 25라면 $25보다 더 많이 낼 의사가 있는 지를 묻는 것이다. 그 다음, 얼마나 지불할 용의가 있는지 묻는다. 주민번호의 마지막 끝 2자리 수는 무작위지만 <그림 3.8>에서 보듯이 중요하다. 평균적으로 $55를 지불하겠다는 사람들은 $15를 지불하기로 요구받은 사람들보다 높은 가격을 책정하였다.

5가지의 심리작용은 선택 휴리스틱의 결과이다. 휴리스틱은 '중간의 것을 집거나', '가장 극단적인 것을 집는 것'과 같다. 따라서 임의적 선택이 결과가 된다. 즉, 그들은

그림 3.8 초콜릿 1박스에 대해 피험자가 지불하려는 금액은 높은 주민등록번호 가진 사람들에게 더 높다

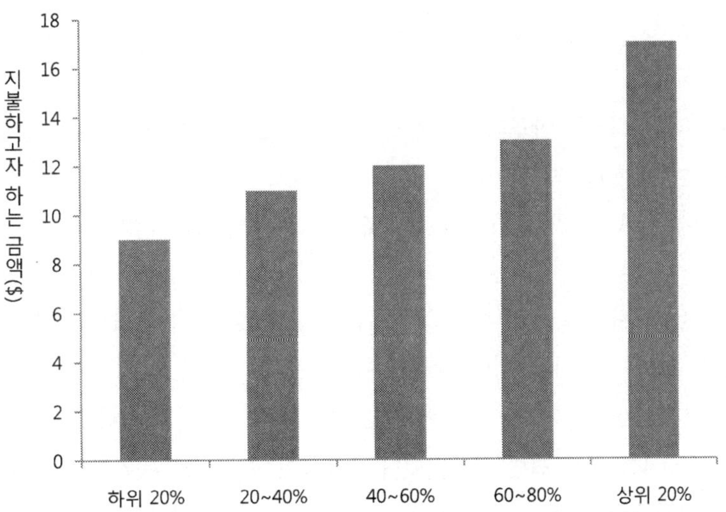

자료: Ariely et al.(2003)

맥락효과(context effect)를 일으킨다. 맥락효과는 외부요인이 선택에 영향을 미치는 것을 의미한다. 사람들은 자신들의 효용을 극대화하는 것을 모르기 때문에 맥락효과가 발생한다. 따라서 사람들이 만들어내는 경제적 선택의 맥락효과를 예측해야 한다. 이것은 임의적 선택과 맥락효과가 중요함을 의미한다.

상충대조나 극단회피 같은 것은 사람들이 이성적이지 않고 경제적 인간(homo economicus)과 같지 않다고 믿을 수 있다. 그러나 이는 사실이 아니다. 결정을 많이 해야 하는 복잡한 세상에는 '중간에 것을 선택하거나' 또는 '가장 중요한 것을 집거나' 또는 '제공되는 다른 선택에 영향을 미치는 것'이 최적일 것이다. 따라서 기본적인 경제적 관점에서 반대되는 것들에 대해서 궁금해 할 필요가 없다. 정말로 주민번호의 마지막 끝 2자리 수에 대해 선택이 영향을 받는 것과 같은 더 심한 이상한 효과(bizarre effects)는 이성적인 행동과 일치할 수 있다. 그러한 효과는 사람들이 사용하는 휴리스틱이 항상 실험실에서의 실험과 잘 맞지 않을 수도 있기 때문이다.

3. 닻내림

Tversky and Kahneman은 행운의 수레바퀴(wheel of fortune)를 조작한 적이 있다. 상당히 재미있는 실험이었다. 원래 수레바퀴에 표시된 숫자는 0부터 100까지였지만 그것이 10이나 65에만 멈추게 조작하였다. 그리고 오리건대 학생들을 대상으로 실험을 실시했다. 실험자 중 한 명이 소규모 학생들 집단 앞에 서서 바퀴를 돌린 다음, 그들에게 바퀴가 멈춘 숫자를 적도록 부탁했는데 물론 10이나 65 둘 중 하나였다. 이어 피험자들에게 다음 두 질문을 던졌다.

- UN 회원국들 중 아프리카 국가들이 차지하는 비중은 여러분들이 방금 적은 숫자보다 클까요, 적을까요?
- UN에서 아프리카 국가들이 차지하는 비중이 얼마나 된다고 생각합니까?

조작되지 않은 바퀴를 돌리더라도 이 질문들 중 어떤 것에 대해서도 유용한 정보를 생산해낼 수 없다. 그런데 실험에 참가한 학생들은 이 사실을 그냥 무시했어야 하지만 그러지 않았다. 10과 65 두 숫자만 본 학생들의 평균 추정치는 각각 25%와 45%였다.

현상은 일상에서 매우 빈번하게 일어나는 중요한 현상이므로 이름을 알아두는 것이 좋다. 이것을 닻내림 효과(anchoring effect)라고 한다. 닻을 내린 곳에 배가 머물 듯, 처음 입력된 정보가 정신적인 닻으로 작용해 이후 판단에 계속 영향을 미친다는 의미이다. 미지의 양을 추정하기 전 그 양의 가치를 추정해볼 때 이러한 현상이 발생한다. 추정치는 사람들이 미리 생각하고 있던 숫자와 비슷한 수준을 유지한다. 닻의 이미지가 계속 남는 것이다.

- 간디가 세상을 떠났을 때 나이가 114세 이상이었는가?

위의 질문에 간디가 세상을 떠났을 때 나이가 35세였는지를 묻는 질문을 받았을 때보다 간디의 사망 나이를 더 높게 추정할 것이다. 집값으로 얼마를 지불해야 할지 고민할 때도 매도 호가의 영향을 받을 것이다. 만일 매도자가 부르는 값이 높다면 낮을 때보다 그 집이 더 가치 있어 보인다. 숫자로부터 영향을 받지 않겠다고 결심하더라도 마찬가지이다. 이렇듯이 닻내림 효과의 사례들은 매우 많다. 사람들이 추정 문제에 대해 가능한 해결책을 고려해보도록 부탁 받은 어떤 숫자라도 닻내림 효과를 유발할 것이다.

이 실험을 통해 사람들의 판단이 불충분한 숫자에 큰 영향을 받는다는 사실을 제시했다. 행운의 수레바퀴의 닻내림 효과를 합리적이라고 말할 수 있는 방법은 없었다.

이제 조금 더 자세히 알아보자. 위스콘신 밀워키의 인구를 추정한다고 가정하자. 시카고에 사는 사람은 시카고 인구가 300만 명이고 밀워키는 위스콘신에서 가장 큰 도시이지만 시카고 보다는 훨씬 작다는 것을 알고 있다. 그렇다면 밀워키 인구는 시카고의 1/3 즉 100만 명 정도 일 수 있다. 밀워키 그린베이에 사는 사람은 그린베이 인구가 약 10만 명이고 밀워키가 그린베이보다 훨씬 큰 도시라는 것을 알고 있다. 따라서 그린베이의 3배 즉 30만 정도라고 추정할 수 있다.

이러한 어림짐작 과정을 '기준선 설정 및 조정' 과정이라고 한다. 시카고 사람은 시카고 인구를 기준으로 추정하였고 그린베이 사람은 그린베이 인구를 기준으로 추정한다. 이러한 실험을 반복한 결과, 시카고 사람은 밀워키 인구에 대해 높은 추정치를 제시한 반면 그린베이 출신들은 지속적으로 낮은 추정치를 제시하였다. 즉, 자신이 알고 있는 인구를 기준으로 추정한 결과 오류가 그 기준에 따라 커지거나 작아지는 경향이 있다.

문제는 전혀 관계없는 경우에도 닻내림(anchoring)으로 작용할 수 있다. 자신의 전화번호 끝의 3자리에 200을 더한 숫자를 적고, 훈족의 아틸라 왕이 유럽을 침략한 연도가 언제인지 추정하는 실험을 진행하였다. 이 실험에서 역사적인 사건과 전화번호는 전혀 관계가 없음에도 전화번호 숫자가 큰 사람들이 정답보다 높은 연도를 제시할 가능성이 높아지는 결과를 보여준다.

또 다른 이야기인 톰소여(Tom Sawyer)의 모험을 살펴보자. 사람들에게 무언가를 가지고 싶게 만들려면 그것을 손에 넣게 어렵게 만들면 된다고 하였다. 즉, 사람들이 중요한 물건이라는 또는 고가품이라는 인식을 갖게 되면 해당 물품을 가지고 싶어 하게 한다. 이는 첫인상 또는 각인(imprinting)의 중요성의 강조한다.

Pearl King의 흑진주 스토리를 살펴보자. 폴리네시아 산 흑진주는 연예인이나 부유층만이 가질 수 있는 값비싼 보석으로 인식되게 되고 있으나 초기에는 고가의 보석으로 받아들여지지 않았다. 2차세계 대전 중, 이탈리아 다이아몬드 상인 제임스 아사엘은 유럽에서 쿠바로 이주 하여 미군에 방수 스위스 시계를 납품하여 부를 축적하였다. 전후에 아들 살바도르 아사엘은 재고로 남은 시계를 일본의 진주와 교환하는 방식으로 사업을 확대하여 Pearl King이라는 칭호를 얻게 되었다. 살바도르 아사엘은 프랑스 출신 사업가 장 클로드 브루이에와 폴리네시아 산호섬에서 나는 흑진주를 미국에서 판매할 계획을 세우지만 처음에는 실패하였다. 당시 흑진주는 시장이 형성되어 있지 않아 수요가 거의 없었다. 아사엘은 전략을 수정하여 전설적인 보석상인 해리 윈스턴의 보석상에 흑진주를 높은 가격으로 전시하고, 고급 잡지에 대규모 광고를 실시하여 결국 매출이 증가하기 시작하였다. 즉 높은 가격 정책으로 고가품이라는 인식을 심는데 성공하여 매출을 증가시킬 수 있었다.

사람에게도 적용되는 새끼 거위의 법칙이 성립한다. 알을 깨고 나온 새끼 거위는 처음에 본 움직이는 사물을 따라다니는 습관으로 대부분의 경우 어미가 그 대상이 된다. 이러한 현상을 각인(imprinting)이라 한다. 즉, 처음 강하게 인식된 것을 바탕으로 의사결정을 내리고, 한번 내린 결정을 지속적으로 유지하는 현상을 각인이라고 한다. 새끼 거위가 가지는 이러한 행동양식은 사람에게도 그대로 적용된다. 행동경제학에서는 이를 닻내림 효과(anchoring)라고 한다.

Pearl King의 흑진주 성공사례는 닻내림 효과로 설명이 가능하다. 즉, 한번 흑진주를 비싼 가격에 사게 되면 사람들은 흑진주를 비싼 보석으로 인식하는 닻(앵커)을 내리는 효과를 갖게 된다.

마케팅에서 닻내림 효과 실험은 다음과 같다. 마케팅 수업을 듣는 학생들을 대상으로 실험하였다. 학생들에게 포도주, 트랙볼 마우스, 무선키보드, 벨기에산 초코렛 등을 보여주고, 상품 명단이 적힌 종이를 나누어 준다. 상품 명 옆에 사회보장번호 끝 2자리로 가격을 적도록 지시한다. 사회보장번호 끝자리가 20이면 $20를 적는다. 다음에 이

가격에 제품을 구입할 것인지를 명기하고, 마지막으로 실제로 구입할 때 지불할 수 있는 최고가를 적도록 요구한다. 최고 입찰가를 제시한 학생이 당첨되지만 당첨된 학생이 실제로 지불하는 가격은 두 번째로 높게 제시된 가격이다. 차순위를 제시된 가격을 실제로 지불하는 경매방식을 차순위가격 경매(Second Price Sealed bid auction)라고 하는데 William Vickery가 제안하여 Vickery Auction이라고 한다. 이러한 방식은 해당 물건에 대한 경매 참여자의 실제 가치를 호가에 반영되도록 하는 것으로 알려져 있다. 즉, 자신이 제시한 최고가를 지불해야 한다면, 실제가치보다는 적게 적으려는 경향을 가진다.

실험 결과에 의하면 사회보장 번호가 높은 학생들(80~90)은 높은 가격을 매긴 반면, 낮은 학생들(01~20)은 낮은 가격을 매겼다. 상위 20% 학생들은 무선 키보드에 평균 $56를 매긴 반면, 하위 20% 학생들은 $16를 매겼다. 이러한 실험결과는 처음 인지하게 된 사회보장 번호가 닻으로서의 역할을 하고 있다는 것을 보여 준다. 예를 들어, LCD TV를 $60에 구입한 사람은 모든 고화질 TV에 대해 $60를 기준으로 싼지 비싼지를 판단하는 경향이 있다.

이는 임의적 일관성(arbitrary coherence)으로써 비싼 흑진주 가격이나 또는 주민등록번호와 같이 임의적인 것이라도 닻을 내린 것과 같이 한번 인식이 되면 현재만이 아니고 그 이후에서 반복적으로 의사결정에 영향을 미치는 현상이다.

소음을 듣는 대가는 얼마인가? 실험대상자들을 두 그룹으로 나누고 방송 수신이 되지 않을 때 나는 소리와 같은 소음을 실험자들에게 들려준 뒤, 한 그룹에게는 10센트를 받고 소리를 다시 들을 것인지를 묻고, 이 질문에 답한 실험자들에게 소리를 다시 듣는데 필요한 최소 금액을 표시하도록 요구하였다. 다른 그룹에는 10센트가 아닌 90센트를 제시하고 앞에 실험을 반복하였다. 실험이 목표로 하는 것은 처음에 제시한 10센트와 90센트가 닻으로서 작용하는지를 확인하는 것이다. 결과를 보면 10센트를 제시했던 그룹은 평균 33센트에서 다시 듣는 것을 받아들였고, 90센트를 제시했던 그룹은 최소 평균 금액이 73센트로 나타났다. 처음 제시했던 금액이 다음 행동을 결정하는데 닻내림으로서 작용한다는 것이 명확하게 나타난다.

그렇다면 닻내림의 지속성은 존재할까? 임의적 닻내림은 지속성을 가지는지 하는 문제를 확인하기 위해 두 그룹에 대해 다시 실험하였다. 두 그룹에 다른 형태의 소음을 들려주고, 10센트 집단에게 '90센트를 받고 다시 소리를 들을 의사가 있는지'를 묻고, 이에 대해 예-아니요로 답한 뒤에 다시 소리를 듣기 위한 최소가격을 적도록 요구하였다. 90센트 그룹에 대해서도 같은 방법으로 10센트에 다시 들을 의사가 있는지 묻고 답변 후 다시 듣기 위한 최저가를 적도록 요구하였다.

이 실험에서도 역시 처음에 10센트를 제시했던 그룹은 90센트를 제시했던 그룹에 비해 상대적으로 낮은 가격을 요구하였다. 따라서 처음에 인지된 닻이 지속적으로 의사결정에 영향을 미친다. 사람들이 흑진주에 비싼 가격을 지불하거나 또는 가격이 비싼 스타박스를 즐겨 찾는 것은 이미 이들 제품들은 비싼 것으로 인식하는 닻내림 효과때문으로, 이러한 닻내림 효과는 한번 적용되면 오래 지속되는 효과를 가진다. 이는 임의적 일관성이다.

닻내림 효과에 따라 사고방식이 달라질 수 있는 사례도 존재한다. 돈을 받는 순간 즐거운 놀이도 귀찮은 일이 될 수도 있다. 톰소여(Tom Sawyer)의 모험을 보면 Tom이 집의 담에 흰색 페인트칠하는 일을 즐거운 놀이처럼 친구들을 속여 돈을 받고 친구들에게 페인트칠을 시킨 이야기이다. 이 이야기는 페인트칠을 일로 생각하면 힘들지만 놀이로 생각하면 돈을 지불하고서라도 즐기는 놀이가 될 수 있다는 것을 보여준다.

비슷한 예로, 시낭송에 대해 돈을 내고 들을 것인가? 또는 돈을 받고 들을 것인가?를 실험하였다. 학생들에게 시낭송 특별 강의에서 참가자격을 입찰로 결정한다고 공고하고 사전적 닻으로, 한 그룹의 학생들에게는 시낭송을 듣는데 $10를 낼 용의가 있는지를 적도록 하고, 다른 그룹의 학생들에게는 오히려 $10를 준다면 시낭송을 들을 용의가 있는지 적도록 요구하였다. 그 후 학생들에게 참가를 위한 입찰가격을 적어 내도록 지시하였다. $10를 낼 용의가 있는지를 적어낸 학생들은 지불할 의향이 있다고 답변하였다. 짧은 시에 $1, 중간 정도의 시는 $2, 긴 시에는 $3 정도의 액수를 제시하였다. 반면에 돈을 받을 것을 제안받았던 학생들은 오히려 시낭송 참여에 돈을 지불할 것을 요구하였다. 실험에 참여한 학생들은 시낭송이 즐거울 것인지 아니면 고통스러울지 몰랐지만, 질문에 답하면서 임의적으로 인지된 닻내림 효과에 따라 의사 결정한다는 것을 알 수 있다. 이는 임의적 일관성 효과이다. 사람들은 매일 매일의 의사결정에서 사전적으로 인식된 닻이 중요한 역할을 한다. 예를 들어, 강호동에 대한 선호, 단골로 다니는 음식점, 사람에 대한 첫인상, 대학을 꼭 가야한다는 생각, 경상도 또는 호남사람들에 대한 인식, 여성이 열등하다는 인식이 있을 수 있다.

위의 사례에서 보는 바와 같이 닻내림 효과는 경우에 따라 편협한 편견일 수 있다. 그러나 이러한 편견이 임의적 일관성(arbitrary coherence)을 가지고 지속된다는데 문제가 있다. 공정하고 바른 판단을 위해서는 이러한 편견에서 벗어나려는 노력이 중요하다.

그렇다면 공급과 수요 결정의 상호 의존성이 있을까? 경제학의 기본 분석 틀인 수요와 공급을 결정하는 요소는 상호 독립적이고, 수요와 공급의 작용에 의해 균형가격과 수량이 결정된다. 그러나 앞에서 본 바와 같이 수요를 결정하는데 닻이 중요한 요소이고, 닻은 광고, 소비자 권장가격, 무료 판촉물 제공 등 다양한 공급자의 조작에 의해 영향을 받을 수 있다. 따라서 수요는 공급으로부터 완전히 독립적으로 형성되는 것이 아닐 수 있다. 예를 들어, 흑진주의 사례에서도 공급자인 살바도르 아사엘이 흑진주 가격을 높게 책정하고 고급 잡지에 광고를 하면서 고급보석으로 수요가 형성되었다.

따라서 닻내림은 다양한 형태로 사람들이 판단에 영향을 줄 수 있다. 예를 들어 사람들에게 다음의 두 가지 질문한다고 하자.

(1) 현재 얼마나 행복한가?
(2) 데이트를 얼마나 자주 하는가?

질문을 (1), (2)의 순서로 할 경우 이에 대한 답변들은 전혀 상관관계가 없었다(11%). 그러나 질문을 (2), (1)의 순서로 할 때는 두 답변간의 상관관계가 62%로 증가하였다. 즉 데이트 관련 질문이 먼저 주어지면 사람들은 최근의 데이트 경험을 닻으로 하여 행복 여부를 판단하는 것으로 나타난다.

닻내림을 이용한 넛지도 있을 수 있다. 자선단체들이 자선 약정을 받을 때 대체로 액수에 대한 선택 안을 제시한다. 예를 들어, 선택 안을 $50, $75, $100, $150로 제시하는 경우와 $100, $250, $1000, $5000로 제시하는 경우 당연히 후자의 경우에 더 많은 액수를 기부하게 된다.

4. 닻내림 지수

많은 심리적인 현상들이 실험을 통해 입증 가능하지만 실제로 측정이 가능한 것은 거의 없다. 그러나 닻내림 효과는 예외이다. 이 효과는 측정이 가능하며, 인상적이라고 할 만큼 그 영향력이 크다. 이러한 실험은 상당히 드물기 때문에 사람들의 흥미를 유발한다. 샌프란시스코 과학관의 방문객들은 다음과 같은 두 가지 질문을 받은 적이 있었다.

> 세상에서 가장 높은 삼나무의 높이는 1,200피트를 넘을까, 넘지 않을까?
> 세상에서 가장 높은 삼나무의 높이는 어느 정도일까?[2)]

2) 1피트=30.48센티미터

이 실험에서 '높은 닻' 역할을 한 건 '1,200피트' 였다. 다른 방문객들에게는 첫 번째 질문의 1,200피트를 180피트로 조정했다. 닻의 높이를 '낮게' 낮춘 것이다. 두 닻의 차이는 1,020피트였다.

예상대로 두 집단을 844피트와 282피트라는 매우 다른 평균 추정치를 제시했다. 두 수치의 차이는 562피트였다. 닻내림 지수는 %로 표시된 두 숫자 차이의 비율(562/1,020), 즉 55%이다. 닻내림 지수는 이 닻을 추정치로 맹신하며 받아들인 사람들의 경우에는 100%가 될 것이고, 닻을 완전히 무시할 수 있는 사람들의 경우에는 0%가 될 것이다. 이번 사례에서 55%의 값은 일반적이다. 수많은 다른 실험들에서도 이와 유사한 값이 관찰되었다.

닻내림 효과는 실험실에서 가지는 호기심 차원을 떠나 실생활에 강력한 영향을 미칠 수 있다. 몇 년 전 실시된 한 연구에서 부동산 거래 대행인들은 실제로 시장에 나온 집의 가치를 평가할 수 있는 기회를 얻었다. 그들은 그 집을 방문해서 매도 호가 등, 집의 정보가 담긴 종합 안내서를 살펴보았다. 대행인 중 절반은 집의 실거래 가격보다 훨씬 더 높은 매도 호가를 보았다. 각 집단에 속한 대행인들은 집의 합리적인 구매 가격을 묻는 의견과 함께 자신이 만일 그 집의 소유자라면 집을 최저 얼마에 팔기로 동의할 수 있는지, 최저 가격에 대한 의견을 냈다.

이어 대행인들은 자신의 판단에 영향을 미친 요인을 묻는 질문을 받았다. 놀랍게도 매도 호가는 이 세 가지 요인에 포함되지 않았다. 대행인들은 매도 호가를 무시할 수 있는 자신의 능력을 자랑스러워했다. 그들은 매도 호가는 자신에게 아무 영향도 주지 못했다고 주장했지만 이는 틀렸다. 닻내림 효과는 41%였다. 실제로 전문가들은 부동산 거래 경험이 전혀 없는 경영대학원생들(이들의 닻내림 지수는 48%였다)만큼이나 닻내림 효과에 쉽게 영향을 받았다. 이 두 집단 사이의 유일한 차이점이라고는 학생들은 그들이 닻에 영향을 받았다는 사실을 인정했지만, 전문가들은 그 사실을 부인했다는 것뿐이었다. 강력한 닻내림 효과는 사람들이 대의명분에 얼마나 기여할지를 결정하는 등 돈과 관련해서 내리는 결정에서 쉽게 목격된다.

이 효과를 입증하기 위해서 샌프란시스코 과학관 연구에 참가한 사람들에게 태평양 유조선 때문에 일어난 환경 파괴 사례를 이야기해준 후 그들이 "기름 유출을 막거나 유조선 소유자들이 환경 정화 작업을 지원하게 만들기 위한 방법을 찾을 때까지 해안에 피해를 주는 기름 유출로부터 태평양 연안에서 서식하는 5만 마리의 바닷새들을 구하기 위해서" 매년 기부금을 낼 의향이 있는지 물었다. 강약도의 매칭이 필요한 질문이다. 즉, 응답자들은 사실상 바닷새들이 처한 곤경에 대해서 느끼는 감정의 강도에 맞는 기부금 액수를 찾아내야 한다. 몇몇 방문객들은 처음에는 얼마를 기부할지 주관식으로 묻는 질문 대신 "$5를 기부하시겠습니까?"와 같은 닻내림 질문을 먼저 받았다.

아무 닻이 없을 때 과학관 방문객들(대부분 환경에 민감한 사람들이었다)은 평균 $64를 기부할 의사가 있다고 말했다. 닻내림 금액이 불과 $5였을 때 방문객들이 기부하겠다고 말한 금액의 평균은 $20였다. 닻이 다소 높은 $40였을 때 기부하겠다고 말한 평균 금액은 $143였다.

이처럼 높은 닻과 낮은 닻을 접한 집단들이 제시한 기부금의 차이는 $123였다. 닻내림 효과는 30%가 넘었는데, 처음에 $100를 더 높게 요구할 경우 제시한 기부금 평균이 $30가 높아진 것이다.

이와 유사하거나 심지어 더 큰 닻내림 효과들은 추정치와 지불의사를 주제로 한 수많은 연구에서 확인되었다. 일례로 심각하게 오염된 일리노이 주 마르세이 지역 프랑스 거주자들은 오염이 덜한 지역에 살 수만 있다면 생활비가 얼마 정도가 더 오르는 걸 수용할 수 있느냐는 질물을 받았다. 이 연구에서 닻내림 효과는 50%가 넘었다. 닻내림 효과는 똑 같은 물건이 다른 '즉시 구입' 가격들로 제시되는 온라인 거래에서도 쉽게 관찰된다. 미술품 경매 가격의 '추정치' 역시 첫 번째 입찰에 영향을 미치는 닻이다.

닻내림이 합리적으로 보이는 상황들이 존재한다. 어려운 질문들을 접한 사람들이 지푸라기라도 잡으려는 시도는 당연하며, 닻은 그럴 듯한 지푸라기이다. 캘리포니아의 나무들에 대해 전혀 아는 바 없는 사람이 삼나무 높이가 1,200피트가 넘을 수 있냐는 질문을 받았다면, 이 숫자가 진실과 아주 동떨어져 있지는 않다고 추측할지 모른다. 삼나무의 진짜 높이를 아는 사람이 이 질문의 답을 생각해볼 때도 닻이 중요한 힌트가 될 수 있다. 그러나 닻내림을 주제로 한 연구의 핵심 결과는, 무작위적 닻들이 잠재적으로 정보를 제공하는 닻으로서 효과적일 수 있다는 사실이다. 실험자가 유엔에서 아프리카 국가들의 비율의 추정치 닻을 내리려 행운의 수레바퀴를 사용했을 때, 닻내림 지수는 그럴 듯한 힌트라고 간주되는 닻들에서 관찰되는 효과 범위 안에 충분히 드는 44%였다.

닻의 사용과 남용도 일어날 수 있다. 이제 가끔씩 점화효과와 불충분한 조정의 영향을 받는 닻내림 효과가 편재한다는 것을 알 수 있다. 닻내림을 만드는 심리적 메커니즘은 대부분의 사람들이 원하는 것보다 훨씬 더 영향을 쉽게 받도록 만든다. 그리고 사람들은 그렇게 쉽게 속는 경향을 자기에게 유리하게 이용하려 하고, 실제로 그럴 수 있는 사람들도 꽤 많다.

일례로 닻내림 효과는 무작위적 배급이 효과적인 마케팅 전략으로 이용될 수 있는 이유를 알려준다. 몇 년 전 아이오와 주 수시티에서 슈퍼마켓 쇼핑객들은 정가의 10% 정도 할인해서 파는 캠벨의 수프 판촉 행사를 접했다. 어떤 날에는 판매대 위에 '일인당 12개 한정'이라고 적힌 안내판이 있었다. 또 어느 날에는 '무한정 구매 가능'이라고 적힌 안내판이 있었다. 쇼핑객들은 구매 제한이 있을 때 평균 7개의 캔을 샀다. 무한정 구매가 가능할 때 그들이 구매한 개수보다 두 배 더 많은 수였다. 이 결과를 닻내림 하나만으로 설명할 수는 없다. 배급이란 상품이 판매대에서 불티나게 팔린다는 의미도 가지고 있기 때문에 쇼핑객들은 얼른 더 많이 사서 쌓아두고 싶다는 욕구를 느낄 것이다. 그러나 실험자는 12개라는 판매 제한을 언급함으로써 그 숫자가 룰렛 바퀴가 만들어낸 숫자일지라도 닻내림을 형성한다는 것도 안다.

판매자가 먼저 나서서 희망 매도 가격을 부른 후 집값을 둘러싼 협상이 일어날 때도 이와 똑같은 전략이 통한다. 다른 많은 게임들과 마찬가지로 가격이 매수자와 매도자 사이에서 결정되어야 하는 유일한 문제인 것처럼, 한 가지 주제를 놓고 벌이는 협상에서는 먼저 움직이는 쪽이 유리하다. 바자회에서 처음 협상할 때 첫 번째 닻은 강력한 효과를 발휘한다. 협상법은 다음과 같을 수 있다. 상대방의 제안이 터무니없다고 생각될 때 자신도 똑같이 터무니없는 제안을 해 좁히기 어려운 틈새를 만들어서는 안 된다. 그보다는 한바탕 소란을 피우면서 마음에 안 든다며 자리를 박차고 뛰쳐나가거나 그러겠다고 위협하고, 자신뿐 아니라 상대방에게도 지금 제시된 숫자로는 협상을 계속하기 힘들다는 걸 분명히 해둬야 한다.

심리학자 아담 갈린스키와 토머스 머스웨일러는 협상에서 닻내림 효과를 거부하기 위한 더욱 똑똑한 방법을 제안했다. 그들은 협상에 참여한 사람들에게 집중해서 닻에 반하는 주장들이 담긴 기억을 찾으라고 조언했다. 숙고시스템(시스템 2)을 활성화시키라는 이 조언은 매우 효과적이었다. 협상하는 사람이 상대방이 받아들일 최소한의 제안이나 또는 상대방이 합의를 거부 할 비용에 관심을 집중했을 때 닻내림 효과는 줄어들거나 사라진다. 의도적으로 '정반대로 생각하는' 전략은 닻내림 효과를 피하는 좋은 방어책이 될 수 있다. 닻내림 효과를 생산하는 사고의 편향적 수용을 거부하기 때문이다.

그렇다면 닻내림과 앞에서 나온 두 가지 시스템은 어떤 관계가 있을까? 무작위적 닻이 주는 효과들은 자동시스템(시스템 1)과 숙고시스템(시스템 2)의 관계에 대해 많은 것을 시사해준다. 닻내림 효과는 궁극적으로 숙고시스템(시스템 2)에 의해 완성되는 판단과 선택의 과제로 연구되어 왔다. 그러나 숙고시스템(시스템 2)은 자동시스템(시스템 1)의 자동적이면서도 비자발적인 활동이 기억으로부터 불러들이는 데이터를 가지고 작업한다. 따라서 숙고시스템(시스템 2)은 일부 정보를 불러들이기 쉽게 만들어주는 닻의 편향적 영향을 쉽게 만들어주는 닻의 편향적 영향을 쉽게 받는다. 또한, 숙고시스템(시스템 2)는 이러한 영향을 통제하는 능력도 없고 그것을 알지도 못한다. 임의적 또는 어처구니없는 닻들(예: 간디는 144세에 사망했다)에 노출되었던 사람들은 이처럼 쓸모 없는 정보가 그들의 추정치에 영향을 끼칠 수 있었다는 사실을 자신 있게 부정하지만 그들의 생각은 틀렸다.

소수의 법칙을 논의하는 자리에서 메시지가 즉각 거짓말로서 부정되지 않을 경우, 그 신뢰성에도 불구하고 연상 시스템에 똑 같은 영향을 미친다는 걸 확인했다. 메시지의 요지는 이야기이고, 이야기는 정보의 양이 적고 질도 엉터리더라도 구할 수 있는 모든 정보에 기초를 두고 있다. WYSIATI의 논리가 여기서 성립한다. 부상당한 등산객을 영웅적으로 구했다는 이야기를 읽고 그것이 당신의 연상기억에 주는 영향은 언론보도나 영화 줄거리가 주는 영향과 매우 흡사하다. 닻내림은 이러한 연상적 활성화로부터 비롯된다. 이야기의 진실 여부는 사실 별로 중요하지 않다. 임의적 닻이 주는 강력한 효과는 이러한 현상의 극단적인 사례이다. 임의적인 닻은 아무 정보도 제공해주지 못하기 때문이다.

사소한 컴퓨터의 스크린 세이버 내용때문에 자기도 모르게 낯선 사람들을 도우려는 의지가 발생한다면, 과연 사람들은 얼마나 자유로운 것인가? 닻내림 효과들은 이와 유사한 방식으로 위협적이다. 사람들은 항상 닻을 의식하고 심지어 주의도 기울인다. 그러나 닻이 달라지거나 아예 없을 경우에 어떤 생각을 할 수 있었을지 상상하지 못하기 때문에 닻이 사람들의 생각을 어떻게 인도하고 제약하는지 알지 못한다. 그러나 협상테이블에 놓인 숫자가 무엇이든 우리에게 닻내림 효과를 미친다고 전제해야 한다. 그 협상에 걸려 있는 것이 많다면 닻내림 효과로부터 영향을 받지 않기 위해서 우리 자신(우리의 시스템2)을 가동해야 한다.

제3절 심리적 회계와 프레이밍

심리적 회계(mental accounting)의 예를 들어 보자. $5천이 있는데도 카드빚 $3천 를 갚지 않는 이유는 무엇일까? 심리적 회계는 경제주체 중의 하나인 각 가정이나 개인이 예산과 지출을 통제하는 시스템으로 실제로 많이 사용하고 있으나 자각하지 못하고 있다. 매달 초에 사용 내역별로 예산을 정해 놓으면, 어느 특정 부문의 예산이 소진되면 다른 용도의 예산이 남았더라도 용도를 전환해서 사용하는데 부담을 느끼게 된다. 이러한 부담이 지출을 통제하는 시스템으로 작용한다. 기업체에서는 예산의 용도 전환이 엄격하게 규제되고, 특별한 사정이 있어서 용도전환이 필요할 경우에는 이사회의 승인 등 절차를 밟도록 하고 있다.

도박꾼은 도박장에 자신이 가지고 간 돈과 도박에서 딴 돈을 다른 주머니에 넣는데, 딴 돈을 가지고 베팅할 경우 자기 돈보다 훨씬 모험적으로 베팅하는 경향이 있다. 도박꾼들은 도박에서 딴 돈을 '하우스머니'라고 하는데 이는 도박장을 하우스라고 부르는데서 연유한다. 일반적으로 사람들은 예외적으로 생긴 돈은 자신이 직접 벌거나 저축한 돈에 비해 헤프게 쓰는 경향이 있다. 1990년대에 대규모로 주가가 상승한 적이 있는데, 이는 투자자들이 지난 수년간 주식으로 벌어들인 돈으로 투자하면서 높은 리스크를 감수하고 과감하게 투자했기 때문이다.

통계조사의 의하면 미국 일반 가정의 경우 예금계좌에 $5,000 이상 가지고 있으면서, 평균 이자율이 18%가 넘는 신용카드 부채를 $3,000나 가지고 있는 것으로 나타난다. 이러한 행태는 이해가 되지 않는 것으로 보이지만, 이들은 현금으로 기존의 카드빚을 청산하더라도 다시 최대한도까지 카드 부채를 쓰게 될 것을 알고 있기 때문이다. 따라서 보유하고 있는 현금은 그만큼 지출을 억제하는 효과를 가진다.

그렇다면 왜 맥락효과가 존재할까? 왜 외적인 요소가 사람들의 선택에 영향을 미치는가? 시작은 프레이밍 효과(framing effects)라고 불리는 맥락효과의 부분집합에서 집중하자. 프레이밍 효과는 같은 것에 대한 세부적인 설명들로 인해 다른 선택으로 이어지는 곳에서 발생한다. 어떤 사람들은 Spot B로 휴가지로 선택하는 것과 Spot B로 가지 않는 선택을 하는 것이 프레이밍 효과의 예이다. 어떤 사람들의 선택은 그들에게 실행하였던 질문하는 방식이나 어떤 프레이밍에 의해 달려있다는 것이다. 만약, 사람들에게 같은 선택집합이 주어질 때 다른 선택을 하는 지에 대해 설명할 수 있다면 사람들이 약간만 다른 조건의 선택집합에서 다른 선택을 만들어 내는 지에 대한 이유를 간단하게 알 수 있다.

프레이밍 효과(또는 맥락효과)를 관찰해야하는 지에 대한 이해를 돕기 위해 <표 3.6>에 요약된 기본적인 인지과정(cognitive process)의 분류를 살펴보자. 분류에 따르면 처음에 어떤 것을 볼 때, 지각과 직관이 자동적으로 반응하여 무엇을 보고 있는지에 대한 인상을 보여주게 된다. 이러한 과정은 자연적으로 이루어지므로 사람들은 이러한 과정

표 3.6 다른 뇌 처리과정

시스템1: 직관	시스템2: 추론
• 빠르고, 자동적이고, 노력이 없고 현재의 감정의 의존한다. • 즉각적으로 생각은 머리로부터 전달되고 물체를 알아본다.	• 느리고, 노력해야 하고, 사려깊으며 감정의 의존한지 않는다. • 인지와 판단을 담당한다.

에 대해 조금 컨트롤 하거나 아예 컨트롤 할 필요가 없다. 예를 들어, Anna는 전적으로 직관에 의존하여 선택을 할 수도 있다. 그러나 경제학적 관점에서 선택이라는 주제로 넘어오면 Anna는 옵션을 추론하고 생각하고 정보를 이용해 판단한다. 이러한 상황에서는 추론과정(reasoning process)을 사용할 것이다.

비록 Anna가 추론한다고 해도 초기의 인지와 직관이 이후의 추론의 출발점으로서 영향을 준다. 따라서 초기의 지각과 직관은 중요하고 선택이 프레이밍화되는 방법은 추론하는데 차례로 영향을 주는 지각과 직관에 영향을 미칠 것이다. 앞의 상충대조를 설명할 때 살펴보았다. 만약 누군가가 쿠폰비용이 $15라고 생각하고 있을 때 쿠폰가격으로 $10를 지불할 용의가 있냐고 묻는다면 그 거래는 좋은 거래가 될 것이다. 만약 그들이 쿠폰가격이 $5로 알고 있었는데 $10를 내라고 하면 그것은 나쁜 거래라고 느낄 것이다.

맥락효과와 프레이밍이 추론에 영향을 미치는 지각과 직관에 영향을 미치는 것은 행동경제학에서 매우 중요하다. 경제적 인간(homo economicus)은 추론을 사용하고 지각과 직관이 수행하는 역할을 알게 되면 사람들이 표준적인 경제학으로 설명되는 이유보다 사람들이 그렇게 행동하는 이유에 대해 다른 관점을 제공할 수 있다. 더 나아가서 맥락과 프레이밍 효과의 설명은 몇 개의 실험에 대한 단순한 결과가 아니고 사람들이 선택을 하는데 불가피했다는 것을 의미한다. 사람들은 매시간 특정한 방법으로 프레임이 정해져 있는 선택의 상황에서 선택을 하며 이러한 프레임은 지각, 직관, 추론 그리고 선택을 하는데 영향을 미칠 것이다. 이제 기준점에 대해 이해해 보자.

1. 기준에 의존하는 효용

사물에 대한 속성은 처음 인지할 때 다른 것들보다 접근하기 용이하다. 그러한 물체의 자연적인 평가(natural assessments)는 크기, 거리, 소음, 온도, 유사성 그리고 그것이 좋은지 나쁜지에 대한 것들을 포함한다. 자연적인 평가(natural assessments)는 절대적이 아니라 상대적이다. 정확한 양, 길이, 온도 등을 알 필요없이 어떤 것이 더 큰가, 더 긴가, 더 소리가 큰가, 더 더운가 아닌가에 대해 이야기 하는 것이다. 상대적인 중요도를 판단하기 위해 몇 가지의 기본적인 비교가 필요한데 이를 위해서 기준점(reference point) 또는 기준수준(reference level)이 필요하다. Kahneman(2003)은 행동경제학에서 중요한 절대적인 것과 상대적인 것의 차이를 설명하려고 하였다.

예를 들어, 두 사람은 브로커로부터 매달 보고서를 받는다. Carol은 재산(wealth)이 $4백만에서 $3백만으로 되었다. Amanda는 재산(wealth)이 $1백만에서 $1.1백만으로 되었다. 누가 더 행복한가?

기본 경제학에서는 효용함수 u(x)를 사용하는데 x는 돈 또는 화폐이고 더 많은 돈을 보유할수록 더 높은 효용을 가진다고 가정한다. 따라서 Carol의 효용이 U($3 million) > u($1.1 million)이기 때문에 더 높다고 말할 수 있다. 그러나 대부분의 사람들은 Amanda가 더 행복하다고 생각하기 때문에 경제학 이론처럼 간단해보이지 않다. Amanda의 재산이 이전보다 더 많이 늘었고, Carol의 재산은 상대적으로 이번보다 더 적어졌기 때문에 Amanda가 더 행복할 것으로 생각한다.

이 예에서 상대적인 측정과 절대적인 측정의 차이에 대해 고민해 보자. 이것을 보는 가장 간단한 방법은 측정된 결과(outcomes)에 관한 기준점(reference point)을 가정하는 것이다. 즉, 어떤 기준점 r에 대한 결과 x의 효용을 측정하는 효용함수 또는 가치함수(value function) v(x−r)을 사용할 수 있다. 만약 기준점 r=0이라면 가치함수는 일반적인 경제학과 같아지게 된다. 그러나 작년의 재산과 같이 r 값이 다르다면 다른 값을 얻게 된다. 작년의 재산을 r을 놓으면 Carol의 가치함수 v($-1million)가 되고 Amanda의 가치함수는 v($0.1 million)이 됨을 알 수 있다. 이 공식에 의해 Amanda가 v($0.1 million) > v($-1million) 이기 때문에 더 행복함을 알 수 있다. 이제, Amanda는 행복하다. 그러나 여전히 Carol이 Amanda보다 더 돈이 많기 때문에 이 공식이 조금 불완전해 보인다. 훨씬 일반적인 기준에 의존하는 효용함수(reference dependent utility function)는 아래와 같다.

$$u^r = \eta u(x) + (1-\eta)v(x-r)$$

여기서 η은 파라미터(parameter)이고 r은 기준점(reference point)이다. 전체적인 효용은 전체의 재산(wealth)에서 발생하는 효용과 상대적인 이득과 손실로부터 발생하는 효용의 가중합(weighted sum)이다. 이를 통해 Carol은 재산이 늘었기 때문에 행복한 면과 잠재적으로 재산이 줄었기 때문에 덜 행복한 면, 두 가지를 고려하면 잠재적으로 더 행복해졌다고 볼 수 있다.

기준점을 통해 효용을 측정할 경우, 이득과 손실사이에 차이가 존재한다. 직관적으로 이익을 얻는 경우 기준점보다 위에 있으며 손실이 발생하는 경우 기준점보다 아래에 있게 된다. 이제 손실회피(loss aversion)에 대해 살펴보자. 만약 같은 크기의 이득을 가져다 주는 효용의 증가보다 손실에 의해 발생하는 효용의 감소가 더 크다면 어떤 사람은 손실회피적이라고 한다. 즉, 가치함수의 측면에서 손실회피는 $g>0$보다 클 때 $v(-g) < -v(g)$로 나타낸다. 즉, 이득이 좋은 것보다 손실이 더 나쁘다는 것이다.

기준점 의존(reference dependence)과 손실회피가 행동경제학적으로 얼마나 큰 영향을 주는지에 대해서 살펴보자. 이것에 대해서 더 자세하게 설명하기 전에 잠시 왜 기준점 의존(reference dependence)이 중요한 지에 대해서 살펴보자.

기준점이라고 불리는 r이라는 다른 파라미터를 효용함수에 넣는 것처럼 보일 지도 모른다. 만약 이러한 상황이라면 경제학자들이 그들이 전통적으로 해왔던 모형에서 효용과 효용극대화의 방법을 여전히 사용할 수 있고, 좋은 방법이 아니라면 함수에 변화를 줄 수도 있다. 그러나 그렇지 않다. 어떠한 결정이 상대적으로 임의적일 때 사람들은 기준점을 사용하고 인식과 직관에 의해 결정하게 될 것이다. 즉, 기준점은 중요한 프레이밍효과와 맥락효과를 일으키는 맥락에 의존한다고 할 수 있다. 이것은 효용함수에 단지 파라미터를 추가하는 것보다 기준에 의존하는 것이 더 중요한 이유이다.

2. 손실회피

사람들은 자신이 소유하고 있는 것들에 대해 높은 가치를 부여하는 경향이 있다. 집이나 중고차 등을 팔려는 사람은 사려는 사람보다 시장가격보다 항상 높은 가격에 내놓으려고 한다.

듀크 대학에서 농구는 학생들이 가장 열광하는 스포츠이다. 농구장은 규모가 작고 낡았다. 그런데 오히려 작은 농구장이 응원 열기를 더 느끼게 하여 한번 경험하면 평생 잊지 못하는 추억으로 남게 된다. 규모가 작고 수용인원이 제한되므로 대학 농구팀이 참가하는 게임에 입장권을 얻기 위한 치열한 경쟁을 벌인다. 학생들은 봄 학기가 시작하기 전에 이미 경기장 밖에 텐트를 치고 입장권 경쟁을 시작한다. 이렇게 생긴 텐트촌을 농구팀 코치의 이름을 따서 크리지제프스키 마을이라고 하는데 단순히 텐트를 먼저 침으로서 순서가 결정되는 것이 아니고 가끔 나팔 소리가 들리면 5분 이내에 적어도

한사람이 텐트에서 튀어나와 등록을 해야 해야 한다. 따라서 단순히 텐트를 치는 것이 아니고 한두 명은 텐트에 남아서 밤낮으로 지켜야 한다. 텐트가 비어 있어 아무도 등록을 못할 때는 텐트를 맨 뒤로 옮겨야 하며, 경기가 가까울수록 나팔소리는 더 자주 울리게 된다. 이렇게 오랜 동안 텐트 줄을 섰어도 나중에 추첨 표를 받아 추첨에 당첨되어야 표를 얻을 수 있다. 농구 게임 표를 얻은 학생과 못 얻은 학생이 표에 대해 느끼는 가치는 얼마일까? 학생들은 텐트를 치고 몇 달 동안 고생을 같이 한 경험이 있음으로 표를 구했던 못 구했건 비슷한 가치를 부여할 것으로 추측가능하다. 특히 표를 구하지 못한 학생들은 아쉬움으로 인해 높은 가격으로 살 용의가 있을 것으로 생각할 수 있다. 그러나 표를 구한 학생이 팔려는 가격은 평균 $2,400인 반면 표를 구하지 못한 학생이 사려는 가격은 평균 $175로 약 14배의 차이가 있었다.

일반적으로 파는 사람은 높은 가격에 팔고 싶어 하고, 사려는 사람은 가능하면 싸게 사려고 하지만 그럼에도 불구하고 어떻게 큰 차이는 어디서 발생할까? 일단 물건을 소유하게 되면 갖게 되는 비이성적 습성 세 가지를 살펴보자.

첫째, 이미 보유하고 있는 것에 대한 깊은 애착이 있을 수 있다. 사람들은 자신이 보유하고 있는 물건들에 대해 애착을 가지는 경향이 있다. 이미 오랫동안 소유하고 있는 물건들에 대해서는 그 물건과 함께한 추억들이 있고 이러한 추억이 해당 물건에 대한 애착을 갖게 하는 요인. 따라서 이러한 물건들에 대해 높은 가치를 부여한다. 그러나 오랫동안 소유하지 않았더라도, 내 것이라는 인식을 가지는 순간부터 애착을 가지는 경향이 있다.

둘째, 얻을 것보다 잃어버릴 것에 더 집착하는 습성이 있다. 농구티켓을 파는 학생들은 티켓을 판돈으로 구입할 수 있는 것보다 농구 게임을 보지 못하는 아쉬움에 더 집착한다. 손때 묻은 옛날 물건들을 처분하지 못하고 쌓아 놓는 습관 등이다. 오랫동안 가꾸고 관리한 낡은 개인주택을 처분하고 아파트로 이사 가려는 노부부는 새집에서 얻는 편리함보다 이제는 더 즐길 수 없는 낡은 주택에서의 추억에 더 아쉬워한다.

셋째, 상대방도 내가 보는 관점에서 거래를 평가할 것이라는 믿음이다. 낡은 개인주택을 처분하는 사람이 구입하는 사람도 자신이 살면서 즐겼던 좋은 점들(부엌 창으로 들어오는 햇살, 정원의 큰 나무와 그네 등)을 같이 느낄 것이라는 생각할 수 있다. 그러나 집을 구매하는 사람들은 벗겨진 페인트, 삐거덕거리는 계단, 깨진 기와 등을 수리해야 하는 비용에 더 관심이 있을 수 있다.

이미 내 소유라고 생각했을 때의 특이성은 한 대상에 많은 노력을 기울일수록 소유의식이 강해지는 경향이 있다. 이와 관련해서 이케아 효과가 있다. DIY 가구와 같이 가구를 직접 조립하든지, 컴퓨터 소프트웨어를 직접 설치하는 경우와 같이 더 많은 노력과 시간을 투자한 물건일수록 애착과 소유의식이 강해지는 경향이 있다.

또한, 가상의 소유의식(virtual ownership)은 실제로 소유하기 전이라도 내 것이라고 생각하면서 갖게 되는 애착이다. 예를 들어, 많은 광고들은 소비자들에게 가상의 소유의식을 심기 위해 노력한다. BMW 컨버터블을 타고 부부가 캘리포니아 1번 도로를 달리는 영상을 보면 자신이 그 차를 운전하고 있다고 생각한다. 탤런트가 입은 멋진 옷 광고를 보고 소비자는 그 옷을 자신이 입은 것으로 가상한다. 비슷한 예로 체험 판촉은 일정 기간 사용 후 맘에 안 들면 반품하는 전략이다. 그러나 일단 사용을 하게 되면 이미 소유의식이 생겨나게 되는 효과이다.

위의 예처럼 사람들은 본능적으로 손실을 피하려는 경향을 가진다. 이러한 손실기피 본능은 현재 가지고 있는 것을 지속적으로 보유하려고 하는 강한 욕구를 갖도록 한다.

사람들은 한 번 소유한 물건들에 대해 애착을 가질 뿐 아니라 무엇을 잃을 때의 손실감이 같은 것을 얻을 때의 만족도보다 훨씬 큰 경향을 가지고 있다. 이는 뒤에 다룰 한계효용 체감의 법칙과 연결된다.

동전던지기 내기 실험에서 '동전의 앞면이 나오면 당신이 $X를 따고 뒷면이 나오면 $100를 잃는 내기의 경우, X가 얼마가 되어야 내기에 참여하겠는가?'라고 피험자에게 물으면 대부분의 사람들은 $200는 되어야 $100의 손해를 감수하려고 한다. 즉, 이길 때 예상되는 보상이 예상되는 손실보다 충분히 커야 게임에 참여하겠다는 의지를 나타낸다.

3. 소유효과

이케아(IKEA) 효과는 이미 많이 알려져 있는 효과이다. 사람들은 왜 자기가 만든 것을 과대평가하는 것에 대해 알 수 있다. 이케아의 조립 설명서는 그렇게 자세하게 되어 있지 않아, 잘못 조립해서 다시 분해하거나 또는 시간이 많이 소요될 경우가 많다. 그 이유는 조립 과정에 어느 정도 시간을 뺏기고 어려움을 느낄수록 제품에 대해 더 애착을 느끼기 때문이다.

완제품보다 반제품을 선호하는 이유는 다음과 같다. 사람들은 자신이 직접 만든 것에 대해 자부심을 가지는 경향을 가지게 된다. 예를 들어 새로운 요리법을 개발하거나, 어머니에게서 전수받은 요리법대로 맛있는 요리를 할 경우 사람들은 자부심을 느낀다.

그러나 간단한 인스턴트식품의 포장을 베껴 데운다고 해서 자부심을 가지지는 못한다.

그렇다면 인스턴트식품과 요리의 중간 정도에 대해 사람들은 어떻게 느낄까? 식품점에서 구입한 스파게티 소스에 야채와 치즈를 더 넣고, 취향에 따라 허브를 넣는다면 어떨까? 이는 반 조리 식품이 인기를 얻는 이유로 연결된다.

빵이나 쿠키 등을 쉽게 구울 수 있는 케이크 믹스가 나온 것은 1940년대이다. 그 후 많은 제품들이 인기를 끌었으나 물만 부어 케이크를 구울 수 있는 케이크 믹스는 인기를 끌지 못했다. 이는 주부들이 자신이 직접 만들었다는 느낌을 가질 수 없기 때문이다. 심리학자이자 마케팅 전문가인 디쳐(Ernst Dichter)는 반 조리 식품에 몇 가지를 주부들이 직접 넣도록 함으로써 이 문제를 해결할 수 있다고 판단하였다. 예를 들어, 식품기업 Pillsbury는 케이크믹스에서 건조달걀을 빼고 주부들이 직접 신선한 달걀, 우유, 오일을 넣도록 하여 매출을 크게 늘렸다. 또한, Sandra Lee의 '세미 홈메이드' 열풍이 있었는데 Sandra Lee는 70/30의 홈메이드 원리를 만들어 특허까지 냈는데, 전체 요리 과정의 70%는 이미 만들어진 반 조리 식품을 이용하고 나머지 30%를 신선하고 창의적인 재료를 이용한다면 요리의 즐거움을 느끼면서 시간을 절약할 수 있다고 주장하였다.

또 다른 예로, 미국의 작은 자동차 기업 Local Motors는 고객이 직접 자신의 자동차의 기본 디자인을 선택하고 세부 디자인을 바꿀 수 있도록 했을 뿐 아니라 3일 동안 제작과정에 참여할 수 있는 기회를 부여하였다. 이렇게 자신이 제작과정에 참여한 운전자는 자신의 차에 깊은 애착을 가지는 경향이 증가하였다.

이러한 예는 경매방식에도 적용되었다. 종이접기 부스를 설치하고 원하는 학생은 개구리나 학과 같은 종이접기를 한 후, 작품의 소유권은 주최 측에서 갖지만, 참여자들은 자기가 만든 작품에 대해 특별한 경매방식을 통해 구매할 수 있도록 하였다. 경매방식은 참여자가 자신이 만든 작품에 대해 가격을 정하면, 컴퓨터가 무작위로 숫자를 추출해서 제시하고, 제시된 숫자가 참여자가 정한 가격보다 낮을 경우 참여자는 컴퓨터가 제시한 가격을 지불하고 작품을 가져갈 수 있다. 만약 컴퓨터가 제시한 숫자가 참여자가 정한 가격보다 높을 경우에는 종이 작품을 가져갈 수 없다. 이러한 방법은 참여자가 자신의 작품에 대해 낮은 가격을 제시하는 경향을 어느 정도 억제할 수 있어, 차순위가격 경매(Vickery Auction)와 비슷한 효과를 가진다. 종이 접기에 직접 참여한 사람들은 자신들의 작품에 대해 평균 23센트를 정했다. 반면 종이접기에 참여하지 않은 학생들은 참여자들이 만든 작품에 대해 평균 5센트를 붙였다. 종이접기 전문가를 초청하여 종이개구리와 학을 접어달라고 부탁하고, 이들이 만든 작품에 대해 종이접기에 참여하지 않은 학생들에게 가격 평가를 부탁한 결과 평균 27센트의 가격을 매겼다. 이러한 결과는 종이접기에 참여한 학생들이 자신이 만든 작품에 대해 과대하게 평가한다는 것을 보여준다. 이는 자신이 만든 것에 대해 강한 애착을 가지는다는 것을 의미를 가진다.

최근 기업들은 제품의 기획 및 디자인 과정에서 소비자들을 직접 참여시키는 경향인 맞춤형 상품으로 진화를 하고 있다. 경우에 따라서는 고객이 개개인의 취향에 따라 직접 제품을 디자인 하는 경우도 있다.[3] 예를 들어, 신발이 될 수 있다.

완성품과 미완성품에 대한 애착의 정도는 어떨까? 이케아 효과 실험에서 사람들이 더 많은 노력을 들일 경우 더 큰 애착과 더 높은 가치 평가를 하게 된다는 것을 알 수 있다. 따라서 이케아에서 조립 설명서를 아주 친절하게 만들지 않는 다는 것은 중요한 의미를 가진다. 그러나 단순히 더 많은 노력을 하게 하여 완성을 어렵게 한다면 문제가 있을 것이다. 사람들은 작업의 완성 또한 애착을 유발하는 중요한 요소가 된다.

앞의 종이접기 실험에서 설명서를 세 가지 종류로 작성하였다. 한 그룹은 설명서를 쉽게 이해할 수 있도록 하여 쉽게 종이접기를 완성하였다. 두 번째 그룹은 설명서를 까다롭게 하여 많은 노력 후에 종이접기를 완성하였다. 세 번째는 까다로운 설명서를 제시하여 종이접기를 완성하지 못한 그룹이다.

실험 결과에 의하면 두 번째 그룹, 즉 어느 정도 까다로운 설명서로 인해 많은 노력 후에 종이접기를 완성한 그룹이 자신의 작품에 대해 가장 높은 애착을 보이는 것으로 나타난다. 반면 종이접기를 실패한 사람들은 자신의 실패한 작품에 대해 애착을 별로 보이지 않았다.

비슷한 일화로 Thaler는 경제학자인 R교수를 살펴보았다. 1975년 기준으로 거액인 $100란 높은 금액을 제시 받고도 수집한 와인을 팔려 하지 않는다는 사실을 알게 되었다. R교수는 경매에서 와인을 샀지만 한 병당 $35 이상을 지불하는 법이 없었다. 가격이 $35~$100 사이에서 움직일 때는 와인을 사지도 팔지도 않았다. 이러한 큰 격차는 경제이론과 부합하지 않는다. 만일 특정 와인 한 병이 그에게 $50의 가치가 있다면, 그는 $50을 넘는다면 와인을 팔 의사가 있어야 한다. 그 와인을 가지고 있지 않다면 그것을 소유하기 위해 최대 $50까지 지불할 의사를 보여야 한다. 이처럼 바로 수용 가능한 매도 가격과 바로 수용 가능한 매수 가격은 똑같아야 했지만 실상 최소 판매가격($100)은 최대 구매 가격($35)보다 훨씬 높았다. 와인을 소유하고 있으면 그 가치가 계속 오를 것처럼 보였다.

3) http://www.converse.com

특히 Thaler는 일반적으로 거래되지 않는 재화에 해당되는 이러한 소유효과(endowment effect)의 많은 사례들을 찾아냈다. 이미 매진된 인기 밴드의 콘서트 입장권을 가지고 있다고 가정하자. 만약 R교수가 정가 $200를 주고 입장권을 구매했다고 하자. R교수는 그 밴드의 열렬한 팬이기 때문에 입장권을 구하기 위해 최대 $500까지 지불할 의사가 있었다. 입장권을 가지고 있는 R교수는 인터넷에서 R교수다 더 돈 많고 더 콘서트를 절실히 원하는 팬들이 $3,000에 입장권을 구한다는 정보를 얻었다. 입장권을 팔겠는가? 매진된 공연에서 대부분의 청중이 보여주는 모습을 기억한다면 당신은 팔지 않을 것이다. 이제 당신의 최저 매도가격은 $3,000 이상이며, 최소 구매 가격은 $500이다. 이는 소유효과가 무엇인지 보여주는 사례이며, 표준경제이론을 믿는 사람은 이 효과에 의문을 품는다. 탈러는 이러한 종류의 수수께끼를 설명 할 수 있는 방법을 찾고 있었다.

기준점 의존과 손실효과에 의해 발생하는 결과로 소유효과(endowment effects)의 존재에 대해 보다 자세히 List(2004)의 연구를 이용하여 살펴보자. List는 미국 피험자들을 대상으로 한 스포츠 카드 쇼에서 사람들이 간단한 조사에 참가하도록 하는 안내문을 게시했다. 조사에 응한 사람들에게는 소정의 선물을 주는데, 선물로 동일한 가치를 가지는 커피 머그(mug)나 초콜릿 바 중에서 하나를 고를 수 있다고 말했다. 그는 조사에 참가한 사람들에게 이 선물을 무작위로 나누어 주었다. 자발적으로 조사에 참가한 사람들이 조사를 마치고 떠나려 할 때 List는 개별로 '당신에게 머그(또는 초콜릿 바)를 줬지만 원한다면 초콜릿 바(또는 머그)로 교환할 수 있다'고 말했다.

<그림 3.9>에 누가 머그를 선택했는 지에 대한 비율이 자세하게 나와 있다. 먼저 쇼에 참석했지만 거래를 하지 않은 경우를 보자. 많은 다른 실험에서 관측된 것과 같은 결과를 얻을 수 있다. 즉, 그들은 주어진 초콜릿 바를 머그로 바꾸기를 원하지 않았고, 머그를 받은 이들도 초콜릿 바로 바꾸길 원하지 않았다. 초콜릿을 좋아하는 사람에게 초콜릿을 주고 커피를 좋아하는 사람에게 머그를 우연히 준 것이라고 보기 어렵다. 대신에 프레이밍 효과에 의해 손에 가지고 있는 물건에 육체적으로 편향되어 있다. 이것은 둘 다 소유와 둘 다 아닌 것에서 대략 50%의 교환이 나오는 것에 의해 명확해 진다.

사람들이 자신들이 이전에 소유권을 보유한 상품에 대해서 더 높은 가치를 부여하는 것을 소유효과라고 한다. 흥미롭게도 이러한 효과는 상품교환을 많이 경험한 사람에게는 덜 확실하게 나타난다. 즉, 쇼안의 부스에 있는 거래자들이 어떤 행동을 했는지 살펴보면 된다. 거래자들은 비거래자들보다 교환에 관한 많은 경험을 가지고 있어 편향에 어떤 증거를 나타내지 않다.

그림 3.9 피험자가 초콜릿을 선택하는 지는 소유효과에 의존한다. 초콜릿을 보유한 사람은 초콜릿을 선택하려고 하고 머그를 보유한 사람은 머그를 선택하려 한다

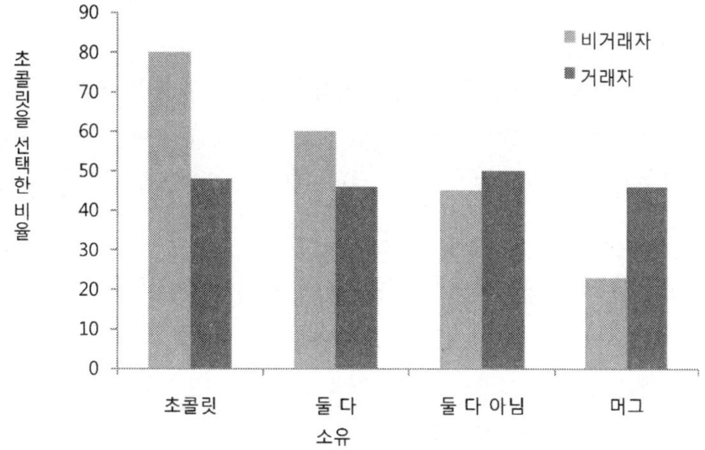

자료: List(2004)

소유효과를 설명하기 위한 하나의 방법은 기준점 의존과 손실효과를 통해서 분석하는 것이다. 만약 Anna가 손에 커피머그를 얻게 된다면 아마도 이미 커피 머그를 소유했다고 느낄 것이다. 이것을 내주는 것은 잃는 것과 같다. 반대로 손에 초콜릿 바를 손에 들고 있지 않다면 아마도 초콜릿 바의 소유권에 대해 감각이 없을 것이다. 초콜릿을 소유한다는 것은 이익과 같다. 즉, 손실이 이익보다 가중치가 더 크다. 따라서 Anna가 비록 초콜릿 바를 한계적으로(marginally) 더 선호한다고 하더라고 손에 든 머그를 초콜릿 바로 바꾸려고 하지 않을 것이다.

만약 소유효과로 인해 사람들이 아주 원하지 않는 머그를 잠깐 동안만 무작위적으로 소유하는 것이 나타난다면, 소유권와 상품의 교환은 경제학적으로 매우 중요하기 때문에 경제학자들은 이것에 대해서 진지하게 살펴보아야 한다.

이 예에서 결정이 더 나아지지 않았으므로 소유효과에 대해 하나의 의구심이 들게 된다. 여기서 살펴볼 주택과 저축에 관해서 분석할 때 소유효과는 매우 유익하다. 그러나 더 많은 경험있는 사람들이 이것을 피하는 것을 학습한다고 가정할 때, 소유효과는 유익하지 않다. 사람들은 기회비용을 인식함으로써 소유효과를 피하려 하기보다는 다른 용도로 변화시킬 것이다. 기회비용 측면에서 자신의 손에 계속 머그를 가지고 있는 것은 머그를 교환함으로써 얻을 수 있는 가치 때문에 손실이라 여긴다. 따라서 이득과 손실에 대한 차이는 모호해 보일 수 있다. 이러한 이유 때문에 소유효과는 줄어들고 기준점은 사람과 맥락에 의존한다고 볼 수 있다.

스미스(Smith)는 기본 수급 매커니즘이 얼마나 잘 작동하는지 보여주는 생생한 사례를 실험하였다. 개인은 교환권을 거래하기 위해 계속 공식적인 제의를 하고, 다른 사람들은 그 제안에 공식적으로 대응을 한다. 모든 사람이 이러한 거래들을 주시하면서 교환권이 거래되는 가격을 본다. 그 결과는 물리학의 증명 결과처럼 규칙적이다. 물이 반드시 위에서 아래로 흐르는 것처럼 자신에게 가치 없는(상환 가치가 낮기 때문에) 교환권을 소유한 사람들은 그 가치를 더 높게 평가하는 누군가에게 이득이 될 수 있도록 자신이 보유한 교환권을 판다. 거래가 끝나면 교환권들은 실험자로부터 그 교환권들에 대해 가장 많은 돈을 받을 수 있는 사람들의 손에 들어간다. 시장의 마술이 작용한 것이다. 아울러 경제 이론은 시장이 결정할 최종 가격과 거래될 교환권의 숫자를 정확히 예측한다. 시장 참가자들 중 절반에게 무작위로 교환권이 제공되었다면 경제 이론은 교환권들의 절반이 거래된다고 예상한다.

카너만과 트버스키(Kahneman and Tversky)는 실험을 위해 스미스의 방법을 변형했다. 각 실험 세션은 몇 차례의 교환권 거래로 시작했는데, 스미스의 실험 결과를 완벽하게 모방했다. 거래 추정 숫자도 표준 이론에서 예상했던 양과 비슷하거나 거의 동일했다. 물론 교환권들은 실험자가 가진 현금과 거래가 가능할 수 있다는 점에서만 가치가 있었다. 교환권의 사용상 가치는 없었다. 이어 사람들이 사용 가치를 기대하는 사물을 거래하는 유사 시장을 열었다. 실험을 실시하는 대학 배지로 장식된 매력적인 커피 머그였다. 머그는 $6의 가치가 있었다(오늘날에는 그 가치가 두 배 이상일 것이다).

참가자 절반에게 무작위로 머그를 나눠주었다. 판매자들은 자기 앞에 머그를 놓았고, 매수자들은 이웃의 머그를 볼 수 있게 초대되었다. 모두 자신이 거래하고자 하는 가격을 표시했다. 매수자들은 머그를 사기 위해 가지고 있던 자기 돈을 사용해야 했다. 결과는 극적이었다. 머그의 평균 판매 가격은 평균 구매 가격의 약 두 배 였으며, 추정 거래 횟수는 표준 이론이 예상했던 숫자의 절반에도 미치지 못했다. 시장의 마술은 소유자들이 사용하리라 예상했던 재화에는 들어맞지 않았다.

같은 실험 절차를 변형해서 계속 실험했는데 결과는 항상 똑같았다. 특히 카너만은 매수자와 판매자에게 제3의 그룹인 선택자를 첨가한 실험을 좋아했다. 재화를 구매하기 위해 자기의 돈을 사용해야 했던 매수자와는 달리, 선택자들은 머그나 돈 중 하나를 선택해서 받을 수 있었다. 그들은 재화를 받는 것만큼 바람직한 돈의 양을 표시했다. 이 실험의 결과는 다음과 같다.

판매자	$7.12
선택자	$3.12
매수자	$2.87

판매자와 선택자의 차이가 눈에 띄는데, 그 이유는 두 집단이 사실상 똑 같은 선택에 직면하기 때문이다. 당신이 판매자라면 머그나 돈 중 하나를 가지고 돌아갈 수 있다. 선택자도 똑같이 두 가지 선택권을 가질 수 있다. 두 집단에게는 결정의 장기적인 효과가 동일하다. 유일한 차이점이라고는 결정 순간의 감정이다. 판매자들이 정하는 높은 가격은 그들이 이미 소유하고 있는 재화를 포기하기 싫다는 의미이다. 장난감을 빼앗길 때 격렬하게 반항하면서 매우 불안해하는 아기들의 상태와 같은 거부감이다. 리스크회피는 자동시스템(시스템 1)의 자동적인 평가에 들어 있다.

선택자에게는 공짜인 머그를 사려면 매수자는 돈을 지불해야 하지만, 매도자와 선택자는 유사한 현금 가치를 정한다. 매수자가 머그를 사느라 돈을 쓰는 걸 손해라고 느끼지 않으면 이러한 일이 벌어질 가능성이 크다. 뇌의 구조나 활동을 측정해 영상으로 보여주는 뇌 영상법을 동원하면 이 차이를 확인할 수 있다. 사람들이 일반적으로 사용하는 재화를 팔면 불안과 고통을 일으키는 두뇌 영역이 활성화된다. 구매도 이 영역을 활성화시키지만 가격이 너무 높다고 인식할 경우에만 그렇다. 그럴 때 사람들은 판매자가 거래 가치를 넘어서는 가치를 편취한다고 느낀다. 두뇌 기록을 보면 특히 저렴한 가격에 구매했을 때 사람들은 즐거움을 느낀다는 것을 알 수 있다. 판매자가 머그에 정하는 현금 가치는 선택자와 매수자가 정하는 가치보다 두 배 이상이다.

이 비율은 돈의 이득과 손실에 대한 똑같은 가치함수가 리스크가 있는 결정과 리스크하지 않은 결정에 모두 적용될 경우 우리가 예상할 수 있는 것처럼 리스크손실 계수에 매우 근접하다. 가격 변화에 대한 가구의 반응을 비롯한 다양한 경제 분야 연구에서는 약 2:1의 비율이 나타났다. 경제학자들의 예상대로 소비자는 가격이 인하될 때 달걀, 오렌지 주스, 생선 구매를 늘리는 반면 가격이 상승할 때는 이러한 품목의 구매를 줄이는 경향을 보여준다. 그러나 경제이론의 예상과 달리 가격 상승의 효과(기준점과 비교해 손해라는 느낌을 주는)는 이득 효과보다 약 두 배 정도 더 높다.

4. 수용의사와 지불의사

소유효과가 보여준 하나의 측면은 조건부 가치평가(contingent valuation)이다. 조건부 가치평가는 사람들이 건강, 안전 또는 환경과 같은 것에 대해 얼마나 가치를 두는지 알려고 할 때 적용할 수 있다. 조건부 가치평가의 두 가지 기본적인 접근방법은 지불의사(Willingness To Pay, WTP)와 수용의사(Willingness To Accept, WTA)다. 지불의사(WTP)는 사람들이 추가적으로 얻게 되는 상품에 대해 얼마나 더 돈을 낼 의향이 있는가에 대해 나타낸다. 즉, c단위의 상품보다 c+1단위를 소비하기 위해 얼마나 더 지불할 의사가 있는가를 물어보는 것이다. 수용의사(WTA)는 상품 한 단위를 덜 가지고 있기 위해서 얼마나 더 돈을 받을 의향이 있는가를 나타낸다. 즉, c+1 단위의 상품보다 c단위를 소비할 때 얼마인가하는 것이다. 이러한 두 가지에서 상품 c+1에 대한 가치평가를 할 수 있다.

앞에서 손실회피와 소유효과에 대해 알아 보았으므로, 수용의사(WTA)와 지불의사(WTP)가 다른 가치평가를 나타내는 것은 새로운 사실이 아닐 수도 있다. 지불의사(WTP)는 사람들이 돈을 잃는 것에 대해서 생각하게 만들 수 있고, 많은 돈을 지불하지 않으려고 할 것이다. 즉, 추가적인 단위의 상품을 얻기 위해 돈을 많이 잃지 않으려고 할 것이다. 반대로 수용의사(WTA)는 사람들이 상품을 잃는 것에 대해 생각하게 하고, 상품을 덜 가지는 것에 대해서 많은 보상을 해주기를 바라는 것이다. 이것은 현재까지의 관측들과 일관성이 있다.

일반적으로 수용의사(WTA)에 기초하는 상품의 가치평가는 지불의사(WTP)를 기반으로 한 것보다 크며 이 차이는 매우 클 수도 있다. 그러나 이것은 프레이밍 효과의 특별한 형태이며 답을 찾기 위해 사용하는 절차에 의존한다는 절차의 불변성을 위배(violation of procedural invariance)하는 것이다.

<그림 3.10>는 10개의 초콜릿에 대한 조건부 가치평가를 위한 Bateman et al.(2005)의 연구결과이다. 이제, 수용의사(WTA)와 지불의사(WTP)에 집중하자. 수용의사(WTA)의 가치평가는 지불의사(WTP)의 가치평가보다 60%정도 더 많다. 이러한 차이로 인해 사람들이 정한 상품에 신뢰할만한 가치의 추정치를 획득하는 것은 매우 어렵다. 이러한 사람들에게 수용의사(WTA)와 지불의사(WTP) 측정법을 사용할 수 있을까?

또한, 이러한 점은 사람들이 어떻게 상품에 대한 가치를 측정하는가에 대한 근본적인 질문을 던질 수 있다. 왜냐하면 소유효과에 대해서 설명할 때 상품에 대한 물질적인 소유욕은 인간이라면 당연하기 가지고 있기 때문이다. 따라서 만약 짧은 몇 초간만 머

그림 3.10 10개의 초콜릿에 대한 가치평가. WTP는 WTA, EG보다 작다

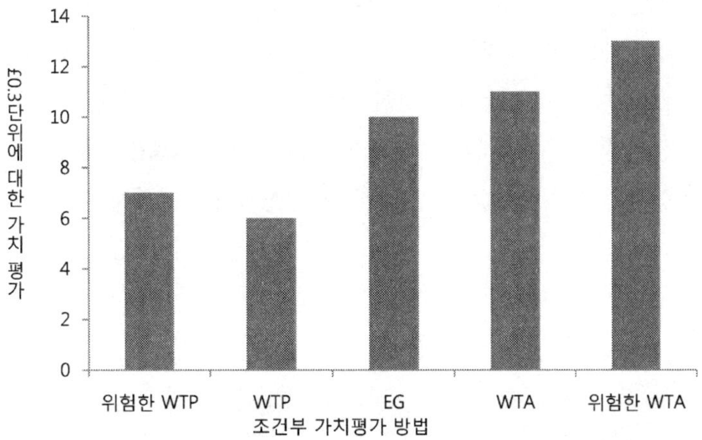

자료: Bateman et al.(2005)

그와 초콜릿 박스를 소유하고 있는 피험자를 생각해 보자. 그러나 수용의사(WTA)와 지불의사(WTP) 측정법은 피험자들에게 상품에 대한 잠재적인 소유에 대한 생각을 가지게 하므로 소유효과를 증가시키고 기준점을 이동시키게 된다.

여기서 구매에 있어서의 무손실가설(no loss in buying hypothesis)이 적절하게 사용될 수 있다. 이 가설의 배경에는 사람들이 상품의 구매를 결정할 때, 심리적으로 현재소득에서 상품금액을 뺀 후, 상품을 얻거나 구매하려고 하는 상품에 대한 돈을 얻는 것에 달려 있다. 예를 들어, 만약 Anna가 허니(honey) 시리얼을 $4 주고 구매한다면 허니를 사면서 $4를 지불할 것을 예상했기 때문에 허니를 사면서 돈을 잃는다는 느낌이 들지 것이다. 이것은 현재수입이 기준점(reference point)이므로 허니를 구매하는 것은 $4의 손실을 가지거나 허니를 사지않는 것은 $4를 얻는 것이므로 현재소득에서 허니를 구매하는데 필요한 금액을 빼는 것이다.

사실 후자에 대해서 생각하는 것이 더 자연스럽다. 예를 들어, Anna의 허니에 대한 기준점은 $4라고 말할 것이다. 심리적으로 재산(wealth)의 기준점에서 $4만큼 뺀 재산을 기준점으로 줄어들 것이다. 그러나 Bateman et al.의 연구는 구매에 있어서의 무손실가설을 검증하였으나 거의 기존의 이론을 지지하지 못한다(연구방법 3.3). 무엇이 이러한 결과를 만들까?

List의 실험에서와 같이 경험있는 거래자들은 소유효과를 피하려고 하는 것과 같이 구매에 있어서의 무손실가설은 돈을 기회비용으로 고려한다. 즉, 경험이 중요하다. 만

일 사람들의 거래가 거의 없어 WTA나 WTP를 거의 모르기 때문에 어떤 일에 경험이 없다면 구매하는 것은 손실이라고 해석한다.

흥미로운 점은 사람들이 소유하는 것과 소유하지 않는 것에 대해 생각하는 것이 애매모호할 수 있고, 어떤 것을 통해 이익이 되는 지 또는 손실이 되는 지 계산하는 것도 애매모호 하다는 것이다. 예를 들어, Anna가 $4를 가지고 식료품점에 들어간다면 허니를 $4에 구매할 것이라고 예상할 수 있을까? 이는 생각하는 방식에 따라 결과는 달라지게 된다. 즉, 다소 임의적이고 지각, 직관, 프레이밍에 의해 영향을 받게 된다.

연구방법 3.3 적대적 공동연구(Adversarial Collaboration)

관찰된 행동은 두 개이상의 이론으로 설명될 수 있는 경우가 있으며 기존의 자료를 이용한 이론들을 구분하지 못할 수도 있다. 이것은 하나 또는 그 이상의 이론을 평가할 때 더 많은 미묘한 차이의 실험이 필요하다는 것을 의미한다. 일반적으로, 이러한 실험은 역사적으로 논쟁에 대해 한 측면을 지지하는 연구자들에 의해 수행된다. 일반적으로 이러한 연구자들은 논쟁에서 자신들의 측면을 지지하는 자료를 찾았다. 이러한 것은 이후에 다룰 확증편향과 같은 순수한 이유가 되기도 하며 자신의 경력 개발을 위해 보다 순수하지 못한 이유가 되기도 한다. 어떤 방법이던지 건설적으로 보이진 않는다.

대안적인 것이 바로 적대적 공동연구이다. 논쟁의 양쪽에 있는 연구자들이 모여 함께 설계를 하고 각각의 이론을 검증하는 실험을 수행하는 것이다. Bateman et al.의 연구는 대략 East Anglia 대학에 기초한 팀이 구매의 무손실가설에 대해 연구하기 위해 Daniel Kahneman과 합동으로 연구하였다. 양 측면에 실험을 설계하는데 영향을 주는 것에 대해 같은 기회가 주어지고 데이터를 평가해야 한다면 결론은 구조적인 편향이 없어야 한다. 따라서 이것은 매우 건설적인 방법처럼 보인다.

완전함을 위하여 연구자들이 어떤 일을 했는가에 대해 간단히 설명하자. 세 가지 가치 평가방법은 등가이득(Equivalent Gain, EG)인데, 이는 어떤 사람이 상품 1단위를 더 구매하는데 동등한 최소한의 금액에 대해 질문을 받는다. WTA와 같이, 이 질문은 상품 c+1 단위보다 c단위를 소비하는 것에 대해 질문하는 것이다. 다른 점은 부존점(endowment point)이다. WTA의 상황에서, 사람들은 c+1 단위를 소유하고 있는 것처럼 느끼고 1단위를 포기하라고 요구하는 것이다. EG의 방법으로, 사람들은 c 단위를 소유한 것처럼 느끼고, 더 많은 돈과 추가적인 상품 단위 중 하나를 선택한다.

모든 사람은 WTA가 EG보다 크다는 것이라는 것에 동의한다. 더 흥미로운 질문은 EG가 WTP보다 커질 것의 여부이다. 만약 상품을 교환하는데 돈을 포기한다는 것은 손실로 계산된다면 EG는 WTP보다 커야 한다. 만약, 과거의 이득으로 생각한다면 EG와 WTA는 같아야 한다. 이것은 간단한 검증이다. 그러나 만약 WTA가 EG보다 '매우 크고, EG는 WTP보다 '조금 크다'면 어떤 일이 발생할까? 이것은 다른 해석이 가능하다. 따라서 가치 평가방법으로 리스크가 있는 WTA, 리스크가 있는 WTP라고 불리는 것이 사용된다. 자세한 것은 넘어가겠지만 구매의 무손실가설에 대한 검증방법을 제공하게 된다.

만약 $\frac{\text{EG}}{\text{WTP}} > 1$이고 $\frac{\text{WTP}}{\text{리스크 WTP}} = 1$면 교환은 금전적 손실의 증거가 된다.

만약 $\frac{\text{EG}}{\text{WTP}} = 1$이고 $\frac{\text{WTP}}{\text{리스크 WTP}} > 1$이면 교환은 과거의 금전적 이득의 증거가 된다.

리스크가 있는 WTP와 WTA가 같은 지와 같은 것을 검증하는 것은 또 다른 검증 사항이다. 교환이 금전적 손실이라는 증거를 나타내고 있다.

5. 거래효용

만약 손실회피나 소유효과에 의한 것처럼 기준점 의존이 상품의 가치를 결정하는데 영향을 미친다면 구매여부에도 영향을 미쳐야 한다. 자세한 설명을 위해 Anna가 주말에 너티를 사기 위해 지역 식료품점에 간다고 가정해보자. 얼마를 지불할 의향이 있는가? 여기엔 고려할만한 것이 두 가지가 있다. 첫째, 어떠한 심리적인 효과를 무시할 만큼의 너티에 대한 최대 지불의사가 있을 수 있다. 이를 반영하여 Anna는 너티를 매우 좋아하고 $8라고 가정하자. 일상적으로 $3를 지불하는 기준점에 있다고 하면 r=$3에서 시작할 수 있다. 즉, 기준점은 재산에서 $3를 빼는 것이다.

이제 취득효용과 거래효용에 대해서 구별해 보자. 취득효용(acquisition utility)은 가치보다 낮게 저평가된 상품을 구매하는 것에서 순이익을 측정하므로 이 경우에는 v(8-p)이다. 거래효용(transaction utility)은 예상했던 것보다 더 적거나 많은 어떤 것을 구매할 때의 순이익이나 순손실을 측정하므로 v(r-p)와 같다. 따라서 시리얼을 구매하는 것의 총가치는 v(8-p) + v(3-p)와 같다. 만약 p=$2라면 취득효용과 거래효용의 두 측면에서 모두 수익을 올린 것같이 느낄 것이고 Anna는 좋아하는 어떤 것을 구매하고 예상했던 것보다 더 적게 지불했다라고 느낄 것이다. 만약 p=$4라면 아마도 구매하겠지만 예측했던 것보다 더 지불하여 손실의 기분을 느낄 것이다. 만약 p=$6이라면 아마도 좋아하는 시리얼을 구매하는 것에 대해 '너무 많이 지불한다' 라는 이유로 시리얼을 구매하지 않을 것이다.

Anna가 싸게 구매할 때 얼마나 기분좋게 느끼고 많은 지불을 할 때 기분 나쁘게 느끼는 지를 거래효용으로 알아낼 수 있다. 이것은 Anna가 너티 구매여부에 영향을 줄 수 있다. 그러나 이것은 근본적인 것인 것은 아니다. 근본적인 것은 Anna가 지각과 직관에 의존하는 기준점이다. 너티가 싸게 파는 것인지 바가지와 같이 비싸게 파는 것인지를 감지하는 것은 아마도 맥락(context)에 따라 달라진다. Thaler(2008)의 연구에서 다른 예를 설명해 보자.

> 당신은 더운 날에 해변 위에 누워 있다. 당신이 마실 수 있는 것은 오직 물뿐이다. 시간의 흐름에 따라 당신이 좋아하는 맥주브랜드의 시원한 맥주를 얼마나 즐겼는 지에 대해 생각하게 된다. 동료가 가까이 맥주를 파는 멋있는 호텔에 전화를 걸어 맥주 한 병을 가져오라고 한다. 동료가 맥주의 가격은 비싸므로 맥주를 구매하는데 당신에게 얼마나 지불할 수 있는 지에 대해 묻는다. 얼마의 가격으로 당신은 말했을까? 이제 멋있는 호텔대신에 작고 뛰어서 내려가야 있는 식료품점으로 바꾸어 보자.

사람들은 Thaler의 연구에서 사람들이 평균적으로 호텔에서는 $2.65를 지불하고 상점에서는 $1.50를 지불한다는 것을 알아냈다. 이러한 차이는 이후의 장에서 살펴볼 공정성(fairness)에 대한 실마리를 제공한다. 그러나 중요한 점은 여기에 차이가 있다는 것이다. 기준점과 세일을 하는 지, 바가지를 씌우는 지에 대한 것은 맥락(context)에 달려 있다. 거래효용에 의한 기준점은 겉보기에 쉽게 변화할 수 있는 것처럼 판단된다. 이제, 프레이밍 효과와 임의적 선택으로 다시 돌아가자. 누군가는 같은 가격의 맥주라고 할지라도 작고 뛰어 내려가야 하는 식료점이 아닌 멋진 호텔에서 맥주를 구매하려고 할 것이다.

거래효용의 개념은 직관적인 것처럼 보이지만, 여러 문제를 일으킬 수 있다. Anna는 아마도 너티나 맥주에 대해 기준가격을 가지고 있지만 구매하는 모든 물건에 대해 기준가격을 가지고 있다는 것은 아니다. 또한 Anna는 구매하려 하는 것에 대해 확실히 알지 못하는 것일 수도 있다. 서로 다른 상품을 $100이상 식료품점에서 구매할 때 각 상품에 대한 거래함수의 순손익과 순손실을 추적하지도 않을 것 같다.

6. 프레이밍 좁히기

Anna가 '나는 아마도 너티에 $3를 지불할꺼야'라는 것과 같이 구매할 다양한 상품에 대해 기준점을 가지고 식료품점에 들어갈 수 있다. 그러나 보다 자세히 살펴보기 위해 Anna가 식료품점 안에서 얼마나 많은 돈을 쓸 지, 1주일 에 음식을 위해서 얼마나 많은 금액을 사용할 지와 같은 예상을 한다고 하자. 중요한 기준점은 '음식을 위해 1주일에 $200'와 같은 것이다. 만약 너티가 $3보다 싸다면, Anna의 입장에서 좋은 것이지만 평소 구매하던 사과가격이 비싸진다면 반대가 될 것이다. 중요한 것은 최종계산할 때의 최종 합이다.

여기서 일어날 수 있는 것은 상품들이 그룹화되어 있는 지의 여부이므로 Anna는 어떻게 진행되는 지에 대해 추적할 수 있으며 자신이 원하는 것보다 많이 또는 적게 지출할 수 있다. Anna는 허니와 같은 개별적인 상품을 추적할 수 있고 상점 내에서 지출한 최종금액으로 추적할 수 있다.

이러한 상품의 그룹화 절차는 어떠한 물건을 함께 묶을 수 있을 뿐만 아니라 다른 그룹으로 분리할 수 있다. 이것은 선택과 결과가 다른 것과 합쳐진 것보다는 독립된 경우에 나타나는 프레이밍 좁히기(narrow framing)를 만들어낸다. 예를 들어, 음식료에 지출하는 것은 여가에 지출하는 것과 독립된 것으로 보인다. 여기에 다른 예가 있다.

> 첫번째 질문: 당신이 1장당 $10인 영화를 보러 가는 것을 결정했다고 하자. 당신이 입장할 때 $10 지폐를 잃어버렸다는 것을 알게 된다. 당신은 영화를 보기 위해서 $10를 낼 것인가?
> 두번째 질문: 당신이 영화를 보기 위해서 $10를 하는 입장권을 샀다고 가정하자. 당신이 극장으로 들어갈 때 티켓을 잃어버린 것을 알았고, 그걸 되돌릴 수 있는 방법이 없다고 해보자. 당신은 다른 새로운 티켓을 위해 $10를 낼 것인가?

Tversky and Kahneman(1981)은 88%의 사람들이 첫 번째 질문을 선택하고 지불할 것이라고 대답했으며, 오직 46%만이 두 번째 질문에 대답하고 지불하겠다고 했다. 그러나 두 상황 모두 손실은 $10로 같다.

이러한 것들을 반영하기 위해서 사용되는 방법론인 심리적 회계에 대해 알아보자. 심리적 회계(mental accounting)는 코딩(coding), 범주화(categorizing), 선택과 결과를 평가하기(evaluating choice and outcome)의 과정을 나타낸다. 심리적 회계는 다른 목적에 대한 독립적인 계정에 지출이나 소득을 넣는다는 것이다. 예를 들어, Anna는 '극장에 가는 계정(극장계정)'과 '잔돈계정' 그리고 '음식계정'를 가지고 있을 것이다. Anna의 마음은 자신의 마음에 가져다 주는 특정한 계정에 대해 결과들을 감지하거나 경험할 것이다. $10를 잃어버린 것은 잔돈계정에 연결되고 극장 티켓을 잃는 것은 극장계정으로 생각되게 한다. 따라서 $10짜리 지폐를 잃어버린 것은 극장계정에 아무런 영향을 줄 수 없으므로 Anna는 극장에 가는 선택에 대한 아무런 영향을 주지 말아야 한다. 즉, Anna는 $10를 지불할 것으로 예상하였고, 여전히 영화를 보기 위해서 $10를 지불해야 하고, 기준점 아래로 오게 된 잔돈계정을 위해 다른 곳에서 $10를 저축할 지도 모른다. 반대로 티켓을 잃어버리는 것은 극장계정에 중요하다. Anna는 추가적인 비용없이 영화를 보고 싶지만 추가적으로 $10를 지불해야 한다. 이것은 극장에 가는 비용이 $20인 것처럼 느끼게 하고 극장에 가는 것은 연기하게 한다.

확실한 것은 계정이 얼마나 좁게 정의되느냐에 달려 있다. 예를 들어, '극장계정', '여가계정' 또는 단지 일반적으로 '현재의 소비계정'이 존재하는가? Heath and Soll(1996)의 연구를 살펴보자. 이 연구에서 피험자들은 관련된 구매, 선물 또는 관련이 없는 구매에 대해 얼마를 소비할 것 같은가에 대한 질문을 받는다. 예를 들어, 피험자들은 만약 이미 $50의 스포츠 티켓을 샀다면(a, 관련된 구매), 또는 $50 정도의 가치가 있는 스포츠 티켓을 받거나(b, 선물), 또는 유행성 독감이 돈다는 말을 듣고 독감 접종을 위해 $50를 사용할 때(c, 관련없는 구매), 극장 티켓비용으로 $25를 추가적으로 구매할 것인지 질문을 받는다. 재미있는 대답은 사람들은 (아니요, 예, 예)라고 답하는 것이다. 예라고 대답한 (b)와 (c)는 그들이 스포츠 게임과 극장에 둘 다 갈 의향이 있으며 비록 이미 $50를 사용했지만 갈 여력이 있다는 것을 의미한다. 아니요라고 대답한 (a)는 프레이밍 좁히기의 증거가 된다.

<표 3.7>는 구매된 상품과 관련된 구매에 관한 다양한 조합에 대해 피험자들이 (아니요, 예, 예)라는 대답의 비율을 요약한 것이다. 예를 들어, 38%는 스포츠 티켓을 구매한 후에도 극장 티켓을 살 것이다. 피험자들의 (아니요, 예, 예)라는 대답의 높은 비율을 알 수 있고, 이것이 프레이밍 좁히기(narrow framing)의 증거가 된다. 상품을 비교함으로써 얼마나 좁게 심리적 회계가 정의되는 지에 대해 알 수 있다. 관련된 구매가 아니라고 했던 피험자들은 굵은 글씨의 조합을 고려한다. 예를 들어, 스포츠 티켓을 구매하는 것과 셔츠를 구매하는 것은 관련되어 있지 않다. 이러한 상황에서 (아니요, 예, 예) 대답의 비율은 내려간다. 이것은 심리적 회계는 꽤 좁게 정의되었다는 것을 시사한다. 셔츠구매에 지출하는 것은 스포츠 티켓, 보트 투어, 파티 스낵 등에 지출하는 것은 같은

표 3.7 대안이 관련있는 구매, 선물 또는 관련없는 구매일 때 (아니오, 예, 예)를 답한 피험자 비율. 굵은 표시의 숫자는 관계있는 구매가 상품이 구매되면서 심리적 회계로 고려되지 않는 것을 말한다

관계된 상품	구매된 상품		
	극장 티켓 (연예)	중국음식 배달 (음식)	셔츠(옷)
스포츠 티켓	38	12	12
보트 투어	41	**16**	6
파티 스낵	21	12	6
연어	21	24	0
저녁 외식	32	32	6
와인	15	8	3
청바지	0	0	12
시계	15	3	9
화장품	38	**9**	9

자료 : Heath and Soll(1996)

계정에서 나오는 것이 아니다.

보다 일반적으로 여러 연구를 살펴보면 사람들은 소득과 지출을 추적하기 위해 심리적 회계를 사용하고 이득과 손실은 기준점 계정에 대해 부호처리된다. 흥미로운 점은 기준점의 임의성에 대해 두 가지 면을 가지게 된다는 것이다. 어떤 기준점이 마음으로 가져가게 되는 지에 대한 질문이 있다. 아마도 Anna는 '너티가 대개 $3'라는 기준점을 생각하거나 '나는 음식에 $200를 사용할 것이다'라는 기준점을 생각할 것이다. 해변가에 있는 사람은 '$2의 맥주는 비싸다'라는 기준점을 생각할 것이고, '나는 $8의 잔돈이 있다'라는 기준점을 생각할까? 무엇이 기준점의 수준에 대한 질문도 있을 수 있다. 어떤 사람은 아마도 멋진 호텔로부터 $2.5를 지불할 뿐만 아니라 작고 뛰어 내려가야 하는 식료품점에서도 $1.50을 지불할 것이다. 이것은 중요한 지각과 직관에 대해 많은 여지를 남긴다.

기준점에 대한 또 다른 설명을 살펴보자. '100명 중 90명이 산다' 와 '100명 중 10명이 죽는다'를 살펴보자. 중요한 수술을 받을 것인가를 결정할 때 만약 의사가, '이 수술을 받은 100명의 환자 중 90명이 5년 후까지 살아 있다'라고 말할 경우와 '100명중 10명이 5년이 되기 전에 죽었다'라고 말할 경우가 있다고 하자. 이 두 가지 표현은 정확히 같은 내용을 말하고 있음에도 아마도 후자의 경우에는 수술을 받지 않으려고 할 가능성이 높아진다. 전문가인 의사들도 '100명중 90명이 생존할 수 있다'는 정보와 '100명

중 10명이 죽을 수 있다'는 정보를 들었을 때 전자의 경우가 더 수술을 권할 가능성이 높아진다.

비슷한 예로 다음과 같은 환경캠페인은 후자가 훨씬 강력한 메시지를 전달한다. 당신이 에너지 절약을 실천한다면 연간 $350를 절약할 것이다. 또는, 당신이 에너지 절약을 실천하지 않는다면 연간 $350를 잃을 것이다.

프레이밍 효과가 생기는 것은 사람들이 의사결정에서 숙고시스템보다는 자동시스템을 사용하는데 기인한다.

7. 쾌락적 편집

지금까지 주로 지각, 직관, 기준점, 가능한 행동에 영향을 주는 통제력을 넘어 외적인 요인에 대응하는 사람을 생각했다. 그러나 심리적 회계는 사람들이 그러한 외부요인들에 대해 통제력을 가지고 있다고 본다. Anna는 자신이 가지고 있는 심리적 회계, 각 회계의 기준점, 이득과 손실에 대한 부호처리와 같은 것을 잠재적으로 선택한다.

예를 들어, Anna가 자신을 위해 너티 한 박스를 사고, 아들을 위해 슈페리어 한 박스를 구매한다고 가정하자. Anna는 식료품점으로 가고 운 좋게도 두 개 다 반값으로 할인된 것을 확인한다. 이것은 너티 한 박스에 $1.50 이익이 발생하고 슈페리어 한 박스에 $3의 이익이 생긴다. 아마도 이것은 분리된 두 개의 이익이거나 하나의 큰 이익으로 부호화할 수 있다. 만약 결과가 분리된 것이라면 상품의 가치는 분리되어 $v(\$1.50)+v(\$3.0)$을 줄 것이다. 만약 결과가 결합된 것이라면 상품의 가치는 결합되어 $v(\$4.50)$을 줄 것이다. 다음 장에서 가치함수는 아마도 $v(\$1.50)+v(\$3.0)>v(\$4.50)$일 때 오목한 것을 살펴볼 것이다. 따라서 Anna에게 분리되어 얻는 것이 심리적으로 더 좋다.

1개월 후 세일이 끝나고 Anna가 다시 식료품점으로 갔을 때 너티와 슈페리어의 가격이 50% 올랐다고 가정하자. 이것은 너티를 살 때 $1.50 더 필요하고, 슈페리어를 살 때 $3 더 필요함을 의미한다. 이것의 분리된 손실은 $v(-\$1.50)+v(-\$3.0)$이고 통합된 손실은 $v(-\$4.50)$이다. $v(-\$1.50)+v(-\$3.0)<v(-\$4.50)$일 때 손실에 대한 가치함수가 아마도 볼록한 것을 알 수 있을 것이다. 이것은 Anna가 손실을 통합하기 위해 최선을 다한다는 것을 의미한다.

따라서 만약 Anna가 이득과 손실을 부호처리 또는 코드화를 선택한다면, 다음과 같다. 다중 이익은 분리되고 다중 손실은 합쳐지며 이익은 작은 손실들을 상쇄해 버리기도 한다. Thaler(2008)의 연구에서의 예를 통해 직감적으로 살펴보자.

Mr A가 몇 개의 복권을 가지고 있다. 그는 하나의 복권에서 $50를, 다른 것에서 $25를 벌었다. Mr B는 하나의 복권에서 $75를 벌었다. 누가 더 행복한가?

대부분의 사람들이 Mr B가 더 행복할 것이라고 말한다. Thaler에 따르면 '도덕: 크리스마스 선물은 한 상자에 포장할 수 없다'라고 한다. 이렇게 분류된 이득과 손실들을 범주화하는 과정을 쾌락적 편집(hedonic editing)이라고 부른다. 이것은 사람들이 스스로 더 좋게 느끼기 위해 어떤 것을 감지하고 해석하는 지를 부분적으로 조종할 수 있다는 것을 의미한다. 이렇게 하는 또 다른 방법은 선택항 제시 범위에 따라 달라지는 선택의 결과(choice bracketing)가 될 수 있다.

8. 선택항 제시 범위에 따라 달라지는 선택의 결과

여기서는 시간에 따른 손실과 이득에 대한 부호처리가 주된 주제이다. 종종 상품구매에 대해 지불하고 소비하는데 연기(delay)가 있거나 소비하고 지불하는 것에 연기가 발생할 수 있다. 예를 들어, Anna는 1~2개월 정도 먹지 않을 것이라 예상해서 냉동음식을 구매하거나 상품을 산 후 결제일이 돌아올 때까지 1~2개월 동안 지불할 필요가 없는 신용을 이용할 수 있다. 이러한 일로 인해 손실과 이득은 다른 시점의 회계에 잡히게 된다. 사람들은 선택항 제시 범위에 따라 달라지는 선택의 결과의 예처럼 시간에 따라 일어난 사건들을 얼마나 좁고 또는 넓게 그룹화를 원하는 지에 대해서 선택할 수 있다. Shafir와 Thaler(2006)는 소비와 지불 사이의 연기의 영향을 살펴보았다. 독자들에게 와인 신문을 통해 원래의 1병에 $20인 와인이 지금은 $75에 팔리는 와인으로 선물로 줘 버리거나, 마셔버리기 또는 떨어져서 깨지는 것에 대해 물었다. <그림 3.11>은 결과를 나타낸다. 전체적으로 꽤 혼합된 반응을 볼 수 있다. 그러나 많은 사람들은 선물로 주거나 마셔버리는 것은 아무런 비용이 들지 않고 절약하는 것이라고 생각했다. 이것은 와인을 구입했을 때 비용은 회계화된다는 것을 시사한다. 그러나 더 나아간 질문으로 와인의 비용보다 투자로 구매를 프레임화 한다는 것을 나타낸다. 이것은 Shafir and Thaler's 논문 제목의 모티브가 된다. 'Invest now, drink later, spend never.' 마치 연기된 소비는 사람들이 처음의 소비에 대해 소비가 일어난 시점에 감가상각하는 투자처럼 처음의 구매로 인식한다. 어떤 손실도 느끼지 않게 된다. 오직 병이 깨졌을 때만 손실이 명백해 보인다.

그림 3.11 구매시 $20이고 현재 $75인 와인의 비용에 피험자가 어떻게 가격 매기는가는 마셔 버리거나, 선물로 주거나, 깨는 것에 의존한다.

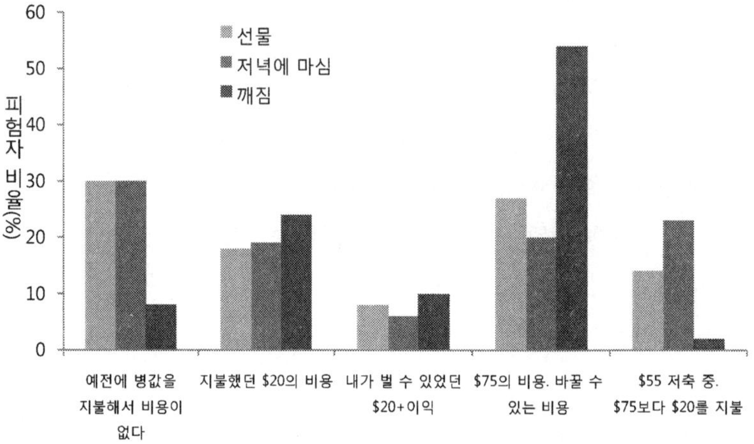

자료: Shafir and Thaler(2006)

Siemens(2007)는 소비와 지불 사이의 연기가 어떤 일을 발생시키는가 대해서 살펴보았다. 연구에서 피험자들은 30분간의 설문조사 동안에 $5 보수를 받았다. 모든 피험자들은 $5를 즉시 받았다. 차이는 다음과 같다. 누군가는 즉시 받았고, 누군가는 3일 후에 받았고, 누군가는 1주일 후에, 그리고 누군가는 2주일 후에 받았다. 설문조사가 끝났을 때, 피험자들은 이 과제에 대해서 어떻게 생각하는지 질문을 받았다. <그림 3.12>는 이에 대한 결과를 나타낸다. $5 지불과 설문조사 사이에 연기가 있을수록 지각된 만족, 공정함, 다시 일을 할 의지에 있어 감소가 나타난다.

이러한 연구들은 비용과 이익, 손실과 이득들은 시간이 흐름에 대한 하락하는 것을 보여준다. 따라서 와인을 살 때의 비용은 술에 취했을 때 잊혀 지고, $5를 얻는 것은 일이 끝나는 시간에 잊혀진다.

기준점의 임의성에 관해서 세 가지의 면을 볼 수 있다. 즉, 얼마나 멀리 앞으로 또는 뒤로 사람이 보는가이다. 예를 들어, Anna의 유흥비는 '1주일에 $50이거나 한 달에 $200'이다. 앞의 옵션은 아마도 1주일에 1번 이벤트를 하러 간다는 것을 의미하고 뒤의 옵션은 만약 그 뒤에 올 주에 있을 이벤트를 절제할 수 있다면 1주일에 몇 번의 이벤트에 참석해도 된다. 어떤 시간의 프레임이 마음에 들 지는 그 상황에 대한 지각과 직관에 달려있을 것이다.

이제 기준점은 중요하고 다소 임의적이라는 것을 숙지하자. 맥락에 의존하고 특정 상황에 의존한다.

그림 3.12 피험자가 일에 대해 어떻게 느끼는가는 지불하는 기간에 의존한다. 불쾌한 것으로부터 5포인트 단위이며 가장 불공정한 것은 (1)이고 가장 공정한 지불은 (5)이다.

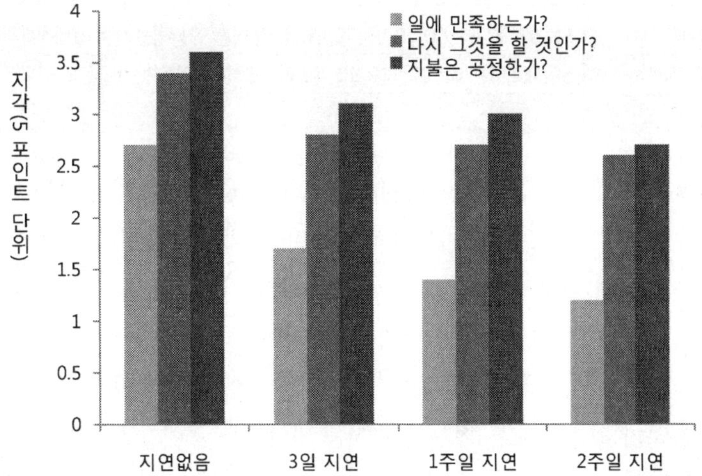

자료: Siemens(2007)

제4절 수요, 공급, 시장

이 절에서는 Anna가 식료품점에서 아침 시리얼을 구매하는 예시를 계속 사용할 것이다. 이것은 Anna와 같은 잠재적인 상품 구매자가 상품을 공급하길 원하는 사람들(상점의 주인과 직원, 시리얼을 위한 밀을 제공하는 농부, 기타 등)과 상호작용하는 시장을 나타낸다. 시장은 경제학에서 가장 중요하므로 배운 것을 응용해 관찰하기에 적절한 것으로 보인다.

실험실에서의 시장으로 시작하는 것은 매우 쉽다. 실험실에서 시장을 만드는 방법은 구매자와 판매자의 역할을 무작위로 할당하는 것이다. 각각의 구매자에게 실험에서 교환하게 될 가상적인 상품 1개를 구매할 가치를 적으라는 카드가 주어진다. 서로 다른 피험자들은 다른 가치를 가지고, 자신들만 그들의 가치를 안다. 그 후 판매자와 구매자는 거래를 위해 상호작용 할 수 있고 거래를 할 수 있다. 구매자의 이익은 가치에서 구매가격을 빼면 된다. 판매자의 이익은 판매가격에서 가치를 빼면 된다. 따라서 구매자는 가능한 싸게 사려하고 판매자는 가능한 비싸게 팔려고 할 것이다.

만약 모든 구매자와 판매자의 가치를 안다면 수요곡선과 공급곡선을 도출할 수 있다. 자세한 설명을 위해 <표 3.8>과 같이 구매자와 판매자에게 주어진 가치를 가정해보자. 예를 들어, 한 명의 판매자가 $2.30의 가치를 두었다는 것은 만약 $2에 구매한다면

표 3.8 수요곡선의 이동 전후의 판매자와 구매자의 수

유형	가치의 분포
판매자	$1.50, $2, $2.50, $2.50, $3의 가치를 가지는 5명의 판매자가 있다.
구매자	$1.80,$2.30,$2.60, $2.8, $3.1의 가치를 가지는 5명의 구매자가 있다.
변화 후의 구매자	$1.50, $1.70, $2.20, $2.20 $3의 가치를 가지는 5명의 구매자가 있다.

$0.30의 이익을 의미한다. 공급곡선(supply curve)을 도출하기 위해서 모든 가능한 가격을 살펴야 하고 얼마나 많은 판매자들이 각각 얼마에 파는지 물어봐야 한다. 만약 가격이 $1.50보다 낮다면 아무도 팔지 않을 것이다. 만약 가격이 $1.50에서 $2라면 $1.5의 가치를 가지는 한 명의 판매자만이 판매를 할 것이고, $2와 $2.50 사이라면 두 명의 판매자가 판매할 것이다. 이를 반복하면 <그림 3.13>를 얻을 수 있다. 수요곡선(demand curve)을 도출하기 위해서 모든 가능한 가격을 봐야하고 구매자들에게 각각 얼마의 가격으로 구매할 것인지 물어봐야 한다. 만약 가격이 $3.1 초과면 아무도 구매하지 않을 것이다. 만약 가격이 $2.80과 $3.10의 사이이면 $3.10의 가치를 가지는 구매자가 한 명이 있을 것이다. 이를 반복하면 수요곡선을 얻을 수 있다.

그림 3.14 수요의 이동 전후의 수용곡선과 공급곡선

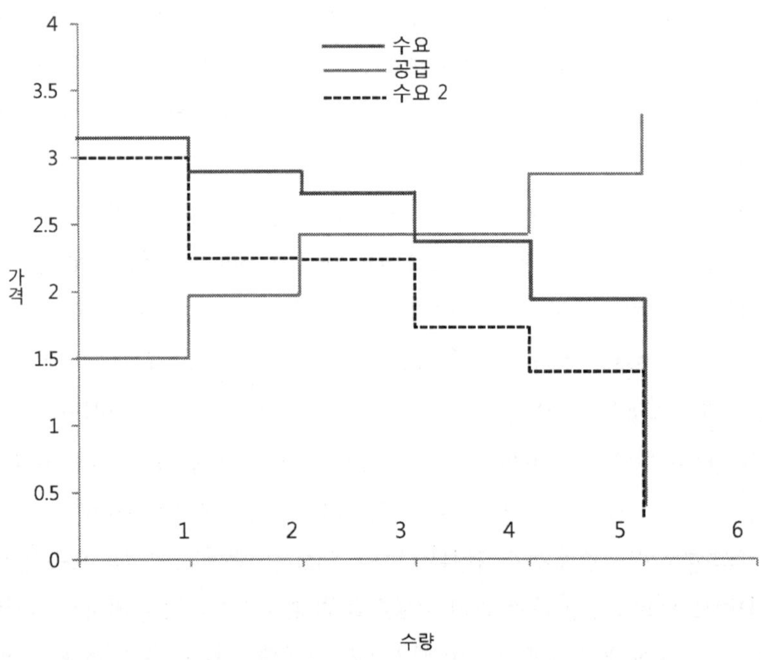

수요곡선과 공급곡선을 이용하는 것은 경제학의 가장 기본적인 분석방법이다. 예를 들어, 수요곡선은 우하향하고 공급곡선은 우상향한다. 일반적으로 많은 수요자와 공급자에 의해 계단식 곡선보다는 매끄러운 곡선을 사용한다. 시장균형가격(market equilibrium price)과 시장균형량(market equilibrium quantity)은 수요곡선과 공급곡선이 만나는 곳에서 생긴다. 예를 들어, 가격이 $2.50이라면 수량은 3개이다. 이것은 가격이 $ 2.50일 때 3명의 거래자가 있을 것으로 예상할 수 있다. 만약 수요곡선을 바꾼다면 균형가격은 $2.20으로 낮아지고 균형량은 2개이다. 따라서 수요곡선과 공급곡선이 이동하는 것은 시장가격을 변화시킬 수 있다고 예측할 수 있다.

균형상태에서 총이익은 극대화된다. <표 3.9>는 두 개의 가능한 거래를 통해 총이익이 극대화되는 것을 나타낸다. 균형상태에서 $2.50로 3개의 거래가 있고 총이익은 $2.50이다. 두 번째 상황에서의 10명의 사람이 거래를 하고 이익을 만들지만 총이익은 $ 1.10이다. 물론, 다른 가능한 많은 거래가 있으나 어떤 것도 균형상태만큼의 높은 이익을 내질 못한다. 이것은 어떤 시장균형에서든지 후생경제 1원칙(First Fundamental Theorem of Welfare Economics)으로 불리는 파레토 효율이다. 그러나 균형은 공정한(fair) 것을 필요로 하지 않는다. 예를 들어, 한 명의 판매자는 $1의 이익을 만들 수 있지만 여러 판매자는 0의 이익을 만들 것이다.

표 3.9 시장 균형에서 높은 총이익으로 인해 시장은 효율적이다

	거래			이익		
	구매자 가치	판매자 가치	가격	구매자	판매자	총이익
균형	$3.10	$1.50	$2.50	$0.60	$1.00	$1.60
	$2.80	$2.00	$2.50	$0.30	$0.50	$0.80
	$2.60	$2.50	$2.50	$0.10	$0.00	$0.10
						$2.50
최대거래	$1.80	$1.50	$1.65	$0.15	$0.15	$0.30
	$2.30	$2.00	$2.15	$0.15	$0.15	$0.30
	$2.60	$2.50	$2.55	$0.05	$0.05	$0.10
	$2.80	$2.50	$2.65	$0.15	$0.15	$0.30
	$3.10	$3.00	$3.05	$0.05	$0.05	$0.10
						$1.10
최대 구매자 이익	$3.10	$1.50	$2.79	$0.31	$1.29	$1.60
	$2.80	$2.00	$2.79	$0.01	$0.79	$0.80
						$2.40

이것은 왜 수요와 공급의 분석이 경제학적으로 중요한 지를 나타낸다. 이것은 시장에서 어떤 일이 일어날지 예측하기 위한 도구이며, 가장 효율적인 결과물이 무엇인지 알 수 있게 해준다.

여기서 다루지 못한 한 가지는 어떻게 사람들이 거래를 하기 위해 상호작용하는지에 대해 구체화한 것이다. 세 가지의 기본적인 방법이 있다.

1. 협상가격제도(negotiated price institution): 구매자나 판매자가 각자에게 거래에 대해서 자유롭게 말한다. 이것은 지역 시장에서 물물교환하는 것과 비슷하다
2. 이중경매제도(double auction institution): 구매자는 자신이 지불할 의향이 있는 매수(bid)호가를 제출하고 판매자는 팔고자 하는 매도(ask)호가를 제시한다. 모든 매수호가와 매수호가는 화면에 모두가 볼 수 있다. 구매자는 가장 낮은 가격을 받아들여 구매할 수 있다. 판매자는 가장 높은 가격을 받아들여 판매할 수 있다. 이것은 금융, 상품, 화폐시장에서 사용된다.
3. 게시호가제도(posted offer institution): 각각의 판매자는 받아들이거나 떠나보낼 가격을 표시한다. 구매자는 게시된 가격에서 판매자와 거래할 수 있다. 이것은 식료품점에 가거나 대부분의 가게에서 친숙하게 사용되는 것이다.

이제 어떻게 시장에서 움직이는 가에 대해 약간의 데이터를 살펴보자. 가상의 시장에서 시작해서 실제의 시장에서 어떻게 작용하는지까지 계속해서 설명하도록 하자.

1. 실험실에서의 이중경매시장

위의 3개의 제도는 실험실에서 사용되고 있으며, 이중경매가 가장 일반적이다.

경제학의 초기 실험적 연구의 하나로서 Vernon Smith(1962)는 10개의 실험적 이중경매 시장을 수행하였다. 각 시장은 6기동안 반복되었고 서로 다른 공급곡선과 수요곡선을 가지고 있다. <그림 3.14>는 4개에 시장에 대해 요약하고 있다. 각 시장의 균형가격은 하나의 원으로 나타난다. 기간에 걸쳐 관측된 수량과 평균 가격을 볼 수 있다.

평균가격이 기간1의 5.29부터 7.17, 9.06, 기간4의 10.9까지 증가하므로 시장6을 설명하기 가장 쉽다. 거래된 수량은 매기간 모두 12개이다. 평균 균형가격은 10.75이고 균형량은 12이므로 기간4까지 균형에서 거래되고 있다. 다른 3개의 시장에서 거래된 평균가격과 평균균형량은 현저하게 모든 기간동안의 시장균형과 가깝다.

그림 3.14 4개의 이중경매시장에서의 시장가격과 양이 균형으로 수렴하는 현상. 원은 균형을 나타낸다

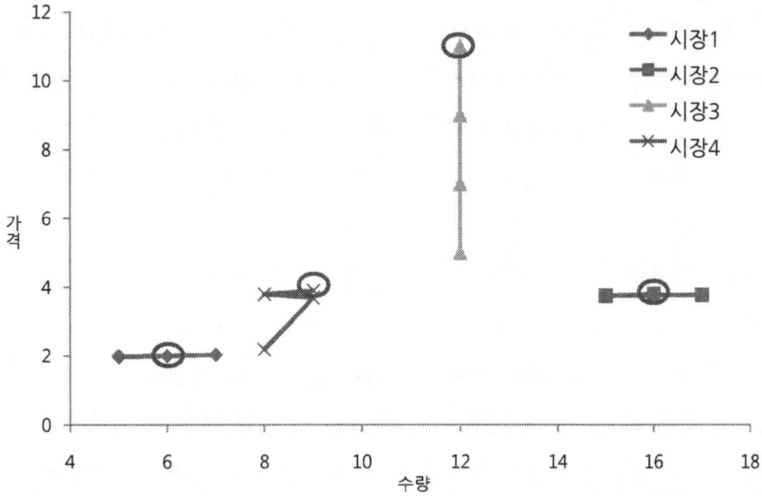

자료: Smith(1962)

또한 시장가격과 관측된 가격 차이의 밀접성은 수요와 공급이 기간마다 변할 때도 여전히 성립한다. <그림 3.15>에서 균형가격과 평균가격은 각 기간마다 변화하는 균형가격을 가지는 15기간동안 지속되는 하나의 시장에 나타난다. 균형가격과 관측된 평균가격은 거의 일치한다.

그림 3.15 15기간 지속된 시장에서 거래된 균형가격과 평균가격

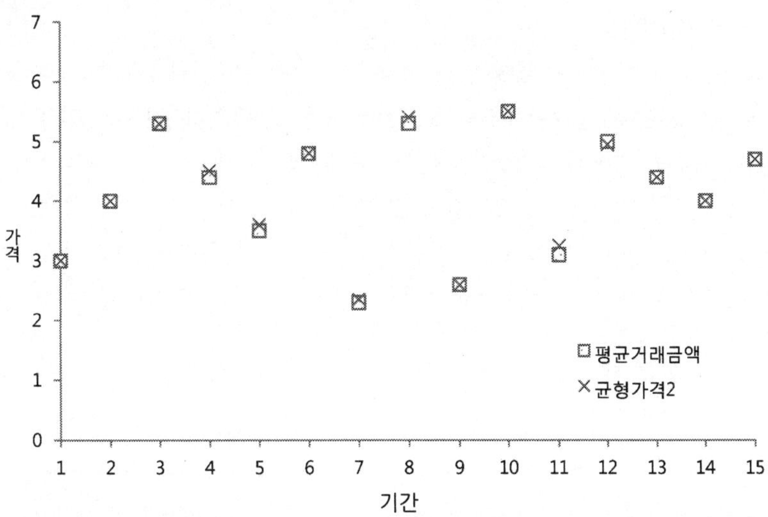

자료: Smith(2002)

기본적으로 실험적 이중경매시장의 평균가격과 수량은 반복되는 거래에서의 시장 균형과 거의 같다. 가격과 수량은 또한 수요와 공급의 변화로 예측될 수 있다.

이것은 환상적인 결과이다. 수요와 공급이 시장에서 어떤 일이 일어날지에 대한 믿을만한 예측요소임을 시사한다. 또한 시장은 자원을 배분하는 좋은 방법임을 시사한다. 또한 이러한 결과는 후생경제 1원칙에서 어떻게 가격이 결정되는 지를 알 수 없지만 이중경매는 가격을 정할 수 있고, 효율성을 이룰 수 있으므로 후생경제1원칙에서 보다 진행할 수 있다.

이중경매시장의 효율성은 거의 틀림없이 행동경제학에서의 가장 중요한 부분이다. 이중경매시장이 잘 작동하는 이유로는 피험자들이 단지 간단한 휴리스틱을 사용할 필요가 있기 때문이다. 시작점에서 피험자가 하는 것은 팔거나 사고자 하는 가격이다. 따라서 이익을 위해 가치보다 더 싸게 사길 바라거나 가치보다 더 비싸게 팔기를 원한다.

그러나 시장은 다양한 이유 때문에 항상 효율적이지 않다. 이후의 절에서 만약 구매자와 판매자가 상품에 대해 불확실한 가치를 가지고 있다면 어떻게 효율성이 감소하는 지를 볼 것이다.

연구방법 3.4 지능적인 제도 또는 사람?

이중경매시장이 작동하는 이유로 대략 두 가지가 있다. 피험자들은 매우 똑똑하거나 이중경매시장이 매우 똑똑한 것이다. 이것은 아마도 양쪽 다 약간 포함될 것이다. 왜 그런지 설명하기 위해 Gode and Sunder(1993)의 연구를 살펴보자. 만약 인간 피험자 대신에 '무지능의' 컴퓨터 프로그램에 의해 선택이 만들어 진다면, 이중경매시장에서 어떤 결과가 일으키는 지에 대해서 비교하였다.

무지능에는 두 가지 버전이 있다. 첫째, 각각의 거래자들은 무작위로 입찰과 호가를생성하므로 모든 행동에 대해 아무런 감정이 없다. 이것은 무지능의 거래자와 같다. 둘째, 각각의 거래자들은 무작위로 입찰과 호가를 생성하지만 금전적 손실을 보는 거래는 절대로 하지 않는다. 따라서 판매자는 가치보다 낮게 절대 판매하지 않고 구매자는 가치보다 절대 높게 사지 않는다. 이것을 '손실일 때 팔지않는' 거래자라고 부르자. <표 3.10>의 시장에서의 사람과 무지능의 거래자까지의 효율성을 비교한 결과이다. 중요한 결과는 '손실을 가지고 팔지 않는' 이들이 가장 높은 효율성을 가진 것처럼 보인다는 것이다.

표 3.10 5개의 실험적 시장 효율성. 인간과 무지능 거래자의 비교

참가자	시장에서의 효율성(%)				
	1	2	3	4	5
무지능	90.0	90.0	76.7	48.8	86.0
손실일 때 팔지 않는	99.9	99.2	99.0	98.2	97.1
인간	99.7	99.1	100.0	99.1	90.2

자료: Gode and Sunder(1993)

어떻게 이 결과를 설명할까? '손실일 때 팔지 않는' 휴리스틱이 충분히 시장의 효율성을 달성하기 때문에 휴리스틱이 적절한 것으로 보인다. 그러나 제도와 인간을 구분하는 것에 주의해야 한다. 개인 거래자는 이러한 휴리스틱보다 미묘한 것을 원하고 인간 피험자는 그러한 행동을 하기 때문이다. 따라서 만약 사람들이 가장 기본적인 휴리스틱만 사용한다고 해도 일부 제도는 잘 작동한다. 이것은 사람들이 가장 기본적인 휴리스틱만 사용한다는 것을 암시하는 것은 아니지만 잠재적으로 제도는 영리하고 잠재적으로 사람들의 전략이나 행동의 미묘한 부족분을 보충할 수 있다.

2. 게시호가와 시장지배력

가격이 게시된 시장에서 어떤 일이 일어나는지 설명하기 위해 Ketcham, Smith, and

그림 3.16 실험적인 이중경매와 게시호가시장에서의 균형가격과 양으로부터의 편차

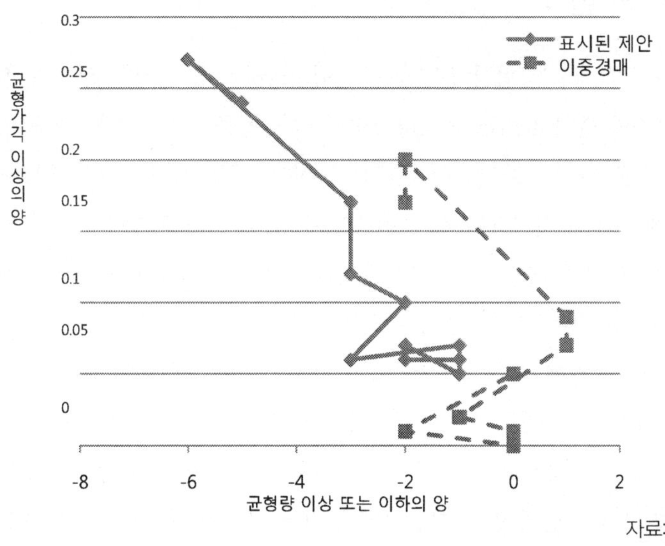

자료: Smith(2002)

Williams(1984)의 연구를 살펴보자. <그림 3.17>는 12개의 실험시장에서 평균된 이중경매시장과 게시호가(offered price) 시장의 가격과 수량의 차이에 대한 것을 요약하였다. 기대한 것과 같이 이중경매시장에서 가격과 수량은 기간이 지날수록 균형으로 수렴한다. 그러나 게시호가시장에서는 가격과 수령이 균형과 같다고 말할 수 없다. 이 상황에서 가격은 일관적으로 균형보다 위에 위치하고 수량은 균형보다 아래 위치한다. 그리고 시장에서 시간이 지나면서 반복된다고 해도 변할 것이라는 근거가 없다.

게시호가시장에서 항상 시장균형에 수렴하지 않는 것은 크게 놀라운 일이 아니다. 왜냐하면 공급자들이 인센티브를 위해 높은 가격으로 유지하거나 높이려고 시도하기 때문이다. 이전의 <표 3.7>의 세 가지 가능한 거래를 살펴보자. 이 경우 가격은 균형 위에 밀려 올라가고, 반면에 $1.50와 비교했을 때 $2.08인 균형에서 판매자의 이익이 더 높으므로 총이윤은 적다. 판매자들이 이익을 공유하지 않으므로 이익에 대해 경쟁할 인센티브가 없다. 그러나 가장 기본적인 인센티브는 가격을 높게 존재시키는 것이고 게시호가시장은 판매자에게 그렇게 하도록 더 많은 가능성을 준다.

판매자는 가격을 정하는 힘인 시장지배력이 있기 때문에 가격을 높게 유지한다. 그들은 서로 한 기간에서 다음 기간까지 그들이 제안하는 가격과 잠재적으로 높은 가격을 담합할 수 있는 신호를 보낼 수 있다. 따라서 판매자들이 시장지배력을 가지고 있기 때문에 가격은 높게 유지된다. 따라서 일반적으로 시장지배력에 의해 가격은 시장균형에서 이탈할 수 있다.

3. 일물일가의 법칙

살펴볼 마지막 제도는 협상가격(negotiated price)이다. 이러한 시장의 종류에 적절한 것은 일물일가의 법칙(the law of one price)이다. 일물일가의 법칙은 모든 상품들은 시장균형에서 같은 가격으로 팔려야 한다는 것이다. 예를 들어, <그림 3.13>에서 모든 상품이 $2.50에 판매될 것이라는 것을 예측할 수 있다. 이중경매에서 모든 판매자와 구매자가 자동적으로 같은 정보에 접근할 수 있다. 만약 구매자나 판매자가 정보를 위해서 탐색하는 제도를 고려한다면 결과는 달라진다.

Chamberlin(1948)에 의해 처음으로 기록된 경제적 실험의 하나인 협상가격시장(negotiated price market)을 살펴보자. 이 제도에서 구매자와 판매자는 방을 돌아다니고, 개별적으로 상호작용하며, 1:1로 거래하려고 한다. 이것은 방의 한 측면에 있는 사람들은 방의 다른 측면에 있는 사람들에게 다른 가격을 동의할 수 있도록 만드는 것이

그림 3.17 협상가격시장에서의 거래가격. 가격은 많이 변하지만 평균은 균형근처에서 끝난다. 거래가 끝나고 판매자와 구매자가 시장을 떠나면서 수요곡선과 공급곡선은 변하므로 균형가격보다 변화된 균형가격에 보다 집중해야 한다

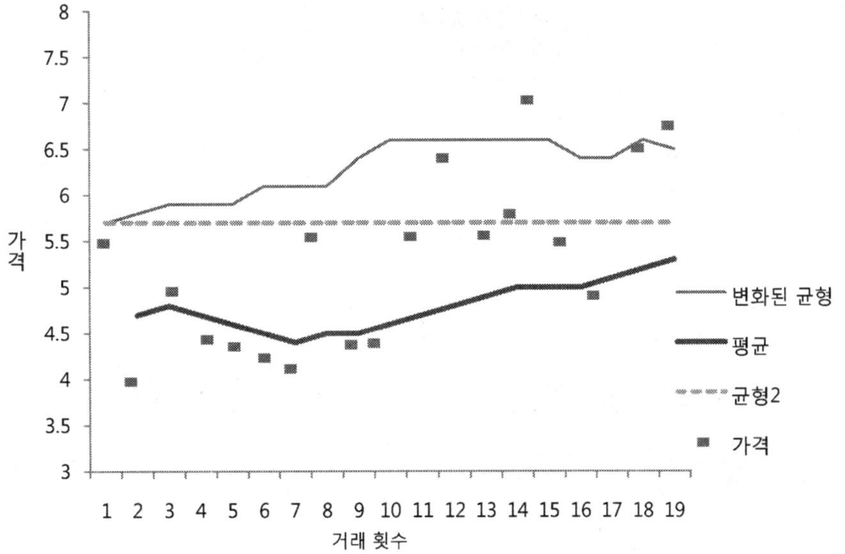

자료: Chamberlin(1948)

가능하다. <그림 3.17>은 시장에서 어떤 일이 일어나는지에 대해서 요약한다. 균형가격은 5.7이다. 그러나 사실 가장 낮은 4부터 높은 7.2까지 거래되는 가격은 상당히 다르다. 이 시장에서는 일물일가의 법칙이 성립하지 않는다. 그러나 흥미로운 점은 평균가격이 균형가격과 비슷한 5.3이라는 점이다.

이러한 시장에서 개인의 가격변화는 크지만 평균가격이 균형가격과 비슷하다. 따라서 수요와 공급은 여전히 이 시장에서 어떤 일이 일어날 것이냐에 대한 믿을만한 예측변수이다. 그러나 특별한 거래에서는 어떤 일이 일어날 것인가에 대한 것에는 믿을만한 예측변수가 아니다. 왜 그런가?

$4에 판 사람과 $7.20에 산 사람 둘 다 $5.60의 가격에 동의할 것이다. 이것은 추가적인 이득 $1.60을 얻고 거래된 가격은 균형가격과 매우 가까워진다. 왜 그들은 이렇게 하지 않았을까? 아마도 그들은 이 가능성에 대해서 이야기할 시간이 없었을 것이다. 둘 다 더 좋은 거래를 위해 다소 오래 또는 다소 힘들게 탐색할 수 있다. 문제는 이러한 탐색은 시간과 노력뿐만 아니라 좋은 거래를 놓치는 비용이 든다는 것이다. 예를 들어, $4에 파는 것은 아마도 판매자에게 좋은 거래처럼 보이지만 시장수요가 어떤 지에 대한 아무런 생각이 없다는 것을 기억하면 그들은 더 나은 것을 찾기 위해 거래하는 리스

그림 3.18 일물일가의 법칙은 많은 시장에서 성립하지 않는다. 가격에 있어서의 표준편차는 평균가격의 10%~20%보다 크다. 일반적으로 최대가격은 최소가격보다 2배이상이다

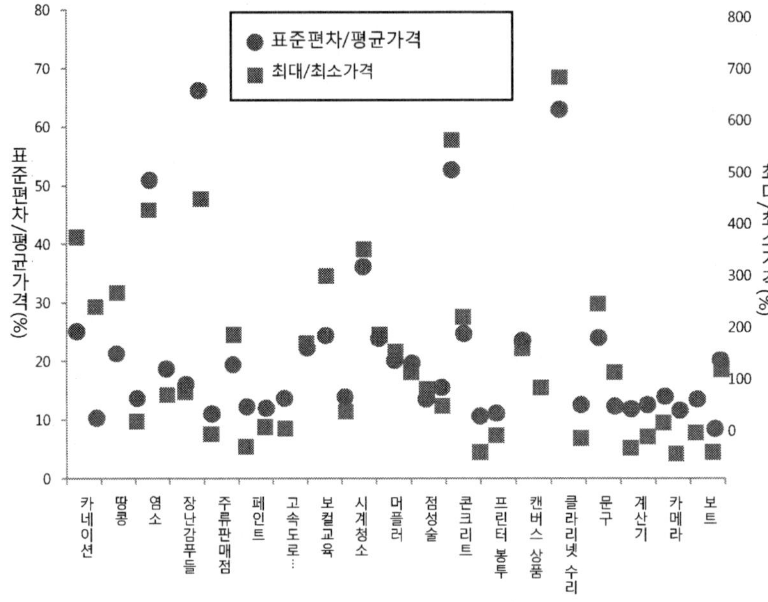

자료: Pratt, Wise and Zechhauser(1979)

크선호자인가? 잠재적으로 아니다. 그리고 탐색비용과 기준점으로 인해 일물일가 법칙이 성립하지 않는다고 예측할 수 있다.

탐색비용은 많은 시장에서 명백하게 나타난다. 만약 교과서의 가격이 얼마라고 생각할 수 있으나 조금의 노력도 없이 다른 판매자의 가격을 확실하게 알 수 없다. 이것은 하나 또는 그 이상의 지역에서 동일한 제품이 다양한 가격에 팔릴 수 있다. 이것은 상품을 팔았던 제도와 관계없는 상황이다. 예를 들어, Pratt, Wise and Zeckhauser(1979)은 무작위로 보스턴의 전화번호부(Yellow Pages)에서 39개의 상품을 선택하고 각 상품들이 얼마에 판매되는가에 대해 광고한 판매자들에게 전화를 하였다. <그림 3.19>에서 판매자들의 가격의 차이가 존재한다. 최고가격은 자주 최저가격보다 두 배 정도 크다.

<그림 3.18>는 증가하는 가격 순으로 정리되어 있다. 카네이션이 $0.33으로 가장 저렴하고 보트가 $602.87로 가장 비싸다. 특이하게도 더 비싼 상품의 가격의 상대적인 변동성이 감소하지 않는다. 왜 이것이 특이한 지에 대한 더 좋은 이해를 위해 다음 질문을 고려해보자.

> 당신은 자켓을 $125에, 계산기를 $15에 구매하였다. 판매원은 당신에게 차로 20분 거리에 있는 다른 지점의 상점의 계산기가 $5 더 싸다고 이야기했다. 당신은 다른 상점으로 이동하여 살 것인가? 자, 이제는 자켓이 $150이고 계산기가 $125일 때를 상상해보자.

Tversky and Kahneman(1981)는 그들이 행한 설문조사의 68%가 $15의 비용이 드는 상품에 대해 $5를 절약하기 위해 다른 상점으로 갈 뿐만 아니라 29%의 사람들이 $125의 비용이 드는 어떤 상품에 대해 $5를 절약하기 위해 다른 상점으로 갈 것이라고 보여주었다. 어느 쪽이든 사람들은 $5를 절약할 것이고, 저렴한 상품인지 비싼 상품인지에 따라 절약하는 것은 이상해 보인다. 그러나 다른 방법으로 사람들은 어떤 하나의 상황에서 33% 절약을 할 것이고 다른 상황에서 4% 절약을 할 것이다. 따라서 만약 휴리스틱을 가지고 있다면 4%는 좋은 절약이 아니지만 33%는 그렇다고 말할 수 있다.

이제 다시 탐색비용으로 돌아가 보자. 탐색비용이 판매되는 상품의 가격에 의존한다는 가정에 대한 그 어떤 이유도 없다. 따라서 만약 누군가가 모든 상품에 대해 $1의 절약을 위한 탐색에 동일한 노력을 한다면, 비싼 상품에 대해 상대적인 가격이 덜 변화한다는 것을 알 수 있다. 만약 누군가가 모든 상품에 대해 1%의 절약을 하기 위해 탐색에 동일한 노력을 한다면 상대적 가격에 의한 변동은 상품의 가격에 의존하지 않을 것이다. 여기에서는 이 부분을 보고 싶었다. 즉, 절대적인 절약보다 상대적 절약에 집중하는 것은 프레이밍과 지각이 사람들이 거래하려는 의향에 영향을 미친다. 이제부터 예측했던 프레이밍과 지각의 문제에 대한 더 많은 증거의 두 가지 구체적 시장을 살펴보자.

제5절 기준의존, 노동공급, 주택시장

만약 누군가가 이익을 얻는다면, 이득과 손실의 계산은 쉬워진다. 구매자는 상품에 대해 가치를 매긴 것보다 더 싸게 사고 싶어하고, 판매자는 상품의 비용보다 더 많은 가격에 팔고 싶어한다. 일부 시장에서 이러한 내용은 적용된다. 그러나 다른 시장에서는 손실과 이익, 또는 판매에 대한 이익에 대해 어떤 것을 계산하는 것이 쉽지 않기 때문에 무엇을 놓친 것처럼 보인다. 즉, 무엇이 적절한 기준점인 지에 대해 명확하지 않고 시장이 어떻게 작동하는 지에 대한 함의를 줄 수 있다. 여기서 노동공급과 주택시장을 통해 설명하고자 한다.

1. 노동공급

노동시장에서 임금을 받기 위해 얼마나 일하는 지를 결정한다. 예를 들어, 만약 A가 회계사라면 얼마나 많은 고객을 맡아야 하는 지, 풀타임 또는 파트타임일 지 결정해야 한다. 일하길 원하는 시간에 대한 기준수준(reference level)을 가지고 있거나 벌길 원하는 수입에 대한 기준수준을 가지고 있을 것이다. 기준수준은 다양한 일에 의해 결정될 수 있으나 무엇이 이전에 발생되었든지 또는 어떤 친구가 행했던지와 같은 두 가지 후보가 있다. 어떤 데이터를 보기 전에 기준수준이 얼마나 문제가 되는가에 대해 보는 노동공급의 모형은 유용하다.

노동공급을 모형화하는 기본적인 방법은 효용함수 u(x, H)를 생각하는 것이다. 여기서 x는 재산이고 사용하는 시간은 H라고 하자. 일한 것에 대한 이익을 측정하기 위해 시간당임금비율을 w로 하자. A는 여가와 재산을 거래할 것이다. 그리고 만약 시간에 대한 최적은 다음과 같다.

$$-\frac{du}{dH}=w\frac{du}{dx} \tag{3.1}$$

이것은 일하는 것에 대한 추가적인 시간으로부터 오는 비효용이 추가적으로 일하여 번 돈으로부터 얻은 효용이 상쇄되어야 한다.

<그림 3.19>은 더 일하거나 더 적게 일할 때에 대한 두 가지 A의 효용변화의 예를 나타낸다. 두 예에서 더 일할수록 일하는 것에 대한 한계비효용은 더 증가한다고 가정한다. 다른 한가지는 하루에 8시간 일하는 기준수준(reference level)을 가지고 있다는 것이다. 이것은 8시간 일하는 것에 대한 비효용에서 큰 변화를 일으킨다. A는 만약 8시간보다 더 적게 일하면 상대적으로 행복하다. 그러나 만약 8시간보다 더 많이 일한다면 상대적으로 덜 행복하다. 따라서 식(3.1)은 8시간 일하고 노동공급이 임금의 변화에 민감하지 않다는 것을 만족한다.

소득에 대한 목표수준이 존재한다고 가정해도 이야기는 비슷하다. <그림 3.20>는 A가 $10,000의 재산을 가지고 있고, 소득을 $160 증가하길 원한다고 하면 어떤 일이 벌어질까? 추가적인 소득은 목표보다 더 벌어들일 때보다 덜 벌어들일 때에 보다 상대적인 가치가 있다. 따라서 벌어들인 금액은 노동의 비효용에 대해 상대적으로 변화에 민감하지 않다. 그러나 만약 임금비율이 변하면 일하는 시간은 변할 수 있다. 높은 수준의

그림 3.19 두 가지 가능한 효용함수. 만약 8시간의 일하는 기준수준이 있다면 효용함수는 S자형이 되고 일하는 시간은 임금이 변하는 것처럼 변하지 않을 것이다

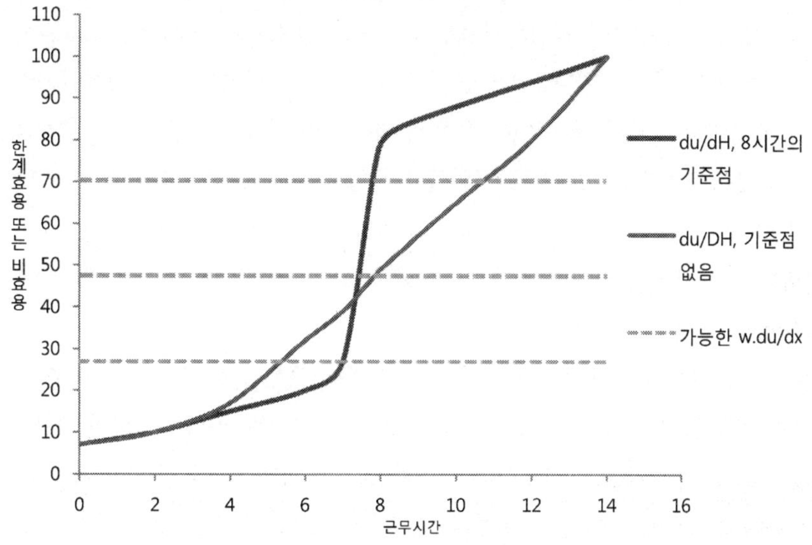

임금은 A가 더 적게 일하고, 여전히 목표에 이르렀다는 것을 의미한다. 반면에 낮은 수준의 임금은 A가 더 많은 시간 동안 일해야 하고 목표에 도달해야 한다.

그림 3.20 만약 $160을 버는 기준수준이 있다면 효용함수는 S자형이 된다. $160의 목표는 쉽게 이룰 수 있으므로 임금의 증가는 일하는 시간의 감소를 일으킨다

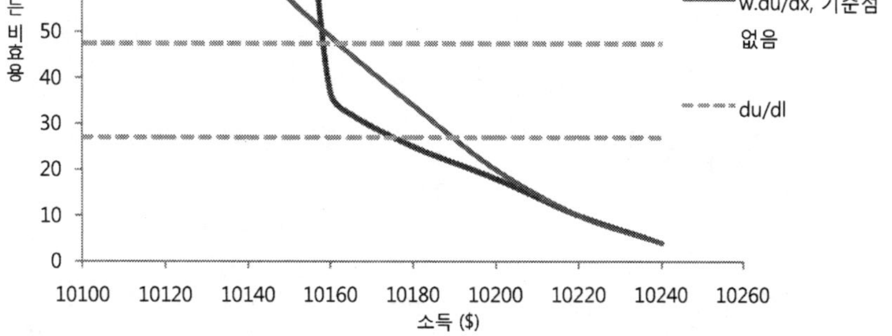

A가 목표소득과 일하고자 하는 목표시간을 가지고 있다고 기대할 지도 모른다. 자영업자는 얼마나 많은 시간 동안 자신들이 일할 것인지를 통제할 수 있다. 예는 택시 운전수이다. 많은 운전수들이 택시회사로부터 택시를 임대하고 운임, 팁, 연료비용을 충당하기 위해 돈을 벌어야 한다. 언제 근무를 시작하고 끝낼지에 대해 선택하고 얼마나 자주 쉴 지 선택함으로써 택시운전수들은 얼마나 일할지와 소득을 얼마로 할 지 결정한다. 뉴욕에서 택시운전수들이 그들의 얼마나 일했는지, 지역과 요금, 근무 동안 이동한 곳 등의 모든 것을 자세하게 기록하는 운전일지를 작성하기를 요구하면 된다. 설명을 위해서 1999년에서 2000년까지 21 New York City의 운전수가 일한 것에 대한 Farber(2005, 2008)의 연구를 보자.

운전수들이 어떤 특정한 시간에 그들의 근무를 끝내는 확률에 주목하자. 이미 일한 시간, 이미 벌어들인 소득, 그날의 시간과 날씨 같은 것들은 아마도 결정에 영향을 미칠 것이다. 택시에 대한 수요는 매일 많이 변화하고 일중에도 많이 변화하므로 임금 w는 매일 변화하고 하루에도 여러 번 변한다. 만약 택시운전사들이 그들이 일하기를 원하는 시간에 대해 기준수준에 집중한다면, 임금의 변화는 일하는 시간에 대해 작은 차이를 만들어 낸다. 대조적으로 만약 운전사들이 목표소득 수준에 집중한다면, 임금은 일하는 시간에 많은 영향을 미쳐야 한다.

그림 3.21 운전사들이 9시간 일하는 것과 $150~$175를 벌어들일 때를 비교하여 운행을 멈추는 확률이다. 운전사들은 10시간이나 그 이상으로 일하면 운행을 마치려고 하는 것 같다. 운행을 마치는 결정은 이미 벌어들인 소득에 의해 영향을 받지 않는다

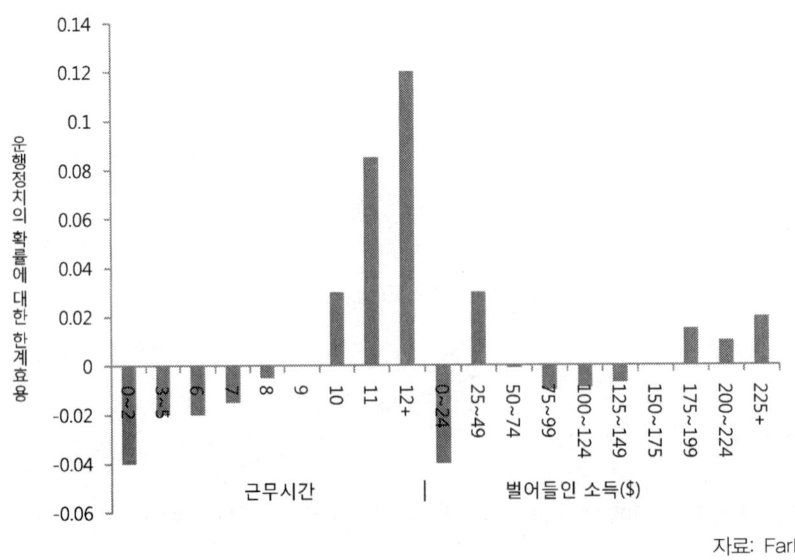

자료: Farber(2005)

어떤 일이 일어나는지 보기 위해서 이동 후에 근무를 마치는 확률을 추정할 수 있다. <그림 3.21>은 추정된 확률이다. 만약 9시간을 일하고 \$150~\$175를 벌어들인다면 근무를 끝낼 때의 확률의 변화가 존재한다. 운전사들이 10시간 이상의 시간을 일한 후 근무를 마친다는 것을 알 수 있다. 소득은 거의 영향이 없다.

이러한 확률들은 운전자i가 일정한 날 j에, 이동을 t만큼 하고 운행을 멈추는 확률을 다음과 같이 추정된다.

$$P_{ijt} = \Phi(X_{ijt}\beta)$$

여기서 Φ는 누적 정규분포이고 β는 일한 시간의 수를 포함한다. <그림 3.20>에서 택시운전사들은 주로 소득의 목표수준을 달성했을 때가 아닌 특정 시간을 일했을 때 멈춘다. 일한 시간에 대한 기준수준은 일관적이다. 그러나 부수적인 소득의 목표수준을 완벽하게 배제시키지는 못한다. 이를 확인하기 위해 목표소득을 방정식에 대입하고 추정하면 된다. 운전사들이 정말로 소득의 목표수준을 가지고 있음을 나타낸다. 그러나 다소 이상하더라도 매일 목표의 변동이 심함을 발견할 수 있다. 특히 목표수준의 평균은 \$196이지만 표준오차는 \$91이다. 따라서 아마도 운전사들은 하루의 목표소득을 \$120, 다음날 \$250 등으로 가지고 있을 것이다.

택시운전사들이 목표소득을 가지고 있는지를 점검하기 위하여 추정할 함수를 변화시키자.

$$P_{ijt} = \begin{cases} \Phi(X_{ijt}\beta + \delta) \text{ if } y_{ijt} > r \\ \Phi(X_{ijt}\beta) \quad \text{ if } y_{ijt} > r \end{cases}$$

여기서 r_{ij}는 운전사 i의 하루 j에 대한 소득의 기준수준이고 y_{ijt}는 현재의 소득이다. 만약 현재소득이 기준점보다 위에 있다면, $y_{ijt} > r_{ij}$가 된다. δ가 크면, 운전사가 운행을 멈출 확률도 커진다. δ는 목표 소득수준의 잠재적인 중요성을 측정한다. 기준점을 아래와 같이 추정할 수 있다.

$$r_{ij} = R_i + \varepsilon_{ij}$$

여기서 R_i는 매일 변동되는 운전사 i의 평균 기준수준이다. R_i, β, δ을 추정하면 δ가 0보다 크므로 목표 소득수준은 확실히 존재한다.

그림 3.22 미국과 영국의 16세 이상 여성 노동참여율

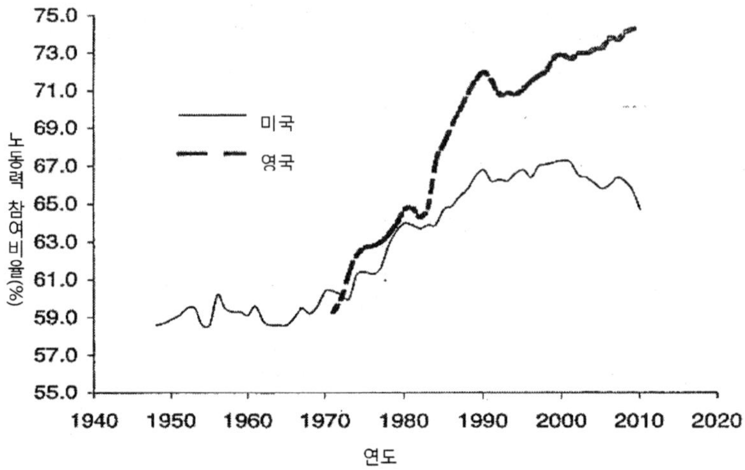

자료: Bureau of Labor Statistics and Office for National Statistics

택시운전사로부터 얻을 수 있는 전체적인 면은 운전사들이 아마도 소득의 목표수준을 가지고 있을 것이라는 것이다. 그러나 그들이 일한 시간들은 훨씬 더 지배적인 요소처럼 보인다. 지금부터 다른 관점에서 데이터를 살펴보려고 한다. 대부분의 노동자는 택시운전사처럼 근무시간에 대해 유연성을 가지고 있지 않다. 종종 풀타임 또는 파트타임같은 이산적인 선택에 대한 제약이 존재하지만 여전히 흥미로운 주제가 된다. 예를 들어, <그림 3.22>은 2차대전 이후 미국과 영국의 여성들에 대한 노동시장참여율의 성장을 나타낸다. 일을 하기로 결정한 여성들의 수는 명백하게 증가한다. 왜 그럴까?

만약 식(3.1)에서 임금이 증가하고 돈의 효용의 증가하거나 일의 비효용이 감소하는 걸 보았다. 임금변화와 일의 비효용의 변화는 증가한 노동참여를 설명할 수 있다. 예를 들어, 왜 여성에게 일의 비효용이 감소하는지에 대해 낮은 출산율과 서비스 분야의 성장은 두가지 이유가 된다. 그러나 돈의 효용이 변화하는 확률에 더 많이 집중하자. 만약 사람들이 친구들이나 가족과 비슷한 액수의 돈을 벌기를 원하면 높은 임금과 감소한 일의 비효용 때문에 일부의 여성들은 고용시장으로 오면 다른 여성들이 뒤처지지 않기 위하여 노동시장에 들어오게 되는 자극제가 된다.

Neumark and Postlewaite(1998)는 1980년대에 고용 가능한 나이가 된 미국 여성들의 데이터를 가지고 이러한 가능성을 연구하였다. 만약 여자들의 올케가 일을 하거나, 만약 그녀의 남편보다 그녀의 자매의 남편이 돈을 더 잘 벌 때 중 어떨 때 더 일을 하고 싶은가에 대해서 물었다.

이것이 어떻게 되었는지 보기 위해서 P_{it}는 여성 i가 시간 t에 고용되는 확률을 나타낸다. 만약 그녀의 올케가 일을 할 때 그녀 역시 더 일을 하고 싶어지는지를 확인하기 위해 다음과 같은 방정식을 추정하자.

$$P_{it} = \Lambda(X_{it}\beta + \gamma SL)$$

여기서 $X_{it}\beta$는 교육과 같은 설명변수와 계수이고, Λ는 지수 누적 확률분포이고 SL은 올케가 일할 때 1 또는 0이다. γ가 크다는 것은, 만약 올케가 일한다면 그녀가 아마도 더 일하려 할 것이다. 만약 그녀의 남편보다 그녀의 자매의 남편이 더 많이 벌 때 여성이 일하고 싶어 하는지에 대한 것을 보기 위해 다음 방정식을 사용할 수 있다.

$$P_{it} = \Lambda(X_{it}\beta + \gamma HM)$$

여기서 HM은 자매의 남편이 돈을 더 벌 때 1이고 아니면 0이다.

<그림 3.23>는 결과를 나타낸다. 그녀가 일을 할 것인지 하지 않을 것인지는 그녀의 자매 또는 올케의 행동에 따라 영향을 받는 것을 알 수 있다. 만약 올케가 일을 한다면 그녀는 더 일할 의향이 있다. 그리고 만약 그녀의 자매나 자매의 남편이 그녀의 남편보다 더 많은 돈을 번다면 그녀는 더 많이 일할 의향이 있다. 이는 다른 사람이 벌어들이

그림 3.23 여성이 고용될 확률의 변화는 올케가 일하고 있는 지, 자매의 남편과 자신의 남편의 소득에 의존한다

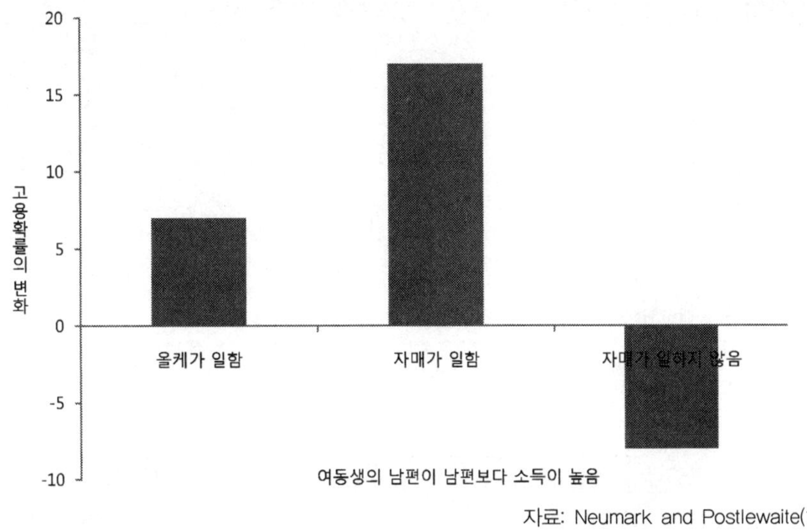

자료: Neumark and Postlewaite(1998)

는 것에 의존하는 소득의 기준수준에 의해 영향을 받는다.

지금까지 노동자는 그들이 일하고 싶어하는 시간의 기준수준이 있고 그들이 벌고싶어하는 소득의 기준수준이 있다는 근거를 보았다. 그 이유는 개인의 노동공급에 대한 이해에 있어 중요하며 어떻게 노동시장이 작동하는지에 대한 이해에도 중요한 것이다. 기준점은 부분적으로 어떻게 손실과 이익을 계산할 것인지에 대해 결정하고 또한 균형가격과 균형생산량에 대해 부분적으로 결정하기 때문이다. 이러한 결과로 일하는 여성들의 수의 큰 증가와 한밤 중의 택시가격의 큰 증가라는 것을 보았다.

2. 주택시장

두 번째로 주택시장을 살펴보자. 부동산을 구매하는 것은 사람들의 인생에서 큰 결정 중 하나이며 투자와 소비의 결정처럼 생각된다. 사람들은 어딘가 멋진 곳에서 살길 원하지만 집값이 오르거나 내린다는 것을 알고 있으며, 가격이 더 오르는 곳이 더 좋은 곳이라는 곳도 알고 있다. <그림 3.24>는 영국과 웨일즈에서 1995년 1월부터 2009년 12월까지의 평균 부동산 가격과 월별 판매양이다. 가격은 시간이 지남에 따라 증가하나, 감소하는 기간이 없는 것은 아니다. 언제 팔리고 샀는지 아는 것, 그리고 얼마에 매도되고 입찰하였는 지는 재정적으로 중요하고 복잡한 결정이다. 그러나 이익이나 손실이라고 말하는 적절한 기준점은 무엇인가?

처음으로 A가 어떤 가격에 아파트를 팔 것인지에 대해서 살펴보자. A는 두 개의 기

그림 3.25 영국와 웨일즈의 주거용 부동산의 평균 판매가격과 거래량

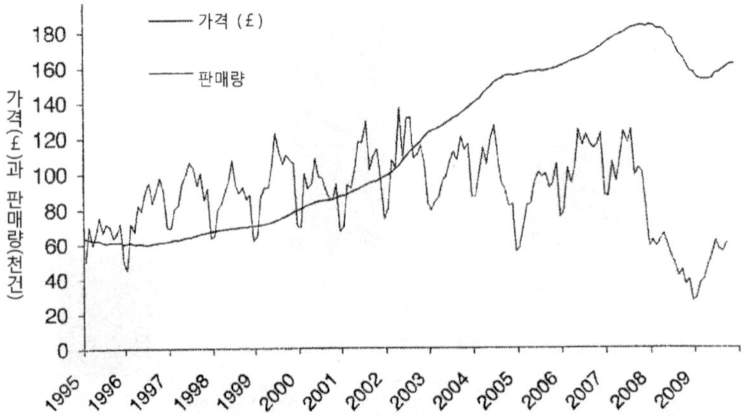

자료: Land Registry

준가격을 사용한다. 다른 비슷한 부동산이 팔리는 비슷한 가격과 A가 살 때 지불했던 가격이다. 예를 들어, A가 살 때보다 더 낮은 가격에 판다면 손실로 이해할 수 있다. 반면에 더 높은 가격에 판다면 이익으로 이해할 수 있다. 이것의 영향을 보기 위해서 A가 아파트를 $80,000에 샀다고 가정해보자. 반면에 B는 거의 동일한 아파트를 $100,000에 샀다고 가정해보자. 둘 다 팔려고 내놨을 때 비슷한 아파트의 가격이 $90,000이라고 해보자. A에게는 $90,000에 파는 것은 이익이라고 느껴질 것이다. 따라서 A는 그 가격에 팔게 되면 행복해할 것이다. B에게 $90,000에 파는 것은 손실로 느껴질 것이다. 손실회피에 의해, B는 아파트를 적어도 $95,000에 팔려고 노력하거나 아파트를 팔지 않는다는 결정을 내릴 수도 있다.

Genesove and Mayer(2001)은 1990년대의 보스턴 시내의 자료를 이용한 실험으로 예측하였다. 그들은 1990년도에서 1997년까지 판매로 나온 5,000개 이상의 아파트를 자료로 사용했다. 가장 중요한 것은 그들이 가진 자료는 누군가가 아파트를 구매한 가격이고, 처음에 그들이 팔려고 작성해 놓은 판매가격이다. 또한 그들은 시장가격(market value)과 판매시에 발생하는 융자잔액를 추정했다. 융자잔액은 사람들이 구매할 때 구매에 사용한 융자를 갚아야 하므로 지불한 가격 이하로 파는 사람들은 배제할 수 있게 해 준다.

Genesove and Mayer는 B같은 누군가가 손실을 입을 것이라고 예측된다면, 그들에게 높은 가격에 팔기 위해서 오랫동안 기다리라고 요청하고 높은 가격에 판매를 한다고 보았다. 그러나 그들이 처음 지불했던 것보다 싸게 팔고 싶어하지 않는 다. 이것은 주택시장을 이해하는데 큰 도움을 준다. <그림 3.24>에서 하나의 문제는 주택에 대한 정보를 관측할 때 가격이 떨어지는 기간에 판매량이 떨어진다는 것이다. 만약 가격이 떨어지면 수요는 증가해야 한다. 그러나 한번 손실회피에 관해서 설명했으므로 이것은 매우 쉽게 이해할 수 있다. 만약 가격이 떨어지면 사람들은 손실을 잃고 판매하고 싶지 않을 것이다. 따라서 더 적은 부동산이 시장에 판매를 위해 나오게 되고 가격은 그들이 원하는 것보다 위에 존재할 것이다. 이것은 확실히 더 낮은 판매가 발생한다.

덜 명백한 것은 손실회피가 잠재적 판매자에게 이익인지 아닌지에 대한 것이다. 손실회피의 규모를 문맥으로 놓았을 놓기 위해 Genesove and Mayer의 연구로 추정된 숫자를 A와 B의 예로 연결시킬 수 있다. A는 $90,000으로 매도가를 정하고 약 60일 이후에 이것을 팔 것이다. B는 손실에서의 25~33%의 회복을 위해 대략 $93,000으로 매도를 하려고 노력하였으나 결국 $91,000의 가격으로 팔면서 사실상 3~18%의 손실 회복

율만을 보였다. B는 6%정도 더 기다렸어야만 했다. 그러나 이것은 오직 4일 추가되었을 때와 같다. 이것은 B가 그렇게 나쁘게 된 것처럼 보이진 않는다.

그러나 판매하는 사람과 구매하는 사람 때문에 그렇게 간단하지만은 않다. 시장가격의 하락은 비록 손실을 얻더라도 아마도 판매하고 보다 큰 부동산을 살 좋은 기회일지도 모른다. 손실을 얻으며 팔고 싶어하지 않는 누군가는 아마도 이 기회를 놓칠 것이다. 또는 어쩌면 그들은 약간의 쾌락적 편집(hedonic editing)이 필요하고 팔려고 하는 부동산에서의 손실보다 사려고 하는 부동산에서의 이익에 초점을 두기 위해 기준점을 변경시킬 필요가 있다.

구매자 측면에서 누군가가 부동산을 살 때 얼마의 가격에 지불할 의향이 있는가? 비슷한 부동산의 가격은 아마도 훨씬 더 자연스러운 기준점일 것이다. 어떻게 되는지에 대해 보는 좋은 방법으로 한 지역에서 다른 지역으로 이사할 생각이 있는 누군가를 따라가면 된다. 만약 A가 이사할 때 아파트가격이 $70,000근처라면 매우 싸게 보일 것이다. 그러나 만약 평균이 $120,000이라면 배우 비싸게 보일 것이다. 기준점은 A가 $90,000보다 아래에 사면 기뻐할 것이지만 $90,000이상의 돈은 지불하는 것을 싫어할 것이라는 것을 시사한다.

Simonsohn and Loewenstein(2006)은 미국에서 1983년과 1993년 사이의 사람들이 이사 데이터를 통해 검증하였다. 현재 살고 있는 지역의 평균 임대가격이나 주택가격이 이사하려고 하는 곳에 지불하는 가격에 영향을 미치는가를 조사하였다. 그들은 문제가 되지 않는다는 것을 발견했다. 현재 살고 있는 렌트나 부동산의 중간값에서 10%차이가 존재하더라도 이사갈 곳에는 2%정도의 가격에만 영향을 미치고 있었다. 아마도 이것이 선호도나 다른 어떤 것 때문이라고 말할 수도 있다. 그러나 사람들이 이번에는 같은 지역으로 두 번째 이사를 할 때, 차이는 없었다. 따라서 마치 얼마 동안 사람들이 사는 지역에서 기준점에 적응한 것처럼 보인다.

제6절 행동적인 생애주기가설

이제 경제학에서 훨씬 중요하고 논란이 많은 이론인 생애주기가설(Life Cycle Hypothesis)에 대해 살펴보자. 생애주기가설의 요점은 다음과 같다. 사람들은 그들의 미래 소득에 대해 장기적인 시각을 가지고 있고, 기대효용을 극대화하기 위해 일생동안 소비를 평활화(smooth)한다.

1. 일반적인 생애주기가설

오늘의 소비 결정은 오늘의 저축을 결정하고 오늘의 저축은 내일의 소비를 결정하는 중요한 요소이다. 따라서 오늘의 소비는 미래의 예상되는 소득, 원하는 소비수준 등을 고려하여 결정된다.

현재 금리가 r로 주어진다고 가정하고 2기간을 사는 사람을 가정한 2기간 모형을 살펴보자. 오늘과 내일의 생산이 a점으로 주어진다고 가정하면 예산선은 ab선으로 주어진다. ab의 기울기는 (1+r)이다. 이 소비자의 무차별 곡선이 주어지면 b에서 균형이 이루어진다. 이 사람은 오늘 Y1에서 생산하고 C1만큼을 소비함으로 C1Y1만큼을 저축한다. 내일은 Y2밖에 생산하지 못하지만 오늘 저축한 것 때문에 C2만큼 소비할 수 있다.

만약, 금리가 상승하면 예산선이 ab'로 변하고 오늘 소비의 기회비용이 증가함에 따라 소비가 C1'로 감소하고 저축이 증가한다. 오늘의 저축이 증가하였기 때문에 내일의 소비는 C2보다 많이 증가하여 C2'만큼 소비한다.

만약, 소득 또는 생산이 증가하여 예산선이 A'B'로 위로 이동하면 균형은 b"으로 이동하고 오늘의 소비와 내일의 소비가 모두 증가함을 알 수 있다. 앤도-모딜리아니(Ando-Modigliani)의 생애주기가설은 다음과 같다.

그림 3.25 2기간 모형

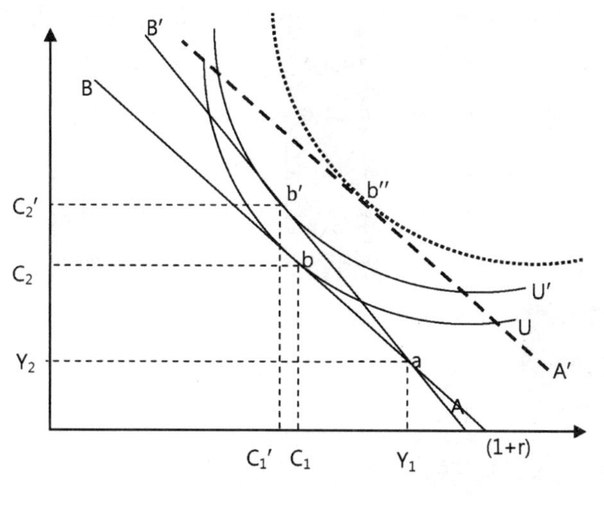

그림 3.26 생애주기가설

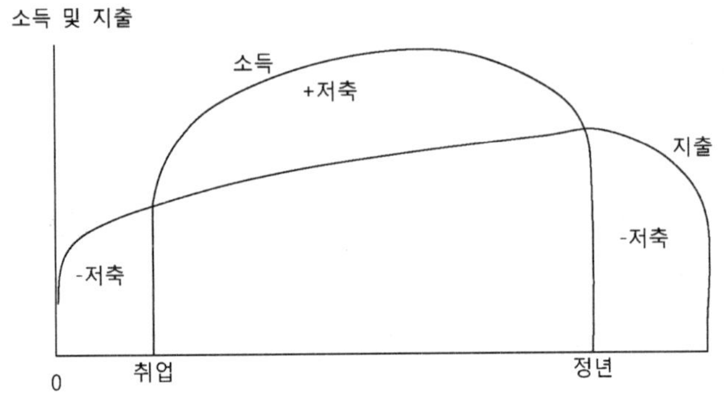

사람은 어릴 때는 부모에 의존하여 생활하고 취업하면서 소득이 발생한다. 소득이 있는 동안 저축을 하고 정년 후에 저축으로 죽기 전 까지 생활을 한다. 따라서 취업한 이후부터 정년이 될 때까지는 양(+)의 저축을 하며 나머지 기간에는 음(−)의 저축을 한다.

<그림 3.27>는 모형에 대해 보다 자세히 설명하였다. 소득이 생애주기동안 크게 변화하는 것을 알 수 있다. A는 학생일 때 적게 벌었고, 직업을 가지거나 승진할 때 소득이 증가했다. 그리고 은퇴할 때 다시 소득이 적어졌다. 아마도 A는 인생에서 보다 안정적이기 위한 삶의 기준과 소비를 원할 것이다. 그 결과 학생시절에 돈을 빌리고 일하는 동안 돈을 저축하고 은퇴한 후에 저축한 돈을 사용하면서 평활화된 소비를 가질 것이다. 평활화된 소비는 완전하게 계획 a를 줄 것이다. 훨씬 현실적인 것은 계획 b이다. 예를 들어, 자녀를 가지면 나이에 따라 소비가 변하기도 한다.

<그림 3.27>는 실제자료를 나타낸다. 인생에 대한 소비를 살필 때 일반적으로 <그림 3.28>와 같이 역U형태를 발견한다. 역U모양은 서로 다른 나라, 모든 종류의 근무자, 교육정도 등에 의해서 측정된 것이다. 다른 대안적인 관점은 시간에 따른 소비를 관찰하면서 획득한다. <그림 3.29>은 전형적으로 발생되는 것을 나타낸다. 소비가 순환적이고 저점에서 정점까지 11%만큼의 변화가 이루어지는 것은 매우 뚜렷하게 보인다.

<그림 3.28>와 <그림 3.29>에서 생애주기가설은 매우 일관적이지 않게 보인다. 대신 마치 소비평활화를 하면서 소비는 소득을 따라가는 것처럼 보인다. 만약 자녀에 영향을 미치는 것과 신중한 욕구, 또는 불확실하한 미래의 소득에 대해 돈을 쓰기 원하지 않는다는 것을 고려한다면 <그림 3.28>와 <그림 3.29>이 일관성을 가진 생애주기가설이라고 말할 수 있다. 그러나 근본적으로 최적은 소비가 평활화되지 않는 것이다. 이것은

그림 3.27 소비평활화의 예. 소득은 나이에 따라 많이 변하지만 소비는 계획 a와 같이 완전히 평활화되거나 계획 b와 같이 부분적으로 평활화된다

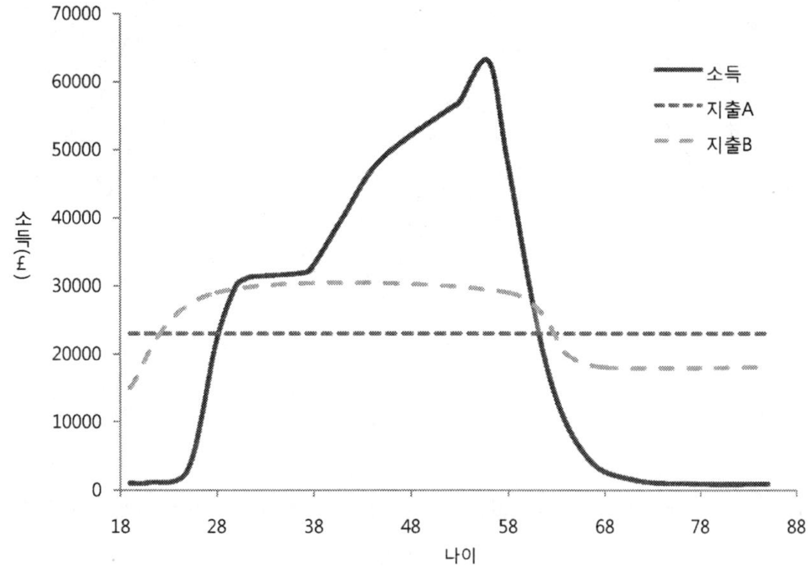

만족스럽지 못한 결론처럼 보인다.

훨씬 현실적인 예상은 은퇴를 위한 저축, 학생일 때의 대출, 처음 집을 구매할 때의

그림 3.28 영국에서 1936년과 1943년 사이에 태어난 남편들의 역U자형 소비와 소득 패턴. 경기변동과 성장효과는 제거된 자료이다

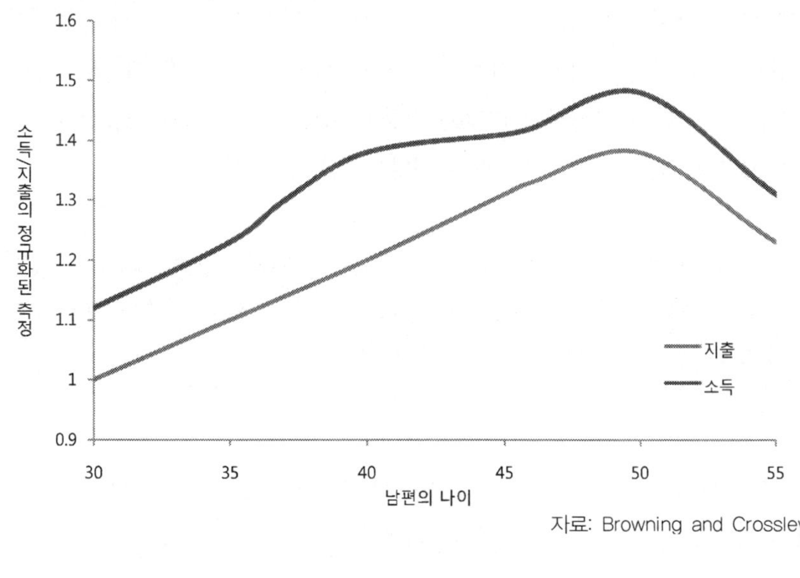

자료: Browning and Crossley(2001)

그림 3.29 영국의 시간에 걸친 소비패턴

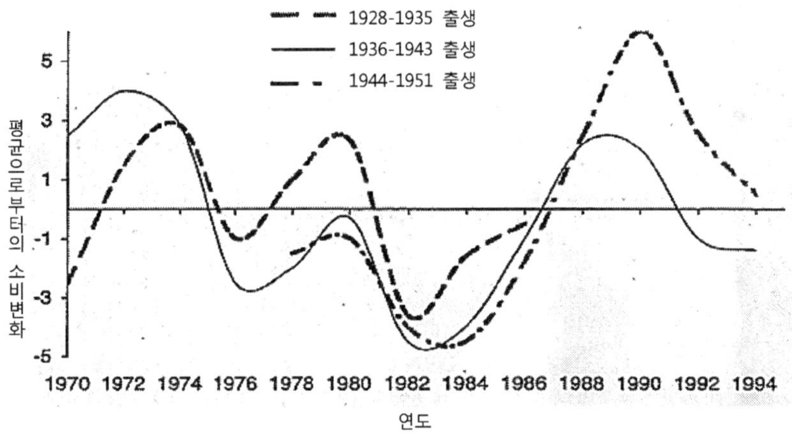

자료: Browning and Crossley(2001)

대출과 같이 평생에 걸친 소비를 평활한다고 보아야 한다. 그러나 현재의 소득을 밀접하게 따라가고 합리적인 것보다 거시경제 순환에 보다 민감하므로 사람들은 예상한 것만큼 소비를 평활화하지 않는다. 이를 설명할 수 있는 것이 심리적 회계(mental accounting)이다.

2. 대체가능성과 심리적 회계

심리적 회계와 프레이밍 좁히기는 생애주기가설을 생각하는 것에 있어서 매우 중요하다. 왜냐하면 생애주기가설은 모든 돈을 똑같이 처리되고, 돈의 출처와 상관없는 대체가능성(fungibility)을 가정하기 때문이다. 만약 사람들이 심리적 회계를 유지한다면 돈을 어떻게 얻느냐에 따라서 분리되는 경향이 있다. 이것은 대체가능성이 아니다.

자세한 설명을 위해 아래의 세 가지 시나리오를 고려해보자.

- 당신은 일에 대한 특별한 보너스를 받는데 아마도 내년에 한 달에 $200을 받을 것임을 의미한다.
- 당신은 일에 대한 특별한 보너스를 받는데 정액(lump sum)으로 $2,400을 받을 것이다.
- 당신은 당신에게 먼 친척이 세후 상속금 $2,400를 남겼다고 들었다. 당신은 이것을 아마도 5년동안 받지 못할 것이다.

세 가지 시나리오에서의 당신의 돈은 $2,400만큼 증가할 것이다 대체가능성은 추가적인 자금의 출처가 어디인 지에 상관없이 사용할 수 있다. 이제 남은 인생동안 $2,400을 어떻게 쓸지에 대해서 생각해야 한다.

Shefrin and Thaler(1998)의 연구 결과는 현실과 조금 차이가 있어 보인다. <그림 3.31>은 추가적인 $2,400에 대해서 사람들이 미래에 소비할지에 대한 확실한 차이를 보여준다. 만약 돈이 정기적인 지불로 들어오면 사람들은 1년에 그 돈의 절반만 쓸 것이라고 계획한다. 그러나 미래의 상속으로부터 돈이 지불된다면 소비하지 않을 것이다.

대략 가계는 세 가지 기본적 심리적 회계인 현재소득계좌, 자산계좌, 미래소득계좌를 상기하고 유지한다는 것이다. 현재소득계좌(current income account)는 매일의 소비지출을 위한 것이다. 이 계좌로부터 돈이 있으면 사용할 것이므로 한계소비성향(marginal propensity to consume, MPC)이나 사용되는 돈의 비율이 상대적으로 높다는 것을 예상할 것이다. 자산계좌(asset account)는 미래의 은퇴나 새로운 주택의 구매를 위해 저축이나 투자를 위한 것이다. 이 계좌로부터 더 낮은 한계소비성향을 예상할 수 있다. 사실 이것의 목적은 아마도 가계에 적절한 저축을 하도록 하는 것이다. 마지막으로 미래소득계좌(future income account)는 연금, 상속, 기대되는 봉급의 인상과 같은 예측가능한 미래소득을 포함한다. 만약 사람들이 현재 가지지 못한 소득에 대해 소비하는 것을 꺼린다면 계좌의 한계소비성향은 매우 낮게 나타날 것이다.

한계소비성향에 대해 예측된 이러한 차이들은 대체가능성과 일관적이지 않다. 그러나 <그림 3.30>의 데이터에서는 일관적이다. 한 달에 $200의 정기적 지급은 현재소득계좌에 추가되는 것 같아 보인다. 정액지급은 자산계좌에 추가될 것이다. 상속은 명백하게 미래소득계좌로 놓여질 것이다. 이것은 감소하는 한계소비성향에 대한 설명을 가능하게 해 준다.

다행스럽게도 현실선택에 대한 가설적인 설문조사로 넘어갈 수 있는 지출 자료를 가지고 있다. 지금부터 세 가지 예를 보자.

첫 번째 예는 2001년도에 미국에서 있었던 세금환급(tax rebate)에 관한 것이다. 대부분의 미국의 가계는 10주의 기간 동안 $300 또는 $600의 환급을 받는다. 환급은 예측될 수 있다. 왜냐하면 정책은 잘 홍보되어 있고 세금정책의 장기적인 변화의 일부분이기 때문이다. 따라서 사람들이 $300 또는 $600을 받을 것이라고 알고 있는 것과 실제적으로 받는 돈의 사이에는 차이가 존재한다. 대체가능성으로 인해, 사람들은 실제로 세금받는 순간이 아니라 세금을 환급받을 것이라고 아는 순간 지출을 시작해야 한다. 심리적 회계로 인해, 돈을 수령하면 미래소득계좌에서 현재소득계좌나 자산계좌로 이

그림 3.30 피험자가 생각하기에 내년에 지출할 것이라고 생각하는 $2,400. 돈의 출처는 지출하려고 예상하는 금액에 영향을 미친다

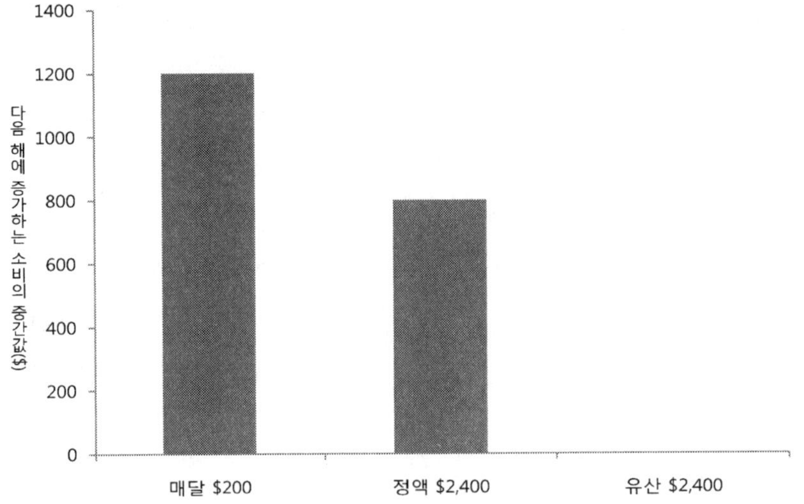

Shefrin and Thaler(1998)

동시키고 그 돈은 이미 받았던 돈과 다르게 취급된다.

Johnson et al.(2006)은 가계가 돈을 어떻게 사용하고, 환금을 받을 때 다른 소비가 있는지에 대해 주의를 기울이며 지출 데이터를 연구했다. <그림 3.31>은 환급을 받기 3개월 전과 환급을 받은 3개월 후를 비교하여 소비에 대한 변화를 보여준다. 다른 가계들은 다른 시점에 돈을 받았으므로 계절적 효과에 의한 차이의 가능성이 없다. 이것은 돈을 수령하는 것이 지출의 차이를 만드는 것처럼 보인다. 이것은 일관적인 심리적 회계이지만 대체가능성은 아니다.

환급에 대한 다른 흥미로운 점은 가계가 계획한 것과 실제로 지출한 것에 대해 차이가 나타난다는 것이다. 예를 들어, Shapiro and Slemrod(2003)은 세금환급으로 무엇을 할 것인지에 대해 가계별로 설문조사를 했다. 오직 22%가 환급금을 쓴다고 예상되었다. 대부분은 부채를 갚을 거라고 답했다. 이것은 가계가 돈을 자산 계좌에 넣을 계획이라는 것을 의미한다. 이것은 Agarwal et al.(2008)의 결과와 비슷한데 초기에 신용카드 부채와 같은 부채를 갚기 위해 저축을 하겠다는 사람들이 결국엔 장미를 사는데 소비한다는 연구였다.

현재계좌와 자산계좌의 차이를 이제부터 볼 예로부터 구분해 낼 수 있다. 1950년대 후반에 독일의 보상을 지급받은 이스라엘의 예를 살펴보자. 가족들은 서로 다른 정액의

그림 3.31 환급을 받기 3개월 전에 비해 환급을 받은 3개월의 지출의 변화

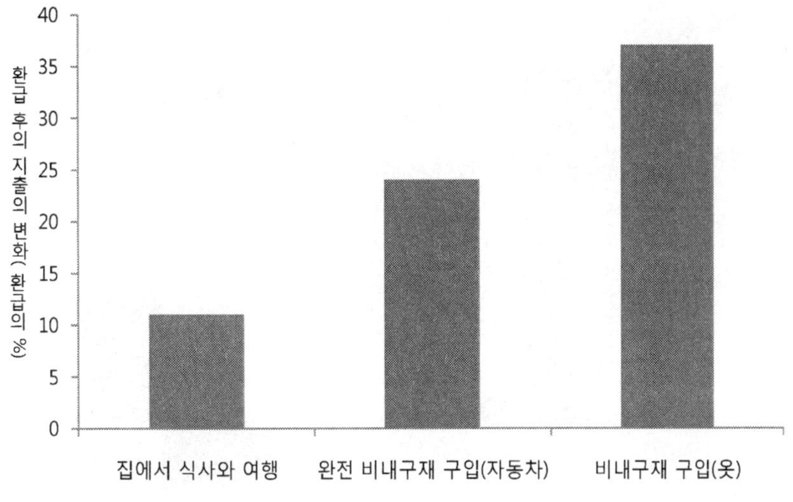

자료: Johnson et al.(2006)

'뜻밖의 금액'을 받았다. Landsberger(1966)은 사람들이 돈을 받았을 때 어떻게 행동하는지와 평소의 소비와 비교하며 관찰하였다. 그 결과가 <그림 3.32>에 요약되어 있다. 평소의 소득과 뜻밖의 금액의 한계소비성향의 차이는 크다. 세금환급은 대체가능성이 부족한 경우이다. 또한, 뜻밖의 금액의 크기는 가족이 지출하는 금액의 크기에 매우 중

그림 3.32 독일의 보상지급에 대한 이스라엘의 수급자의 정상적인 소득과 비교한 뜻밖의 이득에 따른 한계소비성향

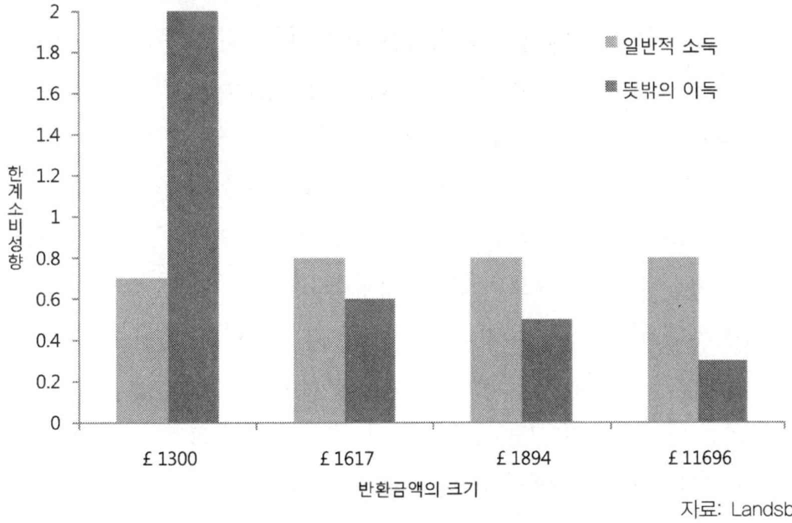

자료: Landsberger(1966)

그림 3.33 정상소득과 아동수당을 벗어나는 옷에 대한 한계소비성향

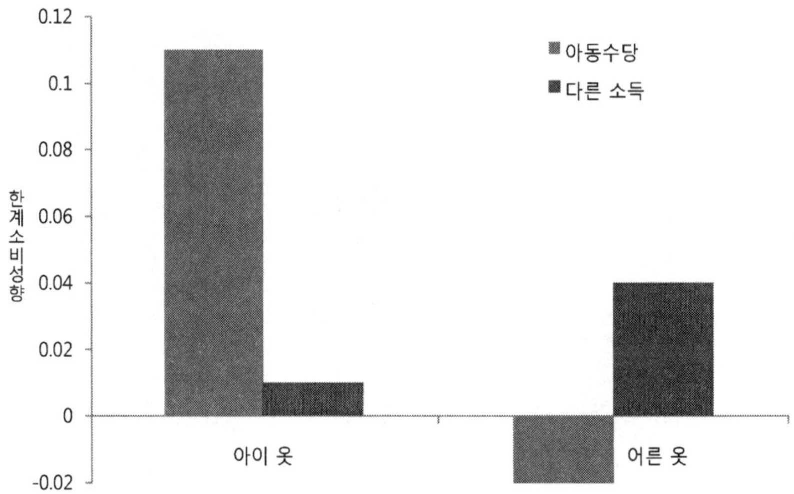

자료: Kooreman(2000)

요한 역할을 한다. 작은 금액은 소비로 다 써버리고, 반면에 큰 금액은 주로 저축된다. 이것은 어떤 심리적 회계가 적용되는가의 측면에 대해서 돈의 양이 문제가 될 수 있다는 것을 설명한다. 작은 양의 뜻밖의 금액은 현재계좌에 추가되고, 뜻 밖의 큰 금액은 저축계좌에 추가된다.

마지막으로 보게 될 예는 이전의 두 개의 예와 매우 다르다. 이 예는 이전에 세 가지 계좌들과 달리 계좌들이 더 좁게 정의될 수 있다는 것을 보여준다. 종종 돈은 특별한 이유로 주어진다. 예를 들어, 자녀를 가진 가족에게 아동수당(child benefit)이 주어진다. 대체가능성으로 인해 가계는 어떻게 돈을 얻었는 지에 대한 이유는 무시해야 한다. 심리적 회계는 그들이 그렇지 않을 것이라고 시사한다. Kooreman(2000)은 1978년부터 1994년까지의 독일의 아동수당 시스템에 대해서 살펴보았다. 이 기간 동안 아동수당 시스템의 다양한 변화로 인해 아동수당으로 아이를 위해 물건을 사는지에 대해 추정하고 시도해볼 수 있었다. <그림 3.33>은 주요 결과를 나타낸다. 아동수당을 넘어서는 아이 의류의 한계소비성향은 다른 소득의 한계소비성향보다 훨씬 크다. 대조적으로 아동수당을 넘어서는 성인 의류의 한계소비성향은 다른 소득의 한계소비성향보다 더 작았다. 따라서 아동수당은 아동들에게 사용되는 것처럼 보인다.

이 세 가지 예는 대체가능성의 부족을 보여준다. 가계는 돈의 출처, 금액, 목적에 따라 돈을 다르게 취급한다. 여러 다른 예들로 비슷한 결과를 나타낸다. 그러나 2절에서

보았던 결과와 다르지 않다. 만약 사람들이 심리적 회계를 유지한다면 돈이 하나의 계좌에서 다른 계좌로 넘어가는 것은 쉽지 않다. 여기서 생애주기가설에 이것이 어떤 함의를 가지고 있을까?

사람들이 아직 벌어 들이지 못한 미래의 소득의 소비를 꺼려한다는 것이다. 오직 그들이 얻은 돈을 쓸 때는 가계가 세금환급을 받거나 보상금액을 받았을 때이다. 훨씬 일반적으로 사람들이 아직 벌어 들이지 않은 소득에 대해 소비한다는 것을 안다. 학생대출이나 가족이 집을 사기 위해 대출을 할 때가 그 증거이다. 그러나 요점은 생애주기가설이 미래소득을 예상하고 소비하는 것보다 사람들이 벌어들이지 않은 소득에 대해 덜 지출할 것이다. 대부분의 사람들이 그들의 인생 동안에 일생동안 증가하는 돈의 양이 주어진다고 가정하면 생애자구가설에 예상하는 것보다 더 많이 지출이 소득을 따라 움직일 것이다.

제7절 미래를 위한 저축

특히 생애주기가설에서 중요한 한 가지는 저축이다. 사람들은 은퇴를 위하여 집을 사기 위하여 새로운 차를 사기 위한 목적 등으로 저축을 필요로 한다. Benartizi and Thaler(1999)은 University of Southern California에서의 학부생과 직원들에 대한 설문조사에서 58%가 그들의 퇴직연금 분담금기여율(contribution rate)과 적금계획을 위한 투자결정에 1시간 이하로 사용한다고 대답하였다. 이것은 아마 꽤 전형적이지만 중요한 복잡한 결정이므로 적은 시간을 보내는 것은 다소 걱정스러워 보인다. 그러나 다른 방법으로 보면 사람들은 그들의 선택을 빠르게 하기 위한 도움의 방법으로 간단한 휴리스틱을 사용할 것이라는 것이다. 이들의 휴리스틱으로 그들이 옳은 선택을 하게 만들까?

여기서 측정할 휴리스틱의 설명을 위하여 <그림 3.35>은 2001년이나 2002년에 큰 은퇴저축계획에 참여한 사람들의 분담금기여율 분포를 나타낸다. 분담률은 사람들이 저축계획으로 할당한 소득의 비율이다. 이 자료에서 세 가지의 휴리스틱이 분명해 보인다. 첫째는 5%, 10%, 15%같은 곳에서 높은 비율을 나타내는 5의 배수를 집는 것이다. 둘째는 최대허용치를 집는 것이다. 2001년에 이 분담금기여율의 최대허용치는 16%였으나 2002년에는 100%로 증가했다. 16%를 선택하거나 이상을 선택하는 비율에서 큰 하락을 일어나는 것을 알 수 있다. 마지막으로 대부분의 분담금 계획에서, 고용주들은

그림 3.34 큰 은퇴저축계획에 참여한 사람들의 분담금기여율

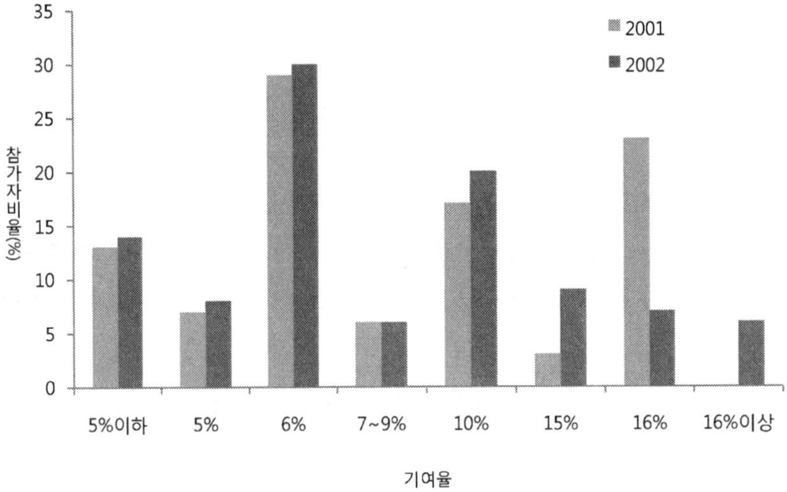

자료: Benartzi and Thaler(2007)

고용주들의 분담금을 어떤 한계에 맞출 것이다. 세 번째 휴리스틱은 고용자들의 완전한 매치를 얻는 최대치를 집는 것이다(pick the maximum to get a full employer match). 이 계획에서의 최대는 6%이고, 왜 많은 사람이 이러한 분담금기여율을 선택했는지를 설명한다.

세 가지의 휴리스틱으로 왜 <그림 3.35>과 같이 분담금기여율이 분포되는지 알 수 있다.

1. 다각화하자

얼마나 저축할 지를 선택한 것과 같이 투자자들은 또한 어디에 저축을 할 지와 투자를 할 지에 대한 선택이 필요하다. 전형적인 은퇴 분담금 저축계획은 아마도 저축자들에게 돈을 투자할 수 있는 투자나 펀드의 기회를 준다. 예를 들어, Benartzi and Thaler (2007)는 1.50백만의 참여자가 있는 170개의 은퇴 저축계획을 포함하는 Money Market Directories의 데이터베이스를 살펴보았다. 계획에서 이용할 수 있는 투자옵션의 평균적인 수는 6에서 7이다. 예를 들어, 계획은 참가자들이 주식, 국제주식, 회사채, 균형성장, 국채, 그리고 단기자금시장의 Money Market Fund 사이에서 투자를 나누도록 허락한다.

어디에 투자를 하느냐를 결정하는 것은 복잡한 선택이다. 간단하게 사용되는 하나옵

그림 3.35 주식에 편향된 펀드의 비율과 주식에 투자하는 저축자의 저축비율. 많은 주식펀드 계획을 가지는 사람이 주식에 많이 투자한다

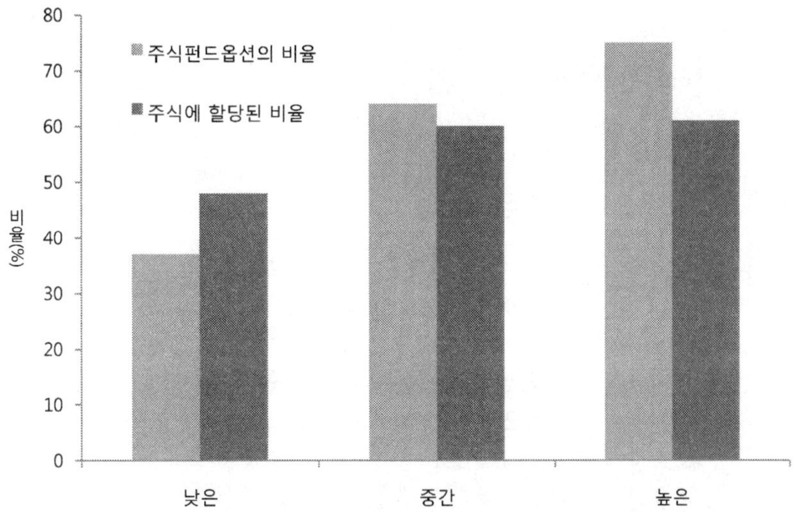

자료: Benartzi and Thaler(2007)

션은 1/n 휴리스틱으로 불리는 다각화전략(diversification strategy)이다. 1/n 휴리스틱(1/n heuristic)은 이용가능한 자산을 저축과 투자로 동등하게 나눈다. 간단한 휴리스틱이지만 제안되는 옵션에 저축자들이 어떤 편향을 가지도록 노출시킨다. 예를 들어, 세 가지 주식옵션과 1가지 금융옵션을 가지는 계획과 두 가지 주식옵션과 두 가지 금융옵션을 가지는 계획을 비교하자. 첫 번째의 것은 1/n 휴리스틱을 사용하는 사람은주식투자에 75%, 두 번째 상황에서는 50%를 주식에 투자한다. 이것은 매우 큰 차이이다.

사람들이 1/n 휴리스틱을 사용하는 것을 관측할 수 있는가? Benartzi and Thaler는 주식펀드옵션의 비율을 낮음, 중간, 높음의 투자 계획으로 범주화했다. <그림 3.35>는 주식펀드옵션과 주식에 투자된 비율을 나타낸다. 투자비율이 제안된 주식펀드옵션의 비율보다 계획과 일치하기 때문에 1/n 휴리스틱이 제안하는 것처럼 간단하지 않다. 그러나 많은 주식펀드옵션을 가지는 계획으로 보다 주식에 많은 투자를 하게 된다.

사람들이 선택하는 옵션에 편향되어 있지 않다면 투자의 구조적 차이를 정당화하기 어렵다. 이것을 더 잘 설명하기 위해서 Benartzi and Thaler는 구체적인 기업의 데이터를 분석했다. 이 기업의 흥미로운 점은 1994년도의 끝부터 1996년까지 투자자에게 이용가능했던 펀드옵션이 변했다는 것이다. <그림 3.36>은 시간이 지남에 따라 변하는 투자패턴의 차트를 나타낸다. 1994년에 4개의 새로운 옵션이 이용가능하다. 1996년에 채

그림 3.36 각 기업의 은퇴저축계획 펀드에서의 투자비율. 1994년에 새로운 펀드가 추가되었고 1996년에 채권투자가 없어졌다. 주식에 투자된 금액이 많이 증가하였다

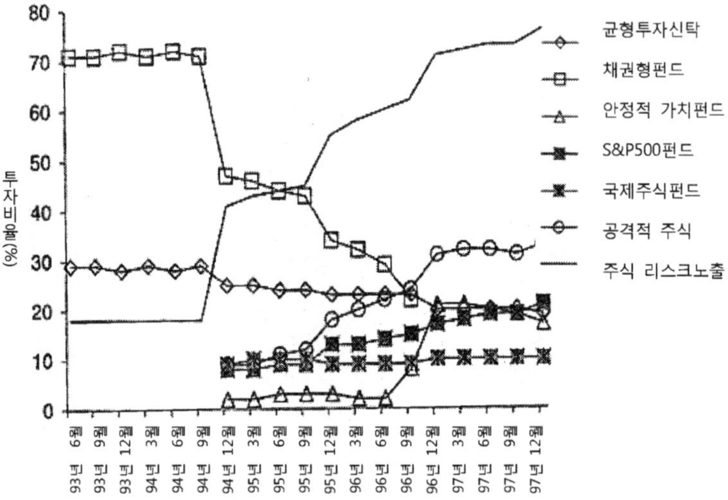

자료: Benartzi and Thaler(2007)

권펀드는 회수되었다. 1997년도 후반에 남아있는 가능한 펀드들 사이에 투자가 꽤 동등하게 나누어졌음을 알 수 있다. 주목할만한 것은 이것에 관한 것이 주식펀드에서의 노출이 크게 변했다는 것이다. 1993년에는 오직 18%의 주식투자였지만 1997년도에는 76%로 증가했다. 이것은 크게 적절한 포트폴리오나 선호도의 변화로 인해서 변한 것 같아 보이지는 않는다.

2. 다각화하지 말자

1/n 휴리스틱은 만약 n이 매우 크지 않다면, 즉 옵션의 수가 작을 때 대부분 이해가 된다. 만약 옵션의 수가 크다면 어떨까? 그러면 아마도 펀드에 대해 작은 수로 선택을 하고 투자를 펀드 수에 똑같이 배분하는 조건부 1/n 휴리스틱(conditional 1/n heuristic)을 얻게 될 것이다.

Huberman and Jiang(2006)은 2001년에 분담금 계획에 50만이 넘는 참여자들의 투자 결정을 살펴보았다. <그림 3.37>은 제공된 펀드의 숫자와 투자를 위해 선택한 참가자들의 펀드 숫자를 비교했다. 많은 수의 참가자들이 10개가 넘는 펀드의 계획으로부터 선택을 하였다. 그러나 많은 수의 참가자들이 투자를 위해 선택한 것은 오직 하나에

그림 3.37 **저축자들이 투자와 제안된 펀드의 수와 분담금 계획에서의 많은 샘플의 수. 전형적인 계획은 10개보다 많은 펀드를 제안하지만 대부분 저축자들은 1개에서 5개 사이에 투자한다**

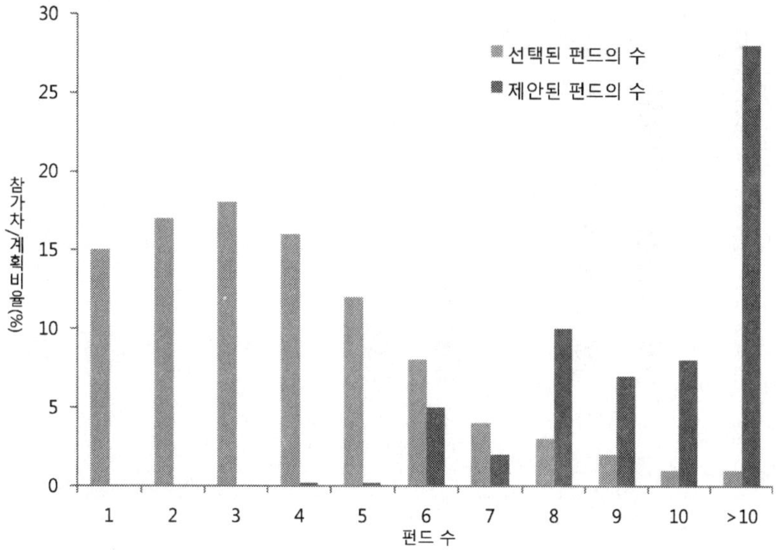

자료: Huberman and Jiang(2006)

서 다섯 개의 펀드였다. 따라서 투자자들은 어디에 투자할 지에 대해 명백하게 선택적이고 조건부 1/n 휴리스틱에서 작은 수로 선택하는 첫 번째 부분과 일관적이다.

조건부 1/n 휴리스틱의 두 번째 부분을 확인하기 위해 참가자들이 펀드와 그들이 수행했던 투자 사이에서 어떻게 투자를 할당하는지에 대해서 봐야 한다. 이것은 간단하지가 않다. 왜냐하면 펀드의 가치는 시간이 지남에 따라 상승하거나 하락하며, 비록 투자자가 초반의 펀드에 대해 동등하게 투자를 배분했더라도, 몇 년 후에는 동등하게 보이지 않는다. 이것을 보상하기 위해 Huberman and Jiang는 새로운 참가자들을 살펴보았다. <그림 3.38>는 1/n 휴리스틱과 일관적인 투자를 하는 새로운 참가자들의 비율과 펀드 수의 선택을 나타낸다. 2, 4, 5, 그리고 10 펀드에 대해 투자하는 사람들의 높은 분포가 1/n 휴리스틱을 사용하는 것처럼 보인다. 직관적으로 1/n은 여러 개의 0으로 끝나는 완전수(round number)이기 때문이다. <그림 3.38>는 누가 1/n 휴리스틱을 사용했는가에 대한 총분포에 대해 오해의 소지가 있다. 왜냐하면 1, 2, 3 펀드를 선택하는 사람들의 비율에 있어 요인이 필요하므로 1/n 휴리스틱을 사용하는 사람들의 총비율은 잘못된 결과를 이끌어 낸다. 이것을 함으로써 70%가 넘는 참가자들이 조건부 1/n 휴리스틱과 일관적으로 행동한다는 것을 발견할 수 있다.

그림 3.38 조건부 1/n과 일치하는 행동을 하는 새로운 참여자의 비율. 투자하는 펀드사이에 같게 투자액을 배분한다

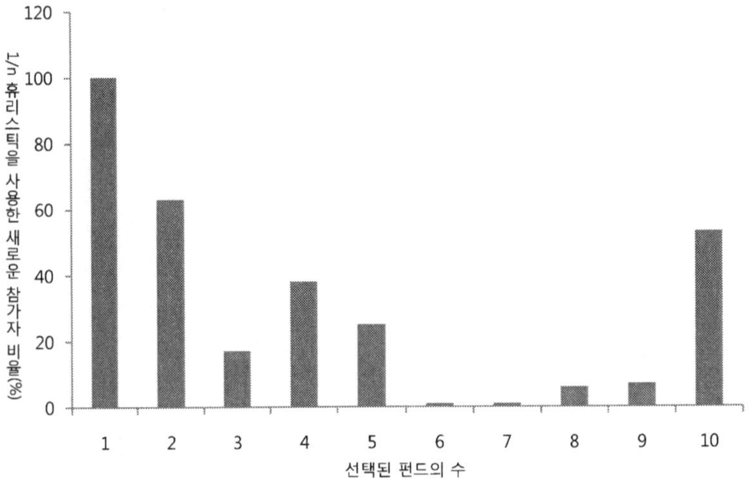

자료: Huberman and Jiang(2006)

<그림 3.35>에서 만약 제시된 주식펀드의 비율이 높다면 투자자들은 아마도 주식투자쪽으로 편향되어 있다고 말할 수 있다. 그러나 선택된 투자에서의 차이가 제안된 투자에서의 차이보다 적다.

Huberman and Jiang(2006)은 비슷한 결말을 만들어 냈고, 제안된 주식펀드의 수와 선택된 수 사이의 상관관계는 양(+)이라는 것을 발견했다. 하나의 가능성은 <그림 3.36>처럼 제시된 펀드의 수가 작을 때, 투자자들이 제안된 주식펀드의 수에 의해서 편향되지만, 만약 펀드의 숫자가 크다면 투자자들은 주식펀드의 비율에 의해 편향되지 않는다.

이것이 맞던 아니던, 투자자들은 복잡한 선택을 할 때 간단한 휴리스틱을 사용한다는 점이다. 이 휴리스틱이 투자자들에게 최적인지는 명백하지가 않다. 믿기는 어렵겠지만 10%의 분담금기여율이나, 주식와 돈 사이의 75%에서 25%까지 구분된 것은 운 좋게 최적일 수도 있다. 그러나 아마도 10%의 분담금기여율이 9.34%나 11.28%이 최적보다 더 좋다고 할 수 있을까? 제안된 펀드의 변화로 인해 투자자가 주식에 많이 노출되도록 하는 것은 나쁘지 않는 것은 아닐까? 이것은 매우 중요한 질문이고 이후 장에서 이것에 대한 것을 계속 살펴볼 것이다.

CHAPTER

04

리스크와 선택

CHAPTER 04

리스크와 선택

제1절 기대효용

현대인들이 살면서 하게 되는 대부분의 경제적 선택은 결과에 대한 불확실성을 가지고 있다. 사람들은 어떤 맛인지 확실히 알지 못한 채 식료품을 구매하기도 하고, 새 차가 어떻게 작동할지, 얼마나 오래 쓸 수 있을 지에 대해 알지 못한 채로 구입하며, 비행기가 지연이 될 지도 모르는 채로 표를 구매하고, 집에 도둑이 들 지 알 지 못하는 채로 주택보험에 들며, 가치가 상승할 지 또는 하락할 지 모른 채로 투자를 한다. 불확실성이 만들어 내는 선택과 이에 수반되는 모든 결과들이 나타날 수 있다. 이 장에서는 리스크의 몇 가지 중요한 결과들을 살펴보자.

시작하기 전에 한가지 구분에 대한 설명이 필요하다. 만약 어떤 사람이 어떠한 일이 일어날 수 있다는 것을 알고, 결과가 어떻게 될 지 안다면 그 사람은 리스크 상황(situation of risk)에 직면해 있다고 한다. 예를 들어, 동전 던지기에서 $10를 배팅하고 있는 사람들이 있다. 그들은 50:50으로 앞면과 뒷면이 나오는 동등한 확률이 나온다는 것을 알고 있고, 앞면이 나오면 $10를 따고 뒷면이 나오면 $10를 잃을 것이다. 그들이 가능한 결과 중에 전체 또는 일부를 모른다면 불확실한 상황(situation of uncertainty)에 직면해 있다고 말한다. 예를 들어, 비행기 티켓을 예약할 때 지연될 가능성이나 경험 못한 문제들이 발생할 수 있다는 것을 알지 못할 수 있다.

사람들이 직면하고 있는 상황의 대부분은 불확실한 것들이다. 심지어 동전 던지기도 다양한 방법으로 편향될 수 있다. 그러나 리스크의 결과를 생각하지 못하고 불확실한 상황에 놓이는 것이 보다 더 위험하다. 따라서 위험한 상황에 직면하는 것은 일반적이다.

1. 기대효용

Alan이 자동차보험에 가입할 것인지에 대한 여부를 결정한다고 가정하자. <표 4.1>은 Alan의 선택할 수 있는 것을 요약하였다. Alan의 자동차가 도난을 당할 지, 사고가

표 4.1 Alan의 보험구매의 가능한 결과들

	자동차 도난	사고	단속에 걸렸을 때	아무 일도 없을 때
확률	0.05	0.05	0.10	0.80
전액보험 가입 시, 최종재산	$61	$61	$61	$61
도난보험 가입 시, 최종재산	$64	$14	$64	$64
미가입시	$20	$20	$30	$70

날 지, 단속에 걸려 경찰이 Alan의 보험을 요구할 지에 대해 확실히 알 수 없기 때문에 리스크가 있는 선택이다. Alan은 현금 $20를 초기재산을 현금으로 가지고 있으며 자동차의 가치는 $50라고 하자. 전액보험(full insurance)을 가입하면 $9의 비용을 지불한다. 그렇다면 전액보험에 가입한 경우, 최종적인 재산은 $20+$50−$9=$61이 된다. 도난에 대한 보험의 비용은 $6이지만 사고에 대한 보험 지급은 되지 않는다. 보험에 가입하지 않으면 보험에 대한 비용은 없으나 도난, 사고에 대한 리스크가 노출되어 있으며, 자동차보험 미가입 시에 경찰의 단속에 걸릴 경우, 경찰이 제시하는 비용은 $40이다. Alan은 자동차보험을 들어야 할까?

이제 전망(prospect)에 대해 알아보자. 전망은 어떤 일이 일어날 확률인데 그 일들이 일어나면 금전적인 손익이 발생한다. 보험예제에서 세 가지의 전망이 있다. '전액보험 확률'은 1의 확률로 $61를 보장한다. 즉, (1, $61)이 된다. '도난에 대한 보험 확률'은 0.95의 확률로 $64를 주며 0.05의 확률로 $14를 준다. 즉, (0.95, $64; 0.05, $14)가 된다. 마지막으로 '보험이 없을 때 확률'은 0.1의 확률로 $20가 되며, 0.1의 확률로 $30, 0.8의 확률로 $70를 준다. 즉, (0.1, $20; 0.1, $30; 0.8, $70)이 된다. 일반적으로 전망은 ($p_1$, x_1;p_2, x_2 ; ⋯ ; $p_n x_n$)의 목록으로 요약되는데, 여기서 p_i는 금전적인 보수(monetary payoff) x_1를 얻을 확률이다.

여기서 전망에 대해 관심을 가지는 이유는 사람들이 선택을 해야 하기 때문이다. 보험예제에서 Alan은 전액보험, 도난보험, 보험 미가입 중에 어떠한 것을 선택해야 할 지에 대해 결정해야 한다. 따라서 사람들의 전망선택모형이 필요하다. 표준적인 방법은 기대효용을 사용하는 것이다.

기대효용을 계산하기 위하여 돈을 효용으로 변환한 효용함수 u를 사용한다. 앞 장에서 살펴본 효용함수와 같은 것으로, 돈 이외의 것들을 무시하기로 하자. 따라서 Alan이

그림 4.1 세 가지 가능한 효용함수. 오목하다는 것은 Alan은 리스크회피적이라는 것을 의미하고, 볼록하다는 것은 Alan은 리스크선호적이라는 것을 의미한다

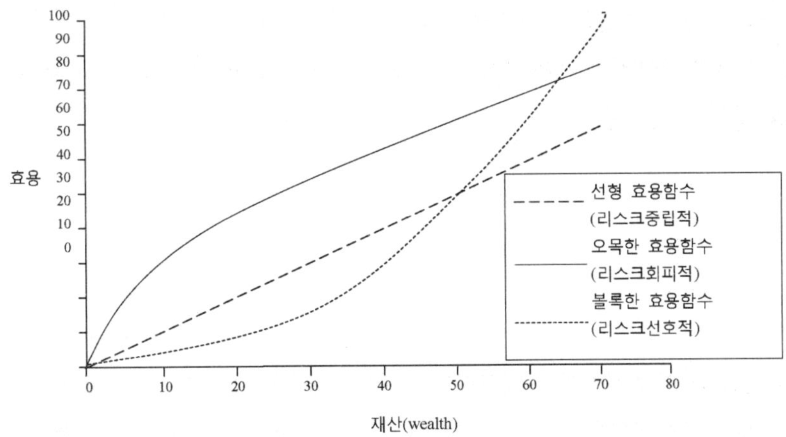

자료: Huberman and Jiang(2006)

돈 x를 가졌다면 Alan의 효용은 u(x)이다. 따라서 하나의 전망에 대한 기대효용(expected utility of a prospect) $A=(p_1, x_1 ; p_2, x_2 ; \cdots ; p_n x_n)$은 다음과 같다.

$$U(A) = \sum_{i=1}^{n} p_i u(x_i) \tag{4.1}$$

사람들은 가장 기대효용이 높은 전망을 선택할 것이다. 이것은 리스크에 대한 선택을 예측하는 가장 단순한 방법이다.

이것이 보험예제에서 어떻게 작용하는 지에 대해 살펴보자. Alan의 세 가지 다른 효용함수에 대한 선택들을 비교해 보자. <표 4.2>는 효용함수에 대한 수치를 나타내고 <그림 4.1>은 효용함수에 대한 그림을 나타낸다. 선형함수로 나타낸 경우, 도난보험이 가장 높은 기대효용을 준다고 본다. 만약에 효용함수가 오목했다면 전액보험이 가장 높

표 4.2 Alan의 기대효용은 효용함수에 의존한다

효용 함수	선택 시 기대효용			예상되는 선택
	전액보험	도난보험	보험 미가입	
선형: $u(x)=x$	61.0	61.5	61.0	도난보험
오목: $u(x)=10\sqrt{x}$	78.1	77.9	76.9	전액보험
볼록: $u(x)=x^2/50$	74.4	78.0	81.0	보험 미가입

은 기대효용을 나타내고, 볼록한 효용함수라면 보험 미가입이 가장 높은 기대효용을 나타낼 것이다.

예제를 통해 가장 높은 기대효용은 효용함수의 형태에 의존한다는 것을 알 수 있다. 이러한 이유를 설명하기 위해 전망 A에 대한 기대값(expected value of a prospect A)을 다음과 같이 정의하자.

$$V(A) = \sum_{i=1}^{n} p_i x_i \tag{4.2}$$

식(4.1)과 식(4.2)의 유일한 차이점은 금전적 보수(monetary payoffs)를 효용보수(utility payoffs)로 변화시키지 않았다는 점이다. 이것은 기대 효용보수보다 기대 금전보수를 효용함수에서 얻을 수 있다는 것이다. 예를 들어, 도난보험은 가장 높은 기대값을 가진다. 그러나 가장 높은 기대값을 선택하는 것이 최선이라는 것은 확실하지는 않다. 왜냐하면 Alan은 전망의 리스크도 고려하기를 원할 것이기 때문이다.

상충관계(trade-off)는 <표 4.3>에 나타나 있다. 전액보험에서 Alan의 보수는 $61가 될 것이다. 여기에는 리스크가 없다. 사실, 리스크를 완전히 제거하기 위해 기대값의 $0.5를 흔쾌히 희생할 수 있다. 이 경우, Alan이 리스크회피적(risk-averse)이라고 말한다. 즉, 누군가가 기대값보다 확실한 금액을 선호한다면 리스크회피적이라 한다. 이러한 리스크회피자들은 리스크를 피하려 한다. 다른 극단적인 예를 들자면, Alan이 도박을 좋아하고 보험 미가입을 선택하는 것이 가장 리스크하기 때문에 선호할 수 있다. 이러한 경우 Alan을 리스크선호형(risk-loving)이라고 한다. 즉, 누군가가 확실한 기대값보다 리스크가 있는 전망을 선호한다면 리스크선호형이다. 이러한 부류의 사람들은 리스크를 선호하는 것이다.

Alan이 리스크회피자인지 또는 리스크선호자인지는 효용함수의 곡률로 알 수 있다. 효용함수가 오목하다면 Alan은 재산이 증가할 때 얻는 이득보다 재산이 감소할 때 비

표 4.3 다른 선택들에 대한 기대값와 리스크

	기대값	가능한 최소값	가능한 최대값	재산이 기대값 이하일 확률
전액보험	$61	$61	$61	0.00
도난보험	$61.5	$14	$64	0.05
보험 미가입	$61	$20	$70	0.20

교적 더 많이 손실을 보게 된다. 따라서 수익에 대한 손실의 리스크를 감당하지 않으려 하므로 리스크회피형이다. 효용함수가 볼록하다면 재산이 증가할 때 얻는 이득보다 재산이 감소할 때 비교적 덜 손실을 보게 된다. 따라서 수익에 대한 손실을 감수하려고 하기 때문에 리스크선호형이다. 따라서 효용함수의 곡률은 리스크에 대한 선호를 나타낸다.

곡률을 측정하는데에는 두 가지 일반적인 방법이 있다. 하나는 절대적 리스크회피이고 다른 하나는 상대적 리스크회피이다.

$$\text{절대적 리스크회피 : } r^a_u = -\frac{u''(x)}{u'(x)}$$

$$\text{상대적 리스크회피 : } r^r_u = -x\frac{u''(x)}{u'(x)}$$

u'(x)와 u''(x)는 u(x)에서 유도된다. Alan이 리스크중립일 때 u(x)=x이고 r^a_u, $r^r_u=0$이지만 리스크회피적이라면 r^a_u, $r^r_u > 0$이고, 더 리스크를 회피한다면 r^a_u, r^r_u는 더 크다. 다양한 방법이 리스크회피를 측정하는데 사용될 수 있다.

두 효용함수들은 각각 일정절대리스크회피(CARA) 또는 일정상대리스크회피(CRRA)로 나타낸다.

$$\text{CARA : } u(x) = -e^{-r^a_u x}$$

$$\text{CRRA : } u(x) = \frac{x^{1-r^r_u}}{1-r^r_u}$$

CARA와 CRRA가 좋은 점은 효용함수를 알고, 효용의 극대화를 찾기 위하여 기대효용을 사용할 수 있기 때문에 리스크와 선택을 위하여 리스크회피의 단계가 필요하다는 것이다. 기대효용이 리스크와 선택모형의 표준 방식이 되는 것은 당연하다. 따라서 Alan의 리스크회피단계를 안다면 선택을 전망할 수 있다.

2. 리스크회피

사람들이 살면서 직면하는 많은 선택은 복합적(mixed) 성격을 띤다. 손해를 입을 리스크가 있는 반면 이득을 얻을 기회도 있다. 또한 도박을 받아들일 지 또는 거부할 지에 대해 결정해야 한다. 신생기업의 가치를 평가하는 투자자, 소송을 걸지 취하할 지에 대해 따지는 변호사들, 공격을 검토하는 장군들, 총선 출마를 결정하는 정치인들 모두 승리나 패배의 가능성에 직면한다. 복합적 전망의 기본 사례를 알아보려면 당신이 다음 질문에 어떤 반응을 보이는지 살펴보자.

당신은 동전 던지기 도박 참가 제안을 받는다.

- 동전 뒷면이 나오면 $100를 잃는다.
- 동전 앞면이 나오면 $150를 얻는다.

이 도박이 매력적인가? 제안을 받아들이겠는가?

결정하려면 $100 손해를 볼 때의 심리적 비용과 $150 이득을 볼 때의 심리적 비용과 $150 이득을 볼 때의 심리적 혜택 사이에 균형을 잡아야 한다. 당신은 어떤가? 잃을 수 있는 것보다는 얻을 수 있는 것이 더 많기 때문에 도박의 기대값은 분명 긍정적이지만 당신은 이 도박을 싫어할지 모른다. 대부분의 사람이 그렇다. 이 도박을 거부하는 건 숙고시스템(시스템 2)의 행동이지만 중요한 입력 정보는 자동시스템(시스템 1)이 창조하는 감정적 반응들이다. 대부분의 사람에게 $100를 잃을지 모른다는 두려움은 $150를 얻으리라는 기대감보다 강하다. 이러한 많은 관찰 결과들을 통해서 손해가 이득보다 커 보이며 사람들은 손실을 기피한다는 결론에 도달했다. 당신은 다음 질문으로 자신의 손실회피 정도를 가늠해볼 수 있다.

- 득실 확률이 50:50인데, $100를 손해볼 수 있다면 최소 얼마의 이득을 올릴 수 있어야 이 도박에 참여하겠는가?

많은 사람이 손실 가능한 금액 $100의 두 배인 $200 정도라고 대답한다. 몇몇 실험을 통해 추정된 손실회피율(loss aversion ratio)은 일반적으로 1.5~2.5배 범위이다. 물론 평균이 그렇다는 뜻이다. 다른 사람들에 비해 훨씬 더 손실을 기피하는 사람들도 있다. 금융시장에서 전문적 리스크 투자자들은 손실에 더 많은 인내심을 보인다. 모든 변동 상황에 감정적으로 반응하지 않아서 그럴지도 모른다. 한 실험의 참가자들은 "트레이더처럼 생각하라"는 지시를 받았을 때 손실을 덜 회피했고, 손실에 대한 감정적 반응(감정 유발 생리 지수로 측정한 결과)도 크게 줄어들었다.

여러 사안에 대한 손실회피율을 알아보려면 다음 질문을 살펴보면 된다. 사회적 고려사항은 모두 무시하고, 대담하거나 소심한 척하지 말고, 가능한 손실과 손실을 상쇄하는 이득이 미칠 주관적 영향에만 집중하자.

- $10를 손해볼 수 있는 확률이 50:50인 도박이 있다. 이 도박이 매력적으로 보이려면 최소 얼마의 이익을 올려야 하는가? $10라고 말한다면 당신은 리스크에 둔감한 사람이다. $10 미만을 말한다면 리스크선호형이다. $10를 넘는 숫자를 말한다면 리스크회피형이다.
- 동전 던지기에서 $500의 손실을 볼 가능성은 어떤가? 이 손실을 상쇄하기 위해서 필요한 이득은 얼마가 될 수 있을까?
- $2,000의 손실이라면 어떤가?

이 훈련을 통해 걸린 판돈이 커지면 극적인 정도는 아니더라도 손실회피 계수도 같이 늘어나는 경향을 보인다는 걸 알게 된다. 입을 수 있는 손실이 엄청난 수준이거나 생활을 위협할 정도라면 사람들은 어떤 내기에도 응하지 않을 것이다. 그런 경우, 리스크회피 계수는 매우 크고, 심지어는 무한대에 이르기도 한다. 운이 좋아 승리할 가능성이 수백 만 번이라도 결코 받아들이지 않을 리스크가 존재한다. 다음 <표 4.4>을 살펴보자.

누군가가 I를 J부터 N까지보다 선호한다면 리스크회피형이다. 즉, $0보다 큰 기대값보다 확실한 $0를 선호한다. 목록의 아래로 갈수록 리스크회피형은 I를 더 선호하게 된다. 많은 사람들이 J안보다 I안을 선택한다. 더 일반적으로 많은 사람들은 비교적 작은 도박에 대한 리스크회피를 선택한다.

이것은 그 자체로 기대효용과 일치한다. 문제는 더 큰 도박에서 전망을 시도할 때 나타난다. 이를 설명하기 위해 Alan이 현재 $100의 재산을 가지고 있고 전망K보다 전

표 4.4 극단적인 리스크회피가 만들어 낼 수 있는 예측

예측	결과의 확률과 금액	
I	확실, $0	
J	0.5확률, $100 손실	나머지, $105 이득
K	0.5확률, $100 손실	나머지, $125 이득
L	0.5확률, $100 손실	나머지, $200 이득
M	0.5확률, $225 손실	나머지, $375 이득
N	0.5확률, $600 손실	나머지, $3,600만 이득

그림 4.2 증가하는 재산에 대해 전망 K보다 전망 I를 선호하는 사람의 효용함수에 대한 추론

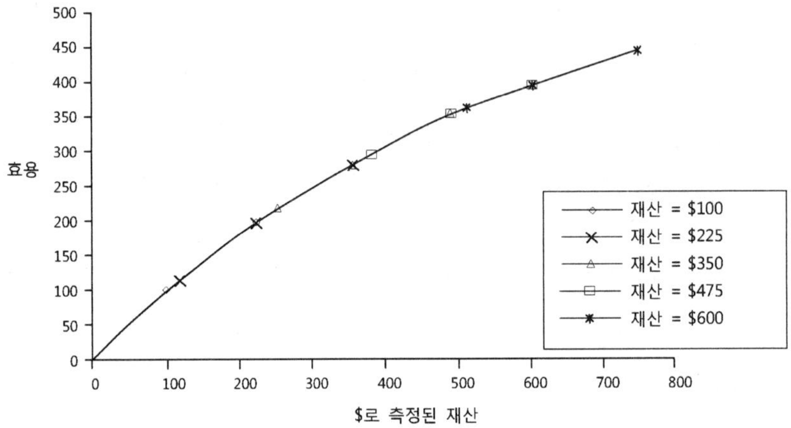

자료: Rabin(2000)

망I를 선호한다고 하자.

$$u(100) > 0.5u(0) + 0.5u(225).$$

만약 u(0)=0이고 u(100)=100을 앞의 식에 대입하면 u(225)<200이다. Alan이 전망K보다 전망I를 선호하므로 현재의 재산에 이득을 얻는 경우를 합한 재산 $225로부터 얻는 효용을 알 수 있다. 이제, Alan이 $225를 가졌고 여전히 전망K보다 전망I를 선호한다. 위와 같은 식을 한 번 더 반복하면 그 때 재산 $350로부터 얻는 효용을 추측할 수 있다. Alan이 높은 수준의 재산으로 K보다 I를 계속 선호하면 어떤 효용함수가 필요한 지에 대한 그림을 얻게 된다. <그림 4.2>가 이러한 것을 나타낸 그림이다.

위의 그림을 보다 자세히 설명해보자. u(225)=199이고 Alan은 초기 재산이 $100일 때 전망I를 전망K보다 선호한다. 만약 Alan의 재산이 $225이고 전망I를 전망K보다 선호한다면 다음이 성립한다.

$$u(225) > 0.5u(125) + 0.5u(350).$$

여기서 u(125)를 모르지만 u(100)=100이고 u(225)=199인 것을 알기 때문에 u(125)>119를 추론할 수 있다. 이는 곧 u(350)≤279를 의미한다. 만약 u(350)=279이라고 가정해보자. 이제 Alan은 $350를 가졌고 계속해서 전망K보다 전망I를 선호한다고 상상

해보자.

$$u(350) > 0.5u(250) + 0.5u(475).$$

여기서 $u(250)$을 모르지만 $u(250) > 215$를 추측할 수 있으므로 $u(475) \leq 343$가 된다. 이러한 식으로 계속해 나갈 수 있다.

<그림 4.2>의 중요한 점은 효용함수가 이미 많이 구부러져있다는 것이다. $0에서 $100까지는 100효용의 값을 가지지만 $600에서 $700까지는 40의 효용값뿐이다. Alan이 전망I를 선호하는 이유를 알기 위해 낮은 수준의 재산을 가지는 경우, 이와 같이 굽은 효용함수가 필요하다. 문제는 한번 구부러지기 시작하면 계속 굽어야 한다는 것이다. 이 효용함수의 상대적으로 굽은 정도는 더 큰 도박에서 의미를 가질 수 있다. 만약 $u(225) = 199$이고, 위의 추론을 계속한다면 $u(600) < 400$을 찾을 것이다. 결과적으로, $225의 재산을 가졌다면 전망M보다 전망I를 선호할 것이다. 이것은 좋은 결과일 수 있으나, 상대적 이득과 손실 사이의 차이가 꽤 많이 증가했음을 알 수 있다. 만약 $5만에서 $30만의 현실적인 재산수준에서 살펴보면 이 효과는 매우 확연하게 나타난다.

<표 4.5>를 보면 만약에 Alan이 $29만의 재산수준을 가졌고 전망J나 전망K보다 전망I를 선호한다면, Alan은 $30만 이하의 모든 수준에 대해 50:50도박을 계속하기 위한 잠재적 이득이 필요하다. 이 단계에서 상대적인 이득과 손실 사이의 차이가 믿을 수 없을 만큼 커진다는 것을 알 수 있다. 예를 들어, 전망K보다 전망I를 선호하는 사람은 전망N보다 전망I를 선호해야 한다. 이것은 가능해 보이지만 일어나지는 않을 것 같다. 따라서 기대효용은 작은 도박에서 리스크회피를 설명할 수 없다.

표 4.5 **50:50 확률의 작은 도박에서 리스크회피인 사람이 얻기를 원하는 금액**

잠재적 손실	배팅했을 때 원하는 이득	
	J보다 I를 선호할 때	K보다 I를 선호할 때
$400	$420	$1,250
$600	$730	$36,000,000,000
$800	$1,050	$90,000,000,000
$1,000	$1,570	$160,000,000,000
$20,000	$71,799,110	$540,000,000,000,000,000,000

3. 손실에 대한 리스크선호

다음 <표 4.6>은 리스크에 대한 이득과 손실 전망이다. 대부분의 사람들은 전망O보다 전망P를, 전망R보다 전망Q를 선호한다. 이것은 사람들이 $3,000의 확실한 이득에는 리스크회피적이지만 $0의 손실을 입는 도박에서는 리스크선호적인 것을 보여준다.

이러한 기대효용을 극대화하는 선택이 이론적으로 가능하지만 실제 모형에서는 한계에 부딪히게 된다. 그 효용은 재산의 절대적인 수준에 따라 측정된다는 것을 기억하자. 따라서 이러한 선택 사이에 있을 때, 한 사람의 현재 재산은 효용함수가 재산의 높은 단계에서 오목하고 재산의 낮은 단계에서 볼록할 때 단지 한 지점에서 일어났다는 것을 알 수 있다. 이러한 것은 가능하지만 우연의 일치일 수 있지만 다음과 같이 설명될 수도 있다. 부분적으로 이러한 선택이 현재자산의 상대적인 편차를 측정하여 이루어질 수 있다. 이것을 반사효과(reflection effect)라고 부른다.

반사효과의 가능한 결과는 <표 4.7>에 나타나 있다. 원칙적으로 전망S는 전망U와 동일하고 전망T는 전망V와 동일하다. 그럼에도 불구하고, 대부분의 사람들은 S보다 T를 선호하고, V보다 U를 선호한다. 즉, V의 $500가 손실로 인식되는 동안에 T의 $500는 이득으로 인식된다.

기대효용은 리스크와 선택을 모형화하기 위해 매우 간단한 방법을 제공할 수 있다. 그러나 기대효용이론은 너무 단순해서 모든 관찰을 포착할 수 없으며 어떤 모형에는

표 4.6 이득과 손실의 전망: O보다 P를, 그리고 R보다 Q를 선호할 때

전망	결과의 확률과 금액	
O	0.8확률, $4,000	나머지, $0
P	확실, $3,000	
Q	0.8확률, $4,000 손실	나머지, $0
R	확실, $3,000 손실	

표 4.7 이득과 손실의 구성: S보다 T를, 그리고 V보다 U를 선호할 때

전망	예비 단계	결과의 확률과 다음에 얻게 될 금액	
S	$1,000	0.5확률, $1,000	나머지, $0
T		확실, $500	
U	$2,000	0.5확률, $1,000 손실	나머지, $0
V		확실, $500 손실	

항상 작동하지 않을 수도 있다. 그렇다고 기대효용이론을 버려야 한다는 것도 아니다. 만약, 사람의 특정 유형의 행동을 포착할 수 있는 모형을 원한다면 기대효용으로도 충분히 설명할 수도 있다. 그러나 큰 도박이든 작은 도박이든, 손실이든 이득이든, 모든 리스크가 있는 선택들을 포착할 수 있는 단일 모형을 원한다면 기대효용만으로 충분하지 못할 것이다. 따라서, 더 잘 작동하는 모형을 찾는 것은 자연스럽다. 이러한 행동에 유용한 첫 번째 단계는 기대효용선택의 좋은 모형으로 제공될 때 의문을 가지고 기대효용이 놓친 것을 정확하게 살필 수 있다.

앞에서 설명한 바와 같이 기대효용이 잘 작동하기 위해 필요한 첫 번째는 이행성이다. 어떤 세 가지 전망 X, Y 그리고 Z라면, 선호되는 것은 이행성이다,

$$\text{만일 } X \geq Y\text{이고 } Y \geq Z\text{이면 } X \geq Z$$

X≥Y라는 표시는 X가 선호되거나 Y에게 무차별한 것을 의미한다. 즉, 다시말하면 최선부터 최악까지 순서를 지닌다는 것이다. 즉, X가 최선이고 Z가 최악이다.

여기서 필요한 두 번째는 독립성이다. 어떤 세 가지 전망 X, Y 그리고 Z라면, 선호되는 것은 독립성이 충족시킨다.

$$\text{만일 } X \geq Y\text{이면 } (p,\ X;\ 1\text{-}p,\ Z) \geq (p,\ Y;\ 1\text{-}p,\ Z)$$

p는 0과 1사이의 확률이다. 즉, Alan이 Y보다 X를 선호한다면 Z와 Y의 혼합보다 Z와 X의 혼합 또한 선호해야 한다.

이행성과 독립성이 충족된다면(뿐만 아니라 완성도와 연속성의 두 개의 다른 성질도) 선호되는 것과 선택은 기대효용을 사용하는 모형이 된다. 기대효용은 모형선택에 최선의 방법이 될 수 있다. 이제 왜 기대효용이 잘 작동하지 않는지를 아는 것은 유용하고 이후에 이행성과 독립성을 충족시키지 않는 가능성을 차례로 시작한다. 이것으로 기대효용이 어떻게 적응하여 리스크와 선택에 더 나은 설명이 되는 지에 대해 살펴볼 것이다.

제2절 단순한 전망이론과 4중 패턴

Tversky and Kahneman는 우연히 베르누이(Bernoulli) 이론의 핵심 오류를 발견했다.

유명 학자들이 몇 센트를 벌거나 잃을 수 있는 도박에서 사람들에게 선택을 부탁하여 돈의 효용을 측정했던 실험 결과가 들어 있는 베르누이의 저서 중 한 장을 읽게 된다. 실험자들은 $1 미만의 범위에서 재산의 변화를 통해 효용을 측정했다. 여기서 Tversky and Kahneman은 사람들이 약간의 재산의 변화에 따라 도박을 평가한다는 가정이 타당한가? 몇 센트의 득실에 따른 반응만 연구하여 재산의 정신물리학을 배울 수 있을 거라는 기대가 옳은가? 최근 정신물리학 이론의 발전에 따라 재산의 주관적 가치를 연구하고 싶다면 재산의 변동이 아니라 재산에 대한 직접적인 질문을 하는 것이 옳다.

Tversky는 포트폴리오 리스크 정의 및 통계적 방법으로의 표현으로 노벨경제학상을 수상한 경제학자 Harry Markowtiz가 효용은 재산의 상태보다는 변화와 더 밀접한 관련을 맺는다는 이론을 제시했다는 기억을 떠올렸다. Markowtiz의 이론이 등장한 지 25년이 지났지만 그의 이론은 많은 관심을 받지 못했다. 그러나 Tversky and Kahneman은 마코위츠의 이론에서 출발했으며 개발하려는 이론은 재산의 상태가 아닌 이득과 손해로 결과를 정의한다는 결론에 도달했다.

수만 달러의 범위 내에서 현재 가진 재산을 평가할 수 없다는 걸 알았다. 재산의 효용은 재산의 두 가지 상태의 효용을 비교해 평가된다. 만약 당신의 재산이 $100만일 때 추가로 $500를 얻으면 효용은 $100만500의 효용과 $100만의 효용 사이의 차이이다. 만약 당신이 더 큰 돈을 가지고 있다면 $500를 손해 보는 비효용도 재산의 두 가지 상태의 효용 차이이다. 이 이론에 따르면 득실의 효용은 보여주는 신호(플러스(+)냐 마이너스(−)냐 여부)만 차이를 보이는 게 용인된다. $500를 손실보는 비효용이 같은 돈을 얻을 때의 효용보다 훨씬 더 클 수 있다는 사실을 보여줄 방법은 없다. 이론 때문에 생긴 맹목의 경우로부터 예상할 수 있을지 모르지만 득과 실 사이에 생길 수 있는 차이는 예상했던 것도, 연구 결과로 나온 것도 아니다. 이 둘의 차이는 중요한 것으로 간주되지 않았기 때문에 굳이 연구할 필요가 없었다.

재산의 변화에 대한 Tversky and Kahneman의 관심이 새로운 주제를 설명할 수 있는 길을 열었다는 걸 바로 깨닫진 못했다. Tversky and Kahneman은 주로 이길 확률이 높은 도박과 낮은 도박의 차이에만 관심이 있었다. 관점을 바꾸어 "그냥 손해를 생각해보면 어떨까?"로 시작하여 리스크회피가 리스크선호로 대체됐다는 것을 알게 되었다. 다음 두 문제를 생각해보자.

(1) 당신은 둘 중 무엇을 선택하겠는가?
확실히 $900를 얻기 vs. $1,000를 얻을 수 있는 90%의 확률
(2) 당신은 둘 중 무엇을 선택하겠는가?
확실히 $900를 잃기 vs. $1,000를 잃을 수 있는 90%의 확률

대부분의 사람은 문제 1에서 리스크를 회피한다. $900 이익의 주관적 가치는 $1,000 이익의 90%의 가치보다 분명 크다. 이 문제에서 리스크회피 선택은 베르누이의 예측과는 분명 다르게 나타난다.

이제 문제 2에서 선택을 검토해보자. 대부분의 사람들은 이 문제에서 도박을 선택했을 것이다. 이러한 리스크를 선호나는 선택을 하는 이유는 문제 1의 리스크회피 설명을 뒤집어 설명할 수 있다. 즉 $900 손실의 피해가 $1,000 손실의 확률 90%의 피해보다 훨씬 크기 때문이다. 누구나 확실한 손실을 피하고 싶기 때문에 문제 2에서는 리스크를 취한다. 나중에 확률(90% vs. 100%) 평가도 문제 1의 리스크회피와 문제 2의 도박 선호 경향을 모두 설명하는데 유용하다는 사실을 알게 될 것이다.

모든 옵션이 나쁘면 리스크를 추구한다. 그러나 주류 이론이 득실 리스크에 대한 여러 다른 태도를 수용 가능한 타당한 방법을 제공하지 못했기 때문에, 태도의 차이가 있다는 사실은 지금까지 무시되어야 했다. 이와 반대로 결과를 득실로 간주하는 결정은 이러한 차이에 정확히 집중하도록 만들었다. 리스크에 대한 태도를 우호적 및 비우호적 전망들과 비교해 얻은 관찰 결과는 중대한 발전의 단초가 되었다. 베르누이 선택 모형의 핵심오류를 찾아내는 방법을 알아냈기 때문이다. 앞서 설명한 대로 베르누이 모형은 매우 단순하고 기준점이라는 변수를 무시한다. 베르누이 이론에서 재산의 효용을 결정하려면 재산 상태만 알면 되지만, 전망이론에서는 기준 상태도 알아야 한다. 따라서 전망이론은 효율성 이론보다 복잡하다. 복잡성은 과학에서 기존 이론으로 설명할 수 없는 사실들의 새롭고 흥미로운 전망, 충분히 풍부한 집합으로 정당화되어야 하는 비용으로 간주된다. 이것이 바로 해결해야 할 도전이었다.

전망이론의 중심에는 세 가지 인지적 특징이 존재한다. 이 특징은 경제적 성과 평가에 중요한 역할을 하며, 개념과 판단과 감정의 많은 자동적 처리 과정에서 흔히 나타난다. 이 특징들은 자동시스템(시스템 1)의 기능상 특징들로 간주된다.

- 기준점: 평가는 중립적 기준점과 상대적으로 이루어진다. 적응수준(adaptation

level)이라고도 하며 누구나 이 원칙의 확실한 사례를 만들 수 있다. 당신 앞에 물통 3개를 놓고 왼쪽 물통에는 얼음물, 오른쪽 물통에는 온수를 넣는다. 가운데 물통에는 실온의 물을 넣는다. 약 일 분간 냉수와 온수에 한 손씩 담근 후 두 손을 다시 가운데 물통에 넣으라. 두 손을 똑 같은 온도의 물에 넣었지만 한 손은 따뜻하게, 한 손은 차갑게 느낄 것이다. 경제적 성과의 경우 일반 기준점은 현재 상태이지만, 당신이 앞으로 기대하는 결과 또는 동료들이 받는 임금 인상이나 보너스처럼 마땅히 받을 자격이 있다고 느끼는 결과일 수도 있다. 기준점 보다 나는 결과는 이득, 기준점보다 낮은 결과는 손해이다.

- 민감도 체감성(diminishing sensitivity): 감각적 차원과 재산 변화 평가에 모두 적용되는 원칙이다. 불을 약하게 켜도 어두운 방은 아주 밝아진다. 똑같은 정도의 밝기를 환한 방에는 감지하기 어렵다. 마찬가지로 $900와 $1,000 사이의 주관적 차이는 $100와 $200의 차이보다 훨씬 적다.
- 손실회피: 직접 비교든 상호 비교든 간에 손해가 이득보다 커 보인다. 긍정적부정적 전망이나 경험이 가진 힘 사이의 이러한 불균형은 진화적 역사에서 비롯된다. 위협을 기회보다 긴급하게 여기는 유기체들은 생존과 번식 가능성이 더 높기 때문이다.

그림 4.3 손실회피

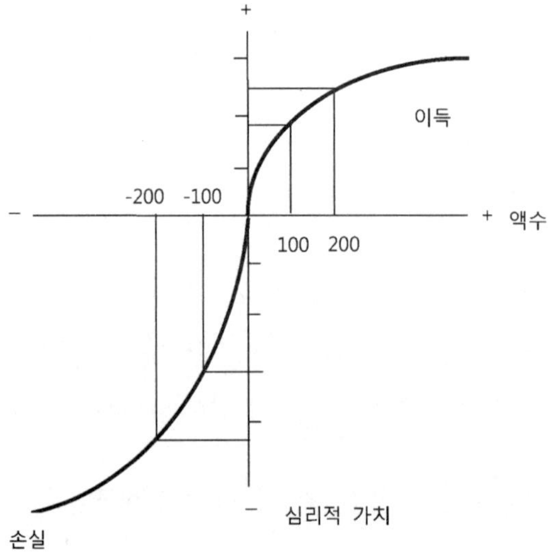

결과의 가치를 결정하는 이 세 가지 원칙은 위 <그림 4.3>에 알기 쉽게 정리 되어 있다. <그림 4.3>은 전망이론에서 가치의 운반체(carrier)인 이득과 손실의 심리적 가치를 보여준다. 베르누이 모형에서는 재산 상태가 가치의 운반체이다. 중립적 기준점의 우측과 좌측 두 부분으로 확실히 나누어진다. 그래프는 S자형인데, 이는 이득과 손실 모두의 민감도 체감성을 의미한다. 끝으로 S자의 두 곡선은 비대칭적으로 나타난다. 함수의 기울기는 기준점에서 갑자기 변하는데, 손실에 대한 반응이 대응하는 이득에 대한 반응보다 강하다. 이것이 리스크회피이다.

전망이론의 핵심은 기준점이 존재하며, 손실이 그만큼의 이득보다 더 크게 보인다는 점이다. 오랫동안 실제 시장에서 얻은 관찰 결과들은 이 개념이 가지는 힘을 잘 보여준다. 경기 하락기에 보스턴 지역 아파트를 대상으로 실시한 조사는 정말 그렇다는 사실을 입증해주었다. 연구자들은 다른 가격에 집을 산 같은 동 아파트 소유자들의 행동을 비교했다. 합리적 경제 주체에게 구매 가격은 부적절한 과거에 불과하다. 오직 현재 시장 가치만 중요할 뿐이다. 하지만 가격이 하락 중인 주택 시장에서는 사람은 그렇게 느끼지 않는다.

기준점이 높기 때문에 더 높은 손실을 입게 될 소유자들은 자기 집에 더 높은 가격을 책정하고, 집을 팔기 위해 더 오랜 시간을 투자하며, 결과적으로 더 높은 가격에 집을 판다. 매도가격과 매수가격 사이(더 확실하게 말하면 매도와 선택 사이)의 불균형은 기준점과 리스크회피에 대한 생각을 처음 받아들일 때 매우 중요한 요소였다. 그러나 기준점은 이례적인 실험실 상황에서 특히 불안정하며, 기준점 변화로 소유 효과를 없앨 수 있다는 사실은 잘 알려져 있다.

통상적인 상거래와 금융시장에서 확산되어 있는 태도처럼, 소유자가 자신의 재화를 미래에 거래하기 위한 가치의 운반체로 인식할 때에는 아무 소유효과도 예상되지 않는다. 겉면에는 선수 사진, 뒷면에는 선수 기록이 인쇄되어 있는 야구 카드 거래 대회에 참가해 연구를 실시한 실험경제학자 리스트(List)는 처음 거래해보는 사람들은 가진 카드를 팔길 꺼려하지만 거래 경험이 쌓일수록 그런 망설임이 사라진다는 사실을 알아냈다. 놀랍게도 거래 경험은 새로운 소식에 대한 소유 효과에 큰 영향을 미쳤다.

보다 자세히 설명하겠지만 List는 대회에서 사람들이 간단한 조사에 참가하도록 하는 안내문을 게시했다. 조사에 응한 사람들에게는 소정의 선물을 주며, 선물로 동일한 가치의 커피 머그나 초콜릿 바 중 하나를 고를 수 있다고 말했다. 그는 조사에 참가한 사람들에게 이 선물을 무작위로 나눠줬다. 자발적으로 조사에 참가한 사람들이 조사를 마치고 떠나려 할 때 List는 개인별로 "당신에게 머그(또는 초롤릿 바)를 줬지만 원한다면 초콜릿 바(또는 머그)로 교환할 수 있다"고 말했다. 잭 넷치(Jack Knetsch)의 실험과 똑같은 이 실험을 통해 List는 거래 경험이 없던 사람 중 불과 18%만 선물을 교환하겠다는 의사를 내비쳤다는 걸 알아냈다. 이와 반대로 거래 경험이 많은 트레이더들은 소유효과를 전혀 드러내지 않았다. 다시 말해 그들 중 48%는 선물을 교환했다. 적어도 거래가 일상화된 시장 환경에서 그들은 거래를 기피하지 않았다.

잭 넷치(Jack Knetsch) 역시 다른 학자들처럼 미묘한 조작만으로 소유효과를 사라지게 만드는 실험들을 실시했다. 피험자들은 거래가 가능하다는 말을 듣기 전, 즉 재화를 물리적으로 소유하는 동안에만 소유 효과를 보여주었다. 표준설득 이론을 내세우는 경제학자들은 넷치가 심리학자들과 지나치게 오래 시간을 보냈다는 말을 하고 싶을지 모른다. 그가 조직한 실험은 사회심리학자들이 중요하다고 기대하는 변수들에 대한 관심을 보여주었기 때문이다. 실제로 실험경제학자들과 심리학자들 사이에 서로 다른 방법적 관심들은 현재 지속되는 소유효과를 둘러싼 논란에서 매우 두드러지게 드러났다.

거래 경험이 많은 사람들은 분명 "대신 가질 수 있는 다른 것과 비교해서, 나는 이 머그를 얼마나 가지고 싶어 하는가?"라는 올바른 질문을 던지는 법을 배웠을 것이다. 이론들이 던지는 이 질문을 하는 순간 소유효과는 사라진다. 재화를 얻을 때의 기쁨과 잃을 때의 고통 사이의 불균형이 부적절하기 때문이다. 최근 실시된 '가난한 상태에서의 의사결정' 심리를 주제로 한 연구들을 보면, 소유 효과를 찾기 힘들다고 예상되는 또 다른 집단이 바로 빈자이다. 전망이론으로 보면 가난하다는 건 기준점 이하의 생활을 한다는 뜻이다. 빈자는 필요로 하는 재화들은 있지만 돈이 없어 살 수 없기 때문에 항상 '손실 상태' 이다. 따라서 소액이라도 받게 되면 그들은 그것을 이득이 아니라 손실 감소로 간주한다.

가난한 자는 트레이더처럼 생각하지만 두 집단의 사고방식에는 큰 차이가 있다. 가난한 사람은 트레이더와 달리 이득과 포기 사이의 차이에 무심하지 않다. 그들이 가진 문제는 항상 손실들 사이에서만 선택한다는 것이다. 한가지 재화를 위해 쓰는 돈은 그 대신 살 수 있는 다른 재화의 손실로 이어진다. 가난한 사람들에게 비용은 손실이다. 객관적으로 보기에는 부유하지만 지출이 고통스러운 사람들도 있다. 돈을 대하는 태도에 문화적 차이가 존재하기도 한다. 특히 장식된 머그 같은 소소한 사치품을 사거나 충동구매의 경우에 그런 차이가 두드러질지 모른다. 미국과 영국에서 실시한 '머그 연구' 결과 사이에 큰 차이가 생긴 이유가 이러한 것일지도 모른다. 미국 학생들을 대상으로 실시한 실험에서 구매와 판매 가격은 큰 차이를 보였지만, 영국 학생들 사이에서는 이 차이가 훨씬 더 적다. 앞으로도 소유효과에 대해 연구해야 할 것이 많이 남아 있을지 모른다.

1. 베르누이 오류

페흐너(Fechner)가 자극의 물리적 양과 심리적 강도 사이의 관계를 연구한 최초의 학자는 아니다. 1738년 스위스 과학자 베르누이(Daniel Bernoulli)는 페흐너의 논리를 예상하고, 그것을 돈의 심리적 가치나 원하는 금액(효용)과 실제 가지고 있는 금액의 관계에 적용했다. 그는 10더컷(과거 유럽이 사용했던 금화 단위)짜리 선물은 이미 100더컷을 소유한 사람에게는 현재 200더컷을 가지고 있는 사람에게 주는 20더컷의 선물과 같은 효용을 가지는다고 주장했다. 물론 베르누이의 생각은 옳았다. 일반적으로 소득변화를 % 기준으로 말한다. "그녀의 연봉이 30% 인상됐다"라고 말하는 식이다. 베르누이 이론에 따르면 연봉 $100 인상은 그렇지 않지만, 연봉 30% 인상은 부자나 가난한 자 모두에게 같은 심리적 반응을 유발할 수 있다. 페흐너의 법칙에 따르면 재산 변화에 대한 심리적 반응은 최초의 재산 규모에 반비례하기 때문에 효용은 재산의 대수 함수라는 결론이 가능하다. 이 함수가 정확하다면 $10만와 $100만 및 $1,000만와 $1억 사이에는 같은 심리적 거리가 존재한다.

베르누이는 당시 수학자들에게 중요한 주제였던 도박 평가법의 극단적으로 새로운 접근법을 제시하기 위해 이러한 심리적 통찰을 부의 효용에 적용했다. 베르누이 이전의 수학자들은 도박이 기대값(expected value)으로 평가된다고 가정했다. 기대값은 모든 가능한 결과의 가중 평균을 말하는데, 이때 개별 결과는 그것의 발생 가능성에 따라서 비중이 평가된다. 예를 들면 이러한 식이다.

> $100를 벌 가능성 80%와 $10를 벌 가능성 20%
> 이것의 기댓값은?
> $82이다. (0.8 100 + 0.2 10)

이제 다음 질문을 던져보라. 당신은 이러한 도박을 할 기회 또는 확실한 $80 중 무엇을 택하겠는가? 누구나 확실한 돈을 선호한다. 그러나 기대값으로 불확실한 전망의 가치를 매긴다면 도박을 더 선호할 것이다. $82는 $80보다 큰 액수이기 때문이다. 베르누이는 사람들이 도박을 이러한 식으로 평가하진 않는다고 지적했다.

베르누이는 대부분의 사람이 리스크(실제로는 최저 결과를 받을 가능성)을 싫어하고, 도박과 도박의 기대값 같은 액수 중 선택할 수 있는 기회를 얻으면 확실한 것을 선택한다는 사실을 알아냈다. 리스크를 기피하는 의사결정자라면 기대값보다 작아도 확실한 것을 고른다. 사실상 불확실성을 피하기 위해 웃돈을 지불하는 행위로도 볼 수 있다. 페흐너보다 100년 전 베르누이는 인간의 리스크회피 성향을 설명하기 위해 정신물리학을 개발했다. 그의 논리는 명쾌했다. 사람들은 돈의 가치가 아니라 결과의 심리적 가치, 즉 효용에 따라 선택한다는 것이다. 따라서 도박의 심리적 가치는 그로 인해 가능한 결과(돈)의 가중 평균이 아닌, 개연성에 따라 각 비중이 정해진 이러한 결과의 효용 평균이다.

다음 <표 4.8>은 베르누이가 계산한 효용함수의 사례이다. 100만에서 1,000만까지 금액 차에 따라 달라지는 효용을 나타낸다. 100만에 100만을 추가할 경우 효용 점수는 20이 올라가지만, 900만에 100만을 추가할 경우 효용 점수는 4만 올라간다.

표 4.8 효용함수의 사례

부(단위: 100만)	1	2	3	4	5	6	7	8	9	10
효용 단위	10	30	48	60	70	78	84	90	96	100

베르누이는 부의 한계가치(marginal value) 감소가 리스크회피(똑같거나 약간 더 높은 기대값을 가지는 도박보다 확실한 것을 선호하는 일반적 현상)를 설명한다고 주장했다. 다음 선택을 살펴보자.

> 100만 내지 700만을 가질 수 있는 똑 같은 기회 → 효용: (10 + 84)/2 = 47
> 확실시 400만을 가질 수 있는 기회 → 효용: 60

도박과 확실한 것의 기대값을 더캇(400만) 기준으로는 똑같아도 두 선택 사이의 심리적 효용은 줄어드는 부의 효용 때문에 서로 다르다. 100만에서 400만으로 효용은 50 늘어났지만, 400만에서 700만으로 똑 같은 액수가 늘어날 경우 부의 효용은 24만 늘어날 뿐이다. 도박의 효용은 94/2=47(각각 일어날 확률 1/2을 가중해 산출한 두 결과의 효용)이다. 400만의 효용은 60이다. 60은 47보다 크기 때문에 이러한 효용 함수를 가진 개인은 확실한 것을 선호한다. 베르누이가 찾아낸 통찰은 재산의 한계 효용이 줄어드는 의사결정자는 리스크회피 성향을 보인다는 것이다.

베르누이의 논문은 경이롭고 지적이다. 그는 새롭게 찾아낸 기대효용(expected utility, 당시 그는 도덕적 기대치 moral expectation라고 불렀다)이라는 개념을 다음 계산에 대입했다. 상트페테르부르크의 한 상인이 "암스테르담에서 상트페테르부르크로 항해하는 배 100척 중 보통 5척이 사라진다"는 사실을 잘 알고 있다면 암스테르담에서 양념을 출하하면서 얼마의 보험금을 내면 좋을 지에 대해 알아보는 계산이었다. 그는 효용이론을 통해서 가난한 자들은 보험을 들고, 부자는 그 보험을 더 가난한 사람에게 파는 이유를 설명했다. 표를 보면 알 수 있듯이 100만의 손해는 1000만을 가지고 있는 사람에게는 4의 효용 손실(10096)이지만, 300만으로 시작한 사람에게는 이보다 훨씬 더 큰 18의 효용 손실(4830)을 유발한다. 따라서 더 가난한 사람은 부유한 사람에게 리스크를 전가하기 위해 행복하게 보험료를 지불할 것이다. 보험이란 것이 원래 그렇다.

또한 베르누이는 기대값이 무한대(더캇 기준)인 도박 기회를 제시받은 사람들이 그것에 불과 몇 더캇만 걸고자 한다는 유명한 상트페테르부르크 역설(st. Petersburg paradox)을 푸는 해법을 제시했다. 가장 인상적인 사실은 부의 선호를 중심으로 한 그의 리스크 태도 분석은 시간의 시련을 겪었는데도 300년이 지난 지금도 여전히 경제분석에 사용된다.

베르누이 이론의 생명력이 그토록 길다는 사실은 거기에 심각한 오류가 있다는 점에서 더욱 놀랍다. 이론의 오류는 공개적인 부분에서는 좀처럼 찾기 힘들다. 이론의 비공개적인 부분, 암묵적으로 전제하고 있는 것에 숨어 있다. 다음 시나리오를 살펴보다.

> 오늘 Jack과 Jill은 각각 500만씩을 가지고 있다.
> 어제 Jack과 Jill은 각각 100만과 900만씩 재산을 가지고 있었다.
> 둘은 똑같이 행복할까? (두 사람이 똑 같은 효용을 가질까?)

베르누이 이론대로라면 재산의 효용은 사람을 더 행복하거나 덜 행복하게 만든다. 재산이 똑같은 Jack과 Jill은 이론상으로는 똑같이 행복해야 하지만, 오늘 Jack은 기분이 좋은 반면 Jill은 낙담했다는 것을 알기 위해 굳이 심리학 이론까지 동원할 필요는 없다. 설령 Jill이 오늘 500만을 가지고 있고 Jack이 200만밖에 갖기 않았더라도 Jack이 Jill보다 훨씬 더 행복할 것이다. 따라서 베르누이의 이론은 명백히 틀렸다.

Jack과 Jill의 행복은 그들의 기준점(Jack은 100만, Jill은 900만)을 정의하는 재산의 차이와 비교해서 최근 일어난 재산의 변화에 따라 결정된다. 이러한 기준점은 감정과 지각에서도 편재해 있다. 똑같은 소리라도 그 앞에 속삭임이나 고함 중 어떤 소리가 먼저 나왔느냐에 따라 아주 크게 느껴질 수도 있고, 반대로 아주 작은 소리로 느껴지기도 한다. 소리 크기의 주관적 경험을 예측하려면 절대적 에너지의 양만 알아서는 안 된다. 그것을 자동적으로 비교할 수 있는 기준 소리를 알아야 한다. 마찬가지로 종이 위 회색 부분이 어둡게 보이는지 밝게 보이는지 예측하려면 종이의 배경색을 알아야 한다. 절대적인 기준이 아닌 상대적인 기준이다. 재산 규모의 효용을 예측할 때도 그 비교 기준을 알아야 한다. 베르누이 이론으로 설명하기 힘든 또 다른 사례를 살펴보자

> Anna의 현재 재산을 100만이다.
> Emma의 현재 재산을 400만이다.

이제 이 두 사람은 도박과 확실한 것 사이에서 선택할 수 있는 기회를 얻었다.

> 도박은 100만이나 400만 중에 하나를 얻을 수 있는 기회와 똑같다.
> 또는
> 확실한 것: 확실히 200만을 얻는다.

베르누이의 설명대로라면 Anna와 Emma는 같은 선택에 직면해 있다. 즉 그들의 기대 재산을 도박을 하면 250만, 확실한 것을 고르면 200만이 될 것이다. 따라서 베르누이는 Anna와 Emma가 똑 같은 선택을 한다고 예상했지만 명백히 틀렸다. 여기서도 마찬가지로 그의 이론은 Anna와 Emma가 각기 선택 기준으로 삼는 서로 다른 기준점을 감안하지 않았기 때문이다. 당신이 Anna와 Emma라고 상상하면 현재 재산이 매우 중요하다는 사실을 재빨리 간파할 것이다. 두 사람은 이러한 식으로 생각할 수도 있다.

> Anna(현재 보유 재산 100만) "내가 확실한 걸 고르면 내 재산은 분명 두 배로 늘어날 것이다. 매우 매력적이다. 그 대신 재산을 네 배로 늘리거나 아니면 전혀 늘리지 못할 확률이 반반인 도박을 할 수도 있다."
>
> Emma(현재 보유 재산 400만) "내가 확실한 걸 고르면 내 재산은 분명 절반으로 줄어들기 때문에 끔찍하다. 대신에 나는 내 재산의 4분의 3을 잃거나 아무 것도 잃지 않을 확률이 반반인 도박을 할 수도 있다.

확실한 200만을 갖겠다고 선택한다면 Anna는 행복하겠지만 Emma는 불행하다. 그렇기에 Anna와 Emma는 서로 다른 선택을 할 가능성이 높다는 것을 직감할 수 있다. 확실한 결과가 최악의 도박 결과와 어떻게 다른지 주목하라. Anna의 경우 그것은 재산을 두 배로 늘리는 것과 아무것도 얻지 못하는 것의 차이이다. Emma의 경우에는 재산의 절반을 잃는 것과 재산의 4분의 3을 잃는 것의 차이이다. 사람들이 매우 나쁜 선택에 직면할 때 그렇듯이 Emma는 운에 의존할 가능성이 훨씬 더 크다. Anna와 Emma 모두 현재 재산 상태를 생각하진 않는다. Anna는 늘어날 재산을, Emma는 손해 볼 재산만 생각한다. 그들이 접하는 가능 재산 상태는 똑같더라도 그들이 평가하는 심리적 결과는 완전히 다르다.

베르누이의 모형에는 중요한 기준점에 대한 생각이 빠졌기 때문에 기대효용이론은 Anna에게는 좋은 결과가 Emma에게는 나쁘다는 명백한 사실을 제대로 반영하지 못한다. 그의 모형은 Anna의 리스크회피 성향을 설명해줄 수는 있겠지만 모든 선택이 나쁠 때 기업인과 장군들에게서 자주 관찰되는 Emma가 리스크를 감수하며 도박을 선호하는 현상을 자세히 설명할 수는 없다.

여기서 미스터리는 이처럼 분명하게 반박 가능한 사례들을 만들 수 있는 이론이 어떻게 그토록 오랫동안 버틸 수 있었는지 여부이다. 학자들의 사고방식이 가진 취약성으로 이를 설명할 수 있을 것이다. 이를 Kahneman은 이론 때문에 생긴 맹목(theory-induced blindness)이라고 명명하였다. 일단 어떤 이론을 받아들여서 사고 도구로 사용했다면 그것의 문제를 파악하기란 매우 어려워진다. 모델에 부합하지 않아 보이는 관찰결과를 발견했다면, 당신이 뭔가 놓치고 있는 완벽하게 좋은 설명이 분명 존재한다고 가정한다. 사람들은 그 이론을 수용한 전문가 집단을 신뢰하면서 의심스럽더라도 일단을 믿고 본다.

많은 학자들이 분명 Anna와 Emma 같은 이야기를 한두 번 생각해 봤을 것이고, 우연하게도 그런 이야기들이 효용이론에 부합하지 않는다는 것을 알았다. 그러나 그들은 효용이론은 효용이 현재 재산이 아니라 과거 재산의 이력에 따라서 달라진다는 사실을 무시하기 때문에 심각한 문제가 있다라고 말할 만큼 집요하게 연구하지는 않았다. 심리학자 대니얼 길버트가 알아냈듯이 불신은 힘든 일이며, 시스템 2는 쉽게 피곤해진다.

구입하려는 자동차, 딸과 결혼하려는 남자처럼 불확실한 상황과 복잡한 대상을 종합적으로 평가할 때, 언제나 대상이 가진 특성에 가중치를 매긴다. 굳이 그런 특징보다는 이러한 특징이 내 판단에 더 영향을 끼쳤다고 번거롭게 말할 필요는 없다. 인식의 여부와는 상관없이, 사람들은 모든 판단에 가중치를 부여하나. 이것은 자동시스템(시스템 1)의 작용 때문이다. 자동차를 평가할 때 연비나 안전성, 외과에 따라 부과하는 가중치는 사람마다 다를 것이다. 예비 사위를 판단할 때 그의 재력이나 능력, 외모, 성품에 따라 결과가 달라질 것이다. 마찬가지로 불확실한 전망에 대한 평가는 가능한 결과에 가중치를 부여한다. 가중치는 이러한 결과들이 나올 확률과 밀접한 관련이 있다. $100만를 벌 50%의 확률은 같은 금액을 벌 1%의 확률보다 훨씬 매력적이다. 사람들은 가끔 의식적 또는 의도적으로 가중치를 부여하지만, 대부분의 경우에는 자동시스템(시스템 1)이 부여하는 종합적 평가를 그냥 관찰하는 편이다.

2. 확률의 변화

의사결정 연구에서 도박 비유가 자주 사용되는 이유는, 전망 결과에 자연스런 가중치 부여 규칙을 제공하기 때문이다. 결과가 나올 확률이 커질수록 그 가중치는 더 커져야 한다. 도박의 기대값은 결과의 평균이고, 각 결과는 나올 확률에 따라 가중치가 부여된다. 예를 들어, $1,000를 따는 20%의 확률과 $100를 따는 75%의 확률의 기대값은 $275이다. 베르누이 이전 시대에 도박은 기대값으로 평가되었다. 베르누이는 기대 원칙(expectation principle)이라고 알려진, 결과에 가중치를 부여하는 이러한 방법을 계속 유지했지만 결과의 심리 값(psychological value)에도 그것을 적용했다. 다음 네 가지 예시를 보라. 당신이 $100만를 받을 확률은 5%씩 늘어난다. 각 사례가 주는 가치는 모두 동일한 것일까?

A. 0% 5%
B. 5% 10%
C. 60% 65%
D. 95% 100%

모든 사람이 $100만을 받을 확률이 0%에서 5% 그리고 95%에서 100%로 늘어나는 것이, 5%에서 10%나 60%에서 65%로 늘어날 때보다 더 인상적이다. 이 확률이 0%에서 5%로 늘 경우 상황이 바뀌면서 과거에는 존재하지 않았던 가능성, 즉 상금을 받게 된다는 기대감이 생성된다. 5%에서 10%로의 변화는 돈을 벌 확률이 두 배로 늘긴 해도 전망의 심리 값이 두 배로 늘어나는 건 아니라는 게 중론이다. 0%에서 5%로의 확률

변화가 미치는 중대한 영향은 가능성 효과(possibility effect)에 해당한다. 일어날 가능성이 매우 낮은 결과들이 원래 받아야 마땅한 수준 이상으로 불균형적으로 가중치를 부여하는 효과이다. 대규모로 복권을 구입하는 사람들은 거액의 상금을 받을 수 있는, 엄청나게 낮은 확률에 맞는 기대값에 비해서 훨씬 더 많은 돈을 지불할 의사를 보여준다.

95%에서 100%의 확률 개선은 중대한 영향, 즉 확실성 효과(certainty effect)를 내는 또 다른 질적 변화에 해당한다. 거의 확실한 결과들에는 그들이 나올 가능성이 정당화되는 것보다 더 작은 가중치가 부여된다. 확실성 효과를 제대로 이해하려면 다음 상황을 가정해보자. 당신은 $100만의 유산을 물려받았다. 그런데 탐욕스런 이복동생이 이에 반발해 유언장 다툼 소송을 제기했다. 내일 판결이 내려질 예정이다. 변호사는 당신이 승소 확률이 95%에 이를 만큼 높다며 독려하지만, 반면 사법부의 판단을 결코 완벽하게 예상할 수는 없다는 경고도 잊지 않는다. 그때 당신에게 리스크 중재 전문 회사가 접근한다. 이 회사는 $91만를 주고 당신의 소송을 매입하겠다며, 그것을 지금 받기 싫으면 관두라고 제안한다. 법원 판결을 기다림으로써 얻을 수 있을 걸로 예상되는 기대값($95만) 보다 $4만 낮은 액수이다. 하지만 정말 그런 제안을 받았다면, 과연 그것을 거절할 수 있을까? 살면서 실제로 그런 일이 일어날 경우를 대비해, 확실성 효과를 이용해서 거액을 제시하는 구조화된 보험 지급방식(structured settlements)을 따르는 대규모 사업이 존재하지 않는가?

가능성과 확실성은 손실 영역에서 똑같은 비중으로 강력한 영향을 미친다. 가능성 효과 때문에 조그만 리스크에도 과한 가중치를 두는 경향이 있으며, 그런 리스크를 완전히 제거하기 위해 기꺼이 기대값보다 훨씬 더 큰돈을 지불하고자 한다. 재난이 발생할 95%의 리스크와 재난이 발생할 100%의 리스크 사이의 심리적 차이는 엄청나다. 모든 것이 여전히 좋을 수 있다는 약간의 희망이라도 훨씬 더 크게 느껴진다. 일어날 확률이 낮은 일에 가중치를 확대 부여하면 도박과 보험 정책의 매력도가 같이 늘어난다.

사람들이 결과에 부여하는 결정의 가중치는 기대 원칙과 반대로 그 결과의 발생 확률과 동일하지 않다. 발생 확률이 낮은 결과에는 과도한 가중치가 부여되는데, 이는 가능성 효과 때문이다. 거의 확실한 결과에는 실제 확실성 대비 지나치게 적은 가중치가 부여된다. 발생 확률에 따라서 가치의 가중치가 부여되는 기대 원칙은 허술한 심리학이다.

그러나 합리적이고 싶은 의사결정자는 기대 이론에 순응 해야 하기 때문에 일이 더 복잡해진다. 이것이 존 폰 노이만(John von Neumann)과 오스카 모겐스턴(Oskar Morgenstern)이 1944년 처음 선보인 효용이론의 요점이었다. 두 사람은 확률에 엄격히 비례하지 않는 불확실한 결과에 부여하는 모든 가중치가 모순 및 다른 재난으로 이어진다는 걸 입증했다. 합리적 선택이란 자명한 이치에서 그들이 빼내온 기대 가치는 기념비적 업적으로 간주되었다. 기대 효용이론을 경제학과 다른 사회과학의 합리적 행동주체 모형의 핵심으로 나들었기 때문이다.

3. 알레의 역설

폰 노이만과 모겐스턴의 이론이 나온 지 몇 년이 지난 1952년, 파리에서 리스크 경제학을 논의하기 위한 회의가 열렸다. 당시 가장 유명한 경제학자들이 회의에 참가했다. 미국 쪽에서는 훗날 노벨상을 수상하는 폴 새뮤얼슨, 케네스 애로(Kenneth Arrow), 밀턴 프리드먼 및 통계학자 지미새비지(Jimmy Savage)가 참석했다.

회의 주최자 중에는 모리스 알레(Maurice Allais)가 있었는데 그 역시 몇 년 후 노벨상을 받았다. 알레는 회의 모인 유명 인사들에게 선택에 대한 몇 가지 질문을 던졌다. 손님들이 확실성 효과에 영향을 쉽게 받기 때문에 기대 효용이론과 그 바탕이 된 합리적 선택의 이치를 위반했다는 사실을 보여줄 작정이었던 것이다. 다음 선택들의 집합은 알레가 만든 퍼즐을 단순화한 형태이다. A와 B에서 각각 무엇을 선택하겠는가?

A. $52만을 탈 확률 61% / $50만을 탈 확률 63%
B. $52만을 탈 확률 98% / $50만을 탈 확률 100%

대부분의 사람들은 A에서는 왼쪽, B에서는 오른쪽 옵션을 선호할 것이다. 만약 그랬다면 당신은 방금 논리적 죄를 짓고, 합리적 선택의 규칙을 어기고 말았다. 파리에 모인 저명한 경제학자들도 이보다 복잡한 알레의 역설(Allais Paradox)에서 비슷한 죄를 저질렀다.

그 이유를 살펴보기 위해 100개의 구슬이 담겨 있는 항아리를 상상해보자. 눈을 감고 항아리에 손을 집어넣으라. 빨간색 구슬을 뽑으면 이기고 흰 구슬을 뽑으면 진다. 문제A에서 거의 모든 사람은 왼쪽 항아리를 선호한다. 빨간색 구슬을 뽑을 확률이 더 낮은데도 말이다. 그 이유는 금액의 차이가 승리의 확률의 차이보다 인상적이기 때문이다. 문제B에서는 압도적 과반수가 $50만을 보장하는 오른쪽 항아리를 선택한다. 게다가 문제의 논리를 제대로 이해하기 전까지 이 두 선택에 모두 만족한다.

두 문제를 비교해보자. 이제 문제B의 두 항아리가 문제A에 나온 두 항아리보다 조건이 더 좋다는 걸 알게 된다. 문제B의 각 항아리에서는 37개의 흰색 구슬이 승리를 가져다 주는 빨간 구슬로 바뀐 셈이다(6163 왼쪽 항아리의 개선 정도는 오른쪽 항아리보다 높다. 각각의 빨간 구슬은 왼쪽 항아리에서 $52만를 벌 확률을 주지만, 오른쪽 항아리에서는 $50만를 벌 확률을 주기 때문이다. 따라서 당신은 첫 번째 문제를 왼쪽 항아리를 선호하면서 시작했고, 왼쪽 항아리는 이어 B에서 오른쪽 항아리보다 개선되었는데도 당신의 오른쪽 항아리를 좋아한다. 이러한 선택의 패턴은 논리적으로 틀렸지만 심리적으로는 쉽게 설명할 수 있다. 확실성 효과가 작동하기 때문이다. 문제 B에서 이길 수 있는 100%의 확률과 98%의 확률 사이의 2%의 차이는 문제 A의 63%와 61%의 똑같은 차이보다 훨씬 인상적이다.

알레의 예상대로 회의에 모인 저명인사들은 회의 막판에 알레가 이 사실을 알려주기 전까지는, 자신의 선호가 효용이론을 어겼다는 사실을 눈치 채지 못했다. 그러나 결정이론 마니아가 아니었던 경제학자들은 알레가 제시한 문제들을 대부분 무시했다. 광범위하게 수용되고 유용하게 취급 받는 이론이 도전을 받을 때 자주 일어나는 일처럼 그들은 그 문제를 예외로 간주하고, 앞서 아무 일도 일어나지 않았던 것처럼 기대 효용이론을 계속 사용했다. 하지만 결정 이론가들(통계학자, 경제학자, 철학자, 심리학자들이 뒤섞인 집합)은 알레의 도전을 매우 심각하게 받아들였다.

오랫동안 확실성 이론의 타당한 정당성을 찾아내려는 시도는 여러 차례 있었지만 설득력 있는 결과는 나오지 못했다. 그러나 효용이론을 합리적 선택 논리로 계속 받아들이는 한편, 인간은 완전히 합리적인 선택자라는 생각은 버렸다. 사람이 합리적인지의 여부와 상관없이 그들의 선택들을 묘사하는 심리 이론 개발 작업에 착수했다. 전망이론을 따르면 결정의 가중치들은 확률과 동일하지 않을 것이다. 보다 수식적으로 알레(Allais)의 역설을 살펴보자.

전망A와 전망B 중에 선택하라고 하면 대부분의 사람들은 전망B를 택한다. 전망C와 전망D 중에 선택하라고 하면 대부분 전망C를 택한다. 이것은 전적으로 합리적인 듯

표 4.9 Allais의 역설: 많은 사람들이 A보다 B를 그리고 D보다 C를 선호한다

전망	결과의 확률과 금액		
A	0.33확률, $2,500	0.66확률, $2,400	0.01확률, $0
B	확실, $2,400		
C	0.33확률, $2,500		0.67확률, $0
D	0.34확률, $2,400		0.66확률, $0

보이지만 기대효용이론에 부합되지 않는다.

왜냐하면 전망C와 전망A를 비교하면 전망A가 전망C보다 좋은 선택이다. 또한, 전망B가 전망D보다 나은 선택이다. 이제, 남은 A와 B, C와 D를 비교해보자. Alan이 A보다 B를 선택한다면 다음과 같다(u(0)=0).

$$u(2{,}400) > 0.33u(2{,}500) + 0.66u(2{,}400) + 0.01u(0)$$

따라서 u(2,400)을 가진 항을 정리하면 다음과 같다.

$$0.34u(2{,}400) > 0.33u(2{,}500) \tag{4.3}$$

그러나 만약 D보다 C를 선택한다면 다음과 같다.

$$0.33u(2{,}500) > 0.34u(2{,}400) \tag{4.4}$$

따라서 알레의 역설의 원인은 무엇인가? 리스크에서 리스크로 바꾸는 것보다 확실한 것에서 리스크가 있는 상황으로 바꾸는 것이 더 중요하기 때문에 $2,400의 0.66확률을 제거하는 A보다 B가 더 의미가 있다. 이것을 일반화하면 사람들은 확률이나 가능성보다 확실히 인식되는 결과를 좋아하는 것이 증거가 된다. 이것을 앞에서 본 바와 같이 확실성 효과(certainty effect)라고 한다.

흥미롭게도, 결과가 이론적으로 확실하지 않더라도 확실성 효과와 관련이 될 수 있다. <표 4.10>에 더 많은 전망들을 설명해보자. 대부분의 사람들은 E보다 F를, H보다 G를 선택한다. 이것은 다시 기대효용이론과 일치하지 않는다. 이것은 0.45 확률보다 0.9확률이 비교적 확실해 보이기 때문에 확실한 효과와 일치하는 것 같다.

표 4.10 확실성 효과. 많은 사람들이 E보다 F를 그리고 H보다 G를 선택한다.

예측	결과의 확률과 금액	
E	0.45확률, $6,000	나머지, $0
F	0.9확률, $3,000	나머지, $0
G	0.001확률, $6,000	나머지, $0
H	0.002확률, $3,000	나머지, $0

4. 결정 가중치

Tversky and Kahneman은 약간의 돈이 걸린 도박에 대한 사람들의 선호도를 설명하는 결정 가중치를 측정하는 연구를 수행했다. 이들의 추정치는 아래와 같다.

표 4.11 결정가중치

확률(%)	0	1	2	5	10	20	50	80	90	95	98	99	100
결정 가중치	0	5.5	8.1	13.1	18.6	26.1	42.1	60.1	71.2	79.3	87.1	91.2	100

결정 가중치와 극단적 확률은 똑같다는 것을 알 수 있다. 즉 결과가 나오는 것이 불가능할 때는 모두 0이고 결과가 확실할 때는 모두 100이다. 그러나 결정 가중치는 이 두 끝 지점들 근처에서는 확률에서 크게 벗어난다. 아래쪽 끝에서 가능성 효과를 발견할 수 있다. 즉, 발생 가능성이 낮은 사건에 상당히 과도한 가중치가 부여된 것이다. 일례로 2% 확률에 대응하는 결정 가중치는 8.1이다. 사람들이 합리적 선택 이치에 순응한다면 결정 가중치는 2가 되어야 하는데 말이다. 따라서 이러한 이례적 사건에는 네 배의 가중치가 더 부여된 것이다. 확률 척도의 다른 끝에서 나타난 확실성 효과는 이보다 훨씬 놀랍다. 상을 받지 못할 2%의 리스크가 도박의 효용을 100에서 87.1로 13이나 낮춘다.

가능성 효과와 확실성 효과 사이의 불균형을 알아보려면 우선 당신이 $100만를 딸 확률이 1%라고 상상해보자. 당신은 내일 결과를 알게 될 것이다. $100만를 딸 게 거의 확실시되지만 따지 못할 확률이 1%라고 상상해보자. 이 결과도 마찬가지로 내일 알게 된다. 두 번째 상황이 주는 고민은 첫 번째 상황이 주는 기대보다 더욱 명백하다. 만일 결과가 금전적 이득이 아니라 수술 사고라면 확실성 효과는 가능성 효과보다 두드러지게 나타난다.

확률 척도의 양쪽 끝에서 확실성 효과와 가능성 효과의 결합은 중간 확률에 대한 부적절한 무감각을 낳는다. 당신은 5%에서 95% 사이의 확률 범위는 이보다 훨씬 더 적은 범위의 결정 가중치(13.1-79.3)와 관련된다는 걸 알 수 있다. 이것은 합리적으로 예상되는 것(100)의 약 3분의2 정도이다. 신경과학자들은 상금 획득 확률 변화에 반응하는 뇌의 영역들을 찾아내면서 이러한 관찰 결과를 확인해주었다. 확률 변화에 대한 뇌의 반응은 선택들로부터 추정되는 결정 가중치와 놀라울 정도로 유사하다.

극단적으로 낮거나 높은(1% 미만 또는 99% 이상) 확률은 특이 사례에 해당한다. 아주 이례적인 사건에만 특별한 결정 가중치를 부여하기는 어렵다. 그런 사건들은 가끔 완전히 무시되는데, 결정 가중치 0을 부여하는 게 효과적이다. 반면 매우 이례적인 사건들을 무시하지 않는다면 당신은 분명 그들에 과도한 가중치를 부여할 것이다. 우리 대부분은 핵전쟁을 걱정하거나, 생면부지의 친척에게 거액의 유산을 물려받는 공상으로 시간을 낭비하지 않는다. 그러나 발생 확률이 낮은 사건에 관심이 가면 사람들은 그것에 확률적으로 마땅히 받아야 하는 수준 이상의 가중치를 부여할 것이다. 또한 사람들은 발생 확률이 낮은 다양한 리스크들에는 거의 전적으로 무감각하다. 예를 들어 0.001%의 암 발병 리스크는 0.00001%의 암 발병 리스크와 쉽게 구분되지 않는다. 전자의 확률대로라면 미국 국민 중에 3,000명이 암에 걸리고, 후자의 확률대로라면 미국 국민 중에 불과 30명이 암에 걸리는 것인데도 그렇다.

위협에 주의를 기울이면 걱정이 찾아든다. 그리고 당신의 결정 가중치는 당신의 걱정 정도를 반영한다. 가능성 효과 때문에 당신의 걱정은 위협이 실제 생길 확률에 비례하지 않는다. 이때는 위협을 줄이거나 완화하는 것만으론 부족하다. 즉, 걱정을 줄이기 위해서는 그 확률이 0%로 내려가야 한다.

아래 나온 문제는 1980년대에 경제학자들로 구성된 한 팀이 발표한 소비자들의 건강 리스크 가치평가의 합리성 연구를 각색한 것이다. 본 조사는 어린 아이들을 둔 부모들을 대상을 실시됐다.

> 당신이 현재 1병당 $10인 살충제를 사용하고 있는데, 살충제 1만 병당 15건의 독성물질 흡입 중독과 15건의 어린이 중독 사고를 일으킨다고 가정해보자. 당신은 위 두 리스크를 1만 병 당 5건씩으로 줄여주는 더 고가의 살충제가 있다는 걸 알게 된다. 그 살충제 구입을 위해 얼마의 돈을 쓸 의사가 있는가?

부모들은 중독 사고를 1만 병 당 15건에서 5건으로 3분의 2 줄이기 위해서 평균 $2.38를 추가로 지불할 의사를 보였다. 중독 리스크를 완전히 없앨 수만 있다면 이 돈의 세 배가 넘는 $8.09를 지불하겠다고 했다. 이와 또 다른 질문들은 부모들이 두 가지 리스크(흡입 중독과 어린이 중독)을 별개의 걱정으로 다루며, 둘 중 하나를 완전히 없애기 위해 확실한 웃돈을 지불할 의사가 있다는 걸 보여줬다. 이 웃돈은 걱정 심리와는 양립하지만 합리적 모형과는 양립하지 않는다.

5. 4중 패턴

Tversky and Kahneman이 전망이론 연구를 시작했을 때 곧바로 두 가지 결론에 도달했다. 사람은 재산보다는 이득과 손실에 가치를 부여한다는 것과, 그들이 결과에 부여하는 결정의 가중치는 확률과는 다르다는 것이다. 두 생각 중 무엇도 새로운 것은 아니었지만 두 가지를 합친 결과는 4중 패턴이라고 부른 특별한 선호도 패턴을 설명해주었다. 이 시나리오의 사례를 보면 다음과 같다.

표 4.12 4중 패턴

	이득	손실
높은 확률 확실성 효과	• $1만를 확률 95% • 실망의 두려움 • 리스크회피 • 비우호적 해결 수용	• $1만를 잃을 확률 95% • 손실회피 기대 • 리스크선호 • 우호적 해결 거부
낮은 확률 가능성 효과	• $1만를 딸 확률 5% • 대규모 이익 기대 • 리스크선호 • 우호적 해결 거부	• $1만를 잃을 확률 5% • 대규모 손실 우려 • 리스크회피 • 비우호적 해결 수용

각 칸의 윗줄은 실례가 되는 전망을 나타낸다. 두 번째 줄은 전망이 유발하는 핵심 감정을 보여준다. 세 번째 줄은 대부분의 사람들이 도박과 도박의 기대값($1만를 딸 확률 95%와 확실한 $95,000)에 상응하는 확실한 이득(또는 손실) 사이에 선택해야 될 때 행동하는 방식을 나타낸다. 확실한 것이 선호될 때는 선택을 리스크회피적, 선호될 때는 리스크선호적이라고 한다. 네 번째 줄은 원고와 피고가 민사소송 해결을 논의할 때 보여줄 것으로 예상되는 태도를 묘사한다.

선호도의 4중 패턴은 전망이론의 핵심적 업적 중 하나이다. 네 칸 중에 세 개는 낯익다. 다만 우측 상단의 네 번째 주장은 새롭고 기대하지 못했던 것이다.

좌측 상단 칸은 베르누이의 논의 내용, 즉 사람들은 대규모 이익을 얻을 충분한 기회가 있는 전망을 고려할 때 리스크를 회피한다. 그들은 확실한 이득을 챙기려고 도박의 기대값 보다 적은 걸 받아들이려는 의사를 보인다. 좌측 하단의 가능성 효과는 복권이 인기를 끄는 이유를 설명한다. 1등 당첨금이 매우 클 때 복권 구입자는 자신의 당첨 확률이 눈꼽 만큼도 안 될 만큼 적다는 사실에 무관심해 보인다. 복권은 가능성 효과의 궁극적인 사례이다. 복권이 없으면 복권에 당첨될 수 없고, 복권이 있으면 당첨 가능성이 생긴다. 그 가능성이 얼마나 적은지는 별로 중요하지 않다. 물론 사람들이 복권과 함께 얻는 건 당첨 확률 이상이다. 즉, 즐겁게 복권 당첨의 꿈을 꿀 권리를 가지는 것이다. 우측 하단은 보험 가입의 이유가 된다. 사람들은 보험에 기대값 이상의 돈을 지불하려 한다. 여기서 기대값은 보험회사들이 보험금을 지불하고도 이익을 남기는 기준이다. 역시 마찬가지로 사람들은 발생 가능성이 낮은 사건에 대비한 보험 이상의 것을 구입하는 셈이다. 걱정을 팔고 마음의 평화를 산다.

처음에 우측 상단의 보고서는 조금 익숙하지 않다. 복권이 선호되는 좌측 하단을 제외하고는 리스크회피 차원에서 생각하는 데 익숙해져 있었기 때문이다. 나쁜 옵션을 고른 우리의 선택을 살펴보자. 이득 영역에서 리스크회피적이었던 것만큼 손실 영역에서 리스크선호적이었다는 사실을 재빨리 깨달았다. 그리고 그에 관한 두 가지 이유를 찾아냈다.

하나는 민감도 체감성이다. 확실한 손실을 극구 기피하는 이유는 $900 손실에 대한 반응이 $1,000 손실에 대한 반응 강도의 90% 확률에 상응하는 결정 가중치는 확률보다 훨씬 낮은 약 71정도이다. 결과적으로 확실한 손실과 더 큰 손실을 입을 확률이 높은 도박 사이에서 선택을 고려할 때, 민감도 체감성은 확실한 손실을 더욱 기피하게 만들고 확실성 효과는 도박의 기피성을 낮춰준다. 결과가 동일할 때 동일한 두 요인은 확실한 것의 매력도를 높여주고, 도박의 매력도는 낮춘다.

가치함수의 형성과 결정 가중치는 모두 위 표의 상단에서 관찰된 패턴에 기여한다. 그러나 하단에서 두 가지 요인은 반대 방향으로 작동한다. 민감도 체감성은 이득을 얻기 위한 리스크회피와 손실을 볼 수 있는 리스크선호를 지속적으로 선호하지만 낮은 확률에 과도한 가중치 부과가 이러한 효과를 극복하고, 이득을 위한 도박과 손실을 대비한 경제가 관찰되는 패턴을 생산한다.

인간이 처한 수많은 불행한 환경들은 우측 상단에서 전개된다. 이곳에서 매우 나쁜 상황에 처한 사람들은 거대한 손실을 피하려는 일말의 기대감을 품고 사태가 더 악화될 수 있는 높은 확률을 감수하면서까지 절박한 도박에 뛰어든다. 이러한 종류의 리스크선호는 종종 관리 가능한 실패를 재난으로 전락시킨다. 자신의 손실을 줄일 때가 됐다는 분별 있는 결정을 내리기에는 대규모의 확실한 손실을 수용한다는 생각은 지나치게 고통스럽고, 완전한 안도감을 얻을 수 있으리라는 희망은 너무나 매력적이다. 실패를 수용하는 것이 너무 고통스러운 나머지, 패자는 상대의 승리가 확실한데도 무의미하게 끝까지 싸우는 경우가 허다하다.

제3절 실망이론과 순위에 의존하는 효용이론

알레의 모순으로 다시 논의를 시작하자. 이해를 돕기 위해 <그림 4.3>에서처럼 확률 삼각도표를 사용할 수 있다. 수평축에 $0를 가지는 확률을 측정하고, 수직축에 $2,500를 가지는 확률을 측정한다. 삼각형 내의 부분은 모두 전망이 될 수 있다. 이것은 알레의 모순에 대해 네 가지 전망을 그려넣음으로써 보다 분명해진다. 전망B는 $p_1=p_3=0$인 왼쪽 아래 모서리에서 $2,400를 확실하게 보장한다. 전망A는 $p_1=0.01$이고 $p_3=0.33$인 지점으로 0.01확률로 $0, 0.33확률로 $2,500를 보장한다. 또한 C와 D도 그릴 수 있다. 이 도표를 그리면서 C, D가 A, B와 유사하지만 $0를 가지는 0.66확률을 더하면 되는 '가로 이동'이 된다.

이제 전망삼각도표에서 선호를 대신해 보자. 여기에서 효용의 두 가지 개념을 명확히 할 필요가 있다. 첫째는 결과효용(outcome utility)이다. 이것은 앞에서의 함수 u를 포착할 수 있는 효용이다. 이것은 Alan이 $0, $2,400, $2,500를 얻는 결과로부터 갖게 되는 효용이다. 다음은 전망의 효용(utility of prospect)이다. Alan이 전망의 결과를 알기 전에, 전망으로부터 얻는 효용이라고 생각할 수 있다. 이제 함수 U와 전망A부터 D의 효용을 알게되면 알레의 모순을 알 수 있다.

식(4.1)을 보면 기대효용은 이를 얻는 한 가지 방법이지만 여기서는 대안을 고려해

그림 4.4 알레의 모순에 대한 삼각확률도표: 수평축은 $0를 얻을 확률이고 수직축은 $2,500를 얻을 확률이며 다른 가능한 경우는$2,400를 얻는 경우를 나타낸다

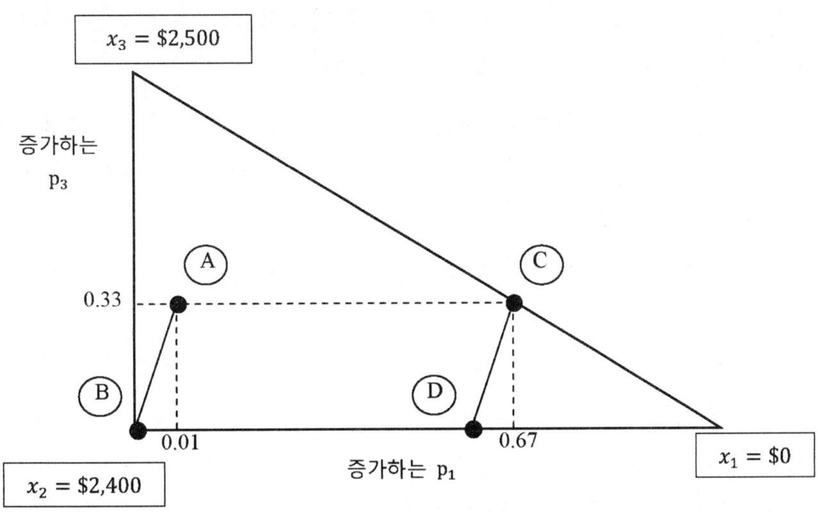

그림 4.5 확률 삼각도표에서의 무차별곡선: 무차별곡선의 기울기가 클수록 리스크회피적

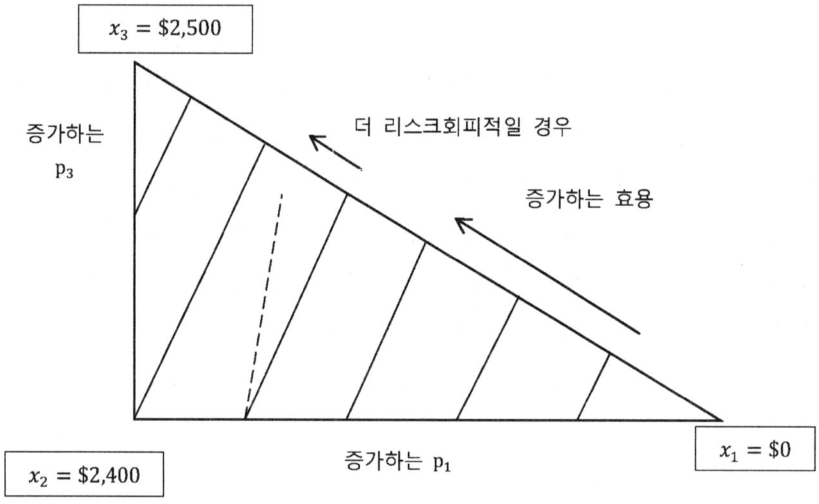

보자. 만일, Alan이 가능한 모든 전망으로부터 얻는 효용을 안다면, 확률삼각도표에 무차별곡선을 그릴 수 있다.

무차별곡선은 같은 효용을 주는 전망을 나타낸다. 따라서 효용의 수준과 전망을 찾고, 확률삼각도표에 나타낸 후, 효용을 주면 된다. <그림 4.5>는 무차별곡선을 나타낸다. 보다 나쁜 결과인 $0를 얻는 확률이 높아지면 가장 최선의 결과인 $2,500가 나올 확률도 높아져야 서로 상쇄되므로 무차별곡선의 기울기는 커지게 된다. 이는 또한 무차별곡선의 기울기가 가파르게 되는 것은 리스크에 대한 태도를 측정한다. 리스크회피형일수록 $0를 가질 확률을 보상하기 위해 $2,500를 가질 확률은 더 올라가야 한다. 따라서 무차별곡선의 기울기가 더 커질수록, 리스크회피는 더 커진다.

선호가 독립성을 만족한다면 무차별곡선은 <그림 4.5>에서와 같이 평행해야 한다. <그림 4.6>은 네 가지 전망에 대한 평행한 무차별곡선을 나타낸다. 만약에 A, B 와 C, D 사이의 선들이 평행하면, 무차별곡선도 평행하고 Alan은 A, C나 B, D를 선택할 것이다. 즉, A와 C를 선택할 것이다. 그러나, 대부분의 사람들이 B와 C를 선택한다. 이는 모순이다.

이제 여기에서 두 가지를 알 수 있다. 먼저 알레의 모순은 독립성을 만족하지 않는 선호로 인해 발생한다. 둘째, 알레의 모순은 평행이 아닌 <그림 4.6>에 있는 것들처럼 한 점에서 펼쳐진 무차별곡선이 필요하게 된다. 한 점에서 펼쳐지는 것에 대한 중요한 점은 무차별곡선은 수직 축에 가까울수록 기울기가 더 급해진다. 즉, 보다 리스크회피

그림 4.6 알레의 모순: 만일 선호가 독립성을 만족한다면 사람들은 A와 C를 B나 D보다 선호해야 한다

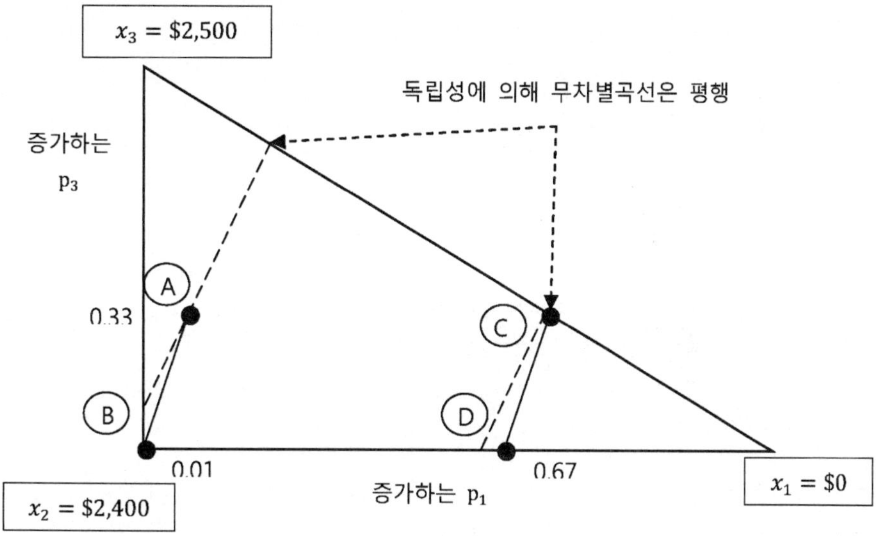

에 가까운 사람들이 $2,400보다 많은 금액을 보장받으려 한다. 이것은 확실한 효과와 일치하고 왜 사람들이 A보다 B를 선호하고, D보다 C를 선호하는지 설명할 수 있다.

무차별곡선의 펼쳐짐을 모형화하는 방법에 대해 여러 가지가 제안되었다. 만일 무차별곡선이 펼쳐지면 전망의 효용에 대한 방정식을 만들 수 있다. 즉, 무차별 곡선이 펼쳐 이유를 어떤 직관을 바탕으로 모형을 만들 수 있다.

1. 실망이론

알레의 모순에서 Alan이 A를 왜 싫어하는가의 한 가지 설명은 그가 A를 고르고 $0를 받는다면 매우 실망할 것이다. 이러한 실망은 B를 선택하고 높은 보수를 보장받음으로써 피할 수 있다. 이러한 실망과 그 결과를 포착하는 방법은 Loomes and Sugden (1986)에 의해 제안되었다.

기본적인 아이디어는 효용에 대한 이전의 기대에 상대적인 결과효용(outcome utility)을 측정하는 것이다. 결과효용이 기대수준보다 낮을 경우, Alan은 실망을 경험한다. 결과효용이 기대수준보다 크다면 크게 기뻐하게 된다. 크게 기뻐함과 실망은 함수 D에 의해 포함된다. 따라서 결과가 x라면 그의 효용은 u(x)+D(u(x)−prior)이고, 결과효용

그림 4.7 어떤 사람이 \$2,400보다 많은 금액을 보장받거나 \$2,400에 가까울수록 무차별곡선은 급해지게 되어 한 점에서 퍼져나가는 무차별곡선으로 알레의 역설에 대해 설명가능

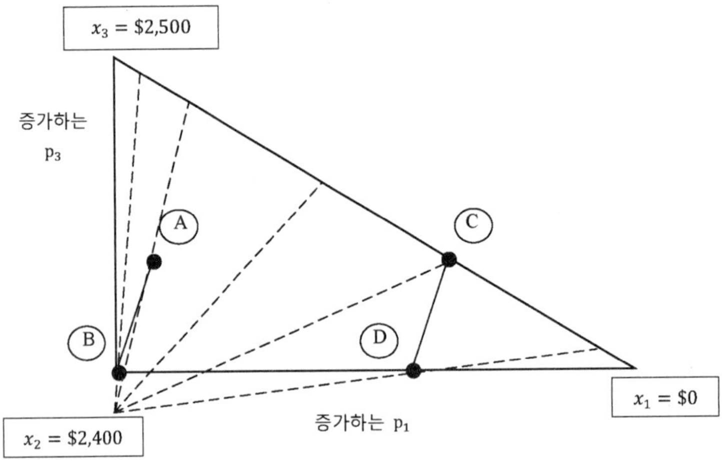

은 플러스 또는 마이너스 기쁨 또는 실망이다. 전망X의 효용은 다음과 같다.

$$U(x) = \sum_{i=1}^{n} p_i [u(x_i) + D_1(u(x_i)) - \text{prior}]$$

이것은 기대효용과 같지만 사전기대에 대한 이하 또는 이상의 실망과 기쁨을 고려한다. 사전기대는 구체화될 수 있지만 식(4.1)을 사용하여 계산된 전망의 기대효용으로 계산할 수 있다. $g>0$이면 $D(g) \geq 0$이고, $l<0$이면 $D(l) \leq 0$을 포함하여 D를 가정한다.

실망의 의미를 설명하기 위하여 알레의 모순을 통해 살펴보자. $u(x)=x$와 같이 선형함수로 가정하자.

(4.5) $$D(g) = \begin{cases} \theta g^2 & \text{for any } g > 0 \\ -\theta l^2 & \text{for any } l > 0 \end{cases}$$

$\theta \geq 0$은 실망의 중요성을 측정한다. <표 4.13>은 θ의 다른 값에 대한 각 전망의 효용을 나타낸다. $\theta = 0$일 때 표준 기대효용 모형이 되고, Alan은 B보다 A를, 그리고 D보다 C를 선택할 것이다.

만약에 실망이 θ에 0.0002의 가중치를 준다면 B가 A보다 선호되는 것을 알 수 있다. 왜 그럴까? A의 기대효용은 \$2,409이고, \$0를 얻는다면 실망은 $1161 = 2409^2\theta$가 되어

표 4.13 알레의 모순이 실망에 의해 설명된다: $\theta=0$이면, A가 B보다 선호되고 D보다 C가 선호된다. $\theta=0.0002$이면, B가 A보다 선호되고 D보다 C가 선호된다.

전망	전망의 효용		D(·)의 값			순효과D(·)
	$\theta=0$	$\theta=0.0002$	$0	$2,400	$2,500	
A	2,409	2,398	−1,161	−0	+2	**−11**
B	2,400	**2,400**	–	0	–	**0**
C	825	919	−136	–	+561	+94
D	816	899	−133	+502	–	+83

상대적으로 크다. 예를 들어, $2,500를 얻었을 때 기쁨은 2다. 오직 0.01확률에 대해 실망하기 때문에, 이러한 숫차 들은 일어날 수 있는 확률로 가중된다. 그럼에도 불구하고 $-0.01\times2409^2\theta-0.66\times9^2\theta+0.33\times91^2\theta=-11$의 순효과를 얻는다. 이것은 B가 선호될 수 있다.

Alan이 A를 선택했을 때 매우 실망하게 되는 작은 확률은 B를 좋아하게 되는 것으로 설명할 수 있다. 따라서 알레의 모순은 잠재적인 실망을 피하는 사람들에 의해 발생할 수 있다. 만약 θ가 0.0002일 때 무차별곡선을 그리면, <그림 4.7>에서와 비슷하게 펼쳐지게 된다. 따라서 실망은 알레의 모순과 펼쳐짐을 설명할 수 있다.

또한, 실망이 주는 가중치를 증가시킨다면 이상한 모양의 무차별곡선을 얻을 수 있다. <그림 4.8>은 θ가 0.002일 때를 나타낸다. 여전히 B와 C에 대한 선호가 있지만 무차별 곡선은 더 이상 한 점에서 펼쳐지지 않는다. 직관에 반대되게 p_1에서 $0를 얻는

그림 4.8 실망이론이 매우 강력하다면 한 점에서 퍼져나오지 않는 무차별곡선

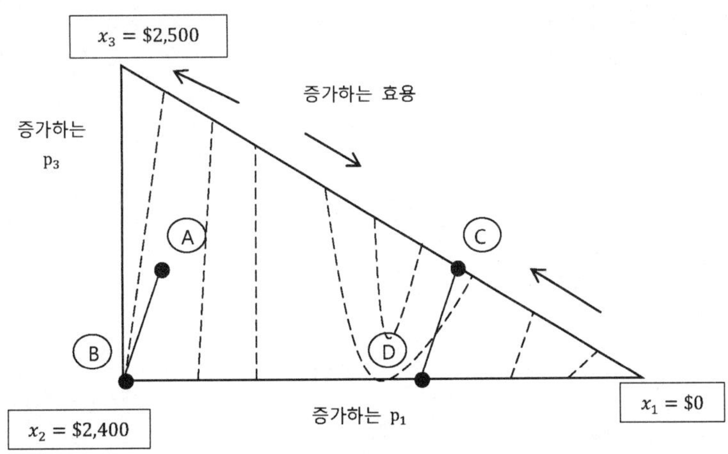

확률이 증가하는 것은 전망의 효용을 증가 시킬 수 있다. p_1이 상대적으로 클 때, Alan은 예측할 수 있기 때문에 \$0를 얻어도 실망하지 않는다. 따라서 만일 좋은 결과를 얻지 못한다고 해도 실망을 덜 할 것이므로 좋은 결과가 얻을 확률이 적은 것을 선호할지도 모른다.

2. 순위에 의존하는 기대효용이론

실망이론은 효용이 인식되는 방법을 바꾸어 기대효용을 다르게 만든다. 기대효용을 다르게 만들 수 있는 방법은 확률이 인식되는 방법을 변경하는 것이다. 이를 순위에 의존하는 기대효용에 따라 접근하는 것이다.

매우 중요한 한가지 구성요소는 확률을 가중하는 함수 π인데 이를 결정가중치(weights probabilities)라고 한다. 흔하게 사용되는 함수는 다음과 같다.

$$\pi(p) = \frac{p^{\gamma}}{(p^{\gamma} + (1-p)^{\gamma})^{\frac{1}{\gamma}}}$$

γ는 0과 1사이의 어떤 숫자이다. 이 함수를 사용하는 가장 큰 이유는 <그림 4.9>에서 설명된 멋진 S모양의 확률가중을 나타내기 때문이다. γ=1이면 π(p)=p의 경우에는 가중치가 없다는 것을 알 수 있다. γ가 1보다 작을 때 두 가지가 나타난다. 첫째, 작은

그림 4.9 확률가중치의 예

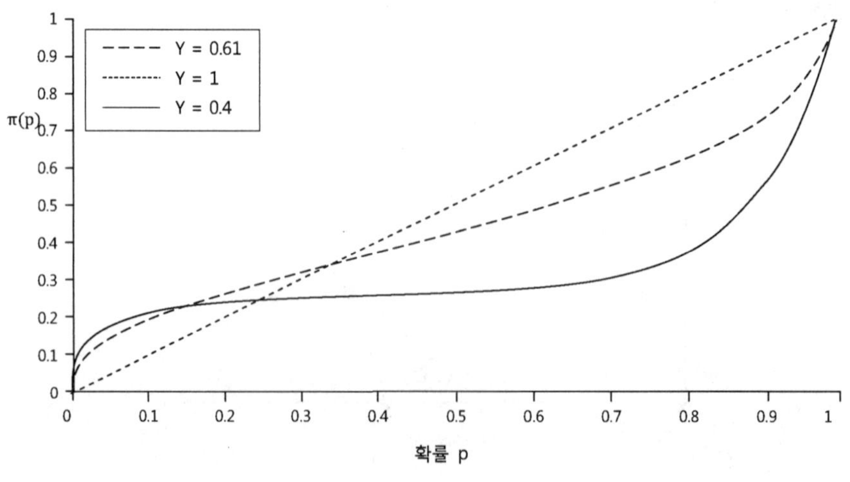

확률에 대한 과대가중치(overweighting of small probabilities)로서 작은 확률에 상대적으로 더 큰 확률을 부여한다. 둘째, 높은 확률에 과소가중치(underweighting of large probabilities)가 있다.

이제, 확률가중치가 얼만인 지에 대해 알면 전망의 효용을 찾을 수 있다. 첫째, 결과에 있어 순위를 매기는데 x_1은 최악인 결과이고 x_n은 최선의 결과가 된다. $x_n \geq 0$을 가정하고 최악의 결과는 손실이 발생하지 않는 것이다. 전망X의 순위에 의존한 기대효용은 다음과 같이 주어진다.

$$U(X) = \sum_{i=1}^{n} w_i u(x_i) \tag{4.6}$$

결정가중치(decision weights)는 다음과 같다.

$$w_i = \pi(p_i + \cdots + p_n) - \pi(p_{i+1} + \cdots + p_n)$$

여기서 $\pi(p_i + \cdots + p_n)$는 i보다 좋거나 같은 결과를 얻는 가중된 예측이고, $\pi(p_{i+1} + \cdots + p_n)$는 i보다 나은 결과의 가중된 예측이다.

u와 π를 알고 있는 경우, 순위에 의존한 기대효용을 도출하자. 만약 $\pi(p) = p$이면 $w_i = p_i$이고 일반적인 기대효용을 가진다. 더 일반적으로 의사결정의 가중치는 비관과 낙관을 나타낼 수 있다. 즉, Alan이 $100를 50대 50의 확률로 가진다면 전망 X=(0.5, $0; 0.5, $100)로 나타낼 수 있다. 결정가중치는 $w_i = 1 - \pi(0.5)$와 $w_2 = \pi(0.5)$가 될 것이다. 만약 $\pi(0.5) < 0.5$이면 $w_1 > w_2$이다. 이것은 Alan이 나쁜 결과에 높은 결정가중치를 두고 있기 때문에 비관적임을 나타낸다. 만약 $\pi(0.5) > 0.5$이면 $w_1 < w_2$이다. 이것은 Alan이 최선의 결과에 더 높은 결정가중치를 두고 있기 때문에 그는 낙관적임을 나타낸다. <그림 4.9>는 식(4.6)에 의해 주어진 가중치를 설명할 수 있다.

순위에 의존하는 기대효용을 설명하면, $u(x) = x$일 때, <표 4.14>는 알레의 모순이다. 대부분의 확률가중치가 효과가 없다는 것을 알 수 있다. 중요한 예외는 최악의 결과로 0.01확률을 가지는 전망A가 0.088로 결정가중치가 증가되는 것이다. 이것은 비관적이고 A보다 B를 선호할 수 있다. 알레의 모순은 이렇게 비관적으로 설명될 수 있고 $0를 얻는 작은 확률에 대한 과대가중치이다.

표 4.14 순위에 의존하는 효용과 알레의 모순: u(x)=x일 때, r=1이면 A는 B보다 그리고 C는 D보다 선호된다. γ=0.61일 때 B가 A보다 그리고 C가 D보다 선호된다.

예측	γ =1				γ =0.61			
	W1	W2	W3	효용	W1	W2	W3	효용
A	0.01	0.66	0.33	2409	0.088	0.577	0.334	2221
B	0	1	0	2400	0	1	0	2400
C	0.67	0	0.33	825	0.666	0	0.334	836
D	0.66	0.34	0	816	0.661	0.339	0	815

확률삼각도표에서 얻은 무차별곡선의 모양은 다음과 같다. <그림 4.10>은 무차별곡선을 나타낸다. 여기에서 한 점에서 무차별곡선이 펼쳐지지 않는다. 무차별곡선은 S모양의 형태를 가진다.

제4절 기준점과 전망이론

앞의 장들의 주제는 기준점과 비교한 손실과 이익 사이의 잠재적인 비대칭성이었다. 여기서 리스크와 선택을 확장한다.

전망이론에 대한 중요한 구성요소는 기준점이다. 기준점을 가지고 상대적인 손익을 분석해야 한다. 만약 x가 최종적인 재산이고 r이 재산의 기준이 되는 수준이라 하자.

그림 4.10 순위에 의존하는 효용을 가지는 알레의 모순의 무차별곡선

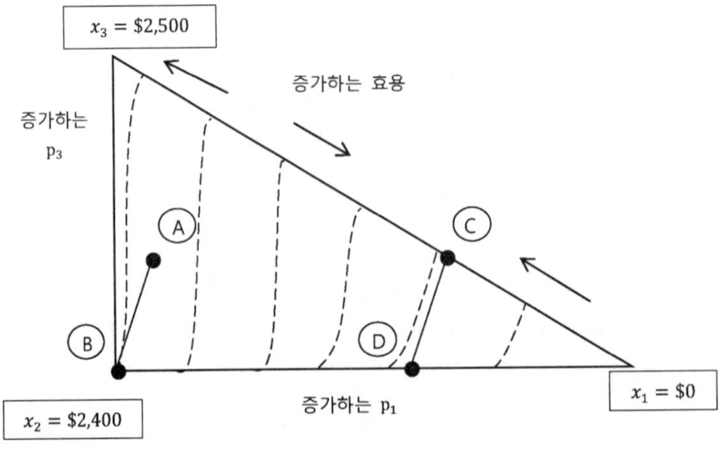

$x \geq r$이면 이득이고 $x < r$은 손실이 된다. 결과는 효용함수 또는 가치함수를 이용하여 기준점에 비교하여 상대적으로 판단된다:

$$v(x) = \begin{cases} (x-r)^{\alpha} \text{ if } x \geq r \\ -\lambda(r-x)^{\beta} \text{ if } x < r \end{cases} \tag{4.7}$$

여기서 α, β, λ는 파라미터(parameter)이다. 앞의 장과 다른 점은 함수의 형태를 주었다는 것이다.

이제, 리스크에 대해 생각해 보자. 순위에 의존하는 효용을 사용하자. 가중확률일 때 손실과 이득을 구분하자. 따라서 최악의 x_1에서 최고의 x_n까지 순위를 매길 때, 손실의 결과를 x_1에서 x_L로, 이득은 x_{L+1}에서 x_n으로 구별하자. 주어진 결정가중치에서 이익은 다음과 같다.

$$w_i = \pi^g(p_i + \cdots + p_n) - \pi^g(p_{i+1} + \cdots + p_n)$$

그리고 손실은 이전과 같이 주어진 결정가중치에서 다음과 같다.

$$w_i = \pi^l(p_1 + \cdots + p_i) - \pi^l(p_1 + \cdots + p_{i-1})$$

여기서 $\pi^g(p) = \dfrac{p^r}{(p^r + (1-p)^r)^{\frac{1}{r}}}$, $\pi^l(p) = \dfrac{p^\delta}{(p^\delta + (1-p)^\delta)^{\frac{1}{\delta}}}$ 인데 이득과 손실의 가중치이다.

이러한 수식은 조금 지저분해 보일 수도 있지만 이득은 좋고 손실이 나쁘다는 것에 의하여 비대칭성을 반영할 수 있다.

식(4.6), (4.7)과 확률가중치로, r, α, β, λ, α 그리고 δ를 알고 있다면 쉽게 전망효용을 구할 수 있다. 이 식은 비교적 단순하지만 관찰하는 것을 설명할 수 있다. 예를 들어 만약 $\lambda > 1$이면 손실회피를 포착할 수 있다. 왜냐하면 손실에 이익보다 더 가중치 둘 것이기 때문이다, 만약 $1 > \alpha$, $\beta > 0$이면 이익에 대한 리스크회피와 손실을 통해 리스크 선호를 알 수 있다. 마지막으로 만약 λ, $\delta < 1$이면 확실성효과를 알 수 있다.

그러나, 이 수식이 정말 작동되는 지는 매개 변수 r, α, β, λ, α 그리고 δ로 추정해야 한다. Tversky and Kahneman(1992)는 Berkeley와 Stanford 대학 졸업자 25명을 모으고 그들에게 전망 항목 중에서 선택하도록 하였다. 번호를 부여하기 전에 추정치는 평균 응답을 기반으로 하고 있고 서로 다른 주어가 매우 다를 수 있다. 그들은 λ=2,25, α, β=0.88, γ=0.61 그리고 δ=0.69라고 대답했다. 그들의 숫자는 우리가 손실회피를 포착하기 위해 필요한 것과 일치하였다.

<그림 4.11>은 파라미터 λ= 2.25과, α, β=0.88에 대한 효용함수를 나타낸다. 손실과 이익 사이의 비대칭성은 명백하고 이익의 가중치에 두 배 이상의 손실이 나타난다. 그러나 일반적인 효용함수에 비해 높은 곡률을 가지지 않는다. 이것은 미미하게 이익에 대해 오목하고 손실에 대해 볼록하지만 알아보기가 힘들다. 이 α, β=0.88의 추정은 효용함수가 X축 아래와 위로 거의 선형인 효용함수인 1과 비슷한다. 실제로, 단순화하기 위해 α, β=1을 사용한다.

곡률이 작다는 것은 작은 도박에 대한 리스크회피를 설명하는데 어려움을 줄 수도 있다. 예를 들어 <그림 4.11>의 효용함수는 <그림 4.2>보다 더 평평하다. 그러나 0에서의 효용함수가 굴절하는(kinked) 것은 음(−)의 금액이나 양(+)의 금액을 비교할 때 효용함수가 곡선일 수 있으므로 손실회피를 알 수 있다. 예를 들어 손실회피는 <표 4.5>에서 Alan이 왜 J보다 I를 더 선호하는지 설명할 수 있다. 이제 무엇이 기준점이 되어야 하며 무엇이 손실과 이익으로 만들어져야 하는지의 질문으로 돌아오게 된다.

1. 기준점 효용

이제 기준점에 대해 살펴보자. 앞에서 설명한 두 가지 재화에 대한 개인의 무차별지

그림 4.11 파라미터 λ=2.25, α,β=0.88, γ=0.61, and δ=0.69일 때 화폐보유에 관한 전망이론 효용함수

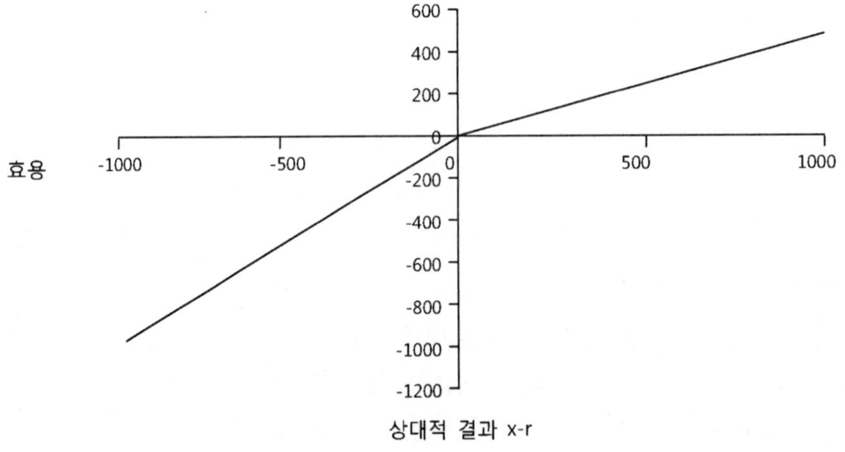

그림 4.12 무차별곡선의 문제점

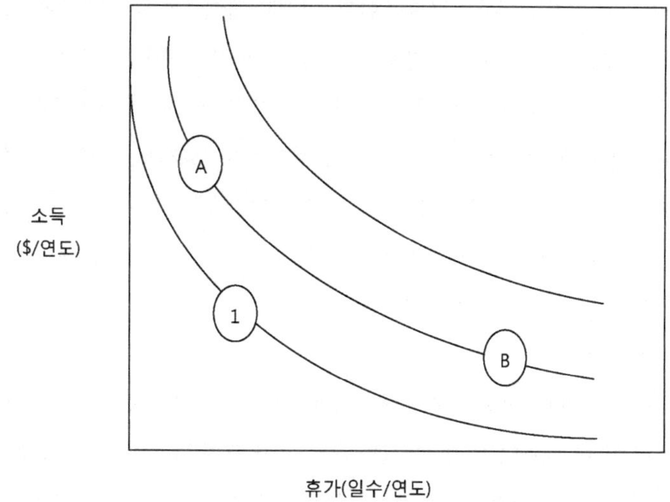

도(indifference map)를 나타낸다. 무차별 지도 위의 각 점은 소득과 휴가 수의 조합을 나타낸다. <그림 4.12>는 각각의 무차별 곡선은 동등한(무차별) 만족감을 주는 두 가지 재화의 결합을 연결한다. 이때 두 재화는 같은 효용을 가진다. 소득의 정도와 휴가 일수와 상관없이 사람들이 추가 소득을 얻기 위해서 같은 가격의 휴가를 팔려는 의사가 있다면 곡선들은 평행한 직선들로 변할 것이다. 곡선들의 볼록한 모양은 한계효용 체감(diminishing marginal utility)을 의미한다. 즉, 휴가 일수가 늘어날수록 추가 휴가에 대한 관심이 줄어들고, 늘어난 휴가에 대한 가치는 이전 휴가보다 줄어든다는 의미이다. 마찬가지로 소득이 많을수록 추가로 얻는 소득에 관심이 줄어들고, 추가로 휴가를 위해 기꺼이 포기하려는 돈의 액수는 늘어난다.

같은 무차별 곡선 위의 모든 지점은 동등한 만족도를 가지기 때문에 무차별적이다. 따라서 같은 무차별 곡선의 어느 지점에 있는지 사람들은 신경 쓰지 않는다. 즉, A와 B가 같은 무차별 곡선에 있다면 A에서 B로, 또는 반대로 B에서 A로 움직이고자 하는 인센티브를 원하지 않을 것이다. 무차별곡선은 어떤 형태로든 지난 1세기 동안 출간된 모든 경제학 교과서에 등장하였으나 다음과 같은 문제점을 가지고 있다.

무차별곡선에서 기준점을 생략한다는 것은 기존의 이론 때문에 발생한 맹목적인 사례이다. 왜냐하면 기준점이 확실하고 중요하게 나타나는 사례들을 자주 접하기 때문이다. 예를 드렁, 노사협상에서도 노조나 회사 양측의 기준점은 기존 계약서이며, 협상은 그 기준점을 근거로 상호 양보를 요구하는 데 맞추어진다. 협상에서 리스크회피의 역할도 서로 잘 알고 있으며 양보는 고통스럽다. 또한, 개인적으로 기준점이 하는 역할을 많이 경험한다. 직장이나 거주지를 바꾸거나, 심지어 그런 변화를 검토하기만 해도 새로운 장소의 특징들이 원래 있었던 곳과 비교하여 좋은 지 또는 나쁜 지에 대해 따져봤던 기억이 있을 것이다. 이러한 평가를 할 때 사람들은 단점이 장점보다 더 크게 느껴지는 것이 일반적이다. 리스크회피의 기재가 작동했기 때문이다. 사람은 상황을 더 나쁘게 만드는 변화를 수용하기 어려워한다. 예를 들어, 실업 근로자들이 새로운 일자리를 얻기 위해 수용할 수 있는 최소 임금은 기존 임금의 평균 90%인데, 1년이 지나면 이 액수는 10% 미만으로 줄어든다.

이제 기준점이 선택에 미치는 영향을 <그림 4.12>를 이용하여 개략적으로 알아보자. 선호가 같고, 현재 첫 직장도 같고, 아직까지 소득과 휴가가 없는 향락적 성향의 쌍둥이인 Anna와 Emma를 생각해보자. 그들이 처한 현재 환경은 위의 그림에서 1로 표시된 지점에 상응한다. 회사는 그들에게 두 가지 개선된 위치 A와 B를 제시하며, 둘 중 누가 $1만의 임금 인상(A 위치)을 수용하고, 누가 매달 유급 휴가를 하루씩 1년에 총 12일 더 가질지(B 위치) 결정하게 한다. 두 사람 모두 아무 조건이나 상관없기 때문에 동전 던지기로 결정하기로 한다. Anna는 임금 인상, Emma는 휴가가 더 늘어나는 걸로 한다. 얼마의 시간이 흘러 쌍둥이는 새로운 변화에 익숙해졌다. 이제 회사는 원한다면 그들이 하던 일을 서로 바꿔도 된다고 제안한다.

<그림 4.12>의 표준 경제학은 시간이 지나도 선호도가 안정적임을 가정한다. A 위치와 B 위치는 쌍둥이에게 똑같이 매력적이며, 그들이 위치를 바꾸게 만들 인센티브는 거의 또는 전혀 없다. 이와 반대로 뒤에 나올 전망이론은 두 쌍둥이가 분명 현재 상태 그대로 있는 걸 선호한다고 주장하나. 이처럼 현 상태의 선호는 리스크회피로 인한 결과이다.

Anna에게 초점을 맞춰보자. 처음에 그는 그래프의 1 위치에 있었고, 그 기준점에서 다음과 같이 똑같이 매력적인 두 가지 대안을 찾아냈다.

> A로 간다: 1만$의 임금 인상
> 또는
> B로 간다: 휴가가 연간 총 12일 늘어남

A 위치를 택하면 Anna의 기준점이 바뀌고, B로 바꾸는 방안을 검토하면 그의 선택

은 새로운 구조를 갖게 된다.

> A에 머문다: 득실과 무관하다
> 또는
> B로 간다: 휴가가 연간 총 12일 늘어나지만 임금은 $1만 삭감

여기서 방금 주관적인 손실회피를 경험한다. 임금 $1만 삭감은 매우 나쁜 소식이다. 휴가가 총 12일 늘어나는 것은 $1만 임금 인상만큼 매력적이지만, 그만큼 휴가 일수가 늘어난다 하더라도 $1만의 손실을 보상하기엔 불충분하다. 이처럼 B로 옮김으로써 얻는 손해가 A에 머물 때 얻는 이익을 넘어서기 때문에 Anna는 A에 머물 것이다. 이와 같은 논리는 Emma에게도 적용된다. Emma 역시 지금 현재 상황을 고수하고 싶을 것이다. 지금 Emma에게는 중요한 휴가를 잃게 된다는 사실이 추가 소득이 주는 혜택보다 중요하게 여겨지기 때문이다. 이들의 성격은 다르지만 이미 소유한 이득은 그 사람에게 있어 매우 주용한 기본 가치가 된다.

이러한 사례는 표준 무차별 곡선 모형이 예상하지 못하는 선택의 두 가지 측면을 조명한다. 첫째, 선호는 고정되지 않고 기준점과 함께 변한다. 둘째, 변화의 단점이 장점보다 커 보이기 때문에 현상태를 선호하는 편향이 만들어진다. 물론 리스크회피는 당신이 현상태에 변화를 주는 것을 결코 선호하지 않는다는 뜻은 아니다. 어떤 기회가 주는 혜택은 가중치를 준 손실까지도 뛰어넘을 만큼 매력적일 수 있다. 손실회피는 선택들이 기준 상황을 선호하는 쪽으로 강력히 쏠려 있고 큰 변화보다는 작은 변화를 선호하는 경향을 보인다.

보다 자세한 수식으로 알아보자. 이후의 전망이론을 이용하기 위해 지금까지 본 모든 모형과 같은 특수 사례를 포함하는 보다 일반적인 모형을 쓸 수 있다. 전망 X의 순서에 의존하고 기준에 의존하는 기대효용은 다음과 같다.

$$U(X) = \sum_{i=1}^{n} w_i [\eta u(x_i) + h(x_i, r)] \tag{4.8}$$

여기서 h는 기준점 r에 의존하는 함수이고, η은 파라미터이다. 앞에서 살펴본 세 가지 특별한 경우는 다음과 같이 설명할 수 있다.

만약 $\eta=1$, $w_i=p_i$이고 h는 식(4.5)의 실망함수 D와 같으면 실망이론과 같아진다. 이

표 4.15 실망이론, 순위에 의존하는 효용, 예측이론이 어떻게 다른가.

모형	기대효용과의 차이점
실망이론	결과에 대한 효용이 사전의 기대 이상 또는 이하라면 실망 또는 기쁨이 존재한다.
순위에 의존하는 효용	낙관적이거나 비관적인 것을 고려하는 확률가중치가 존재한다.
전망이론	확률가중치가 있고 결과에 대한 효용이 단지 기준점과 비교한 이익이나 손실에 의해 결정된다.

경우, 확률가중치는 없으나 결과의 효용이 사전에 기대된 효용보다 높거나 낮다면 실망이나 기쁨이 존재한다.

만약 $\eta=1$이고, 모든 x에 대하여 $h(x,r)=0$이면 순위에 의존하는 기대효용이 된다. 만약 $w_i=p_i$일 때는 단순한 기대효용으로 바뀐다. $\eta=0$, $u(r)=0$ 그리고 효용함수 u가 함수 h와 같다면 단순한 기대효용이 된다. 이 경우 결과는 기준수준에 상대적으로 영향을 받지 않으나 확률의 가중치는 존재한다.

마지막으로, $\eta=0$이고, h가 식(4.7)의 가치함수와 같다면 이는 전망이론이 된다. 이 경우 효용은 기준점과 비교한 손실 또는 이득에 의해 결정되고 확률의 가중치도 존재한다.

따라서 참조에 의존하는 효용함수(4.8)으로 모형을 비교할 수 있다. <표 4.15>에 서로 다른 함수가 요약되어 있다.

세 가지 모형을 결합할 때도 리스크를 가지는 선택에 대해 일반적인 모형을 만들 수 있다. 그러나 이러한 모형은 아마 실용적이기엔 너무 광범위하다. 그래서, 실용적으로 어떤 특징이 가장 중요한지 또는 특정부분에서 중요한 요소를 생각하여 좁혀가야 한다.

식(4.8)은 결정적으로 기준점 r에 의존할 것이므로 이에 대해 생각해볼 필요가 있다. 또한 리스크에 대한 태도는 잠재적 리스크를 현재 리스크와 함께 묶거나 현재리스크로 인식하는 것에 따라 달라질 수 있다.

2. 기준점과 기대

본 장에서 살펴본 세 가지 기준점(reference point)은 재산의 현재수준(전망이론), 0인 재산(기대와 순위에 의존하는 기대효용), 그리고 전망의 기대효용(실망이론)이다. 마지막 절에서 기준점에 영향을 미칠 수 있는 다른 것들을 살펴보았다. 주로 기대를 반영하여 구매하는 것에 손실이 없는 것과 같이 기준점에 영향을 미칠 수 있다. 예를 들어,

Anna가 너티시리얼(Nutty cereal) 한 상자에 $3를 지불한다고 예상하고 있다면 $3를 실제로 지불하는 것은 손실로 생각되지 않는다. 리스크가 있는 곳에서의 선택에서 어떠한 일이 일어날 지 예측하는 것은 중요해지고 있다.

예측의 의미를 설명하기 위해 보험예제로 돌아가자. 전액보험(full insurance) 및 도난에 대한 보험(insurance against theft) 사이의 선택을 고려할 수 있다. 도난에 대한 보험의 전망은 AT=(0.05, $14; 0.95, $64), 전액보험은 FI=(1, $61), Alan의 재산은 $70임을 상기해보자. Alan이 기준점에 의존하는 기대효용을 가졌다고 가정하자.

$$u^r(x) = \begin{cases} 10\sqrt{x} + (x - r) & \text{if } x \geq ar \\ 10\sqrt{x} - 2.25(r - x) & \text{if } x < r \end{cases}$$

여기서 r은 기준점이다. 이제 세 가지 시나리오를 <표 4.16>으로 비교해보자.

Alan에게 선택의 기회가 갑자기 주어졌다면, 즉각적으로 결과를 찾는 선택을 할 수 있다. 예를 들어, 만약 Alan이 예측하지 않았을 때 바로 보험에 대해 갱신하라는 통보가 도착하면 당일 날에 답장을 해야 하고 다음날 아들이 자동차를 사용하는 여부를 확인해야 한다. 약간 인위적이지만, Alan의 아들이 가장 밀접하게 지금까지 분석해왔던 것과 맞는 시나리오이고 전형적인 실험에 해당한다. 따라서 보험지불은 손실로 여겨지고 Alan은 도난보험을 선호할 것이다.

표 4.16 **Alan의 효용이 어떻게 그의 기대에 의존할 것인가: 이득과 손실로의 기대효용은 기준점과 비교하여 이득과 손실로부터 기대효용을 측정한다**

구성	기준점	이득과 손실로부터의 기대효용		기준에 의존하는 효용	
		AT	FI	AT	FI
예상치 못한 선택, 즉각적인 결과	$70	−19.1	−20.3	58.8	57.9
예상치 못한 선택, 지연된 결과, AT를 선택	$61.5	−3.0	–	74.9	
예상치 못한 선택, 지연된 결과, FI를 선택	$61	–	0.0	–	77.9
예상된 AT선택	$61.5	−3.0	−1.1	74.9	77.0
예상된 FI선택	$61	−2.4	0.0	75.4	77.9

다음은 더 현실적으로 Alan이 여전히 갱신하라는 통보를 받았지만 몇일 지연하여 보험액을 납부하여 자동차가 사고가 일어난 것의 여부인 결과를 알 수 없을 것이다. 이 경우에 어떠한 일이 일어나기 전에 부의 변화를 예상할 수 있었으므로 기준점은 전망의 예상된 결과가 된다. 따라서 기준점은 그가 무엇을 선택하느냐에 달려있을 것이다. 이러한 경우 Alan은 손실이라고 생각하지 않는 시간에 대해 보수를 지불하였으므로 전액보험을 선호할 것이다. 그에 반해서 도난보험에서는 자동차 사고가 났다면 그는 여전히 손실이 발생한다.

마지막으로 보험을 갱신하라는 통보를 예측했다고 가정하자. Alan은 이미 선택해야 할 것을 예측했을 것이고 기준점을 구성하는 변수에 넣어놓았을 것이다. 따라서 기준점은 그가 도난보험을 선택할지 전액보험을 선택할 지에 의존한다. 두 경우 모두 전액보험을 선호한다. 그러나 만일 전액보험을 산다고 예측한다면 상대적으로 전액이 낫고 도난보험을 살 것으로 예상한다면 도난보험이 상대적으로 낫다. 이것은 Alan이 선택을 기대하고 있기 때문에 그 선택이 더 나아 보인다는 점에서 자기실현적 기대(self-fulfilling expectation)를 만들어 낸다.

이 예제에서 두 가지 일반적 요점은 다음과 같다. 첫째, Alan이 리스크에 직면하리라고 예상하든 그렇지 않든 간에 리스크를 어떻게 다룰 것인 지에 대해 영향을 미친다. 예를 들어, 그가 갑작스런 갱신통보가 도착했다면 전액보험을 지불하지 않으려 할 것이다. 그러나 갑작스런 갱신통보를 예상했다면 다르다. 둘째, 리스크가 예상되었다면 최적 선택은 Alan이 선택하려 예상한 것에 달려있다. Koszegi and Rabin(2007)은 개인균형(personal equlilibrium)으로 응용하였다. 전액보험의 예상된 선택은 Alan이 전액보험을 선택할 것으로 예상한다면 의미가 있으므로 개인균형이다. 도난보험의 예상된 선택은 Alan이 그것을 선택할 것으로 예상해도 전액보험을 고르고 싶어하기 때문에 개인균형이 아니다.

이러한 예상은 기준점을 정하는데 커다란 영향을 미치므로 손실과 이익으로 연결된다. 리스크가 존재하면 훨씬 더 복잡해 질 수 있다. 리스크가 어떻게 인식될 것인가와 기준점은 무엇인가는 더 모호하다. 이것은 분명히 리스크와 선택을 모형화하는 몇 가지 향후 과제가 된다. 사람들이 상호연관된 도박에서 어떻게 인식하는 지도 여기에 포함될 수 있다.

3. 도박의 조합

대부분의 사람들은 돈을 주식시장에 투자하기도 하고, 직업을 잃을 수도 있고, 이미 복권 등을 구입하는 등 끊임없이 기존의 리스크에 노출된다. 이것은 한 사람이 새로운 리스크를 평가하는 방법에 영향이 될 수도 있다.

Alan이 기존의 리스크에 노출된다면 분산화의 한 형태로 작은 도박에 흥미가 있다고 하자. <표 4.17>은 전망을 나타낸다. Alan은 주식시장에 돈을 투자했기 때문에 이미 전망X는 가지고 있다. 이제 전망Y 또는 Z에 결정이 필요하다. 예측의 결과는 지금 또는 1주일 뒤에 나타난다. 현재재산이 $2만이고 그의 효용함수는 다음과 같다고 하자.

$$u^r(x) = \begin{cases} x - 20{,}000 & \text{if } x \geq 20{,}000 \\ -2(20{,}000 - x) & \text{if } x < 20{,}000 \end{cases}$$

이러한 선호로 Alan은 W보다 Y나 Z를 선호하지 않을 것이다. 더 적절한 것은 1주일의 시간이 흐른 후에 결정되는 Z와 X의 비교이다. 만일 Z를 선택한다면 결합된 전망 X+Z를 만들어 내기 위해 기존의 X와 결합하여야 한다. X+Z는 X보다 선호할 것이라는 것을 살펴보자.

어떤 새로운 리스크는 Alan이 이미 X에 노출 되었다면 Z를 선택해야 한다. 왜냐하면 어떤 새로운 리스크는 기존의 리스크의 관점에서 고려되어야 하기 때문이다. 사람들은 이미 리스크에 노출되어있다면 적은 금액의 전망에 대해 보다 덜 리스크회피적이게 된다.

또 다른 예는 현재 리스크가 있다면 전망의 결과를 알기 전에 얼마 시간이 흘러야 선택에 영향을 미칠 것인가 하는 것이다. Alan은 Y보다는 W를 선택하려 할 뿐만 아니라 Z도 선택하려 할 것이다. Y의 결과를 미리 알고 즉각적으로 회피하지 않으려면 Y보

표 4.17 리스크가 존재한다면 작은 도박에서 리스크회피는 더 적다. Alan은 이미 X에 노출되어 있고 Z를 선택함으로써 X보다 선호되는 X+Z를 얻을 수 있다

전망	확률과 값	시점	기대 효용
W	(1, $0)	지금	0
X	(0.5, −$10,000; 0.5, $30,000)	1주일	5,000
Y	(0.5, −$500; 0.5, $550)	지금	−225
Z	(0.5, −$500; 0.5, $550)	1주일	−225
X+Z	(0.25, −$10,500; 0.25, −$9,450; 0.25, $29,500; 0.25, $30,550)	1주일	5037.5

다 W를 선택해야 한다. 그러나 그는 어떻게든 Y의 결과를 1주일 이 지날 때까지 Y의 결과를 모른다고 하자. 그러면 다음과 같이 행동할 것이다. 이제 사람들이 얼마나 자주 전망들의 결과를 알기 위해 선택해야 하는 지의 문제를 먼저 고려하게 된다. Alan이 손실회피형이라면 너무 많은 나쁜 소식들을 피하기 위하여 기존 전망들의 결과를 찾아 조합하거나 선택을 지연하는 것이 이롭다.

전망을 어떻게 조합할 것인가는 3장에서 살펴봤던 심리적 회계, 쾌락적 편집, 프레이밍 좁히기 등이 있다.

이제 사람들은 기존의 리스크를 받아들일 것인지, 지연할 것인지에 대해 고려해야 한다. 프레이밍 좁히기는 대안을 제시하지 못하지만 얼마나 사람들이 같은 부류로 할 것인지에 대한 질문으로 변화한다. 나중에 주식투자를 살펴볼 때 다시 몇 가지 증거로 올 것이다. 그 동안, 다음과 같은 두 가지가 있다. 낮은 주식시장 참여의 퍼즐로 시작하자. 많은 것들이 바뀌었다고 해도 역사적으로 소수의 사람들이 주식시장에 투자했다. 만약 사람들이 리스크회피형이면 이것은 합리적으로 보인다. 그러나 사람들이 실업자가 되거나 사고가 나는 등의 리스크에 노출된다는 것을 고려하면 낮은 참여는 설명하기 어려워 진다. 이것은 프레이밍 좁히기로 연결된다. 반면에, 사람들은 좋은 소식의 편지를 가지게 될 때까지 나쁜 소식의 편지를 개봉하지 않으려 한다.

제5절 선호역전

선호가 독립성(independence)과 이행성(transitivity)을 만족하면 기대효용이론은 잘 맞다. 지금까지 우리의 초점은 주로 독립성이었다. 예를 들어, 기준에 의존하는 기대효용과 일치하는 선호는 독립성을 만족할 필요가 없으며 이행성만 만족하면 된다. 이행성을 만족하는 선호인지 아닌지에 대해 살펴보자. 해결하는 방법은 수용의사(willingness to accept)와 지불의사(willingness to pay)의 격차를 다시 논의하는 것이다.

<표 4.18>의 전망을 보자. 전망AA와 AB는 같은 기대값를 갖지만 다른 방식이 적용된다. 'P bet'은 낮은 보상을 받는 높은 확률을 가지고 $ bet는 높은 보상을 받는 낮은 확률을 가진다. 각 전망들에 수용의사를 명확히 해보자. Alan에게 전망AA 또는 AB에 비해 최소한 얼마를 받을 것인지 질문할 것이다. Alan은 전망에 이 가격을 넣는다. 그 후, Alan에게 AA 또는 AB중 어떤 전망을 선택할 것인지 묻는다.

표 4.18 선호 역전이 나타날 수 있는 전망: $ bet가 P bet보다 더 높은 가치이지만 $ bet보다 P bet을 선택한다

예측	결과의 확률과 금액	
AA, '$ bet'	0.08, $100	나머지, $0
AB, 'P bet'	0.8, $10	나머지, $0
AC, 확실	확실, $8	

<그림 4.13>은 Tversky, Slovic, Kahneman(1990)의 피험자(subjects)가 질문받은 연구의 결과이다. 많은 사람이 'P bet'보다 '$ bet'의 가격을 높게 매기지만 '$ bet'보다 'P bet'을 더 많이 선택한다. 이것이 선호역전의 예이다. 다른 예로 아직 '$ bet'보다 'P bet'이 더 큰 가치를 가지지만 'P bet'보다 '$ bet'을 선호하는 것이다. 이것은 희귀한 일이다.

선호역전은 일종의 퍼즐이다. 이유를 알기 위하여 Alan이 '$ bet'에 $9, 'P bet'에 $7의 가격을 매기고 '$ bet'보다 'P bet'을 선택한다고 하자. 이제 이조교가 Alan에게 '$ bet'을 $9에 팔고 'P bet'과 교환을 제의한 후, 'P bet'을 $7에 구매하자. 그러면 이조교는 $2 더 많아지고 Alan이 $2 더 적게 가지게 된다.

이러한 퍼즐에 대해 선호역전이 실존하는지는 많은 의문이 있다. 그러나 그 증거들은 분명 존재한다. 왜 존재하는가? 아마 선호가 비이행성을 가지기 때문이다. 결국 Alan은 AB≥AA에도 불구하고 AA≥AC와 AC≥AB를 선호하는 것 같다. 이러한 선호가 비이행적이다. 그러나 지난 장에서 프레이밍 효과와 선호불변이 야기하는 것을 알 수

그림 4.13 '$ bet'을 선택하고, 더 높은 가격을 매긴 피험자 비율과 선호역전

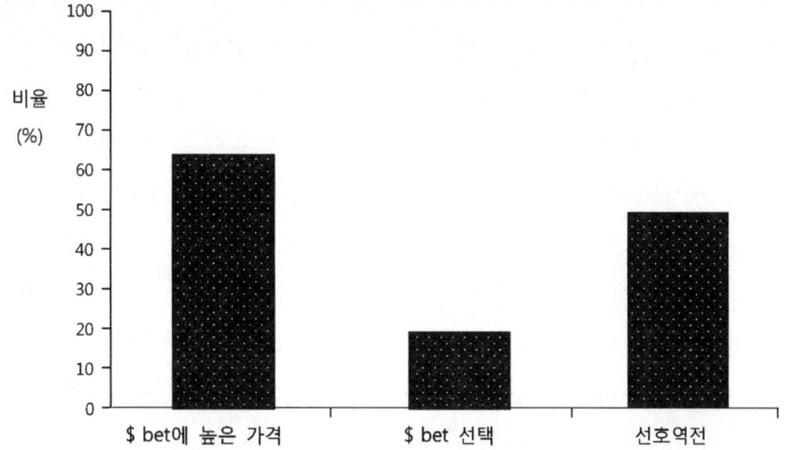

있었다. 아마 Alan은 전망들에 대해 다르게 인식되었을 것이다. 이러한 가능성을 모두 생각해야 한다.

1. 절차의 불변성

절차가 어떻든 비교적 일관된 의사결정을 하는 것을 절차의 불변성이라 한다. 전망 이론을 설명할 때 Kahneman and Tversky가 평가단계(evaluation phase)에 초점을 맞추고 수정단계(editing phase)는 무시한다. 그래도 수정단계가 중요하긴 하다. 수정단계에서 Alan은 전망들을 더 단순하게 이해하기 위해 정리하고 재형성한다. 이것은 여러 가지 작업으로 구성될 수 있다. 예를 들어, 코딩단계(coding phase)에서 이득과 손실과 같은 결과를 분류한다. 단순화 단계(simplification phase)에서는 확률과 결과를 반올림 또는 반내림 할 것이다. 그것은 심리적 회계와 단순한 어림짐작(Simple Heuristic) 사용의 조합이다.

이러한 전망의 편집과 재형성은 Alan에게 나타날 수 있는 전망들이 해석하는데 영향을 미칠 수 있다. 이미 <표 4.6>에서 같은 전망에 대해 다른 프레이밍을 가진다는 것은 결과들이 이익이나 손실로 다르게 코딩된다는 것을 알고 있다. Alan에게 전망을 가격매기라고 하는 것과 가격매긴 전망과 다른 것들 사이에 선택을 요구하면 차이가 존재하므로 선호의 역전이 발생할 수 있다.

Tversky 등은 확실한 예측 AC(표 4.18 참조)를 포함했고 피험자들에게 AA 또는 AC를 선호하는지 AB 또는 AC를 선호하는지 물었다. 이것이 왜 유용한지 알기 위해 Alan에게 AA엔 $8이상을, AB엔 $8 이하를 책정할 때 AA보다 AB를 선택한다고 가정하자. 이것은 선호역전이다. <표 4.19>는 Alan에게 AC에 대한 생각을 물었을 때 일어날 수 있는 가능성 네 가지의 요약이다. 예를 들어, 그가 AC보다 AA를, 그리고 AB보다 AC를 선택한다면 선호는 비이행적인 것처럼 보인다. 반대로 AB와 AA보다 AC를 선택한다면 이행적인 것처럼 보이지만 단지 '$ bet', 전망 AA에 값을 너무 높게 매긴 것이다. 또한 <표 4.19>의 각 범주에 선택의 비율을 넣었다. 대부분의 선호역전은 '$ bet'에 과도한 가격을 책정함으로써 설명할 수 있었다. 오직 선호역전의 10%가 비이행적 선호이다. 따라서 큰 부분에서 선호역전이 일정한 선호에 의해 야기된다는 것은 타당해 보인다. 절차의 불변성이 존재하는데 대한 좋은 설명으로 돌아가보자. 적절해 보이는 두 가지 효과는 규모와의 일치성(scale compatibility)과 현저성효과(prominence effects)이다.

표 4.19 선호역전의 네 가지 가능한 설명과 각 설명에 맞는 선택의 숫자: 예제는 AB 〉 AA와 AA가격 〉 $8 〉 AB가격을 선택한 사람들에게 제한된다

설명	선택	관찰된 시간
비이행적	AA〉AC and AC〉AB	10.0%
$ bet, AA에 과도한 가격책정	AC〉AA and AC〉AB	65.5%
P bet, BB의 과소한 가격	AC〉AA and AB〉AC	6.1%
$ bet의 과도한 가격책정과 P bet의 과소 가격책정	AC〉AA and AB〉AC	18.4%

자료: Tversky et al.(2000)

규모와의 일치성은 어떤 사람이 내려야 하는 결정에 의해 하나의 선택 옵션의 하나의 면의 중요성을 높일 수 있다. 예를 들면, 전망에 대한 확률이나 금액 등이 하나의 옵션이 될 수 있다. 따라서 Alan이 상대적으로 큰 보수에 초점이 맞추어져 있으므로 '$ bet'에 가격을 매기게 되고 '$ bet'에 대한 가격을 과도하게 책정하게 된다. 현저성효과는 선택옵션 중 한 측면에서 작업의 특성에 보다 현저하게 의존하게 될 때 나타난다. 예를 들어, 전망에서 확률들은 Alan이 전망들을 비교할 때 보다 현저해 진다. 따라서 'P bet'과 '$ bet'사이에서 선택이 요구될 때 그는 'P bet'의 더 높은 확률에 집중하게 될 것이다.

절차의 불변성은 선호역전을 관찰하는 이유를 설명하는 것과 관련이 있다. 그러나 완전히 비이행적 선호를 배제하였는가?

2. 후회이론

Tversky 외의 연구에서 선택의 약 10%가 비이행적 선호로 나타난다. 이것은 비교적 적은 비율로 보일 수도 있다. 그러나 다른 방법으로 생각해보면 우린 더 큰 비율을 얻을 수 있다. 예를 들어, Loomes, Starmer, and Sugden(1991)은 피험자에게 <표 4.18>와 같은 전망들 중에서 선택을 하도록 했고 단지 36%의 피험자들만이 이행적 선호와 일치하게 선택하는 것으로 나타났다. 따라서 대부분의 피험자는 일정 기간동안 비이행적 선호를 선택했다.

아마 이 접근법이 회의적일 수도 있다. 결국, 결과적으로 실수를 하는 매우 많은 전망들 사이에서 선택하는 피험자들에게 묻는 실험이 아니므로 비행적 선호를 가진다고 해석할 수 있을까? 그렇지 않다. 주요 증거는 피험자들이 AA>AB, AB>AC 그리고 AC>AA보다 AA>AC, AC>AB 그리고 AB>AA를 선택할 가능성이 훨씬 더 있었다

는 사실이다. 피험자들이 무작위로 선택하여 실수를 했다면 선택의 한 세트에서 체계적인 경향은 보이지 않아야 한다. 따라서 선호는 비이행적일 수 있어 보인다.

지금까지 생각했던 모형 중, 어떤 것도 비이행적 선호로 이어질 수 없어서(나중에 전망이론으로 돌아올 것이지만), 새로운 이론이 필요하다. 한가지 가능성은 후회이론이다. 후회이론은 두 전망을 비교할 때 가장 적용하기 쉽다. <표 4.18>에서 AA와 AB를 비교해보자.

후회이론(regret theory)의 핵심은 보수(payoff) x 와 y 한 쌍의 숫자에 의존하는 함수 R(x, y)이다. R(x, y)는 만일 다른 전망을 선택하여 y의 보수를 가진다면 보수 x로 부터 얻는 후회 또는 기쁨이다. AB를 골랐다면 AA를 선택함으로써 보수가 어땠을지 모르는 문제가 발생한다. 세상의 각 상태들을 이러한 식으로 생각할 수 있고, 결과는 세상의 각 상태에 따르며 보수에 따른 순서를 가지는 결과를 만들 수 있다. <그림 4.14>와 같이 보상에 따른 결과를 정리할 수 있다. 따라서 예를 들면, 기뻐할 R(100,10)의 가능성이 0.08이고, 후회할 R(0,10)은 0.72, 후회하지 않을 R(0,0)은 0.2이다. 만약 0.08R(100,10)+0.72R(0,10)+0.2R(0,0)>0이면 AA는 AB보다 선호된다 할 수 있다. 즉, 기대되는 기쁨이 예상된 후회보다 크면 AA는 선호된다.

이 예제를 일반화하면, 두 전망X 와 Y는 세상의 가능한 상태로 구별될 수 있다.

$$X \geq Y \ \text{if and only if} \sum_i p_i R(x_i, y_i) > 0$$

i는 세상의 가능한 상태이고 x_i와 y_i은 각 전망의 결과이다. 함수 R은 세 가지 가정을 가질 수 있다.

(i) R(x, y)=−R(y, x) 기쁨의 반대는 후회를 의미한다. 또한 R(0,0)=0을 의미한다.
(ii) x>y이면 R(x,y)>R(z,y)이고, 후회와 기쁨은 결과의 차이에서 증가한다.
(iii) x>z>y>0이면, R(x,z)>R(x,y)+R(y,z)이고, 결과의 큰 차이는 결합된 두 개의 작은 차이보다 더 후회하거나 더 기뻐함을 나타낸다.

여기서 후회가 비이행적 선호를 이끌어 낼 수 있는 지와 왜 그런 지로 살펴보자. 간단히 살펴보면 선호 AA>AB, AB>AC, AC>AA는 후회이론과 일치하지 않으나 AA>AC, AC>AB, AB>AA는 후회이론과 일치한다. 이것은 가장 자주 관찰되는 선택의

그림 4.14 전망 AB보다 전망 AA를 선택함으로써 예상되는 후회와 기쁨

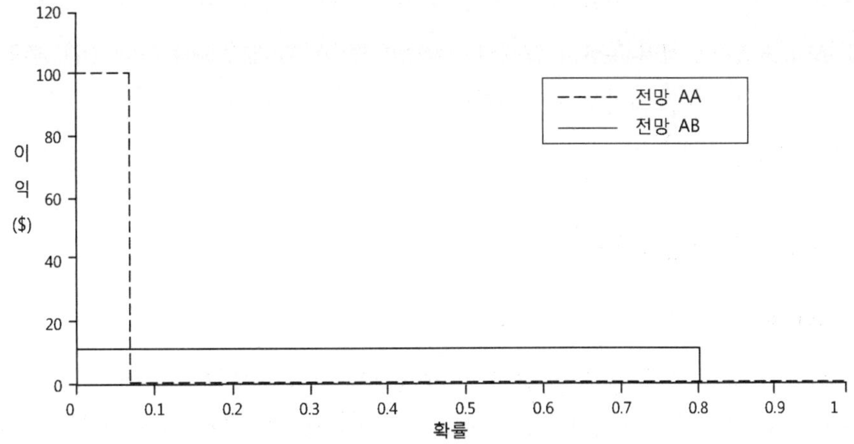

첫 번째 유형이다.

보다 자세히 살펴보면 다음과 같다. 후회이론을 적용하여 얻는 것은 다음과 같다.

$$AA \geq AB \text{ if and only if } 0.08R(100,10)+0.72R(0,10)>0$$
$$AC \geq AA \text{ if and only if } 0.08R(8,100)+0.92R(8,0)>0$$
$$AB \geq AC \text{ if and only if } 0.08R(10,8)+0.2R(0,8)>0$$

이제, $AA>AB$, $AB>AC$ 그리고 $AC>AA$가 가능한지 고려해보자.

대칭성을 사용하여 $0.92R(8,0)+0.2R(0,8)=0.72R(8,0)$임을 안다. 또한 $0.8R(10,8)=0.08R(10,8)+0.72R(10,8)$라고 쓰는 것이 더 간편하다. 이러한 식으로 계속하면: $0.08[R(100,10)+R(8,100)+R(10,8)]+0.72[R(0,10)+R(8,0)+R(10,8)]>0$

다시 쓰면 다음과 같다.

$$0.08[R(100,10)+R(10,8)-R(100,8)]+0.72[R(8,0)+R(10,8)-R(10,0)]>0.$$

지금 조건 (iii)을 적용하면 적용이 불가능하다($x=100$, $y=10$, $z=8$ 그리고 $x=10$, $y=8$, $z=0$을 사용). 따라서 선호 $AA>AB$, $AB>AC$, $AC>AA$를 가질 수 없다. 그러나 여기서, 선호 $AB>AA$, $AA>AC$, $AC>AB$를 가질 수 있다.

후회이론은 우리가 비이행적 선택을 하는 이유를 설명할 수 있고 어떤 선택은 주기적으로 나타나는 지를 설명할 수 있다. 이러한 점보다 보다 직관적인 것은 후회회피

(regret aversion)이다. 리스크회피는 왜 AB가 AA보다 선호되는지, 그리고 AC가 AB보다 선호되는지 쉽게 설명할 수 있다. 우리가 원하는 것은 AA가 AC보다 선호되는 이유이다. Alan은 AA에 걸지 못하고 잠재적인 $92를 잃어버린 것을 후회하는 것은 후회회피로 생각할 수 있다. 따라서 후회이론은 왜 선호가 비이행적이 될 것인지 그럴듯한 설명이 된다.

3. 전망이론과 선호역전

마지막 선호역전의 그럴듯한 설명에서 다시 전망이론으로 돌아오자. 누군가 리스크가 있는 전망을 가지고 있다면 기준점이 무엇인지 다시 생각해야 할 것이다.

Alan은 '$ bet', AA를 포기할 최소금액을 요구 받았다 하자. 그의 기준점으로 이치에 맞게 AA를 팔 것을 요구 받고 있다. 소유효과를 상기하면서 AA를 판다면 기준점을 생각할 것이다. 문제는 기준점으로 리스크가 있는 전망을 해석하는 방법이다. 기준점이 $100의 0.08확률과 $0의 0.92 확률이라는 것은 무엇을 의미하는가? $9를 0.08의 확률로 받아들인다면 기준점은 $9로 내려갈 것이다. 또한, 확률 0.91로 기준점을 $9로 올릴 것이다. 이것은 후회와 기쁨과 꽤 유사하다.

$ bet, AA를 팔려고 하는 최소금액은 기대이득과 기대손실이 같아지는 지점에서 이루어진다. 전망이론에서 파라미터 $\lambda=2.25$, $\alpha=0.5$, $\gamma=0.61$, $\delta=0.69$ 대입하면 판매가격은 $16.7가 나온다. 'P bet', AB에 같은 방식으로 하면 판매가격 $9.7가 나온다. 따라서 '$ bet'의 가격이 'P bet'보다 높다.

추가적으로 Alan이 '$ bet'의 가격을 나타낼 때 p_{AA}를 어떻게 구하는지 살펴보자. 이득과 손실을 같게 설정한다.

$$\pi^{g}(0.92)\times p_{AA}{}^{\alpha}=\lambda\pi^{l}(0.08)\times(100-p_{AA})^{\alpha}$$

파라미터 $\lambda=2.25$, $\alpha=0.5$, $\gamma=0.61$, $\delta=0.69$를 사용하자.

$$0.74p_{AA}{}^{0.5}=2.25\times0.15\times(100-p_{AA})^{0.5}$$

양변을 제곱하면 다음과 같다.

$$0.55p_{AA}=0.11(100-p_{AA})$$

따라서 p_{AA}=$16.7가 나온다. 따라서 그는 '$ bet'을 $16.7에 팔았을 것이다. 같은 논리를 'P bet', AB에 사용하여, p_{AB}의 판매는 다음과 같다.

$$\pi^{g}(0.2)\times p_{AB}^{\alpha}=\lambda\pi^{l}(0.08)\times(10-p_{AB})^{\alpha}$$

이를 계산하면 p_{AB}=$9.7가 나온다.

마지막으로 전망AA 또는 AB를 선택은 어떨까? 이 경우 해당 기준점은 그의 현재 재산이다. 따라서 'P bet'을 선택한다.

$$\pi^{g}(0.08)\times 100^{0.5}<\pi^{g}(0.8)\times 10^{0.5}$$

이를 계산하면 1.5<2.1이 된다. 따라서 'P bet'을 선택한다.

요점은 다음과 같다. Alan이 '$ bet'을 'P bet' 이상으로 가격을 책정하고 '$ bet' 보다 'P bet'을 선택한다. 선호역전이 발생하였다. 더욱이, <표 4.19>와 일관되게 '$ bet'에 과도한 가격 책정하였기 때문이다. 기본적으로 Alan은 작은 확률로 얻는 결과에 과도한 가중치를 주었을 뿐 아니라 높은 보수를 주는 전망을 파는 것으로 인해 발생하는 큰 잠재적 손실 때문에 어쩔 수 없이 '$ bet'을 팔았다.

따라서 전망이론은 선호역전의 또 다른 그럴듯한 설명을 제공한다. 이것은 절차적 불변성 또는 비이행적 선호를 설명하는가? 둘 다 약간씩 설명하고 있다. 그 설명은 Alan이 전망의 소유권을 가졌는지 여부를 인식하는 것에 의존하므로 프레이밍은 적절하다. 그러나 이러한 설명은 또한 선호의 어떤 것을 포착한다. Alan은 잠재적으로 큰 보수를 얻는 것을 놓침으로써 후회하는 것을 원하지 않으므로 '$ bet'에 높은 가격을 책정한다.

전망이론에 나오는 리스크회피 및 소유효과와 그가 수집한 자료들에 나오는 다른 수수께끼들을 설명해준다. 수수께끼의 해결법은 앞에서 Alan이 특정 와인을 가지고 있는 상태에 특별한 효용을 느꼈다는 표준 이론을 포기하는 것이다. 전망이론은 와인의 매수나 매도 의지는 기준점(Alan이 지금 와인을 소유하고 있는지 여부)에 달려 있음을 암시한다. 와인을 가지고 있다면 Alan은 그것을 포기할 때 느끼는 고통을 생각한다. 반대로 와인이 없다면 와인을 소유할 때 느낄 즐거움을 떠올린다. 리스크회피때문에 이 두 행위의 가치는 같지 않다. 즉 좋은 와인을 포기하면서 느끼는 고통이 똑같이 좋은 와인을 구함으로써 얻는 즐거움보다 더 크다. 앞의 득실 그래프에서 마이너스 영역에서 함수의 경사가 더 가파른데, 이것은 손실에 대한 반응이 그와 똑 같은 것을 얻었을 때의 반응보다 크다는 의미를 가진다.

사실 전망이론은 "소유효과는 보편적이지 않다"는 명제에서 시작되었다. 누군가가 $5짜리 지폐1장을 $1짜리 지폐 5장으로 바꿔달라고 부탁하면 사람들은 손해라는 느낌 없이 기꺼이 교환해줄 것이다. 신발을 살 때도 심한 손실회피 현상은 나타나지 않는다. 돈을 받고 손님에게 신발을 건네주는 상인도 분명 손해라고 느끼지 않는다. 실제로 신발가게 주인이 손님에게 주는 신발들은 늘 고객들로부터 받기를 원하는 돈의 귀찮은 대용물이다. 사람들은 상인에게 돈을 지불하면서 손해라고 생각하지 않는다. 사려고 마음 먹었던 신발의 대용물로 그 돈을 가지고 있었기 때문이다. 이러한 일상적인 거래 사례는 본질적으로 $1짜리 5장과 $5짜리 1장을 거래하는 행위와 다르지 않다. 일반 상거래에서는 매수자나 매도자 누구도 리스크를 회피하지 않는다.

이러한 시장 거래와 Alan이 와인을 팔기 꺼려하는 행동이나 슈퍼볼 입장권 소유자들이 아주 높은 매입 가격을 제시 받고도 그것을 팔려 하지 않으려는 행동과 어떻게 구분되는 것일까? 무엇보다도 상인이 당신에게 파는 신발과 당신이 신발을 사려고 지불하는 돈은 '거래'를 위한 목적으로 가지고 있는 것이다. 신발과 돈은 모두 다른 재화와의 거래를 위해 존재한다. 와인와 슈퍼볼 입장권 같은 다른 재화들은 '사용', 즉 소비되거나 즐길 목적으로 보유된다. 휴가 일수 또는 소득으로 감당할 수 있는 생활 기준은 판매나 거래를 목적으로 하지 않는다.

4. 왜 선호역전이 중요한가

지금까지 선호역전을 현실로 만들기 위한 여러 조합을 살펴보았다. 그러나 왜 우리가 선호역전을 관찰하는 것이 중요할까? 이전 장에서 선택이 진행자의 다른 이유로 맥락효과(context effect, 성실한 사람이 머리가 좋으면 머리 좋은 것으로 해석되고 이기적인 사람이 머리가 좋으면 교활한 것으로 해석되는 것)에 의존할 수 있음을 보았다. 여기서는 선호역전이 다른 문맥효과를 넘어서고 있다.

이유를 설명하기 위해 이전 장의 Alan의 시리얼 구매 결정으로 돌아가자. <표 2.2>에 따르면 꿀 시리얼을 선택함으로써 효용을 최대화했다. 아마 선호는 바뀌겠지만, 그 시점에서 그녀가 할 수 있는 가장 좋은 것은 꿀을 구매하는 것이었다. 문제는 맥락효과로 약간 다른 선택을 했기 때문에 이것이 최선책인 것을 모르는 것이다. 예를 들어, 더 나은 밝은 적색포장에 끌렸다면 그것을 선택했을 것이다. 그러나 꿀을 선택해야 했다는 것은 변하지 않는 사실이다.

이제, Alan의 보험구매결정에 대해 생각해보자. 아마도 전액보험이 확실히 최고의 선택이라고 말할 수 있지만, 맥락효과 때문에 다른 무엇인가를 선택할 수 있다. 이것은 꿀의 선택 이야기와 유사하다. 그러나 그의 선호가 비이행적이라면 꽤 다른 결과를 얻었을 것이다. 예를 들어, Alan이 무보험보다 전액보험을 선호한다고 하면 FI≥NI이고, 도난보험보다 무보험을 선호한다면 NI≥AT이고, 전액보험보다 도난보험을 선호하면 AT≥FI이다. 이것은 이해할 수 있는 정도이다.

Alan의 선택이 맥락효과에 의존되는 이러한 선호는 놀랍지 않다. 그러나 더 깊은 문제는 Alan에게 최선책이 무엇인가에 있다. 그가 어떤 선택을 하든 겉보기에는 선호하는 것처럼 보인다. 그러나 할 수 있는 최선책은 아니다. 이러한 것들이 표준경제 모형과 다르다. 그것은 또한 Alan의 최고 관심사가 무엇인지에 관한 몇 가지 흥미로운 문제를 던질 수도 있다. 따라서, 비이행적 선호와 선호역전은 중요하고 근본적 질문을 제기한다. 리스크와 선택에서 그것들은 드문 일이 아닐 수 있다.

제6절 금융거래

이 절에서 살펴보고자 하는 응용은 금융거래(financial trading)이다. 채권과 주식에 투자하는 것은 분명 본질적으로 리스크하므로 기존의 이론과 앞의 모형들을 응용해볼 필요가 있다. 그들이 할 수 있는 것을 설명하기 위해서 세 가지 밀접한 관련이 있는 주식프리미엄 퍼즐, 처분 효과와 타조효과를 선택하기로 한다. 이 3 가지를 선택한 특별한 이유는 그것들을 보면서 투자자의 행동에 대한 유용한 무엇인가를 배울 뿐 만 아니라, 시간과 리스크의 중요성에 대해 더 많이 생각해야 한다.

1. 주식프리미엄 퍼즐

주식프리미엄 퍼즐(equity premium puzzle)은 주가수익률이 주요 국공채와 같은 안전한 자산에 대한 수익률보다 훨씬 높은 것이다. <그림 4.15>는 이러한 차이의 크기를 설명하기 위한 몇 가지 데이터를 제공한다. 연간수익에서 이러한 차이는 몇 년 동안 엄청난 차이로 증가할 수 있다. 예를 들어, 1926년 미국에서 투자된 $1는 2000년쯤에는 $2,500가 넘는 가치를 가진다. 그러나 국공채에 투자된 똑같은 $1는 $20 미만의 가치를 가질 것이다. 같은 금액이 투자된 것을 감안할 때, 누가 국공채에 투자할 것인가?

그림 4.15 주식프리미엄 퍼즐: 주식시장에서의 연간 평균수익률은 국공채와 같은 안전자산에 투자되는 경우보다 높다

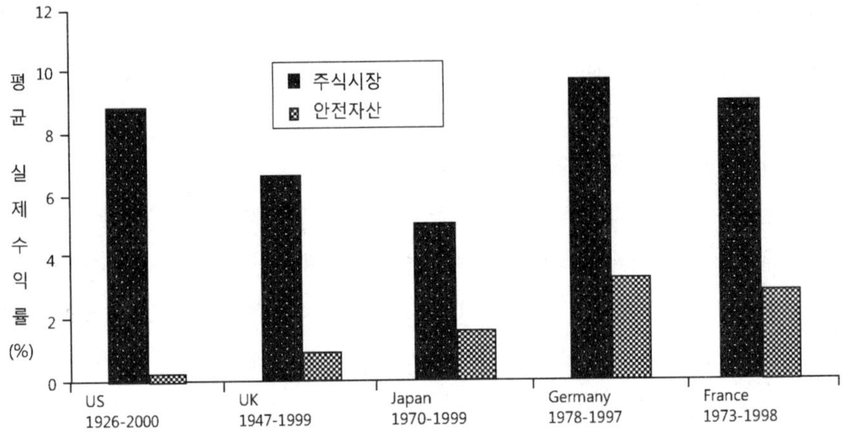

자료: Mehra and Prescott(2003)

만약 투자자가 리스크회피적이고 주식의 평균수익률이 높다면 두 가지 중 보다 수익률이 높은 주식에만 투자를 할 것이다. 그러나 주식프리미엄 퍼즐은 단지 리스크회피로만 설명될 수 없다. 왜냐하면 리스크회피로만 계산하면 타당하지 않게 높은 30의 상대적 리스크회피계수(coefficient of relative risk aversion)가 필요하기 때문이다. 따라서 다른 설명을 필요하다. 효과가 있는 설명은 손실회피(loss aversion)와 전망이론(prospect theory)이다. 그러나 이를 위하여 시간에 대해 생각해보자.

주식시장이 열리는 날에는 주식의 가격은 매 분마다 변화하고 투자자는 투자를 언제든지 바꿀 수 있다. 따라서 주식시장의 투자에 대한 확실한 결과는 항상 알려져 있지 않다. 그러나 투자자는 그들이 어떻게 하는지 평가하기 전에 얼마나 길게 투자할 지 결정하여야 한다. 이 기간을 평가기간(evaluation period)이라 부른다. 투자자의 평가기간 말에 투자를 평가할 때 투자자의 효용을 추정하는 것이 합리적이다. 예를 들어, Alan은 그의 수익이 매주 금요일 아침에 얼마인지 확인할 것이고 얼마의 손실이나 이득이냐를 인식한다.

평가기간은 매우 중요하다. 예를 들어, <그림 4.16>에서 2개의 가상적인 자산에 $100를 투자하고 시간에 따른 가치를 그렸다. 이 리스크자산은 몇 달 동안 안전자산이 꾸준하게 $1씩 오르는 동안, 떨어지거나 $10가 오를 것이다. 만약, 그림에서 상단의 절반으로 투자의 가치만을 본다면, 리스크자산이 뚜렷하게 좋은 실적을 보인다. 그러나 투자자의 효용을 볼 때 그렇게 간단하지만은 않다.

첫 번째 경우를 보면 1개월의 평가기간이 있었고 Alan은 리스크자산에 투자했다. 첫 달 동안 자산의 가치는 $10 상승했다. 전망이론 방정식을 다시 생각해보자.

$$v(x) = \begin{cases} (x-r)^{\alpha} & \text{if } x \geq r \\ -\lambda(r-x)^{\beta} & \text{if } x < r \end{cases} \tag{4.7}$$

$10의 소득을 대입하고 $\alpha=0.88$로 놓으면 $10^{0.88}=7.6$의 효용을 얻는다. 둘째 월 말에도 같은 일이 일어난다. 셋째 월 말에는 어떻겠는가? 셋째 달에서 자산의 가치는 $10이 하락한다. 전망이론 식(4.7)에서 $\lambda=2.25$와 $\beta=0.88$과 $10의 손실을 대입하면 –

그림 4.16 두 가지 가상적인 자산에 투자하는 경우의 화폐과 효용의 수익률: 만약 평가기간이 1개월이라면 리스크자산이 하락하는 부분을 피할 수 있으므로 투자자는 안전자산으로부터 보다 높은 효용을 누린다. 만약 평가기간이 6개월 후라면 투자자는 리스크자산으로부터 보다 높은 효용을 누린다.

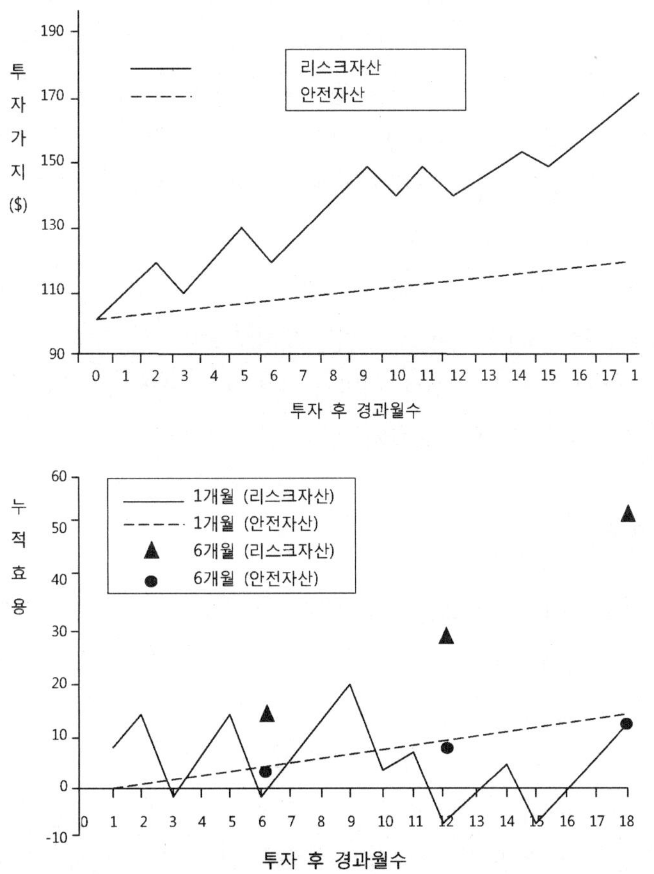

$2.25\times10^{0.88}=-17.1$의 효용을 얻는다. 이것은 앞선 두 달의 양(+)의 효용을 없앨 만큼 충분히 나쁘다. Alan의 손실회피에 따라, 만약 Alan이 이러한 손실을 피해 안전자산에 투자했다면 Alan의 세 달 뒤 누적효용은 높아진다. 같은 것을 18달 뒤에 말 할 수 있다.

이제 6개월의 기간을 평가해보자. 매 6개월의 월말에서 리스크자산의 가치는 상승한다. 그 결과 리스크자산의 누적효용은 안전자산보다 많이 높아진다.

이 예제에서 알 수 있는 것은 리스크자산의 변동은 손실회피형인 사람에게 전반적으로 수익률이 높더라도 반갑지 않을 수 있다. 투자의 매월, 가치가 하락하는 나쁜 달의 비효용 동안에 Alan에게 3개월 소득의 보상이 필요하다. 이러한 효과는 평가기간을 늘림으로써 작아진다. 평가기간이 더 길어지면 투자기회가 더 줄어들기 때문에 기회가 줄은 Alan은 손해를 느낄 것이다. 이는 Alan이 리스크자산과 안전자산 사이에 상대적으로 무관심하다면 평가기간이 존재해야 함을 의미한다.

Benartzi and Thaler(1995)는 얼마나 긴 평가기간이 주식프리미엄을 설명할 수 있는가 물었다. 즉, 얼마나 긴 평가기간이 주식과 같은 안전자산에서 기대효용을 만들 것인가? 그들은 투자자가 1926년과 1990년 사이의 다양한 시간간격에 대한 미국의 주식, 채권 또는 국공채에 투자받은 것의 효용을 시뮬레이션하여 평가했다. 여기의 예제처럼 1개월의 평가기간에 추정된 효용이 안전자산에 투자하여 더 커진다는 것을 밝혔다. 18개월의 평가기간 동안 주식에서 더 높아졌다. 안전자산과 주식의 평가된 효용에서 요점은 12개월의 평가기간과 동일하다.

12개월의 추정은 매우 그럴듯하다. 그것은 일반 투자자들이 투자에 대한 수익률을 평가하기 위해 1년의 기간을 사용할 수 있는 것처럼 보인다. 연금과 투자기금 관리자는 또한 연간의 실적을 평가할 수 있다. 따라서 사람들이 손실회피적이고 근시안적이라는 것에 기초하여 가능한 것보다 더 짧게 평가기간을 가진다.

2. 투자성향효과

투자자는 왜 이익에서 주식을 팔고 손실에서 주식을 유지하는지가 다음의 퍼즐이다. 이를 설명하기 위해 Alan이 특정한 날에 주식을 판다고 가정하자. 매입가격 이상으로 매도한 실현이익(realized gain)이 있었는지, 매입한 가격보다 싸게 매도한 실현손실(realized loss)이 있었는지 물을 수 있다. 또한 Alan의 포트폴리오에서 다른 모든 주식이 팔렸는지 그리고 지불한 것 이상으로 팔 수 있었던 주식인 장부상의 이익(paper gain) 또는 지불한 것 미만으로만 팔 수 있었던 주식인 장부상의 손실(paper loss)이 있었는지

물을 수 있다. 다음은 두 가지 비율의 계산이다.

$$\text{실현이익 비율} = \frac{\text{실현이익의 수}}{\text{실현이익의 수} + \text{장부상의 이득}}$$

$$\text{실현손실 비율} = \frac{\text{실현손실의 수}}{\text{실현손실의 수} + \text{장부상의 손실}}$$

투자성향효과(disposition effect)는 실현이익의 비율이 실현손실의 비율보다 훨씬 크다는 것을 나타낸다. 즉, 투자자가 실현손실인 주식의 처분보다 실현이익인 주식의 처분을 더 선호한다. Odean(1998)의 연구에서 1987년부터 1993년까지 대형증권회사에 계좌를 가지고 있는 10,000가구의 거래활동을 분석했다. 여기서 실현이익 비율이 0.148이고 실현손실 비율이 0.098임을 발견했다.

투자성향효과가 좋은 투자라고 생각할 수 있다. 예를 들어, 주가가 올랐다면 실현이익을 의미하고, 아마 이후에는 가격이 떨어질 것이다. 그렇다면 이익을 실현하는 게 당연한 것인가? 불행하게도 증거는 다르다. 예를 들어, Odean(1998)은 실현손실로 매도하지 않은 주식이 다음해에 평균 3.4% 높은 실현이익을 얻을 수 있었다. 다시, 다른 설명이 필요하다. 전망이론은 주식프리미엄 현상을 잘 설명했는가?

주식프리미엄 퍼즐에 대해 생각해왔던 것과 매우 유사한 사건을 다루고자 한다. 그래서, 매달 가치가 오르거나 내려가는 자산을 상상해보자. 올해 말에 Alan은 그의 포트폴리오를 평가할 것이다. 그 시점에서 느끼는 효용은 자신의 포트폴리오의 이익 또는 손실에 따라 차이가 있고 전망이론 방정식 (4.7)에 의해, $\lambda=2.25$, $\alpha=\beta=0.88$과 일치한다. 지금까지 모든 것이 주식프리미엄 퍼즐을 바라보는 경우와 동일하다. 여기에 새로운 것은 다음과 같다. 한 해 동안 Alan은 그의 포트폴리오를 어떻게 확인하고, Alan이 하고자 하는 경우 자산을 구매 또는 판매할 수 있다. Alan의 투자가 어떤지 확인했을 때 Alan은 어떤 손실이나 이익을 느끼지 못한다; 그것은 오직 평가기간의 말에 손실이나 이익을 반영할 수 있다.

이제 Alan이 올해 자신의 6개월 간의 투자가 어땠는지 확인하고 있다고 가정하자. 손실회피로 인해 첫 6개월동안 그의 투자결과가 하락했다면 그 평가기간이 종료되기 전에 이러한 손실을 회복하고 싶어할 것이다. 반대로 첫 6개월동안 그의 투자결과가 상승했을 때 모든 손실을 피하기 위해 이익을 보장하고 싶어할 것이다. 이것은 투자성향효과 동안 가능한 설명처럼 보이지만 확인해봐야 한다. Barberis and Xiong(2010)은

그림 4.17 실현된 이익비율(Proportion of Gains Realized, PGR)–실현된 손실비율(Proportion of Losses Realized, PGL)의 시뮬레이션 결과: T는 투자자가 평가기간 동안에 포트폴리오를 찾은 시간수를 나타낸다. 투자성향효과는 실현된 손실비율을 초과하는 실현된 이익비율이다. 전망이론은 반대의 결과를 나타내는 것처럼 보인다.

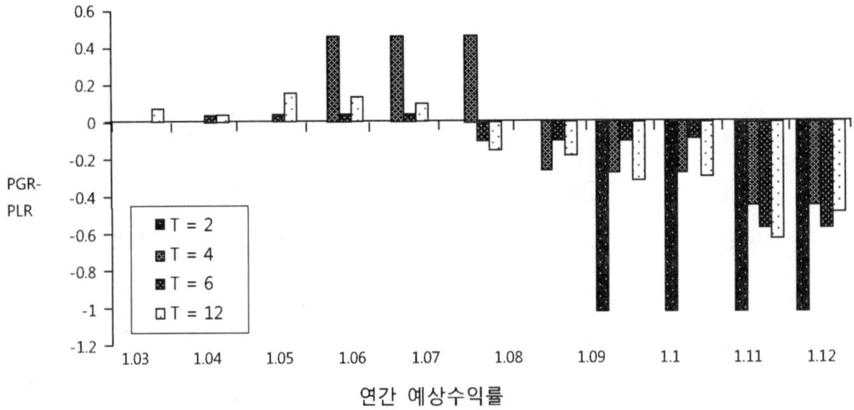

자료: Barberis and Xiong(2010)

이러한 상황에서 투자자의 최적전략을 작업하고 자산가격을 예상하는 실현이득과 실현손실의 비율계산으로 시뮬레이션 하였다.

<그림 4.17>은 결과를 나타낸다. 실현손실비율보다 실현이득비율이 왜 더 큰지 설명하려고 노력하고 있다. <그림 4.17>은 전망이론이 실제로는 반대일 것이라는 것이다. 대부분의 경우 실현손실의 비율이 실현이득의 비율을 초과한다고 예측했다.

<그림 4.18>에 설명된 예제를 통해 왜 이러한 결과가 나왔는지 시도하고 이해할 수 있다. Alan이 포트폴리오를 6개월 뒤에 한번 체크하고 12개월 뒤에 평가한다고 가정하자(<그림 4.17>에서 T=2 경우). 그의 관심은 다음과 같은 한 가지 자산에만 관심이 있다고 하자. 시작하는 해에 가격은 $25였고 6개월마다 $5 상승하거나 $2.5 하락한다. Alan은 연초에 $50를 투자해서 두 주식을 구입한다. 만약 6개월 후에 그 가격이 변동했다면 그가 어떻게 할 것인지 알아야 한다.

첫째, 주가가 올랐다고 가정하자. 이것은 <그림 4.18>에서 점 G를 의미한다. Alan은 이 시점에서 매도할 수 있고 연말까지 이익을 보장받지만 왜 여기서 멈추는가? Alan은 두 개의 주식을 더 살 수 있고 여전히 손실을 하지 않도록 보장받고, 가격이 다시 오른다면 점 2G로 갈 기회를 얻는다. Alan이 올해의 시작(손실의 기회가 있을 때)에 투자할 의향이 있다면 그때 Alan은 이 단계에서 그의 투자가 증가하길 바래야 한다(지금 그는 손실하지 않도록 보장받았다).

그림 4.18 왜 전망이론이 투자성향효과를 인과하지 못하는가? 만약 투자자가 6개월 후에 점G에 있다면 투자자는 2G를 목표로 하고 투자를 증가시켜야 한다. 만약 6개월 후에 투자자가 점L에 있다면 2L보다 나쁘지 않도록 확신하기 위해 투자를 줄여야 한다.

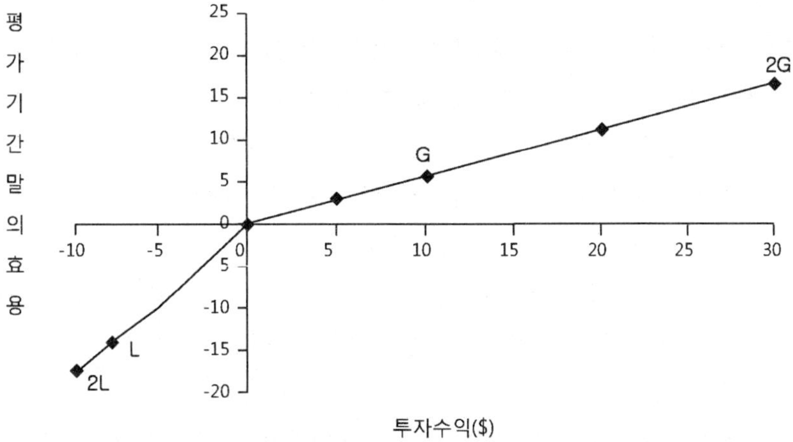

자료: Huberman and Jiang(2006)

이제, 가격이 6개월 만에 추락했다고 하자. 이것은 그가 점L에 있음을 의미한다. Alan은 자신의 손실을 회복하고자 할 뿐 아니라 추가 손실을 피하길 원한다. 이것은 주식 하나를 팔고 다른 것을 보유함으로써 가능하다. 만약 가격이 오르면 연말에 0으로 돌아갈 것이고 가격이 내려가면 $7.5의 손실과 함께 최소한 점 2L에 있을 것이다. 다시, 이것이 최적일 것이다.

이 예제를 통해, 전망이론이 투자성향효과를 설명하는데 둘 다 실패 한 것을 확인하였다. Alan이 실현이익을 가졌다면 투자를 증가시켰을 것이고 실현손실을 가졌다면 투자를 줄였을 것이다. 이 결과가 자산가격의 감소보다 더 증가하는 비대칭(asymmetry)에 의존한다 할 지도 모른다. 그러나 투자자는 자산가격에 대해 관찰하는 경향이 있다. 뿐만 아니라 Alan이 손실과 리스크회피에도 불구하고 모든 것을 투자했다면, 감소보다는 증가하는 주식에 투자했을 것이기 때문에 비대칭이 있었어야 한다. 따라서 전망이론은 실제로 투자성향효과에 대해 설득력 있는 설명을 하지 못한다. 정말로 처음 상상했던 것보다 더 많은 해결해야 할 퍼즐을 갖게 되었다. 투자자는 단지 평가기간의 말뿐 아니라 포트폴리오의 가치를 살펴볼 때마다 효용의 손실과 이익을 느낄 것이라고 주장하기 때문에 모든 희망이 사라지진 않았다. 그러나 현실에 동의하는 것이 좋다. 전망이론은 주식프리미엄 퍼즐을 아무런 문제없이 설명할 수 있었지만 투자성향효과에 관하여 해

결보다는 더 많은 질문을 낳았다. 뒤의 장에서 답을 찾아보자.

3. 타조효과

이전의 퍼즐들에서는 시간이 중추적인 역할을 담당했다. 처음에 이득과 손실을 판단되는 평가기간을 살펴 보았다. 그 다음에, 투자자가 평가기간 내에 얼마나 자주 체크하는지 살펴봤다. 이제, 일반적으로 투자자가 선택하는 거래의 평가기간 및 빈도에 초점을 두자. 이것은 Alan이 자신의 투자에 얼마나 자주 주의를 기울이는 지의 문제가 생긴다.

Alan이 주기적으로 주식시장의 실적에 대한 소식을 듣는 것을 생각해보자. 이 소식은 그의 투자에 어떤 일이 벌어질지 몇 가지 생각을 준다. 그러나 오직 그의 투자를 살펴봐야지만 명확하게 어떤 일이 벌어질 지 알 수 있다. 그 소식을 접한 후에 그가 해야 할 것은 무엇인가?

연말에 투자를 평가할 때 이익이나 손실을 느낀다면 자신의 투자를 살펴봐야 한다. 왜냐하면 아무것도 잃지 않았기 때문이다. 그러나 현실적으로 비록 가장 큰 효과는 평가기간 말에 올지라도 투자를 체크할 때 무엇인가를 느낄 것이다. 따라서 두 가지 효과를 구별할 수 있다. 첫째로 투자를 확인할 때 이익이나 손실을 느끼게 하는 충격효과(impact effect)가 있다. 둘째로, 평가기간 말에 투자를 평가할 것인 기준점을 변경하는 기준점 업데이트 효과(reference point updating effect)있다.

이 두 효과는 반대방향으로 작동한다. 좋은 뉴스가 있으면, 투자자는 자신의 투자를 조회하고 관찰한 이익에 대해 기쁨을 느낄 것이다. 그러나 또한 보다 이익을 보려고 할 것이므로 기준점을 높이고 이후 이 높아진 기준점에 대한 상대적인 손실을 경험할 가능성이 있다. 나쁜 뉴스가 있으면 비슷한 상충효과들이 있다. 그러나 직관적으로, 그 이유는 좋은 소식 이후 투자를 조회하는 것이 나쁜 소식 이후에 조회하는 것보다 약간 더 강하기 때문이다. 투자자는 나쁜 소식보다 좋은 소식 이후에 그의 투자를 조회할 가능성이 더 높다. 이것이 타조효과이다.

Karlsson, Loewenstein, and Seppi(2005)의 연구는 노르웨이와 스웨덴에서 투자자들이 얼마나 자주 그들의 투자를 확인하는가의 데이터를 살펴 보았다. 그들은 이전 주에 관련 주식시장지수의 성과에 자신의 포트폴리오를 찾아 보는 일간 투자자의 숫자를 비교했다. <그림 4.19>은 실제 타조효과(ostrich effect)가 있을 때 나타나는 데이터를 요약한 것이다. 주식시장지수가 감소하거나 평평할 때(중립적이거나 나쁜 소식)보다 상승할 때(좋은 소식), 투자자는 그들의 투자를 더 살펴본다.

그림 4.19 투자를 찾아보는 투자자의 수의 변화는 주식시장이 이전 주에 비해 상승, 중립, 하락에 의존한다

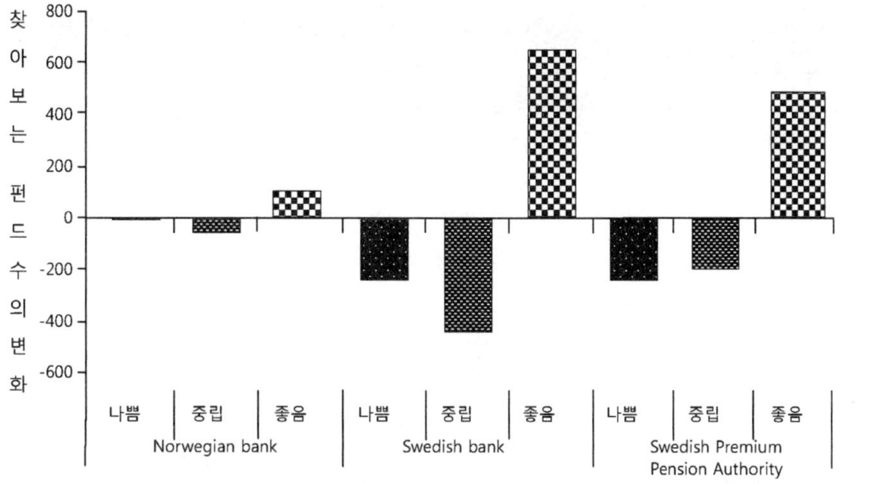

자료: Karlsson et al.(2005)

타조효과의 결과는 가설을 세우는데 흥미가 있다. 주식프리미엄 퍼즐을 논의하면서 투자자는 너무 짧은 평가기간을 가졌다. 타조효과는 부분적으로 이것을 완화한다. 투자성향효과에 대해 논의하면서 투자자들이 이득과 손실의 포트폴리오를 살펴볼 때 최선을 다하지 못했을 것이다. 타조효과는 이것을 피하는 방법일 수 있다. 따라서 선택적 주의는 손실회피와 같은 것을 관리하는 좋은 방법인가?

연구방법 4.1 직감을 항상 믿지 말라

Ronald Reagan은 다음과 같이 말하였다. '경제학자는 한 정의를 어떤 사건의 이론이 정립되었을 것이라면 연습과 궁금으로 보는 사람이다.' 경제학자에 대한 많은 것을 정리하는 좋은 인용이다. 이러한 형식주의가 어떤 쓸모가 있는지 많은 질문에 Alfred Knopf의 두 번째 인용은 명확하다: '경제학자는 이해할 수 없는 것에서 명백함을 나타내는 사람이다.' 이 Barberis와 Xiong의 연구는 경제학자들은 왜 이론에서 작동하는지 체크하는 것이 좋다고 믿는가의 한 실례이다.

전망이론은 투자성향효과에 대한 직관적인 해결책이다. 주식 가치가 상승했다면 투자가는 자신의 효용함수의 오목한 리스크회피지역으로 향하고 가치가 하락했다면 자신의 효용함수의 볼록한 리스크선호지역으로 향할 것이다. 따라서, 그는 얻은 가치보다 더 떨어진 주식에 리스크를 더 감수해야 한다. 그 투자성향효과에 대해 가장 많이 언급된 설명이 너무 직관적

이었다. Barberis and Xiong은 이론이 작동하는지 설명하는 작업을 했다(명백히 이해할 수 있도록). 그들의 결론은 전망이론이 처분효과를 설명하는데 그리 좋은 게 아니라는 것이다. 따라서 때때로 직관과 상식은 당황하게 만들 수 있다. 그것이 모형을 작성하고 보이는 것처럼 정말 작동하는지 확인하는 것이 중요한 이유이다.

CHAPTER

05

행동할 시간의 선택

CHAPTER 05

행동할 시간의 선택

사람들이 하는 모든 선택은 미래에 결과가 나타나므로 시간은 대부분의 경제적인 결정에서 중요한 요소이다. 사람들은 쇼핑을 오늘 해야 할까? 내일 해야 할까? 새로운 TV를 사야 할까, 아니면 은퇴를 위해서 저축해야 할까? 새로운 일자리를 찾아야 할까? 아니면 대학에 가서 자격증을 취득해야 할까? 건강하게 잘 먹고 헬스클럽에 등록을 해야 할까? 이러한 모든 질문에 대한 대답은 현재의 이익 및 비용과 미래의 이익과 비용의 가중치와 관련이 있다. 사람들이 이러한 것을 어떻게 할 것인 지에 대해 생각하는 것이 본 장의 초점이 된다.

제1절 지수적 할인

예를 들어, Maria가 숙제를 할 때 계획하는 것을 생각해 보자. 숙제는 금요일에 주어졌고, 월요일 아침까지는 제출을 해야 한다. Maria는 숙제를 금요일, 토요일, 일요일 또는 월요일에 할 수 있다. <표 5.1>은 Maria가 언제 숙제를 하느냐에 따른 일별 효용을 나타낸다. 예를 들어, Maria가 숙제를 금요일에 한다면 금요일에 비용이 발생하고 토요일과 일요일에는 놀 수 있다. 또한, 월요일에는 Maria가 얼마나 잘했는 지에 대해 알게 될 것이다. 주말에 숙제를 한다면 더 많은 비용이 들뿐 아니라 더 잘할 수 있다는 것을 의미하기도 한다. 그렇다면 Maria가 언제 숙제를 해야 할까?

분명 Maria는 숙제를 할 수 있는 각각 날짜의 이익과 비용에 가중치를 두어야 한다.

표 5.1 다른 날에 Maria가 숙제를 하는 것에 대한 일별 효용

계획	각 요일의 효용			
	금요일	토요일	일요일	월요일
금요일에 할 때	−5	5	10	4
토요일에 할 때	0	−5	10	10
일요일에 할 때	0	5	−5	10
월요일에 할 때	0	5	10	−5

Maria가 어떻게 작업을 수행하는가를 보기 이전에, 시간에 따른 선택을 위한 몇 가지 표기법을 소개하자. 기간1에서 기간T까지라는 시간을 생각할 수 있다. 예를 들어, 기간1은 금요일이고 기간T=4는 월요일이다. Maria는 지금과 기간T 사이에 각 기간에 무엇을 해야하는 지에 대해 계획할 필요가 있고, 계획을 짜고, 주어진 계획으로 각 기간에 효용이 무엇인지 계산할 수 있다. 앞의 미시경제학을 통해서 얻은 효용함수와 같은 것을 생각할 수 있다. 그리고 기간t에서 효용을 u_t라 하자. 주의할 것은 하첨자 i는 사람 i의 효용을 나타내고, t는 시간을 나타낸다. 예를 들어, 계획은 숙제를 하는 시간이다. 예를 들어, 만약 Maria가 금요일에 숙제를 하려고 계획한다면, 기간3(일요일)에서 효용은 $u_3=10$이라는 것을 알 수 있다.

Maria는 선택을 하기 위하여 매기로부터 나오는 효용을 전체적인 효용으로 측정하게 해주는 기간간 효용함수(inter-temporal utility function)를 사용할 수 있다. 이것을 수행할 수 있는 가장 간단한 방법은 매기 효용을 더하면 된다. 그러나 일반적으로 미래의 효용에 작은 가중치를 주는 할인(discount)을 하려고 할 것이다. 즉, 지수적 할인을 하는 효용함수(utility function with exponential discounting)가 필요하다. 기간1에는 u_1, 기간2에는 u_2와 같은 기간간 효용이 적용된다면 다음과 같이 나타낼 수 있다.

$$(5.1)\ u^T(u_1, u_2, \ldots, u_T) = u_1 + \delta u_2 + \delta^2 u_3 + \ldots + \delta^{T-1} u_t = \sum_{t=1}^{t} \delta^{t-1} u_t$$

여기서 δ는 할인인자(discount factor)라고 불려지는 숫자이다. 따라서 기간간 효용은 매기 효용의 단순 가중합이다. 만약 $\delta < 1$이면 어떤 하나의 기간을 기준으로 더 멀리 떨어진 기간의 효용에 대한 가중치는 작아진다. 따라서 δ가 작아질수록 미래의 효용은 더 많이 할인된다.

만약 각 기간의 계획에 대해 매기의 효용을 알고 있다면, 매기의 기간간 효용을 적용할 수 있다. Maria는 가장 높은 기간간 효용을 사용하여 계획을 선택해야 한다. <표 5.2>는 세 가지 할인인자를 나타낸다. δ가 크면 Maria는 보다 성급해진다. 만약 $\delta=1$이라면 월요일에 높은 점수를 얻기 위하여 즐거운 토요일을 희생할 각오가 되어있을 것이다. 만약 $\delta=0.7$이라면 노는 것에 성급해지므로 월요일에 숙제를 할 것이다.

지수적 할인은 시간에 따른 선택을 모형화하는 매우 간단한 방법이다. 할인인자만 알면 쉽게 선택을 예측할 수 있기 때문이다. 이러한 이유로 지수적 할인은 시간에 따른 선택을 모형화하는 경제학에서 가장 일반적으로 사용된다. 그렇다면 관측하는 모든 것

표 5.2 서로 다른 할인인자 별 각각의 계획의 동시간효용

계획	기간간 효용		
	δ = 1	δ = 0.9	δ = 0.7
금요일에 할 때	14	10.5	4.7
토요일에 할 때	15	10.9	4.8
일요일에 할 때	10	7.7	4.5
월요일에 할 때	10	9.0	6.7

을 포함할 수 있을까? 이것을 하기 전에, 모형과 할인인자가 의미하는 것을 이해하는 것이 중요하다.

첫째, 측정 단위로 기간과 효용이 사용되고 있다. Maria의 선택은 미래의 결과로 나타나게 되고 이러한 결과를 측정할 필요가 있다. 미래를 매일의 일별 단위로 분할하고, 매일의 효용을 측정하면 된다. 그러나 분할하는 방법에 임의의 무엇인가가 필수적으로 작용하게 된다. 예를 들어, 매 시간으로 나누고 효용이 각 시간, 초단위에 얼마인지 말하게 한다. 하나의 합리적인 접근방법은 Maria가 이러한 일들을 인식하고 분할하게 하는 것이다. 만약 Maria가 매일 어떠한 일이 일어날지에 대해서 생각한다면 이러한 일들을 분할할 수 있다. 그러나 Maria가 이러한 일들을 어떻게 인식하느냐는 맥락(context)에 따라 달라진다. 즉, 맥락효과(context effects)는 매우 중요하다.

둘째, 할인인자와 할인율의 차이를 명확히 하자. 만약 할인인자(discount factor)가 0.8이라면 다음 기간의 $10의 효용가치는 오늘의 $8와 같다. 더 일반적으로, 다음 기간의 $10는 오늘의 δ$10와 같다. 할인인자가 작아질수록 Maria는 더 조급해 할 것이다. 만약 δ가 주어진다면 할인율 r을 다음의 주어진 수식을 이용해서 구할 수 있다.

$$\delta=\frac{1}{1+r} \quad \text{or} \quad r=\frac{1-\delta}{\delta}$$

예를 들어, 할인인자가 0.8이라면 할인율은 0.25이다. 이를 해석하면 할인율 0.25는 Maria가 다음 기간까지 지연하는데 대해 25%의 이자율을 요구할 것이다. 따라서 오늘의 $8는 다음 기간에 1.25×$8=$10를 원할 것이다. 할인율이 커질수록 더 성급해 질 것이다. 따라서 할인인자와 할인율의 관계를 알고 있으므로 여기서는 일관되게 할인인자를 사용하자. 물론 할인율을 사용할 수도 있다.

만약 왜 지수적 할인이라고 명명하였는 지에 대해 의문을 가진다면, (5.1)은 다음과

같이 변형될 수 있다.

$$u^T = \int_0^T e^{-rt} u_t$$

여기서 r는 할인율이다.

1. 할인인자

지수적 할인을 더 이해하기 위해서 할인인자를 위한 어떠한 값이 가장 적당한가에 대해서 알아야 한다. 연구에 의하면, 할인인자는 실험자들에게 '오늘의 $100를 선호하느냐? 또는 1년 후에 $150를 선호하느냐'에 대한 질문으로 평가할 수 있다. 만약 사람들이 오늘 $100를 선호한다면 할인인자는 0.66보다 작아질 것이다. 이와 비슷한 질문을 피험자들에게 한 Benzion, Rapoport, and Yagil(1989)의 연구 결과를 살펴보자. 조금 더 세밀하게, 피험자들은 다음의 네 가지 기본질문을 받는다. 다음의 질문들 보면서 당신이라면 어떻게 대답할지 생각해 보길 바란다.

- 수령연기(postpone receipt): 당신은 단지 $200를 벌어들이지만 이것을 1년 정도 늦게 받을 수 있습니다. 지불을 연기하는 것을 원하려면 1년 후에 얼마를 받을 필요가 있습니까?
- 지불연기(postpone payment): 당신은 $200의 빚을 갚아야 하지만 1년 정도 지불을 늦출 수 있습니다. 만약 지불이 연기된다면 1년 후에 얼마를 갚으시겠습니까?
- 신속수령(expedite receipt): 당신은 1년 안에 $200를 받을 수 있으나 즉시 그 돈을 받을 기회가 있습니다. 1년을 기다리지 않는 대신에 당신은 얼마를 받으시겠습니까?
- 신속지불(expedite payment): 당신이 빚 $200를 1년 안에 갚아야 하지만 지금 당장 갚을 능력이 됩니다. 빚을 1년이나 늦추지 않고 지금 당장 갚는다면 얼마를 지불할 용의가 있습니까?

질문에 대한 시간의 기간은 6개월에서 4년이라는 변화를 주었고 돈의 액수는 $40에서 $5,000로 변화를 주었다. <그림 5.1>은 각 질문에 대한 피험자들의 대답을 통해 얻은 연간 할인인자들을 요약적으로 나타낸다. <그림 5.1>에서 할인인자가 맥락에 의존한다. 할인인자가 얼마나 달라지는 지의 여부는 시간의 길이, 돈의 액수, 지불 대 수령, 즉시 대 연기에 매우 의존한다.

<그림 5.1>을 조금 더 세밀하게 살펴보자. 5가지를 이야기할 수 있다. 첫째, 할인인자는 0.8~0.9사이에서 상대적으로 낮게 나타나므로 피험자들은 상대적으로 성급하다.

그림 5.1 네 가지 선택의 할인인자 계산

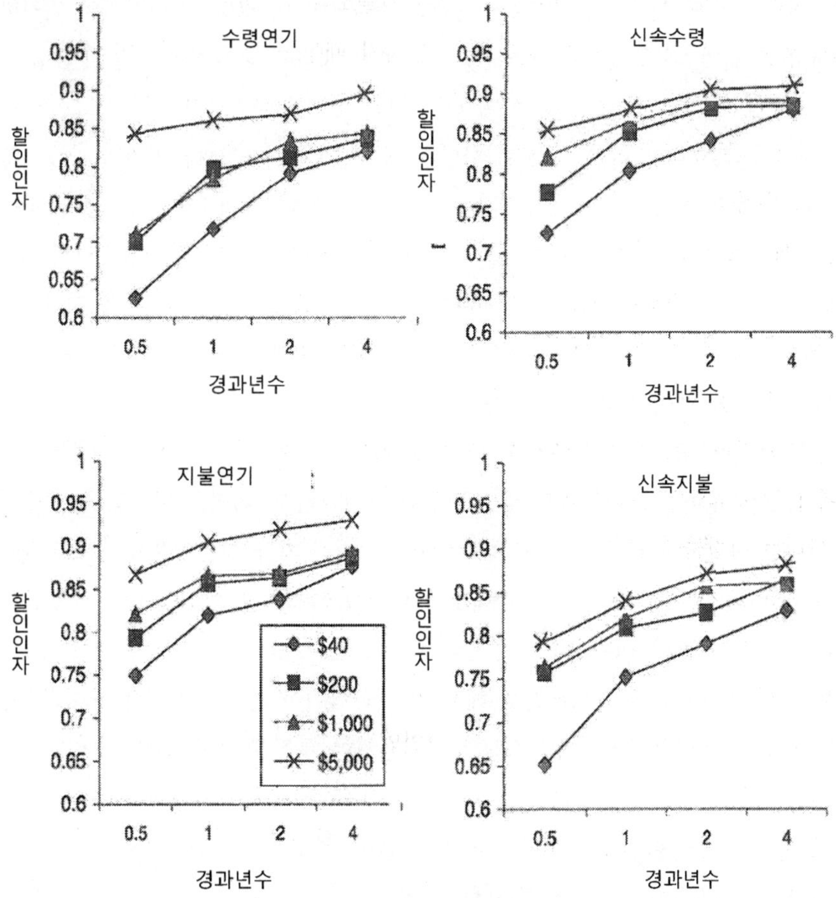

자료: Benzion et al.(1989)

둘째, 할인인자가 크면 클수록 보다 더 기다려야 하는데 이를 단기적인 성급함(short-term impatience)을 나타낸다. 예를 들어, 피험자들의 대부분은 6개월을 연기하는 것과 4년을 연기했을 때 평균적으로 비슷한 보상을 받기 원한다. 셋째, 돈의 합계가 크면 클수록 할인인자는 보다 커진다. 즉, 사람들이 많은 돈을 위해 인내한다는 것인데 이를 절대적 크기 효과(absolute magnitude effect)라 부른다.

다음으로 지불과 영수를 비교하고, 이익과 손실을 비교해 보자. 만약 <그림 5.1>을 위에서 아래로 본다면, 손실보다 이익에서 추정된 할인인자가 더 작게 나타나는 손실-이익 비대칭성(gain-loss asymmetry)이 일어나는 것을 알 수 있다. 예를 들어, 할인인자가 (돈의 이익이 필요한) 수령을 연기하는 것보다 (돈의 손실이 필요한) 지불을 연기했을 경우에 크게 나타난다. 유사하게도, 할인인자는 (돈의 손실을 유발하는) 신속한 수령을 했을 때가 (돈의 이득이 포함되는) 신속한 지불보다 더 크다. 피험자들이 연기하거나 신속하게 하기 위해서 돈을 잃지 않으려 하기 때문에 손실회피와 일치한다.

마지막으로, 연기하는 것과 신속하게 하는 것의 차이를 살펴보자. 만약 <그림 5.1>의 왼쪽에서 오른쪽으로 본다면, 추정된 할인인자는 신속한 지불보다 연기일 때 더 크게 나타나고, 수령을 연기하는 것보다 신속하게 하는 것이 더 크게 나타나는 연기-신속 비대칭성(delay-speed up asymmetry)을 볼 수 있다. 왜냐하면 피험자들은 신속하게 지불해야 할 필요가 있는 것보다 지불을 연기하는 데에 상대적으로 더 적은 돈을 지불하려고 하기 때문이다. 유사하게, 피험자들은 신속한 수령에 대해 지불하려고 하는 것보다 상대적으로 수령을 연기할 필요가 있다.

지수적 할인은 할인인자가 맥락에 따라 변경되지 말아야 한다. 다시 말해서, <그림 5.1>에서 같은 할인인자에서 모든 수평축이 같게 나타난다. 이것은 지수적 할인의 사용을 기다리는 사람들에게는 좋은 소식이 아니다. 그러나 지금까지 맥락이 중요한 사실을 인지해야 한다. 사실, 이익-손실의 비대칭성은 손실회피와 일치하고, 지연-신속의 비대칭성은 심리적 회계와 비슷하다.

이렇게 큰 맥락효과가 존재한다고 해서 지수적 할인이 반드시 선택을 모형화하는데 나쁘다는 것을 의미하지 않는다. 적절한 할인인자는 특정 상황을 위한 것이라는 것을 매우 조심스럽게 생각해야 한다. 'Maria의 할인인자'라는 것은 없다. 대신, Maria는 다른 상황에서는 다른 할인인자를 가진다. 예를 들어, 친구에게 빌린 $10를 갚는 데에 성급이 있을 것이다. 그러나 다른 친구에게 빌린 CD를 돌려주는 데에는 성급하지 않을 것이다. 여기서 맥락효과가 존재한다.

연구방법 5.1 경험 대 실험증거

기간간 선택은 실험적인 실험실은 여러 질문에 대한 대답으로는 불충분해 보인다. 왜냐하면 사람들이 비교적 오랜 기간 동안 돈의 교환을 어떻게 생각하는지 알기를 원하기 때문이다. 어떻게 실험실에서 비교적 오랜 기간에 걸친 시간을 만들어 낼 수 있는가? 한가지 방법은 Benzion et al.의 연구에서처럼 가상 시나리오를 사용하는 것이다. 그러나 이것은 피험자들이 진짜 선택을 하지 못하는 부작용이 있다. 만약 진짜 선택을 사용한다면 몇 달 이후의 현실적인 지불연기를 하지 않을 것이다. 그리고 확실히 수년이 걸리지는 않는다. 이것은 또한 과연 지불연기가 신빙성이 있는 것인지 없는 것인지에 대해서 질문할 필요가 있다.

이것은 장기적 상충으로 선택하는 사람들을 관찰하는 경험적 연구는 매우 유용한 것을 의미한다. Warner와 Pleeter(2001)의 연구를 그림을 통해서 일 수 있다. 1992년에 미 국방부는 군인의 수를 줄여야 할 필요가 있었다. 그들은 군인을 그만하는 대신에 두 가지 서비스 업종을 제안했다. (a) 일반병사와 하사관들에게는 $25,000 정도의 일시불 지급과 임원에게는 $50,000의 일시불 지급 (b) 현재 군인으로 일했던 기간의 두 배 정도의 길이에 해당하는 기본급의 일부분을 지급하는 연금형식의 지불이다.

따라서 군인은 일시불 지급과 연금형식의 지불 중에 선택을 하면 된다. 두 가지 옵션에 의구심을 가지는 특정 군인들의 할인인자를 계산해볼 가능성이 있다. 공식적으로 δ*를 찾을 수 있다.

$$LS(1+T_{LS}) = \sum_{T=1}^{2YOS} \delta^{*t-1} A(1-T_A)$$

LS는 일시불 지급액, A는 연금형식의 지급액, YOS는 일했던 기간 T는 예상되는 세금이다. 만약 암시적은 δ*에 대해서 참을성이 없다면, 즉 그들의 할인인자가 $\delta < \delta^*$라면 몇몇 직원들은 일시불 지급을 선택할 것이다. 어떠한 직원이 계산을 통해서 선택했는지에 대해 사람들의 할인인자를 계산할 수 있다. 이것이 Warner and Pleeter가 했던 연구이다. 할인율의 예상액은 0.85주변이다.

0.85는 <그림 5.1>에서 보는 것과 같이 Benzion et al.에 의한 연구에서 얻은 수치는 비현실적이지 않다는 것을 알 수 있다. 이것은 경험적 연구 실험을 멋지게 보완하는 방법으로 보여진다. 실험적 연구는 비교적 쉽게 돈과 시간의 양 같은 것을 변화 비교하도록 해준다. 이러한 실험적 연구가 간단하게 가능한 것이 아니다. 왜냐하면 미 국방부의 다운사이징은 아주 드문 경우이기 때문이다. 그리고 오직 한가지 할인인자만 주어졌기 때문이다. 실험적 연구는 연구실에서 얻어진 의미 있는 결과와 같은 유용한 확인으로써 행해진다.

2. 순차적 효용

누군가에게 오늘 $100를 선호하는 지, 아니면 1년 후에 $150를 선호하는 지를 묻는 대신에 오늘 $100와 1년 후의 $150, 또는 오늘 $150과 1년 후에 $100중, 어느 것을 선호하는 지에 대해 물어보자. 이것은 사람들이 순차적(sequential)으로 일어나는 사건들을 어떻게 해석하는지를 생각해보게 할 수 있다. 이와 비슷한 질문을 살펴 보기 위해 Loewenstein and Prelec(1993)의 연구결과에서 두 가지 질문에 대한 대답들이 어떤 지를 알 수 있다.

첫 번째 질문에서, 사람들에게 한 번 살아봤지만 두 가지 여행 후에 다시 방문할 계획이 없는 도시로 여행할 두 가지 계획을 세우라고 한다. 하나의 여행에서 좋아하지

그림 5.2 **고모와 친구에게 방문할 때의 선택. 만약 두 방문이 보다 가까워진다면, 대부분의 피험자들은 고모에게 먼저 방문하는 것을 선택했다. 만약 두 방문이 멀리 떨어져 있다면 더 많은 피험자들이 친구에게 먼저 방문하는 것을 선택했다**

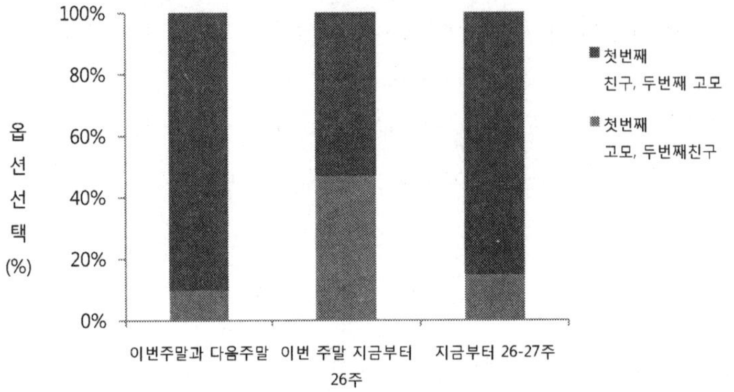

자료: Loewenstein and Prelec(1993)

않는 고모를 방문할 필요가 있으며, 다른 여행에서는 좋아하는 친구를 만날 필요가 있다. 그들은 언제 여행을 가야 하는지에 대해서 세 가지 시나리오를 얻게 된다(이번 주말이나 다른 26주 후의 다른 주말). 또한, 누구를 처음 방문할 것인 지에 대해 질문을 받는다. 그 결과는 <그림 5.2>에 나타난다.

<그림 5.2>에서 피험자들은 처음에 고모를 방문하고 다음에 친구를 방문하는 순차를 개선하는데에 대한 선호(preference for an improving sequence)가 존재한다. 이것은 아마 자연스러워 보이지만 지수적 할인이 예상되는 것과 반대로 움직인다. 만약 누군가가 1보다 작은 할인인자로 지수적 할인을 사용한다면, 보다 높은 효용을 주는 것에 대한 성급함 때문에 친구를 먼저 방문하여 기간간 효용을 극대화할 것이다. 이러한 성급함은 여행들 사이의 차이가 더 커진다면 피험자들은 친구를 처음 방문하려고 하기 때문에 보다 명백해 진다.

두 번째 질문으로, 지난 3주 동안 멋진 프랑스식당에서 외식을 하겠다고 선택한 사람들을 살펴본다. 그 결과는 <표 5.3>에 나타나 있다. 옵션A와 B 중에서 선택하라고 질문을 받았을 때, 이전의 질문에서 살펴보았던 것과 같은 순차를 개선하는 선호를 알 수 있다. 그러나 옵션C와 D사이에서 피험자들은 두 가지 항목에 대해서 고르게 분포되는 것을 볼 수 있다. 즉, 이것은 자연스러워 보이지만 지수적 할인이 적용되지 않는다. 3기의 효용은 1기와 2기의 효용에 영향을 주지 말아야 하므로 선택이 바뀌면 안 된다.

따라서 전반적으로 순차를 통해 사건을 평활하게 선호하는 것과 순차를 개선하는 선

표 5.3 식당에서 식사할 때의 선택. 옵션A와 B사이에서 선택하라고 요청했을 때, 대부분의 피험자들은 멋진 프랑스 식당에서 식사하는 것을 늦추기를 바란다. 옵션C와 D사이에서 선택하기를 요청 했을 때, 대부분의 피험자들은 멋진 프랑스 식당에서 식사하는 것을 늦추지 않기를 바란다.

선택	이번 주말	다음 주말	2주 후에	선택
A	멋진 프랑스	집	집	16%
B	집	멋진 프랑스	집	84%
C	멋진 프랑스	집	멋진 프랑스	54%
D	집	멋진 프랑스	멋진 프랑스	46%

호가 연결되어 있음을 알 수 있다. 이 중 어떤 것도 지수적 할인과 일관되지 않는 것 같다. 일관성 있게 만들 수 있는 유일한 방법은 연결되지 않은 사건의 발생을 구분하는 것이다. 예를 들어, 고모와 친구들을 언제 방문할지 결정하기 위한 적절한 기간은 1개월이라고 말할 수 있다. 따라서 만약 두 개의 방문이 연속된 주말에 있다면, 하나로 묶으면 순차적인 것처럼 보이는 반면에 방문이 26주의 기간이 있다면, 그들은 결합될 수 없는 사건으로 보여진다. <표 5.4>는 <그림 5.2>에 표시되는 설명을 어떻게 이해하는지에 대해서 보여준다.

만약 시간의 길이를 구분하고, 짧은 시간에 일어나는 사건은 순차적인 사건으로 여기고 오랜 시간에 걸쳐 일어나는 사건은 분리된 사건이라고 한다면 이러한 접근법은 제대로 작동한다. 그러나 일반적으로 사람들이 사건을 어떻게 인식하는지 알아야 하기

표 5.4 고모와 친구들을 방문하는 Maria의 시간. 1-4주와 24-28주를 마치 순차적으로 일어나는 사건처럼 하나의 묶음으로 이루어져 있다. 24-28주의 묶음은 0.8 할인인자로 할인되며 1-4주 묶음과 결합되지 않는다

행사		기간간 효용
1-4 주	24-28 주	
고모 방문 후 친구		10
친구 방문 후 고모		5
고모 방문		0
친구 방문		15
고모 방문	친구 방문	12
친구 방문	고모 방문	15
	고모 방문 후 친구	8
	친구 방문 후 고모	4

때문에 이러한 것이 쉬운 것은 아니다. Maria가 숙제를 분리된 것으로 다루었는가? 또는 같은 사건으로 다루었는가? Maria는 '오늘 내가 운동을 한다면 다른 것은 내일까지 미루어야 한다.' 또는 '만약 내가 숙제를 오늘 한다면 내일은 나가서 운동을 할 수 있을까?' 이러한 것은 선택에 영향을 미칠 것 같지만, Maria가 어떻게 생각하는지는 알 수 없다. 어떤 것이 순차적인지 아닌지를 이야기 할 수 있는 간단한 규칙은 존재하지 않는다. 그것은 맥락(context)에 따라 달라질 것이다.

확실한 것은 맥락은 기간간 선택을 모형화하는 것에 매우 중요하다. 맥락의 영향이 어떻게 될 것인 지 알 필요가 있으며 지수적 할인의 다른 모형이 필요할 수도 있다

제2절 쌍곡선적 할인

할인인자가 긴 시간 간격에 대해 더 크다는 것을 <그림 5.1>을 통하여 명확히 할 수 있다. 이것은 사람들이 짧은 시간 간격에 성급하다는 것을 의미하지만 긴 시간 간격에는 더욱 더 성급해 진다. Thaler(1981)에 의하면 피험자들은 지금 $15를 받는 것과 1개월, 1년, 10년 후에 무차별하려면 얼마가 필요한 지에 대해 질문을 받았다. $20, $50, $100이라는 평균적인 대답들은 전체적으로 합리적으로 보이지만 각각 0.22, 0.45, 0.84의 연간 할인인자를 만들어 낼 수 있다. 따라서 상대적으로 이야기한다면 피험자들에게 1개월을 기다리라고 할 수 있으나 10년을 기다리라고 하기 어렵다. 이러한 성급함의 감소를 나타내는 것을 쌍곡선적 할인(hyperbolic discount)이라고 한다.

쌍곡선적 할인의 방법은 지수적 할인을 수정하고 다른 기간에 다른 할인인자를 도입한다. 식(5.1)에서 지금부터 t기간에 지불하는 지수적 할인은 금액에 의해 할인된다고 가정한다.

$$D(t) = \delta^{t-1}$$

많은 다른 대안 중 하나는 다음과 같이 가정하는 것이다.

$$D(t) = \frac{1}{(1+\alpha t)} \qquad (5.2)$$

여기서 α는 시간에 따른 할인인자의 변화를 반영하는 파라미터이다. 이것을 쌍곡선적 할인의 모형(model of hyperbolic discounting)이라고 부르자. 식(5.1)은 다음과 같이 일반화될 수 있다.

$$U^{T}(x_1, x_2, \dots, x_T) = \sum_{t=1}^{T} D(t) x_t \tag{5.3}$$

<그림 5.3>은 D(t)와 δ=0.85인 지수적 할인인자와 α=0.25인 쌍곡선적 할인인자를 가정하는 연간 할인인자를 나타낸다. 쌍곡선적 할인이 더 긴 기간 동안에 대해 더 큰 할인인자를 나타내며 <그림 5.1>에서 나타난 것보다 훨씬 유사한 형태를 보인다.

따라서 기본적인 지수적 할인모형의 많은 변화없이 할인인자의 변화를 모형화할 수

그림 5.3 지수적 할인 대비 쌍곡선적 할인. 쌍곡선적 할인에서 할인인자는 더 짧은 기간 동안 낮아진다.

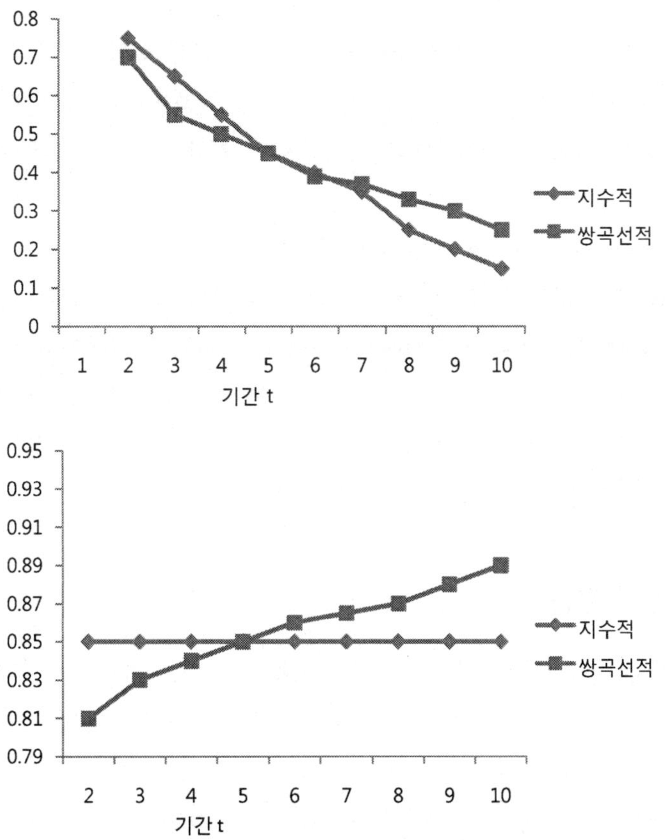

있다. 그러나 실제로 감소하는 성급함을 반영할 수 있는가? 이를 설명하기 위하여 다음과 같은 선택집합을 고려하자.

> 당신은 오늘 $100를 원하는가? 내일 $110를 원하는가??
> 당신은 30일 후에 $100를 원하는가? 31일 후의 $110를 원하는가??

이러한 질문이 주어졌을 때, 많은 사람들은 오늘 $100와 31일 후의 $110를 선택한다. 이것은 쌍곡선적 할인과 연관이 있다. 만약 같은 질문을 30일 후에 한다면 같은 대답을 듣게 될 것인지에 대한 문제가 발생한다. 즉, Maria는 31일 안에 $110를 30일 후의 $100보다 선호한다, 그러나 30일 후에 Maria는 내일 $110보다 오늘 $100를 선호한다. 이것은 쌍곡선적 할인모형은 시간에 따라 일치하는 선택을 필요로 하지 않으므로 쌍곡선적 할인모형과 연관이 없다. Maria는 결정을 바꾸지 말아야 한다. 만약 Maria가 31일 후의 $110를 오늘의 $100보다 선호한다면, 30일이라는 시간이 지난 후에도 여전히 오늘의 $100보다 내일 $110를 선호해야 한다.

추가적으로 숫자를 통해, 오늘 $100와 31일 후의 $110를 선택하는 쌍곡선적 할인모형과 일치하는 지에 대해 살펴보자. 기간은 하루이고 D(2)=0.9, D(3)=0.85, D(31)=0.84라고 가정하자. 따라서 내일 $110는 오늘 $99의 가치를 가진다. 30일 후의 $100는 오늘 $85, 31일 후의 $110는 오늘 $92.4의 가치를 가지므로 오늘 $100와 31일 후의 $110를 선택하는 것은 합리적이다. 30일 후에는 무슨 일이 벌어질까? D(30)=0.85, D(31)=0.84이라면 30일 후에 D(2)=0.99인 수정된 할인인자를 계산할 것이다. D(2)의 가치에 의하면 오늘 $100를 선택하는 것보다 내일 $110를 선택하는 것이 최적이다.

아마도 이것은 오늘 $100를 선택한 사람과 31일 후의 $110를 선택한 사람이 30일 후에 질문받으면 오늘 $100와 31일 후의 $110을 선택하는 것은 합리적이다. 따라서 쌍곡선적 할인모형과 다른 할인모형이 필요하다.

1. 준쌍곡선적 할인

지수적 할인과 쌍곡선적 할인에서, 기간은 특정시간으로써 해석되어야 한다. 예를 들어, 숙제예제에서 기간1인 금요일과 기간4인 월요일로 생각하였다. 만약 오늘이 금요일이라면 할인인자 D(t)는 특정한 금요일의 값이고 토요일에 업데이트를 할 필요가 있다. 예를 들어, 만약 금요일에 D(2)=0.9, D(3)=0.9라면, Maria는 토요일과 일요일 사이에 할인을 하지 않고 토요일에 D(2)=1을 얻는다. 결과적으로, 쌍곡선적 할인모형에서, 감소하는 성급함은 비록 단 몇 일이지만 어떤 사람이 나이가 들어가면서 덜 성급해진다는 것이다.

감소하는 성급함을 다르게 해석하면 사람들은 상대적으로 장기적인 이익보다 단기적인 이익에 대해서 더 성급하다는 것이며 나이와는 아무런 상관이 없다. 시간에 따라 일정한 D(2)=0.9와 D(3)=0.9로 알 수 있고 미래금액이 오늘에 비해서 얼마나 더 할인이 되는 지를 통해 알 수 있다. 따라서 만약 오늘이 금요일이라면 D(2)=0.9이고 오늘이 토요일이라면 D(2)=0.9가 된다. 이러한 해석에서, Maria는 즉시 얻을 수 있는 이득에 대해 항상 성급하므로 오늘 $100를 선택한다. <그림 5.4>는 이러한 차이를 나타낸다.

만약 달력보다 상대적으로 오늘 당장의 할인인자에 대해 더 생각하는 것을 현재편향 선호(present-biased preferences)라고 한다. 오늘이 금요일 5월 1일이고 Maria는 성급하기 때문에 숙제를 미루지 않거나, 오늘의 $100를 선택한다. Maria는 즉각적인 이득에는 항상 성급하다.

현재편향 선호를 모형화 하기 위하여 식(5.7)을 다시 사용하자. 그러나 t를 특정 시점이 아닌 오늘로부터 얼마나 많은 기간으로 해석하자. 그러나, 여전히 감소하는 성급함을 반영할 필요가 있다. 가장 간단한 방법은 다음과 같이 준쌍곡선적 할인(quasi-hyperbolic discounting) 또는 (β, δ)-선호(preferences)를 사용하는 것이다.

$$U^T(x_1, x_2, \ldots x_T) = x_1 + \beta \sum_{t=1}^{T} \delta^{t-1} x_t \tag{5.4}$$

β는 0과 1 사이의 숫자이며 현재편향을 측정한다. 만약 β=1이면 편향은 없고 식(5.4)와 식(5.1)은 동일하다. 만약 β<1이면 미래보다 오늘에 가중치를 더 둔다. 이것은 현재편향과 감소하는 성급함이 있다는 것을 의미한다. 예를 들어, 만약 β=0.7이고 δ=0.99라면 31일 후의 $110는 30일 후의 $100보다 항상 선호되지만 오늘의 $100는 내일의 $110보다 선호된다.

어떻게 (β, δ)-선호가 작용하는지 알아보기 위해 Maria가 숙제를 해야 하는 시기의 결정으로 다시 돌아가자. <표 5.5>에는 Maria가 현재편향을 가질 때와 그렇지 않을 때의 보수(payoff)를 나타낸다. 먼저, 만약 β=1이고 현재편향을 가지고 있지 않다고 하자. 금요일에 토요일 날 숙제를 할 계획을 세울 것이다. 그리고 토요일 날 똑같은 생각을

그림 5.4 시간의 동태적 일관성과 현재편향 선호의 차이점. 쌍곡선적 할인 모형에서는 기간은 달력의 어느 한 특정 순간을 나타낸다. 준쌍곡선적 할인 모형에서 기간은 현재에서 지연된 기간을 나타낸다

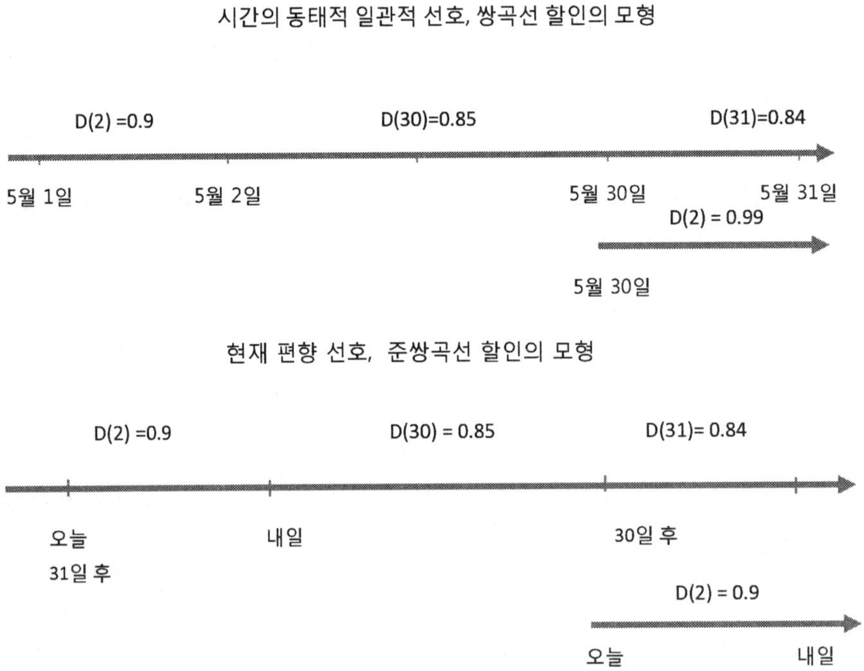

할 것이다. β=0.9일 때도 같은 일이 일어난다. 다음으로, 만약 β=0.8이고 현재편향이 매우 크다면 어떤 일이 일어나는지 확인해 보자. 금요일 에 토요일 날 숙제를 하기로 계획할 것이다. 흥미로운 점은 토요일이 되면 월요일에 숙제를 하려고 할 것이다.

만약 사람들이 미래에 무언가를 계획하지만 결과적으로 생각을 바꾸는 것을 시간의 동태적 비일관성(time inconsistency)라고 한다. 토요일에 숙제를 할 계획이었으나 토요

표 5.5 숙제를 예로 들었을 때 준쌍곡선적 할인. 만약 현재편향이 크다면, Maria는 토요일에 숙제를 하기로 계획할 것이다. 그러나 토요일에는 월요일에 하려고 할 것이다

계획	β =1, δ =0.9		β =0.9, δ =0.9		β =0.8, δ =0.9	
	금요일	토요일	금요일	토요일	금요일	토요일
금요일	10.5	–	9.0	–	7.4	–
토요일	10.9	12.1	9.8	10.4	8.7	8.7
일요일	7.7	8.6	7.0	8.2	6.2	7.9
월요일	9.0	10.0	8.1	9.5	7.2	9.0

일이 되면 월요일에 할 계획을 하는 것과 $110를 위해서 몇 일을 더 기다리는 계획했다가 그 시간이 왔을 때 $100를 얻자는 계획으로 바뀌는 것은 시간의 동태적 비일관성의 예이다. 지수적 할인이나 쌍곡선적 할인모형에서는 이러한 시간의 동태적 비일관성은 존재하지 않지만 준쌍곡선적 할인에서는 시간의 동태적 비일관성은 존재한다. 시간의 동태적 비일관성은 사람들이 어떤 것을 계획하지만 다른 것으로 끝나기 때문에 후생(welfare)와 정책에 있어 매우 중요하다.

2. 시간의 동태적 비일관성의 결과

시간의 동태적 비일관성의 결과는 사람들이 시간의 동태적 비일관적인 것을 아는 지의 여부에 의존한다. 예를 들어, Maria가 토요일에 숙제를 할 계획을 금요일에 알았다면 토요일이 다가왔을 때 생각이 달라졌을까? 금요일에 무엇을 할 지를 결정하는 것이 중요하다.

누군가가 현재편향 선호를 가지고 있는 지에 대해 모르고 있다면 순진(naïve)하다고 말한다. 이러한 경우에, Maria는 금요일에 토요일 날 숙제를 하기로 계획을 세우고, 토요일에 다르게 생각할 것이라고 예상하지 않는다. 반대로, 만약 누군가가 현재편향 선호를 가지고 있다는 것을 알고 있다면 세련되었다고 한다. 이러한 경우에 만약 Maria가 토요일까지 숙제를 미룬다면 아마도 월요일에 숙제를 끝낼 것이라는 것을 금요일에 알게 될 것이다.

Maria가 순진하다면 무슨 일이 일어나는 지에 대해 살펴보자. 숙제에 대한 예시에서 행동에 대한 비용이 이익을 선행하는 경우를 보면 된다. Maria가 금요일에 토요일 날 숙제를 하기로 계획을 하지만 토요일에 월요일 날 숙제를 하기로 계획하였다. 이것은 예상했던 시간보다 늦은 시간에 숙제가 끝난다는 것을 의미하고 현재편향이 없이 행동하였다. 이러한 방법으로 무엇인가 일을 늦추는 것을 지연행위(procrastination)라고 한다. Maria는 비용적인 것이 발생하므로 연기하였다. 만약 이익이 비용이전에 온다면 어떠한 일이 벌어질까??

이해를 돕기 위해 두 번째 예를 살펴보자. 영화를 보러 가는데 $10가 필요하며 Maria는 $11만을 사용할 수 있다. 금요일, 토요일, 일요일에 상영하는 영화가 있다. <표 5.6>은 토요일보다 일요일, 금요일보다 토요일에 영화를 보러 가는 것이 더 선호하는 지를 나타낸다. <표 5.7>은 기간간 효용을 나타낸다. 만약 Maria가 시간의 동태적 일관성을 가진다면 일요일에 영화를 보러 가려할 것이다. 만약 현재편향 선호를 가진다면 금요일

표 5.6 Maria가 영화를 보러 갔을 경우의 보수

계획	보수		
	금요일	토요일	일요일
금요일	5	0	0
토요일	0	6	0
일요일	0	0	8

표 5.7 시간의 동태적 일관성과 현재편향 선호가 있는 영화 예에서의 기간간 효용

계획	β =1, δ =0.9		β =0.8, δ =0.9	
	금요일	토요일	금요일	토요일
금요일	5.0	–	5.0	–
토요일	5.4	6.0	4.3	6.0
일요일	6.5	7.2	5.2	5.8

에 일요일 날 영화를 보러 가려고 하지만 토요일에 마음을 바꾸고 영화를 보러 갈 것이다. 다시 시간의 동태적 비일관성을 살펴보자. 그 차이점은 Maria는 자신이 예상한 것보다 일찍 어떤 것을 하고 시간편향이 없이 이미 무엇인가를 마쳤다는 것이다. 이렇게 무엇인가를 앞으로 가져오는 것을 서두른다고 할 수 있다.

숙제와 영화의 예시에서, Maria는 이익을 위해서 참지 못했다. 숙제 예시에서, 비용이 발생하는 것을 미루는 일을 일으킨다. 영화 예시에서, 즐거운 일을 빨리 하도록 한다. 세련되며 이러한 문제를 피하기 위해 시간의 동태적 비일관적인 사람은 누구인가? 그 대답은 약간 놀랍다.

이러한 놀라움은 숙제 예시에는 없다. 만약 Maria가 일요일에 월요일까지 숙제를 미루었다는 것을 안다면, 금요일에 7.4의 효용을 주는 지금 숙제 하는 것과 7.2의 효용을 주는 월요일에 숙제를 하는 것 사이에서 실질적인 선택을 할 것이다. 따라서 금요일에 숙제를 하고 시간의 동태적 일치적인 것처럼 행동할 것이다. 따라서 세련함은 Maria가 시간의 동태적 비일관성을 피할 수 있도록 해준다. 그러나 영화 예시에서는 어떨까? 이 경우 Maria가 만약 금요일에 가지 않으면 토요일에 갈 것이라는 것을 알고 있다. 따라서 금요일에 오늘 가느냐 내일 가느냐 사이에서 실질적인 선택을 할 것이다. 금요일인 오늘 갈 것이다. 따라서 세련되었다는 것은 Maria가 순진하다고 가정한 것보다 더 서두른다는 것을 말한다. 영화를 보러 가는 것에 참을 수는 없다는 것을 알게 되므로 훨씬 일찍 가게 된다.

표 5.8 두 예시의 요약: 선택과 효용 (현재편향 없는 금요일에 기간간 보수로써 계산됨)

	연기 이익(숙제)		연기 비용(영화)	
	선택	지불	선택	지불
동태적 일관적	토요일	10.9	일요일	6.5
세련된	토요일	10.9	금요일	5.0
순진한	월요일	9	토요일	5.4

<표 5.8>은 선택들을 정리해 놓은 것이다. 지연된 이익의 경우에, 세련된 것은 현재편향을 극복하는데 도움이 되지만 지연된 비용의 경우에 상태가 더욱 나빠진다. 이것은 현재편향을 고려하는 지의 여부가 확실하지 않으므로 효용적인 면에서 어떤 것이 더 좋은지 또는 더 나쁜지 명백하지 않다. 그러나 누군가가 세련되었음에도 불구하고 현재편향이 선택에 있어서 중요한 영향을 가진다는 것을 알 수 있다.

영화 예시에서 Maria는 미래의 현재편향을 예상했기 때문에 세련되었다는 것이 무엇인가를 나쁘게 만드는 것을 보여준다. 그러나 이것은 이야기에서 일부가 빠졌다. 왜냐하면 세련된 누군가는 미래의 선택을 결정하는데 구속(commitment)을 사용할 지도 모르게 때문이다. 예를 들어, Maria는 일요일에 영화를 보기 위해서 금요일에 미리 예매할 수 있다. 최고의 선택을 하는데 구속받는다는 것을 의미하기 때문에 그러한 것을 지불하려 할 것이다. 만약 순진하다면 이렇게 할 필요가 없었을 것이다. 따라서 세련된 누군가는 미래의 유혹에 피하려하거나 구속할 수 있는 방법을 찾으려 할 것이다.

3. 유혹과 자기통제

준쌍곡선적 할인 모형은 기간간 선택의 중요한 부분을 반영하는 좋은 모형이다. 그러나 구속의 이익을 잘 반영하지 못한다. Gul and Pesendorfer(2001)는 보다 나은 방법으로 구속의 이익을 반영하였다. 계속하여 숙제예시를 들어보자.

토요일에 Maria는 숙제를 하거나 운동을 할 수 있다. 금요일에 Maria가 무엇을 할지 구속할 수 있는 가능성에 대해 생각해보자. 따라서 친구와 약속을 할 지, 숙제에 전념할 지, 운동을 할 것인 지에 대해 구속할 수 있다. 이것은 Maria가 금요일에 세 가지 선택을 할 수 있다는 것을 의미한다. 토요일에 숙제를 하는 것에 구속하거나, 토요일에 운동을 하거나 토요일에 무엇을 할 지 정하지 않는 것이다.

만약 Maria가 시간의 동태적 비일관적이라면 구속할 가능성은 작다. 만약 토요일에 숙제를 하는 것이 최고의 선택이라고 생각한다면, 토요일에 다른 방식으로 숙제를 하려고 할 것이므로 토요일에 숙제를 하는 것에 구속하거나 구속하지 않는 것에 대해 무차별하다. 만약 Maria가 현재편향 선호를 가진다면 상황은 달라진다.

만약 Maria가 토요일에 숙제를 하는 것이 최고의 선택이라고 생각하지만 토요일에 못할 수도 있다면 금요일에 토요일 날 숙제를 하기로 구속하는 것이 좋다. 흥미로운 점은 Maria가 구속하는 다른 이유를 구분하고 있다. 가장 분명한 것은 Maria는 토요일에 운동을 선택할 것이라는 것을 알고 이러한 일이 일어나는 것을 멈추려고 할 것이다. <표 5.5>에서 만약 $\beta=0.8$인 경우가 이에 해당한다. 두 번째 가능성은 Maria가 토요일에 운동을 하려는 유혹을 극복한 후에, 숙제를 할 것이라는 것을 안다. 즉, 운동하려는 자기통제(self-control) 후에 숙제를 하려고 할 것인데 심리적인 비용이 존재한다. 아마도 금요일에 토요일 날 숙제를 하려고 하는 구속을 함으로써 이러한 비용을 피할 수 있을 것이다. 이것은 $\beta=0.9$인 상황과 일치한다.

간단한 모형으로써 이것을 공식화해 보자. 이미 토요일의 Maria의 효용을 특정하는 u_2를 가지고 있다. 만약 숙제를 한다면 $u_2(H)=-5$를 얻고 운동을 한다면 $u_2(s)=5$를 얻는다. 유혹의 비용을 추가하자. 유혹의 비용은 하고 싶은 일을 하지 않았을 때의 그녀의 심리적은 비용을 반영해야 한다. 따라서, m(H)는 숙제를 할 유혹, m(s)는 운동을 할 유혹을 나타낸다. 행동으로 발생하는 유혹의 비용 α는 다음과 같다.

$$c(a)=m(a)-\max_{b=H,S} m(b)$$

예를 들어, 만약 운동을 하는 유혹이 숙제를 하는 유혹보다 더 크다면 $m(S)\geq m(H)$이므로 숙제를 하는 것에서 발생하는 유혹의 비용은 $C(H)=m(H)-m(S)$이다. 이것은 Maria가 운동을 하려고 하는 것보다 숙제를 하려고 하는 것에서 발생하는 심리적 비용이다.

만약 Maria의 기본 효용에 유혹의 비용을 추가하면 어떨까? 만약 금요일에 토요일날 해야할 것을 구속하지 않는다면, 토요일에 전체적인 효용은 두 개의 형태로 나타난다. 먼저 Maria는 자기통제를 해서 구속하지 않는 것에 대한 보수가 유혹을 극복하는 비용을 포함한다. 즉, 다음과 같이 나타낼 수 있다.

$$u2^{m}(H,\ S)=\max_{a=H,S}\{u(a)+m(a)\}-\max_{b=H,S} m(b) \tag{5.5}$$

또는 Maria는 자기통제를 하지 않아서 가장 높은 효용을 주어지는 행동을 선택한다. 이것을 다음의 식으로 표현할 수 있다.

$$(5.6) \qquad u2^{m}(H, S) = \max_{a=H,S} u(a) \text{ subject to } m(a) \geq \max_{b=H,S} m(b).$$

따라서 Maria가 구속하기를 원하는 두 가지 이유를 구분할 수 있다.

식(5.5)와 식(5.6)은 약간 어려워 보일 수도 있다. Maria가 사전구속을 한다면, 전반적인 효용 (5.5) 또는 (5.6)과 같아야 한다고 말할 수 있다. 조금 더 일반적으로, 만약 누군가가 사전구속을 원한다면 선호를 효용함수 u와 유혹함수 m와 같은 것으로 나타낼 수 있다(연구 5.2를 통해서 자세히 살펴보자). 사전구속을 하고자 하는 바램은 유혹과 함께 온다는 것을 의미한다.

연구방법 5.2 공리와 행동

Gul and Pesendorfer는 책에서보다 더 큰 결과와 훨씬 더 일반적인 결과를 도출하였다. 만약에 선호가 u, m이나 u^{m}과 같은 함수를 통해서 나타난다면 선호는 네 가지 '직관' 공리를 만족한다는 것을 보여준다.

공리적인 접근에서 어떤 선호의 성질이 모형화한 선택의 특별한 방법과 일관되는지를 연구자들은 근본적으로 묻는다. Gul and Pesendorfer는 네 가지 공리를 보았다. 비공식적으로 선호들이 다음과 같이 있다 (i) 완전성과 이행성, (ii) 연속성 (iii)독립성은 나머지 두 가지 경우에 비해서 선택을 바꾸지 않는다, (iv) 구속에 대한 선호를 만족한다. 즉, 만약 누군가가 어떤 행동을 하기보다는 다른 행동을 하기를 그들이 선호한다면 사전구속이 존재한다. 만약 사람들의 선호가 공리들을 만족한다면 식 u, m과 u^{m}은 모형선택에 좋은 방법이라고 생각한다는 것을 보여준다. 유사하게, 만약 u, m과 u^{m}이 모형 선택에 좋은 방법이라고 생각한다면 이러한 공리들이 합리적이라고 생각할 것이다.

공리적 접근은 경제학에서 매우 오래된 역사를 가지고 있다. 원칙적으로, 이것은 관측된 선택을 가지는 선호에 대한 그럴듯한 가정을 연결하려고 하는 행동경제학과 일치하는 것처럼 보인다. 현실에서는, 분리된 어떤 것은 행동경제학과 공리적접근 사이에서 드러난다. 합리적으로 보이는 공리는 실험적인 실험실에서 정밀 조사 하는 것에 도움이 되지 않는다. 그러나 공리적 접근은 모형화 선택의 방법이 적절할 때 명백한 정답을 준다. 그리고 Gul and Pesendorfer는 이러한 면에서 중요하다.

표 5.9 Maria의 토요일 효용. 기본적인 효용 u^T는 <표 5.5>와 같고 u 또는 m으로 주어져 있으며 유혹을 고려한 전체적인 효용은 u^{Tm}으로 주어져 있다. 숙제를 하는 구속에 의해 $\beta=0.9$일 때 유혹의 비용을 피하며 $\beta=0.8$일 때 지연을 피한다

	$\beta=1,\ \delta=0.9$			$\beta=0.9,\ \delta=0.9$			$\beta=0.8,\ \delta=0.9$		
	u^T	m	u^{Tm}	u^T	m	u^{Tm}	u^T	m	u^{Tm}
숙제를 하기로 구속	12.1	0	12.1	10.4	0	10.4	8.7	0	8.7
운동을 하기로 구속	10.0	0	10.0	9.5	0.5	9.5	9.0	0.5	9.0
토요일에 결정	12.1	–	12.1	10.4	–	9.9	9.0	–	9.0

<표 5.9>는 Maria의 선호를 따른다. 만약 현재편향이 없다면, 여기에는 유혹도 없으므로 $m(S)=m(H)=0$이라는 결과를 자연스럽게 생각할 수 있다. Maria가 결정을 하는지의 여부는 중요하지 않다. 만약 $\beta=0.9$와 같이 상대적으로 작은 현재편향이 있다면, Maria는 토요일에 숙제를 할 것이다. 그러나 만약 사전구속을 하지 않는다면 유혹의 비용을 가지게 된다. 만약 $m(S)=0.5$이고 $m(H)=0$이면 숙제를 하는 사전구속에 의해 유혹의 비용을 피할 수 있고 토요일에 얻는 효용을 증가시킬 수 있다. 만약 $\beta=0.8$과 같이 큰 현재편향이 있고 토요일까지 숙제를 하는 것에 대한 구속을 하지 않는다면 숙제를 하는 것을 미룰 것이다. 이것은 구속을 하는 충분한 동기가 된다.

이 모형은 구속의 이익을 잘 반영한다. 특히 유혹의 심리적인 비용을 피하기 위해 구속을 통해 어떻게 사람들이 일관적인 선택을 하는 지를 나타낸다. 따라서 현재편향과 성급함을 모형화하는 방법을 알아 보게 된 것이다.

제3절 손실회피와 순차

이제 연기-신속 비대칭과 같은 것으로 돌아오기 위해 Loewnstein and Prelec(1992, 1993)을 살펴보자.

1. 기준의존

기간간 선택에 기준의존을 적용하자. 따라서 기간간 효용함수는 다음과 같이 나타난다.

$$u^{T}(x_1, x_2, \ldots, x_T) = \sum_{t=1}^{T} D(t)v(x_t - r_t)$$

여기서 D(t)는 할인인자이고 v(x)는 가치함수(value function)이며 r_t는 기간 t에서의 기준점이다. 2절에서 할인인자에 대해 다루었으므로 여기에서의 초점은 가치함수에 두기로 하자.

앞에서 본 바와 같이, 가치함수에서 가장 중요한 것은 어떤 기준점에 대한 소비를 측정한다는 것이다. 따라서 x_t를 기간 t에서의 보수로 생각하는 것 대신에 $x_t - r_t$를 기준점에 대한 손실이나 이득으로 생각할 필요가 있다. 이는 무엇이 기준점이어야 하는 지에 대한 질문을 만들 수 있으나 기준점은 현재소득이라고 가정하자. 1절에서 언급한 행동을 반영하기 위한 가치함수는 어떤 형태여야 할까?

Maria는 미래 기간 t에서 $y > q와 지금의 $q 사이에 무차별하다고 하자. 이는 v(q) = d(t)v(y)를 의미한다. 이득-손실 비대칭성에 의해 Maria는 수령을 연기하는 것과 비교해 지불을 상대적으로 연기하려 할 것이다. 따라서 기간 t에서 $y를 지불해야만 하는 것 대신에 $q를 지금 지불하는 것을 선호해야 한다. 예를 들어, 만약 Maria가 오늘의 $10과 내일의 $11가 무차별하다면 내일의 $11보다 오늘의 $10을 선호할 것이다. 이는 v(−q) > D(t)v(−y)를 의미한다. 이득−손실 비대칭성은 다음이 필요하다.

$$\frac{v(q)}{v(y)} > \frac{v(-q)}{v(-y)} \quad (5.7)$$

절대적 크기효과는 금액이 더 커지면 사람들은 보다 성급해지는 것을 의미한다. 따라서 Maria는 만약 α > 1이 지급되는 금액이 비례적인 증가를 반영하는 것이라면 오늘의 $αq보다 기간 t의 $αy를 선호해야 한다. 즉, v(αq) < D(t)v(αy)를 의미한다. 따라서 절대적 크기효과는 다음이 필요하다.

$$\frac{v(q)}{v(y)} > \frac{v(\alpha q)}{v(\alpha y)} \quad (5.8)$$

최종적으로 연기-신속 비대칭성으로 오게 되었다. 신속은 미래 기간 t에서의 $y > 0보다 현재의 $q > 0를 얻기 위해 수령을 신속히 처리하는 것으로 생각된다. 기준점이 현재 0이고 미래 $y를 생각할 수 있다. 수령을 신속히 처리하여 Maria는 미래에 $y의 손실이 나지만 현재 \$q의 이득을 얻는다. 만약 Maria가 이러한 것에 무차별하다면 $-D(t)v(-y)=v(q)$가 된다. $q=\delta^{speed\ up}y$를 이용하여 t기간 신속하게 하는 것에 대한 할인인자를 다음과 같이 추정할 수 있다.

$$\delta^{speed\ up}=\frac{q}{y}=\frac{v^{-1}(-D(t)v(-y))}{y}$$

연기는 현재의 \$q>0보다 미래 기간 t에서 \$y>0를 얻기 위해 수령을 연기하는 것으로 생각된다. 이 때 기준점은 현재 \$q이고 미래에 0으로 생각할 수 있다. 수령을 연기함으로써 Maria는 지금 \$q의 손실을 보지만 미래에 \$y의 이득을 얻는다. 만약 Maria가 이러한 것에 무차별하다면 $-D(t)v(y)=v(-q)$가 된다. $q=\delta^{delay}y$를 이용하여 t기간 연기하는 것에 대한 할인인자를 다음과 같이 추정할 수 있다.

$$\delta^{delay}=\frac{q}{y}=\frac{v^{-1}(-D(t)v(y))}{y}$$

이 두가지 할인인자를 비교한다고 가정하고 $D(t)=1$로 가정하자. 만약 다음을 만족하면 $\delta^{speed\ up}y>\delta^{delay}$가 된다.

$$v^{-1}(-v(-y))>-v^{-1}(-v(y))$$

따라서 $-v(-y)>v(y)$이면 된다. 그러나 손실회피인 경우이므로 연기－신속 비대칭성이 손실회피가 되는 것만 설명하면 된다.

따라서 기준의존 선호는 기간간 선택을 관찰하는 많은 것을 반영한다. 불행히도, 식(4.7)에서 확인한 가치함수에 대한 식이 (5.7)이나 (5.8)을 만족하지 못하므로 완벽히 작동하지 않는다. 그러나 약간만 변형하면 기준의존은 행동을 이해하는데 많은 도움이 된다.

그러나 지금까지 기준점에 대해 보다 많이 생각하였다. 숙제예제로 돌아가서 Maria가 토요일이나 일요일에 숙제를 한다고 가정하자. 또한, 숙제가 주말에 넘기는 일은 거의 없다고 하면 이것은 기준점이 아니다. 대신, Maria의 기준점은 토요일에 어떤 것을 하는 것이다. 토요일에 운동을 할 수도 있거나 고모를 방문할 수도 있다. 이는 <표 5.10>에 있는 기준의존 효용을 나타낸다.

기준점에 상관없이 Maria는 월요일에 하면 차이 15의 이득이지만 토요일에 차이 10

표 5.10 기준의존 선호가 있는 숙제예제. 만약 기준점이 운동을 하고 토요일에 숙제를 하는 것이면 손실으로 느낄 것이지만 기준점이 고모를 방문하는 것이라면 토요일에 숙제를 하는 것은 이득으로 느끼게 된다.

	요일의 효용		
	토요일	일요일	월요일
만약 토요일에 숙제를 한다면 보수	−5	10	10
만약 월요일에 숙제를 한다면 보수	5	10	−5
기준점은 운동하는 것이다			
기준 보수	5	10	0
만약 토요일에 숙제를 하면 기준의존 효용	−10	0	10
만약 월요일에 숙제를 한다면	0	0	−5
기준점은 고모를 방문하는 것이다			
기준 보수	−10	10	0
만약 토요일에 숙제를 한다면 기준의존 효용	5	0	10
만약 월요일에 숙제를 한다면	15	0	−5

으로 효용이 상대적으로 크게 떨어지는 상충관계에 직면한다. Maria가 이러한 상충관계를 어떻게 인지하는지에 의해 기준점은 중요하다. 차례로 기준점을 살펴보자. 만약 토요일에 운동을 한다면 토요일에 숙제를 하는 것은 손실인 것처럼 느끼게 될 것이다. 이러한 것으로 숙제하는 것을 주저할 지도 모른다. 만약 다음과 같다면 월요일까지 숙제를 하지 않을 것이다.

$$D(2)v(-10)+D(4)v(10)<D(4)v(-5)$$

만약 토요일에 고모를 방문한다면 토요일에 이득처럼 느낄 것이다. 따라서 숙제를 하려고 할 것이다. 만약 다음과 같다면 토요일에 숙제를 하려고 할 것이다.

$$D(2)v(5)+D(4)v(10)>D(2)v(15)+D(4)v(-5)$$

$D(2)=D(4)=1$로 가정해 보자. 따라서 $v(-10)+v(10)<v(-5)$인 지, $v(5)+v(10)>v(15)+v(-5)$인 지를 알 필요가 있다. 이 식이 성립할 수도 있고 하지 않을 수도 있으나 $v(5)=3$, $v(10)=5$, $v(-5)=-7$, $v(-10)=-13$을 가정하자. 만약 기준점이 운동을 하는 것이라면 토요일에 숙제를 하지 않을 것이다. 그러나 기준점이 고모를 방문하는 것이라면 토요일에 숙제를 하려고 할 것이다. 따라서 기준점과 맥락은 행동에 영향을 미친다.

2. 순차에 대한 선호

순차에 대한 선호를 어떻게 모형하는 지 알아보자. 일련의 사건들이 떨어져 있다고 보기 보다는 순차적으로 발생할 때라는 질문은 무시하도록 하자. 따라서 여기서 필요한 것은 $\{x_1, x_2, \ldots, x_T\}$와 같이 보수의 순차의 전체적 효용을 측정하는 것이다. 실제적 순차와 평활화된 순차 $\{\hat{x}, \hat{x}, \ldots, \hat{x}\}$를 다음에서 비교한다.

$$\hat{x} = \frac{1}{T}\sum_{t=1}^{T} x_t$$

모든 기간 t에 대해 다음과 같다고 하자.

$$d_t = t\hat{x} - \sum_{t=1}^{t} x_t$$

d_t는 기간 t를 포함한 평활화된 순차와 실제 순차 사이에서의 효용 차이를 나타낸다. 다음과 같이 효용을 정의하여 순차의 효용에 대해 생각할 수 있다.

$$u^q(\{x_1, x_2, \ldots, x_T\}) = \sum_{t=1}^{T} x_t + \beta\sum_{t=1}^{T} d_t + \alpha\sum_{t=1}^{T} |d_t| \tag{5.9}$$

이러한 효용의 정의가 유용한 지를 설명하기 위해 두 개의 개념을 도입하도록 하자. 받는 순차 $\{x_1, x_2, \ldots, x_T\}$의 기대된 효용(anticipated utility)는 다음과 같다.

$$AU = \sum_{t=1}^{T} (t-1)x_t$$

만약 Maria가 x_t의 보수를 t기에 받는다면 t-1기에 이를 기대하고 지출한다. 따라서 $(t-1)x_t$의 기대된 효용을 얻는다. 모든 기간에 대해 합하면 전체 기대된 효용을 얻는다. 다음과 같다면 순차의 회상효용(recollected utility)라고 부른다.

$$RU = \sum_{t=1}^{T} (T-1)x_t$$

만약 Maria가 t기에 보수 x_t를 받는다면 T−t기에 회상해 내고 $(T-1)x_t$의 회상효용을 얻는다.

식을 조금 변형하면 다음과 같다.

$$\sum_{t=1}^{T} d_t = 0.5(AU - RU)$$

따라서 $\sum_{t=1}^{T} d_t$가 0보다 크면 회상효용보다 기대된 효용과 관계가 있다. 큰 $\sum_{t=1}^{T} d_t$는 t가 증가함에 따라 x_t가 증가하는 개선되는 순차와 같이 움직이게 된다.

이제 식(5.9)로 돌아오고 이해해 보자. $\beta > 0$은 개선되는 순차에 대한 선호를 나타내고 $\beta < 0$은 악화되는 순차에 대한 선호를 나타낸다. $\alpha < 0$은 평활화된 순차에 대한 선호를 나타내고 $\alpha > 0$는 단면 순차에 대한 선호를 나타낸다. <표 5.11>은 순차 예제이다. 만약 α가 작고 β가 양이면 Maria는 큰 기대된 효용을 가지는 순차 C를 선호한다. 만약 α가 음이고 β가 양이면 Maria는 여전히 기대된 효용을 가지고 있으나 보다 평활화된 순차 E를 선호한다.

1절에서 살펴본 증거에 의해, $\alpha < 0$, $\beta > 0$이라고 하자. <표 5.12>는 숙제예제이다. 토요일에 숙제를 하는 것은 가장 개선된 순차를 나타내지만 평활화된 것은 아니다. 따라서 금요일이나 일요일에 숙제를 하는 것이 최적이다. 사실 $\alpha < 0$이면 가장 평활화된 순차가 되는 것처럼 월요일에 숙제를 하는 것이 최적이다.

기간보수가 순차의 부분으로 보여질 때와 그렇지 않을 때의 문제로 돌아온다. Maria가 주말을 사건의 순차로 생각하거나 매일을 서로 떨어져 있는 것으로 생각하면 어떨

표 5.11 기대된 효용과 회상효용이 있는 결과의 순차에 대한 효용

	기간					AU	RU	$\sum_{t=1}^{T} d_t$
	1	2	3	4	5			
순차A	1	1	1	1	1	10	10	0
순차B	5	0	0	0	0	0	20	−10
순차C	0	0	0	0	5	20	0	10
순차D	2	1	1	1	0	6	14	−4
순차E	0	1	1	1	2	14	6	4
순차F	2	0	1	0	2	10	10	0

표 5.12 숙제예제에서 순차에 대한 선호

	요일에 대한 보수				AU	RU	$\sum_{t=1}^{T} d_t$
	금	토	일	월			
금요일에 숙제	−5	5	10	4	37	5	16
토요일에 숙제	0	−5	10	10	45	0	22.5
일요일에 숙제	0	5	−5	10	25	5	10
월요일에 숙제	0	5	10	−5	10	20	−5

까? 이러한 것은 선택에 영향을 미칠 지도 모른다고 생각할 수 있다. 불행히도, 어떤 사람이 기간이 떨어져 있거나 순차의 부분이라고 생각할 때 적용할 수 있는 단순한 규칙은 없다. 두 개의 사건이 떨어져 있다면 순차적인 것으로 보기보다 떨어져 있는 사건으로 보아야 할 것이다. 이는 습관형성(habit formation)으로 연결된다.

제4절 대부와 저축

앞에서 생애주기가설과 저축을 살펴보았다. 이는 기간간 이슈들과 관계가 잇으므로 기간간 선택을 모형화할 필요가 있다. 여기서는 습관형성과 소비자 부채를 고려하자.

1. 저축은 성장과 같거나 성장은 저축과 같은가?

일반적으로 높은 저축률은 높은 성장률과 같은 방향으로 움직인다. 그러나 이유는 불명확하다. 기본적인 소비의 생애주기가설은 예상소득이 많아지면 저축을 덜해야 하는 것을 예측한다. 왜냐하면 보다 많은 예상소득은 미래의 소비를 평활화하기 위하여 지금 저축할 필요가 있으므로 보다 작아진 소득을 의미하기 때문이다. 따라서 많은 저축은 높은 성장을 일으킬 것이라는 예측을 할 수 있으며 반대 방향으로는 움직이지 않을 것 같은 예측을 할 수 있다. 그러나 많은 증거들을 보면 반대 방향으로 흐른다는 것을 알 수 있다. 즉, 고성장이 진행되면 높은 저축이 발생하는 것처럼 보인다.

습관형성(habit formation)은 이에 대한 가능한 설명이다. 여기서는 Carrol, Overland, and Weil(2000)의 연구를 간단히 살펴보자. 습관형성 모형(model of habit formation)에서 오늘의 소비는 과거의 소비에 의존한다. 가능한 설명으로, 사람들은 과거 수준으로 소비를 지속시키는 것을 원하기 때문이다. 사람들은 삶의 기준이 있으며 그 기준을 유지하려고 하거나 개선하려고 한다. 이는 사람들이 순차를 개선하기를 원하는 것과 일치하는 생각이다. 사람들은 자신들의 소득과 개선되고 악화되지 않는 삶의 기준을 알려고 한다.

이러한 가정을 반영하기 위해 Maria는 소비에 대한 습관 수준 h를 가지고 있다고 가정하자. 습관은 시간에 걸쳐 다음과 같이 진화한다.

$$\frac{du}{dt}=\rho(c-h)$$

여기서 c는 소비이고, ρ는 습관이 최근의 과거에 의존하는 정도를 측정한다. ρ가 크면 클수록 Maria의 습관은 현재의 소비에 보다 빨리 적응하게 된다.

간단한 효용함수는 다음과 같이 사용할 수 있다.

$$u(c,\ h)=\frac{c}{h^{\gamma}}$$

여기서 γ는 습관의 중요성을 측정한다. 만약 $\gamma=0$이면 습관은 모형에 필요없으며 효용은 소비에 의존하는 기본적인 모형으로 바뀐다. 만약 $\gamma=1$이면 효용은 소비가 습관수준보다 높은 지 또는 낮은 지에 의존한다. 중간의 효용은 소비의 절대적인 수준과 소비가 습관수준보다 높은 지 또는 낮은 지에 의존한다. 예를 들어, 소비와 습관수준이 둘 다 4이고 $\gamma=0.5$이면 1의 습관수준에 대해 2의 소비가 같은 효용을 만든다.

몇 가지 가정을 더하면 습관의 중요성 γ가 충분히 클 때만 저축은 소득과 함께 증가할 것이다. 따라서 만약 소득의 높은 성장률이 있다면 습관은 높은 저축을 일으킬 수 있다. 직관적으로, 소비의 습관 수준은 소득의 증가로 인해 소비를 덜하게 된다. 소비가 습관 수준보다 위에 있고 삶의 기준이 올라가는 한, Maria는 상대적으로 높은 효용을 얻을 것이다. 따라서 시간에서 걸쳐 소비를 천천히 증가시키는 것이 최선이고 항상 증가하는 삶의 기준을 가지게 된다. Maria가 원하지 않는 것은 증가한 소득 모두를 소비에 쏟아 붇는 것이다. 이는 이후에 삶의 기준과 효용의 감소로 나타나는 새로운 습관 수준 이하로 소비가 떨어지는 리스크가 발생하게 된다.

<표 5.13>은 어떻게 작동하는 지를 나타낸다. 소득은 4기간 동안 증가할 것이고 증가하는 스케줄B와 평활화된 소비 스케줄A를 비교할 수 있다. Maria가 자신이 익숙한

표 5.13 습관형성 모형에서 비교한 2개의 소비의 순차. 소비 스케줄 B가 가장 높은 효용을 준다.

ρ=0.5					
	기간				총효용
	1	2	3	4	
소득	15	15	30	100	
소비A	40	40	40	40	
습관A	15.0	27.5	33.75	36.9	
효용A	10.3	7.6	6.9	6.6	31.4
소비B	25	35	45	55	
습관B	15.0	20.0	27.5	36.0	
효용B	6.5	7.8	8.6	9.1	32.0

것에 상대적으로 잘 비교하였으므로 증가하는 스케줄은 보다 높은 효용을 준다. 4기 내에 얻을 수 있는 소득의 잠재적 감소를 보호한다.

따라서 순차를 개선하는 습관과 선호는 사람들이 비록 미래 예상소득의 증가를 예상한다고 해도 지출하기 보다는 저축하는 이유를 설명할 수 있다. 사람들은 생애 소득을 순차로 생각하고 사건들을 순차적보다는 떨어진 것으로 볼 때로 구분하려는 문제를 강조한다. 여기서 어떤 사람은 매해의 소득을 순차로 생각한다고 할 수 있다.

이를 간단히 쇼핑몰과 신용카드에서 응용할 수 있다. 미국의 경우 신용카드 발행건수가 13억 장으로 미국인 1인당 4개의 신용카드를 보유하고 있다. 보스톤에서 열리는 스포츠경기 입장권을 MBA 학생들에게 경매 실험을 한 결과 신용카드로 결제하는 학생들이 현금지급을 하는 학생들에 비해 60~110%까지 높은 가격을 제시했다. 이러한 결과는 신용카드와 같은 지불시스템의 발전과 대형 쇼핑몰의 발전이 사람들의 소비를 증가시키는 중요한 요인임을 알 수 있다.

2. 부채가 있을 때, 왜 저축할까?

저축 행위의 보다 퍼즐같은 측면은 많은 사람들이 소비재를 구입하기 위해 고이율로 신용카드를 사용하는 반면 낮은 이자율로 미래를 위해 저축하는 것이다. 2009년 3월, 주로 신용카드 부채로 구성되는 미국의 소비자 부채는 $9500억이며 가처분 소득의 14%가 이러한 빚을 갚는데 사용된다. 동시에 저축률은 가처분소득의 약 4%이다. 어떤 사람은 저축하는 반면 어떤 사람은 차입한다고 주장할 수 있으나 많은 사람이 저축하고 차입하므로 적당한 이유가 되지 못한다. 왜 그럴까?

이러한 퍼즐을 설명하는데 중요한 것은 사람들이 새로운 옷을 사기 위한 것과 같이 단기로 차입하지만 은퇴대비나 집을 장만하기 위해 장기로 저축한다는 것이다. 단기와 장기의 차이는 준쌍곡선적 할인과 시간의 동태적 비일관성으로 연결된다. Laibson, Repetto, and Tobacman(2007)은 (β, δ)선호모형에 미국 가계의 자료를 적용하였다. 리스크에 대한 태도를 고려하기 때문에 β=0.9, δ=0.96인 경우가 자료와 잘 일치하였다. 즉, 장기 할인율은 4.1%이며 단기는 14.6%와 같다는 것이다.

왜 (β, δ)선호가 작동할까? 먼저, 장기 할인율 4.1%를 가지는 소비자는 매해 5%와 같은 장기 저축률로 저축하면 행복할 것이다. 둘째, 단기 14.6%의 할인율을 가지는 소비자는 매해 14%와 같은 율로 돌아가는 것을 지불할 수 있다면, 지금 어떤 것을 사기 위해 차입하면 행복할 것이다. 기본적으로 소비자는 저축하려고 하지만 시간의 동태적 비일관성은 새로운 것을 구매하는데 기다려 주지 않기 때문이다. 은행들과 신용카드사들은 이로부터 이윤을 낸다. 이는 다음의 주제로 연결된다.

신용카드 보유 여부와 금융자산보유를 살펴보면, 현재 미국에는 소수 인종만이 신용카드를 보유하지 않은 경우가 많다. 일반적으로 신용카드를 가지고 있지 않다면 저소득층일 가능성이 높고 따라서 저축수준을 낮을 것으로 예측할 수 있다. 그러나 실제로 신용카드 미소지자들이 소득보다 훨씬 많은 금융자산을 보유하고 있는 것으로 나타난다. 이러한 결과는 신용카드 보유가 실제로 소비를 증가시킨다는 것을 단적으로 보여주고 있다. 아니면, 아메리칸 드림을 가능한 앞당기기 위해 소비를 부추기는 신용카드 보유를 자제한 결과일 것이다.

제5절 시간의 동태적 비일관성의 이용

현재 편향된 선호와 시간의 동태적 비일관성은 연기라는 결과를 만들어 낸다. 사람들은 필요한 것을 계속 연기하려 한다. 기업이 이를 이용할 수 있을까? Della Vigna and Malmendier(2006)의 연구를 살펴보자.

1. 시간의 동태적 비일관성과 소비자 행동

Della Vigna and Malmendier는 1997년 4월부터 2000년 7월 사이 뉴잉글랜드에 있

는 3개의 헬스클럽에서 7,000명 멤버의 참가자료를 보았다. 헬스클럽에 가려고 하는 사람은 4개의 옵션이 있다. (i) 매 방문마다 $12를 지불, (ii) 10번 방문에 $100 지불, (iii) 매월 $85의 계약, (iv) 연간 $850의 계약이다. 매월 계약과 연간 계약의 차이로, 월간 계약은 자동으로 갱신되지만 연간 계약은 자동으로 갱신되지 않는다. 월간 계약은 아무 때나 취소할 수 있지만 직접 취소를 하거나 사유서를 써야 한다. 연간 계약은 기간의 마지막에 다시 서명하면 되거나 멤버십은 끝난다.

만약 멤버가 아무 것도 하지 않는 상태인 디폴트 포지션(default position)이라면 월간 계약과 연간 계약 사이에 차이가 나타난다. 월간 계약의 디폴트 포지션은 멤버가 되는 옵트아웃(opt-out)이 필요하다. 연간 계약을 가지는 멤버는 멤버가 되기 위해 옵트인(opt-in)이 필요하다. 이러한 차이에 신경을 써야 하는 이유는 무엇인가? 전화를 하거나 사유서를 쓰는 비용은 거의 없으므로 옵트인이나 옵트아웃하지 말아야 한다. 그러나 잠재적인 시간의 동태적 비일관성이 존재한다. 어떤 사람이 취소하거나 재가입하기를 원한지만 내일까지 미루게 되면 모레까지 미루게 되고, 다음 날까지 미루는 것이 반복된다. 유사하게 어떤 사람이 자주 헬스클럽에 가려고 하지만 오늘보다 내일 가려고 하는 사람에게는 변명이 존재한다. 자료를 살펴 보자.

4개의 지불 옵션은 특별한 소비자에게 이해할만하다. 어떤 사람들은 헬스클럽에 거의 가지 않으므로 방문당 지불이 낫다. 자주 헬스클럽에 가려는 사람은 연간 계약이 낫다는 것을 안다. 얼마나 자주 이용할 지 불확실한 사람은 월간 계약의 옵션의 유연성을 선호한다. 흥미롭게도, 소비자들은 자신들에게 최선인 옵션을 선택하냐는 것이다. 그러나 연구결과는 그렇지 않다고 나타낸다. <그림 5.5>는 새로운 멤버들의 참가당 평균가격을 나타낸다. 멤버십의 처음 6개월의 방문당 평균비용은 상대적으로 높다. 사실, 월간 멤버의 80%는 10번 방문마다 지불하는 것이 더 나을 것이다.

<그림 5.5>는 고객들이 최선의 옵션을 선택하지 않지만 전체 그림을 반영하지 못한다. 여기서 사람들이 학습(learning)하거나 재조정(readjustment)하는 지를 살펴볼 필요가 있다. 어떤 사람이 월간 계약을 하는 것이 최적이지만 얼마나 자주 헬스클럽을 이용하는 지 알게 되면 방문당 지불로 바꾼다. 그러나 재조정에 대한 증거는 거의 없다. 이는 특히 월간 계약자에 해당된다. 많은 월간 계약자는 미래의 사용을 일관적으로 과대평가하는 것처럼 보이고 멤버십을 취소하는 것을 연기하는 것처럼 보인다. 어떤 사람이 헬스클럽에 참가한 마지막 시간과 멤버십을 취소한 시간 사이에 2개월이 넘는 평균 시차가 존재한다. 이러한 연기는 상당히 비싸다. 멤버십 전체 기간을 살펴보면 월간 계약

그림 5.5 월간 멤버십의 처음 6개월 동안 헬스클럽에 가는 방문회수당 평균 비용. 월간 멤버는 만약 방문당 지불하는 것보다 많은 평균비용을 지불한다

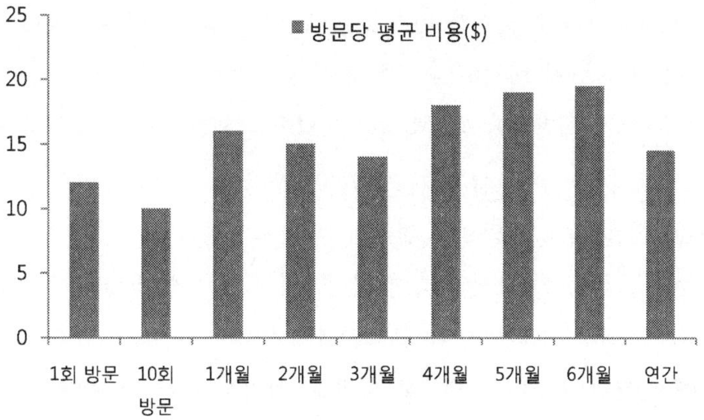

자료: Della Vigna and Malmendier(2006)

자에 대한 평균 손실은 $6.14이다. 그러나 연간 계약자의 평균 손실은 $1이다.

이러한 결과를 이해하기 위해 Della Vigna and Malmendiersms의 가장 그럴듯한 설명은 미래 사용에 대한 과대추정, 시간의 동태적 비일관성, 순진함이었다. 선호를 가지는 순진한 소비자 모형은 b=0.7, δ=0.9995인데 취소를 평균적으로 2개월 넘게 하는 것도 설명할 수 있었다.

2. 기업의 가격결정

헬스클럽 예에서 월간 계약을 하는 소비자는 손실을 입는다는 것은 기업의 이득이 된다. 기업은 소비자로부터 얻는 이윤을 극대화하는 가격 전략을 사용하는 지에 대한 질문이 필요하다. 만약 소비자가 현재편향을 가지고 있다면 기업은 어떻게 가격을 정하는 지에 대해 알아볼 필요가 있다. 이를 위해 Della Vigna and Malmendiersms(2004)의 연구를 기초로 헬스클럽 멤버십 모형을 살펴보자.

3기간이 존재한다. 1기에 헬스클럽은 정액 멤버십요금(lump sum membership fee) L과 매 방문바다 내야 하는 사용자요금 p로 구성된 두 부분 관세(L, p)를 제안한다. 만약 Maria가 헬스클럽에 가입한다면 2기에 멤버십요금을 지불해야 하고 헬스클럽을 이용할지를 결정해야 한다. 만약 Maria가 헬스클럽을 이용한다면 사용자요금 p와 개인적으로 참여하는데 발생하는 비용 c를 지불한다. Maria는 가입 후까지 개인적인 비용을 알지

못한다. 만약 Maria가 헬스클럽에 간다면 3기에 이익(benefit) B를 얻는다. 모형에서 중요한 부분은 지연(delay)이다. 가입과 이용하는 것 사이에 지연이 있기 때문에 Maria는 가입했을 때 미래의 사용을 예측할 필요가 있다. 또한, 헬스클럽을 이용하는 것과 헬스클럽을 사용해 온 것에서 발생하는 이익 사이에 지연도 존재한다.

이러한 지연으로 현재편향이 중요해지는 영역이 발생한다. 따라서 Maria는 (β, δ)선호를 가지고 있으나 $(\hat{\beta}, \delta)$선호를 가지고 있다고 생각한다고 가정하자. 만약 $\hat{\beta} > \delta$이면 Maria는 현재편향을 가지고 있으나 편향의 힘을 과소평가한다.

Maria가 무엇을 하는 지 보기 위하여 현재 1기에 있으며 Maria는 2기에 무엇을 지 예측할 것이다. Maria는 2기가 될 때 헬스클럽을 사용하여 얻는 보수는 할인된 이익에서 비용을 뺀 $\delta\hat{\beta}B - p - c$라고 생각할 것이다. 따라서 Maria는 만약 $c < \delta\hat{\beta} - p$이면 헬스클럽을 이용할 것이라고 예상한다. 기간 1의 관점에서 헬스클럽을 사용함으로써 얻는 이익은 $\delta\beta(\delta B - p - c)$가 된다. 따라서 Maria가 계약서에 서명을 한다면 다음과 같은 순이익을 예상해야 한다.

$$NB = \delta\beta\left(-L + \int_0^{\delta\hat{\beta}B - p}(\delta B - p - c)dc\right) \tag{5.10}$$

적분항은 헬스클럽을 이용하는데 드는 개인적인 비용에 대한 불확실성을 반영한다.

다음의 질문으로, Maria는 실제로 2기에 행동할 것인가 하는 것이다. 만약 $c < \delta\beta B - p$이면 헬스클럽을 사용한다. 따라서 만약 $\hat{\beta} > \beta$이면 Maria는 헬스클럽을 가는 가능성을 과대평가하는 편향이 있고 이는 헬스클럽에 가입하는 이익을 과대평가하기 때문이다. 이는 <그림 5.5>와 일치한다.

이제, 기업을 생각할 수 있다. 기업은 어떤 사람이 가입하면 K의 생산비용이 발생하고 어떤 사람이 헬스클럽을 이용하면 a의 단위당 비용이 발생한다고 가정하자. 기업은 만약 2기에 $c < \delta\beta B - p$이면 소비자가 헬스클럽을 이용할 것이라는 것을 안다. 기업의 목적은 이윤을 극대화하기 위해 L과 p를 선택하는 것이다.

$$\max_{L,p}\left(L - K + \int_0^{\delta\beta B - p}(p - a)dc\right)$$

여기서 순이익 NB는 0보다 커야 하는데 그렇지 않다면 아무도 가입하지 않을 것이다. 만약 극대화 문제를 푼다면 최적가격은 다음과 같다.

$$p = a - \delta B(1-\hat{\beta}) - \delta B(\beta - \hat{\beta}) \quad (5.11)$$

여기서 <표 5.14>와 같이 3단계를 살펴보자.

만약 고객이 $\beta = 1$로 현재편향을 가지고 있지 않으면 기업은 $p = a$로 인당 사용비용과 비용을 같게 해야 한다. 이러한 결과는 가격차별과 비슷하다. 헬스클럽이 하는 최적은 고객이 지불하는 멤버십요금을 높게 부과하고 고객 사용으로부터 나오는 이윤을 0으로 만드는 것이다.

만약 고객이 $\beta < 1$로 현재편향을 가지고 있다면 기업은 $p < \alpha$로 인당 사용자요금이 비용보다 작게 책정한다. 이는 고객이 헬스클럽을 이용할 때마다 손실이 발생하는 의미를 가진다. 어떻게 이해해야 할까? 이는 고객의 섬세함이나 순진함에 의존한다. 만약 Maria가 섬세하다면 현재편향 때문에 헬스클럽에 가는 것을 연기할 지도 모른다는 것을 안다. 따라서 Maria는 헬스클럽에 가야 하는 어떤 것이 필요하다. 낮은 사용자요금이 그러한 목적을 충족한다. 따라서 Maria는 낮은 사용자요금을 가지기 위해 높은 멤버십요금을 지불하지 않으려 할 것이다. Maria가 현재편향을 가지고 있기 때문에 헬스클럽은 이익을 내지 못하지만 헬스클럽은 다른 요금을 부과할 필요가 있다.

만약 Maria가 순진하다면 얼마나 많이 헬스클럽을 이용할 것인지를 과대평가한다. 사용자요금이 낮을수록 더 많이 헬스클럽을 이용할 것이라고 Maria는 생각하고 멤버십

표 5.14 현재편향 선호가 있는 헬스클럽 예에서 최적 가격결정의 결과

선호	소비자	기업
현재편향 없음, $\beta = 1$	언제 헬스클럽을 이용할 지 정확하게 예상	–멤버십요금으로 이윤을 냄 –멤버들이 헬스클럽을 이용할 때 이윤은 없음
현재편향과 섬세함. $\beta = \hat{\beta}$	현재편향 때문에 헬스클럽을 이용하지 않을 것이라는 것 안다	–고객 확보를 위해 낮은 사용자요금 부과가 필요 –사람들이 헬스클럽을 이용할 때 손실이 발생하지만 높은 정액 비용으로 보상된다 –소비자의 현재편향으로부터 이윤 없음
현재편향과 순진함. $\beta < 1, \hat{\beta} = 1$	현재편향 때문에 헬스클럽에 가지 않는 것을 깨닫지 못함	–고객을 확보하기 위해 사용자요금을 낮춘다 –사람들이 헬스클럽을 이용할 때 손실이 발생하지만 높은 정액 비용과 일부 고객이 이용하지 않는 것에서 보상된다 –소비자의 순진함에서 이윤 발생

요금이 높을수록 Maria는 지불하려고 할 것이다. 이 경우, 헬스클럽은 Maria의 편향에 의해 이윤이 발생한다. 낮은 사용자요금을 제안함으로써 높은 멤버십요금을 부과할 수 있고 가입하는 사람에게서 이득을 얻지만 이후에 헬스클럽을 이용하지 않는다. 소비자의 순진함이 클수록 헬스클럽에 발생하는 이윤은 커진다.

추가적으로 식(5.11)을 도출하자. 만약 NB=0으로 두면 식(5.10)에서 L을 바꾸어 쓸 수 있고 기업의 문제에 대입할 수 있다.

$$\max_p\left(\int_0^{\delta\hat{\beta}B-p}(\delta B-p-c)dc-K+\int_0^{\delta\hat{\beta}B-p}(p-a)dc\right)$$

다음과 같이 쓸 수 있다.

$$\max_p\left(\int_0^{\delta\hat{\beta}B-p}(\delta B-a-c)dc-K+\int_{\delta\hat{\beta}B-p}^{\delta\hat{\beta}B-p}(\delta B-p-a)dc\right)$$

이를 정리하면 다음과 같다.

$$\max_p\left((\delta\beta B-p)(\delta B-a)+\delta B(\hat{\beta}-\beta)(\delta B-p)-K-\int_0^{\delta\hat{\beta}B-p}cda\right)$$

마지막 적분항을 계산하고 p에 대해 미분하면 된다.

이러한 단순한 모형에서 두 가지 함의가 존재한다. 첫째, 기업은 최적가격을 결정할 때 현재편향을 고려해야 한다. 만약 소비자들이 섬세하다면 적절하다. 이 경우, 기업은 현재편향으로부터 이윤을 낼 수 없지만 현재편향이 없는 것과 같은 이윤을 만들기 위해 다르게 가격을 책정해야 할 필요가 있다. 둘째, 기업은 순진한 소비를 확보하여 이윤을 낼 수 있다. 일부 고객은 낮은 사용자요금을 이용하지 않는다는 것을 알기 때문에 기업은 높은 멤버십요금을 부과하고 낮은 사용자요금을 제안한다.

헬스클럽 예에서 기업은 이러한 것을 알고 있다는 것이다. 멤버들의 사용자요금은 0이고 헬스클럽의 단위당 비용보다 작아야 한다.

3. 올바른 전화요금제의 선택

Miravete(2003)은 전화요금제의 잘못된 선택이라는 주제로 연구하였다. Miravetesms 1986년 South Central Bell이라는 회사가 변경한 요금제(tariff)에 따른 소비자의 전화요금제 선택을 살펴보았다. 고객은 매월 $18.70인 정액제 요금 또는 종량제 요금(flat-rate tariff)과 매월 $14.02와 콜당 요금으로 측정하는 것에서 선택을 한다. 이러한 선택은 현재편향이 많은 곳에서 발생한다. 고객은 요금제를 바꾸는 것이 최선이기 때문이고 사람들은 그것을 알지만 현재편향 때문에 바꾸는 것을 지연시킨다.

예상되는 전화 사용에 대한 질문을 포함하여 5,000명의 고객을 설문조사하였다. 만약 얼마나 많은 고객들이 전화를 사용하는 것을 예상하는 것을 안다면 보다 덜 비싼 다른 요금제로 바꾸기로 예상했어야 하는 사람들을 알 수 있는데 사람들은 바꾸지 않았다.

약 30%의 고객은 측정된 옵션을 선택하였고 70%의 사람은 정액제로 남아 있었다. 따라서 고객은 옳은 선택을 한 것이고, 만약 처음에 잘못된 선택을 하였다면 선택을 바꿀까? <표 5.15>는 이에 대한 결과를 나타낸다. 높은 비율의 사람들이 자신의 콜 수를 과대평가하거나 과소평가하는 것으로 나타난다. 전화요금제를 잘못 선택한 것에서 발생하는 것이다. 흥미로운 것은 10월에 잘못된 전화요금제를 가진 사람들이 12월에 얼마나 많이 바꾸었을까 하는 것이다. 전체적으로 약 40%의 고객들이 10월에 잘못된 요금제를 가지고 있었으며 12월에는 33%로 떨어졌다. 요금제를 바꾸어 이득을 보았다.

헬스클럽 멤버십과 비교하는 재미있는 결과가 있다. 헬스클럽 멤버십에서 대부분이 잘못된 선택을 하는 정액 월간 요금제에 대한 옵션이 있었다. 전화요금제에서 정액요금제를 선택하는 것은 평균적으로 올바른 선택을 하는 것이다. 대부분이 자주 잘못 선택

표 5.15 전화요금제 선택, 사용량 추정, 잘못된 선택을 한 고객 비율

10월 선택	정액	정액	측정	측정
12월 선택	정액	측정	정액	측정
고객수	953	43	41	375
20%이상 과소평가된 콜	26%	28%	32%	33%
20%이상 과대평가된 콜	59%	49%	61%	49%
10월에 잘못된 선택	11%	44%	100%	57%
12월에 잘못된 선택	6%	7%	0%	67%

자료: Miravete(2003)

하는 것은 변동이 있는 콜당 요금을 선택하는 것이다. 따라서 사람들은 평균적으로 정액제 대 변동하는 요금제에 대해 편향되어 있다고 보기 어렵다. 사람들은 미래의 사용을 제대로 예측하지 못하므로 잘못된 선택을 하는 것이다.

현재편향은 이러한 모든 것에 대한 설명이 된다. 사람들은 시간의 동태적 비일관성 때문에 얼마나 많이 헬스클럽에 갈 지를 과대평가할 수 있고 전화사용을 얼마나 많이 하는 지를 과소평가할 수 있다. 또한, 일단 잘못된 결정이라는 것을 알았다고 해도 지연 때문에 요금제를 바꾸는 것을 미루게 된다. 현재편향은 좋은 이야기가 되는데 이것이 전체적인 이야기인가?

그렇지 않을 수도 있다. 헬스클럽의 경우에, 너무 많이 지불하는 사람은 멤버십을 바꾼다. 유사하게 전화의 예에서, 잘못된 요금제를 선택하는 고객의 수는 시간이 지나면서 감소한다. 따라서 시간의 동태적 비일관성과 지연이라고 보이는 것은 사람들이 선호를 학습하고 최선의 선택을 하는 것에 시간이 걸린다는 것이다. 이는 현재편향이 중요하지 않다는 것이 아니며 다른 요인들도 알아야 되는 것이다. 앞에서 본 학습이나 새로운 정보를 해석하는 것이 요인이 될 수 있다.

CHAPTER

06

새로운 정보의 학습

CHAPTER 06

새로운 정보의 학습

4장에서 다룬 주제는 불확실성과 리스크에 관한 것이었다. 예를 들어, Anna가 너티와 허니 중에서 어떤 것을 더 선호하는 지에 대해 알지 못한다고 이야기하였다. 또한 Alan은 자신의 자동차가 도난될 것인 지의 여부에 대해 알지 못하고 전액보험에 가입할 것인 지의 여부를 결정해야 했다. 새로운 정보를 이용하면 이러한 불확실성을 제거할 수 있다. 예를 들어, 만약 Anna가 조식 시리얼을 맛보거나 Alan이 최근 자신의 동네에서 도난당한 차량의 수를 알게 된다면, 이러한 정보를기반으로 하여 결정하게 된다.

따라서 TV, 라디오, 인터넷, 신문, 지인, 가족, 동료, 경험 등으로부터 새로운 정보를 얻게 되며 계속적으로 결정에 이용하는 것이 유리하다. 그러나 새로운 정보는 폭 넓게 사용될 때 유용하다. 이러한 것은 중요한 방식으로 행동에 영향을 미칠 수 있다. 왜 기업은 광고에 매우 많은 돈을 지출하는가? 왜 사람들은 결정을 하기 전에 친구에게 조언 듣고, 인터넷으로 검색을 하는가? 현명한 사람들이 새로운 정보를 어떻게 이용하고, 그 결과로 사람들의 행동에 얼마나 영향을 미치는 지에 대해 알아보자.

제1절 베이지안 업데이트와 불확실성 하의 선택

John은 새 차를 사려고 하는데 스포티카(sporty car)와 컴포트카(comfort car)의 두 가지 선택으로 좁혔다고 하자. 차의 가격은 거의 같으나 John은 어떤 차가 더 높은 효용을 줄 것인 지에 대해 알지 못한다. 이러한 결정 과정에서 John은 친구에게 물어보거나, 시험주행을 하거나, 인터넷 광고를 찾는 등 다양한 방법으로 조금 더 나은 정보를 찾으려고 할 것이다. 이러한 새로운 정보를 가지고 어떻게 해야 하는가?

John이 정보를 이용하기 위한 기준점은 베이지안 업데이트(Beyesian updating)이다. p가 사전확률(prior probability)을 나타내고 John은 스포티카가 보다 높은 효용을 준다고 생각한다고 하자. John이 얻은 새로운 정보를 신호(signal)라고 부른다. 예를 들어, 친구가 '스포티카를 사는 것이 좋을 것 같아'라고 하는 것과 시험주행으로 '스포티카가 좋아' 등이 신호가 될 수 있다. 만약 θ는 신호정도(signal precision)를 나타낸다고 하면 스포티카가 높은 효용을 주는 경우에 John이 가지는 확률이 된다. θ는 John이 친구들의 의견과 전문가의 소견이나 시험주행을 어떻게 생각하는 지에 대한 믿음(belifs)과 같은 것을 반영한다. 만약 John이 베이즈 정리(Bayes rule)을 사용한다면 보다 높은 효용을 주는 스포티카에 사후확률(posterior probability)을 부여할 수 있다.

$$\text{(6.1)} \qquad \Pr(\text{스포티카가 최선}|\text{신호}) = \frac{\theta p}{\theta p + (1-\theta)(1-p)}$$

예를 들어, 만약 John이 p=0.4와 같이 두 가지의 선택에서 상대적으로 무차별하고, 스포티카가 더 낫다고 말한 친구의 말을 믿기 때문에 θ=0.4라고 하면 John에게 스포티카가 더 나은 사후확률인 0.86이 산출된다. 즉, 새로운 정보는 John의 믿음들을 변화시키고 컴포트카를 구매하지 않고 스포티카를 구매하는 행동으로 변화시킬 지도 모른다.

베이지안 업데이트는 보다 최선의 정보를 이용하는 것이다. 새로 얻은 정보들을 가지고 베이즈 정리를 이용하게 된다. 따라서 John이 새로운 정보를 어떻게 사용해야 하는 지에 대해 예측할 수 있다. 그러나 베이지안 업데이트는 식(6.1)에 나타난 것보다 조금 더 복잡해 질 수 있다. 이유를 설명하기 위해 앞의 장에서 살펴 보았던 John의 선택과 연결시켜 보자.

John은 어떤 차가 가장 높은 효용을 주는 지 모르기 때문에, 보다 많은 정보를 탐색하여 보다 정보화되었다고 하자. 어떤 차가 최선인 지에 대해 완벽하게 확신하지 못하지만, 새로운 정보로 믿음을 업데이트하고 보다 정보화되어 결정을 하게 된다. 이러한 과정을 통해 John은 최종적으로 선택을 할 때, 리스크가 있는 선택을 하게 된다. 예를 들어, 각 전망이 새로운 자동차 구매의 가능한 결과를 세분화할 수 있는 '스포티카 전망'과 '컴포트카 전망'이 있다고 생각할 수 있다. John은 새로운 정보를 이용하여 여러 개의 전망에 대한 숫자를 바꿀 수 있다. 예를 들어, 만약 컴포트카를 시험주행한다면, 컴포트카에 대한 전망을 업데이트할 수 있다. 컴포트카 전망을 업데이트함으로써 컴포트카가 최선이라는 믿음을 업데이트할 수 있다. <표 6.1>은 이것이 실제로 컴포트카를 시험주행할 때 실제로 어떻게 작동하는 지에 대해 나타낸다.

이러한 방법으로 프레이밍하는 것에 대해 두 가지 잠재적인 이슈가 있을 수 있다. 첫째, 믿음을 업데이트하는데 복잡하게 된다. 처음의 초점은 John에게 스포티카가 최선이라는 확률에 있었다. 이제 각 차량에 대해 세밀하게 접근하게 된다. John은 새로운

표 6.1 John은 시험주행 이후의 믿음. 만약 컴포트카가 $12,000의 가치를 가진다면 최선이다. 처음에 0.7의 확률을 놓게 되므로 스포티카는 0.3의 확률을 가진다. 시험주행 이후에 컴포트카를 좋아하지 않는다. 따라서 컴포트카에 대해 0.6의 확률로 낮춘다

사건	John의 의견	요약
처음	스포티카가 0.9의 확률로 $10,000의 가치를 가지고 컴포트카는 0.1의 확률로 $9,000의 가치를 가진다. 컴포트카는 0.7의 확률로 $12,000의 가치를 가지고 컴포트카는 0.3의 확률로 $4,000의 가치를 가진다.	0.3의 확률로 스포티카가 최선이다
컴포트카 시험주행과 컴포트카를 좋아하지 않는 신호를 가지는 경우	신호 정도, 즉 컴포트카가 0.39의 확률로 $12,000의 확률을 가지면 발생 컴포트카는 0.6의 확률로 $12,000의 가치를 가지고 0.4의 확률로 $4,000의 가치를 가지는 믿음을 업데이트한다	0.4의 확률로 스포티카가 최선이다

정보를 업데이트하여 믿음으로 대입하기 위해 어떠한 작업을 해야 한다. 각 차량들에 대한 장점들에 대한 믿음을 업데이트해야 하고, 어떠한 차량이 최선이라는 것에 대한 믿음을 업데이트 해야 한다. 이것은 매우 복잡하다. 현실적으로 John이 이것을 예상할 수 있을까? 이 질문은 이후의 절에서 다루기로 하자.

두 번째 이슈는 애매함과 불확실성이다. 앞에서 리스크와 불확실성 사이의 차이를 설명하였다. 만약 어떤 사람이 불확실성을 가지고 선택을 한다면 가능한 결과의 확률을 알지 못한다는 것을 설명하였다. John은 컴포트카를 좋아할 수 있었다는 것이나 좋아하지 않을 수 있다와 같은 것이다. 컴포트카를 좋아할 확률이나 좋아하지 않는 경우에는 특정한 숫자로 대입하는 것은 상당히 어렵다. 이제 이러한 작업은 John의 선택은 불확실성 하의 선택이 된다. John이 베이지안 업데이트를 사용하여 예상할 수 없기 때문에 <표 6.1>의 숫자가 나온 것에 대해 생각해 볼 필요가 있다. 따라서 불확실성 하의 선택으로 넘어가자.

1. 불확실성 하의 선택모형

중요한 이슈를 증명하기 위하여 이와 관련된 간단한 예를 들고 John이 차를 구입한 것과 연결시켜 보자. 박스에 10개의 공이 있다고 가정해보자. 그 공 중에 하나는 무작위로(randomly) 박스에서 꺼내고, 그 공의 색깔이 무엇인지 내기를 한다고 하자. 만약 그것을 맞춘다면 $2를 얻는다. 지금 두 가지를 비교해 보자.

박스1: 5개의 빨간 공과 5개의 검정 공이 포함된다.
박스2: 빨간 공과 검정 공의 개수는 알려져 있지 않다. 빨간 공의 개수가 0이고 검정 공의 개수가 10일 수도 있고, 빨간 공이 10개이고 검정 공이 0개일 수도 있으며, 둘 사이의 개수가 무작위일 수도 있다. 당신은 박스에서 어느 쪽에 내기를 하겠는가?

박스1은 앞 장에서 본 것과 같은 리스크가 있는 상황에서의 단순한 선택이다. 만약 John이 전망(0.5, \$2; 0.5, \$0)에 직면하고 검정 공에 내기를 한다면 50%의 확률로 맞을 것이고 \$2를 얻을 것이다. 이 때, 예상되는 효용은 다음과 같다.

$$U(\text{검정}) = 0.5u(w+2) + 0.5u(w)$$

여기서 w는 재산(wealth)이다. 박스2는 어떨까? John이 검정 공에 내기를 걸었을 때, John이 얻을 확률을 말할 수 없기 때문에 전망할 수 없다. 가능성은 모호하다(ambiguous). 만약 그 가능성이 애매하다면 John의 예상되는 효용을 산출해 낼 수 없고, 전망이론을 사용할 수 없으며, 앞 장해서 취했던 어떠한 방법도 할 수 없다. 이제 새로운 것이 필요하다.

여기서 할 수 있는 가장 간단한 것은 John이 일어날 것이라고 생각하는 것에 대해 주관적 예상효용(subjective expected utility)을 사용하는 것이다. 만약 John이 박스2가 4개의 빨간 공과 6개의 검정 공으로 구성된다고 생각하면 검정 공을 뽑을 주관적인 확률은 0.6이고 주관적 예상효용은 다음과 같다.

$$U(\text{검정}) = 0.6u(w+2) + 0.4u(w)$$

이것은 간단한 해결책처럼 보인다. 그러나 문제는 John이 원하면서 틀리지 않는 어떤 믿음을 가질 수 있어야 한다. 박스에 있는 공 중에서 검정 공이 없을 수도 있고, 모두가 검정일 수도 있기 때문에 어떠한 믿음을 가져야 하는 지에 대해 고정시킬 수 있는 방법이 없다.

이제 또 다르게 나타날 수 있는 박스를 고려해보자

박스3: 0에서 10사이의 숫자 중에서 무작위로 뽑히고, 숫자에 따라 박스 안에 빨간 공의 개수가 결정된다. 또한, 10개 공 중의 나머지는 검정 공이다.

이 박스는 리스크나 불확실성을 가진 선택을 제시하는가? 이에 대한 정확한 답변은 리스크를 가진 선택이 여기에 포함되어 있다. 그러나 이러한 상황은 합성복권(compound lottery)을 포함하기 때문에 박스1과는 다르다. 결과를 정하기 위하여 둘 이상의 연속적인 복권이 존재할 때 합성복권은 나타나게 된다. 즉, 여기서는 박스 안에 얼마나 많은 공의 개수가 정해지는 지와 John은 1개의 먼저 공을 뽑아야 하므로 박스3은 합성복권으로 볼 수 있다. John이 공을 뽑는 마지막 단계를 1차 복권(first order lottery) 또는 2단계 복권(second stage lottery)이라고 한다. 박스 안의 공의 개수가 정해지는 이전 단계를 2차 복권(second order lottery) 또는 1단계 복권(first stage lottery)이라고 부른다. 이 경우에 2단계로 충분하지만, 일반적인 경우에는 보다 많은 단계가 존재할 수 있다.

박스3의 복권의 속성을 찾아내기 위하여 하나의 긴 전망(0.09, $2; 0.09, (0.9, $2; 0.1, $0); 0.09, (0.8, $2; 0.2, $2)을 나타내자. 여기서 모든 공이 검정인 11번의 기회에서 1은 한 번만 나타나며 John은 $2를 얻는다. 9개의 공이 검정인 11번의 기회에서 1은 한 번만 나타나며 John은 0.9의 확률로 $2를 얻는다. 이를 반복한다. 이것은 약간 복잡한 것처럼 보이므로 합성복권을 단순복권으로 축소하는(reducing the compound lottery) 시도를 할 수 있다. 이를 위하여 공이 검정인 지 또는 빨강인 지에 대한 전체적인 확률에 대해 정리를 해야 한다. 즉, 만약 검정 공은 50%의 기회가 있고 빨간 공은 50%라는 기회가 있어야 한다. 이것은 박스3에서 검정 공에 내기하는 것은 마치 박스1의 전망(0.5, $2; 0.5 $0)과 같다.

그러나 이것은 합성복권을 단순복권으로 축소하는 것에 대해 명확하지 않다. 예를 들어, 반복적 예상효용(recursive expected utility)을 시행할 수도 있고 각 복권의 예상효용을 합한 효용으로 계산할 수도 있다. 이를 위하여 John이 1개의 색을 뽑는 1단계 복권을 시작하자. 만약 1개의 검정 공이 있고 9개의 검정 공이 있다면 검정 공에 대한 예상효용은 다음과 같다.

$$U(\text{검정} \mid 1\text{개의 검정}) = 0.1u(w+2) + 0.9u(w)$$

이것을 검정 공과 빨간 공의 모든 가능한 결합에 대해 이행할 필요가 있다. 공들의 개수가 결정되는 2단계 복권으로 넘어간다. Kilbanoff, Marinacci, and Mukerji(2005)는 다음과 같이 예상효용을 나타내었다.

U(검정 = 0.09Ø(U(검정 | 검정이 없음)) + 0.09Ø(U(검정 | 1개의 검정)) +⋯

여기서 Ø은 2단계 복권에 대한 선호를 반영하는 함수이다.

1단계와 2단계 복권에 대한 리스크에 대한 선호를 구분하는 것이 중요하다. 특히, John이 1단계 복권보다 2단계 복권에서 보다 리스크회피적인 이유가 있다. 그렇다면 합성복권을 단순복권으로 축소하지 말아야 하며, 대신에 반복적 예상효용을 사용해야 한다. 이것은 John이 합성복권을 선호하지 않으므로 박스1보다 박스3에 내기를 하려고 할 것이다.

박스2를 다시 살펴보자. 박스2에서 확률이 모호할 때 합성복권이라고 생각하는 것이 조금 더 자연스럽다. 즉, 박스에 공들이 추가되는 상황에서 John은 주관적인 믿음을 가지는 것으로 생각하는 것이 자연스럽다. 예를 들어, 5개의 빨간 공과 5개의 검정 공이 있다는 것에 주관적 확률 0.5를 두고, 모든 공이 검정색이라는 것에 대해 주관적 확률을 0.25를 둔다. 따라서 불확실성이 있는 선택에 대해 반복 주관적 예상효용(recursive subjective expected utility)을 사용할 필요가 있다. 이를 알아보기 위해 데이터를 살펴보자.

2. 알레의 역설

Halevy(2007)의 연구 결과를 살펴보자. 연구에서 피험자는 박스1~박스3와 박스4에 대해 질문을 받는다.

> 박스4: 박스 안의 모든 공이 검정인 지 또는 모든 공이 빨강인지를 결정하기 위하여 공정한 동전을 던진다.

박스4에서 흥미로운 점은 모든 리스크가 1단계에서 해결된다는 것이다. 따라서 2단계에서 리스크가 해결된 박스1이 되고, 1단계에서 리스크가 해결된 박스4가 되며, 진정한 의미에서의 합성복권인 박스3이 나타난다. 만약 사람들이 2차적 리스크에 대해 보다 리스크회피적이라면, 이러한 것을 알아낼 수 있다.

이 연구는 색깔에 대해 내기를 하는 피험자들에 살펴보는 것이 아니라, 내기가 게임이 계속되도록 수용할 수 있는 금액을 말함으로써 내기 자체를 팔 수 있는 기회를 피험자에 주게 되는 것에 초점을 둔다. <그림 6.1>은 평균, 피험자가 수용하는 최소금액을 나타낸다. 만약 내기를 이긴다면 $2를 받으므로, 리스크중립적인 사람은 $1을 원할 것

그림 6.1 각 박스에 대한 내기를 파는 의사. 알레의 역설은 피험자들이 박스1보다 박스2에 내기를 덜 팔려고 이유가 된다

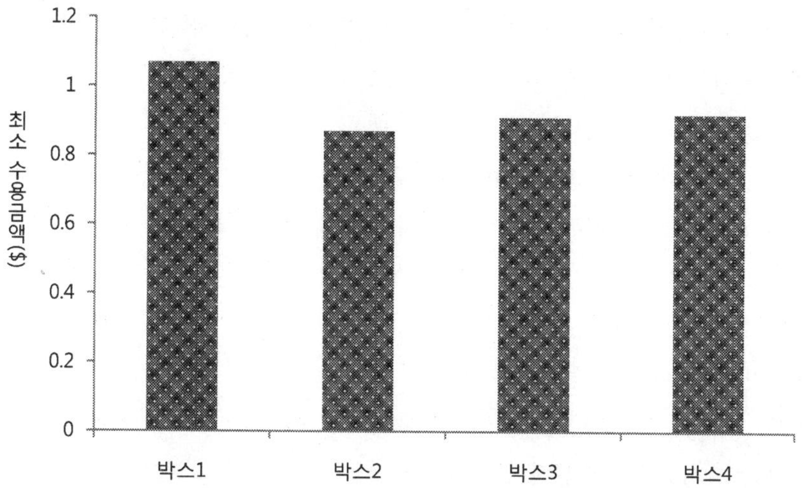

자료: Halevy(2007)

이다. 중요한 부분은 박스1에 대한 내기보다 박스2에 대한 내기를 더 많이 팔려고 한다는 점이다. 이러한 점은 처음 Ellsberg(1961)에 의해 제기되었으므로 알레의 역설(Ellsberg Paradox)이라고 부른다. 알레의 역설은 사람들이 박스2에 내기를 걸지 않는 이유가 될 수 있다. 사람들은 불확실성 하에 리스크가 있는 선택을 해야 하는 선호에서 애매성 회피(ambiguity averse)를 한다는 것이다. 그러나 박스3과 박스4의 결과에서 피험자들은 2차 복권에 대해 회피하는 것으로 보이므로 다소 수정할 필요가 있다.

조금 더 깊이 알아보기 위하여 Halevy는 개별적인 피험자의 선택에 살펴 보았고, 이들의 선택을 분류하려고 시도하였다. <표 6.2>는 이에 대한 결과들을 나타낸다.

첫째, 같은 가격에 어떠한 박스에 대해 내기를 팔려고 하는 피험자가 존재한다. 그들

표 6.2 선호모형에 맞는 피험자 비율과 팔려고 하는 평균 의사

선호모형	피험자비율	내기를 진행하는데 대한 수용의사			
		박스1	박스2	박스3	박스4
주관적 예상효용	19.2%	1.03	1.03	1.03	1.03
반복적 예상효용	40.3%	1.04	0.78	0.96	0.79
반복적 비예상효용	39.4%	1.11	0.91	0.85	1.07
최대최소 예상효용	0.1%	0.90	0.80	0.90	0.90

자료: Halevy(2007)

은 애매함과 2차 복권에 대해 귀찮아 하지 않아 보이므로 이들의 선택은 주관적 예상효용을 극대화하는 것과 일치하는 것처럼 보인다.

둘째, 박스1보다 박스3을, 박스3보다 박스4에 대한 내기를 팔려고 하는 사람들이 존재한다. 이러한 피험자는 2차 복권에 대해 리스크회피적으로 보이므로 이들의 선택은 반복적 예상효용과 가장 일치한다.

셋째, 같은 가격에 박스1과 박스4에 내기를 팔려는 사람이지만 박스3에 대한 내기를 보다 적극적으로 팔려고 하는 사람이다. 마치 이러한 피험자들은 2차 복권에 대해 리스크회피적 인 것처럼 보이지 않지만 보다 박스4에 대한 내기를 팔려고 할 것이다. 대신, 박스3의 합성복권을 싫어하는 것으로 보인다. 이는 사람들이 순위에 의존하는 효용을 사용하는 반복적 비예상효용과 일치한다.

최종적으로, 단순히 애매함을 좋아하지 않는 사람들을 살펴보자. Ellsberg는 사람들이 애매해 질 때, 사람들은 비관적이게 되고 일어날 수 있는 일들을 최악으로 생각한다. 따라서 최소를 최대화하는 이야기를 하게 된다. 이 연구에서 오직 1명의 피험자만 보다 박스2를 팔려고 하며 박스3과 박스4는 팔려고 하지 않는다.

앞의 자동차 구매의 경우에서 John이 무슨 차를 살 지에 대해 생각해보자. 우선, John이 일어날 것이라고 생각하는 것에 대한 주관적인 믿음을 나타내는 <표 6.1>의 숫자를 살펴보자. 각 차량의 질은 2차 복권에서 정해지고, 가장 선호하는 자동차는 1차 복권에서 정해지는 합성복권을 선택하는 것과 같다.

John의 믿음에 대한 주관적인 속성으로 인하여 John이 다른 차들 대신에 하나의 차를 선택하는 이유와 최선의 선택을 했는 지에 대해 알기 어렵다. 그러나 <표 6.2>에서 대부분의 사람들은 합성복권을 좋아하지 않거나 애매함에 대해 회피적이게 된다. 이것은 다음과 같은 함의를 가질 수 있다. John은 어떤 차가 최선인 지에 대해 내기를 하는 것을 꺼리게 되므로 차량구매를 연기한다. 또한, John은 자신이 직면한 애매함이나 직면한 2차 리스크를 줄이기 위하여 차들에 대한 더 많은 정보를 가지기를 원할 것이다.

제2절 두 인지편향

만약 John이 애매함과 2차 리스크를 좋아하지 않는다면 더 나은 정보를 가질 필요가 있으므로 새로운 정보를 찾아야 한다. 정보를 현명하게 사용할 것인 지에 대해 질문할 필요가 있다. 예를 들어, 베이즈 정리를 사용할 것인가? 이러한 것을 수행하면 문제가 상당히 복잡해지므로 새로운 정보를 어떻게 해석했는 지에 있어서 실수들과 편향들을 살펴보아야 한다. 여기서, 보다 일반적인 두 가지의 편향을 살펴보자. 이는 확증편향(confirmatory bias)과 소수의 법칙(law of small numbers)이다.

1. 확증편향

John이 친구에게 충고를 부탁하고 "컴포트카는 매우 좋지만 스포티카는 친환경적이야"를 듣는다고 가정하자. 이것은 유용한 정보가 되지만 John이 어떻게 해석해야 하는 지에 대해 명확하지 않다. 기본적인 문제는 주관적으로 해석되었다는 점에서 이러한 정보는 애매하고, 서로 다른 사람들은 서로 다른 방법으로 해석할 지도 모른다. 일부 사람들은 '컴포트카가 더 낫다'에 초점을 두고 다른 사람들은 '스포티카는 친환경적이야'에 초점을 둘 수도 있다.

이러한 애매함은 사람들이 얻는 많은 정보에서 일반적으로 나타나며 편향된 정보의 해석이 발생한다. 만약 사람들이 애매하게 해석하는 경향이 있고 새로운 정보가 초기의 믿음이나 의견과 일치한다면 확증편향(confirmatory bias)이 있다고 말한다. 다음의 두 가지 연구를 살펴보자.

Lord, Ross, and Lepper(1979)는 피험자들에게 사형제도(death penalty)에 대한 효과에 대한 두 가지 보고서를 읽으라고 요청하고 그 보고서가 사형에 대해 찬성하는 지, 아니면 반대하는 지에 대해 생각하는 것에 있어 평가력(evaluative powers)을 사용하도록 요청하였다. 피험자들에게 처음에 보고서를 간단히 설명하고 보고서를 보는 태도나 태도의 변화에 대해 질문을 한다. 피험자들에게 보다 자세한 설명을 하고 보고서에 있는 연구를 어떻게 생각하는 지에 대해 질문을 한 후, 어떻게 확신하는 지에 대해 질문을 한다. 전체적인 과정은 두 번째 보고서에서도 반복된다.

이것을 실험을 하기 몇 주 전에, 실험에 참석하는 피험자들의 절반은 사형(capital punishment)에 대해 찬성하는 것으로 보이게 하고 나머지 반이 반대하는 것으로 보이도록 질문지를 채운다. 피험자에게 주어진 보고서는 찬성이나 반대 결론을 가지는 것으로 구분된다.

<표 6.3>은 실험의 결과를 나타낸다. 여기서 예상한 것과 다른 태도가 나타난다. 그러나 자세한 설명을 한 후에는 태도를 수렴한다. 사형제도의 찬성자들은 확신이 있고 잘 수행된 연구를 평가하지만, 반대의 연구는 확신을 주지 못하며 잘 수행되지 못하는

표 6.3 사형에 대한 태도에 있어서의 확증편향. +8은 확신과 잘된 것을 의미하며 −8은 확신하지 못하며 잘못된 것으로 판단하는 −8~+8사이의 범위를 나타낸다.

질문	보고서	평가	
		찬성	반대
간단한 설명은 사형에 대한 태도를 변화시킨다	찬성	1.3	0.4
	반대	−0.7	−0.9
연구가 얼마나 확신시키는가	찬성	1.4	−2.1
	반대	−1.8	0.1
연구가 얼마나 잘 수행되었는가	찬성	1.5	−2.1
	반대	−1.6	−0.3
자세한 설명은 사형에 대한 태도를 변화시킨다	찬성	0.8	−0.9
	반대	0.7	−0.8

자료: Lord, Ross, and Lepper(1979)

것으로 평가한다. 사형에 대한 반대자에게도 반대로 성립한다. 따라서 피험자들은 자신의 의견과 일치하는 증거를 긍정적으로 평가하는 반면에 자신의 의견과 일치하지 않는 증거는 부정적으로 평가하는 것으로 나타난다. 이는 확증편향이다. 결과적으로 같은 증거들을 읽는 것에도 불구하고 사형제도의 찬성자들은 더욱 호의적으로 변하게 되고 반대자들은 덜 호의적으로 변하는 태도의 극단(polarization of attitudes)으로 나타난다.

Darley and Gross(1983)의 연구에서, 피험자는 초등학교 4학년 학생들의 학습 수행능력을 평가해 줄 것을 요청 받는다. 모든 피험자들은 아이들에 대한 약간의 기초적인 정보를 받는다. 피험자의 반은 아이들이 저소득층 가정이라는 인상을 받았고 나머지 반은 아이들이 중산층 가정이라는 인상을 받았다. 그리고 피험자의 반은 질문들에 대답하는 아이들의 비디오를 보았다. 그 비디오는 아이들의 능력에 대해 상대적으로 신빙성없이 제작되었다. 이후에 피험자들은 아이들의 능력에 대해 평가하기를 요청 받는다.

실험의 결과는 <표 6.4>에 요약되어 있다. 비디오를 보지 못하고 아이들이 중산층이라고 믿는 피험자들은 아이들이 저소득층이라고 믿는 피험자들보다 더 높은 능력의 예상치를 가진다. 여기서 정당성의 여부는 주요 관심사가 아니다. 흥미로운 부분은 만약 어린이들이 저소득층이라고 믿으면 비디오 시청으로 능력을 인지하는 것이 낮아진다. 반대로 아이들이 중산층이라고 믿으면 능력을 인지하는 것이 증가한다. 따라서 피험자들이 같은 비디오를 어떻게 해석하는 지는 아이들의 초기 정보에 의존된다. 아이들이 낮은 능력을 지녔다고 생각하는 사람들은 비디오로 믿음을 확인하고 아이들이 높은 능력일 것이라고 생각하는 사람들은 같은 비디오에서 다른 믿음을 가진다. 이것은 확증편

표 6.4 아이들의 능력을 평가함에 있어서 확증편향의 증거. 만약 아이들이 저소득층이라는 것으로 인지된다면 비디오 시청 후에 예측된 성적의 위치는 내려가고 중산층이라는 것으로 인지된다면 올라간다

비디오를 보았는가?	제공된 정보	성적의 위치		
		수학	읽기	인문학
보지 않았음	저소득층	3.98	3.90	3.85
	중산층	4.30	4.29	4.03
보았음	저소득층	3.79	3.71	3.04
	중산층	4.83	4.67	4.10

자료: Darley and Gross(1983)

향이다.

이 연구에서 피험자에게 경제적인 선택을 묻지 않는다. 그러나 확실하게 확증편향은 경제적 행동에 잠정적으로 영향을 미칠 수 있다. 만약 John이 컴포트카를 좋아한다면 확증편향으로 인해 친구들의 '컴포트카가 더 좋아'라는 충고를 받아들일 것이라는 것을 암시한다. 이것은 결정을 할 때 과도한 자신감을 가졌다는 것을 의미 할 수도 있다. 이것을 더 알아보기 위해 모형을 이용할 필요가 있고 Rabin and Schrag(1999)의 연구를 살펴보자.

2. 확증편향모형

매주 John이 잡지를 읽고, 인터넷에서 리뷰를 읽으며 어떤 자동차가 더 나은지에 대한 신호를 얻는다고 가정해보자. 신호들은 ∈(0.5, 1)의 확률로 정확하다. 따라서 만약 John에게 컴포트카가 최선이라면 확률 θ로 리뷰는 컴포트카가 최선이라는 것을 제시하게 된다. 확률 1－θ는 스포티카가 최선이라는 것을 제시하게 된다.

확증편향을 반영하기 위하여, John은 항상 신호를 정확하게 해석하지 못하는 것을 가정하자. 또한 이러한 것이 작동하기 위하여, John은 현재 컴포트카가 최고라고 믿는다고 가정하자. 만약 컴포트카가 최선이라고 제시하는 리뷰를 읽는다면, John은 항상 컴포트카를 지지하는 리뷰를 정확하게 해석한다. 그러나 만약 스포티카가 최선이라고 제시하는 리뷰를 읽는다면 확률 q로 컴포트카를 지지하는 리뷰를 부정확하게 해석한다. 즉, John은 사전적 믿음과 일치하는 정보를 해석하는 확증편향을 가지고 있으므로 확증편향을 반영할 수 있다. 만약 컴포트카가 최선이라고 생각한다면, 비록 리뷰가 그렇지 않더라도 컴포트카를 지지한다고 생각하는 경향이 있다. 유사하게도, 만약 사전적 믿음

으로 스포티카가 최선이었다면, 비록 리뷰가 그렇지 않더라도 스포티카를 지지한다고 생각하려는 경향이 있다. q가 커질수록 편향도 커진다. 만약 q=0이면 모든 신호는 정확하게 해석되기 때문에 편향이 없을 것이다. 만약 q=1이면 John이 무엇을 읽든 간에 자신이 생각하는 것이 자신이 믿는 것을 지지하기 때문에 완벽한 편향이 있다.

John이 자신이 받은 것이라고 생각하는 신호에 기초한 베이즈 정리를 사용한다고 가정하자. 만약 처음에 John이 두 가지 차량에 대해 무차별하다면, t주 후에 스포티카를 지지하는 S_t개의 리뷰를 읽고 컴포트카를 지지하는 C_t개의 리뷰를 읽는다고 생각한다면 사후 믿음은 다음과 같아야 한다.

$$\text{Prob(Sporty is best} \mid S_t,\ C_t) = \frac{\theta^{S_t}(1-\theta)^{C_t}}{\theta^{S_t}(1-\theta)^{C_t}+(1-q)^{S_t}\theta^{C_t}}$$

확증편향의 결과는 무엇인가?

먼저 확증편향이 John이 보다 자주 잘못된 믿음을 가지게 하는 지에 대해 알아보자. 잘못된 믿음에 의하여 John은 실제로 다른 차가 더 나을 때 어떤 차가 더 낫다고 생각한다. <표 6.5>는 10개 또는 100개의 리뷰를 읽은 후에 잘못된 믿음을 가지는 시간의 비율을 나타낸다. 만약 q=0이면 확증편향은 없으므로 John이 잘못하는 불편확률(unbiased probability)을 안다. 확증편향은 두 가지 결과를 가진다. (i) John은 q가 증가함에 따라 실수의 비율이 커지는 것이 관측되며, 보다 자주 잘못된 믿음을 가진다. (ii) John은 보다 높은 확률 q인 100개의 리뷰와 10개의 리뷰를 읽은 후에 실수율은 비슷해지는 것이 관측되므로 시간의 흐름에 따라 이러한 믿음을 수정하지 않는다.

표 6.5 **10개 또는 100개의 리뷰를 읽은 후의 부정확한 믿음의 확률. 확증편향 q가 커질수록 John이 잘못된 믿음을 가질 확률은 커지고, 보다 많은 리뷰를 읽을수록 차이는 작아진다**

q	θ			
	0.6	0.7	0.8	0.9
0	25%, 2%	7%, 0%	2%, 0%	0%, 0%
0.1	25%, 5%	10%, 0%	2%, 0%	1%, 0%
0.3	32%, 27%	13%, 5%	6%, 0%	2%, 0%
0.5	35%, 34%	20%, 18%	9%, 7%	5%, 3%
0.7	36%, 36%	24%, 24%	15%, 15%	7%, 7%
0.9	40%, 40%	27%, 27%	19%, 19%	10%, 10%

이러한 두 가지 효과의 결합은 잘못된 믿음을 가지도록 만든다. 직관적으로, 스포티카는 John에게 최선의 차라고 가정하고 C, C, S, C, S, S, S 신호들을 받는다고 하자. 따라서 처음 두 리뷰는 컴포트카를 지지하고 다음은 스포티카를 지지하는 등의 총 7번이다. 만약 John이 확증편향을 가지지 않는다면 정확하게 3개의 보고서는 컴포트카를 지지하고, 4개의 보고서는 스포티카를 지지하므로 종합적으로 스포티카가 최선인 것으로 보인다. 그러나 만약 확증편향을 가진다면, 컴포트카를 지지하는 처음 몇 개의 보고서에 의해 편향될 것이다. 특히, 첫 번째, 두 번째 그리고 네 번째 리뷰가 컴포트카를 지지한다고 생각할 것이다. 따라서 세 번째, 다섯 번째, 여섯 번째, 일곱 번째 리뷰 중 하나가 컴포트카를 지지한다고 잘못 생각할 수 있고 잘못된 믿음을 가질 것이다. q가 클수록 이와 같이 될 가능성은 높아진다.

따라서 확증편향으로 John을 옳지 못한 방향으로 인도할 수 있다. John이 말한 어떠한 것에 대해 주의할 필요가 있다. 예를 들어, John이 당신에게 '나는 내가 읽었던 15개의 리뷰들 중에 11개가 컴포트카를 지지하기 때문에 컴포트카가 최선이라고 생각한다'고 말했다고 가정해보자. 만약 당신이 확증편향을 의심한다면 무엇을 믿어야 하겠는가? 당신은 John이 옳지만 현재의 상태보다 덜 확신해야 한다는 것이 가능하다. 예를 들어, 만약 John이 읽은 15개의 리뷰들 중에 11개가 컴포트카를 지지한다면 약 9개 또는 10개가 실제로 지지한다고 보는 것이 맞다. 왜냐하면 확증편향으로 인해 지지하는 리뷰를 읽은 회수를 과대추정하게 하기 때문이다.

다음으로 John이 당신에게 '컴포트카는 최선이지만 최근에 스포티카를 지지하는 몇 개의 리뷰들을 읽었어' 또는 '컴포트카는 최선이지만 스포티카가 최선이었다고 생각하곤 해'라고 말했다고 가정해보자. 첫 번째 경우에서, 확증편향이 컴포트카를 과대평가하는 신호가 있으므로 John의 믿음을 덜 신뢰할 것이다. 사실 만약 강한 확증편향이 있다면, 최근 몇 개의 스포티카를 지지하는 리뷰를 읽었다는 사실로 인해 스포티카가 최선이라고 생각해야만 한다는 것을 암시한다. 두 번째 경우에서는, John의 믿음을 확신해야 한다. 확증편향임에도 불구하고 최근 John의 마음이 변했다는 것은 John이 스포티카가 최선이라고 하는 것보다 더욱 확신해야 한다는 것을 제시하게 된다.

이것들은 지금 조금 번거롭고 복잡해 보인다. 사실 John은 자신이 읽은 평가를 쓴 사람들의 확증편향에 대해 생각할 수도 있다. 그러나 그 요점은 간단하다. 확증편향은 사람들은 올바르게 새로운 정보를 해석하지 않으므로 배운 것을 말할 때 회의적이게 되는 것을 원하게 될 지도 모른다.

3. 소수의 법칙

John이 당신에게 자신이 읽은 리뷰 중 75%가 컴포트카를 지지한다고 말한다고 해보자. 만약 당신이 확증편향을 의심하지 않는다면, 이 정보를 어떻게 해석해야 하는가?

베이지안 업데이트는 첫 번째 질문없이는 어떤 것도 하지 않는다. 즉, 샘플의 크기가 얼마인가? 4개의 리뷰 중에서 3개가 컴포트카를 지지한다는 것은 20개 리뷰 중 15개가 지지하는 것보다 설득력이 떨어진다. 예를 들어, 만약 $\theta=0.6$이면 베이지안 업데이트에 의하여 첫 번째 경우에 있어서 John에 대해 최선인 컴포트카의 확률은 0.69를 놓고 이후에 0.98을 놓게 된다.

그러나 여기에 많은 사람들이 샘플 크기의 중요성을 인식하지 못하고 작은 샘플이 실제적인 것보다 모수를 대표한다고 예상한다. 이것이 소수의 법칙(law of small numbers)이다. 여기서 소수의 법칙은 두 가지 측면이 있다. 도박사의 오류(gambler's fallacy)로 먼저 시작하자.

만약 John이 작은 샘플이 모수가 된다고 예상한다면, 무작위 사건을 자기수정(self-correcting)된다고 예상할 지도 모른다. 예를 들어, 만약 동전을 10번 던져 앞면들이 나오면 다음은 '뒷면이 틀림없다'라고 생각하는 경향이 있다. 이것은 도박의 오류(gambler's fallacy)로 알려져 있다. 복권 숫자에 내기하는 도박사의 오류에 대한 흥미있는 증거를 살펴보자. 매릴랜드(Maryland)와 뉴저지(New Jersey) 주의 복권 자료를 분석한 Clotfelter and Cook(1991)과 Terrell(1994)의 연구를 살펴보자. 두 연구 모두에서 더 나은 복권은 3자리 당첨 숫자를 올바르게 추측해야 한다. 매릴랜드 주에서 어떤 당첨자는 $500를 얻었다. 뉴저지 주에서 상금 기금은 당첨 번호를 올바르게 추측한 모든 사람들에게 분할되는데 적은 사람이 옳은 숫자를 예측하면 옳은 숫자를 예측한 사람의 상금은 많아진다.

매릴랜드와 뉴저지 두 곳 모두에서 사람들은 최근 당첨되었던 숫자에 덜 배팅하는 증거가 있었다. 이것은 도박사의 오류와 일치한다. '만약 숫자 525가 당첨되었다면 이 숫자로는 다시는 당첨 될 수 없다'. 매릴랜드에서 도박사의 오류는 모든 숫자가 나올 확률은 같고 매번 우승자는 $500를 가져가기 때문에 예상되는 당첨에는 영향을 미치지 못했다. 그러나 뉴저지에서는 더 적은 사람이 당첨숫자를 선택하면 상금은 높아지므로 영향을 미칠 수 있다. 만약 다른 사람들이 조금 전에 당첨된 숫자를 고르는 경향이 없다면, 그 숫자를 다시 선택하는 것이 유리하다.

표 6.6 주 복권에서 당첨자를 위한 지불액. 방금 당첨된 숫자에 보다 작은 사람들이 숫자를 선택한다. 당첨자가 공유되는 뉴저지에서 지불액은 크다. 그리고 만약 매릴랜드에서 당첨자가 공유된다면 지불액도 커진다

당첨 숫자 반복	뉴저지의 평균 지불액	매릴랜드의 추정된 평균 지불액
1주 내	$349	$396
1~2주 사이	$349	–
2~3주 사이	$308	–
3~8주 사이	$301	$382
8주 이상	$260	$289

자료: Terrell(1994)

<표 6.6>은 뉴저지에서 최근 당첨된 번호들에 걸었을 때 조금 더 잘 당첨된다는 것을 나타낸다. 이전 주에 당첨된 숫자를 선택하는 사람이 평균 $89로 평균 당첨자보다 34% 더 높다. 따라서 도박사의 오류는 사람들의 예상 당첨을 낮춘다. 매릴랜드보다 당첨금액이 줄어드는 뉴저지에서 도박사의 오류는 보다 낮은 증거자료가 된다. <표 6.6>은 만약 당첨자가 뉴저지와 같이 당첨금액을 받는다면, 매릴랜드에서 지급해야 하는 금액을 추정한 결과를 나타낸다. 잠재적인 당첨들에서 약간의 커다란 차이점을 알 수 있지만, 단지 약간 더 클 뿐이다. 도박사의 오류는 당첨되는 것을 줄이지 못하므로 편향의 강력함에 의해 큰 차이를 만드는 것처럼 보인다.

도박사의 오류 반대가 뜨거운 손 오류(hot hand fallacy)이다. 여기에 연속되는 예상이 존재하고 이는 전문적인 스포츠와 연결된다. 예를 들어, 계속해서 슛을 잘하는 농구선수가 계속해서 슛을 잘하리라고 생각하는 것이다.

Gilovich et al.(1985)은 농구선수와 슛의 결과를 비교하여 뜨거운 손 오류를 증명하였다. 1980년-1981년 동안 필라델피아 76ers의 운을 살펴보았다. <표 6.7>에서 선수들과 팀의 서포터들은 뜨거운 손으로 믿음을 표현한다. 만약 선수들이 바로 한 골을 넣어

표 6.7 뜨거운 손 오류를 위한 증거(또는 증거의 부족). 서포터들과 선수들은 지난 과거의 결과가 미래 결과의 예측자라고 생각한다. 이것은 그렇지 않다.

	필드 골을 만들어 내는 확률	
	만약 하나를 실수한다면	만약 하나를 넣는다면
서포터들의 예상	42%	61%
선수의 예상	50%	63%
자료가 말하는 것	54%	51%

자료: Gilovich et al.(1985)

야 한다면, 서포터들과 선수들은 어떤 특정한 선수가 조금 더 슛을 해야한다고 생각한다. 그러나 실제의 결과는 이와 다르다. 즉, 뜨거운 손에 대한 증거가 나타나지 않는다. 이 연구에서 유사한 다른 스포츠에서도 시행되었고 비슷한 결과를 얻었다. 스포츠 팬들은 순차가 자의적인 지의 여부를 잘 판단하지 못하는 것으로 보인다.

도박사의 오류는 뜨거운 손 오류와는 매우 다른 것처럼 보인다. '동전의 다섯 번의 앞면이 나오면 다음은 뒷면이여야만 한다'와 '다섯 번의 성공은 다음 번에 또 성공해야 한다'가 그 예이다. 따라서 도박사의 오류와 뜨거운 손 오류가 소수의 법칙으로부터 발생하는 이유가 된다. 중요한 차이점은 결과의 확률이 알려져 있는 지의 여부가 된다.

도박의 오류는 결과에 대한 확률이 알려질 때 발생할 수 있다. 만약 어떠한 배열에서 다음 번에 뽑는 것을 예측하려고 하는 사람은 이미 알려진 확률과 매칭되는 부분적인 배열을 예상하게 된다. 예를 들어, 공정한 동전은 앞면이 나올 확률이 50%라는 것을 알고 있으므로 John은 동전 앞면이 나올 확률이 50%인 것을 예상할 것이다. 연속해서 5번의 앞면이 나올 것 같지 않지만 다음에 뒷면이 나와서 확률이 비슷해 질 것이다. 유사하게 복권 숫자도 2주 연속 같지 않을 확률이 높다.

뜨거운 손 오류는 결과의 확률에 불확실성이 있는 경우에 발생한다. 다음 번에 뽑는 확률을 예측하려고 하는 사람에게 작은 배열은 다음에 무엇이 일어날 지에 대한 좋은 예측자가 되는 것이다. 따라서 연속 5번의 슛을 성공시킨 농구선수는 다음에도 성공할 것 같다는 것이다. 유사하게 만약 John이 컴포트카를 지지하는 4개의 리뷰를 읽는다면 다음 리뷰도 컴포트카를 지지할 것이라고 예상할 지도 모른다.

두 가지 오류가 어떻게 비슷할 지는 동전 던지기와 같은 일련의 무작위인 경우를 살펴보자. 여기에 세 가지 동전 던지기 결과가 있다. 동전으로 무슨 일이 발생할까?

hhTThTThhhTTThTThTTTThhhhThTThThTTThThhTTTh
hTThhhTThTThThhThTTThhThhhThTThhThTTThhThhTTThThhT
hhhhhTThThhTThhhhhhhhThTTThTThhTThThhTTThThhhhhhTT

윗줄과 마지막 줄은 무작위이고 중간은 상상적으로 만들어 낸 것이다. 중간이 무작위인 이유를 알기 위하여 교대수열의 비율(proportion of alternations)을 이용하자. n개의 신호가 있는 일련의 수열에서 r개의 부분수열이 있다고 하면 다음과 같이 계산할 수 있다.

$$\text{교대수열의 비율} = \frac{r-1}{n-1}$$

만약 배열이 무작위라면 비율은 0.5여야 하고 윗줄과 마지막 줄의 배열은 0.49 와 0.43이다. 그러나 많은 사람들이 약 0.6의 비율을 가진 배열을 사실상 무작위라고 생각하고 중간 배열에서는 0.59라고 생각한다.

교대수열의 비율이 높아지는 것을 예상하는 것은 도박사의 오류와 일치한다. 즉, 연속으로 5번의 앞면이 나온다고 예상하지 않는다. 낮은 비율의 교대 수열은 무작위일 수 없다고 생각하는 것은 뜨거운 손 오류와 일치한다. 즉, 만약 연달아 5번 앞면이 나온다면 그 동전은 공정하지 않은 것이 된다.

소수의 법칙이라는 결과를 보기 위해 모형을 이용하자. Mathew Rabin(2002)의 연구를 살펴보자.

4. 소수의 법칙모형

John이 차량 리뷰를 읽는다고 다시 가정하자. 이전과 같이 θ는 리뷰가 컴포트카를 지지하는 확률이고 $1-\theta$는 리뷰가 스포티카를 지지하는 확률이다. John은 어떤 차가 최선인 지에 대해 알기를 원하므로 θ을 알기를 원한다.

먼저 도박사의 오류에 대해 생각해 보자. 이 경우, John은 θ를 안다고 확신하는 경향이 있다. 이러한 편향은 리뷰가 어떤 것을 말해 줄 지를 예상하려 할 때 발생한다. John이 생각하기에 신호들은 무작위로 N개의 공이 있는 박스에서 비복원(without replacement)으로 추출된다고 가정하자. 공 중에 θN은 컴포트카가 최선이라고 적혀있고 $(1-\theta)N$은 스포티카가 최선이라고 적혀있다. 무엇인가 편향을 일으키는 것이 존재하므로 '비복원'을 강조하였다. 만약 비복원을 복원으로 바꾼다면 편향은 없어진다. 이유를 알아 보기 위하여 $N=2$와 John은 $\theta=0.5$라고 생각한다고 가정하자. 그러면 John은 스포티카와 컴포트카를 지지하는 1개의 리뷰가 포함되어 있다고 생각한다. 따라서 만약 스포티카를 지지하는 리뷰를 읽는다면 다음 보고서는 컴포트카를 지지해야 한다고 생각할 것이다. 만약 $N=4$이면 스포티카를 지지하는 리뷰 2개와 컴포트카를 지지하는 리뷰 2개가 있다. 만약 스포티카를 지지하는 리뷰를 읽는다면, 세 가지의 전체 리뷰 중에서 다음 보고서가 컴포트카를 지지할 것이라는 두 가지가 있다고 생각할 것이다.

표 6.8 소수의 법칙이 있을 때의 믿음. 만약 John이 편향된다면 두 개의 C의 신호가 나올 유의성을 과대평가한다

		θ		
		0.25	0.5	0.75
두 개의 C신호가 나올 가능성	비편향, 큰 N	0.0625	0.25	0.5625
	편향, N=4	0	0.166	0.495
두 개의 C신호 후에 믿음을 업데이트	비편향, 큰 N	0.071	0.286	0.643
	편향, N=4	0	0.251	0.749

이것은 John이 크기 N개 샘플이 대표성이 있다고 예상하기 때문에 도박사의 오류를 잘 반영한다. N이 작아질수록 John은 편향적이게 된다. 그러나 모형에는 문제가 있다. John이 박스 안에 있는 공보다 더 많은 리뷰를 읽을 때 어떠한 일이 일어나는가? 이것을 극복하기 위해 박스는 모든 리뷰를 하나씩 읽은 후에 복원된다고 가정하자. 여전히 도박사의 오류를 모형화할 수 있다. 이것은 또한 뜨거운 손 오류를 반영할 수 있을까?

뜨거운 손 오류를 이해하기 위하여 θ에 대해 약간의 불확실성을 추가할 필요가 있다. John이 θ=0.25, 0.5 또는 0.75가 같다고 생각한다고 가정하자. 또한, 컴포트카를 지지하는 두 개의 보고서를 연달아 읽는다고 하자. θ에 대한 믿음을 어떻게 업데이트할 것인가? <표 6.8>은 만약 John이 비편향적일 때와 편향적인 경우를 비교한다. 편향적일 경우, 컴포트카를 지지하는 확률이 과대평가된다. 사실 리뷰가 조금 더 스포티카를 지지하는 것은 불가능하다고 추론하게 된다. 이 예는 조금 더 일반적으로 일어나는 것을 대표하게 된다. John은 소수의 리뷰를 읽음으로써 학습할 수 있는 것들을 과대평가할 것이다. 이것이 뜨거운 손 오류이다.

소수의 법칙이 함의하는 것은 John의 믿음은 자신이 얻는 신호에 너무 민감하다는 것이다. 컴포트카나 스포티카에 대한 리뷰를 읽은 것은 기본적인 크기보다 믿음을 보다 더 크게 흔들리게 한다. 자동차의 질을 인식하는데 많은 변화가 있는 연쇄효과(knock-on effect)가 될 수 있다. 예를 들어, 스포티카와 컴포트카 외에 다른 한 쌍의 자동차를 비교한다고 가정하자. 만약 모든 쌍에 대해 θ=0.5이면 약 절반의 쌍 중에서 하나를 지지하는 2개의 리뷰를 읽으려고 할 것이다. 뜨거운 손 오류는 John이 이것을 너무 많이 읽게 되는 것이며 실제적인 것보다 더 많은 변동이 있다는 믿음에서 멀어진다. 즉, 어떤 차들은 좋거나 나쁜 리뷰들을 가지고 있음에도 불구하고 John은 확률보다는 질의 차이로 과대해석하게 된다.

5. 무작위 배열의 생성

소수의 법칙에서 흥미로운 점은 사람들은 무작위 배열을 만드는데 익숙하지 않다는 것이다. 예를 들어, Rapoport and Budescu(1997)는 피험자에게 5장의 검정색 카드와 5장의 빨간색 카드가 있는 52장의 카드 한 벌에서 복원추출로 150번을 꺼내는 것을 상상하게 하고 배열을 말하게 하였다. <표 6.9>는 피험자가 너무 자주 바꾸는 것에 편향되어 있는 지에 대해 나타낸다. 만약 배열이 정말 무작위라면, 검정일 확률은 항상 50%여야 한다. 그러나 만약 빨강을 말하면 피험자들이 검정을 더 자주 부르고, 검정을 더 자주 부르면 검정을 덜 부르게 된다.

사람들에게 무작위 배열을 생성하라고 요청하는 것은 약간 인위적이다. 그러나 이러한 것이 유용하게 이용되는 전략적 상황이 존재한다. 한 선수가 상대편과 경쟁하는 스포츠에서 일어난다. 예를 들어, 테니스에서 서브를 넣는 사람은 코트 안에서 서브할 위치를 상대방이 예측할 수 있도록 하지 않으려 한다. 유사하게, 풋볼이나 하키에서 슛을 하는 선수가 골키퍼가 공의 방향을 예상하는 것을 원하지 않을 것이다. 전문적인 선수들은 게임에서 무작위 배열을 생성하는 것을 학습할 지도 모른다고 생각한다. 그들은 그럴까?

Walker and Wooders(2001)는 10개의 중요한 테니스 경기의 서브를 보았고, 얼마나 자주 선수들이 오른쪽과 왼쪽으로 서브하는 지를 분석하였다. 두 가지는 다음과 같다. 선수들은 승리 기회를 극대화하는 확률로 왼쪽과 오른쪽으로 서브하며 서브의 배열은 무작위였다. 선수들이 적절한 확률로 왼쪽과 오른쪽으로 서브하지만 평균적으로 배열이 무작위인 것을 너무 자주 변경하는 것을 발견하였다. <표 6.10>은 1982년 윔블던 결승(Wimbledon final)에서의 코너(Jimmy Connors)와 매켄로(John McEnroe)의 결과를 보여준다. Connors는 경기를 승리했지만 자료로부터 추측하기 어렵다. McEnroe는 왼쪽과 오른쪽에서 거의 같은 점수를 얻었으며 정확한 확률로 왼쪽과 오른쪽으로 서브

표 6.9 5장의 검정과 빨간색이 있는 한 벌의 카드에서 검정과 빨강의 배열을 부를 확률

최종의 부름	검정을 부를 확률
빨강	58.5%
검정, 빨강	46%
검정, 검정, 빨강	38%
검정, 검정, 검정	29.8%

자료: Rabin(2002)

표 6.10 1982년 윔블던 결승. 보수를 극대화하려면 선수들은 왼쪽과 오른쪽에서 비슷한 점수를 얻어야 한다. 선수들이 무작위 배열보다 더 자주 왼쪽에서 오른쪽으로 변경하는 것으로 나타난다

선수	코트	서브			점수 획득		연속으로 같은 것	
		합계	왼쪽	오른쪽	왼쪽	오른쪽	횟수	무작위적일 경우의 확률
Connors	애드	78	41%	59%	50%	70%	49	0.001
	듀스	91	84%	16%	67%	53%	31	0.042
McEnroe	애드	71	45%	55%	72%	62%	36	0.563
	듀스	79	44%	56%	69%	68%	36	0.848

자료: Walker and Wooders(2001)

를 한다. 또한, 무작위로 보이는 서브의 배열을 나타내는 교대수열을 나타낸다. 반대로 Connors는 애드코트(네트를 보고 있을 때 왼쪽)의 오른쪽으로 더 많이 서브해야 하고 실제보다 듀스코트(네트를 보고 있을 때 오른쪽)에서 왼쪽으로 더 많이 서브해야 했다. 또한 왼쪽에서 오른쪽으로 너무 자주 바꾸는 것으로 나타난다.

따라서 학습과 경험으로 사람들이 무작위 배열을 생성할 수 있다는 것을 의미하지 않는다. 그러나 사람들이 경험을 통해 무작위 배열을 더 잘 생성해내게 된다. 예를 들어, Walker and Wooders는 이전의 실험실 실험에서의 피험자와 테니스 선수들의 성적을 비교하였고 테니스 선수들이 실험실 피험자와 다르다는 것을 보였다. 무작위 배열을 생성하는 것을 경험한 사람들은 다른 환경에서도 능숙한 것을 보인 것이다. 예를 들어, 테니스 게임에서 무작위 배열을 잘 생성하는 사람은 포커게임에서도 무작위 배열을 잘 생성하는 것으로 보인다.

6. 편향은 중요한가?

베이지안 업데이트는 신호를 정확하게 해석하는 것과 베이즈 정리에 따라 확률을 업데이트를 필요로 한다. 확증편향은 사람들이 신호들을 해석하는데 편향되는 것을 의미한다. 소수의 법칙은 사람들이 베이즈 정리에 따라 업데이트하지 않는 다는 것을 의미한다. 따라서 전체적으로 새로운 정보를 적절하게 사용하는 능력에 대해 다소 회의적인 결론에 이르게 된다. 또한, 여러 가지 편향이 존재하므로 보다 회의적이게 된다.

편향은 중요한가? 앞에서 편향의 몇 가지 중요한 결과를 보았다. (1) 과도한 자신감과 잘못된 믿음, (2) 실제로 존재하는 것보다 모수에서 큰 변동이 있는 믿음, (3) 유사한

정보를 사람들이 보고 있음에도 불구하고 나타나는 견해의 양극화이다. 예를 들어, 과도한 자신감은 John이 차에 대해 상대적으로 덜 정보화된 선택을 하게 하고 최선인 차량을 선택하지 못하게 한다. 양극화는 편견과 차별을 일으킨다. 따라서 새로운 정보를 해석하는데 가능한 편향들을 살펴보아야 하는데 이후의 의료와 주식시장에서 보다 자세히 살펴보자.

제3절 다른 사람으로부터의 학습

조금 더 자세히 살펴볼 부분은 다른 사람으로부터 나오는 정보를 해석하는 방법이다. 예를 들어, John이 친구에게 묻거나 잡지의 리뷰를 읽으면서 얻은 새로운 정보와 같은 것이다. John은 다른 사람들의 선택과 결정을 보게 되지만 이러한 선택에 대한 이유를 살펴보는 것은 아니다. 예를 들어, 만약 John이 스포티카를 운전하는 친구를 보게 되겠지만 친구가 스포티카를 선택한 이유는 알 수 없다. 대신 친구의 인센티브를 추론하려고 해야 하며 더 유용한 지에 대해 물어보면 된다.

동기를 추론할 때 복잡한 질문은 다음과 같이 있을 수 있다. (i) 내 친구는 얼마나 편향적인가? (ii) 친구는 나와 유사한 선호나 선호를 가졌는가? (iii) 친구는 나를 조종하려고 하였는가? 이러한 질문에 대해 생각해 보자.

1. 순응여부

John이 스포티카와 컴포트카의 시험주행을 하였고, John은 스포티카를 선호하기로 결정했다고 가정하자. 그러나 최종결정을 내리기 전에 다른 사람이 운전하는 것을 목격했다고 하자. 만약 많은 사람들이 컴포트카를 운전하는 것을 보았다면, 결정을 변화시킬까?

이 질문에 답하기 위하여 간단한 모형을 살펴보자. 모든 사람들은 같은 선호를 가지고 있다고 가정하자. 따라서 컴포트카가 모든 사람에게 최선일 수 있거나 스포티카도 모든 사람에게 최선일 수 있다. β는 컴포트카가 최선일 확률을 나타낸다고 하자. 어떤 사람이 차를 구매하기 전에 두 대 모두 시험주행을 하고, 어떤 차가 최선인 지에 대해 독립적인 의견을 형성한다. 만약 컴포트카가 최선의 차라면, 시험주행에서 컴포트카를 선호할 확률은 θ_c이고, 만약 스포티카가 최선의 차라면 시험주행에서 스포티카를 선호

표 6.11 정보폭포. Anna와 Alan은 시험주행에서 둘 다 컴포트카를 선호하고 차를 구매한다. Emma는 스포티카를 선호하지만 다른 두 사람이 컴포트카를 구매하는 것을 보았기 때문에 컴포트카를 구매한다. 만약 3명의 친구가 각각 스포티카를 선호한다면 3개의 신호는 Anna와 Alan의 두 개의 선택에 비중확대를 하였다

	차를 구매하는 순서					
	1번	2번	3번	4번	5번~9번	10번
사람	Anna	Alan	Emma	John	–	3명의 친구
신호	컴포트카	컴포트카	스포티카	스포티카	–	3대의 스포티카
선택	컴포트카	컴포트카	컴포트카	컴포트카	컴포트카	스포티카

할 확률은 θ_s라고 하자. 무엇이 일어나는 지를 살펴보기 위해 $\beta=0.5$, $\theta_c=\theta_s=0.67$로 두자. <표 6.11>은 진행방식을 나타낸다.

Anna는 첫 번째 차를 구매하는 사람이다. Anna는 선택하지 않았으나 시험주행에서 선호하는 사를 구매한다. Anna가 컴포트카를 선호하고 구매했다고 가정하자.

Alan은 그 다음으로 차를 구매한다. Alan은 시험주행을 했고 Anna가 컴포트카를 구매하는 것을 보았다. 만약 시험주행에서 컴포트카를 선호했다면 쉬운 선택을 하게 된다. 만약 스포티카를 선호했다면 조금 더 어려운 선택을 해야 한다. 그러나 스포티카를 선택하는 것이 합리적이다. 그러나 실제로는 컴포트카를 선호하고 구매했다고 가정하자.

Anna와 Alan의 선택은 시험주행에서 선호하는 차에 대해 많은 것을 말해 준다. 특히, 선택에서 나오는 신호를 추론해야 한다. 만약 Anna가 컴포트카를 구매한다면 시험주행에서 컴포트카를 선호해야만 한다. 만약, Alan이 스포티카를 구매한다면 스포티카를 선호해야 한다. 이것은 그들이 구매한 차를 관찰하는 것이 유용한 정보라는 것을 의미한다.

Emma는 자동차를 구매하는 세 번째 사람이다. Emma는 앞의 두 사람이 컴포트카를 구매하였고 이것으로부터 두 사람이 시험주행에서 컴포트카를 선호한다는 것을 추론하게 된다. 이것은 무슨 의미를 가지는가? Emma가 시험주행을 하였고 스포티카를 좋아할 지라도 컴포트카를 선호하는 두 사람은 반대가 된다. 베이즈 정리를 사용하여 두 가지 관찰으로 인해 Emma의 신호에 비중확대를 하게 된다. 따라서 Emma는 컴포트카를 선택해야 한다.

Emma가 시험주행에서 생각한 것과 상관없이 컴포트카를 선택해야 한다. 이것은 자신이 가지고 있는 신호를 무시하고 Emma의 선택은 아무런 신호도 주지 못한다는 것을 의미한다. 이것을 정보폭포(information cascade)라고 부른다. 마찬가지로 이후 John과 다른 사람들에게도 적용된다. 그들은 컴포트카를 사야만 한다.

최종적으로, 3명의 친구들이 동시에 차를 구매하기 위해 결정한다고 가정하자. 그들은 각각 차를 시험주행하고 어떤 차를 선호하는 지에 대해 말한다. 3명 모두 스포티카를 선호한다고 가정하자. 스포티카가 최선이라는 3개의 신호는 컴포트카를 운전하는 9명의 사람을 보는 것에 대해 비중확대를 할까? 그렇다. Emma와 John이 컴포트카를 구매하는 것으로부터 아무런 추론도 하지 못하므로 비중확대를 한다. 그들은 단지 Anna와 Alan이 구매했기 때문에 컴포트카를 구매한다. 이것은 두 가지 관찰과 세 가지 신호의 비교에서 스포티카를 구매해야만 한다.

여기서 정보폭포는 쉽게 깨질 수 있다. 즉, 컴포트카를 구매하는 3번째, 4번째, 5번째와 조금 더 많은 사람들은 새로운 정보를 전달하지 못한다. 따라서 보다 정확한 신호를 가지는 어떤 사람이 다른 사람들을 관찰하는 것보다 신호들을 전달해 주기를 원할 것이다.

이 모형으로부터 무엇을 배울 수 있는가? 무엇보다도 사람들의 선택은 자신들이알고 있는 많은 정보를 전달해 준다는 것을 알 수 있다. Anna와 Alan과 3명의 친구들의 경우가 이에 해당된다. 그러나 어떤 사람의 선택은 다른 사람들에 순응하기 때문에 그 사람들이 아는 것에 대한 정보를 거의 전달하지 못한다. 이 경우가 Emma와 John에 해당된다. 따라서 너무 많은 추론을 하기 전에 어떤 사람의 선택이 얼마나 많은 정보를 전달하는 지에 대해 해결하는 것은 중요하다. 특히 만약 $\theta_c \neq \theta_s$이면 문제는 복잡해 질 수 있으며 다른 사람들이 다른 θ를 가지는 경우에도 보다 복잡해진다. 중요한 것은 이러한 상황을 직면했을 때 사람들이 어떻게 행동하는 지에 대한 질문은 매우 중요하다고 할 수 있다.

2. 폭포실험

정보폭포가 예측되는 대로 일어나는 지에 대한 다양한 실험적인 연구들이 있다. Anderson and Holt(1997)는 그러한 것들을 수행한 초기 연구 중 하나이다. 그리고 <그림 6.2>는 결과를 나타낸다. 만약 피험자들이 베이즈 정리를 사용하면 좋은 보수를 얻을 수 있다. 이것은 실제 효율성(actual efficiency)으로 측정된다. $\theta_c = \theta_c = 0.67$일 때 피험자들은 베이즈 정리를 사용하는 것에 가깝지만, 보다 복잡한 게임인 $\theta_s = 0.86$과 $\theta_c = 0.71$이면 큰 차이가 나타난다. 다음 질문은 피험자가 자신들의 신호를 따라 행동하는 것보다 더 나은 지의 여부이다. 이것은 사적 효율성(private efficiency)으로 측정이 된다. 두 경우 모두 피험자들은 자신의 신호를 따라 행동한 것보다 더 나은 것으로 나타난다.

그림 6.2 폭포실험. 피험자들이 만약 베이즈 정리, 실제 효율성을 따른다면 얻게 될 상대적 보수와 베이즈 정리, 사적 효율성에 대해 상대적으로 자신의 신호를 따르는 경우 얻게 될 보수

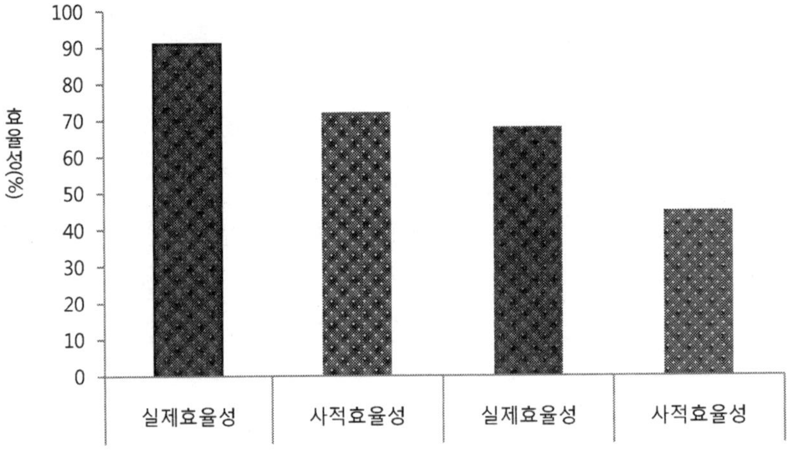

자료: Anderson and Holt(1997)

다른 연구와 같이, 실제의 효율성이 사적 효율성 보다 크고, 사람들은 다른 사람을 관찰하여 학습하고 실제 효율성이 100%가 되지 않기 때문에 모든 사람이 베이즈 정리를 사용하지 않는다.

만약 John이 다른 사람들이 같은 방식으로 편향되는 것을 안다면, 선택이 신호에 대해 무엇을 말하는 지에 대해 다시 생각해야 한다. 예를 들어, 만약 John은 Emma가 Emma의 신호를 따를 것이라는 것을 의심하고 Anna와 Alan이 컴포트카를 선택한 것을 무시한다면, Emma가 베이즈 정리를 따르는 것보다 Emma의 선택은 보다 정보적이게 된다. 경험적인 최적(empirical optimum)에 대한 선택을 살펴봄으로써 이를 검증할 수 있다(연구방법 6.1). 예를 들어, 피험자가 신호를 가지고 있고 C를 선택하는 다른 3명의 사람을 관찰한다. 평균적으로 이러한 상황에서 피험자는 S나 C 중에 어떤 것을 선택하는 것이 더 나은 보수를 줄까? 이를 경험적인 최적이라 부르고 많은 피험자들에게 최적을 어떻게 따라 갈 것인 지 물어본다.

연구방법 6.1 내쉬균형 vs. 경험적인 최적

내쉬균형은 모든 다른 사람들이 따르는 전략에 대해 어떤 한 사람에게 최적인 각 개인에 대한 전략을 말한다. 즉, 더 이상 나을 수 없고 다른 사람들이 전략 s_{-i}를 사용한다면 다른 전략 x를 사용하는 각 개인의 전략 s_i로 구성되어 있다.

$$u_i(s_i,\ s_{-i}) \geq u_i(x, s_{-i})$$

폭포실험에서 하나의 내쉬균형이 존재하므로 한 명의 피험자는 내쉬균형과 같게 행동한다고 단순히 말할 수 있다.

만약 어떤 사람이 편향때문에 내쉬균형을 사용하지 않는다면 내쉬 전략을 따르는 것이 더 이상 최적이 아닌 문제가 발생한다. 예를 들어, Anna는 시험 주행에서 선호하는 차를 사려고 하였다. 만약 무엇을 구매할 지를 무작위로 결정한다면 Anna가 행동하는 것을 다른 사람들이 무시하는 것이 최적이다. 따라서 만약 Anna가 내쉬균형 전략을 따르지 않는다면 다른 사람들도 내쉬균형 전략을 따르지 말아야 한다.

사람들이 최적적으로 행동하느냐를 판단하기가 어려워 진다. 어떤 사람이 자신이 편향되기 때문에 또는 다른 사람들이 편향되리라고 예상하기 때문에 내쉬균형 전략으로 멀어지는 것인가?

이를 위해 경험적인 최적 전략이 하나의 설명이 될 수 있다. 먼저, 다른 사람들이 전형적으로 따르는 전략을 계산한다. e_i는 어떤 사람이 취하는 전략이라고 하자. 그러면 어떤 사람 i는 주어진 다른 사람들의 전략 e_{-i}에 대해 다음과 같이 보수를 극대화하느냐고 물어본다.

$$u_i(e_i,\ e_{-i}) \geq u_i(x, e_{-i})$$

만약, 그렇다고 대답하면 i는 경험적인 최적 전략을 사용하고 있는 것이다. 만약 모든 다른 사람들이 경험적인 최적 전략을 사용한다면 다시 하나의 균형이 존재하는 내쉬균형으로 돌아가게 된다.

Weizsäcker(2010)는 이전의 실험적인 자료를 수집하였고 결과들은 <표 6.12>에 요약하였다(연구방법 6.2). 선택률(choice rate)을 먼저 살펴보자. 피험자들은 자신의 신호를 따르지 않고, 예상되는 보수를 극대화하는 경우가 시간의 44%를 차지한다. 따라서 결론적으로 피험자들은 자신의 신호를 따라야 하는 것보다 더 자주 자신의 신호를 따른다. 성공률을 보면, 이러한 행동이 자신의 보수를 낮추는 지에 대해 알 수 있다. 자신의 신호를 따르지 않는 것이 최적일 때, 시간의 53%를 최선의 옵션을 선택하지만 만약 경험적인 최적 전략을 따른다면 시간의 64%의 최선의 옵션을 선택할 것이다.

성공률이 하락하는 것은 피험자가 다른 사람들이 행동하는 것으로부터 충분히 학습하지 않는다는 것을 보여준다. 또한, <표 6.12>에서 만약 많은 사람들이 모두 같은 것을 선택한다면 피험자들은 다른 사람들로부터 학습하는 것에 성공적인 것을 보여준다. 평균적으로 자신의 신호를 따르지 않는 피험자들은 자신의 신호를 따르지 않는 것이 최적인 67% 보다 더 클 필요가 있다. 피험자들이 다른 사람들의 선택으로부터 주저하

표 6.12 피험자들이 폭포실험에서 경험적인 전략을 어떻게 사용하는가? 선택률로 피험자가 최적 전략을 행한 시간의 %를 알 수 있다. 성공률로 최선의 옵션을 선택한 시간의 %를 알 수 있다.

가능한 시나리오	선택률	성공률	
		실제	경험적인 최적
자신의 신호를 따르지 말아야 한다	44%	53%	64%
자신의 신호를 따라야 한다	91%	73%	75%
대중적인 선택과 다른 신호	–	54%	–
대중과 같은 신호	–	89%	–
이전에 많은 사람이 선택한 것과 다른 신호	–	73%	–

자료: Weizs cker(2010)

며 더 많이 학습하는 이유를 알아볼 필요가 있다.

연구방법 6.2 메타-데이터 분석

전형적은 실험적 연구는 50명에서 150명의 참가자를 포함한다. 만약 각 참가자들이 10개 또는 20개 사이의 결정을 한다면 500개에서 3,000개의 자료가 생성된다. 이것은 모든 가설에 적용되는 것은 아니지만 중요한 가설을 검증하기 위해 충분한 자료이다. 이상적으로 더 많은 자료와 조금 더 다양한 위치와 피험자를 원한다. 피험자들을 더 많이 모으는 방법은 인터넷이나 신문을 이용하는 것이다. 또 다른 방법으로 비슷한 연구의 결과를 한꺼번에 모으는 메타-데이터셋을 이용하는 것이다. 이것은 Weizsäcker(2010)의 연구에서 사용되었다. Anderson and Holt(1997)을 포함한 13개의 폭포실험들으로부터 약 30,000개의 자료를 조합하였다. 이러한 큰 데이터셋을 이용하면 하나의 연구에서는 질문할 수 없었던 것을 묻는 것이 가능하다.

3. 순응에 무엇이 발생하는가?

폭포실험의 기본적인 결론은 피험자는 자신들이 해야만 하는 것보다 더 자주 자신들의 신호를 따른다는 것이다. 사람들은 자신들이 선택해야하는 것보다 다른 사람들의 선택에 순응하는 경향이 있는 심리학적 증거와 겉보기에는 대치되는 것처럼 보인다. 예를 들어, Soloman Asch의 연구에서, 피험자들은 다른 사람들의 선택에 겉보기에는 순응하는 단순한 일을 받는다(연구방법 6.3). 순응이 어떤 역할을 할까?

연구방법 6.3 실험에서의 속임수

1장에서 속임수 논쟁에 대해 짧게 말했다. 경제학적인 실험에서, 피험자가 듣는 모든 것들은 사실이어야 한다. 그러나 그들이 말하지 않은 것들이 있다. 심리학 실험에서, 이것은 사실인 실험에 대해 피험자를 속이고 현혹시키는 것이 그렇게 나쁜 것으로 생각되지 않는다. 이것은 Asch 실험에서 명백하다.

피험자는 3번째 줄이 4번째 줄과 같다고 말하기를 요청받는다. 대조군 실험에서 1명의 피험자는 틀린 답을 이미 받았으므로 매우 단순한 일이다. 실제 실험에서는 실험자가 무엇을 말하도록 시키는 사람들인 많은 공모자가 있고 1명의 피험자가 있다. 교대로 공모자들은 그들이 생각하기에 어떤 줄이 같은 길이인 지를 말하고 1명의 피험자가 말할 것이다. 1명의 피험자는 다른 사람들이 공모된 지를 모르고 실험자는 결과를 듣게 된다. 어떤 경우에는 공모자들이 틀린 답을 말하게 되는데, 1명의 피험자가 다른 사람들의 확실히 잘못된 선택에 순응하지는 지를 보기 위한 것이다.

이 실험의 속임수는 다른 피험자들인 공모자들의 인상을 주는 것이다. 경제학자들은 많은 이유로 속임수를 좋아하지 않는다. 만약 피험자들이 속임수를 두려워하거나 나타날 것 같지 않은 상황이라면 선택이 안정적이냐 하는 것이 기본적인 관심사이다. Asch 실험에서 사람들이 틀린 답을 주어왔다는 는 것은 가능하지 않다. 따라서 1명의 피험자는 '무엇이 잘못되었다' 때문에 불편한 것을 만들 수 있는 믿을 수 없는 상황에 직면하게 된다. 그러한 맥락에서 선택에 어떻게 안정적일 것인가? Goeree and Yariv의 연구에서 모든 선택은 피험자들이 하는 것이므로 문제가 없다고 보고 있다.

Goeree and Yariv(2007)는 순응이 중요하다고 본다. 이 연구에서, 피험자들은 폭포실험에서와 같이 S와 C사이의 선택을 해야 하지만, 유익한 정보가 있는 신호를 보지 못한다. 특히, 처음의 3명의 피험자는 자신들의 선택 앞의 사람들의 선택만 보고 선택을 한다. 이것은 Anna, Alan, Emma가 시험주행을 하는 이익이 없이 선택을 하는 것과 같다. 그들은 옵션이 없지만 무작위로 차를 선택해야 한다. 이후의 피험자들은 사적 정보 신호를 보는 선택권이 주어지거나 신호를 받지 않는 사람에 의한 선택을 보게 된다. 따라서 John은 시험주행을 할 수 있거나 Anna, Alan, Emma이 선택한 것을 알 수 있다.

4. 신호게임

폭포실험에서 Anna, Alan과 모든 다른 사람들이 자신들이 생각하기에 최선의 차량이라고 생각한 것을 사려고 하는 인센티브 외에 다른 것은 없다. 그러나 가끔 어떤 사람

그림 6.3 다른 사람들이 선택한 것을 보고 선택하는 피험자 비율과 대중을 복사하는 지의 여부

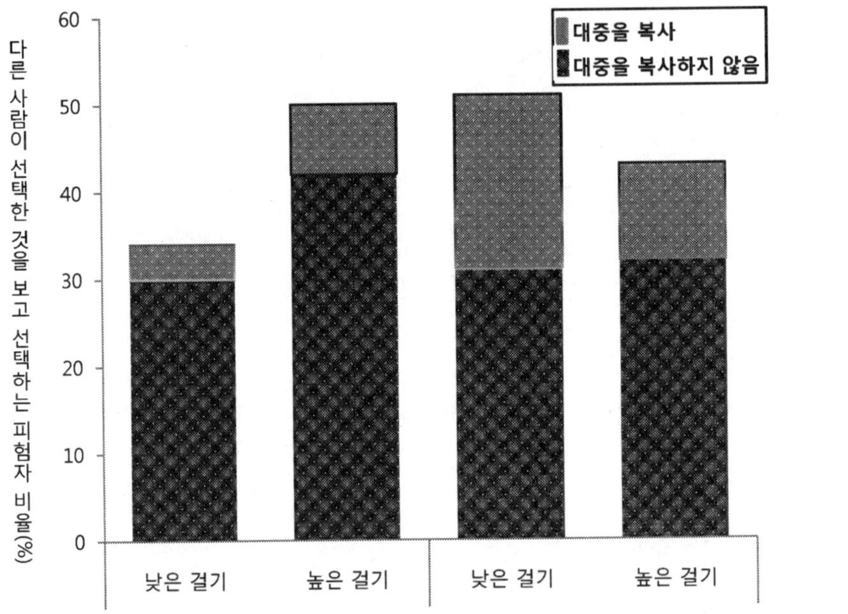

자료: Goeree and Yariv(2007) 자료: Shepard(1990)

은 자신의 행동을 통해 다른 사람들에게 영향을 미치려고 하는 인센티브가 있을 수도 있다. 예를 들어, 만약 Maria의 직업이 컴포트카를 파는 것이라면 Maria가 컴포트카를 모는 것은 놀랍지 않은 일이다. 만약 Maria가 John에게 '이 차는 환상적인 차이고 스포티카보다 낫다'라고 말하는 것도 놀랍지 않다. Maria가 진실을 말할 수도 있지만, 진실이 아니더라도 그렇게 말할 인센티브가 있다.

이러한 상황을 모형화하는 것에는 신호게임(signaling game)이 있다. 신호게임의 기본적인 아이디어는 송신인(sender)이라고 불리는 어떤 사람이 컴포트카가 멋있다와 같이 말하는 행동을 수신인(receiver) 또는 수신자에게 한다. 따라서 수신인은 컴포트카가 실제로 멋있다는 것과 같은 정보를 추론하게 된다. 신호게임은 전략적인 상호작용을 모형화하는데 유용하므로 여기서 약간 다루기로 한다. 여기서 Brandts and Holt(1992)의 연구를 살펴보자.

자동차 시장을 살펴보는 것보다 노동시장을 살펴보자. <그림 6.4>는 게임나무에서의 게임을 구조적으로 나타낸다. 약간 어려워 보이지만, 만약 한 번에 1단계씩 생각한다면 어렵지 않다. 중간에서 시작하자. John이라는 노동자는 낮은 능력 또는 높은 능력을 가질 지에 대한 확률이 있다. John은 교육과정에서 얼마나 열심히 할 지 결정한다. John

그림 6.4 **신호게임의 게임나무. 확률은 노동자의 유형을 결정한다. 노동자는 A나 B를 선택할 수 있고 고용주는 단순노동과 전문직을 선택한다. 노동자는 자신의 유형을 알지만 고용주는 모른다**

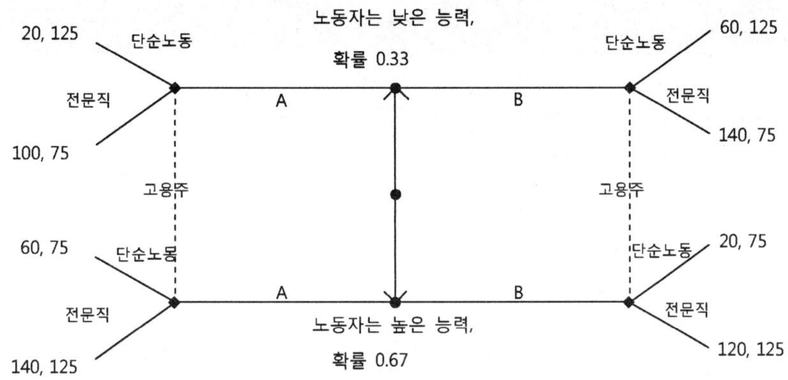

은 열심히 공부하고 A학점을 받아서 <그림 6.4>의 왼쪽으로 이동할 수 있거나 덜 공부하고 B학점을 받아서 오른쪽으로 이동할 수 있다. John의 학점은 알지만 본질적인 능력을 모른다면 고용주인 Anna는 John에게 전문적인 일을 줄 것인 것, 단순노동의 일을 줄 것인지 결정해야 한다. 숫자는 결정의 조합에 대한 John과 Anna에게 주어지는 보수이다.

다른 것이 같다면 보수측면에서 John은 전문적인 일을 보다 선호하지만 높은 능력일 때 A학점을 받는 것을 선호하고 낮은 능력일 때 B학점을 받는 것을 선호한다. Anna는 낮은 능력의 노동자를 단순노동인 일에 두려고 하고, 높은 능력의 노동자를 전문적인 일에 두려고 할 것이다.

John은 자신이 높은 능력인 지 또는 낮은 능력인 지 알지만 Anna는 모른다. Anna는 알려고 할 것이고 John의 행동으로 어떤 것을 알려고 할 것이다. 그러나 John은 마치 숙련된 노동자인 것처럼 보이려고 하는 동기를 가지고 있다. 따라서 잠재적으로 잘못된 결론을 만들어 내는 동기를 가지고 있다.

이 게임에서 2개의 내쉬균형이 있는데 하나는 직관적이며 다른 하나는 직관적이지 못하다. 직관적 균형(intuitive equilibrium)은 John이 높은 능력과 낮은 능력인 경우와 상관없이 열심히 공부해서 A학점을 받고, John에게 전문적인 일이 주어지는 경우이다. 만약 John이 B학점을 받으면 단순노동의 일이 주어질 것이다. 비직관적인 균형(unintuitive equilibrium)은 John이 능력에 상관없이 덜 공부하고 B학점을 받으며 전문적인 일을 받는 경우이다. 만약 John이 A학점을 받으면 John에게 단순노동의 일이 주

표 6.13 신호게임에서의 행동. 기본적인 게임에서 행동은 직관적인 균형으로 수렴한다. 변형된 게임에서 행동은 비직관적인 게임과 가까워진다.

게임	라운드	주어진 타입에서 노동자의 선택		주어진 타입에서 고용주의 선택	
		높다면 A	낮다면 A	A라면 전문직	B라면 단순노동
기본적 게임	1–4	100%	21%	98%	74%
기본적 게임	9–12	100%	75%	98%	60%
변형된 게임	1–4	39%	52%	45%	15%
변형된 게임	7–12	15%	38%	56%	13%

어진다.

두 경우에 John은 자신의 타입에 상관없이 똑같이 행동한다는 의미에서 풀링(pooling)이 있다. 고용주는 John의 능력이 낮은 지 또는 높은 지 구분할 수 없다는 것을 의미한다. 직관적인 균형과 비직관적인 균형으로 불리는 지에 대해 약간의 설명이 더 필요하다. John은 높은 능력이고 바람직한 타입일 때보다 낮은 능력이고, 바람직한 타입이 아닐 때 약간 더 희생해야 한다. 그러나 사전적으로 비직관적인 균형을 배제할 수 없다.

<표 6.13>은 피험자들이 이와 비슷하게 행동하는 게임인 Brandts and Holt의 결과를 나타낸다. 첫 행에서 피험자들은 처음에 직관적이거나 비직관적인 균형으로 행동하지 않는다. 대신 높은 능력을 가진 노동자는 A학점을 선택하고 낮은 능력을 가진 노동자는 B학점을 선택한다. 그러나 고용주는 A학점을 받은 노동자에게 전문적인 일을 부여하고 B학점을 받은 노동자에게 단순노동의 일을 부여하는 직관적인 균형과 일치하게 행동한다. 노동자들은 이를 통해 학습하고 9－12라운드에 걸쳐 두 타입의 노동자 모두 A학점을 선택한다.

이후의 실험에서 노동자들이 A학점이나 B학점을 고르는데 보다 무차별하게 하지만 고용주에게 노동자 타입을 예측할 인센티브를 더 주기 위해 게임의 보수는 변경된다. 여기서 목적은 비직관적인 균형이 나오느냐 하는 것이다. <표 6.13>의 마지막 두 개의 행을 보면 비직관적인 균형은 나타난다. 흥미롭게도 대부분의 노동자가 B학점을 선택하고 높은 능력의 노동자들은 낮은 능력의 노동자보다 A학점을 덜 선택한다. 이는 비직관적인 균형과 일치한다. 그러나 A학점을 받은 노동자들이 여전히 전문적인 일에 할당되기 때문에 고용주의 행동은 일치하지 않는다. 따라서 비직관적인 균형과 일치하지 않지만 직관적인 균형에서 멀어졌다는 것을 알 수 있다.

이 연구에서 신호게임을 살펴봄으로써 일반적인 교훈을 얻게 된다. 가장 중요한 교훈은 사람들이 전략적으로 행동하며 다른 사람들이 전략적으로 행동하리라고 예상한다는 것이다. 예를 들어, 낮은 능력의 노동자는 열심히 공부해서 A학점을 받고 높은 능력의 노동자처럼 보이지만 고용주는 아마도 이를 깨닫고 A학점을 받은 노동자가 높은 능력일 것이라는 대해 회의적이게 된다. 유사하게, 자동차 판매원이 비록 컴포트카가 최선이 아니라는 것을 알지만 컴포트카가 최선이라고 말하지만 구매자는 그러한 주장에 대해 회의적일 수 있다는 것이다.

그러나 사람들은 전략적으로 행동하기 전에 약간의 경험이 더 필요하다. 첫째, 고용주는 A학점을 받은 모든 노동자는 일을 열심히 한다고 생각할 지도 모르고 John은 자동차 판매원의 주장을 믿을 지도 모른다. 이러한 경험으로, 보다 회의적이게 되는 것을 배운다. 이러한 학습의 결과는 무슨 일이 일어날지 예상하기가 더욱 어려워지게 된다는 점이다. 사람들이 학습하지만 일종의 무작위적인 것에 의존하므로 사람들이 배우게 될 것을 예측할 수 없다. 이러한 점때문에 직관적이거나 비직관적인 균형이 특이한 상황에서 나올 것이라는 것을 확실히 알기 어렵다.

다음 절에서 보다 자세히 학습과 전략의 이슈에 대해 공부해 보자. 만약 다른 사람이 잘못된 결과로 이끌어 내는 동기가 있다면 다른 사람들의 행동으로부터 정보를 추론하는 것이 얼마나 어려운 지 알아보자. 확증편향, 소수의 법칙, 신호게임에서 순응이 확실히 존재하면 문제는 보다 복잡해 진다. 예를 들어, A학점을 받은 노동자와 B학점을 받은 노동자를 고용하고 있는 고용주는 확증편향에 의해 영향을 받을 수도 있고, A학점을 받은 노동자는 실제적인 것보다 보다 생산적이라고 생각할 수도 있다. 또한, 소수의 법칙과 B학점을 받은 노동자에 대한 나쁜 경험 때문에 고용주는 A학점을 받은 노동자만을 고용할 수도 있다. 새로운 정보로부터 학습하는 것은 복잡하며 다른 사람이 행동하는 것으로부터 학습하는 것은 훨씬 더 복잡하다.

제4절 건강관리

건강관리(health care)는 정보가 매우 중요한 분야 중 하나이다. 이유를 살펴보기 위해 결정들에 대해 알아보자. 환자(patient)는 다음과 같이 결정한다. 개인 의료보험을 들 것인 지의 여부, 아프다면 치료를 하러 갈 것인지의 여부, 어떤 곳으로 가서 치료할 것인 지, 의사나 간호사에게 무엇이라고 말할 것인 지, 의사나 간호사의 추천들을 따를 것인 지, 다음 의견을 찾을 것인 지 등이 있다. 의사와 다른 의료관계자들은 다음을 결정해야 한다. 어떤 환자에 우선순위를 둘 것인 지, 어떤 테스트를 할 것인 지, 어떤 치료를 추천할 것인 지, 환자에게 무엇이라고 말할 것인 지 등이다. 이러한 개별 결정을 위해 이용가능한 정보를 잘 사용할 필요가 있으며 생명과 연결되어 있기 때문에 매우 중요하다. 환자나 의사가 이러한 결정들을 현명하게 내리는 것에 대해 어떠한 증거들이 있을까? 환자를 먼저 살펴보고, 의사를 다음으로 살펴보자.

1. 환자

최근 몇 년간 외국에서 환자들이 이용할 수 있는 정보의 양이 매우 많이 늘었다. 인터넷의 발달이 이러한 원인 중의 하나이다. 예를 들어, 영국의 환자들은 www.nhs.uk의 웹사이트로 가서 주소를 넣으면, 바로 그 지역의 의사와 병원에 대한 많은 정보를 찾을 수 있다. 병원 음식의 질부터 사망률까지 모든 것들이 순서화되어 있다. 미국에서도 www.HospitalCompare.hhs.gov를 들어가면 많은 정보를 이용할 수 있다. 이러한 정보를 사람들이 이용할까?

증거들에 의하면 사람들은 정보를 이용하지 않는다. Kaiser Family Foundation은 미국에서 건강관리의 태도에 대해 설문조사한다. 2008년에 사람들의 30%만 지난해에 건강관리 제공자들을 비교하는 정보를 보았으며 14%만이 이러한 정보를 사용하였다. 대신, 이전 조사에서 사람들의 59%가 가족이나 친구들에게 의존한다는 것으로 나타나 가족이나 친구들이 충고할 지식이나 경험이 충분하지 않다고 생각하는 36%와 비교하면 친구나 가족의 의견은 좋은 정보가 된다. <그림 6.5>는 이러한 생각에 대한 증거를 보여준다. 좋은 순위보다 가족성에 대해 강하지만 감소하는 바램이 나타난다.

가족과 친구는 잠재적으로 좋은 정보를 제공하는 원천이라고 반박할 수 있다. 그러나 증거들은 그렇지 않다. 예를 들어, 환자들은 의사가 존경스러운 지의 여부, 병을 잘 설명하는 지, 깨끗한 사무실을 가지고 있는 지와 같은 질을 기준으로 판단하는 것으로 나타나고 있다. 불행히도, 의사가 적절한 의료서비스를 제공하는지, 증거에 기준한 치료를 하는 지와 같은 면을 판단하지 못하는 것으로 나타난다. 또한, 환자들은 의사가 스트레스를 겪고 과도한 업무를 하고 있다고 해도 의사에 대해 매우 높은 신뢰를 보내고 있으며 의사의 통제를 넘어서게 되어 발생하는 실수를 간과하는 경향이 있는 것으로 나타난다.

그림 6.5 1996, 2000, 2004, 2008년에 환자에 대한 설문조사에서 응답자의 선호. 대부분 사람들은 전문가에 의해 추천된 것보다 친구나 가족에 의해 추천된 것을 선호한다

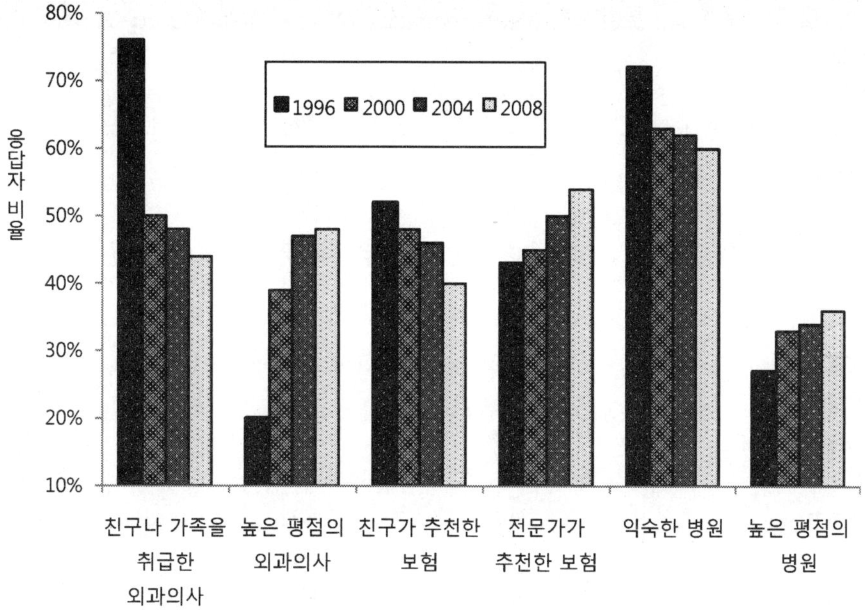

자료: Kaiser Family Foundation

따라서 앞의 절에서 살펴본 편향이 존재한다. 예를 들어, 환자에게 과거의 경험과 친구들의 경험에 의존하는 소수의 법칙이 나타난다. 즉, 이러한 경험은 추론을 하기에 매우 작은 수의 샘플이라는 것이다. 환자가 의사들에게 보내는 신뢰와 치료에 확증편향을 보인다. 만약, 의사가 좋거나 약물이 잘 듣는다고 사람들이 생각한다면 애매한 정보는 이러한 믿음을 지지하는 방향으로 해석될 수도 있다. 건강관리에 대한 상당한 애매함으로 인해 이러한 두 가지 편향을 악화시키게 된다. 예를 들어, 만약 약물이나 치료과정의 본질 때문에 환자가 더 나아졌다면? 답은 환자가 원하는 것을 무엇이든지 믿을 수 있기에 충분할 만큼 애매하다.

확증편향이나 소수의 법칙이 나타나는 것은 놀라운 일이 아니다. 보다 놀라운 것은 환자들이 무시해야 하는 다른 대안적인 정보의 원천을 가지고 있다는 것이다. 왜 환자들은 건강관리에 대해 무수히 많으며 대수의 샘플과 과학적인 기반인 실험을 바탕으로 한 정보를 선택하지 않을까?

여기서 가능한 설명은 가용성 휴리스틱(availability heuristic)이다. 가용성 휴리스틱은 다음과 같이 요약된다. 만약, 당신이 어떤 것을 기억한다면 그것은 매우 중요해야만 한

표 6.14 미국에서 사망 숫자의 근사치와 다른 원인에 대한 사망 추정치

	실제 숫자	추정치	신문에 나타난 기사의 길이(인치)
폭죽놀이	6	331	0
백일해	15	171	0
독성에 쏘임이나 물림	48	535	0
토네이도	90	688	153.5
번개	107	128	0.8
독성이 없는 동물	129	298	33.8
홍수	205	863	41.8
임신, 출산, 낙태	451	1932	0
맹장염	902	880	0
감전사	1025	586	42.2
기차 충돌	1517	793	0
천식	1886	769	1.9
총기사고	2255	1623	28.2
결핵	3690	966	0
화재와 질식사	7380	3814	320.7
익사	7380	1989	247
백혈병	14555	2807	14.8
살인	18860	8441	5042.9
추락사고	17425	2585	124.8
유방암	31160	3607	0
당뇨	38950	2138	0
자동차사고	55350	50000	1440.5
폐암	75580	9723	35.9
심장병	738000	25900	303.4

자료: Lichtenstein et al.(1978)

다. 이러한 휴리스틱의 결과는 보다 생생하고 중요하며 기억할 수 있는 경험들이 더 중요하다고 보여지는 것이다. 예를 들어, John의 할아버지가 평생의 흡연에도 불구하고 폐암에 대한 통계치를 기반으로 하기 보다는 100세까지 살 것이라는 것을 기억하려고 한다. 유사하게, 병원의 평균적인 결과가 나쁘다는 보고서보다 병원에서 좋은 치료를 받은 것을 기억하려고 한다.

Lichtenstein et al.(1978)은 가용성 휴리스틱에 대해 좋은 예를 제시하였다. 피험자들이 미국에서의 사망원인을 알 지에 대해 살펴 보았다. 피험자들은 1년에 평균 50,000명

의 사람이 자동차 사고로 사망한다는 이야기를 듣고 얼마나 많은 사람이 40개의 다른 가능한 원인으로 사망하는 지에 대해 질문을 받는다. <표 6.14>는 이에 대한 결과를 나타낸다. 보다 덜 원인이 될 것 같은 항목으로부터 사망한 숫자가 과대평가되는 1차적 편향이 나타난다. 2차적 편향은 유사한 사망의 숫자를 실제로 일으키는 것과 사망을 일으킬 것이라고 생각하는 숫자가 매우 다르다는 것이다. 이러한 편향은 가용성에 영향을 줄 수 있는 것과 편향되어 있는데 신문이나 피험자가 사망원인으로 사망한 사람과 직접적인 관련이 있는 경우가 포함된다.

소수의 법칙, 확증편향, 가용성 휴리스틱은 얼마나 현명하게 환자들이 정보를 이용하고 선택하는 지에 대한 옳지 못한 결과를 보여준다. 부정적인 결과를 가지는 이러한 편향을 살펴볼 수 있는 하나의 특이한 상황이 건강관리 부분이다. 예를 들어, 영국에서 1998년에 출판된 연구에서 홍역, 볼거리, 풍진(Measles, Mumps, Rubella, MMR)에 대한 백신이 아이들에게 자폐증을 일으킨다고 보고하였다. 여러 이유로 이 기사는 신문의 1면을 장식하였으며, 모든 전문가들이 MMR이 안전하다고 말함에도 불구하고 아이들에게 백신을 권하는 부모의 숫자는 매우 감소하였다. 2009년까지 영국은 유럽에서 가장 높은 홍역의 비율을 나타내는 국가 중 하나이다. 15명 중에 1명의 어린이가 홍역으로 고생하고 있으며 피할 수 있었던 심각한 문제였다. 새로운 정보를 바르게 교정하는 무능력으로 인해 이러한 건강관리가 발생하였다.

2. 의사

환자들이 편향되어 있다는 것은 큰 일이 아니지만 의사들에게 더 나은 것을 확실히 기대할 수 있을까? 불행히도 증거는 그렇지 않다.

편향의 가능성을 상상하기 어렵지 않다. 예를 들어, 의사들은 이전 환자들 중 한 명도 치료하지 못한 치료법을 사용할 지도 모른다. 보다 일반적으로, 과학적인 검증의 결과보다 자신의 치료에 대한 경험에 보다 의존하는 의사를 상상할 수도 있다. 소수의 법칙, 확증편향, 가용성 휴리스틱 모두 다시 등장하게 된다. 그리고 이제 새로운 요소인 순응(conformity)을 새로 섞을 수 있다. 만약 한 명의 의사가 다른 의사들이 특별한 치료를 사용하려는 상황에 있다고 하면, 그 의사는 다른 치료를 선택할까? 어디까지나 추측이고 자료는 무엇이라고 말할까?

한 국가의 다른 지역에서 같은 병에 대해 같은 치료를 받는다는 환자에 대한 자료는 많다. <표 6.15>는 다른 지역에서 치료받는 사람의 숫자의 차이를 보여주는 예시이다.

표 6.15 미국의 서로 다른 지역에서 10,000명당 치료하는 가장 높은 비율과 가장 낮은 비율

과정	가장 높은 비율	가장 낮은 비율
치질 주사	17	0.7
무릎인공관절수술	20	3
경동맥 내막절제술	23	6
관상동맥우회수술	23	7
심장도관술	51	22
고관절대치술	24	8
충수제거	5	2
탈장교정술	53	38

자료: McCall(1996)

이러한 변동을 소규모 지역간 변동(small area variation)이라고 한다. <그림 6.6>은 미국의 다른 도시에서의 제왕절개(Cesarean sections)의 보급을 연구한 Baicker et al.(2006)의 결과이다. 변동은 그다지 크지 않은 것처럼 보일 수도 있지만 이 도시들에서 출생의 숫자가 주어져 있다면, 무작위 변동이 될 수 없다.

만약 무작위 변동이 아니라면 무엇일까? 어떤 지역의 의사들은 동료들의 기준에 순응하거나 동료들로부터 학습하는 것이다. 만약 다른 대학병원이 다른 방식을 강조한다

그림 6.6 보통 몸무게와 낮은 몸무게를 가진 아이에 대한 미국의 다른 도시에서의 제왕절개(Cesarean sections)의 보급

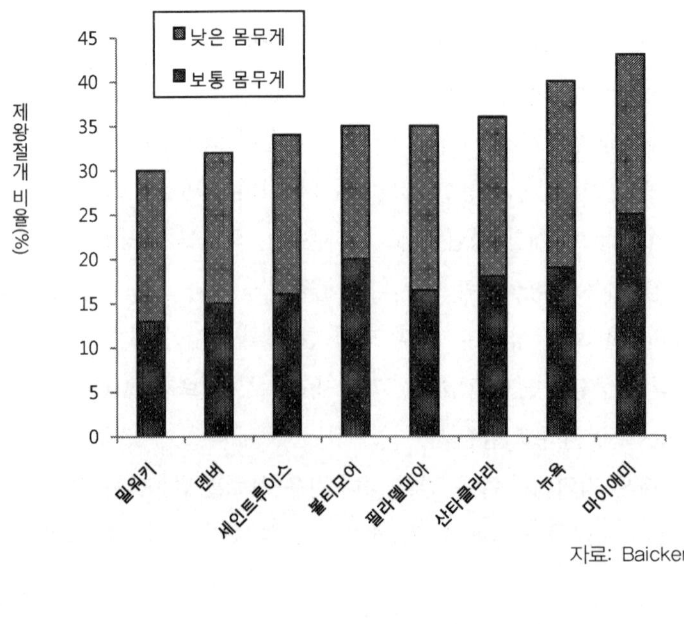

자료: Baicker et al.(2006)

면 새로운 외과의사에 대한 교육에 의해 보다 악화될 수 있다. 예를 들어, Phelps and Mooney(1993)은 뉴헤이븐(New Haven)의 의사들을 인용하였다. '보스턴에서의 학문적인 취향, 강의 분위기는 사람들이 병원으로 가게 하는 훨씬 강한 전통이 있다…보스턴에서 교육받은 의사들이 뉴헤이븐에 재배치되면, 나쁜 습성을 그대로 가져오지만 동료들의 압박이 그러한 점을 변화시킨다.

이러한 변동은 치료가 비싸기 때문에 효율적일 수 없다. 따라서 환자는 어떤 지역에서 과소 치료되거나 다른 지역에서 과대 치료된다. 미국 국립의학연구소(Institute of Medicine)가 2001년에 출판한 리뷰에서 다음과 같이 보고하였다. '미국인들은 자신들의 니즈를 충족시키는 건강관리의 수를 셀 수 있어야 하고 초선의 과학적인 지식에 기반해야 한다. 그러나 실제로는 그렇지 않은 증거들이 있다'. 사실 과소 치료나 과대 치료를 찾아낸 것이다. 또한, 외과의사들은 당뇨, 우울증, 천식과 같은 조건을 치료하는데 최선의 실습을 하지 못하며 건강의 결과를 좋아지게 해 온 의약품을 광범위하게 사용한다.

여기서 의료 시스템에 대한 걱정을 주기 위한 것이 아니다. 건강관리 의사들은 일반인과 다르지 않으며 정보를 해석하는데 편향되어 있다는 것이다. 이러한 것을 알게 되면 진보적인 방법이 나올 것이다. 만약 편향을 이해하는 도구가 있다면 문제가 발생하는 것을 최소화할 수 있다.

제5절 거품과 폭발

거품(bubbles)과 붕괴는 주택시장과 금융시장을 비롯해 많은 시장에서 일어난다. 시장이 붕괴될 때 신문의 헤드라인을 장식한다. 왜 블랙데이와 같은 붕괴가 역사책의 한 자리를 차지할까? 1986년 9월 24일, 1929년 10월 24일과 29일, 1987년 10월 19일, 1992년 9월 16일, 2008년 10월 6일 등 많은 날들이 있다. 1920-29년 사이에 미국 주식시장의 실질 가치는 5배 넘게 상승했지만 1929-32년 사이에 급격히 하락하였다.

이후 1954-1973년 사이에 두 배로 상승한 후 1973-74년 사이에 실질 가치의 절반으로 하락하였다. 1982-2000년 사이에 8배로 상승하였으나 다시 2000-2008년 사이에 절반으로 하락하였다. 이러한 주가의 불규칙한 변동에 대한 이유를 합리적으로 설명이 어렵다.

그림 6.7 미국의 주식시장 실질가치

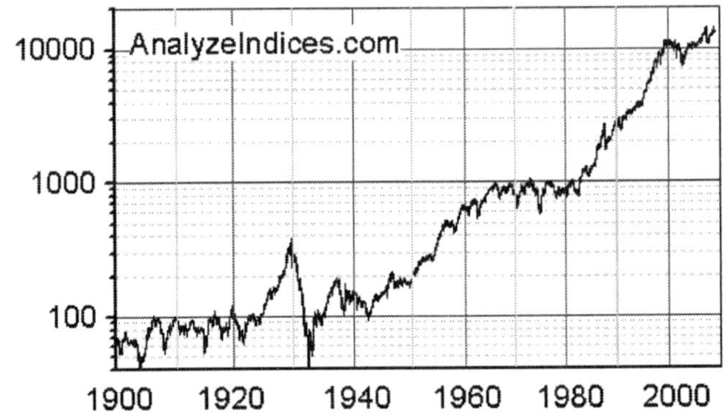

자료: AnalyzeIndices.com

주식은 기업에 대한 지분권(equity)을 나타낸다. 즉, 기업에 대한 소유권을 표시하는 증권으로 대표적인 지분권이 보통주(common stock)이다. 보통주의 소유자는 잔여청구권(residual claim)을 가진다. 잔여청구권은 기업에 대한 우선청구권을 제외한 잔여분에 대한 청구권으로, 우선청구권은 세금, 임금, 이자 등 법적으로 우선권을 가지는 청구권을 말한다. 잔여청구권의 대표적인 형태가 배당이다.

주식시장에 초점을 두자. 효율적 시장가설(efficient markets hypothesis)는 주가는 기초가치(fundamental value)와 같아야 한다. 기초가치는 주식에서 나오는 예상되는 미래의 수익에 기반하는데 배당과 같은 형태가 된다.

주식의 가치는 주식으로부터 생기는 모든 현금흐름의 현재가치로 계산된다. 예를 들어, 현재 금리가 5%일 때 1주당 배당이 연간 1.05달러이고 1년 뒤에 52.5달러에 판매할 수 있는 인텔 주식의 현재가치는 다음과 같다. 이 주식으로부터 생기는 현금흐름의 현재가치는 주식가격이 된다.

$$PV=\frac{1.05}{1+0.05}+\frac{52.5}{1+0.05}=51$$

현재의 금리를 r, t기의 배당을 Dt라면 주식의 현재가격은 다음과 같은 모형으로 추정할 수 있다.

$$P=\frac{D_1}{1+r}+\frac{D_2}{(1+r)^2}+\frac{D_3}{(1+r)^3}+\cdots$$

이 식에 의하면 주가는 금리와 D_t 즉 미래의 배당에 의해 결정된다.

기업의 미래 배당은 현재 관측이 불가능함으로 결국 예측을 해야 함. 미래 배당에 대한 예측은 세계 경제여건, 기업이 속한 산업의 장래 여건, 개별기업의 경영 여건, 기술수준, 정치적 상황, 유가 등 경제 및 개별 기업의 경영에 영향을 미칠 수 있는 모든 요소에 대한 예측에 의해 결정될 것이다.

경제학에서는 사람들이 합리적으로 예측한다고 가정한다. 합리적 기대이론(Rational Expectation Hypothesis)에 따라 경제의 움직임에는 시장참여자들의 기대(expectation)가 중요한 역할을 한다.

사람들의 예측은 현실화 하는 경우가 많다. 예를 들어, 앞으로 강남의 아파트 가격이 오를 것으로 많은 사람들이 예측하면 지금 아파트를 구입하려는 사람들이 많아지고 따라서 아파트 가격은 지금부터 오르기 시작한다.

또 다른 예로 국제적인 투자회사들이 앞으로 한국의 경기가 나빠져 한국 원화가치가 하락할 것으로 예측하면 원화로 투자된 자산을 매각하여 달러나 다른 통화로 전환. 그러면 지금부터 원화가 절하되는 현상이 발생한다. 그런데 사람들은 어떤 변수를 예측하려 할 때 그 변수에 영향을 주는 요인들이 무엇인지를 알고 그 요인들이 어떻게 변할 것인가를 파악하려 할 것이다.

이자율의 경우 향후 이자율을 예측하는 경우 이자율에 통화량의 변화, 인플레이션 예측, 미래 경기의 예측 등이 영향을 미친다는 것을 이론적 또는 과거의 경험에 의해 잘 알고 있다면, 사람들은 이자율에 영향을 미치는 여러 가지 변수의 미래 값에 대한 예측을 하여 이것이 이자율에 미치는 영향을 예측하려고 할 것이다.

따라서 합리적인 사람들은 어느 변수에 대한 예측을 할 경우 그 변수에 영향을 미치는 변수들에 대한 정보를 모두 이용하려고 할 것이다. John Muth(1961)의 합리적 기대가설(Rational Expectation Hypotheis)은 사람들의 합리적 예상은 모든 가능한 정보를 이용한 최적예측으로 보았다.

합리적 예측은 모든 정보를 이용한 최적 예측이나, 예측이 틀릴 수도 있다. 사람들이 합리적으로 예측을 해도 예측은 틀릴 수 있다. 그러나 예측오차의 평균은 0이어야 한다. 예를 들어 예측오차의 평균이 5라면 예측을 수정하여 5만큼 낮게 예측하면 정확도를 높일 수 있게 된다.

사람들의 행태가 바뀌거나 경제구조의 변화로 변수가 결정되는 메커니즘이 바뀌면 사람들의 예측방법도 그에 따라 바뀌어야 한다. 예를 들어, 지금까지 5% 수준으로 통화량이 증가하고 인플레이션이 5%였다고 가정하자. 사람들은 통화량 증가와 인플레이션이 밀접한 관계가 있다는 것을 알고 있음. 그런데 통화량 증가가 10%로 상승하였다면, 사람들은 즉시 인플레이션이 10% 수준으로 바뀔 것을 예측한다.

합리적 기대 하에서 사람들은 주어지는 정보만을 이용하는 것이 아니고, 중요한 정보는 비용과 시간이 소요 되더라도 적극적으로 정보를 수집하기 위해 노력함. 필요한 정보가 있다는 것을 알면서도 정보수집 노력을 게을리 한다면 합리적으로 예측을 한다고 할 수 없다.

효율시장가설 이론(Efficient Market Theory)은 합리적 기대 이론을 증권의 가격결정 이론에 적용한 것으로, 증권 투자자들은 미래 증권가격을 예측하기 위해 모든 가능한 정보를 이용할 것임으로 증권가격의 변화는 당연히 모든 가능한 정보를 반영한다. 따라서 모든 정보가 이용되는 증권 가격의 변화는 효율적이라는 논리이다.

만약 주식가격 변화가 합리적 기대가설에서 설명하는 바와 같이 모든 정보를 반영하여, 주식시장이 효율적으로 작동한다면 주식가격의 변동은 기업의 기초가치(fundamental value)의 변화에 의해 설명될 수 있어야 한다. 그러나 앞에 미국의 장기주가 변화에서 살펴본 바와 같이 주식 가격은 과도한 변동성을 보인다. 이러한 주식가격의 과도한 변동성은 기업의 내재가치의 변화에 의해 설명될 수 있는 것보다 훨씬 크게 나타난다.

또한, 미래수익이 어떻게 될 지 예상할 수 없으므로 기초가치는 불확실하다. 그러나 주가는 당시의 모든 이용가능한 정보를 고려해야 한다. 만약 기초가치에 대한 새로운 정보가 있다면 주가는 변해야 한다. 따라서 정보가 열쇠이다. 만약 새로운 정보가 동시에 도착하도록 주어진다면 가격이 갑자기 움직일까? 약간 교묘한 질문이다. 그러나 주가에서의 변동은 새로운 정보만으로 너무 크게 나타나지 말아야 한다는 것이 일반적인 합의가 된다.

그렇다면 주식가격의 과도한 변동성의 원인은 무엇인가? 주가의 투기적 거품의 가장 전형적 형태는 가격상승 → 투자 열풍 → 수요증가 → 가격상승의 피드백 과정이 반복되는 것으로, 일단 가격 상승이 시작되면 가격 상승 자체가 투자자들에게 가격이 계속 상승할 것으로 기대하게 하는 가격간 피드백(price-to-price feed back) 현상을 가져온다. 투자자들은 과거의 가격 상승 시 얻을 수 있었던 고수익의 기억에 집착하고 이번에도 그러한 고수익의 기회가 온 것과 같은 환상에 사로잡힌다. 그러나 이러한 지속적인 가격 상승은 가능하지 않고, 결국 어느 시점에서 무너질 수밖에 없다.[4]

그림 6.8 추정된 기초가격과 비교한 S&P 500지수. 특정 시점에서 기초가격은 다음 해의 배당에 의해 계산된다

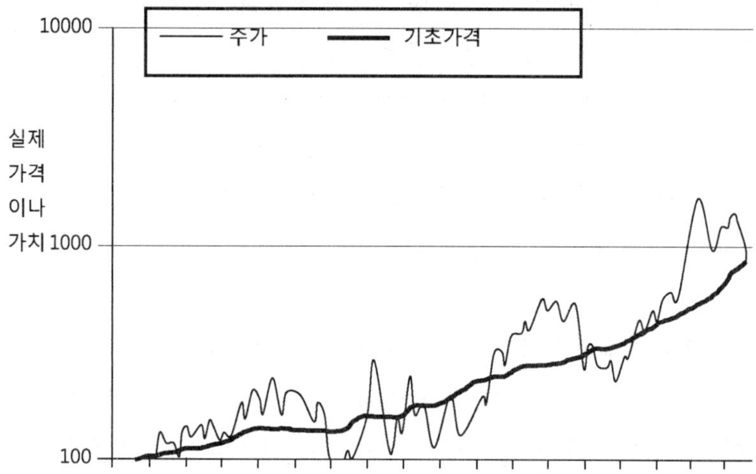

자료: Shiller(2003)

수학적인 논리로 보면, 기초가치의 변동은 기초가치를 예상하는 변동보다 커야 한다. 즉, 주가는 기초가치보다 덜 변동적이어야 한다. 만약 사람들이 모든 적절한 정보를 안다면, 사람들이 모든 것을 알았다면 일어난 것보다 주가는 평균적으로 덜 변동해야 한다. 그러나 관찰 결과는 반대이다. <그림 6.8>은 S&P 500 주가지수와 추정된 기초가치를 나타낸다. 확실히 주가는 기초가치보다 변동이 심하다.

여러 가지 이유가 있을 수 있다. 예를 들어, 특정 시점에서의 기초가치가 그 시점 이후에 붙는 배당의 할인가치를 살펴보면 되므로 할인률이 사용되면 된다. 개별 자산보다 종합지수를 또한 살펴보면 된다. 그러나 이러한 것들을 고려하더라도 예상한 것보다 주가는 훨씬 변동적이다. 주가가 기초가격보다 높은 곳에서 가격이 갑자기 올라가는 거품(bubbles)이 발생하고 주가가 기초가치보다 작은 곳에서 가격이 갑자기 떨어지는 폭발(busts)이 일어난다.

실험실에서의 거품과 폭발에 대해 살펴보자.

---

4) Shiller는 가격간 피드백과 같은 간단한 과정으로 주식이나 부동산 시장에서 관측되는 과도한 버블 현상을 설명하는 데는 합리적 기대가설과 같은 복잡한 이론이 필요하지 않다. 다만 왜 사람들이 가격상승이 지속될 것으로 굳건하게 확신하는 동물적 충동을 가지는이 하는 것을 설명하는 것이 필요한 것으로 보았다.

1. 실험실에서의 거품

앞에서 수요과 공급이 일치하는 효율적인 시장과 비슷하게 가격과 수량이 거래되는 이중경매시장(double auction markets)을 살펴 보았다. 그 실험에서 피험자들은 구매자거나 판매자였고 상품에 대한 가치를 알고 있으며 일정 시점에 한 번만 거래한다. 노동시장이나 자동차시장과 같이 많은 시장에서 대표성을 가질 수 있으나 주식시장에서는 그렇지 못하다. 주식시장에서는 사는 사람과 파는 사람을 관찰할 수 있으나 사람들이 거래하는 상품의 가치를 모르고, 여러 기간에 걸친 거래를 알 수 없다. 실험적인 시장에 이러한 점을 넣으면 어떻게 될까?

피험자가 자산에 대해 실험적 시장에 참여한 Smith, Suchanek, and Williams(1988)의 연구결과인 <표 6.16>을 살펴보자. 3명의 피험자 또는 트레이더가 있다. 실험 초기에 각 트레이더는 일정한 금액과 자산을 가지고 있다. 그 다음, 15개의 시장 기간이 있는데 최대한 매 240초를 지속한다. 각 기에 트레이더는 자신이 가지고 있는 자산의 일부를 팔거나 충분한 돈이 있다면 자산을 산다. 이러한 매입과 매도는 이중경매를 통해 발생한다. 매기 마지막에서 자산은 무작위로 배당이라는 금액을 만든다. 트레이더들은 이 배당을 받고 다음 기를 시작한다. 따라서 트레이더는 15기간에 걸쳐 돈과 자산을 축적할 수 있다. 15기의 끝에 트레이더는 축적한 돈을 가지고 가며 자산은 가치가 없어진다.

만약 자산이 시험의 마지막에 가치가 없다면 자산을 보유하는 주된 이유는 자산이 만들어 내는 배당때문이다. 배당은 같은 확률로 $0, $0.08, $0.16, $0.4일 수 있다고 가

표 6.16 거품을 일으킬 수 있는 실험적 자산시장의 설명

실험의 시작	Anna는 $2.80과 4단위의 자산을 받는다 Alan은 $7.60과 2단위의 자산을 받는다 Emma는 $10과 1단위의 자산을 받는다
시장 1기	Anna는 1단위의 자산을 Alan에게 $4에 팔고 Emma에게 $3.8에 판다
1기의 마지막	Anna는 $10.60과 2단위의 자산을 가지고 있다 Alan은 $3.60과 3단위의 자산을 가지고 있고, Emma는 $6.20과 2단위의 자산을 가지고 있다 자산에 대한 배당은 $0.4이다
2기의 시작	Anna는 $11.40과 2개의 자산을 가지고 있다 Alan은 $4.80과 3단위의 자산을 가지고 있고, Emma는 $7.00과 2단위의 자산을 가지고 있다

정하자. 매기 예상배당은 $0.16이므로 1기에 자산을 보유하는데 대한 예상가치는 이고 2기에서의 예상가치는 등이다. 마지막 기의 예상가치는 $0.16이다. 매기 최대 배당은 $0.4이므로 1기에 자산을 보유하는데 대한 최대가치는 이고 2기에서의 예상가치는 등이다.

<그림 6.9>는 실험실 시장에서와 모두 같으나 3명의 피험자가 아닌 12명의 피험자가 있는 경우를 나타낸다. 여기서 매우 큰 거품과 붕괴가 발생한다. 가격은 처음 8기 동안 상대적으로 큰 거래 금액으로 오른다. 대부분 미래 배당에 대해 낙관적으로 자산의 가치보다 훨씬 높은 지점에 가격이 존재한다. 10기 이후에 거래량은 감소하며 가격은 0으로 붕괴된다.

<그림 6.9>은 매우 간단한 시장이며 최소한의 리스크가 존재하는 경우이다. 그러나 자산의 기초가치보다 작거나 큰 가격에서 거래는 존재한다. 만약 이렇게 단순한 경우에도 거품과 폭발이 있다면 훨씬 복잡한 금융시장에서는 거품과 폭발은 당연히 존재한다.

만약 시장제도를 바꾼다면 거품이 없어질 것이라고 생각할 지도 모른다. 예를 들어, 트레이더가 실제로 가지고 있지 않는 자산을 팔 수 있는 공매도(short selling)이 존재한다면? 또는 트레이더가 8기보다 앞에서 선물거래(future trading)을 할 수 있다면? 기본적인 결론으로 제도는 가끔 거품을 붕괴시키지만 거품이 발생하는 것은 멈추지 못한다.

그림 6.9 **실험적 자산시장의 거품. 원의 평균가격 크기는 거래를 마친 회수를 나타낸다. 효율적 시장 가설에 의하면 평균가격은 예상가격을 따라가야 하거나 최소한 최대 가격보다 크지 않아야 한다**

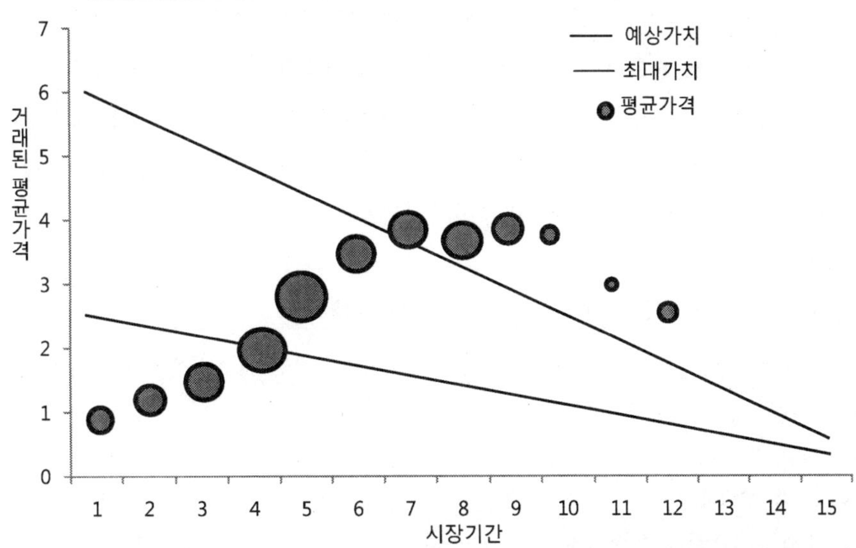

자료: Smith, Suchanek, and Williams(1988)

그림 6.10 실험적 자산 시장에서 두 번째 참여한 그룹에서 거품은 많이 줄어든다

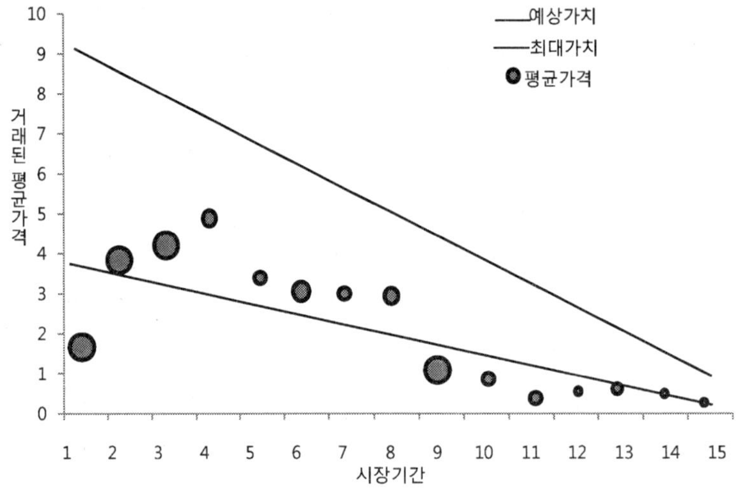

자료: Smith, Suchanek, and Williams(1988)

멈추기 어려운 거품은 이러한 단순한 실험실 시장에서도 발생한다.

2. 경험과 거품

거품이 발생하는 것을 멈출 수 있는 한 가지는 경험이다. <그림 6.9>와 같이 가격이 붕괴될 때, 피험자의 일부는 돈을 잃는다. 두 번째 기에 같은 덫에 똑같이 빠질까? <그림 6.10>은 <그림 6.9>에서 만든 자료로 9명이 두 번째 자산시장에 참여할 때 일어나는 일을 나타낸다(연구방법론 6.4). 거품과 붕괴는 많이 감소한다. 일반적으로 경험은 어떤 상황에서 거품을 멈추기에 충분한 것으로 보인다. 예를 들어, 만약 피험자들이 같은 그룹에서 두 개의 이전 자산시장에 참여한다면 거품은 거의 나타나지 않는다. 그러나 경험만으로 거품을 항상 멈추기에는 충분하지 못하다.

연구방법 6.4 경험이 있는 트레이더 vs. 경험이 있는 그룹

대부분 연구에서 사전 경험이 없는 피험자들을 학자들은 원한다. 이전에 실험에 참여하지 않았고 다른 피험자들을 모르며 경제학 수업에서 실험을 연구하지 않아야 한다 등이 있다. 가끔 비록 다른 것을 가지는 것이 유용할 때도 있다. 예를 들어, 이중경매에 경험이 있는 피험자들을 초대하는 하는 것과 같은 것이 실제적인 이유가 될 지도 모른다. 이러한 방법으로 교육에 긴 시간을 사용할 필요가 없으나 얼마나 많은 피험자들이 이해할 지 여전히 불확

실하다. Smith et al.의 연구에서 모든 피험자들은 연구에 참여하기 전에 이중경매에 참여해 본 경험이 있다. 보다 중요한 것은 얼마나 더 많은 피험자들이 게임을 해 본 경험이 있는지 알아보는 것이다.

어떤 실험 세션에서, 투산(Tucson) 출신의 사업가들이 피험자였다. 이 경우, 피험자는 실제 세상에서의 거래를 경험하였다.

어떤 세션에서는 이전 세션에 참여했던 12명 중 9명은 다시 참여하였다. 이 경우, 피험자들은 거래를 경험하였고 같은 그룹의 다른 사람과도 거래하였다.

2개의 다른 세션에서 피험자들은 거품이 일어날 수 있는 환경에 넣기 전에 거품이 일어날 수 없는 환경을 경험하게 한다. 이 경우, 시장 메커니즘을 경험하지만 거품과 폭발의 가능성의 경험은 없다.

최종적으로, 모든 세션은 경험이 없는 피험자와 최소 2개의 지난 자산시장에 참여하여 잘 수행한 피험자의 조합을 포함한다. 이전의 거품을 경험한 피험자 또는 거품을 경험하지 않은 피험자를 조합하는 것이 가능해진다.

많은 가능한 조합과 순열들이 있다.

Hussan et al.(2008)의 연구를 살펴보자. 피험자들은 3개의 실험 세션에 초대받는다. 첫 번째 세션에서 모두 경험이 없다. 두 번째 세션에서 시장과 다른 피험자들을 비롯해 모든 것이 첫 번째 세션과 같다. 세 번째 세션에서 시장은 변한다. 예를 들어, 예상배당이 변하고 피험자들은 새로운 그룹으로 들어간다. 따라서 피험자들은 학습할 시간이 있고 다른 환경에 놓이게 된다. 새로운 환경에서도 거품을 발생할까? 통제군으로써 3개의 세션 모두와 상호작용할 일부 피험자가 필요하다. 세 가지 치료는 <표 6.17>에 나타난다.

<그림 6.11>는 결과를 나타낸다. 3개의 세션에서 피험자가 경험하게 된 각 치료마다에서 일어난 것을 나타낸다. 기준선 처리에서 거품이 없고 경험은 중요한 것으로 보인다. 그러나 재점화 처리에서 거품이 존재하므로 만약 환경이 변한다면 거품이 다시 일어날 수 있다. 이는 시장에서의 변화나 그룹에서의 변화때문이며 극단적 처리에서는 둘 다 때문에 발생한다. 여기서 거품이 큰 것을 알 수 있으나 지속시간은 짧다.

표 6.17 Hussan et al.(2008)의 세 가지 다른 처리

처리	1차 세션	2차 세션	3차 세션
기준선	기본 시장	기본 시장	기본 시장, 같은 그룹
극단	극단 시장	극단 시장	극단 시장, 같은 그룹
재점화	기본 시장	기본 시장	극단 시장, 다른 그룹

그림 6.11 피험자들이 두 개의 시장을 경험하였을 때 기초가치에 대한 가격의 편차. 기준치 처리 시장에서 거품은 없다. 극단적 시장에서 거품은 존재한다. 재점화 처리 시장의 거품은 보다 오래 지속된다

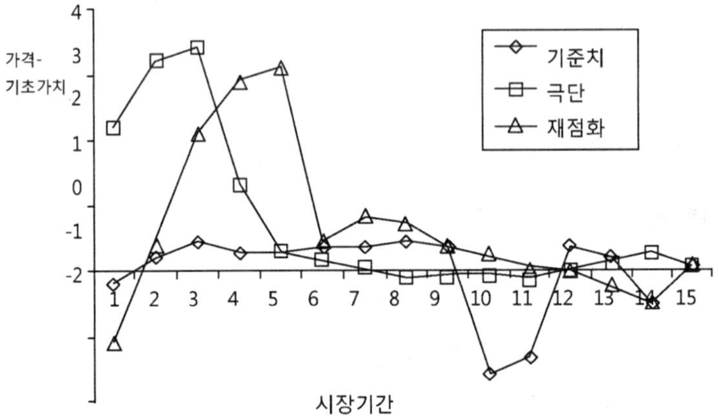

자료: Hussam et al.(2008)

여기서 일반적인 패턴을 볼 수 있다. 같은 환경에서의 경험으로 인해 거품의 지속시간은 줄어들지만 크기는 줄어들 지 않는다. 따라서 이것은 거품을 가끔 멈출 수 있으나 항상 멈출 수 있는 것은 아니다. 따라서 경험은 거품이 일어나는 것을 멈추지 않는다. 사실 거품이 발생하는 것을 멈추는 어떠한 보장도 없다(연구방법 6.5).

연구방법 6.5 왜 실험을 하는가?

자산시장의 거품에 대한 실험적인 연구는 왜 실험이 가치가 있는 지에 대한 좋은 예시가 된다. 거품과 붕괴는 도처에 존재하고 중요하기 때문에 거품과 붕괴가 일어나는 이유를 알 필요가 있으나 실질시장은 훨씬 복잡하기 때문에 실질시장과 구분하려는 시도는 절망적일 지도 모른다. 실험실에서 이를 단순화한다.

경험이 있는 트레이더들로도 단순한 시장에서 거품이 쉽게 일어나는 것을 보일 수 있다. 여기서 실험의 중요성이 나타난다. 경제학은 거품이 있는 여러 가지 모형을 제시한다. 이것이 옳을 수도 있으나 너무 간단해서 이러한 이론들이 상식적인 시장에서의 실험에서도 거품을 관찰할 수 있다. 따라서 보다 기본적인 것은 진행된다. 왜 거품이 발생하는 지를 이해하는 데 기본적인 진전이 있을 수 있다.

그러나 실험실에서의 거품은 실질시장의 거품과 동일한 경우에만 이 논리는 작동한다. Henker and Owen(2008)은 호주의 주식시장과 실험실의 자료들이 유사하다는 점을 찾아냈다.

3. 거품의 주요원인

왜 거품이 일어나는 지에 대해 설명할 필요가 있다. 지금까지 설명한 거품은 반드시 효율적 시장가설에 반대되는 증거를 찾을 필요가 없다. 왜냐하면 거래가격은 기초가치와 같아야 하기 때문이다. 예를 들어, <그림 6.9>에서의 기간14, <그림 6.10>의 기간13, <그림 6.11>의 기간12로 이를 얻는다. 따라서 피험자들이 학습할 시간이 있으면 된다. 만약 피험자들이 다른 초기의 믿음을 가지고 이러한 믿음이 수렴하는데 시간이 걸린다면 이러한 논리는 그럴 듯 하다.

그러나 새로운 정보를 해석하는데 있어 편향에 의해 거품이 발생한다는 것은 좋은 이유가 될 수 있다. 소수의 법칙으로, 만약 주가가 3기와 4기에 연달아 오른다면 상승하는 상태에 있어야 한다. 확증편향에 의해, 만약 사람들이 주가가 오를 것이라고 예상한다면 일어나려고 하는 신호로써 가격의 작은 변동을 해석해야 할 것이다. 이러한 것들과 다른 편향들을 묶으면 피드백 이론(feedback theory)가 된다. 피드백 이론의 기본적인 생각은 사람들이 주가가 오를 것이라고 예상하기 때문에 주가가 오르고, 주가가 올라왔기 때문에 주가가 오를 것이라고 예상한다. 따라서 오르고 있는 주가는 오르는 주가를 만들어 낸다.

피드백 이론은 거품을 설명할 수 있고 사람들이 주가에 무엇이 발생할 지에 대한 편향을 가지고 있기 때문에 거품이 발생할 수 있다고 본다. 여기서 설명하지 못하는 것은 붕괴이다. 왜 주가는 계속 오르지 못할까? 더 이상 매입할 만큼의 많은 투자자가 없기 때문에 가격은 점점 더 높아지지 못한다. 실험실에서 <그림 6.9>과 <그림 6.10>에서와 같이 붕괴는 줄어든 거래가 나타나는 기간으로 진행된다. 따라서 거품은 기본적으로 탈진하게 된다. 실질 시장에서, 실험실에서와 같이 거래량에서 감소가 눈에 뛰지 않는다. 이는 아마도 실질시장은 알려진 15기 후에 끝나지 않기 때문이지만 논리는 여전히 유효하다.

피드백 이론을 보다 실체화 하기 위해 Barber and Odean(2007)을 살펴보자. 뉴스가 중요한 지 알아보기 위해 개인투자자와 기관투자자를 살펴보았다. 다양한 이유로 뉴스는 중요하지만 가용성 휴리스틱 때문에도 중요하다. 어디에 투자할 지 정할 때, 사람들은 뉴스에서 본 주식을 기억하고 선택한다는 것이다. 만약 주가가 올라서 주식이 뉴스에 나온다면, 이는 주가가 오르고 있기 때문에 주가가 오르는 피드백을 줄 수 있다.

Barber and Odean의 경험적인 전략에서 중요한 것은 매입과 매도의 차이이다. 투자를 할 때 투자자는 수 천 개의 선택할 수 있는 주식이 있으나 매도할 때는 투자한 주식만을 살펴보아야 하는데 이는 최대한 100개 정도이다. 따라서 매도할 때보다 매입할 때 뉴스에 투자자들이 영향을 받는다고 예상할 수 있다. 기간투자자들에 대해, 기관투자자들은 자신이 보유하지 않은 주식을 공매도할 수 있으므로 이러한 것은 보다 덜 중요해 진다. 보다 일반적으로 전문적인 기관투자자들은 뉴스에 의해 영향을 덜 받는다고 예상할 수 있다.

만약 뉴스에 의해 매입이 영향을 받고 매도는 영향을 받지 않는다고 예상한다면 매입-매도 불균형은 유용한 측정이 된다. 특정한 주식에 대해 특정한 날에 이는 다음과 같이 계산된다.

$$\text{매도}-\text{매입 불균형}=\frac{\text{매입 수}-\text{매도 수}}{\text{매도와 매입 수}}$$

Barber and Odean은 하나의 주식에서 뉴스가 되는 다양한 측정치를 고려하였으나 여기에서는 하나만 고려하자. 특정한 일자에 다우존스 뉴스서비스(Dow Jones News Service)에서 나오는 일간 뉴스에 나타나는 주식을 보자. 매입-매도 불균형은 개별투자자에게 큰 차이가 나타나는데 이는 그 주식이 뉴스에 있는 지 여부에 의존한다. 기관투자자들에 대해 차이는 존재하지 않는다. 따라서 사람들은 어디에 투자를 할 지 결정할 때 뉴스에 주식이 나타나는 지에 의해 영향을 받는다. 흥미로운 점은 주가가 오를 때보다 나쁜 뉴스로 인해 당일의 주가가 내릴 때 이러한 효과는 보다 극명해진다는 것이다. 사람들이 뉴스에 나타나는 주식을 사는 것은 미인대회라고 불리는 것과 연결된다.

4. 거품의 기타 원인

앞에서 살펴본 대표성 휴리스틱(representative heuristic)을 보면 사람들은 키가 2미터인 흑인이 1미터 68센티의 유태인보다 프로농구 선수일 가능성이 높다고 판단한다. 일반적으로 농구선수는 키가 큰 흑인이 많다는 점에서 선입관을 갖거나, 또는 대표적인 농구선수들은 대체적으로 키가 크고 흑인이라는 전형적 특성을 가지는 점에서 키가 큰 흑인들을 보면 농구선수일 가능성이 높다는 추측을 하게 된다. 사람들은 이러한 대표성이나 또는 전형적인 특성을 기반으로 하는 추측 과정에서, 선입관 또는 고정관념을 갖게 되고 이것이 오류를 범하게 되는 중요한 요인이다.

따라서 사람들은 과거의 경험으로부터 얻은 대표성 휴리스틱에 의해, 한번 가격이

상승을 시작하면 전형적으로 주가가 상승하는 강세장(bull market)을 생생하게 기억한다. 사람들은 과거의 상승 장세에서 얻을 수 있었던 수익률에 흥분하고 주식을 사기 시작하고, 주가는 지속적으로 상승한다. 이 과정에서 중요하게 작용하는 심리적 요인들로는 다음과 같은 요인이 있을 수 있다.

첫째, 스토리가 있을 수 있다. 강세장(bull market) 또는 약세장(bears market)에서는 항상 스토리가 중요한 역할을 한다. 예를 들어, 그럴듯한 분석을 바탕으로 '전 세계적으로 증가된 유동성이 장세를 이끌고 있다'든지, '2000선 돌파가 예상'된다든지 하는 스토리가 사람들에게 확신과 함께 흥분시키는 역할을 한다.

둘째, 관심의 집중(attraction of attention)이 있다. 스토리의 뒷받침으로 사람들은 특정 분야의 종목에 우연히 관심을 갖게 되면, 이러한 종목들을 집중적으로 매수하는 경향을 가진다. 초기에는 이들 종목들이 주가를 이끌어 가고 결국에는 전 분야로 상승이 확산되는 경향을 가진다.

셋째, 확신(feeling of confidence)이 있을 수 있다. 스토리와 결부된 주가의 상승추세는 사람들에게 미래의 주가에 대한 확신을 심어주게 되고, 이러한 확신은 대출을 받아 주식투자에 올인 하게 하는 집단적 광분상태로 유도하는 효과가 있다.

넷째, 간절한 바램(wishful thinking)이 있을 수 있다. 사람들은 어떤 상황이 일어나기를 간절히 원하게 되면 실제로 일어날 것이라는 확신이 더욱 강화되는 경향이 있다. 즉, 주가가 상승하기를 간절히 원하게 되면 주가가 상승할 것이라는 확신이 더욱 강화되고 따라서 주식매수를 증가시키게 된다.

다섯째, 다른 사람의 확신을 평가하는 것(Judging the Judgements of Others)이 있을 수 있다. 사람들은 자신이 가지는 확신을 다른 사람들도 역시 확신하고 있다는 것을 확인하려는 경향이다. 즉 내가 가지는 확신은 다른 사람들도 확신하고 있는 것이라는 것을 항상 확인하려는 노력을 한다. 따라서 미인대회의 심판처럼 다른 사람들이 좋아하는 것을 좋아하려는 경향을 가진다.

여섯째, 순응(confirmity pressure)이 있다. 사람들은 집단적 행동이나 판단에서 벗어나지 않으려 한다. 즉 주변 사람들과 다른 판단을 갖더라도 다수가 믿는 것을 믿으려 한다. 더 나아가 집단적인 생각을 받아들이지 않는 사람들에 대해서 강한 반발을 한다. 이러한 집단적 압력은 주가 상승 시 하락 가능성을 제시하는 의견들에 대해 반발하거나 받아들이지 않게 된다.

이러한 심리적 요인들은 결국 가격간 피드백 과정을 강화하여 투기적 거품이 발생되고, 조만간 버블이 꺼지게 되면 경제가 대규모 불황으로 진입하게 된다. 주식과 같은 금융자산에 대한 투자만이 아니고 기업들의 실물자산에 대한 투자도 '동물적 충동'에 기인하는 측면이 크다. 따라서 투자지출도 합리적 판단을 기반으로 하는 경제이론으로 설명하기 어려울 정도로 변동이 심하다. 잭 웰치는 투자결정에 대해 '육감에 따른다'고 말했는데 이는 기업가들의 투자결정 과정이 얼마나 심리적 요인에 의해 결정될 수 있는지를 단적으로 보여준다. 주가나 부동산 가격의 급격한 변동은 사람들의 합리적 의사결정에 의한 것이라기보다는 비이성적인 고정관념, 스토리와 결부된 확신, 다른 사람들에게 동조하려는 집단적 성향 등이 결합되어 나타나는 가격간 피드백 현상으로 설명될 수 있을 것이다.

CHAPTER

07

다른 사람과의 상호작용

CHAPTER 07

다른 사람과의 상호작용

경제학은 사람들 사이의 상호작용과 교환에 대해서도 다룬다. 사람들이 시장을 통해 상호작용하는 것을 살펴보면 경제학의 일부분들을 살펴볼 수 있으나, 대부분은 경제학을 충분히 설명하지 못한다. 사람들이 보다 직접적으로 서로 상호작용을 하는 방법에 대해 생각해 볼 필요가 있다. 이번 장에서는 전략적 행동에 대하여 초점을 둘 것이다. 전략적 행동이란 기본적으로 사람들이 다른 사람들이 어떻게 행동할 지를 예측하려고 노력하는 것이다. 예를 들어, 트레이더들이 거품의 붕괴를 피하고 거품에 편승하기 위하여 투자된 것을 언제 매도해야 하는가? 교통체증을 피하기 위해 어떠한 길을 선택해야 하는가? 사무실을 깔끔하게 유지하기 위하여 얼마나 많은 노력을 투입해야 하는가? 점심에 매점에서 어떠한 메뉴를 선택해야 하는가? 위의 예에서 자신이 결정을 하기 전에, 다른 트레이더나 매점주인의 결정을 살펴보는 것과 같이 다른 사람들이 행동할 것을 예측하기 위해서 최선을 다하려고 할 것이다.

제1절 미인대회

첫 번째 절에서 미인대회(beauty contest)라는 게임을 통하여 상황을 설정해 보자. 단순 미인대회(simple beauty contest)에서 사람들은 독립적으로 6명의 미인 중에서 누가 가장 예쁜 지에 대해 말하도록 독립적으로 요구받는다. 가장 아름다운 얼굴을 뽑은 사람이 상을 받는 자격이 주어진다. 케인즈(John Maynard Keynes)는 이러한 미인대회를 사람들이 주식시장에서 어떻게 행동하는 지에 대해 생각하기 위한 유용한 방법이라고 하였다. Keynes의 기본적 논점 중의 하나는 가장 아름다운 얼굴을 뽑는 것은 상대적으로 순진한 전략(naïve strategy)이라는 것이다. 보다 세련된(sophisticated) 또는 세상물정에 익숙한 사람들은 대부분의 다른 사람들이 선택할 것이라고 믿는 얼굴을 선택한다. 이것은 수상확률을 극대화할 수 있다. 주식시장에서 아름다운 얼굴이 아름다운 기업으로 바뀌었다는 것을 빼면 미인대회와 유사하다. 따라서 기업의 기초가치(fundamental value)는 인기보다 주가의 움직임을 결정하는데 보다 부적절하다.

미인대회의 약간 다른 형태에 대해 보다 세부적으로 살펴보자. 이러한 형태를 만들기 위하여 Emma라는 사람이 FlyMe라는 회사의 주식을 소유하고 있다고 가정하자. 주가가 오르는 순간에는 좋은 일이지만 이것 역시 기초가치보다 위에 있는 것이다. Emma는 주가가 아마도 붕괴될 것이라는 것을 알고 있으나 주가가 오르고 있는 동안에는 주식을 보유하려 할 것이다. Emma가 해야 할 결정은 주식을 매도하기 전에 얼마의 기간동안 주식을 가지고 있을 것인가에 대한 것이다.

Emma가 해야 할 일은 주가를 추적하고 어떤 일이 벌어질 것인지를 살펴보는 것이다. 하지만 이러한 일은 간단한 것이 아니다. 따라서 Emma가 주식을 매도할 시간을 오늘 결정해야만 하고, 이후에 마음을 바꿀 수 없다고 가정하자. Emma는 오늘 당장 주식을 팔아야 할 지, 내일 팔아야 할 지, 아니면 100일 후에 팔아야 할 지에 대해 결정할 수 있었을 것이다. FlyMe 주식을 가지고 있는 모든 사람들도 같은 결정을 해야 한다고 가정하자. 주식을 매도하기 위해 가장 적절한 시간은 언제일까?

Keynes는 트레이더가 너무 빠르지도 않고 너무 느리지도 않게 거래할 필요가 있고, 이러한 점은 앞 장의 거품과 붕괴에서 살펴보았다. 중요한 것은 너무 빠르지도 않고 늦지도 않다는 것이 다른 사람들에 의존한다는 것이다. 왜냐하면 최적 매도시점은 다른 사람들이 얼마나 매도하는 것을 지연하는가에 의존하기 때문이다. 간단한 방법은 주식을 매도하기 위한 최적시간이 다른 투자자가 지연하는 것을 선택하는 평균일수 D에 의존한다고 가정하면 이를 반영할 수 있다.

이것은 p-미인대회(p-Beauty Contest)에서 발생하는 것인데, p-미인대회에서는 다른 사람들이 선택한 평균의 p배만큼 가깝게 하는 것이 목적이다. 여기서 일반적으로 p는 1보다 작게 나타난다. 왜냐하면 Emma는 평균보다 덜 기다리는 것이 최선이므로 대부분 사람들보다 먼저 매도하는 것이 최선이기 때문이다. 예를 들어, 만약 트레이더가 평균적으로 30일을 지연하고 $p=0.67$이라면 최적지연일수는 20일이 된다. 이러한 방법으로, Emma는 전체적으로 가격이 상승하는 기간에 너무 일찍 매도하지 않으나 붕괴를 피할 수 있을 정도로 충분히 일찍 매도한다. Emma가 이 게임에서 다른 사람들이 어떻게 행동할 지에 대해 모른다고 주어진다면 Emma가 해야 하는 것을 이해하기 위하여 게임이론의 몇 가지 기본개념들을 소개할 필요가 있다.

1. 전략과 내쉬균형

이 절에서 많이 다루어지는 것은 전략(strategy)이다. 앞에서 전략이란 다른 사람들이 행동할 것이라는 계획에 대한 최선의 생각이다. 단순 미인대회에서 Emma의 전략은 어떤 미인을 선택하느냐가 된다. p-미인대회에서의 Emma의 전략은 얼마나 시간을 지연하는 지에 관한 것이다. Emma의 보수(pay-off)는 Emma의 전략과 다른 사람의 전략에 의존하게 될 것이다. 예를 들어, n명의 투자자가 있는 0.5-미인대회에서 Emma의 보수를 다음과 같이 나타낼 수 있다.

$$u_E(s_E,\ s_{-E}) = 100 - \left| S_E - 0.5 \times \left(\frac{s_1 + s_2 + \ldots + s_n}{n} \right) \right|$$

여기서 s_E는 Emma의 전략이고, s_{-E}는 Emma를 제외한 모든 사람들의 전략이다. 따라서 Emma는 평균의 0.5배에 가능한 근접하기를 원하며, 만약 그 값에 정확하게 맞는다면 보수는 100이 된다.

게임이론에서 가장 기본적인 개념 중 하나는 열등전략(dominated strategy)이다. 이것을 설명하기 위하여 0.5-미인대회에 관해 생각해 보자. 투자자가 최대 100일까지 지연할 수 있다고 가정하면, 가능한 평균지연의 최대치는 100일이다. 이것은 가능한 최적지연기간의 최대치가 0.5×100=50일이 될 수 있다. 따라서 Emma가 50일 이상을 지연하려고 할까? 그렇지 않다. Emma는 50일까지 지연함으로써 최소한 51일, 52일 또는 그 이상의 기간을 지연하는 것과 같게 보장받는다. 이것은 Emma가 반드시 50일을 지연하기를 원한다는 의미는 아니지만, 50일을 기다리는 전략은 50일 이상을 기다리는 전략을 지배하기 때문에 50일 이상을 지연하는 것은 현명하지 않다는 것을 의미한다.

보다 일반적으로, 만약 Emma의 전략 l로부터 얻는 보수가 전략 j으로부터 얻는 보수보다 클 때 이것을 전략 l이 전략 j보다 우월하다(dominate)라고 한다.

$$u_E(l,\ s_{-E}) > u_E(j,\ s_{-E}),\ \text{for any } s_{-E}$$

예측은 사람들이 열등전략을 행하지 않는 것이다. 직관적으로 전략 l은 전략 j보다 높은 보수을 보장하기 때문에 전략 j를 행할 이유가 없다.

지금부터 Emma는 어떠한 사람도 열등전략을 취하지 않는 것을 믿는다고 가정하자. 예를 들어, Emma는 어떠한 사람도 0.5-미인대회에서 50일 이상을 지연하리라고 예상하지 않는다. 만약 아무도 50일 이상 지연하지 않는다면, 최적지연일수는 0.5×100=25일 이상이 될 수 없다. 이것은 25일을 지연하는 전략이 25일 이상을 지연하는 전략보다 낫다는 것을 의미한다. 25일 이상을 지연하는 전략은 25일을 기다리는 전략에 의해 1단계 열등(one-step dominated)하다고 한다. Emma가 이것을 얻기 위해 추론하는 한 단계가 존재하였다. 그러나 왜 거기에서 멈추었을까? 만약 아무도 1단계 열등전략을 행하지 않고 25일 이상 지연할 것이라고 Emma가 믿는다면, 12.5일 이상을 지연하는 것은 의미가 없다. 즉, 12.5일 이상 지연하는 것은 12.5일 기다리는 전략에 의해 2단계 열등되었다(two-step dominated).

보다 일반적으로, 만약 아무도 열등전략을 사용하지 않고, 항상 전략 j보다 전략l의 보수가 더 크다면, 전략 j는 전략 l에 의해 1단계 열등하다라고 한다. 이는 다음과 같다.

$$u_E(l,\ s_{-E}) > u_E(j,\ s_{-E}),\ \text{for any } s_{-E}$$

여기서 아무도 열등전략을 사용하지 않는다. 2단계 열등과 3단계 열등도 유사한 방법으로 정의된다.

이러한 방식을 열등전략의 반복적 제거(iterated deletion of dominated strategies)라고 한다. 사람들은 열등전략의 반복적 제거에서 존속하는 전략만을 사용해야 한다는 논리이다. 0.5-미인대회에서 열등전략의 반복적 제거에서 어떠한 전략들이 남을까? 단 하나가 있는데 그것은 바로 지연이 일어나지 않는다는 것이다. 따라서 이 게임에서 무엇이 일어날 지에 대해 자세한 예측이 가능하다.

이러한 예측은 내쉬균형의 예이다. 내쉬균형은 개인이 전략을 바꿀 수 없고 더 나아질 수 없는 s_1에서 s_n까지의 전략들의 리스트이다. 이는 다음과 같다.

$$u_i(s_i,\ s_{-i}) \geq u_i(j,\ s_{-i}),\ \text{for all people } i \text{ and any strategy}$$

열등전략은 내쉬균형의 부분이 될 수 없으므로, 만약 열등전략의 반복적 제거로 남는 단 하나의 전략이 있다면 그 전략은 내쉬균형이어야 한다. 예를 들어, 0.5-미인대회에서 유일한 내쉬균형은 모든 사람들이 0을 선택하는 것이다.

만약 0.5-미인대회에서와 같이 열등전략의 반복적 제거로 남는 단 하나의 전략이 있다면 멋진 단순한 예측을 할 수 있다. 그러나 불행히도, 항상 잘 작동하는 것은 아니다. 가끔, 열등전략을 제거하는 것이 성공하지 못하여 여러 개의 내쉬균형이 최종적으로 남기도 한다. 앞에서 살펴본 신호게임에서 직관적 균형과 비직관적인 균형이 예가 될 수 있다.

또 다른 예를 위하여 1.5-미인대회를 생각해보자. 여기서 최적의 선택은 평균에 1.5를 곱한 값이다. 만약 모두가 0을 선택한다면 Emma는 어떠한 것을 해야 할까? 0=1.5×0이고 정확하게 최적지연을 할 것이므로 Emma가 할 수 있는 최선의 행동은 역시 0을 선택하는 것이다. 만약 모두가 100일을 선택한다면 Emma는 무엇을 해야 할까? Emma가 150일의 최적지연에 최대한 가깝기 때문에 Emma가 할 수 있는 최선의 행동은 역시 100을 선택하는 것이다. '모두가 0일은 지연한다', '모두가 100일을 지연한다'는 것은 둘 다 내쉬균형이고 이러한 게임에는 열등전략이 없다고 말할 수 있다.

만약 여러 개의 내쉬균형들이 존재한다면 향후 발생할 것에 대해 보다 부정확한 예측을 해야 한다. 그러나 여전이 예측을 할 것이다. 그렇다면 우월전략과 내쉬균형이 좋은 예측을 할 수 있게 해줄 지의 질문으로 연결될 수 있다.

2. 미인대회에서의 선택과 학습

요약하면, p-미인대회에서 p<1이면 모든 사람들이 0을 선택하는 것이 내쉬균형이다. 그리고 p>1이면 모든 사람들이 0을 선택하거나 100을 선택한다. 사람들이 실제로 이렇게 행동할까? <그림 7.1>은 Nagel(1995)의 연구 결과이다. 이것은 p-미인대회에 처음 참여한 피험자들이 선택한 숫자들이다. 이 데이터에 두 가지 특징이 있다. 먼저, 피험자가 행동한 것에서 많은 이질성이 존재하고 매우 적은 사람들만 내쉬균형을 선택한다는 것이다. 다른 한편으로, p가 변하면서 데이터에 명확한 정점이 있다는 것이다. 따라서 사람들은 내쉬균형을 사용하지 않지만, 게임의 인센티브에 대해 체계적인 방법으로 대응하는 것처럼 보인다.

이러한 게임에서 내쉬균형이 좋지 않은 예측자로 나타난 이유는 무엇일까? 사람들이 열등전략을 행하는 지의 여부를 먼저 살펴보아야 한다. 만약 사람들이 결코 열등전략을 선택하지 않지만 1단계 열등전략을 사용한다면, D−0유형(D−0 type)이라고 하자. 유사하게, 누군가가 k-단계 열등전략을 사용하지 않지만 k+1단계 열등전략을 사용한다면, 그 사람은 D−k유형(D-k type)이 된다. <그림 7.1>을 통하여 얼마나 많은 사람들이 각 유형으로 보이는 지를 계산할 수 있다. HO, Camerer, and Weiglt(1998)은 다른 네 가지 미인대회를 살펴봄으로써 보다 구조화된 방법으로 이 계산을 산출했다.

그림 7.1 피험자들이 p-미인대회에서 사용한 처음 숫자

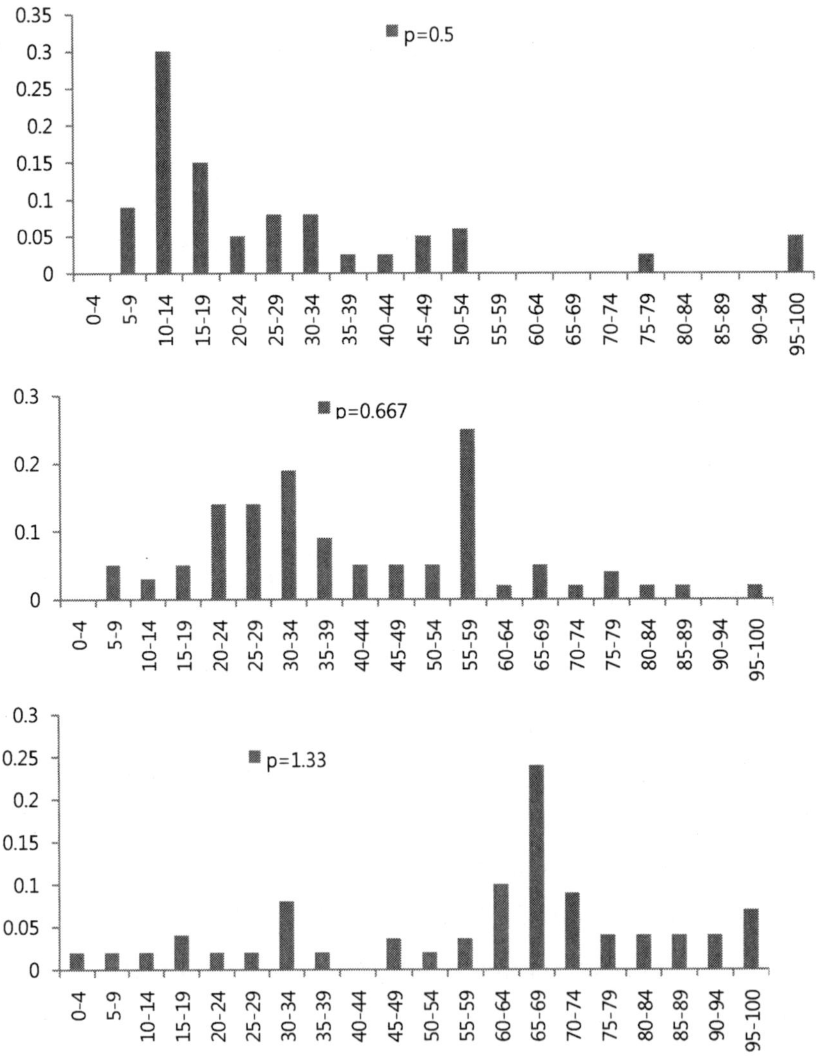

자료: Nagel(1995)

<표 7.1>에 네 가지 p-미인대회의 결과를 요약하였다. 하한들에는 각 유형의 피험자 비율이 나타나 있다. 전략이 열등하다는 것을 깨닫지 못하는 사람은 우연히라도 이러한 전략을 사용하지 못하기 때문에 하한이 나타난다.

<표 7.1>의 결과들은 이미 살펴본 많은 다른 게임들과 일치한다. 상대적으로 매우 적은 사람들은 열등전략을 사용하지 않지만 대부분의 사람들은 열등전략의 반복적 제

표 7.1 네 가지 p-미인대회에서 각 유형별 피험자 비율

게임	유형					
	열등전략	D-0	D-1	D-2	D-3	D-4 +
p=1.3	15.7%	36.4%	36.1%	11.8%		
p=1.1	4.3%	3.2%	5.1%	9.8%	35.0%	42.6%
p=0.9	4.4%	2.6%	8.4%	6.2%	12.0%	63.4%
p=0.7	15.0%	23.2%	18.9%	12.5%	13.9%	16.5%

자료: Ho et al. (1998)

거의 1단계, 2단계 또는 3단계를 경험한다. 따라서 사람들이 열등전략이나 반복적 우월전략을 사용하지 않는다는 것은 사람들이 어떻게 행동할 지에 대한 예측력이 있을 수 있으나 어떻게 될 지에 대해 완전하게 이해하기 위해서 이것보다 더 많은 노력이 필요하다(연구방법 7.1).

예를 들어, <그림 7.1>에서 p=0.5나 0.667일 때 50이상을 선택한 사람들이 거의 없는 지에 대한 설명을 할 수 있고, p=1.33일 때 50이하를 선택하는 사람들이 거의 없는 이유를 설명할 수 있다. 그러나 여전히 사람들의 선택들에 대해서 설명을 할 수가 없다. 열등전략을 살펴보는 초점은 사람들이 어떤 전략을 사용하지 않을 것인 지 또는 어떤 전략을 사용할 지에 대한 것이 아니므로 이러한 생각은 자연스럽다.

여기서 살펴볼 다음 주제는 같은 게임이 2번, 3번 또는 4번 발생하면 어떤 일이 일어날 것인 지에 대한 것이다. <그림 7.2>는 Nagel의 연구 결과를 나타낸다. 선택된 평균숫자가 감소하는 경향이 확실히 나타난다. 이것은 피험자들이 경험에서 학습하고 행동은 내쉬균형에 수렴하는 것을 나타낸다. 따라서 만약 사람들이 게임에 대한 경험이 있다면 내쉬균형은 보다 좋은 예측자가 된다. <그림 7.2>에서 Weber(2003)의 연구결과인 피드백 없는 처리(no-feedback treatment)를 포함하였다. Negal의 실험에서, 피험자들은 각 라운드 후에, 다시 게임을 하기 전에 우승번호를 무엇인 지에 대해 듣게 된다. 대부분의 피험자들은 너무 높게 추측했기 때문에 다음 라운드에서 숫자를 더 낮추게 되어 내쉬균형으로 수렴한다. 피드백 없는 처리에서, 피험자들은 다시 게임에 참가하기 전에 우승번호를 듣지 못한다. 따라서 피험자들은 자신들이 너무 높게 추측했다는 것을 알 수 없다. 그러나 여전히 선택은 라운드가 지남에 따라 감소한다.

이러한 미인대회에서 이번 장에서 다룰 나머지 세 가지 주제에 인센티브를 부여하는데 도움이 된다. 첫째, 미인대회처럼 최초게임에 사람들이 어떻게 할 것인 지에 대해 생각해 볼 필요가 있다. <그림 7.1>의 데이터로 어떻게 설명할 수 있을 것인가? 둘째,

그림 7.2 p-미인대회가 4번 연속되어 수행될 때 각 실험 세션에 대해 선택된 평균 숫자

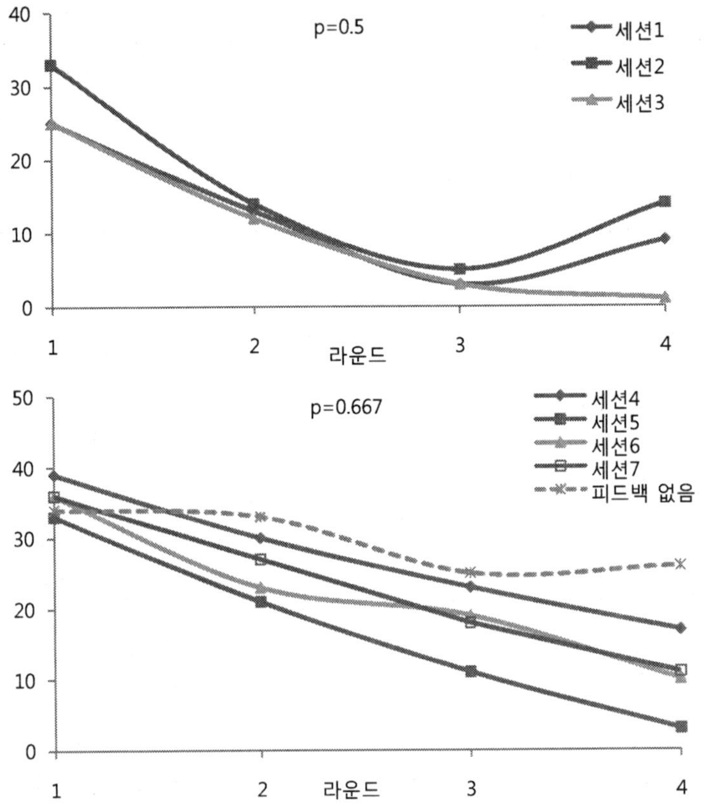

자료: Nagel(1995) and Weber(2003)

몇 번의 게임이 실행될 때 사람들이 어떻게 학습하는지를 더 생각해 볼 필요가 있다. 어떻게 <그림 7.2>의 데이터로 설명할 것인가? 셋째, 여러 개의 내쉬균형이 존재하는 특별한 경우에 내쉬균형의 적절성에 대해서 조금 더 생각해볼 필요가 있다.

제2절 최초게임

사람들이 최초게임을 수행하는 동안, 그들이 행동하는 것을 모형으로 어떻게 만드는지를 살펴보는 것으로 시작하자. 이를 위한 유용한 시작점은 수준-k 사고(level-k thinking)이다.

1. 수준-k 사고

수준-k 사고의 기본적인 아이디어는 Emma와 같은 사람은 다른 사람들이 어떻게 행동을 할 지를 예상하고, '그들보다 한발 앞서' 시도하는 것이다. p-미인대회에서 이것을 적용하는 것은 쉽다. Emma가 다른 사람들의 평균지연을 예상하고 p에 그 평균을 곱하는 것으로 추정한다고 하자. 예를 들어, 만약 Emma가 평균이 50이라고 생각했다면 Emma는 50p를 추측할 것이다. 그리고 만약Emma가 평균이 50p가 될 것이라고 생각했다면, Emma는 50을 추측할 것이다.

일반적인 수준-k 사고의 모형에서, 다른 사람들이 할 행동에 대해서 너무 많이 생각하지 않고 선택한다고 가정하는 L-0유형(type L-0)의 사람으로부터 출발한다. 만약 Emma가 생각하기에 모든 다른 사람들은 L-0유형이고, 이러한 믿음을 기반으로 자신의 보수를 극대화하는 Emma와 같은 사람을 L-1유형으로 정의하자. 만약 Emma가 모든 다른 사람들이 L-k-1유형이라고 생각하고, 이러한 믿음 하에 Emma의 보수를 극대화한다면 Emma와 같은 사람을 L-K형태라고 말할 수 있다.

여기에서 L-0유형들은 L-1유형이 무엇을 할 지를 결정하고 이것은 L-2유형이 무엇을 할 지를 결정하므로 L-0유형들은 중요하다. 그러나 불행하게도, L-0유형이 무엇을 할 것이라는 단순한 규칙은 존재하지 않는다. 두 가능성들은 다음과 같다. 첫째, 아마도 혼동스럽고, 게임을 잘 이해하지 못하고거나 흥미가 없기 때문에 L-0유형들은 어떤 전략을 선택할 지를 무작위로(randomly) 선택한다. 둘째, L-0유형은 내쉬균형과 같은 현저한 전략(salient strategy)이나 초점전략(focal strategy)들을 선택한다. 둘 다가 아닌 경우, L-0유형은 다른 사람들이 어떠한 행동을 할 지를 고려한다. 그러나 L-0유형에 관한 가정의 차이가 모든 사람들이 행동할 것에 대하여 매우 다른 결론들으로 나타날 수 있는 것을 살펴보게 될 것이다.

설명을 위하여 <표 7.2>의 p-미인대회를 통해서 알아볼 수 있다. 만약 L-0유형들이 무작위로 선택하면 평균적으로 50을 선택할 것이다. Emma가 L-1유형이면 50p를 선택하고 L-2유형이면 $50p^2$을 선택하는데 이것은 0.5-미인대회에서 25일과 12.5일을 선택하는 것과 같다. 이제 대조적으로 L-0유형이 0 또는 100의 내쉬균형을 선택한다고 가정하자. 예를 들어, 게임이론 수업을 가서 이러한 균형에 대해 들었고 균형에 대해 들었다고 가정하면 된다. 따라서 Emma도 역시 내쉬균형을 선택해야 하고, 매우 다른 예측을 하게 된다. 확실하게, L-0유형들이 무엇을 할 지에 대해 생각해 볼 필요가 있고, 다른 상황들이 L-0유형들이 행동하는 다른 방법으로 나타나게 할 것이다. 그러나 만약 이

표 7.2 p–미인대회에서 L–0유형이 무작위로 선택하는 것과 내쉬균형을 선택하는 경우의 수준–k 사고

유형	L–0유형들이 무작위로 선택			L–0유형들이 내쉬균형을 선택		
	P=0.5	P=0.67	P=1.33	P=0.5	P=0.67	P=1.33
L–0	50	50	50	0	0	100
L–1	25	33.5	66.5	0	0	100
L–2	12.5	22.45	88.44	0	0	100
L–3	6.25	15.03	100	0	0	100

렇게 한다면, 다른 사람들이 어떠한 행동할 것인 지에 대해 예측을 하는 간단한 방법이 생기게 된다. 이러한 예측들이 좋은 것인가?

<그림 7.1>에서 12.5, 33.33, 66.67 지점에서 정점을 보게 된다. Costa-Gomes and Crawford(2006)는 보다 세부적인 검증을 하였다. 이 연구에서, 88명의 피험자들은 미인대회와 유사하게 16번에 걸쳐 2인 추측게임(guessing game)을 한다. 16번의 게임을 통해 피험자가 어떻게 추론하는 지와 L-k, D-k 유형으로 그룹화 하는 지, 내쉬균형을 선택하는 사람이 누구인 지, 세련된 사람이 누구인 지에 대해 구분하게 된다. <그림 7.3>은 주요결과를 요약한 것이다.

많은 피험자들이 L-1유형나 L-2유형으로 구분된다. 따라서 수준-k 사고는 상대적으로 사람들이 하는 행동을 반영하는데 좋은 것처럼 보인다. 반면에 누구도 D-1이나 D-2 유형으로 그룹화되지 않는다. 수준-k 사고를 하는 사람은 결코 열등전략을 행하지 않기

그림 7.3 피험자들이 16번의 다른 게임을 시행한 후, 유형에 따른 피험자 그룹. 많은 피험자들이 L–1 또는 L–2로 구분된다

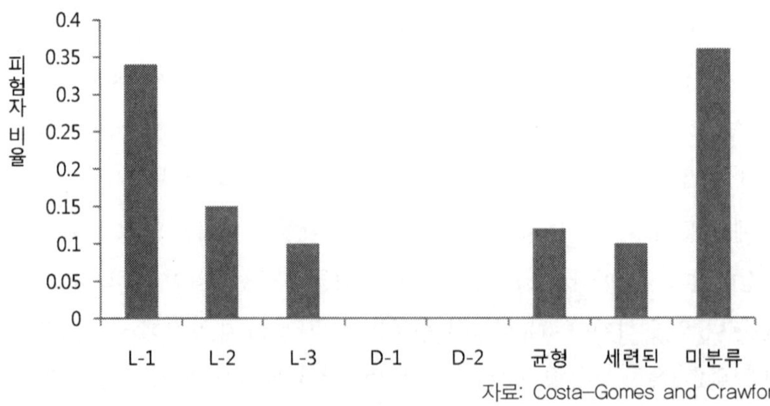

자료: Costa–Gomes and Crawford(2006)

때문에 이것은 앞 절에서 언급했던 열등전략과 일치한다. 따라서 여전히 대부분의 사람들은 열등전략을 사용하지 않는다고 말할 수 있다. 얼마나 좋은 예측인 지에 질문하기 이전에 세련된 사람에 대해 설명해 보자.

연구방법 7.1 피험자의 선택방법 관찰

행동경제학에서 종종 사람들이 무엇을 할 지 결정하는 것에 관해 흥미를 가진다. 그러나 실험들은 단지 사람들이 행동하는 것을 보여주기만 할 뿐 왜 그들이 그렇게 하는지를 말해주지는 못한다. 그러나 불안정한 그러한 질문들도 자주 무시한다. 왜냐하면 피험자들은 아마도 왜 그들이 그렇게 행동했는지를 알지 못하기 때문이다. 기술은 더 많은 가능성들은 제공하기 시작했다.

Costa-Gomes and Crawford의 연구는 MouseLap이라는 프로그램을 이용하였다. MouseLap 피험자가 컴퓨터 스크린에 클릭하거나 커서를 누른 위치를 추적할 수 있는 프로그램이다. 이것은 피험자가 선택을 하기 전에 그들이 알기 원하는 것과 선택을 할 때 피험자가 알아왔던 것을 알 수 있게 해준다. 이것은 사람들이 어떻게 결정을 하는 지를 이해하기 위한 것이며 <그림 7.3>에서 이러한 자료를 이용한 결과가 나타난다. 피험자들이 하는 행동을 기록하는데 보다 과학적으로 요구되는 방법은 시선추적(eye tracking)과 뇌영상법(brain imagining) 등이 있다.

2. 세련된 믿음

수준-k 사고와 k단계 열등전략의 제거의 관점에서 k가 클수록, 사람들은 다른 사람이 어떻게 행동할 지에 대해 보다 잘 예측하지 못한다.

이것은 수준-k 사고자는 모든 다른 사람들이 수준-k 사고자라고 믿고 수준-k-1사고자는 다른 모든 사람들이 수준-k-1사고자라고 믿기 때문이다. 따라서 k가 클수록 보다 제대로 예측하지 못하게 된다. 예를 들어, 0.5-미인대회에서 만약 Emma가 D-3유형이라면 Emma는 아마도 아무도 6.25이상을 선택하지 않을 것이라고 생각하고, 만약 L-3유형이라면 평균선택이 12.5라는 것을 예상할 것이다. 이것들은 상대적으로 낮은 값들이다. Emma는 모든 사람들이 1단계 낮다고 생각하는 것이 합리적인 것일까?

그럴 수도 있지만, 아니라고도 할 수도 있다. 실제로, Emma가 어떤 사람들이 수준-0 사고자로 예상하고, 어떤 사람들은 수준-1 사고자라고 예상하며 어떤 사람은 내쉬균형을 따른다고 생각하는 것이 더 직관적으로 보인다. 이것은 세련된 유형과 세상물정에 익숙하지 않은 즉, 순진한 유형으로 넘어가게 된다.

이에 대한 설명을 위하여, Camerer, Ho, and Chong(2004)의 인지계층 모형(cognitive hierarchy model)에 대해 살펴볼 필요가 있다. 이 모형은 앞에서 정의한 L-0와 L-1의 유형들부터 시작한다. 그러나 얼마나 많은 사람들이 이러한 유형인 지를 추적할 필요가 있으므로 모집단에서 L-0유형의 비율을 f(0), L-1유형의 비율을 f(1)이라고 하고 L-0유형과 L-1유형의 비율을 F(1)=f(1)+f(0)라고 가정하자.

만약 다른 사람들의 f(0)/F(0)비율이 L-0유형이고 f(1)/F(1)비율이 L-1유형인 것을 예상하고, 이러한 믿음에서 보수를 극대화하는 사람을 C-2유형이라고 부르자. 따라서 만약 Emma가 C-2유형이라면 일부는 L-0유형이고, 일부는 L-1유형이라고 예상할 것이다. 이것은 모든 다른 사람들이 L-1유형이 될 것이라고 예상하는 L-2와는 다르다. 더욱이 만약 C-2유형이라면, L-1유형과 대응하는 L-0유형의 비율을 정확하게 예상할 수 있다. Emma가 하지 않는 것은 L-2, C-2나 이러한 유형 넘어서 존재하는 것을 고려하는 것이다.

그러나 C-2유형까지만으로 국한할 필요는 없다. f(2)를 C-2유형들의 비율이라고 하자. 또한, F(2)=f(1)+f(2)+f(3)은 모집단에서 L-0, L-1, L-2의 비율이라고 하자. 만약 Emma가 f(0)/F(2)가 L-0유형의 비율이고, f(2)/F(2)는 L-1, f(2)/F(2)가 C-2라고 예상하고 이 믿음으로 최적의 전략을 선택한다면, Emma는 C-3의 유형이 된다. 이 방법을 이용하여 C-4유형도 정의할 수 있다. <표 7.3>은 0.5-미인대회에서 어떻게 이것이 작동하는 지를 설명하고 있다.

만약 Emma가 C-3유형이라면 아마도 C-2유형의 사람들보다 다른 사람이 어떻게 할 지를 더 잘 예측하는 것은 확실하다. 마찬가지로 만약 C-4유형이라면 C-3의 사람들보다 더 잘 예측할 것이다. 따라서 k가 클수록 Emma가 자연스러운 인지계층을 만들어 내면서 다른 사람들이 무엇을 할 지를 더 잘 예측하게 된다.

표 7.3 0.5-미인대회에서 인지계층 모형에 비교된 수준-k 사고. 예를 들어, C-2유형은 다른 사람들의 37.5%가 L-0유형이라고 믿고 62.5%가 L-1유형이라고 믿으므로 17.19를 선택한다.

수준-k 사고		인지계층				
유형	선택	유형	비율	C-2믿음	C-3믿음	선택
L-0	50	L-0	30%	37.5%	33.3%	50
L-1	25	L-1	50%	62.5%	55.6%	25
L-2	12.5	L-2	10%	0	11.1%	12.5
L-3	6.25	L-3	10%	0	0	6.25

C-k유형은 인지단계가 같거나 더 높은 사람들에 대한 예측을 하지 못하기 때문에 C-k유형의 사람들은 여전히 부분적으로 세련되었다. 마지막 단계는 세련된 사람들을 고려하고, 다른 세련된 사람들을 포함한 모든 다른 사람들이 무엇을 할 지 정확히 예측하는 것이다. 즉, 만약 Emma가 세련된 사람이라면, D-k, C-k, L-k유형의 사람들의 비율과 세련된 내쉬균형을 사용하는 사람들의 비율 등을 정확히 예측할 것이다. 이는 Emma가 경험적 내쉬균형을 사용하고 다른 사람의 행동에 최선으로 반응할 것을 의미한다(연구방법 7.1).

세련된 사람들과 그렇지 않은 사람들에 대한 주제는 모수에서 각 유형의 상대적 비율으로 연결된다. 비율이 낮거나, 같은 인지단계에서 사람들의 비율을 정확하게 예측하는 의미를 명확하게 할 필요가 있다. 만일 Emma가 텔레파시를 이용하지 않는다면, 실제 비율이 너무 높다고 정확하게 예측할 것이다. Emma가 어떤 사람이 아는 것을 예상할 수 있는 평균비율을 예측하는 것이 더 합리적일 것이다. 따라서 이러한 비율들이 어떻게 될 지에 대해 생각해 볼 필요가 있다.

Camerer, Ho, and Chong은 γ가 클수록, C-k유형의 사람들이 적어진다고 하였다. 이것을 반영하는 방법으로 다음을 가정하자.

$$\frac{f(k)}{f(k-1)} \propto \frac{1}{k}$$

여기서 f(k)는 파라미터 τ를 가지는 포아송 분포의 특징이므로 다음과 같이 쓸 수 있다.

$$f(k) = \frac{(e^{-\tau}\tau^{k})}{k!}$$

<그림 7.4>는 세 가지 다른 τ값에 대해 사람들의 비율이 어떤 유형이 될 지에 대해 나타낸다. τ가 클수록 사람들이 예상하는 평균의 수준이 높아진다. 만약 $\tau=1.5$이면, C-2유형의 사람들은 다른 사람들의 40%가 L-0이 될 것이라고 예상하고 60%가 L-1이 될 것이라고 예상한다.

이 모형은 하나의 파라미터에 의존한다. 만약 τ을 안다면 얼마나 많은 사람들이 각 유형을 예상하는 지에 대해 알고, 만약 얼마나 많은 사람들이 각 유형을 예상하는 지에 대해 안다면, 모든 사람들이 어떤 행동을 할 지 알 수 있다. 따라서 하나의 파라미터를 가지고 모든 선택의 분포를 추정할 수 있다. 만약 이러한 것이 작동한다면 정말 좋은

그림 7.4 세 가지 다른 τ값에 대한 인지계층 모형에서 각 인지단계에서의 사람들의 비율. τ가 클수록, 보다 많은 사람들이 더 높은 인지단계에 있다

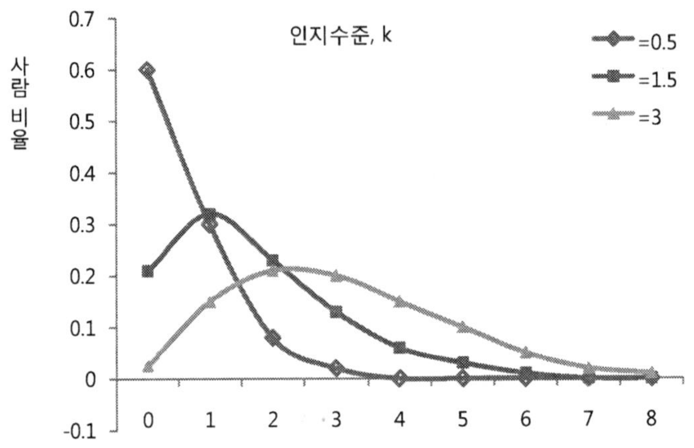

모형이 될 수 있다.

Camerer, Ho, and Chong은 p-미인대회를 포함하여 다양한 게임의 τ를 추정하였고, 추정을 위한 합리적인 값으로 τ=1.5을 제시하였다. 세부적으로 들어가지 말고, τ=1.5인 인지계층 모형은 일부 게임에 대해서 잘 작동하는 것처럼 보이기 때문에 선택을 모형화하는데 매우 단순 방법이 될 수 있다. 보다 제약적인 모형을 살펴보면, L-k, D-k, C-k, 세련된 유형의 혼합을 보다 잘 반영할 필요가 있다. 이것은 유형의 분포에 관한 가정을 변형시킴으로서 쉽게 변형할 수 있다. 따라서 새로운 모형들을 만들어 낼 수 있다. 그 모형들은 필요에 의해 복잡할 수도 있고, 단순할 수도 있다.

만약 앞의 <그림 7.3>을 살펴본다면, 가장 높은 정점은 아직 '미분류' 상태이다. D-k, L-k, C-k 유형의 개념으로, 많은 사람들이 행동할 것을 더 잘 이해하고 이러한 것을 모형화 할 수 있다. 그러나 또한 다중균형의 문제를 해결해야 한다.

3. 초점

앞에서 소개한 단순 미인대회를 고려해보자. 사람들에게 6명 중에서 자신들이 생각하는 가장 아름다운 얼굴을 선택하는 것을 요구하고 가장 아름다운 얼굴로 선정된 사람을 뽑은 사람이 상을 받는 자격을 부여받는다. 만약 Emma가 L-k 또는 D-k 또는 세련된 유형인 것을 알고 있다면 Emma가 어떻게 행동을 할 지에 대해 예측할 수 있을까? 적어도 처음에는 실제로 그렇지 않다. 왜냐하면 다양한 내쉬균형이 존재하기 때문이다.

설명을 위하여 만약 단순한 미인대회에서 모든 사람들이 미인2를 선택한다면 Emma의 최적전략은 역시 미인2를 선택하는 것이다. 만약 모든 사람들이 미인1을 선택한다면 Emma도 역시 미인1을 선택하는 게 최적이다. 이러한 경우가 반복된다면 여기에는 6개의 내쉬균형이 존재하게 된다. 기본적으로 사람들이 선택하는 것이 어떤 사람에게 중요하지 않으며, 다른 사람과 같은 것을 선택하기만을 원할 수 있다. 이를 순수협력게임(pure coordination game)이라고 한다. 만약 사람들이 상호간에 상의할 수 없다면, 순수협력게임에서 협력은 거의 없는 것처럼 보인다. Emma가 무작위로 6명의 미인 중 한 명을 선택한다는 것을 가정한다면, 이러한 것이 최선일까?

만약 6개의 초점(focal point)이 존재한다면, 아마도 그렇지 않은 것이다. 토마스쉘링(Thomas Schelling)은 "The Strategy of Conflict"에서 초점의 두드러진 힘을 강조한 적이 있다. 예를 들어, Schelling은 사람들에게 뉴욕에서 누군가를 만나는데 그 사람과 아무런 커뮤니케이션을 할 수 없다고 상상해보라고 요구했다. 그들이 어디로 가야 만날 희망이 있을까? 뉴욕은 큰 도시이다. 따라서 이것은 매우 어려운 문제처럼 보인다. 그러나 대부분의 사람들은 Grand Central Station을 지목한다. 또 예를 들어, Schelling은 사람들에게 독립적으로 '머리'와 '꼬리'라는 단어를 선택하고 다른 사람의 선택과 맞추어 보는 것을 요구하였다. 대부분의 사람들(42명 중 36명)은 '머리'를 선택했다.

쉘링이 만들려고 한 점은 사람들이 순수한 기회때문에 자신들이 할 수 있는 것 보다 더 잘 협력할 수 있다는 것이다. 따라서 Emma는 무작위로 미인을 선택할 필요가 없다고 볼 수 있다. 그러나 Emma는 협력방법의 비밀을 알 필요가 있다. 이 비밀이 무엇인가에 대한 설명이 적어도 세 가지가 존재한다.

첫째, 1차적 현저성가설(primary salience hypothesis)은 사람들이 가장 두드러진 옵션을 선택하고, 같은 옵션은 많은 사람들에게 두드러진 것이므로 사람들은 우연히 협력한다는 것이다. 예를 들어, 사람들이 Grand Central Station이라고 간단하게 말할 수도 있는데 이는 뉴욕에서 선호하는 장소이기 때문이다. Emma 자신이 생각하기에 어떤 미인이 가장 아름다운 지에 대해 말할 수 있고, 다른 사람들과 협력하는 것을 예상할 수 있다.

둘째, 2차적 현저성가설(secondary salience hypothesis)은 사람들이 1차적 현저성가설을 사용할 것을 예상하므로 자신들이 생각하기에 다른 사람에게도 1차적으로 현저할 것이므로 자신들이 생각한 옵션을 선택한다. 예를 들어, 만약 Emma가 뉴욕에서 가장 선호하는 장소가 Yankee Stadium이지만 다른 사람들이 가장 선호하는 장소가 Grand

Central Station이 될 것이라고 예상한다면, Emma는 2차적 현저가설을 이용하여 Grand Central Station를 선택할 것이다. 마찬가지로, 만약 Emma가 실제로 미인3의 얼굴을 좋아하지만, 다른 사람들이 미인2를 좋아할 것으로 예상한다면 Emma는 미인2를 선택해야 한다는 것이다.

2차적 현저성가설은 수준-k 사고와 비슷한 것으로 보인다. 이 가설이 사람들이 L-1유형이라는 것을 가정하기 때문이다. 그러나 이 가설은 수준-k 사고보다 L-0유형의 사람들이 무엇을 할 지에 대해 구속을 가하게 된다. L-0유형의 사람들은 자신들이 좋아하는 옵션을 선택하거나 1차적으로 현저한 옵션을 선택하는 것을 가정한다. p-미인대회에서, L-0유형들은 무작위로 선택하거나 균형을 선택할 것이라는 것을 가정하였다. 따라서 L-0유형들이 할 수 있는 것에 대한 세 가지 가정이 있다. 가장 이용할 만한 것으로 보이는 것은 맥락에 의존할 것이다. 예를 들어 p-미인대회에서 선호하는 하나의 옵션을 생각하기는 어렵다.

협력에 관한 3번째 가능한 비밀은 쉘링현저성가설(Schelling salience hypothesis)이다. 쉘링현저성가설은 사람들이 1차적 또는 2차적 현저가설을 무시하고 어떻게 협력이 이루어지는 지에 대해 실마리와 단서를 찾는 것이다. 예를 들어, Grand Central Station은 아마도 일부 사람에게는 가장 선호하는 장소가 아닐 수도 있으나 최선의 선택으로서 다소 눈에 띄어야 한다. 유사하게, 일부 사람들은 미인4를 좋아하지 않을 수도 있으나 미인4가 남자의 얼굴과 비슷하여 눈에 띌 수 있다. 쉘링현저성가설은 수준-k 사고와 그다지 같아 보이지는 않지만 실제로 둘은 그렇게 큰 차이가 있는 것도 아니다. 이는 사람들이 L-1유형이 될 것이라고 가정한 것처럼 이것을 다시 생각할 수 있기 때문이다. 그 차이는 이제 L-0유형의 사람이 초점이나 가장 현저한 옵션을 선택한다고 가정하는 것이다. 초점이 할 수 있는 것에 대해 생각해보기 전에 우선 몇 가지 예들을 살펴보도록 하자.

Mehta, Starmer, and Sugden (1994)에서 피험자들에게 '과거, 현재 또는 미래 임의의 연도를 적으시오' 그리고 '임의의 양수를 적으시오'와 같은 질문들을 요구하였다. 일부 피험자들은 다른 사람들의 선택과 일치하는 것에 대해 인센티브가 주어지지 않는데 반해, 다른 일부 피험자들은 다른 사람의 선택과 일치시키기 위한 목표들이 주어진다. <표 7.4>는 위의 두 질문들에 대해서 요약한 것이다. 일치시킬 인센티브가 없는 사람들의 대답은 1차적 현저성을 나타낸다. 예를 들어, '임의의 연도를 적으시오'라고 요구받을 때, 많은 사람들은 자신의 생일을 선택했다. 이 대답은 매우 다양하고, 1차적 현저성

표 7.4 두 질문에 대해 피험자가 준 대답들과 각 대답이 준 비율. 대답들은 피험자들이 다른 사람들과 일치시킬 인센티브의 여부에 의존한다

질문	일치에 대한 인센티브 없음		일치에 대한 인센티브 있음	
	응답	비율	응답	비율
'임의의 연도를 적으시오'	1971	8.0	1990	61.1
	1990	6.8	2000	11.1
	2000	6.8	1969	5.6
	1968	5.7		
'임의의 숫자를 적으시오'	7	11.4	1	40.0
	2	10.2	7	14.4
	10	5.7	10	13.3
	1	4.5	2	11.1

자료: Mehta, Starmer, and Sugden (1994)

때문에 협력이 낮을 것이라는 것을 추론할 수 있다. 일치를 위한 인센티브가 주어진 피험자들의 응답에서는 보다 많은 일치성이 나타난다.

이러한 예들을 보면, 사람들은 필요할 때 협력하는 능력이 있다는 것을 보여준다. 협력하려는 인센티브는 반응을 매우 변화시키며 협력을 위한 설명에 의해 1차적 현저성을 배제할 수 있다. 연구 데이터들은 2차적 현저성과 쉘링현저성을 보다 지지하는 것으로 나타난다. 그러나 이 두 가지를 구별하는 것은 훨씬 어렵다. '임의의 양수를 적으시오'의 예에서 많은 사람들이 협력하려는 인센티브가 있을 때, 숫자 1을 선택하지만 인센티브가 없는 사람들은 그렇지 않다는 점에서 쉘링현저성이 작동하는 것처럼 보인다. 연도를 선택하는 예에서는 더 설명하기 어려운 것으로 보인다. 학생들의 대다수는 인센티브가 있을 때, 당해년도인 1990을 선택하였으므로 이것을 초점이라는 것을 생각할 수도 있다. 그러나 1990은 협력을 할 인센티브가 없는 사람들에게도 상대적으로 많이 나타나므로 2차적 현저성이 그럴듯해 보인다.

보다 일반적으로, 협력하려는 능력은 2차적 현저성이나 쉘링현저성에서 발생하는 것처럼 보인다. 어떠한 것이 더 잘 맞는 지는 맥락에 의존한다. 그러나 초점과 셀링현저성의 개념이 설득력이 있는 것은 확실하다. 어떤 상황에서 초점들이 존재하므로 다른 사람들과 협력할 수 있다. 만약 사람들이 그러한 상황에서 어떻게 행동할 것을 예측한다면, 초점을 예측할 필요가 있다. 그러나 이는 쉬운 작업이 아니다(연구방법 7.2).

연구방법 7.2 대수학(algbera)은 한계가 있는가?

특정 상황에서 초점이라는 것은 모든 사람들에게 명확할 수 있다. 문제는 좋은 경제학적 예측들을 만들기 위해서 일반적인 모형을 얻기 위한 특별한 상황에서 추상적으로 만들 필요가 있다. 이것은 매우 어려운 작업이다. 일반적으로 언제, 그리고 왜 어떤 것들이 '눈에 띄고', '명확하게 보인다'고 말하는 것은 어렵다. 이것은 의문투성이인 모형들 속의 것들을 이해하고자 하는데 불만족스러운 욕망을 가지고 있는 경제학자들에게 특별한 문제를 제시한다. 초점의 개념은 질문들은 단순하게 방정식으로 반영할 수 없다. 프레이밍 효과는 다른 문제일 것이다. 이것이 중요할까?

그렇지 않아야 한다. 멋진 방정식을 써 내려갈 수 없다는 것이 초점이나 프레이밍을 받아들이지 말아야 하는 것이 아니다. 보다 기술적인 이론에 만족할 필요성이 있다. Daniel Kahneman은 '직관적인 생각의 심리학적인 이론들은 믿음과 선택의 수리적 모형의 정확성과 우아함과 일치할 수 없지만 합리적인 모형들은 심리학적으로 비현실적이라고 말하는 또 다른 방법이다' (Kahneman 2003: 1449).

Sugden(1995)은 집합적이고 합리적 권고(Collective Rational Recommendation, CRR)의 개념으로 초점을 설명하려고 하였다. CRR의 개념을 이해하기 위하여 두 사람이 선택하기 위해 권고받는다고 상상하자. 만약 그들 중의 하나 또는 그 이상이 권고받은 규칙을 사용하지 않는다면, 그들은 모두 그들이 규칙을 이용했을 때 보다 확실히 적은 보수를 얻을 것이다. 이 개념을 설명하기 위해서 세 가지 다른 시나리오들을 살펴보도록 하자.

시나리오A: Emma와 Alan은 디스크의 바닥에 1부터 5까지의 숫자가 적혀져 있는 것을 제외하고 모든 것이 동일한 디스크를 독립적으로 5개씩 가지고 있다. 두 사람은 다른 사람의 선택과 일치하는 목적을 가지고 디스크 중의 하나를 선택하라고 요구받는다. 그들은 숫자들을 볼 수 없었으나 독립된 증인들은 그 숫자들을 볼 수 있으므로 두 사람이 같은 디스크를 선택하는 지의 여부를 확인할 수 있다. 그 디스크들은 무작위적인 순서로 앞에 놓여진다.

이 시나리오에서 Emma와 Alan이 협력의 기회를 개선시킬 수 없다. 예를 들어, 만약 두 사람 모두 권고 '왼쪽으로 가장 멀리 있는 것을 선택하라'라는 권고를 무작위로 사용한다면, 20%만이 일치할 기회가 있을 것이다. 이 게임에서 권고는 하나의 CRR이다.

> 시나리오B: 이제 디스크들의 윗면에 숫자가 적혀져 있다고 하자.

이 시나리오에서 협력을 하는 것은 보다 쉽다. 예를 들어, 만약 두 사람 모두 '1번 디스크를 선택하라'라는 권고를 이용한다면 그들은 확실하게 협력한다. 문제는 권고에 기반하여 협력할 필요가 있다는 것이다. 이는 CRR이 존재하지 않는다는 것을 의미한다. 예를 들어 '1번 디스크를 선택하라'라는 권고는 두 사람 모두 권고를 무시할 수 있고, 자신들의 규칙인 '2번 디스크를 선택하라'를 이용할 수 있으므로 CRR이 될 수 없다.

> 시나리오C: 마지막으로, 숫자는 보이지 않는 바닥에 적혀져 있으나 2개의 디스크는 파란색이고 3개의 디스크는 빨간색이다.

이 시나리오는 시나리오A와 시나리오B의 요소들을 합쳐놓은 것이다. 특히 색깔을 사용하는 시나리오B에서처럼 협력할 기회가 있으나 각 색깔에 하나 이상의 디스크가 있으므로 시나리오A에서와 같이 협력을 보장하지는 못한다. 이 시나리오에서 CRR은 모두 '파란색 디스크를 선택하라'이다. 이것은 협력을 보장하지는 못하지만 두 개 모두 빨간색을 선택하는 것보다는 성공할 확률이 높다는 것을 의미한다. 이 시나리오에서 파란색은 초점 선택이다.

왜 많은 사람들이 Grang Central Park와 앞면을 선택한 이유를 반영하기 위해 CRR의 개념을 이용할 수 있을까? 그렇다. 이것은 많은 협력게임에서 '일상에서 가장 자주 언급되는 옵션을 선택하라'를 권고하는 것이 유일한 CRR이라고 밝혀졌기 때문이다. 기본적으로 10번째, 11번째, 235번째 옵션과 같이 자주 언급되는 옵션에 사람들은 동의하려는 경향이 있기 때문이다. 따라서 만약 모든 사람들이 가장 자주 언급되는 것을 선택한다면 협력되는 확률은 극대화될 것이다. 이는 '만약 의심한다면, 당신이 인식하는 것을 선택하고 그렇지 않다면 가장 친숙한 것을 선택하라'는 인지 휴리스틱(coginitive heuristic)과 관련이 있다. 예를 들어, Metha et al.의 연구에서 피험자가 산의 이름을 말하라고 요구받으면 89%의 피험자는 에베레스트산을 말한다.

초점의 개념은 하나로 나타내기 어려우며 CRR의 개념은 어떤 상황에서만 적용될 수 있을 것 같다. 그러나 사람들이 협력하는 한, 현재 자신이 하는 것이 완전히 무차별하기 때문에 사람들이 무엇을 할 지에 대해 예측하는데에 있어 순수협력게임을 적용하는 것은 매우 어렵다. 사람들이 자신이 하는 행동에 무차별하지 않은 보다 구조화된 게임에서 더 쉬울까?

4. 균형 세분화

지금까지 p-미인대회에서 유일한 내쉬균형이 존재하는 경우와 많은 내쉬균형이 존재하여 거의 선택을 하지 않는 단순한 미인대회를 자세히 살펴 보았다. 이 두 양극단 사이에서 다른 게임이 무한으로 많이 존재한다. 여기서 살펴보려고 것은 사람들이 어떻게 행동하며 게임을 할 때 추론하는 것을 생각하기 위하여 게임들 중 2-3가지를 선택하여 개념을 설명해 보자.

<표 7.5>의 게임을 보면서 시작하자. 만약 생각하기 전에 행렬게임을 보면 매우 단순하다. Alan과 Emma 두 명이 높은 노력과 낮은 노력 중, 하나를 동시에 결정한다. 숫자들은 가능한 보수를 나타낸다. 따라서 만약 두 명 모두 높은 보수 선택하면, $13를 각각 얻게 된다. 이후의 절에서 왜 보수(payoff)들이 낮은 노력과 높은 노력과 맞는 지 자세히 설명할 것이다. 지금은 Alan이 무엇을 해야 하는 지 생각해 보자.

이 게임에는 두 개의 내쉬균형이 존재한다. 둘 다 높은 노력을 선택하거나 둘 다 낮은 노력을 선택하는 것이다. 높은 노력을 선택하는 것이 높은 보수를 주기 때문에 보다 현저하는 것으로 나타나는 균형이다. 이것을 반영하기 위하여 만약 다른 내쉬균형보다 모두에게 높은 대가를 준다면 이를 '내쉬균형은 파레토우월(Pareto dominant)하다'라고 한다. 이 게임에서 높은 노력의 내쉬균형은 파레토우월하다. Emma와 Alan은 파레토우월한 내쉬균형에서 협력할 수 있을까?

만약 Alan이 $13를 얻을 수 있는 높은 노력을 선택하지 않고 $7를 보장받게 되는 낮은 노력을 선택하면, $0를 얻을 수도 있다. 만약 $0를 얻는 것을 걱정한다면, 안전하게 $7를 보장하는 것을 선호할 것이다. 이것을 반영하기 위하여, 만약 사람들이 다른 사람들이 어떻게 할 지에 대해 예측할 수 없다면 자신들의 보수를 극대화하는 전략을

표 7.5 행렬게임. 예를 들어, 만약 Alan이 낮은 노력을 선택하고 Emma가 높은 노력을 선택하면 Alan은 $7를 얻고 Emma는 $0를 얻는다. 낮은 노력의 내쉬균형은 리스크 우월하고 높은 노력은 파레토 우월하다.

		Emma	
		낮은 노력	높은 노력
Alan	낮은 노력	$7, $7	$7, $0
	높은 노력	$0, $7	$13, $13

선택하면 '내쉬균형은 리스크우월하다(Nash equilibrium is risk dominant)'라고 한다. 이것이 어떻게 작동하는 지를 살펴보기 위하여 Alan은 Emma가 어떻게 행동할 지에 대해 알 수 없고, Emma가 낮은 노력을 선택할 확률이 50%이고 높은 노력을 선택할 비율이 50%라고 가정하자. 주어진 조건 하에서, 낮은 노력을 선택하는 Alan의 보수(payoff)는 $7이고 높은 노력으로부터의 보수는 0.5×$0+0.5×$13=$6.5이다. $7은 $6.5보다 우월하므로 Alan은 낮은 노력을 선택해야 한다. 낮은 노력 내쉬균형은 리스크 우월하다.

Alan이 높은 노력을 선택해야 하는 이유와 낮은 노력을 선택해야 이유는 다중균형의 문제로 연결된다. 이 경우에서 높은 보수(payoff)를 주는 파레토 우월균형(Pareto dominant equilibrium)과 보다 리스크가 덜 한 리스크우월 균형(risk dominant equilibrium) 사이에서 모순이 존재한다. 사람들이 어떤 것 또는 다른 것을 선호할 때 오직 사람들이 행동하는 것을 관찰로만 둘을 분리할 수 있다. 이후 마지막 절에서 관련된 데이터를 살펴보자.

다음으로 순차적 게임(sequential game)을 살펴보자. 순차적 게임에서 한 개인은 다른 사람이 선택하기 전에 선택한다. 이것을 설명하기 위하여 성별전쟁게임을 살펴보자. <그림 7.5>는 기준모형이다. 이 경우 Alan은 축구나 발레티켓 중 어떤 것을 구매할 지에 대해 결정한다. 그의 친구 Emma는 Alan이 어떤 티켓을 구매하는 지를 보고 나서 발레와 축구 중에서 어느 티켓을 구매할 지에 대해 결정한다. 각 숫자의 앞은 Alan의 보수를 나타낸다. 두 명 모두 함께 가는 것을 원하지만 Alan은 축구를 선호하고 Emma는 발레를 선호한다는 것을 알 수 있다. Alan은 무엇을 선택해야 하는가?

이 게임에서는 3개의 내쉬균형이 존재한다. 전략은 무엇을 할 지에 대한 완벽한 계획이어야 하므로 내쉬균형을 주의깊게 살펴보자. 따라서 Emma는 만약 Alan이 축구 티켓을 구매하면 어떻게 행동할 지에 대해 말할 필요가 있고, Alan이 발레 티켓을 구매한다면 어떻게 행동할 것인 지에 대해 말할 필요가 있다. 가장 간단한 전략은 Emma가 다음과 같이 말하는 것이다. '만약 Alan이 축구티켓을 구해하면 나는 축구를 보러 갈 거고, 만약 Alan이 발레 티켓을 사면 나는 발레를 보러 갈 것이다'. 만약 Emma가 이렇게 하면 Alan은 축구를 선택할 것이고 첫 번째 내쉬균형이 발생하게 된다.

이 경우 Alan이 발레티켓을 샀다면 Emma는 무엇을 할 지는 실질적으로 중요하지 않다. 따라서 Alan이 축구티켓을 사고 Emma가 'Alan이 축구티켓을 사던, 발레티켓을 사던 나는 축구를 보러 갈 것이다'라고 말하는 경우가 두 번째 내쉬균형이 된다. 마지막 균형도 이와 유사하다. 이번에 Emma가 'Alan이 축구티켓을 사던, 발레 티켓을 사던 나

그림 7.5 성별게임의 순차적 전투. Alan은 축구나 발레 티켓을 선택하면 Emma는 축구를 보러갈 지 발레를 보러갈 지를 선택한다. 예를 들어, 만약 둘 다 축구를 선택했다면, Alan의 보수(payoff)는 20이고 Emma의 보수는 10이다.

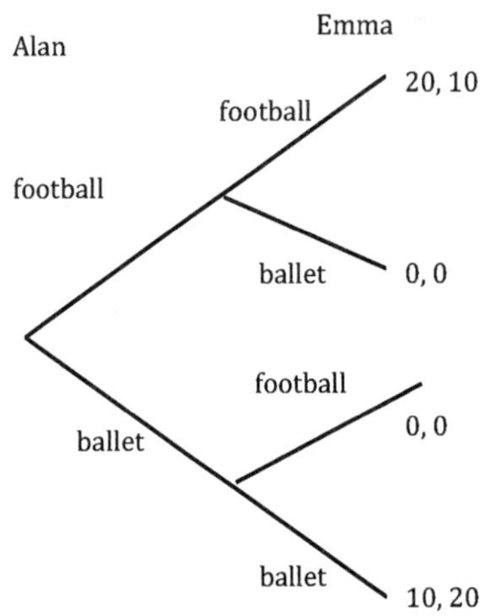

는 발레를 관람하러 갈 것이다'라고 말한다. Emma가 발레를 관람하러 간다는 것을 위협으로 생각할 수도 있다 이 경우, Alan이 할 수 있는 최선책은 발레 티켓을 사는 것이며 이는 세 번째 내쉬균형이 된다. 이 세 가지 균형은 <표 7.6>에 요약되어 있다.

이러한 균형들 사이에서 어떻게 선택할 수 있을까? 그 중 하나는 보다 명확하게 보인다. 그것은 Alan이 하는 것에 대해 Emma가 하는 첫 번째 균형이다. 두 번째 균형은 만약 Alan이 발레티켓을 구매한다면 Emma가 축구를 보러간다는 점에서 이상해 보인다. 세 번째 균형은 보다 직관적이지만 문제가 있다. 만약 Alan이 축구티켓을 구매하였다면 발레를 관람하러 간다는 Emma의 위협은 축구를 보러 가는데 보다 높은 보수를 얻을 수 있으므로 신빙성 있는 위협(credible threat)이다.

첫 번째 균형이 보다 이해할만한 균형이라고 증명할 수 있는 한 가지 방법은 후방추론(backward induction)이다. 이제, Emma의 선택부터 시작하고 Emma가 하는 행동에

표 7.6 성별 순차적 전투에서 내쉬균형

균형	Alan 전략	Emma전략
1	축구	Alan이 축구를 선택하면 축구, 발레를 선택하면 발레
2	축구	Alan이 선택하는 것과 상관없이 축구
3	발레	Alan이 선택하는 것과 상관없이 발레

최적이 무엇인 지 묻는다. 만약 Alan이 축구티켓을 구매한다면 Emma 역시 축구를 선택하는 것이 최적이고, 만약 Alan이 발레티켓을 샀다면, Emma는 발레를 선택하는 것이 최적일 것이다. Alan이 이것을 알고 있다고 가정하자. 만약 Alan이 만약 Alan이 축구티켓을 구매하면 Emma가 축구티켓을 선택한다는 것을 안다면, Alan은 축구티켓을 구매하는 것이 최적이다. 이것을 표현하기 위한 또 다른 방법으로, 게임의 어떤 부분을 보면 사람들은 최적으로 행동하고 있으므로 첫 번째 균형을 부분게임완전균형(subgame perfect)이라고 부른다. 첫 번째 균형은 이 게임에서 유일한 부분게임완전균형이다. 예를 들어, 만약 세 번째 균형을 본다면, Alan이 축구를 선택하는 한 게임의 일부분에서 Emma는 최적으로 행동하지 않는다.

후방추론을 위한 보완 방법은 전방추론(forward induction)이다. 이것을 위해서 <그림 7.6>과 같이 변형된 성별게임전투를 고려해보자. Emma에게 Alan과 계약하기 전에 친구와 갈 지의 여부를 선택하는 있는 옵션을 주고 Alan에게 함께 다른 곳에 가야만 한다고 묻자. 어떻게 바뀌었을까? 만약 후방추론을 사용한다면 유일한 부분게임완전 내쉬균형을 찾게될 것이고 그것은 Emma가 친구와 함께 가는 것을 포함한다. 만약 Emma가 Alan과 함께 간다면, 친구들은 결국 축구장으로 갈 것이고 Emma의 보수는 10이 될 것인데, 보수 10을 얻는 것은 친구들과 갈 때보다 낮다. 이것은 좋지 않은 결과처럼 보인다.

만약 Emma가 Alan와 가는 것을 선택한다면 어떤 일이 발생할까? Emma가 만약 친

그림 7.6 외부의 옵션이 있는 순차적 성별게임전투. Emma는 먼저 친구와 갈 지 또는 Alan과 갈 지를 결정한다.

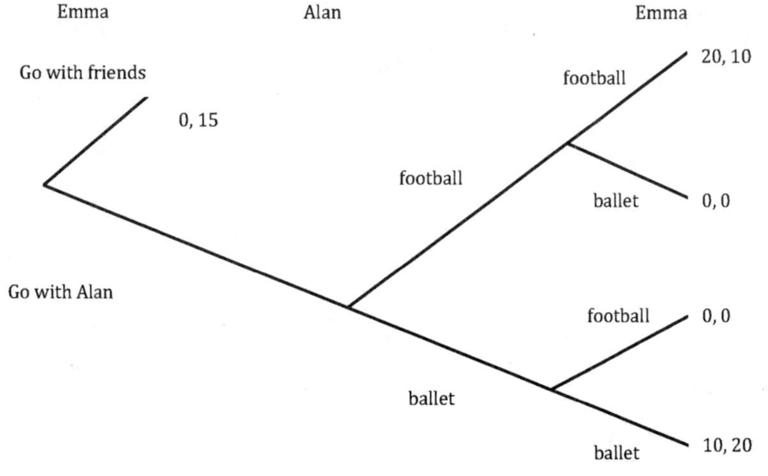

구들이 발레를 관람하러 가는 것을 예상한다면 Emma는 아마도 Alan와 함께 갈 수 없다는 것을 Alan은 추론할 수 있다. 그것은 Emma의 선택을 정당화할 수 있는 유일한 것이다. 만약 친구들이 발레를 보러 간다면 Alan은 10의 보수를 얻는데, 이는 만약 Emma가 친구들 가면 Alan이 얻는 보수보다 많다. 따라서 이것은 아마도 좋은 거래가 될 것이다. 이것은 처음에 선택을 시작하고, 만약 확실한 선택이 만들어 진다면 어떤 일이 발생할 것인가를 물어보는 전방추론의 한 예이다. 여기서의 전방추론은 Emma가 Alan과 함께 가기로 결정하고, Alan이 발레티켓을 사던 축구티켓을 사던 상관없이 발레를 선택한다고 협박하는 상황에서의 내쉬균형이다. Emma가 Alan과 함께 가는 것을 선택하였다는 사실은 위협을 보다 신빙성 있게 만들었다.

희망적으로, 게임을 할 때 사람들이 어떻게 추론하는 지를 모형화할 수 있는 수많은 방법이 있다고 생각할 수 있다. 리스크우월, 파레토우월, 추방추론, 부분게임완전, 전방추론들은 가중 균형의 복잡함을 다룰 수 있는 게임이론에서의 개념이다. 이후에 이 개념들이 사람들이 실제로 행동할 것을 예측하는데 잘 맞는 지의 여부를 살펴보자. 지금까지 살펴본 모든 개념들은 균형 세분화이라고 불린다(연구방법 7.3). 마지막으로 균형 분리의 예들 중 하나를 살펴보자.

연구방법 7.3 균형 세분화와 선택

만약 다중 내쉬균형이 존재한다면 하나의 내쉬균형이 다른 것들보다 더 잘 관찰되는 경향이 있다고 말하는 것은 자연스럽게 보인다. 이것은 균형을 어떻게 세분화하고 선택할지에 대해 여러 연구가 존재한다.

내쉬균형은 만족해야만 하는 여분의 조건들을 더하는 것에 의해 세분화된다. 예를 들어 부분게임완전균형의 경우, 기존의 게임에 가능한 모든 부분게임의 내쉬균형들이 필요하다. 파레토우월 내쉬균형의 경우, 다른 모든 내쉬균형보다 모두가 더 높은 보수(payoff)를 주는 것이 필요하다. 내쉬균형의 집합을 세분화하는 것은 행동경제학의 생각을 사용하면 된다. 문제는 세분화를 만족하는 다중 균형이나 균형이 존재하지 않는 경우이다. 따라서 어떤 균형이 관찰 될 지를 말하는 문제는 해결될 필요가 없다.

균형선택(equilibrium selection)은 다양한 종류의 게임에서 유일한 균형을 선택하기 위한 알고리즘은 제공하여 다중 균형의 문제들을 다루는 것이다. 퀀탈반응균형(quantal response equilibrium) 이것의 하나의 예이다. 이러한 접근법은 사람들이 어떻게 행동할 지에 대한 특별한 예측이 가능하도록 한다. 문제는 알고리즘에 대한 행동적 정당화가 아마도 하나의 균형을 찾기 위해 필요한 분석적인 것을 방해하지 말아야 한다. 또 다른 방법으로, 다중균형이나 균형이 없는 것이 게임에서 가능한 결과라고 생각하는 것도 아마 자연스러울 것이고 균형선택은 일어나지 않는다.

5. 실수가 있는 내쉬균형

1절에서 사람들이 p-미인대회에서 행동할 때, 내쉬균형이 사람들이 무엇을 할 지에 대한 좋지 않은 예측자임을 살펴보았다. 2절의 단순 미인대회에서 내쉬균형이 약간 더 나아진 예측자임을 보았다. 그러나 여전히 완벽하지는 못하다. 이제 내쉬균형이 항상 나쁘지 않다는 것을 살펴볼 것이다. 마치 내쉬균형으로부터 분산된 정도를 살펴보자. 이를 위한 하나의 방법으로 사람들이 때때로 실수를 한다는 것을 가정하자. 이를 위한 다른 방법들이 존재하지만 McKelvey and Palfrey(1995)가 연구한 퀀탈대응균형이라고 불리는 가능성에 초점을 두자.

퀀탈대응균형(Quantal Response, Equlibrium, QRE)의 기본적 개념은 사람들이 약간의 실수를 하는 최적전략을 선택한다는 것이다. 여기서 알아둘 필요가 있는 것은 다음과 같다. QRE에서 개인 i가 전략 l을 선택할 확률은 다음과 같이 주어진다.

$$\sigma_i^*(l) = \frac{e^{\lambda u_i(l,\hat{\sigma}_{-i})}}{\Sigma_j e^{\lambda u_i(j,\hat{\sigma}_{-i})}} \text{ for all } i \text{ and } j \tag{7.1}$$

여기서 λ는 실수의 크기를 측정하는 정확도 파라미터이다. 이 식은 다소 혼란스럽게 보이지만 이것은 실수를 반영한다. 만약 λ=0이면 모든 사람들은 무작위로 선택하고, 가 클수록 사람들의 실수는 적어진다. 만약 l=∞이면, QRE는 내쉬균형이다.

하나의 QRE를 찾기 위해 <표 7.7>에서의 행렬게임을 고려해보자. 여기서 유일한내쉬균형은 Alan과 Emma이 자신의 행동을 무작위로 가정하는 혼합전략에서의 내쉬균형이다. QRE를 찾기 위하여, 은 Emma가 왼쪽(left)을 선택할 확률을 나타내고, 는 Alan이 위(up)를 선택할 확률을 나타낸다. 이를 식(7.1)에 대입하면 다음과 같다.

$$q_u = \frac{e^{9\lambda p_L}}{e^{9\lambda P_L} + e^{\lambda(1-p_L)}} \text{ 이고 } p_L = \frac{e^{\lambda(1-p_u)}}{e^{\lambda q_u} + e^{\lambda(1-q_u)}}$$

이제 두 식을 만족하는 q_u과 p_L의 값을 정의할 필요가 있다. 이는 λ에 의존한다.

표 7.7 행렬게임

		Emma	
		왼쪽(left)	오른쪽(right)
Alan	위(up)	\$9, \$0	\$0, \$1
	아래(down)	\$0, \$1	\$1, \$0

예를 들어, 만약 $\lambda=1$이면 $q_u=0.89$, $p_L=0.31$을 얻을 수 있다. <그림 7.7>은 다른 λ의 값에 대해 q_u와 p_L의 값을 그림으로 나타낸다.

<그림 7.7>과 <표 7.7>에 대한 QRE. 균형은 λ에 의존한다. 여기서 λ가 클수록, 실수를 덜 하는 것을 의미한다.

여기서 QRE를 해석하는 하나의 방법은 실수때문에 Emma는 내쉬균형에서 보다 자주 왼쪽을 선택하려고 한다는 것이다. 결과적으로 Alan은 내쉬균형보다 더 지주 위를 선택해야 한다. 따라서 QRE는 내쉬균형이 잘못될 수 있는 예측을 반영한다. 그러나 보다 현명한 것은 균형들을 선택할 방법을 준다는 점이다. 이것이 어떻게 작동하는 지에 대해 보자. 만약 $\lambda=0$이면 유일한 QRE가 존재한다. 이제 λ를 증가시키고 QRE가 어떻게 변하는 지에 대한 자취를 찾아보자. 이렇게 하는 것은 각 λ에 대한 유일한 QRE를 제시하고 최종적으로 $\lambda=\infty$일 때 유일한 내쉬균형을 선택한다. 분석적으로 이는 매우 깔끔하게 작동할까?

그림 7.7

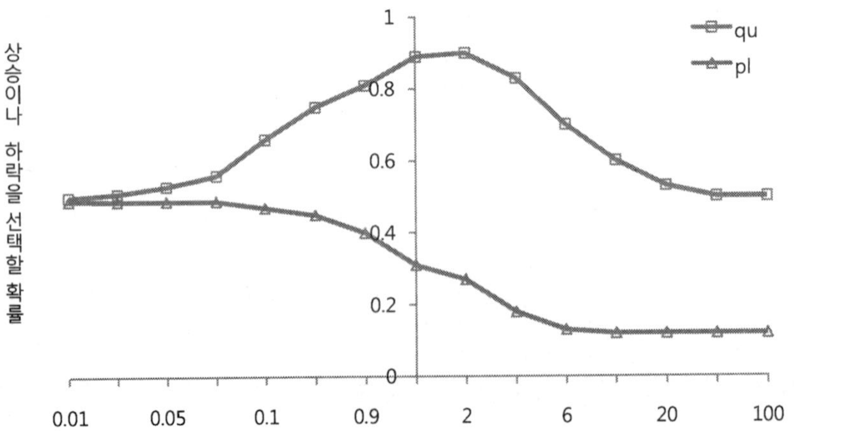

그림 7.8 세 가지 게임에 대한 피험자들의 λ와 추정된 분포

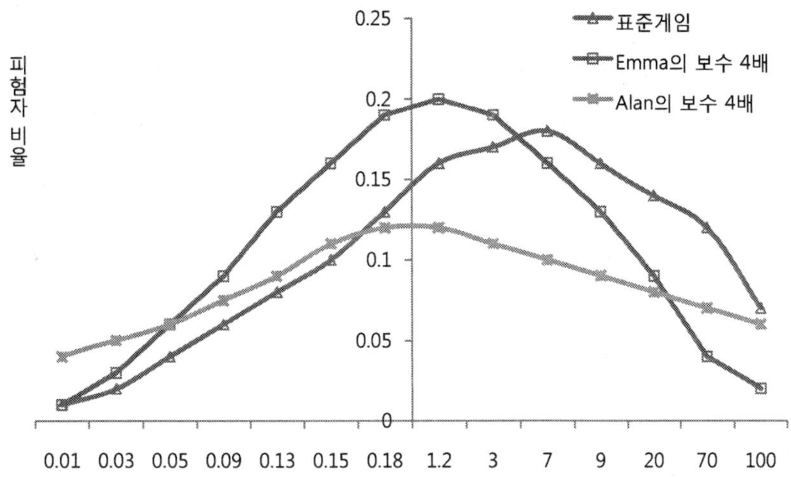

Mc Kelvey, Palfrey, and Weber(2000)는 피험자들로 하여금 <표 6.7>과 다른 두 개의 게임을 수행하게 했다. 이렇게 다른 게임에서 Alan과 Emma의 보수(payoff)는 4배만큼 커졌다. 보수의 증가는 내쉬균형을 변화시키지는 않지만 QRE를 변화시킨다. 실제로 QRE의 주요 예측들 중의 하나는 보수가 커질수록, 사람들은 실수를 더 적게 하며 더 적게 실수를 하리라고 예상하는 것이다.

Mc Kelvey, Palfrey, and Weber는 QRE가 내쉬균형이나 실수가 있는 내쉬균형의 다른 대안들에 비해 피험자들을 더 잘 예측하는 것을 발견했다. 그러나 모든 것이 좋게 나타나는 것은 아니다. 이유를 살펴보기 위하여 <그림 7.8>은 각 게임에 대해 λ의 추정된 분포를 나타낸다. 이 분포를 해석하기 위한 방법은 다음과 같다. 어떤 사람들은 다른 사람들보다 더 많은 실수를 하고, 분포는 무작위적인 사람이 다른 λ로 형상화하는 확률을 나타낸다. 고려해야할 점은 λ의 분포들이 각 게임마다 다르다는 것이다. 이는 다른 게임에서 λ의 분포를 알 수 없으므로 QRE를 적용하기 어렵다.

좋은 소식에 초점을 맞추도록 하자. 이제 어떻게 사람들이 게임을 할 지에 대해 생각하는 다양한 방법들을 살펴보자. 대부분은 보완적이다. 예를 들어, 수준-k 사고로 L-0유형들이 어떤 행동할 것인 지에 대해 생각할 필요가 있고 균형 세분화로 단서를 가질 수 있다. 이제 필요한 것은 특정 게임에서 어떠한 생각이 초점인 지에 대해 감을 가지는 것이다. 그러나 그것을 시작하기 전에, 경험에서 어떻게 학습할 수 있는 지에 대해 살펴보자.

추가적으로 만약 식(7.1)을 이해하기 어렵다면 여기 다른 방식이 존재한다. Emma의 보수(patoff)에 대한 인지가 다소 잘못되었다고 가정하자. Emma가 생각하기에 만약 다른 사람들이 s_{-E}를 선택한다면 Emma가 l을 선택하여 얻는 보수를 $u^p_E(l,\ s_{-E})$로 나타내자. 이는 실질적인 보수(payoff)에 실수를 합친 것이다. 이는 다음과 같이 나타낼 수 있다.

$$u^p_E(l,\ s_{-E}) = u_E(l,\ s_{-E}) + \varepsilon_l$$

여기서 ε_l은 실수의 크기이다. 실수 ε_l의 크기가 확률분포 f에 따라 무작위로 결정된다고 하자. 만약 Emma가 다른 사람들이 전략 σ_{-E}을 이용할 것이라고 믿는다고 가정하면, Emma는 $u^p_E(l,\ \sigma_{-i}) \geq u^p_E(l,\ \sigma_{-i})$ 또는 $u_E(l, \sigma_{-E}) + \varepsilon_l \geq u_E(j, \sigma_{-E}) + \varepsilon_l$ for all j인 l을 선택하여 예상되는 보수(payoff)를 극대화하려고 할 것이다. 그 결과는 다음과 같다.

$$\sigma^*_E(l) = \int_{R_l(\sigma_{-E})} f(\varepsilon)d\varepsilon \qquad (7.2)$$

여기서 $R_l(s_{-E})$는 Emma가 선택하는 전략 l에 대한 실수(ε_l)의 집합이다. QRE는 모든 사람들이 다른 사람들이 행동할 것에 대한 정확한 믿음을 가지고 있을 때 얻을 수 있다. 즉, σ^*_i가 $\sigma_{-i} = \sigma^*_{-i}$인 식(7.2)를 만족하면 전략벡터는 $\sigma^* = (\sigma^*_1,\ \ldots,\ \sigma^*_N)$가 된다. 만약 f가 극단적 가치함수(extreme value function)이라면 식(7.1)을 도출하는 것이 가능하다. 이러한 예의 중요한 사항은 만약 사람들이 자신들의 보수함수에 대해서 불확실하다면, 결과로써 QRE를 정당화할 수 있다는 것이다. 앞 장에서 사람들이 그들의 보수함수를 잘 모른다는 것은 설명하였으므로 QRE가 직관적인 설명을 할 수 있다.

제3절 경험으로부터의 학습

이제 만약 Emma가 몇 번의 게임을 수행할 기회를 가져서 경험으로부터 학습을 할 수 있다고 가정한다면 어떤 일이 발생할 지에 대해 살펴보자. 예를 들어, Emma는 과거에 행했던 전략을 고수할 수도 있고, 무슨 일이 일어나는 지에 대해 알기 위하여 새로운 전략을 수해하려고 할 수도 있기 때문에 Emma가 전략을 선택할 확률을 생각하는 것은 자연스럽다. 따라서 결정할 필요가 있는 것은 Emma가 t번째 게임에서의 전략 l을 선택할 확률 $P^l(t)$이다. 이것을 하기 위한 중요한 두 가지 요소가 있다.

첫째, 바로 초기 믿음들(initial beliefs)이다. 이전의 절에서 효과적으로 Emma가 수행하는 초기게임에서의 각 전략인 $P^l(1)$이 무엇인 지에 대해 질문하였다. Emma가 행동한 것은 초기믿음에 의존한다. 예를 들어, Emma는 보수함수가 무엇이고 사람들이 무엇을 행동할 지를 사전에 모르기 때문에 무작위로 전략을 선택하지만 경험으로부터 학습하고 싶어한다. 다른 상황에서, Emma는 2절에서와 같이 자신의 보수함수를 알고 자신이 원하는 전략을 확실히 선택한다. 초기믿음들은 중요지만 마지막 절에서 주로 다루기로 하고 여기서는 많은 언급은 하지 않는다. 대신에 학습의 두 번째 요소에 대하여 초점을 맞추도록 하자.

Emma가 게임을 수행할 때 아마도 믿음을 업데이트하기를 원할 수도 있으므로 각 전략을 선택하는 확률은 변화한다. 이것이 어떻게 작용하는 지를 모형화하기 위해 전략 매력도(attractiveness of strategy)을 측정하는 것은 유용하다. Emma가 수행하는 t번째 게임에서 전략 l의 매력도를 $Q^l(t)$로 나타내자. 학습모형에서 필요한 것은 $Q^l(t-1)$에서 $Q^l(t)$를 결정할 수 있는 학습규칙(learning rule) 또는 업데이트규칙(updating rule)을 설명하는 것이다. 즉, 각 전략이 Emma에게 얼마나 매력있는 지를 결정하는 규칙을 알아야 한다.

일단 각 전략의 매력도와 학습규칙을 알면 Emma가 선택할 각 전략의 확률을 계산할 수 있다. 예측한 것처럼, 보다 매력적인 전략이 더 잘 선택되는 경향이 있다는 것을 가정할 것이다. 이것은 위한 간단한 방법은 다음과 같이 놓으면 된다.

$$P^l(t) = \frac{Q^l(t)}{\Sigma_j Q^j(t)}$$

즉, Emma가 매력도에 비례하는(proportional to its attractiveness) 확률이 있는 전략을 선택한다고 가정하자. 이 방법은 매우 간단하지만 최선은 아니다. 다른 방법은 지수, 멱급수 또는 프로빗 공식의 이용을 포함하는 것이다 예를 들어 지수공식을 이용하면 다음과 같다.

(7.3) $$P^{l}(t)=\frac{e^{\omega Q^{l}}(t)}{\Sigma_{j}e^{\omega Q^{l}}}$$

파라미터 ω를 이용하여 Emma의 선택이 전략의 매력도에 대해 얼마나 민감한지를 변화시킬 수 있다. ω가 클수록, Emma가 가장 높은 매력도를 가지는 전략을 선택하려고 한다.

이 절의 초점은 주로 학습규칙이 될 것이고, 여기에는 학습의 세 가지 주요 모형이 존재한다.

1. 학습강화

많은 심리학적 증거들을 보면 과거에 좋은 결과를 만들어 낸 선택들이 반복된다는 것을 보여준다. 이를 실질효과의 법칙(law of actual effect)이라고 한다. 예를 들어, 만약 Emma가 0.5-미인대회를 수행하고 있다면, 20일을 지연하는 것이 잘 하는 것이라면 다음 번에도 약 20일 지연하려고 할 것이다. 학습강화(reinforcement of learning) 또는 적응학습(adaptive learning) 모형은 이를 반영하기 위해 만들어 졌다. 모형이 어떻게 작동하는 지에 대해 설명하기 위해서 Roth and Erev(1995)의 연구를 알아보자.

Emma가 전략 l을 선택하고 보수 $u_E(l, s_{-E}(t))$를 얻었던 t번째 게임을 생각해보자. 그리고 Emma가 a의 심리적 요구수준(aspiration level)을 가지고 있다고 생각해 보자. 이제 Emma가 학습규칙을 이용하여 각 전략의 매력도를 업데이트하는 것을 가정하자. 이는 다음과 같이 나타낼 수 있다.

(7.4) $$Q^{j}(t+1)\propto\begin{cases}Q^{l}(t)+[u_E(l,s_{-E}(t))-a] & if\, j=l\\ Q^{l}(t)\, if\, j\neq l\end{cases}$$

여기의 규칙에는 두 가지 중요한 점이 있다. 첫째, 만약 Emma가 이것을 수행하고, 심리적 요구수준보다 더 높은 보수(payoff)를 얻어야 전략은 매력적이게 된다. 둘째, 심리적 요구수준보다 보수가 높으면 높을수록, 이것이 다음에 더 매력적이게 된다.

Emma는 과거에 행하고 상대적으로 높은 보수(payoff)를 주었던 전략을 시간의 흐름에 따라 선택하려 할 것이다. Emma는 상대적으로 낮은 보수를 주었던 전략을 선택하지 않으려 할 것이다. 이것은 합리적인 계획인 것처럼 보인다. 이것이 어떻게 작동하는지 보기 위해서 <표 7.8>은 Emma가 90의 심리적 요구수준을 가지고 0-5미인대회를 수행했을 때, 어떤 일이 발생하는 지에 대해 나타낸다. Emma의 보수(payoff)는 0에서부터 100까지 될 수 있고, 90의 요구수준은 최적의 10이내가 되기를 원한다는 것을 의미한다. 이를 간단히 하기 위해서 Emma는 20일 또는 30일을 기다리는 것을 고려한다고 가정하고 각 선택의 확률은 매력도에 비례한다고 가정하자. 4번의 게임을 수행한 이후에 Emma는 30일은 기다리는 경향이 더 많아진다.

이러한 기본 모형은 다양한 방법으로 적용될 수 있다. 하나의 흥미로운 확장은 지역적 실험(local experimentation)이다. 이 경우, 모든 전략 l에 대해 l과 유사하거나 가깝다고 생각되는 전략들의 집합 L(l)과 연관시킨다. L(l)이란 우리가 l과 유사하거나 근접하다고 생각하는 것들이다. 0의 심리적 요구수준을 가정하면 업데이트규칙 다음과 같이 변형된다.

$$Q^{j}(t+1) \propto \begin{cases} Q^{l}(t) + [u_E(l, s_{-E}(t))] & if j = l \\ Q^{l}(t) + [\epsilon u_E(l, s_{-E}(t))] & if j \in L(l) \\ Q^{l}(t) \text{ otherwise} \end{cases}$$

여기서 ε는 지역적 실험의 범위를 측정한다. 여기에 추가되는 특징은 만약 가까운 전략이 높은 보수(payoff)를 얻게 해 준다면 그 전략이 더 매력적이게 된다. 따라서 만약 과거에 30일이 작동했다면 29일 지연을 하려고 할 것이다

학습강화의 주된 장점은 Emma가 단지 자신의 보수(payoff)만 알면 된다는 것이다. Emma는 단지 몇 개를 시도하고 어떤 일이 발생할지를 보기만 하면 된다. Emma는 다른 사람들이 무엇을 했었는지, 다른 사람들의 보수가 얼마였는지, 그리고 어떤 다른 행동을 하여 얼마의 보수를 얻었었는지에 대해 알 필요가 없다. 따라서 학습강화는 매우 일반적으로 적용될 수 있고, 어떤 사람들이 게임에 대해 상대적으로 덜 정보화되었을

표 7.8 0.5-미인대회에서 학습강화를 이용한 Emma. Emma의 선택과 최적치는 가설이지만, 주어진 가설적 경험에서 각 전략을 선택하는 매력도와 확률에 어떤 일이 일어나는지에 대해 알 수 있다

횟수	Q^i의 매력도		선택 P^i의 확률		결과	
	20일	30일	20일	30일	선택	최적치
1	30	30	0.5	0.5	20	40
2	20	30	0.4	0.6	20	25
3	25	30	0.45	0.55	30	30
4	25	40	0.38	0.62	30	35

때 학습을 반영하는데 유용하다. 그러나 만약 Emma가 게임에 대해 어떤 것들을 안다면, 학습강화는 Emma가 아는 것을 확장하려는 것에 도움을 주지 못한다. 이는 다음에 살펴볼 학습에 기반한 믿음으로 연결된다.

2. 학습에 기반한 믿음

과거의 보수(payoff)를 반영하는 한, 과거의 다른 사람들의 행동을 반영하고 미래에 그들이 어떤 행동할 지를 예측하는 것이 적절하다. 예를 들어, 만약 Emma가 이전에 25일을 지연한 것이 최적이었다면, 아마 다음에도 25일을 지연해야 한다. 학습에 근거한 믿음(belief based learning) 모형은 바로 이것을 다루고 있다. 설명을 위해서 Cheung and Friedman(1997)의 모형을 살펴보자.

여기서 주된 것은 다른 사람이 어떤 행동을 할 것인가에 대한 Emma의 믿음을 결정하는 것이다. 예를 들어, Emma가 다른 사람들이 얼마나 오랫동안 지연할 지를 생각하는 것이다. $B^c(t)$가 Emma가 생각하기에 다른 사람들이 게임이 수행된 t번째 시간에서의 s^c_{-E}의 전략조합을 수행하는 확률을 나타낸다고 하자. 믿음들은 과거에 발생한 것들에 의존하므로 Emma가 다른 사람들이 수행했던 과거의 것을 추적한다고 가정하자. $\#^c(t)$는 전략조합 s^c_{-E}가 이 게임의 처음 t에서 다른 사람들이 선택한 시간의 수를 나타낸다. p-미인대회에서 Emma가 최적 지연의 일수가 첫째 날인지, 둘째 날인지 등과 같은 시간을 계속해서 새고 있다는 것을 말한다.

만약 $s^c_{-E}(t)$가 여기서 가정한 믿음은 규칙을 사용한다는 가정한 t번째 게임에서 다른 사람들이 행동했던 것을 나타낸다면, 다음과 같다.

$$B^c(t+1) \propto \begin{cases} \rho\#^c(t)+1 & \text{if} \quad S_{-E}(t)=S^c_E \\ \rho\#^c(t) & \text{if} \quad S_{-E}(t)\neq S^c_E \end{cases}$$

여기서 ρ는 파라미터이다. 이 규칙을 이해하기 위하여 두 개의 특별한 경우에 관해서 생각해 보는 것이 유용하다. 만약 ρ=0이면, Emma는 다른 사람들이 이전에 행동했던 것을 미래에 행동할 것으로 예상할 것이다. 이것을 최적대응(best reply) 또는 쿠르노(Cournot)이라고 부르고 믿음들은 단순하게 과거에 수행되었던 게임에 근거한다는 것을 의미한다. 만약 ρ=1이면, Emma는 미래에 다른 사람들이 선택할 전략조합의 확률이 과거에 선택된 상대적 빈도와 같다는 것을 믿는다. 이것을 가상적 학습(fictitious play)이라고 부르는데 믿음들이 게임에서 발생한 모든 행동들의 평균에 기반한다는 것이다. 따라서 파라미터 ρ는 Emma가 보기 원하는 과거로 얼마나 멀리 떨어져 있는 지를 측정한다. ρ가 낮을수록, Emma는 더 빨리 잊는다. <표 7.9>는 ρ=0.5일 때, 0.5-미인대회에서 Emma가 행동할 수 있는 것을 보여준다.

믿음들 $B^c(t)$로부터 매력도를 얻어 보자. 예상되는 보수(payoff)와 매력도를 같게 놓음으로써 이를 얻을 수 있다. 믿음들 $B^c(t)$가 주어진다면, 전략 l을 선택함으로써 예상되는 Emma의 보수(payoff)는 다음 식에 대하여 비례한다.

$$Q^l(t) = \sum_c u_E(1, s_E^c) B^c(t) \tag{7.5}$$

이 경우 Emma는 과거에 선택되어 왔던 상대적으로 좋았던 전략들을 보다 선택하려고 할 것이다. 만약 ρ=1이면, 게임을 했던 마지막 시점에서 가장 최선이었던 전략을 선택할 것이다. 만약 ρ=0이면 게임을 수행한 모든 시간들을 최선으로 평균한 전략을 선택할 것이다. 이것들은 행동에 있어서 합리적인 것들로 보인다.

추가적으로 식(7.5)는 여기서의 목적을 달성하기에 충분하지만 만약 $B^c(t)$로 바꾸면, 보다 업데이트규칙을 얻을 수 있다.

$$Q^l(t+1) \propto \rho Q^l(t) \sum_c \#^c(t) + u_E(l, s_E^c(t)) \tag{7.6}$$

이 모형에서 중요한 것은 ρ이다. Cheung and Friedman(1997)의 연구에서 다른 피험자들과 다른 게임에 대해 ρ의 값을 추정하였다(연구방법 7.4). 추정량은 <표 7.9>에 나타나며, 보다 완전한 표현을 위해 Camerer and Ho(1999)의 추정량도 넣었다. 전체적으

표 7.9 ρ=0.5인 0.5-미인대회에서 학습에 근거한 믿음을 이용하는 Emma. Emma의 믿음들은 과거에 발생한 것을 추적한다. 매력도 식(7.5)를 이용한다. 간단하게 세 가지 가능한 전략의 매력도만 나타내었다

	믿음들 B^c			매력도 Q^l			다른 사람들의 선택
	10	20	30	5	10	15	
1	0	0	0	–	–	–	30
2	0	0	1	90	95	100	20
3	0	1	0.5	140	147.5	145	10
4	1	0.5	0.25	170	168.75	162.5	20

그림 7.9 학습을 근거한 믿음의 모형. 다른 혼합게임에 대한 ρ의 중간값 추정량

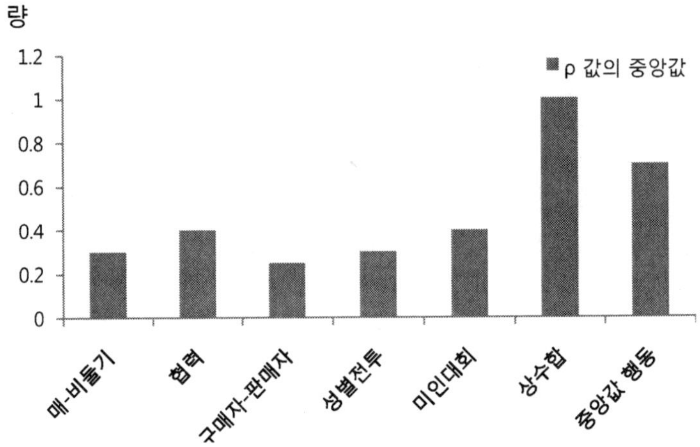

자료: Cheung and Friedman(1997) and Camerer and Ho(1999)

로, 게임참여자들은 최근의 과거를 주로 보기 때문에 평균적인 상대적으로 낮은 ρ가 나타난다. 그러나 많은 이질성이 나타난다. 물론 피험자들은 Cheung과 Friedman이 56%는 쿠르노 모형(ρ=0)을 사용하고, 33%는 가상적 학습(ρ=1)으로 행동했으며 11%(ρ∈(0.1))는 적응을 사용하였다. 따라서 대부분의 피험자들은 단기의 관점을 취했으나 많은 피험자들은 장기 관점을 취했다. 중요하게, ρ의 분포가 고려된 게임에서 비슷하지만, 다른 게임에서 어떤 일이 발생할 지 예상하는데 적용하는 유용하다.

연구방법 7.4 학습모형들의 추정

학습모형은 전형적으로 최우추정(Maximum Likelihood Estimation)을 이용하여 실험 데이터에 적용한다. 기본적으로 주어진 파라미터에 대해 파라미터 집합과 모형이 주어진 실험 데이터의 우도를 계산하는 것은 가능하다. 예를 들어, EWA모형에서 δ, β, Φ, $p^{l}(0)$, ··· $p^{(k)}(0)$ 그리고 #(0)을 고정시킬 수 있으면 EWA모형에서 주어진 실험의 데이터의 특정집합이 어떻게 되는 경향이 있는지 말할 수 있다. 따라서 데이터를 적합화할 수 있는 모형을 알기 위해 우도를 극대화하는 파라미터늘 찾는다.

이를 수행할 때 실제로 고려할 것은 몇몇의 모형들은 다른 모형들 보다 더 많은 파라미터를 가지고 있다는 것이므로 사전적으로 데이터를 적합할 확률이 더 높다. 너무 많은 파라미터를 가지고 있는 모형이 데이터를 과대추정할 수도 있다. 이를 검증하기 위하여 다양한 방법이 있지만 여기서는 표본 외 예측(out of sample forecast)를 사용하기로 하자. 이를 위해서 데이터의 70%를 이용하여 최우추정량이 얻어지며 추정된 모형으로 남은 30%의 데이터에서

어떤 일이 일어나는 지 예측하기 위해 사용된다. 만약 이 모형이 원래의 70%의 자료를 잘 적합화하지만 다른 30%를 제대로 예측하지 못한다면 과대추정의 문제가 존재하는 것이다.

연관된 주제는 어떻게 이질성을 반영하는 지에 관한 것이다. 이를 위해 일부의 사람들이 학습강화를 통해 더 많이 학습하고 일부 사람들은 학습에 근거한 믿음을 학습하므로 같은 파라미터를 가지는 피험자들은 모든 피험자들은 양간 극단적인 것처럼 보인다. 그러나 만약 다른 피험자들이 다른 파라미터를 가진다고 한다면 데이터를 과대추정할 수 있다. 잠재집단 접근(latent class approach)는 특정한 유형의 개인이 같은 파라미터를 가지고 있는 사람들의 유형이 여러개 있어도 적용이 가능하다. 데이터의 총량은 얼마나 많은 유형이 합리적으로 보이는지 결정하는데 사용된다. Camerer and Ho는 두 잠재적 유형을 고려하고, Friedman and Cheung는 각 개인이 다른 파라미터를 가지고 있다고 가정하였다.

Friedman and Cheung은 또한 피험자들의 선택에 대한 흥미로운 통찰력을 주었고 사람들이 가장 높은 매력도를 가지는 전략을 선택하는 지의 여부를 검증하였다. 매력도로부터 선택들을 추정하기 위해 식(7.3)을 이용하였다. 높은 ω를 가지는 사람들이 더 매력적인 전략들을 선택하는 경향이 있다는 것을 의미한다고 하였다. <그림 7.10>은 두 개의 게임의 ω를 추정하지만 4개의 처리가 존재한다. 평균매칭실험(mean matching

그림 7.10 학습에 근거한 믿음 모형에서 ω의 중앙값. 평균매칭과 역사가 있는 상황에서 높은 ω는 다른 사람들이 이러한 상황에서 과거에 했었던 것에 의해 보다 영향을 받는다

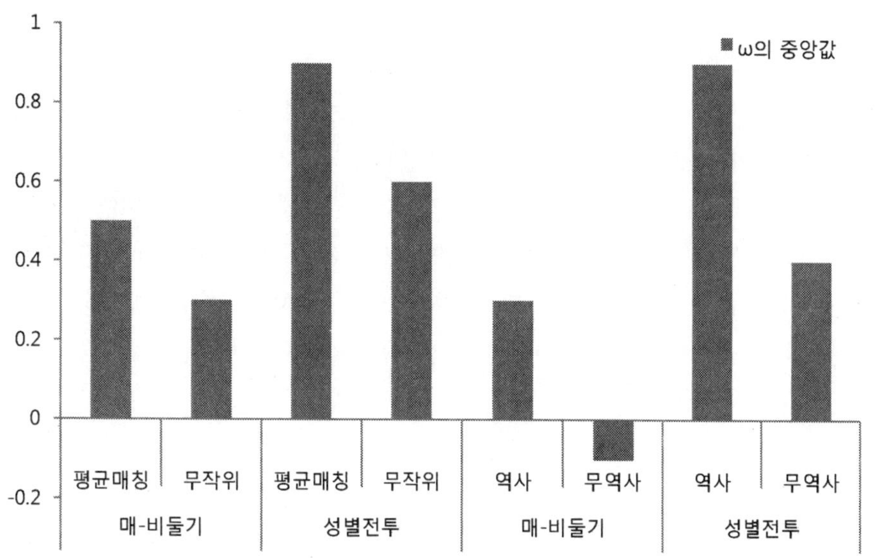

자료: Cheung and friedman(1997)

experiment)에서 각 피험자는 각 라운드에서 모든 다른 피험자들이 수행하는 것과 매치되는 반면에, 무작위실험(random experiment)에서는 각 라운드마다 무작위로 선택되는 한 명과 게임을 한다. 역사실험(history experiment)에서 이전 라운드에서의 과거 선택의 분포는 보여지고 무역사실험(no history experiment)에서는 그렇지 않다. 평균매칭과 역사실험에서 피험자는 상대적으로 다른 사람들이 과거에 했었던 정보를 보다 많이 가지고 있다. 이는 믿음들을 형성하는데 도움이 되어야 한다. 이와 일치하는 것으로써 ω가 커지면 이러한 선택은 평균매칭과 역사실험에서의 믿음들에 의해 보다 정보화된다.

3. 경험이 가중된 학습

강화와 학습에 근거한 믿음은 서로 상호보완 관계를 가진다. 학습강화는 Emma가 과거에 사용한 전략이 높은 보수(payoff)를 주는 지의 여부를 의미하고, 학습에 근거한 믿음으로 높은 보수가 주어질 것인 지를 바라보는 것을 의미한다. 학습강화는 Emma가 각 전략의 보수(patoff)에 관한 믿음을 업데이트하는 것이고 학습에 근거한 믿음으로 다른 사람들이 어떤 행동을 할 지에 대한 믿음을 업데이트한다. 위의 두 정의를 결합시키고 최상의 것을 얻을 방법이 있을까?

Camerer and Ho(1999)는 리스크가 가중된 매력 학습(Experience-Weighted Attraction learning, EWA)으로 가능한 것을 보여 주었다. 믿음에 근거한 모형과 유사하게, 변수 #(t)는 과거의 경험 회수를 계산하고 규칙을 사용하여 업데이트된다.

$$\#(t) = \beta\#(t-1) + 1$$

여기서 β는 상각률(depreciation rate)이다. 어떻게 $Q^l(t)$가 업데이트되는 지를 보기 위해서, 기간t에 Emma는 전략 l을 선택하고 다른 사람들은 $s_{-E}(t)$를 선택하는 것을 가정하자. Emma는 보수 $u_E(l, s_{-E}(t))$를 얻지만, 다른 전략 j에 대해서 Emma가 얻을 수 있었던 보수 $u_E(j, s_{-E}(t))$를 잃는다. Emma는 1−δ의 가중치로 보수를 얻고, δ의 가중치를 보수를 잃는다고 하자. 업데이트 규칙은 다음과 같다.

$$Q^j(t+1) \propto \begin{cases} \psi\#(t)Q^l(t) + u_E(l, s_{-E}(t)) \text{ if } j = l \\ \psi\#(t)Q^j(t) + \delta u_E(l, s_{-E}(t)) \text{ if } j \neq l \end{cases}$$

여기서 φ는 감소율(decay rate)이다.

표 7.10 EWA 파라미터 추정량

게임	학습	δ	β	φ	ω
미인대회	보충	0	0	1.375	0.223
	확신	1	0.402	0.402	0.942
	EWA	0.232	0.941	1.330	2.579
지속적 합산 (네 가지 게임)	보충	0	0	0.96–1.01	0.03–0.10
	확신	1	0.99–1.00	0.99–1.00	0.46–1.81
	EWA	0.00–0.73	0.93–0.96	0.99–1.04	0.18–0.65
평균경매	보충	0	0	0.930	1.190
	확신	1	0.738	0.738	16.726
	EWA	0.853	0.000	0.800	6.827

자료: Camerer and Ho(1999)

이는 다소 복잡하게 보여지만 EWA모형의 장점은 특별한 경우에서 학습에 근거한 믿음과 학습강화를 반영할 수 있다. 이것은 주로 얻은 보수보다 잃은 보수에 대한 상대적인 가중치를 측정하는 매개변수 δ를 통해 나타난다. 만약 $\delta=0$, $\#(0)=1$, $\varphi=1$, $\beta=0$이면 식(7.4)와 같이 학습강화의 모형을 얻을 수 있다. 왜냐하면 $\delta=0$일 때, Emma는 얻은 보수에 대해 유일하게 집중을 하고, 잃은 보수에 대해서는 무시하기 때문이다. 만약, $\delta=1$, $\beta=\varphi=\rho$이면 식(7.6)과 유사한 학습에 근거한 믿음의 모형을 얻는다. $\delta=1$일 때, Emma는 얻은 보수와 잃은 보수를 같게 비교하는데 초점을 두기 때문이다. 만약 δ가 0과 1 사이이면 학습에 근거한 확신과 학습강화 모형이 혼합된 모형을 얻게 된다.

Camerer and Ho는 EWA모형을 다양한 데이터에 맞추었고 학습에 근거한 믿음과 학습강화에 대해서 그 적합성을 비교하였다. <표 7.10>은 여러 가지 파라미터에 대한 추정량을 나타내고, <그림 7.11>은 적합도를 추정한 것이다. 예측한 것처럼, EWA모형은 상대적으로 적합하다. 보다 흥미로운 것은 학습강화가 미인대회와 중간값 엑션게임(median action game)에서 상대적으로 적합도가 높은 반면에 학습에 근거한 믿음은 승패의 합이 항상 일정한 게임(constant sum game)에서 더 적합도가 높다는 것이다. 이를 위해 사후적으로 합리성을 줄 수 있으나 요점은 사람들은 다른 게임에서 다른 방법으로 학습을 하고, EWA 이를 잘 반영한다는 것이다. 실제로, 학습의 세 가지 모형을 이용하면 사람들이 경험으로부터 어떻게 학습하는 지를 보다 잘 이해하게 된다. 그러나 이것으로 충분할까?

그림 7.11 6개 게임들에서 3개의 다른 학습모형에 대한 수정된 R^2

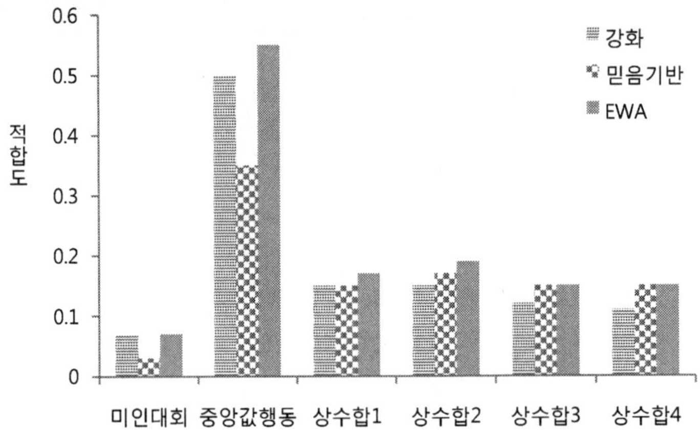

자료: Camerer and Ho(1999)

4. 학습과 예측

Emma가 무엇을 할 지 말해주는 학습모형은 이전에 발생했던 것에 조건부가 된다. 이는 이전에 행동했던 것이 이해할만한 것인 지에 대해 돌아보는 것이 매우 좋다. 그러나 이것이 미래에 할 행동과 미래를 예측하는데 유용하다고 할 수 있을까? 2절과 3절의 개념들을 결합하면 이는 가능하다. 즉, 게임이 수행되는 처음에 어떤 일이 발생할 지에 대해 예측하면 게임이 10회 반복된 후에 어떤 일이 일어날 지에 대해 알기 위하여 학습모형을 사용한다. 그러나 이 대답에 얼마나 확신할 수 있을까? <표 7.8>과 <표 7.9>를 돌아보면, Emma가 0.5-미인대회에서 학습할 때처럼 발생한 것의 추적하는 것을 통하여 여기서 얻을 예측들이 Emma가 무작위로 선택한 것들과 같은 우연한 사건들에 많이 의존한다는 것을 알 수 있다.

또 다른 접근은 행동한 것이 수렴하는 지에 대한 여부를 묻는 것과 만약 그렇다면 무엇인 지에 대한 것이다. 이를 위하여 사람들이 게임을 1,000번 한 후에 어떤 일이 발생했는지를 묻는다. 만약 항상 같은 답을 얻는다면, 행동은 수렴한다고 말하고 미래에 발생할 것에 대한 예측자로 이용할 수 있다. 이는 장기적으로 어떤 일이 발생할 지에 대해 초점을 둘 수 있으나 10번의 게임과 같이 단기에서도 발생할 일에 대해서 좋은 예측자가 될 수 있을까? 불행히도 이러한 접근은 지금까지 살펴보았던 세 가지 학습모형에서 잘 작동하지 않는다. 왜냐하면 행동은 수렴하지 않고, 만약 수렴하면 내쉬균형으로 수렴하므로 균형세분화와 같은 방법을 사용하여야 하기 때문이다. 여러 대안이 있으나 여기서는 세 가지를 고려하자.

보수표본추출(payoff sampling)이라고 불리는 것부터 시작하자. 각 가능한 전략에 대해 Emma는 6번의 이전 상황들에서 선택하는 것에 따른 보수를 표본추출을 한다고 하자. Emma가 많은 게임을 수행했고, 이것을 할 수 있다고 가정한다. 따라서 Emma는 가장 높은 보수를 주었던 전략을 선택한다. 이는 학습강화의 한 유형이고 Emma가 무엇을 할 지에 대한 예측을 할 수 있다. 실제로, 만약 모든 사람들이 보수표본추출을 이용한다면 장기에서 사람들이 각 전략을 선택하는 확률인 보수표본추출 균형(payoff sampling equilibrium)을 알 수 있다.

이것이 어떻게 작동하는지를 설명하기 위해서 <표 7.11>에 있는 행렬게임을 생각해보자. Alan이 위(up)를 선택한 것에 대한 보수를 표본추출을 할 때, 보수로 10을 얻는 것이 U_L번 있었고, 0을 얻는 것이 $6-U_L$번 있었다고 하자. Alan이 아래(Down)를 선택한 것에 대한 보수를 표본추출을 할 때, 6번 모두 9를 얻었다. 따라서 만약 $10U_L > 9 \times 6 = 54$이면, 위(up)을 선택할 것이다. 이는 만약 $U_L=6$일 때만 발생할 수 있었다. 만약 P_L은 Emma가 왼쪽(left)을 선택할 확률이라고 하면 P_L^6의 확률로 발생한다. 따라서 q_u이 Alan이 위를 선택할 확률을 나타낸다면 다음을 구할 수 있다.

$$q_u = \text{prob}(U_L = 6) = PL^6$$

이제 q_u의 함수로서 P_L도 구할 수 있다. Emma가 왼쪽을 선택한 것으로부터 보수를 표본추출을 한다면, 9를 얻는다. 오른쪽을 선택한 것으로부터 보수를 표본추출 할 때, 18의 보수를 얻었던 것이 R_U번 있었고 8의 보수를 얻었는 것이 $6-R_U$번 있었고 가정하자. 만약 $9 \times 6 > 18R_u + 8(6-R_u)$ 또는 $6 > R_u$이면, 왼쪽을 선택할 것이다. 이는 $R_u=0$인 조건하에서만 만족된다. 따라서 다음과 같이 나타낼 수 있다.

$$P_L = \text{prob}(R_u = 0) = (1 - q_u)^6$$

이제 Emma가 왼쪽을 선택할 확률의 함수로써 Alan이 위를 선택할 확률을 안다. 그리고 반대의 경우도 마찬가지로 성립한다. 보수표본추출 균형을 얻기 위해서 이러한 두 확률들이 일치하는 지점을 찾아보면 다음과 같다. $q_u = ((1-q_u)^6)^6$와 $P_L = (1-PL^6)^6$이다. $q_u = 0.071$ 그리고 $P_L = 0.643$이면 작동한다. 이는 Alan과 Emma가 행동할 수도 있는 것에 대한 예측이다.

다른 두 확률을 살펴보자. 다음은 액션 표본추출(action sampling)이다. 이제 Emma가 7개의 이전 상황과 같이 Alan이 선택했던 것을 표본추출 한다고 하자. Emma는 이제 주어진 Alan의 행동에서 보수를 극대화시키는 전략을 선택한다. 이는 학습에 근거한 믿음의 한 유형이다. 액션 표본추출 균형(action sampling equilibrium)을 찾기 위하여 보수 표본추출 균형에서 사용했던 비슷한 기술을 사용하면 Emma가 어떤 행동할 지에 대한 예측을 얻을 수 있다. 만약 <표 7.11>의 게임을 통해 $q_u=0.057$과 $P_L=0.664$의 값을 얻을 수 있다.

추가적으로 이러한 값이 어떻게 구해지는 지 살펴보자. 만약 $10P_L>0.9$ 또는 $P_L>0.9$이면, Alan은 위를 선택해야 한다. 따라서 Alan이 표본추출한 7번 모두 Emma가 왼쪽을 선택했던 것을 관찰했었던 경우에만 위를 선택해야만 한다. 이는 다음과 같다.

$$q_u=\text{prob}(7\text{번 왼쪽으로 관찰})=P_L^7$$

만약 $9>18qu+8(1-q_u)$ 또는 $qu<0.1$라면, Emma는 왼쪽을 선택해야 한다. 따라서 만약 Emma가 표본추출한 7번에 대해 Alan이 한번도 위를 선택하지 않았었다면, Emma는 왼쪽을 선택해야만 한다. 따라서 다음과 같다.

$$p_l=\text{prob}(\text{위가 관찰되지 않음})=(1-q_u)^7$$

액션 표본추출 균형 추출 균형을 얻기 위하여 이러한 두 개의 확률들이 일치하는 지점을 찾아야 하는데 다음과 같다.

$$q_u=((1-q_u)^7)^7 \quad \text{그리고} \quad P_L=(1-p_L^7)^7$$

이 값은 $q_u=0.057$과 $P_L=0.664$이다

마지막으로 살펴보려고 하는 것은 충동평형(impulse balance)라고 불리는 것이다. 여기서 Emma가 자신에게 보증할 수 있는 보수의 안전수준(security level)을 계산해야 한다. 예를 들어, <표 7.11>의 게임에서, Emma는 왼쪽을 선택하는 것에 의해 \$9의 보수를 보장할 수 있다. 손실회피(loss aversion)를 고려하면 안전수준보다 높은 이득은 안전수준보다 낮은 손실보다 적게 취급된다고 할 수 있다. 예를 들어, 손실은 이득의 2배만큼으로 계산될 수 있다. <표 7.12>는 이러한 것을 나타낸다. 예를 들어, 만약 Alan이

표 7.12 손실회피를 고려한 보수. $9의 안전 보수에 대한 손실은 2배가 된다

		Emma	
		왼쪽	오른쪽
Alan	위	10, 9	–9, 18
	아래	9, 9	9, 7

위를 선택하고 Emma가 오른쪽을 선택한다면 보수가 $0가 되고 안전수준에 $9가 모자라게 되므로 Alan은 $9-2\times9=-9$라고 느낄 것이다.

Emma가 만약 보다 높은 보수를 얻는 전략을 선택한다면, 특정 전략의 방향에 충동(impulse)을 가지게 될 것이다. 충동의 크기는 보수의 차이에 의해서 주어진다. <표 7.13>은 충동들의 예를 보여주고 있다. 0의 충동은 Emma가 전략을 변경할 유인이 없다는 것을 의미하고 숫자가 클수록 변화에 대한 충동이 커진다는 것을 의미한다. 만약 전략을 변화시키는 이러한 충동들이 상쇄되어 없어진다면 충동평형균형(impulse balance equilibrium)이 있다고 한다.

이것이 어떻게 작동하는 지를 보기 위해서 다음을 살펴보자. Emma가 확률 P_L로 왼쪽을 선택하고 Alan이 확률 q_L로 위를 선택한다면, 위에서 아래로 예상되는 Alan의 충동은 $18q_L(1-P_L)$이고 아래에서 위로의 예상되는 충동은 $(1-q_L)P_L$이다. 충동평형균형에서 다음과 같다.

$$18q_L(1-P_L)=(1-q_u)P_L \text{ 또는 } q_u=\frac{p_L}{18-17p_L}$$

유사하게, 왼쪽에서 오른쪽으로의 Emma의 예상된 충동은 $9q_up_L$이 되고 오른쪽에서 왼쪽은 $2(1-q_u)(1-p_L)$이다. 이를 같게 놓으면 다음과 같다.

표 7.13 손실회피를 고려한 충동들. 예를 들어, 만약 Alan이 위를 선택하고 Emma가 왼쪽을 선택한다면 Alan은 전략을 바꿀 유인이 없지만 만약 Alan이 아래를 선택한다면, Alan은 전략을 변화시키는 하나의 충동을 가지게 될 것이다

		Emma	
		왼쪽	오른쪽
Alan	위	0, 9	18, 0
	아래	1, 0	0, 2

$$p_L = \frac{1-q_u}{3.5q_u+1}$$

이러한 두 식들을 풀면 균형을 얻을 수 있다. 이 경우 q_u=0.1 그리고 P_L=0.67이 된다.

충동평형은 상대적으로 높은 보수를 주는 전략을 선호하기 때문에 학습강화와 학습을 근거한 믿음 두 가지 요소를 결합시킨 것이다. 그러나 이것에 관해서 가장 강력한 점은 앞에서 보았던 손실회피를 반영할 수 있다는 것이다. 이것은 사람들이 손실을 만들어내는 전략들을 멀리하려고 하는 것이라 말할 수 있다. 증거로도 충분히 이를 발견할 수 있다.

보수표본추출균형, 액션표본추출균형, 충동평형균형의 장점은 균형이 하나만 존재한다는 것이다. 따라서 이 모형들은 장기적으로 어떤 일이 발생해야 하는지에 대한 좋은 예측을 가능하게 한다. 더욱이, 학습과정 자체를 모형화할 필요가 없으므로 이들은 상대적으로 쉽게 계산된다. 그러나 예측들이 얼마나 유용할까? Selten and Chmura(2008)의 연구에서 피험자들은 <표 7.11>과 유사한 12개의 다른 게임들을 수행했다. <그림 7.12>는 얼마나 다른 균형들이 데이터와 적합한지를 나타낸다. 더 작은 숫자는 더 적합성이 높은 것을 나타내므로 액션 표본추출, 보수 표본추출, 그리고 충동평형은 내쉬균형이나 퀀탈반응균형보다 보다 더 나은 것으로 나타난다.

이 결과를 해석하기 위한 중요한 질문으로, 얼마나 많은 게임을 피험자가 수행하였

그림 7.12 다양한 균형들에 대한 적합도 평가. 관측된 평균과 비교하여 평균제곱 거리가 작을수록 적합도가 좋다

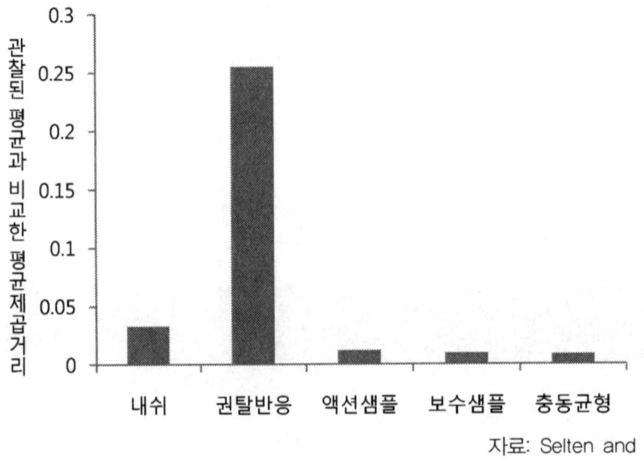

자료: Selten and Chmura(2008)

는가이다. 12개의 게임과 각 피험자는 200라운드를 수행한다. 따라서 그들은 각 각 게임에서 16번이나 17번의 경기를 수행하는 것이다. 만약 처음 100경기들에 초점을 둔다면, 그 결과는 같다. 사람들이 경험으로부터의 학습기회가 거의 없음에도 불구하고 이러한 균형예측들이 마치 작동하는 것처럼 보이기 때문에 좋은 소식이다. 이러한 것들이 왜 잘 작동하는 지 설명하는 것은 수수께끼이지만 아마도 게임을 할 때 사람들이 어떻게 추론하는 지를 잘 반영하기 때문일 것이다. 이제 응용으로 넘어가보자.

제4절 경매

전략이 중요하게 여겨지는 곳의 좋은 예가 바로 경매(auction)이다. 이미 앞에서 경매를 살펴보았으나 이제 경매를 보다 세부적으로 살펴보자. 경매는 상품이 팔리는 가장 중요한 방법들 중 하나라는 것에서 시작하는 것이 적절하다. 예를 들어, 소더비(Sotheby)의 그림이나 골동품들, 자동차, 집, 이베이(ebay)의 상품들 등 매우 다양하다. 따라서 그것들을 잘 이해하는 것은 중요하다. 이제 경매의 두 가지 특별한 흥미로운 측면들에 대해 초점을 맞추고자 한다. 그것은 바로 수익등가와 승자의 저주이다.

1. 수익등가

경매의 형식(auction format)에는 다양한 다른 유형들이 존재한다. 여기서 4가지 정도의 일반적 형식을 살펴보자.

영국식 경매(English auction)에서 경매자(auctioneer)는 낮은 가격에서 값을 부르기 시작하고 오직 한 명의 입찰자(bidder)가 그 가격을 지불할 의사가 있을 때까지 가격은 계속하여 증가한다. 이는 가장 일반적인 경매형식이며 소더비(Sothby's)와 같은 경매가 대표적인 예에 해당한다.

독일식 경매(Dutch auction)에서는 경매자 높은 가격에서부터 가격을 부르기 시작하고 누군가 그 가격에 구매할 의도가 있을 때까지 가격은 점차적으로 감소한다. 이 경매는 네덜란드(Holland)에서 튤립이 팔리던 방식에서 이름이 나왔다.

최고가봉인입찰경매(first price sealed bid auction)에서는 잠재적인 입찰자들이 동시에 독립적으로 물건에 대한 지불하고자 하는 금액을 제출한다. 가장 높은 가격을 쓴 입찰자가 낙찰되고 가격을 지불하게 된다. 이는 정부입찰에서 가장 표준적인 경매방식이다.

마지막으로 차점가격봉인입찰경매(second price sealed bid auction)는 가장 높은 금액의 입찰자가 두 번째로 높은 사람이 제시한 가격으로 가격을 지불한다는 것을 제외하고 모든 것들이 최고가봉인입찰경매와 같다. 이베이(ebay)는 이 방식과 영국식 경매방식을 결합하였다.

여기서 자연스러운 질문은 경매를 이용하여 물건을 판매하려는 사람은 어떤 유형의 경매가 판매를 통해 수익을 극대화하려는가이다. 경매이론은 이 질문에 특별하고 흥미로운 답변들을 제공한다. 즉, 수익등가정리(Revenue Equivalence Theorm)는 많은 경우에서 만약 입찰자들이 최적으로 행동한다면 네 가지 경매방식 모두 같은 수익의 결과가 나온다는 것을 말한다.

이 정리가 적용되는 하나의 경우가 바로 독립적인 사적으로 알려진 가치경매(independent, privately known value auction)이다. 이 경매에서 다른 입찰자들은 상품에 각각 다른 가치를 부여하지만 각 입찰자들은 자신의 가치를 알고 있고 자신의 가치는 다른 사람들의 가치에 대해 아무 것도 말해 주지 않는다는 것을 안다. 이는 이베이에서 골동품, 자동차, 집과 같은 많은 일반적인 경매에서 발견되는 상황이다. 예를 들어, Emma가 입찰하려고 하는 그림에 대한 경매를 생각해보자. Emma는 서로 다른 사람들이 그림에 대해 서로 다른 가치를 부여하고 있다는 것을 알고 있으며 어떤 사람은 이것에 관심을 보일 것이고 어떤 사람은 그렇지 않지만 Emma는 오직 자신의 선호만을 알 뿐이고 다른 사람들의 선호는 알 수 없다.

만약 Emma가 그 그림을 얻기는 원하고, 그 가치를 $1,000으로 부여하였다면, Emma는 얼마에 입찰해야 하는가? 이러한 경매의 유형에서 합리적으로 입찰하는 방법은 경매의 유형에 달려있다.

영국식 경매 또는 차순위가격봉인입찰경매에서, Emma는 자신이 그 물건에 가치를 부여한 $1,000까지 입찰해야 한다. Emma가 생각한 가치이상의 돈을 지불해야 하므로 입찰가 이상은 의미가 없다. Emma는 차순위 입찰자가 지불하려고 했던 금액을 지불해야 하기 때문에 입찰가 이하도 의미가 없으므로 입찰가를 낮추어 이득을 얻을 수 없다. 왜냐하면. 예를 들어, 만약 Alan이 $950로 차순위로 높은 입찰자라면, Emma는 $950만 지불하면 되므로 $1,000보다 $980라고 말하는 입찰에서 이득은 존재하지 않는다.

독일식 경매와 최고가봉인입찰경매에서는 이와는 다르다. 이제 Emma가 자신이 매긴 가치보다 낮은 가격인 $980으로 입찰할 필요가 있다. 이를 입찰가격조정(shading the bid)이라고 한다. 만약 Emma가 자신의 입찰가를 숨기지 않는다면, 자신이 입찰한 것을 지불해야 하기 때문에 어떤 이익도 얻을 수 없다. 그러나 Emma는 경매에서 낙찰받을 확률을 높이기 위해 충분히 높은 가격에 입찰할 필요가 있다. 주어진 경쟁 유인들에서 얼마나 많은 금액으로 입찰 할 것인 지를 정확하게 아는 것은 복잡하다.

이제 수익등가정리로 돌아가 보자. 이제 영국식 경매와 차순위가격봉인입찰경매가 같은 수익을 주는 이유와 독일식 경매와 최고가봉인입찰경매가 같은 수익을 주는 이유에 대해 알 수 있다. 이제 남은 것은 최고가 또는 독일식 경매가 차순위 가격 또는 영국식 경매와 같은 수익을 준다는 것을 확인해야 한다. 최고가 경매에서 Emma는 자신의 입찰가를 숨길 필요가 있으므로 입찰가는 차순위가격 경매에서보다 낮게 입찰한다. 그러나, 만약 Emma가 차순위가격 경매에서 낙찰된다면 차순위로 높은 입찰자의 입찰가를 지불해야 한다. 이러한 두 효과가 서로 상쇄된다. 즉, 최고가 경매에서 가장 높은 가격의 입찰자는 평균적으로 차순위가격 경매에서 차순위로 높은 가격의 입찰자의 가격과 같다. 따라서 4개의 경매 모두 같은 예상 수익을 준다. 이는 이론이며 실제적인 부분으로 넘어가자.

Lucking-Reiley(1999)는 이 이론에 '마술: 수집품'이라고 불리는 게임의 온라인 애호가들에게 '마술 카드'를 판매하는 것을 포함하는 실제 실험에 적용했다. 4개의 다른 카드들의 소장품들은 4개의 다른 경매의 유형들 중에 2개를 이용하여 독립적으로 경매되었다. 결과는 <표 7.14>에 요약되어 있다. 수집품1이나 수집품2를 이용하여 최고가와 독일식 경매를 비교할 수 있다. 독일식 경매가 최고가 경매보다 더 비싸게 더 많은 카드가 팔려 높은 수익을 나타내는 것을 알 수 있다. 수집품 3과 수집품4로 차순위 가격과 영국식 경매를 비교할 수 있다. 여기서 수익에 두드러진 차이가 없다는 것을 알 수 있다. 따라서 전체적으로 수익등가의 법칙에 대해 다소 혼합된 지지 결과들을 보았다. 비슷한 결론은 실험실 실험에서도 발견되지만 다른 결과들도 발견된다. 실제로 실험실에서 최고가 경매는 독일식 경매보다 더 많을 수익을 나타내며 차순위 가격 경매는 영국식 경매보다 더 많은 수익을 나타낸다(연구방법 7.5).

따라서 어떤 상품들을 파는 사람들은 수익등가정리 제안하는 것보다 어떤 경매의 유형을 이용할 것인지에 대해서 더 면밀히 생각해 보기를 원할 것이다. 영국식 경매의 인기는 아마도 많은 판매자들이 최선이라고 생각하는 것의 신호일 것이다. 이러한 추측들을 넘어서 나아가기 위해서 사람들이 어떻게 경매에서 입찰을 하는 지에 관해서 알아볼 필요가 있다. 이제 승자의 저주를 통해서 약간의 통찰력을 가져 보자.

표 7.14 마술 게임에서의 입찰. 독일식 경매는 최고가 경매보다 더 높은 수익을 나타낸다. 영국식 경매와 차순위 경매는 차이가 없다

	최고가격 경매		독일식 경매		높은 가격에 팔린 카드들의 수		
	수입	입찰자	수입	입찰자	최고가격	둘다 아님	독일식
수집품1	$431.25	32	$446.35	56	12	12	63
수집품2	$327.05	42	$348.45	88	22	5	59
	차순위 가격		**영국식**		**높은 가격에 팔린 카드들의 수**		
	수입	**입찰자**	**수입**	**입찰자**	**차순위**	**둘다 아님**	**영국식**
수집품1	$85.50	27	$79.50	40	38	8	20
수집품2	$517.05	43	$600.40	38	24	9	65

자료: Lucking-Reiley(1999)

연구방법 7.5 현장실험

경매들이 일반적이고 참여하기에 매우 쉬운 상황에서 사람들은 현장실험을 하는 것과 현장 데이터의 확보하는 것은 자연스럽다. 이 연구에서 Lucking-Reiley는 4개의 다른 경매방식을 이용하여 같은 것을 경매할 수 있는 충분히 유연한 설정이 필요하였다. 온라인 커뮤니티인 'Magic: The Gathering'은 그 기회를 제공했다. 왜냐하면 거기에는 이미 영국식, 최고가, 독일식, 차순위 가격으로 경매되고 있었기 때문이다.

실험실 실험을 넘어서 현장실험이 가지는 잠재적인 이점을 이 실험에서 말하자면, 피험자들이 물건에 가치를 메기고 입찰하는 것을 경험해야 한다는 것이다. 그 결과는 이것들이 중요한 이유를 보여준다. 독일식 경매가 최고가 경매보다 높은 수익을 올린다는 것은 실험실 실험에서 관찰되는 것과 반대된다. 가능한 설명은 독일식 경매에 매우 높은 증가율로 입찰자가 참여하는데 실험실로 방문하는 피험자의 수가 고정되어 있는 입찰자 수만 있는 실험실 실험에서는 불가능한 것이다.

2. 승자의 저주

사적으로 알려진 가치경매에서 Emma는 상품이 자신에게 얼마의 가치를 가지는 지 알지만 다른 사람에게 얼마인 지는 모른다. 이 반대극단에 있는 것이 공통가치경매(common value auction)이다. 이러한 경매의 유형에서 입찰자는 자신이 그 상품을 가지기 전까지 그 상품의 가치를 알 수 없지만 다른 사람들이 자신만큼 상품에 대해 가치를 매길 것을 알고 있다. 이는 기름이 있을 지 또는 없을 지에 대해 모르는 지역을 시추하는 것이 이와 비슷한 예이다. 일단 땅을 구매하고 시추하고 난 후에 기름이 있는 지의

여부를 확실히 알 수 있으나, 만약 기름이 있다면 모든 정유사들은 그 땅을 사려고 할 것이다. 약간 더 평범한 예는 우승 경품이 무엇인 지 모르는 지역축제의 자선경매에 참여하는 것이다.

사적으로 알려진 가치경매에서 낙찰받은 입찰자는 그 상품에 가장 높은 가치를 두는 사람일 것이다. 예를 들어, 그림을 가장 좋아하는 사람이다. 공통가치경매에서 낙찰받은 입찰자는 상품의 가치를 가장 낙관적으로 여기는 사람이 되는 경향이 있다. 낙관주의는 때때로 리스크가 높다. 만약 입찰자가 다른 사람보다 더 낙관적이라면, 너무 낙관적이기 때문에 실제의 가치보다 더 높은 가격을 지불할 것이다. 이를 승자의 저주(winner's curse)라고 부른다. 승자의 저주의 예는 다음과 같다. 정유사들은 땅에 대해 과도한 가격을 지불하고 이동통신사들은 신호를 전송하는 권리에 대해 과도하게 돈을 지불하며 TV채널은 스포츠 이벤트 중계를 위해 과도하게 돈을 지불하고 많은 사람들은 지역 축제에서 우승한 상품에 대해 실망한다.

승자의 저주가 발생하는 이유를 보다 자세히 살펴보기 위하여 공통가치경매에서 개인이 입찰을 어떻게 해야 하는지에 대해 살펴보자. 따라서 Emma가 알려지지 않은 가치의 상품을 위해 자선 영국식 경매에 참여한다고 가정하자. Emma는 그 상품의 가치가 얼마인 지에 대해 몇 개의 신호를 얻을 것이다. 이로부터 Emma는 그 상품의 가치에 대한 초기예상을 할 것이다. 예를 들어, Emma는 상품의 가치를 $20으로 측정했다고 하자. 확실하게 Emma는 $20까지 입찰해야만 하는가? 그렇지 않다. Emma가 낙찰된다면, Emma는 가장 낙관적인 초기예측을 해왔다는 것을 추론해야 한다. 예를 들어, Emma가 $20에 경매에서 낙찰된다면, 그 밖의 모든 사람들은 그 상품에 대해서 $20 이하로 가치를 측정했다는 알 수 있다. 만약 다른 사람들이 그 경품의 가치가 $20 이하로 측정했다면, Emma는 과도하게 낙관적일까? Emma는 예상을 낮추어야 했고 초기예상 가치보다 더 낮은 가격으로 입찰해야 했다.

Emma가 승자의 저주를 겪게 된 이유 대해서 다른 이유가 있을 수 있다. (1) Emma는 상품을 낙찰받을 확률이 매우 적지만 리스크를 걸어서 행복하다고 생각하는 리스크 선호자이다. 궁극적으로 도박은 보수를 주지 않는다. (2) Emma는 낙관적으로 입찰하고 초기예상보다 입찰을 낮추지만 상품은 최대 예상치보다 더 낮은 가치를 가지고 있는 것으로 밝혀졌으므로 여전히 불운하다. (3) Emma는 순진하게 초기예상까지만 입찰하지만 불운하다. (4) Emma는 비합리적으로 높은 금액으로 입찰한다. 만약 Emma가 차순위 입찰자가 상대적으로 낮은 가격을 내리라고 예상한다면 차순위 가격 경매와 거의

표 7.15 다른 두 개의 가정들로 무엇이 일어날 지를 비교하는 유형L-0들의 입찰 전략

유형	무작위	초기예상
L-0	무작위로 입찰한다.	최초예상까지 입찰한다.
L-1	• 자신의 가치까지 입찰하고 균형량 이상이다. • 유형L-0들은 무작위로 입찰하기 때문에 자신이 낙찰받는다는 것은 다른 사람들의 예상 가치에 대해 아무 것도 알려주지 못한다. 따라서 자신의 입찰을 낮출 이유가 없다.	• 자신의 가치 이하로 입찰하고 균형향 이하이다. • 유형L-0들이 균형이상으로 입찰하기 때문에, 만약 자신이 낙찰받으려면, 예상되는 가치에 관해서 매우 낙관적이어야 한다고 생각한다. 따라서 보상을 위하여 입찰가를 낮춘다.
L-2	• 자신의 가치 이하로 입찰하고 균형량 이하이다. • 유형L-1들은 균형이상으로 입찰하기 때문에, 자신이 낙찰받으려면 예상되는 가치에 관해서 매우 낙관적이어야 한다고 생각하게 된다. 따라서 보상을 위하여 입찰가를 낮춘다	• 유형L-1들 이상과 균형량 이상으로 입찰한다. 유형L-1들은 균형량 이하로 입찰하기 때문에, 자신이 낙찰받으려면 낙관적일 필요가 없다고 생각한다. 따라서 입찰을 낮추는 것은 덜 필요하다.

같다.

이제 두 가지 연구를 살펴보자. 첫째, 수준-k 사고를 이용하여 승자의 저주를 설명하는 Crawford and Iriberry(2007)의 연구이다. 따라서 초점은 비경험적 입찰자들의 행동에 맞추어져 있다. 둘째, 충동평형을 이용한 Selten, Abbink and Cox(2005)의 연구인데 이는 경험을 기반한 학습에 초점을 두었다.

수준-k 사고에서 유형L-0에 대해서 가정한 것들이 중요하다는 것을 알고 있다. Crawford and Iriberry는 두 가지 대안을 고려하였다. 첫째, 유형L-0들은 무작위적으로 입찰한다. 둘째, 유형L-0들은 순진하게 초기예상으로 입찰한다. 다른 경매 방식에서 입찰하는 행동은 다를 것이다. 그러나 <표 7.15>는 만약 모든 사람들이 최적 전략을 사용한다면 발생할 균형입찰과 수준-k 입찰을 비교한 수준-k 사고의 주요한 예측들이다.

만약 유형L-0의 사람들이 무작위로 입찰한다면, 유형L-0의 사람들과 L-1의 사람들을 부분적으로 승자의 저주에 취약하다. 만약 유형L-0의 사람들이 초기예상대로 입찰한다면, 유형L-0와 유형L-2의 사람들이 승자의 저주에 취약하다. <그림 7.13>은 4개의 다른 경매에서 각 유형에 대한 Crawford and Iriberry가 추정한 피험자들의 비율을 나타낸다. 대부분의 피험자들은 유형L-0들이 무작위로 입찰할 것을 예상을 하는 L-1으로 분류된다는 것은 명확하다. 이러한 유형들은 다른 사람들의 입찰들이 전달하는 정보를 무시하

그림 7.13 네 가지 경매 실험에서 각 유형의 피험자 비율. Rn은 유형L-0들이 무작위로 선택한 것을 가정하는 것을 의미하고 Ev는 그들이 초기예측을 선택하는 것을 의미한다

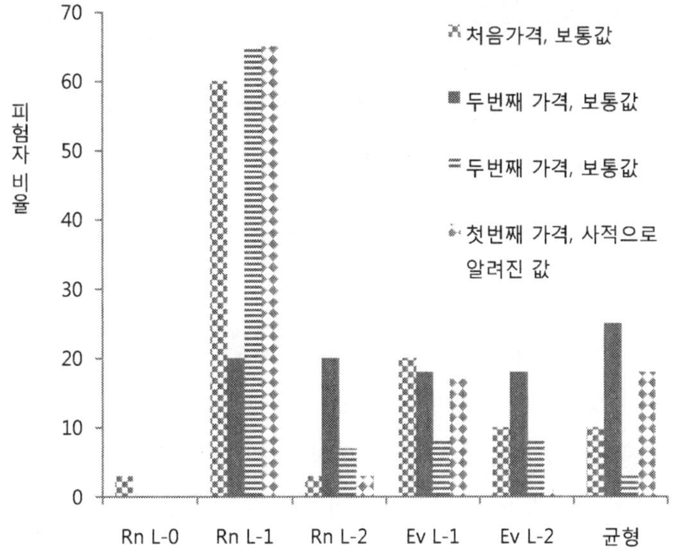

자료: Crawford and Iriberry(2007)

기 때문에 승자의 저주에 취약하다. 만약 낙찰받는다면 예상되는 가치에 대해 상대적으로 낙관적이었다는 것을 고려하지 못한다.

만약 사람들이 순진한 입찰때문에 승자의 저주에 취약하다면 아마도 그들이 경험으로 학습해야 할 것이라고 예상할 수 있다. 그러나 Emma가 너무 큰 금액으로 입찰할 수도 있지만 운이 좋아서 낙찰 받거나, 낙관적인 금액을 입찰하고 모든 사람이 예상한 것보다 작은 상품 때문에 불운할 수도 있기 때문에 간단하지 않다. 그리고 합리적으로 입찰하고도 경품이 다른 사람들의 예측보다 더 낮기 때문에 그녀가 운이 나쁠 수도 있기 때문이다. 이는 경험으로부터의 학습을 부분적으로 어렵게 만든다.

Selten et al.의 연구는 충동평형균형을 이용했을 뿐만 아니라 여러 차례 경매가 수행될 때, 사람들이 어떻게 학습하는 지에 대해 이해하는 학습방향이론의 생각과 밀접한 관련이 있다. 학습방향이론(learning direction theory의 기본 개념은 사람들이 충동적으로 행동하고, 개선된 보수의 방향으로 움직인다는 것이다. 경매의 맥락에서, 낙찰받은 대부분의 사람들은 필요이상으로 입찰하고, 이후의 입찰에서 순차적으로 낮출 것이다. 경매에서 낙찰받지 못한 사람들은 더 입찰하지 못한 것을 후회할 수도 있으므로 이후에 그들의 입찰을 증가시키게 된다. 이는 과도 지불과 잃어버린 기회 사이의 흥미로운

반대가 된다.

Selten et al.은 학습방향이론과 충동평형균형이 실험에서 피험자들이 어떻게 행동하는 지와 잘 맞는다는 것을 발견했다. 입찰들이 시간에 따라 예상되는 균형으로 수렴하지 않는 것을 의미하지만 대신에 피험자들이 어떤 기간 동안 과대한 지불을 하지만 어떤 기간에는 더 이상 입찰하지 않는 것을 후회하여 변동하는 경향이 있다는 것을 나타낸다. 이는 단지 100번의 연속되는 경매의 결과이다. 이것을 살펴보기 위하여 다소 명확한 <그림 7.14>에서, 만약 피험자들을 입찰하는 방법에 의존하는 분류를 하면 어떠한 일이 발생하는 지에 대해 나타낸다. 분명하게 많은 피험자들은 적응자들이고 이는 학습방향이론에 거의 근접하게 적합한 분류이다. 다른 분류인 도박사도 언급할 가치가 있다. 도박사들은 높은 이득에 관심이 있는 것처럼 보이고 도박사의 오류에 빠지는 것처럼 보인다. 만약 도박사들이 한 번의 경매에서 과도한 지불을 한다면, 자신들의 행운이 바뀔 것이라고 생각하여 다음에 더 많이 입찰하는 경향이 있다.

이러한 도박들은 학습방향이론으로 예상하는 것과 반대가 된다. 따라서 학습방향이론으로 모든 행동들을 반영할 수는 없으나 많은 사람들이 하는 행동들을 반영할 수 있다. 또한, 승자의 저주가 경험이 있는 경우에 나타나지 않는 이유에 대해서도 설명 가능하다. 다시 말하면, 순진한 입찰은 가끔 보수를 주므로 사람들은 최선의 행동이라는 것을 깨달을 필요가 없다.

그림 7.14 **입찰자의 분류. 만약 입찰자들이 이전에 낙찰에 실패하였다면 입찰가를 올렸고, 만약 너무 많이 지불했다면 입찰가를 낮추었다. 이처럼 적응자는 학습방향이론과 일관적으로 행동한다**

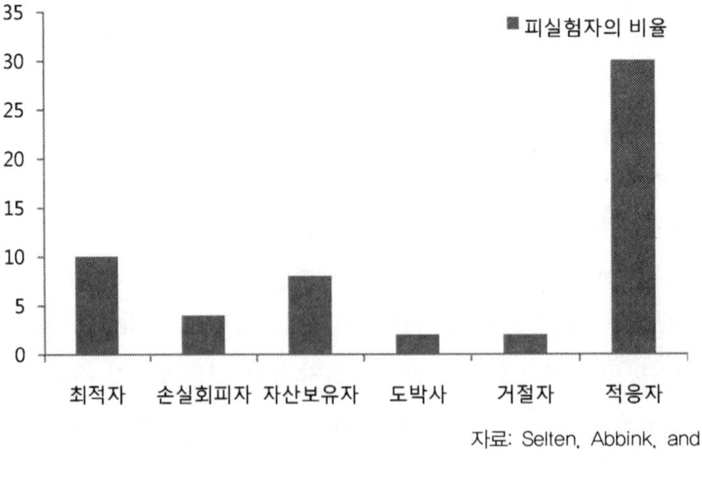

자료: Selten, Abbink, and Cox(2005)

학습이 내쉬균형을 수렴할 필요가 없다는 것을 설명하므로 경매에서도 중요하다. 여기서 그렇게 수행되지 않는 이유는 보수들이 무작위이기 때문이다. 만약 보수들이 운이 좋고 나쁨에 따라 상승과 하락한다면, Emma는 이전에 최적인 방법으로 학습할 수 없었던 최적 방법으로 입찰하는 것을 보다 빨리 학습한다. 따라서 경매들은 시도와 실패에 의존하지 않고, 경제학과 관련된 삶의 영역이다.

제5절 협력하는 학습

이 장을 마치기 위해 협력게임(coordination game)에 대해서 조금 더 자세하게 살펴보자. 협력게임에서 사람들은 상호간의 이익을 위해서 그들의 전략을 협력하기를 원한다. 협력은 삶의 많은 부분에서 필수적이다. 협력은 세계가 기후변화에 대해 어떻게 대처할지를 결정하는 것이 될 수 있고, 두 친구가 붐비는 카페테리아에서 만나기를 시도하는 것이 될 수도 있다.

2절 3에서 사람들이 초점을 이용하여 협력할 수 있다는 것의 증거들을 살펴보았었다. 그리고 2절 4에서는 사람들이 협력을 위해 전방 또는 후방추론을 이용하는 방법에 대해서 살펴보았다. 이 절에서는 보다 일반적으로 사람들이 협력할 수 있는 방법에 대해서 살펴보고자 한다. 이를 통해서 협력문제의 다른 두 유형을 살펴보자.

1. 약한 연결게임

약한 연결게임(weak link game) 또는 최소 노력게임(minimum effort game)에서 하나의 그룹은 독립적으로 그룹의 일에 얼마나 많은 노력을 투입할 지에 대해 결정해야 한다. 보다 높은 노력은 비용이 많이 들지만 그룹의 결과는 어떤 사람이 투입한 가장 최소한의 노력으로 결정된다. 이를 설명하기 좋은 예는 비행기로 어딘가를 가는 것이다. 제시간에 목적지에 도착하기 위하여 Emma는 아마도 노력을 하는 많은 사람들이 필요할 것이다. 예를 들어, 공항까지 도착하기 위한 택시운전기사, 비행기 조종사, 연료를 채우는 사람들 등이다. 만약 누군가가 낮은 노력을 기울인다면, Emma는 아마 제시간에 도착하기 힘들 것이다. 예를 들어, 만약 비행기 조종사가 늦게 나타난다면, 비행기는 어디에도 가지 못한다.

<표 7.15>은 약한 연결게임 실험에서 일반적으로 이용되는 보수들을 나타낸다. 이

표 7.16 약한 연결게임에서의 보수들

노력에 대한 개인의 선택	그룹에서 노력의 가장 가장 작은 선택						
	7	6	5	4	3	2	1
7(high)	13	11	9	7	5	3	1
6		12	10	8	6	4	2
5			11	9	7	5	3
4				10	8	6	4
3					9	7	5
2						8	6
1(low)							7

경우 사람들은 1에서 7사이의 노력을 선택할 필요가 있다. 그룹과 개인에게 가장 좋은 즉 파레토 우월 내쉬균형은 모든 그룹멤버가 가장 높은 노력을 투입하는 것이다. 이는 가장 높은 13의 보수를 산출한다. 하지만 개인에게 있어서 가장 안전한 것 즉 리스크 우월 내귀균형의 경우 가장 낮은 노력을 투입하는 것이다. 이는 보수 7을 보증하게 된다. 높은 노력을 선택하는 것은 리스크가 따른다. 왜냐하면 이것은 오직 그룹의 하나의 멤버가 낭비와 많은 비용이 드는 높은 노력에 비해 낮은 노력을 선택하는 그룹의 멤버가 발생하기 때문이다.

약한 연결게임에는 2절 4에서 살펴본 것처럼 파레토 우월과 리스크 우월한 내쉬균형 사이에 대립이 존재한다. 실제로 <표 6.5>에서 보수들은 <표 6.16>으로 압축되었다. 이상적으로 사람들이 파레토 우월 내쉬균형과 일치되기를 원한다.

<그림 7.15>는 약한 연결게임 실험에서 발생하는 전형적인 그림을 나타낸다. 이 경우 10회 라운드를 함께 수행하는 4명의 참여자가 있다. 여기서 협력이 실패했다는 것을 알 수 있다. 모든 라운드에서 가장 낮은 노력을 선택한 피험자2는 피험자 1, 3, 4의 높은 노력이 낭비라는 것을 의미한다. 라운드의 경과에 따라 노력만큼 지불하지 않는다는 것을 학습하여 3명의 피험자들은 노력을 덜 하게 될 것이다. <그림 7.16>은 Van Huyck, Battalio, and Beil(1990)의 일련의 실험에서 수집된 결과들을 요약한 것이다. 낮은 노력을 선택하는 피험자들의 비율이 극단적으로 증가하는 것은 명확하게 협력이 실패했음을 증명하는 것이다. 거의 80%의 피험자들이 10라운드에서 낮은 노력을 선택하였다.

그림 7.15 약한 연결게임에서의 협력실패의 예. 피험자2가 1단계 노력을 선택한다는 것은 다른 피험자들의 노력은 낭비적이라는 것을 의미한다

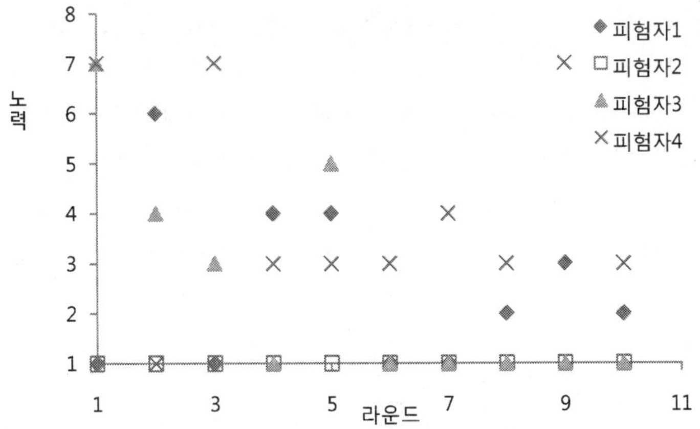

자료: Gillet, Cartwright, and van-Vugt(2009)

그림 7.16 약한 연결게임에서 1과 7을 선택한 참가자들의 비율. 낮은 노력을 선택하는 비율이 크게 증가한다

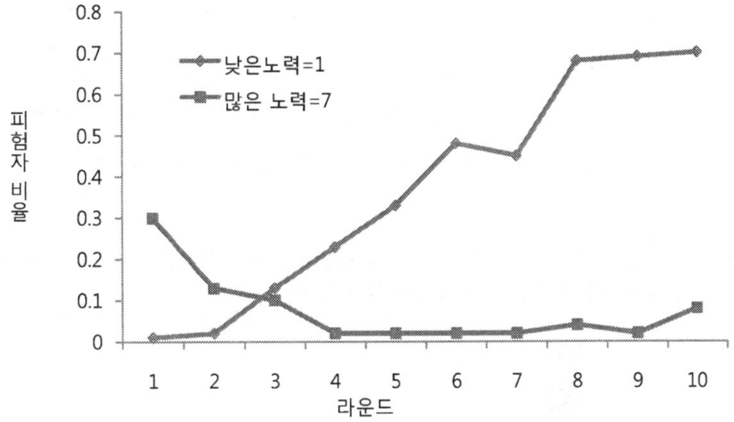

자료: Van Huyck et al.(1990)

이러한 협력의 실패는 좋은 것이 아니다. 이와 같은 결과에 대해 Emma의 비행기가 제시간에 도착한다는 것에 장담하지 못한다. 따라서 어떻게 이것들을 더 좋아지게 할 수 있을까? 성공의 정도를 다양화하여 실험실에서 많은 제안들이 나타났다. 여기서 Brandts and Cooper에 의해 수행된 작업들을 살펴보자(연구방법 7.6). 그러나 첫째로 협력실패가 일어나는 이유에 대해 생각하는 것이 필요하다.

연구방법 7.6 돈 대 실질적 노력

약한 연결게임에서 선택에 대한 일반적인 해석은 노력의 선택이다. 그러나 피험자들은 보통 얼마나 많은 돈을 줄 것인지 요청받는다. 만약 피험자가 돈을 주는 것 대신 노력을 지불해야 한다면 다른 결론을 얻을 수 있을까? 이것은 약한 연결게임 실험의 외부적 유효성에 대한 질문이다. Bortolotti, Devetag, and Ortman(2009)는 이 문제에 대답하기 위해 피험자들이 실질적으로 노력하도록 만들 방법을 만들었다. 피험자들은 동전가방에서 1, 2, 10센트의 수를 세고 분류하도록 요청받는다. 그룹의 보수는 그룹 안에서 최악의 성과를 낸 사람에 따른다. 처음 몇 라운드 에서 심각한 협력실패가 있다는 것을 발견했다. 그러나 시간이 지나면서 협력하는 경우가 늘어났다. 일하는 것과 태업하는 것은 사회적 규범이라고 할 수 있기 때문에 진정한 노력이 돈과는 다를 수 있다. 그러나 실험에서 사용된 노력은 특이한 경우이므로 외부적 유효성에 우려가 완전히 제거될 수는 없다. 따라서 중요한 협력실패는 여전히 관찰되고 단지 표준적인 실험보다 적게 나타날 뿐이다.

실험을 위해서 2절과 3절에서 보았던 모형을 사용하고 초기선택을 관찰하자. Costa Gomes, Crawford, and Iriberri(2009)는 약한 연결게임에서 수준-k 추론과 같은 것이 얼마나 첫 번째 라운드의 선택과 일치하는지 살펴보았다. <그림 7.17>은 적합도를 추정한 로그우도비를 나타낸다. 처음 두 개의 바의 숫자들에 대한 해석을 하기 위하여 완벽한 적합도를 보이고 피험자가 무작위로 선택했다는 가정에 대한 적합도를 나타낸다. 분명히 많은 노력으로 파레토 우월 균형을 선택한 피험자들이 승리자가 된다. 어떻게 그럴

그림 7.17 약한 연결게임에서 나온 자료가 여러 모형과 얼마나 적합한가. 완전적합과 무작위 선택은 적합도에서 가장 높고 낮은 경계가 된다

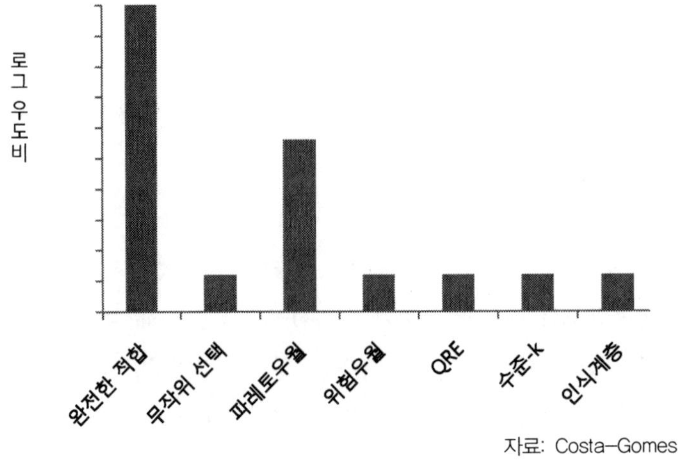

자료: Costa-Gomes et al.(2009)

수 있을까? 어떻게 사람들이 높은 노력으로 파레토 최적을 선택했는데도 협력이 실패할 수 있을까? 해답은 단 한 명만 적은 노력을 해도 협력에 실패한다는 것이다. 대부분의 피험자는 협력하지만 적어도 한 명 정도는 노력을 덜 한다. <그림 7.15>와 같이 이것은 협력실패를 일으킨다.

다음으로 얼마나 많은 피험자가 경험으로부터 배우는지 알 수 있다. Crawford(1995)는 3절 2에서 논의된 것과 유사하게 믿음 학습모형이 시간이 지남에 따라 변화하는 행동을 잘 설명할 수 있다고 보여준다. 모형에서 사람들은 시간이 지남에 따른 최소노력에 대한 믿음을 업데이트한다. 다른 사람들이 높은 노력을 선택하리라고 예상하지만 낮은 노력이 미래에 예상되는 노력의 추정치를 더 낮출 것을 관찰한다. 만약 다른 사람들이 덜 노력할 것이라고 예상하면 자신들이 노력을 덜 할 것이다. 즉, 어떤 사람의 낮은 노력은 그룹에서 모든 사람들의 노력을 적게 하게 만든다. <그림 7.15>에서 이것을 알 수 있다.

협력의 실패요인 중 하나가 적은 노력을 하는 소수에 의해 일어난다는 것이다. 대부분 사람이 높은 노력을 하지만 한 명 또는 두 명이 낮은 노력을 선택하면 대부분 사람들의 노력은 낭비적이게 된다. 만약 적은 노력을 선택하는 사람들을 막는다면 협력실패를 극복할 수 있다.

협력실패가 극복되는 것을 보기 위하여 Brandts and Cooper는 호전게임(turnaround game)을 살펴보았다. 그 게임에서 관리자는 근로자들이 더 노력하도록 하는 것으로 생각할 수 있다. 처음 10기간 동안 그 그룹은 약한 연결게임을 하고 전형적으로 낮은 수준으로 노력이 떨어졌다. 11기간에서 관리자는 노력을 증가시키려고 중간에 참견하여 노력을 높이도록 시도하였다. 예를 들어, 관리자는 해당그룹에게 말을 할 수 있거나 높은 노력에 대한 보수 인센티브를 제시한다.

높은 노력에 대한 보수 인센티브가 바뀐다면 어떤 일이 일어날 지 살펴보자. <그림 7.18>은 6부터 6 이상으로 증가되는 협력으로 발생하는 보너스를 10라운드부터의 최소노력을 나타낸다. 관찰되는 첫 번째는 10라운드에서 노력은 낮고 보너스가 6으로 유지되면 노력은 개선되지 않는다. 반대로 보너스가 증가하면 노력을 늘리는 것을 알 수 있다. 흥미롭게도 보너스가 8로 변하면 노력은 10%~14%로 증가한다. 따라서 중요한 것은 인센티브의 크기가 아니라 인센티브의 변화라는 것을 알 수 있다.

증가하는 노력에 대한 가장 그럴듯한 설명은 인센티브의 변화가 그룹 구성원들이 낮은 노력에서 벗어나는 초점 사건을 제공한다는 것이다. 이 이야기의 핵심적인 부분은

그림 7.18 호전게임에서의 최소노력. 협력을 위한 보너스의 변화가 낮은 노력을 탈출하게 한다

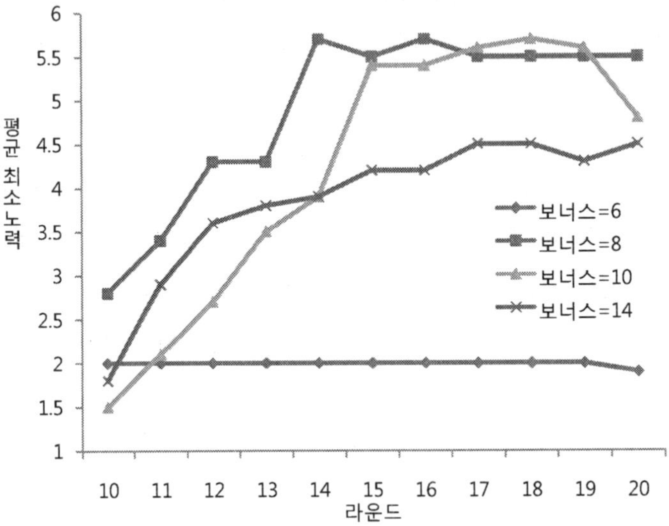

자료: Brandts and Cooper(2006)

완전한 피드백(full feedback)이라 불리는 그룹의 구성원 모두의 노력을 관찰 한다는 것이다. 만약 그룹에서 최소한의 노력만 관찰한다면 제한된 피드백(limited feedback)이라 하고 이 경우 인센티브가 잘 작동되지 않는다. <그림 7.19>에서 제한된 피드백과 완전한 피드백을 비교할 수 있다. 제한된 피드백에서 노력의 증가는 훨씬 낮다. 따라서 보너스의 변화는 충분한 사람들이 다른 사람들의 노력을 증가시키도록 설득하는 초점 사건이 된다. 이번에는 피험자들이 다른 사람의 노력을 증가시켜서 높은 노력을 하게 되는 것이다.

또 다른 방법은 관리자가 의사소통을 활용할 수 있다는 것이다. 일방적 의사소통으로 관리자는 그룹과 이야기할 수 있고, 높은 노력을 하도록 격려할 수 있다. 양방향 의사소통에서는 그룹 구성원들이 관리자와 이야기 할 수 있고 좋은 제안을 할 수도 있으며 관리자도 그룹 구성원과 이야기할 수 있다. <그림 7.19>는 얼마나 의사소통이 잘 되었는지에 대한 결과를 나타낸다(연구방법 7.7). 전체적으로 일방적 의사소통은 매우 성공적이지 못하고 양방향 의사소통이 성공적인 것을 알 수 있다. 그러나 이것은 옳은 것들이 잘 작동한다고 말하는 사실을 감추는 것과 같다. 옳은 것을 말하는 것은 특정한 노력 수준을 요구하는 것이고 협력의 이익을 강조하는 것이다. 이것은 보너스의 증가가 있을 때 평균 노력이 증가하는 것을 만들어 낸다. 따라서 사람들이 약한 연결게임에서 협력

그림 7.19 호전게임에서 평균노력. 제한된 피드백보다 완전한 피드백에서 협력실패를 극복하기 수비고 일방적 의사소통보다 양방향 의사소통이 쉽다.

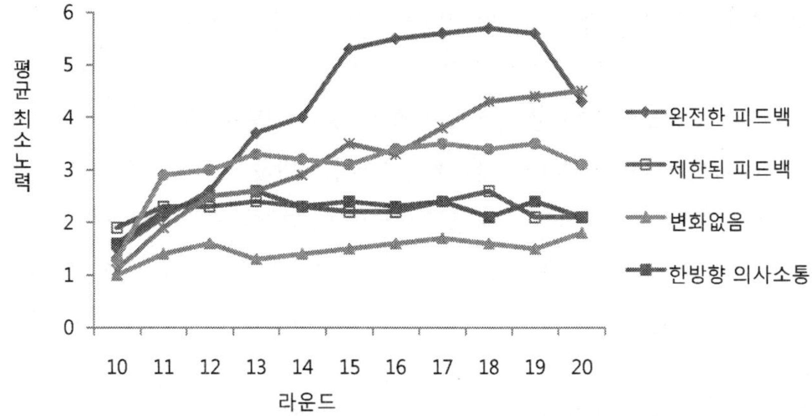

자료: Brandts and Cooper(2007), Cooper(2005)

하는 것이 가능하나 쉽지는 않다. 이는 다음 절에서 살펴볼 게임의 유형과 유사하다.

연구방법 7.7 인공적 필드실험

인공실험적 필드실험은 실험실 안에서 실행되는 것이지만 피험자들은 개별 업무 경험을 가지게 된다. Cooper(2005)는 학부생끼리의 호전게임과 최고경영자 프로그램의 관리자들의 게임 결과를 비교함으로써 재미있는 사례를 제공한다. 프로그램에 참여한 사람들은 최소 10년의 경력을 가지고 있었는데, 최소 5년은 관리자로써 일했고 평균연봉도 $120,000를 넘는다. 주된 발견은 학부생들보다 최고경영자과정 관리자들이 호전하는 것이 빨랐다는 것이다. 그들이 학부생들보다 그룹 안의 사람들과 어떻게 효과적으로 대화하는지 알고 있었기 때문이다. 호전게임이 작업장에서 이러한 점을 잘 포착하였다.

2. 임계점 공공재게임

임계점 공공재게임의 기본 아이디어는 사람들이 어떤 임계점(threshold)을 초과할 정도로 기부하는 경우에만 선의는 모든 사람들의 이익으로 제공된다는 것이다. 예를 들어, 교회 지붕 교체가 필요하고 비용이 $100,000가 필요하다면 교회 구성원은 임계점인 $100,000을 모을 필요가 있다. 또는 만일 룸메이트가 집주인의 요구하는 집의 계단을 청소해야 한다면, 계단을 기준 임계점에 맞게 청소할 시간을 할애할 필요가 있다. 이 게임에서 리스크우월와 파레토 우월사이에 상충효과는 없다. 최상의 결과는 임계점을 충분히 넘도록 기여하는 것이다. 이제 문제는 얼마나 많은 노력을 개인이 해야하는지에 대한 이해관계의 상충(conflict of interest)이다. 예를 들어, 한 룸메이트는 다른 룸메이트가 청소할 것을 바라면서 계단 청소를 거의 하지 않을 수도 있다.

주된 질문은 이해관계의 상충에도 불구하고 사람들이 충분히 기여하여 협력할 수 있는 지의 여부이다. <그림 7.20>은 유형별 실험결과를 나타낸다. 실험에서 피험자는 5명의 그룹으로 묶이고 55개의 토큰을 받는다. 공공재를 만들기 위해 그들은 125개의 토큰을 기부해야 한다. 결과에서 보듯이, 협력하는데 예상대로 잘 일어나지 않는다. 25개의 라운드 중에 9개의 라운드에서 총기여는 임계점보다 낮았고 시간이 지날수록 더 악화되었다. 이것은 피험자2, 피험자4, 피험자5가 다른 사람들의 기여에 무임승차 하려고 하였기 때문이다.

다시 한 번 사람들이 잘 협력하지 못하는 것을 보았다. 그러나 무엇이 사람들을 더 잘 협력하게 하는지 물어볼 필요가 있다. 한 가지 중요한 것은 기여를 모을 수 있는 제도가 필요하다. 예를 들어, 임계점 이하로 기여가 내려가면 사람들에게 그들의 기여분을 환급(refund)해 줄 수 있을 것이다. 가끔 가능하지는 않지만 룸메이트가 청소에 사용한 시간을 돌려달라고 할 수 없으나 가능한 경우도 있다. 예를 들어, 교회는 충분하지 않은 자금을 모았을 때 기부액을 되돌려 줄 수 있다. 또 다른 방법은 기부가 임계점을 넘는다면 리베이트(rebate)를 주는 것이다.

<그림 7.21>은 다양한 실험에서 나타나는 관찰된 공공재를 제공하는 성공률을 비교하고 있다. 성공률 100%를 원하는데 이는 상상 공공재가 제공되는 것을 의미한다. 기

그림 7.20 전형적인 임계점 공공재 실험

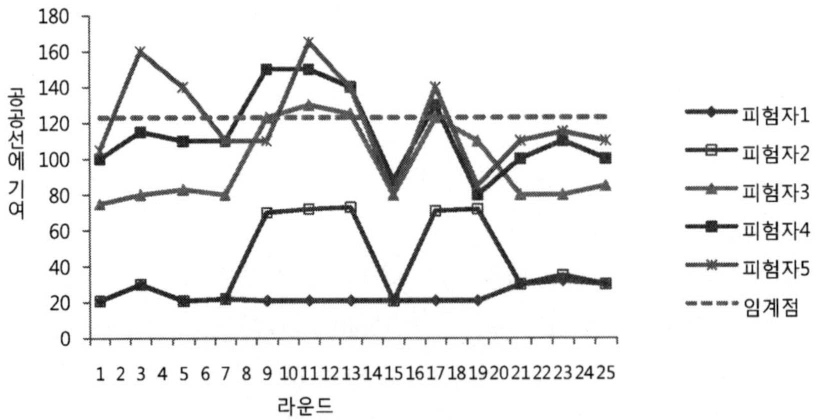

자료: Alberti and Cartwright(2010)

그림 7.21 임계점 공공재게임에서 성공은 제도에 달려 있다

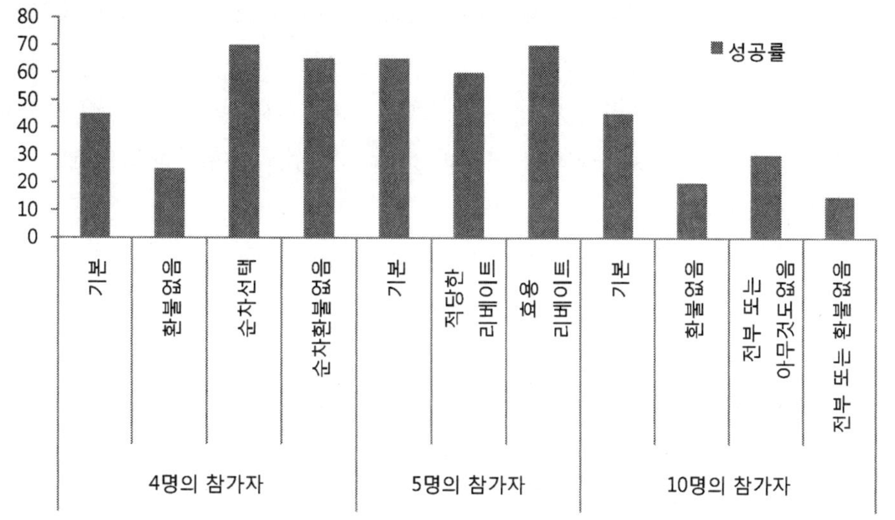

자료: Croson and Marks(2001), Marks and Croson(1998), Coats et al.(2009), Cadsby and Maynes(1999)

본적으로 환불가능, 리베이트 없음, 기여는 동시에 이루어질 때, 성공률은 실망스럽게도 40~60%였다. 더 개선할 수 있을까?

환불가능성을 없애면 성공률은 가장 크게 감소한다. 이 경우 성공률이 20%대로 떨어진다. 따라서 환불은 유지시켰다. 리베이트의 결과는 리베이트 유형에 따라 다른 것으로 보인다. <그림 7.21>에 두 가지 유형에 대한 리베이트에 대한 데이터를 제시했다. 비례하는 리베이트에서 한계점을 넘는 기여는 얼마나 많은 사람들이 기여하느냐에 따라 되돌려 준다. 이는 성공률을 높이지 않았다. 어떻게 해야 리베이트 활용이 더 잘 되고, 초과 기여분이 공공재를 증가시키는데 이용되도록 할 수 있을까? 이러한 유형의 리베이트 사례는 교회 벽에 페인트 칠을 하기 위해 $100,000이상 모금한 교회의 사례가 있다. 순차적 선택 또한 효과가 있는 것으로 보인다. 이 경우 사람들은 기여를 있는 그대로 받아들였다. 예를 들어, 교회는 그들이 얼마나 목표에 근접했는지 알기 위해 벽에 도표를 그렸다.

약한 연결게임과 임계선 공공재게임에서 협력하는데 문제가 생길 수 있음을 보았다. 이제 왜 그런지 이해할 필요가 있으며 더 나은 방법을 모색해 보아야 한다. 이렇게 하는 이익은 매우 크다. Emma가 제시간에 비행기에 오르고, 교회가 새로운 지붕을 짓고, 아파트가 청결해지는 것과 같은 것이다. 약한 연결게임을 볼 때, 그룹에 소속되거나 관

련된 사람들이 어떻게 개선시키는지에 대해 초점을 두었다. 임계점 공공재게임에서, 더 넓은 제도가 어떻게 개선시키는 지에 대해 보았다. 따라서 사람들이 협력하도록 도울 수 있는 여러 가지 방법이 있다.

그러나 주된 교훈을 협력이 쉽지 않아 보인다는 것이다. 가장 높은 성공률이 약70%로 나타나고 있으며 사회적 선호에서 예측한 것보다 더 많은 협력을 나타내므로 조금은 낙관적이다.

CHAPTER

08

사회적 선호

CHAPTER 08

사회적 선호

1장에서 경제적 인간(homo economicus)은 합리적이고 이기적이다라고 하였다. 지금까지 주로 사람들이 경제적 인간으로서 합리적인 지에 대해 알아보았다. 이제 사람들이 이기적인지 아닌 지에 대해 알아보자. 사람들은 이기심이 마치 일반 경제 모형의 가장 기본적인 가정 중의 하나인 것으로 생각한다. 그러나 대부분의 사람들은 다른 사람에게 신경을 쓴다. 왜 매년 자선단체에 수백만달러를 기부할까? 왜 자신보다 더 높은 연봉을 받는 동료를 부러워할까? 만약 한 사람의 효용이 다른 사람의 효용에 의존한다면 그것을 사회적 선호 또는 상호의존적인 선호(social or interdependent preferences)라고 한다. 이번 장에서 사회적 선호에 대한 증거를 알아보고, 어떻게 모형화할 수 있는 지에 대해 살펴보자.

제1절 사회적 선호에 대한 실험적인 증거

여러 형태의 사회적 선호를 가지고 있는 사람들을 제시하는 실험은 매우 많이 존재한다. 여기서 이러한 실험들 중에서 한 가지를 선택해서 살펴보자. 그 이전에 먼저 각 게임에 대해 알아보자.

1. 사회적 선호의 좋은 면

사회적 선호의 좋은 측면을 보여주는 세 가지 게임을 살펴보자. 즉, 게임들은 사람들이 자발적으로 다른 사람들에게 돈을 주는 것을 살펴본다. 독재자게임으로 시작하자.

독재자게임(dictator game)에는 제안자(proposer)와 수신자(receiver) 두 사람이 존재한다. 제안자는 $10를 가지고 있고, 제안자는 $10 중에서 얼마나 줄 것인 지에 대해 결정하면 된다. 그러면 게임은 끝난다. 수신자는 제안자의 일부를 얻고 제안자는 나머지를 가지게 된다. 다시 방문하지 않을 레스토랑에서 이 게임을 한다고 하자. 즉, 당신은 레

표 8.1 전체적인 게임의 조망

게임	1단계	2단계
독재자게임 (Dictator game)	제안자는 $10를 나눈다	–
신뢰게임 (Trust game)	투자자는 $10까지 투자할 수 있다	제안자는 투자자에게 돌려줄 수 있다
선물교환게임 (Gift exchange game)	고용주는 피고용인에게 임금을 지급한다	피고용인은 얼마나 열심히 일할지 선택한다
최후통첩게임 (Ultimatum game)	제안자는 $10를 나눈다	수신자는 거절하거나 승인한다
제3자 처벌이 있는 독재자게임(Dictator game with third-party punishment)	제안자는 $10를 나눈다	제3자는 제안자를 벌할 수 있다
선형 공공재게임 (Linear public good game)	공공 프로젝트에 기부한다	
처벌을 하는 선형 공공재게임 (Linear public good game with punishment)	공공 프로젝트에 기부한다	기부를 본 후에 다른 사람을 처벌할 수 있다
달빛게임 (Moonlighting game)	제안자는 투자하거나 응답자로부터 가져온다	응답자는 주거나 제안자로부터 가져온다
응답자 경쟁이 있는 최후통첩게임(Ultimatum game with responder competition)	제안자는 $10를 나눈다	많은 수신자는 승인하려 할 수 있다
제안자 경쟁이 있는 최후통첩게임(Ultimatum game with proposer competition)	많은 제안자는 어떻게 $10을 나눌 지 말한다	수신자는 최상의 제안을 승인할 수 있다

스토랑을 나가기 전에 웨이터에게 어느 정도의 팁을 남길 지에 대해 결정하는 제안자의 역할을 한다고 하자. 만약 제안자가 오직 본인의 보수(payoff)에만 신경을 쓴다면, 수신자에게 아무것도 주지 않고, $10를 가지고 나가면 된다. 그러나 일반적으로 제안자가 하는 행동은 매우 다르다.

<그림 8.1>은 Forsythe et al.(1994), Hoffman et al.(1994), Hoffman et al.(1996)의 비교가능한 실험에서 어떠한 일이 일어나는 지에 대해 나타낸다. 게임이 진행되는 방식은 다양하다. 원(circle)의 크기는 수신자에게 일정 비율을 제안하는 제안자의 비율을 나타낸다. 원이 클수록 더 큰 액수를 제공하는 것으로 나타난다.

그림 8.1 독재자 실험에서 제안자들이 주는 금액. 원의 크기는 각각 몫을 제안하는 피험자 비율을 나타낸다. 많은 사람이 0을 주지만 대부분은 0보다 크게 준다

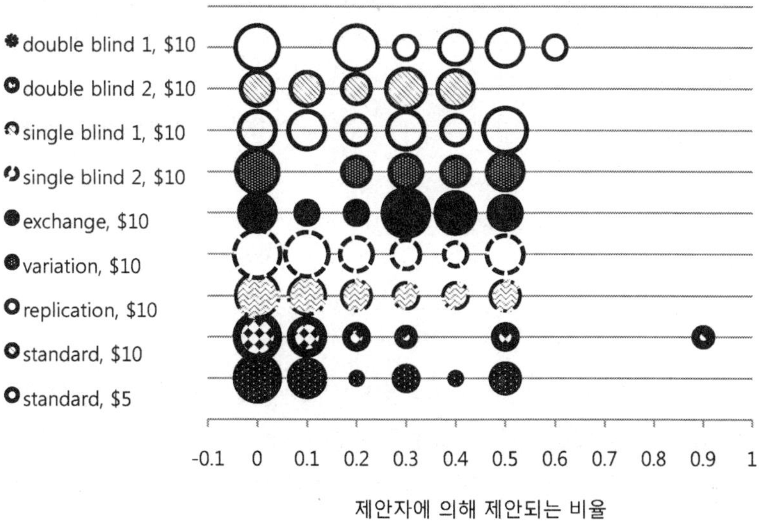

자료: Forsythe et al.(1994), Hoffman et al.(1996), Camerer(2003)

많은 제안자들이 수신자에게 0을 주었다는 것을 알 수 있다. 피험자의 비율이 약 20%인 standard 실험에서부터 60%인 double blind 실험까지 다양하다. 그러나 분명한 것은 모든 사람들이 0을 주지 않는다. 그리고 많은 제안자들은 수신자에게 돈을 주었다. 그 사람들이 준 금액은 다양하지만 적어도 그 돈의 절반까지 주는 것을 주저하게 된다.

연구방법 8.1

독재자 게임은 원샷게임이다. 즉, 단지 한 번뿐이고, 익명으로 진행된다. 따라서 피험자는 평판이나 연구자를 포함한 다른 사람들이 피험자에 대해 생각하는 것에 대한 가치를 둘 필요가 없다. 현실에서 실험이 학생들과 교수들로 이루어진 대학에서 이루어지면 피험자들은 마치 게임이 원샷이고 익명이라고 생각할까? 아니면 그들은 '만약 내가 모든 돈을 가져간다면 연구자는 내가 비열하고 생각할 것이다. 그리고 그는 아마도 내 시험 답안지에 곧 표시할 것이다'라고 마음 속으로 생각하는가?

Hoffman, MaCobe, Schachat, and Smith의 실험들에서 이러한 질문들에 대한 대답에 대해 노력을 하기 위해 피험자와 연구자 사이에 사회적 거리(social distance)에 변화를 주었다. 그 결과는 <그림 8.1>에 나타나 있다. 여기서 다른 처리(treatment)들의 뉘앙스를 설명하진

않겠지만 여기에는 기본적인 차이점이 있다.

standard와 replication처리에서 안내에는 '비례적으로 $10을 배분해 왔다'와 '총액은 나누어 진다'와 같은 분할언어(sharing language)가 포함되어 있다. variation 처리에서 분할언어는 누락된다. exchange 처리에서 게임은 수신자가 지불해야 하는 가격을 제안자가 정하는 것으로 틀을 잡는다.

Single blind 2 처리에서는 일단 선택을 적는다면, 제안자가 빈 종이와 함께 봉해진 봉투 안에 금액을 적어 넣는다. 그리고 상자 안으로 봉투를 넣는다. 모든 제안자들은 같은 상자 안으로 봉투를 넣는다. 수신자는 상자 안에서 무작위로 봉투를 집는다. 이것은 제안자와 수신자 사이에 익명성을 보장하고 single blind라고 불린다. Single blind 1 처리에서 제안자는 더 이상 그들의 선택을 적지 않지만 봉투가 봉해지기 전에 연구자가 그 안을 들여다 보게 된다.

Double blind 2 처리에서 제안자는 상자 안에 봉투를 넣고 떠난다. 따라서 오직 연구자만 봉투 안을 보고 얼마나 남았는 지를 기록한다. 이것은 제안자와 연구자 사이의 익명성을 보장하므로 double blind라고 불린다. Double blind 1 처리에서는 제안자들의 기록이 연구자가 아니라 무작위로 배정받은 학생 모니터요원들에 의해 이루어 지고 돈이 없는 두 개의 모조의 봉투를 상자 안에 넣어둔다. 이것은 $0을 받은 수신자는 $0을 넣은 제안자가 있는 지의 여부를 알 수 없거나 그들은 단지 운이 없어서 가짜봉투를 얻는다. 제안자와 수신자, 그리고 제안자와 연구자 사이에 익명성은 극대화된다.

여기서 더 내려갈수록 제안자와 수신자, 그리고 제안자와 연구자 사이에 사회적 거리가 커진다. 이것은 제안자가 이 게임이 원샷이고, 익명성이 있는 게임이라는 것을 더 쉽게 믿도록 만들어야 한다. <그림 8.1>은 사회적 거리가 멀수록, 기부가 줄어드는 경우를 나타낸다. 그러나 제안자의 상당한 비율이 여전히 기부한다는 것에 주목하자. 심지어 double blind 1 처리에서도 상당한 비율의 기부를 한다. 사회적 거리를 과하게 설정하는 것에 대해 주의가 요구된다. 왜냐하면 실험이 실제인 지에 대해 의심하는 피험자들이 떠날 수 있기 때문이다. 예를 들어, 제안자들은 봉투를 집기 위해서 다른 방에서 기다리고 있는 수신자들이 실제로 있는 지에 대한 여부를 의심할 지도 모른다.

여기서 살펴보려는 다음은 신뢰게임(trust game)이다. 신뢰게임은 투자자와 제안자가 존재한다. 투자자와 제안자 둘 다 $10를 받는다. 투자자는 $10에서 원하는 만큼의 일부분을 제안자에게 줄 수 있다. 투자자가 제안자에게 주는 금액은 제안자에게 주어지기 전까지 3배의 가치가 될 수 있다. 그렇다면 제안자는 투자자에게 돌려주고 싶은 만큼의 돈을 줄 수 있다.

독재자게임처럼 자신의 보수(payoff)에만 신경을 쓰는 제안자는 투자자에게 얼마만큼의 돈도 돌려주지 않는다. 따라서 투자자는 제안자에게 돈을 주어서는 안된다. 그러나 이것은 비효율적인 결과이다. 왜냐하면 투자로 가능한 3배의 돈을 놓치기 때문이다. 보다 자세히 살펴보면, 만약 투자자가 $0를 투자하면 투자자와 제안자는 $10 만을 가지게 된다. 만약 투자자가 가진 모든 돈 $10를 모두 투자한다면 제안자는 원래 $10와 투자된 $30를 합쳐 $40를 가지게 된다. 그리고 나서 투자자에게 돌려줄 수 있다.

<그림 8.2>는 Berg et al.(1994)의 결과이다. 우선 no history와 with history 사이에 구분을 무시하자. 네모로 나타낸 점은 다른 제안자들이 투자자에게 돌려주는 금액을 나타낸다. 독재자게임에서처럼 일부 제안자들은 자신을 위해 모든 돈을 가지고 있는 것을 알 수 있다. 그러나 대다수의 많은 사람들이 얼마라도 돈을 돌려준다. 원 모양은 투자자가 응답자에게 얼마만큼 주었는 지를 나타낸다. 대다수의 응답자들은 적어도 자신들이 가지고 있던 $10의 절반을 제안자에게 투자하려고 한다. 이것은 투자자들이 제안자에게 돈을 주어서 행복해 하는 이유가 될 수 있다. 그러나 조금 더 현실적으로 보면 대부분의 투자자들은 제안자가 투자금을 돌려줄 것이라고 믿으려고 한다는 것을 나타내고 있다. 응답자에게 준 투자자는 응답자가 다시 얼마를 돌려줄 것이라고 예상한다.

또한, 다른 사람들을 예상하는 것과 다른 사람들이 기대를 이행하는 것에 초점을 두자. no history와 with history 사이에 구분은 더 나은 결과를 가져온다. no history 실험

그림 8.2 **사회적 역사(social history)가 있는 경우와 없는 경우의 신뢰게임에서 투자와 수익. 대부분의 투자자들은 어떤 것에 투자한다. 많은 제안자들은 아무 것도 되돌려 주지 않지만 대부분은 일부를 돌려 준다**

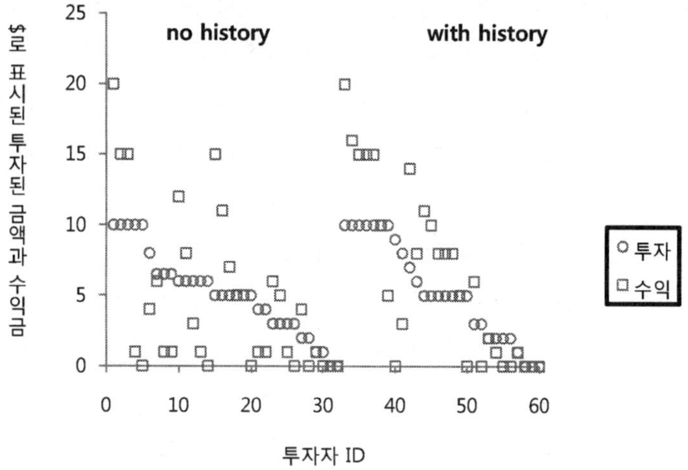

자료: Berg, Dickhaut and McCabe(1994).

에서 피험자는 간단한 교육과 게임을 실행하였다. with history에서 실험은 투자자와 제안자는 이전에 실험(즉, no history side)에서 일어났던 일을 들었다. 잠재적으로 두 가지 방식으로 나누어 진다. 투자자들은 일부의 제안자들이 모든 돈을 가지고 있는 것을 봄으로써 투자를 미룰지도 모른다. 또는, 투자자들과 제안자들이 긍정적인 투자와 보상으로 인해 영향을 받을 수도 있다. 두 번째의 효과는 더 많은 돈이 되돌아 온 것으로 보인다. 아마도 제안자는 공정하게(fairly) 지분을 되돌려 줄 것이라는 예상으로 돈을 주게 된다고 이해하게 된다.

세 번째 게임은 선물교환게임(gift exchange game)으로서 신뢰게임을 약간 변형한것이다. 두 사람을 노동자와 고용주로 생각하자. 고용주는 $10를 받는다. 그리고 노동자에게 임금으로 얼마를 줄 지에 대해 선택한다. 노동자는 임금을 보면서 일하게 되는데, 어느 정도 노력을 들여야 할 지에 대해 선택을 한다. 더 높은 노력은 노동자에게 더 많은 돈을 지불한다. 또한, 고용주가 더 높은 이익을 얻는다.

비용과 이익은 노동자가 여분의 노력을 더 하게 되므로 고용주는 노동자의 비용을 상쇄할 정도의 충분한 임금을 줄 수 있을 정도의 여분의 이익이 발생한다는 점에서 노동자와 고용주에 상호적으로 이롭다. 그러나 자신의 금전적인 보상에만 관심을 가지는 노동자는 노력을 하지 않을 것이다. 왜냐하면 임금에 관해서만 무엇인가를 하기에는 너무 늦어 보상을 낮추기 때문이다. 그렇다면 왜 고용주는 높은 임금을 주어야 하는가? 고용주는 그럴 필요가 없다.

Gächter and Falk(2002)의 연구의 결과를 살펴보자. 고용주는 20과 120 사이에서 임금을 선택할 수 있고, 노동자는 0.1과 1사이에서 노력을 선택한다. <그림 8.3>은 10라운드에 대한 임금과 노력을 나타낸다. 협상을 1번만 하는 원샷실험에서 노동자와 고용주는 무작위로 각 라운드에 재매칭되고 상호작용은 원샷이다. 반복게임(repeated game) 실험에서 같은 노동자와 고용주는 각 라운드에 매칭된다. 신뢰게임과 비슷한 결과로, 평균적으로 고용주들이 노동자에게 최저 이상으로 임금을 주는 것을 주저하고 노동자는 최저 이상으로 노력을 선택함으로써 보상을 받는다.

더 깊이 살펴보기 위해 원샷게임에서 Gächter and Falk(2002)는 만약 노동자들이 받는 임금과 그들이 한 노력 사이에 양(+)의 관계가 있다면 상호수혜자(reciprocator)로 노동자를 구분하였다. 만약 노동자들이 대부분의 시간에서 최소한의 노력을 선택한다면 이기주의자(egoist)가 된다. 노동자의 20%가 이기주의자라는 것과 53%가 상호수혜자이라는 것을 알 수 있다. 따라서 대다수의 노동자들은 높은 노력에 의해 높은 임금을

그림 8.3 선물교환게임에서 임금과 노력수준을 원샷(OS)과 반복게임(RG)을 비교하는 경우. 평균 임금과 평균 노력은 최소점보다 높다. 반복게임에서 노력은 보다 커지지만 마지막 라운드에서 낮아진다

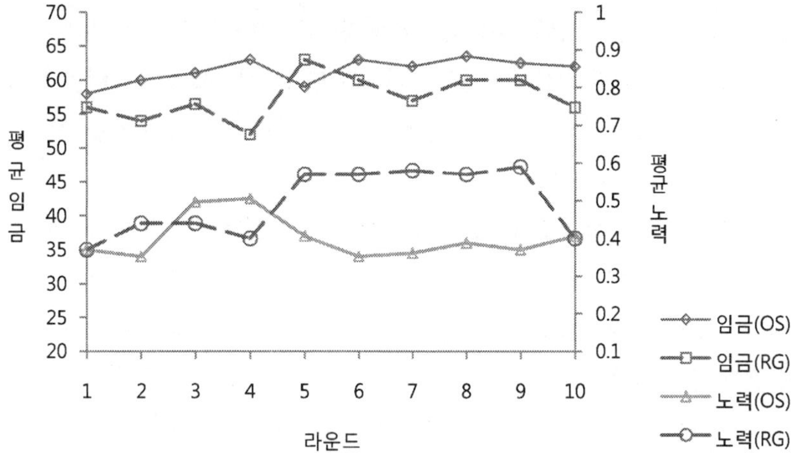

자료: G chter and Falk(2002)

보상받는다.

반복게임에서 상호수혜를 판단하는 것을 약간 더 어렵다. 왜냐하면 노동자는 높은 임금을 상호수혜하여 좋은 평판(reputation)을 쌓고 싶어 할 수도 있기 때문이다. 이러한 방법으로 미래에 높은 임금을 확신할 수 있다. 이러한 노동자들은 상호수혜자를 모방하기 때문에 모방자(imitator)라고 부른다. 모방자와 상호수혜자를 어떻게 구분할 수 있을까? 마지막 라운드를 살펴보자. 이 라운드에서 모방자는 더 이상 높은 임금을 상호수혜하기 위한 어떠한 요구하지 않는다. 따라서 최소한의 노력을 선택할 것이다. 진짜 상호수혜자는 여전히 높은 노력에 의한 높은 임금을 보답받아야 한다. Gächter and Falk(2002)는 노동자의 20%가 모방자인 것을 밝혀 내었고 21%가 이기주의자, 그리고 48%가 상호수혜자라는 것을 밝혀 내었다. 따라서 몇몇 사람들은 주거나 상호수혜하는 사람처럼 보이는 것이 그들 스스로에게 이익이 될 것이라는 것을 알 수 있다.

요약하면 다음과 같다. 많은 사람들이 기꺼이 자신들의 돈을 지불하면서 다른 사람에게 주려고 하고, 다른 사람에게 준 것에 대해 상호수혜할 것이라고 예상한다. 그리고 어떤 사람들은 주거나 상호수혜자처럼 보이는 것이 그들의 이익이 될 것이라고 깨닫는다. 그러나 많은 사람들이 전부를 주지는 않는다는 사실을 간과하지 말아야 한다.

2. 사회적 선호의 좋지 않은 면

최후통첩게임(ultimatum game)은 독재자게임(dictator game)을 변형한 것이다. 독재자게임에서처럼 제안자는 $10의 돈을 받고 수신자에게 얼마를 줄 지에 대해 질문받는다. 여기에서 변형(twist)은 수신자가 결정한다. 수신자는 제안을 받아들이거나 거절한다. 즉, 수신자는 주어진 금액을 얻고, 제안자가 나머지를 가지면 제안을 받아들이고 둘 다 0인 경우에 제안을 거부한다.

만약 수신자가 오직 자신의 보수(payoff)만 생각한다면 어떤 긍정적인 제안도 받아들여야 한다. 왜냐하면 만약 제안을 거절한다면 0을 얻기 때문이다. 일반적으로 일어나는 일을 설명하기 위해서 Larrick and Blount(1997)의 실험결과를 <그림 8.4>에 나타내었다. <그림 8.4>에서 제안을 거절하는 피험자의 비율을 나타낸다. 분명히 큰 비율의 사람들이 50:50 분할 이하로 제안을 거절하려 한다. 따라서 일부 사람들이 다른 사람들의 보수를 감소시키기 위해 자신의 금전적인 보수(payoff)를 희생시키려고 하려 한다.

최후통첩게임에서 주요 내용은 양(+)을 주는 제안을 거부하는 것이다. 따라서 제안자가 제안하는 것을 살펴보아야 한다. 대부분의 제안자들은 50:50 분할을 하려고 것이다. <그림 8.5>는 몇가지 대표적인 실험을 보여준다.

독재자게임의 다른 변형은 제3자 처벌이 있는 독재자게임(dictator game with third-party punishment)이다. 두 사람은 제3자 의해 관찰되는 동안 독재자게임을 진행한다.

그림 8.4 최후통첩게임에서 거절되는 제안의 비율. 몫이 0.5보다 큰 제안은 대부분 거절되지만 0.5보다 작은 경우에도 자주 거절된다

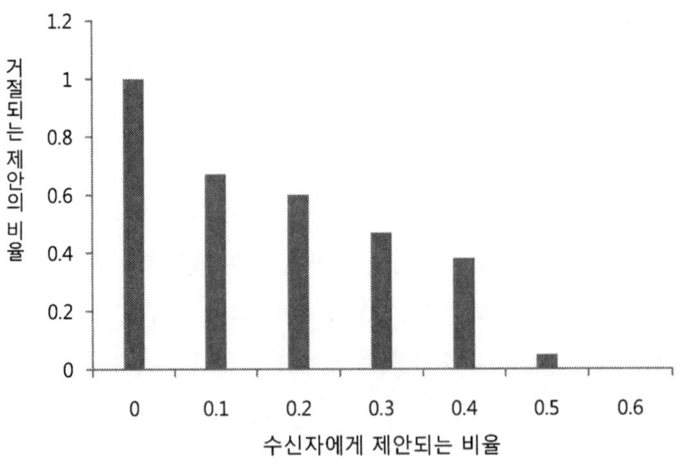

자료: Larrick and Blount(1997)

그림 8.5 제안자에게 주어지는 금액의 범위가 $5~$1,500일 때 최후통첩게임에서 제안자가 주는 비율

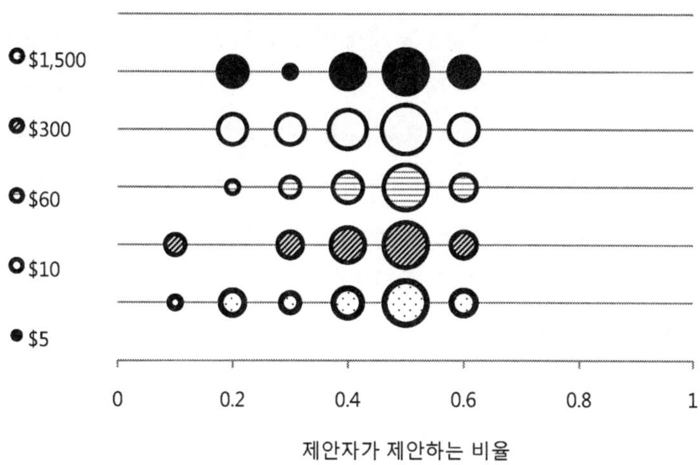

자료: Forsythe et al.(1994), Slonim and Roth(1998)

제3자는 게임에서 금전적인 관심이 없지만 제안자의 보수(payoff)를 줄일 수 있는 옵션을 가진다. 구체적으로 제3자가 $1를 포기할 때마다 제안자의 $3의 보수를 낮출 수 있다. 만약, 제3자가 자신의 보수에 대해서만 신경쓴다면 제3자가 처벌을 할 이유가 없다. 그러나 많은 경우에 처벌을 하게 된다.

<그림 8.6>은 Fehr and Fischbacher(2004)로 부터의 연구에서 어떤 일이 발생했는지

그림 8.6 최후통첩게임과 비교한 제3자 처벌이 있는 독재자게임에서의 처벌. 제3자는 적게 주는 것에 대해 처벌하지만 응답자가 처벌하는 것보다 작다

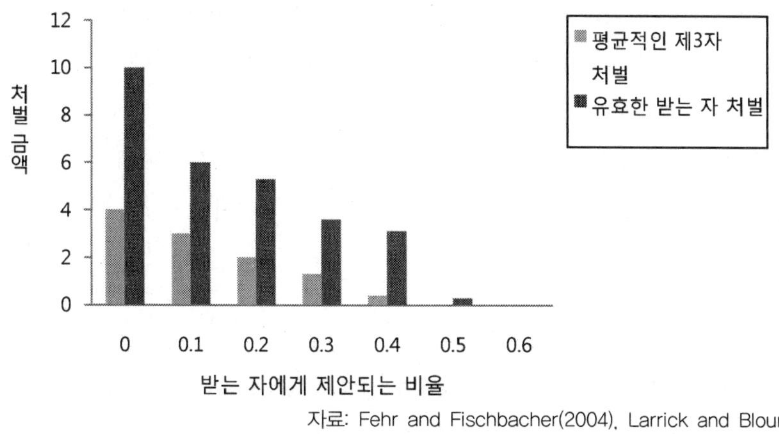

자료: Fehr and Fischbacher(2004), Larrick and Blount(1997)

에 대해 나타낸다. 우선 어두운 음영을 살펴보자. 이는 제안자가 제안받은 비율의 함수로 처벌받은 금액을 나타낸다. 낮은 제안은 제3의 관찰자에 의해 처벌될 것이라는 것을 알 수 있다. 사실, 약 60%의 관찰대상은 낮은 제안을 처벌하고자 했고, 제안이 더 낮을수록 더 많이 처벌을 하려고 한다. 따라서 많은 사람들은 다른 사람에게 너무 적게 주려는 사람을 관찰하고 그 사람들의 보수(payoff)를 낮추기 위해 기꺼이 자신의 보수(payoff)를 희생하려고 한다. 이것은 사람들이 그들에게 적게 주는 사람을 처벌하는 최후통첩게임의 단계이다. 비교를 위해 <그림 8.6>에서 밝은 음영은 <그림 8.4>에서처럼 최후통첩게임에서의 효과적인 처벌을 나타낸다. 제3자는 응답자보다 덜 처벌하지만 여전히 많은 처벌금액을 나타낸다.

3. 상호수혜

사회적 선호의 좋은 측면과 나쁜 측면이 무엇인지에 대해 살펴 보았다. 이제 양쪽 모두를 결합하는 두 게임을 고려하자. 사람들은 자발적으로 다른 사람에게 돈을 주고, 다른 사람들로부터 돈을 받는다.

선형 공공재게임(linear public good game)에서 n명, 일반적으로 4명으로 이루어지는 그룹에게 각각 $20를 주고 그들이 그룹 프로젝트에 얼마만큼의 돈을 기부하길 바라는지에 대해 묻는다. 프로젝트에 기부된 금액에 승수M을 곱하고, 그룹에 있는 사람들에게 동등하게 배분한다. 게임에서 중요한 점은 $1<M<n$과 한 사람의 기부는 그룹 전체에게 좋다는 것이다. 그러나 기부하는 개인의 물질적 이익 측면에서는 좋지 않다.

예를 들어, 만약 $M=1.6$이고 Anna와 같은 사람이 $1를 기부한다면 그 그룹에서의 개인은 $1.6/4=$0.4를 얻을 수 있으므로 종합적인 수익은 $1.6가 된다. 이것은 분명히 기부된 $1보다 낫다. 따라서 그룹에게 가장 좋은 파레토 효율적인(Pareto efficient) 결과는 모든 사람들이 자신들이 가진 모든 것을 기부하는 것이다. Anna는 $1를 기부하였으나 자신은 단지 $0.4만을 얻으므로 본인의 물질적인 이익은 없다. 따라서 오직 자신의 물질적인 보수(payoff)에만 관심이 있는 사람은 공공 프로젝트에 기부하지 않는다. 즉, 내쉬 균형(Nash Equilibrium)은 아무도 기부하지 않는 것이다.[5] <표 8.2>는 상충관계

5) 경쟁자 대응에 따라 최선의 선택을 하면 서로가 자신의 선택을 바꾸지 않는 균형상태를 말한다. 상대방이 현재 전략을 유지한다는 전제 하에 나 자신도 현재 전략을 바꿀 유인이 없는 상태를 말하는 것으로 죄수의 딜레마 게임 또는 죄수의 딜레마(Prisoner's Dilemma)와 밀접한 관계가 있다.

표 8.2 초기 $20부여와 승수 M=1.6을 가지는 선형 공공재게임에서의 4명의 가능한 보수. 만약 모든 사람이 $20를 기부하면 그룹 보수는 극대화된다. 만약 사람1이 $0을 기부하는 무임승차자(free rider)이고 다른 사람들 모두 $20을 기부하면 사람1의 보수는 가장 크다.

시나리오	기부	사람들의 보수				전체보수
		1	2	3	4	
A	$20, $20, $20, $20	$32	$32	$32	$32	$128
B	$0, $0, $0, $0	$10	$10	$10	$10	$40
C	$0, $20, $20, $20	$44	$24	$24	$24	$116
D	$10, $10, $10, $10	$26	$26	$26	$26	$104
E	$0, $10, $10, $20	$36	$26	$26	$26	$104

(trade off)를 나타낸다.

일반적으로 파레토 효율적인 결과들 사이에 차이가 있을 때마다 사회적 딜레마(social dilemma)가 있다고 말한다. 이러한 것은 그룹에게 무엇이 최고인지와 내쉬균형을 찾아내고, 개인의 인센티브를 찾아낼 수 있다.

선형 공공재게임, 신뢰게임과 선물교환게임은 사회적 딜레마이다. <그림 8.7>은 Fehr and Gächter(2000a)의 연구결과를 나타낸다. 먼저, 그림의 왼쪽에 초점을 맞추자. 즉, 처음 10라운드에 초점을 맞추자. 파트너(partner) 처리에서 동일한 4명의 사람이 이 게임을 10번 한다. 이방인(stranger) 처리에서 각 사람들은 각 라운드에서 무작위(random)로 선택된 사람들과 매칭된다. 두 실험에서 피험자가 1라운드에서는 기부하지만 시간이 지남에 따라 기부가 작아진다. 독재자게임에서 기간1에서 어떤 피험자는 0을 기부하고, 어떤 실험자들은 양(+)의 금액을 기부한다. 그러나 여기서 새로운 것은 시간이 지남에 따라 기부가 떨어지는 동태적 효과가 나타난다. 이것은 다른 사람에게 주는 것이 무조건적으로 되지 않는 것을 의미한다. 특히 다른 사람들이 기부하지 않는다는 것을 보면서, 기부하는 피험자들은 다음 기부를 낮추는 경향이 있다. 아마도 그들은 0을 기부하는 무임승차자(free-riders)에게 주는 것을 원하지 않을 것이다.

처벌이 있는 선형의 공공재게임이라고 불리는 변종게임을 살펴보자. 위의 설명처럼 선형 공공재게임은 반복되므로 두 번째 단계가 발생한다. 두 번째 단계에서 금액 t를 지불하여 다른 사람들은 금전적인 보수(payoff)를 $1 낮추어 다른 사람을 처벌할 수 있다. 예를 들어, 만약 t=$0.33이면 Anna는 $1를 지불함으로써 세 사람에 대한 보수(payoff)를 $1 낮출 수 있거나 한 사람의 보수(payoff)를 $3 낮출 수 있다. 처벌은 비용

그림 8.7 처벌의 여부와 이방인, 파트너 매칭이 있는 경우의 선형 공공재게임에서의 기부. 처벌이 없으면 시간 경과에 따라 기부는 줄어들고 처벌이 있으면 늘어난다

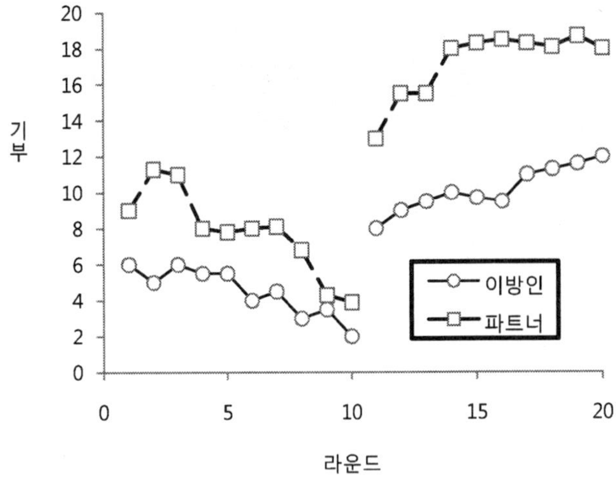

자료: Fehr and G chter (2000a)

이고, 이미 이루어진 기부는 바꿀 수 없는 것으로 고려하면 자신의 물질적인 보수(payoff)만을 극대화하는 사람은 절대 처벌되지 말아야 한다. 따라서 처벌은 내쉬균형이나 사회적 딜레마가 있다는 사실을 변화시키지 않는다.

그러나 처벌은 <그림 8.7>의 오른쪽에서 볼 수 있듯이 사람들이 일반적으로 하는 행동을 바꿀 수 있다. 처벌이 존재하면 시간이 지남에 따라 투자가 증가한다. 피험자는

그림 8.8 처벌금액은 얼마나 많은 피험자가 그룹 평균에 비해 기부하느냐에 의존한다. 평균보다 적은 금액을 기부한 사람은 보다 많은 처벌을 받는다

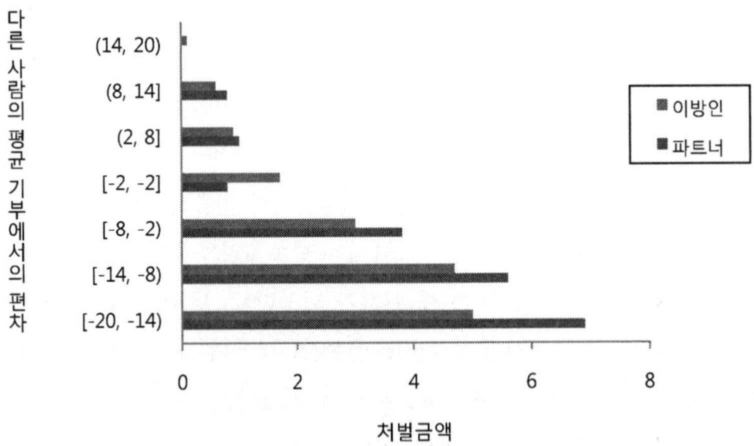

자료: Fehr and G chter (2000a)

기부하지 않는 사람들을 처벌하기 때문에 처벌이 이러한 차이를 만들어 준다. <그림 8.8>은 처벌금액은 얼마나 많은 피험자가 그룹 평균에 비해 기부하느냐에 의존하는 지에 대해 나타낸다. 당연히 더 적게 기부하는 사람들이 더 많이 처벌받는다는 것을 알 수 있다. 이것은 무임승차자이기를 원하는 사람들에게 충분한 인센티브가 된다.

처벌이 있는 선형 공공재게임에서 기부함으로써 다른 사람에게 돈을 주는 것을 주저할 뿐만 아니라 처벌에 의해 다른 사람들로부터 돈을 받는다. 따라서 주고 받는(give and take) 행동은 타인의 행동에 조건적이다. 이것을 더 분명하게 해주는 게임은 달빛게임(moonlighting game)이다.

달빛게임은 지금까지 고려한 게임의 다양한 요소를 결합한다. 제안자(proposer)와 응답자(responder) 두 사람이 있다. 두 사람은 12개의 토큰(token)을 받는다. 신뢰게임에서처럼 제안자는 응답자에게 6개의 토큰까지 줄 수 있고, 주어진 토큰의 가치는 3배가 될 것이다. 그러나 제안자는 응답자로부터 6개의 토큰까지 가져올 수 있다. 제안자가 행동한 것을 볼 수 있고, 응답자는 자신의 토큰의 일부를 제공함으로써 제안자에게 보상할 수 있다. 또는 제안자의 토큰을 줄이기 위해 토큰의 일부를 지불함으로써 제안자를 처벌할 수 있다. 이 게임은 허용하고, 주고, 받으며, 처벌을 하고 보상을 받는 것을 고려하는 가장 유연한 게임이다.

그림 8.9 **달빛게임에서의 제안자에 대한 응답자의 영향. 만약 제안자가 응답자에게 준다면 응답자는 제안자에게 보상한다. 만약 제안자가 응답자로부터 받으면 응답자는 제안자를 처벌한다. 만약 컴퓨터가 무작위로 결정하면 응답자는 제안자를 벌하지도 않고 보상하지도 않는다**

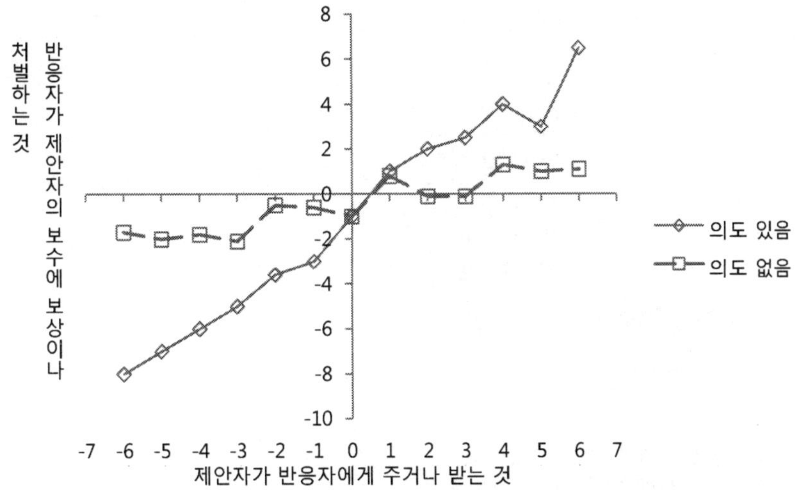

자료: Falk et al.(2008)

Falk et al.(2008)에 의한 연구결과를 <그림 8.9>에 나타나 있다. 여기서 중요한 것은 의도처리(intention treatment)이다. 여기 신뢰게임에서와 같이, 제안자에게 돈을 주는 경우 응답자도 줌으로써 화답하는 것을 알 수 있다. 최후통첩과 공공재게임에서와 같이, 만약 제안자가 낮은 몫이나 비율을 제안한다면, 응답자는 처벌로써 응답할 것이다. 의도가 없는 실험에서 제안자의 선택은 컴퓨터에 의해 무작위로(randomly) 만들어지고 훨씬 적은 응답의 증거를 볼 수 있다.

4. 공정결과 경쟁

이제 여기서 변화를 주자. 변화를 위해 최후통첩게임을 다시 살펴보자. 응답자 경쟁이 있는 최후통첩게임(ultimatum game with responder competition)은 많은 수신자(receiver)와 한 명의 제안자(proposer)가 있다. 일단 제안자가 각각의 응답자에게 제안을 하면 응답자는 제안을 수락할 지의 여부를 말한다. 제안을 수락한다고 말하는 사람들 중에 한 명은 실제로 제안을 받기 위해 무작위로 선택된다. 제안자 경쟁이 있는 최후통첩게임(ultimatum game with proposer competition)에서는 많은 제안자와 한 명의 수신자가 있다. 모든 제안자는 제안을 하고 수신자는 최선으로 만들어진 제안을 수락 또는 거절할 수 있다.

그림 8.10 경쟁이 있는 최후통첩게임에서 제안자가 제안하는 몫. Roth et al.은 제안자 경쟁은 4개국에서 같은 효과가 있는 것을 밝혔으며 Grosskopf는 만약 피험자가 일반적인 최후통첩게임을 하기전이라고 해도 응답자경쟁은 제안을 낮추는 것을 발견했다

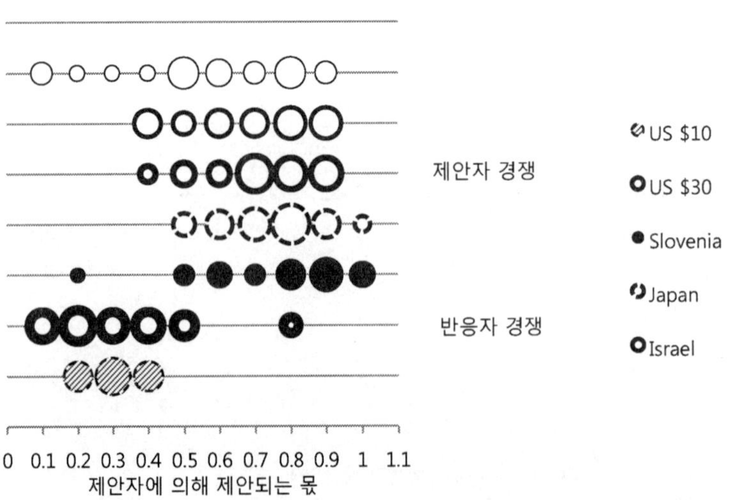

자료 Roth et al. (1991) and Grosskopf (2003)

제안자 경쟁에서는 제안들이 더 높이 되어야 하고 응답자 경쟁에서는 낮게 되야 한다. 이것은 Roth et al.(1991)과 Grosskopf(2003)의 결과가 <그림 8.10>에 나타난다. 이 수치는 경쟁이 진정한 차이를 만드는 것을 알 수 있었던 <그림 8.5>와 비교할 수 있다. 그러나 흥미롭게도 경쟁이 도입된다고 해서 기부가 없어지지 않는다. 예를 들어, 응답자 경쟁이 있을 때, 제안들은 최후통첩게임에 비해 덜 하지만 여전히 0이상으로 나타난다. 따라서 이것은 제안자들이 여전히 어떤 것을 주려고 했지만 최후통첩게임에 비해 적게 주는 것처럼 보일 수도 있다.

5. 상호수혜의 용어

간단히 요약하기 위해 몇가지 유용한 용어를 소개한다.

- 많은 사람들이 다른 사람 보수(payoff)를 높이기 위해 자신의 금전적 보수(payoff)도 희생할 각오가 되어있다. (독재자게임, 신뢰게임, 공공재게임)
- 많은 사람들이 자신의 친절에 의해 그들에게 다른 종류의 친절한 행동으로 보답한다(신뢰게임, 선물교환게임, 달빛게임). 이것은 긍정적인 상호수혜다.
- 많은 사람들이 처벌로 그들에게 또 다른 불친절한 행동을 보답한다(선형 공공재게임, 달빛게임). 이것은 부정적인 상호수혜다.
- 많은 사람들이 긍정과 부정 모두에 상호수혜를 보여준다(달빛게임, 선형공 공재게임). 이것은 강한 상호수혜다.
- 많은 사람들이 이외의 다른 사람에게 친절 또는 다른 불친절한 행동에 보답한다(제3자 처벌이 있는 독재자 게임). 이것은 간접적인 상호수혜다.
- 만약 기회가 있다면 0을 줌으로써 주는 것에 대한 희망 과 상호수혜에 대해 상당한 이질성(heterogeneity)이 존재한다(모든 실험).

여기서 분명한 점은 상호수혜 중의 하나로 이타주의나 무조건적으로 주는 것이 아니다. 중요한 질문은 그러한 행동이 효용극대화와 일치하느냐이다. 사람들이 오직 자신의 보수(payoff)에 대해서만 관심이 있다면 효용극대화와 일치할 것이라는 것을 알고 있다. 그러나 이러한 것은 효용극대화와 부합하지 않는다는 것을 의미하지는 않는다. Andreoni and Miller(2002)는 피험자들이 일련의 수정된 독재자 게임의 진행하였고 효용극대화와 일치되고 있는 지에 대한 여부를 물었다. 그러나 효용극대화와 일치하지 않았다.

상호의존적인 선호, 상호수혜와 같은 것은 효용을 극대화하는 일반 경제학과 다르다. 따라서 이제 묘사된 행동의 유형을 반영할 수 있는 효용함수를 찾는 것이다. 이렇게 하는 데에는 효용에서 물질적인 보수(payoff)를 구분하는 것이 유용하다. 이제 어떤 사람에게 직접적으로 가는 돈이나 재화로부터 얻는 효용처럼 물질적인 보수(material payoff)를 생각해야 한다. 이제 효용이란 것은 사회적 선호, 물질적인 보수(payoff)뿐만 아니라 사회적인 요소에 의존한다는 의미가 된다.

제2절 불평등회피

기준점 의존은 앞의 장들에서 반복되는 주제였다. 결과의 인식(perception of an outcome)이 기준 수준의 위나 아래에서 결정된다는 것을 보았다. 또한 기준수준이 같은 과거의 경험, 어떤 일이 일어날 것인 지에 대한 기대 등과 같은 여러 요인에 의해 결정될 수 있다고 살펴보았다. 앞에서 나온 부분을 잠시 복습해보자. 예를 들어, 만약 Alan이 자신의 직장 동료가 1시간에 $30를 받는다는 것을 알면 Alan도 1시간의 $30를 받는 것을 기대할 것이다. 유사하게, Anna가 자신의 친구가 $4에 시리얼 한 상자를 구매한 것을 알고 있다면 Anna 역시 $4를 지불하기를 기대할 것이다.

만약 기준점이 다른 사람에게 일어나는 일을 관찰하는 것이라면 다른 사람보다 더 나으면 이득이고, 더 나쁘면 손실이 된다. 사람들이 다른 사람들보다 덜 받는 것에 대해 기피하는 것은 당연하다. 사람들이 다른 사람들보다 많이 받으면 양(+)의 이득을 얻게 되는데 이것도 기피할 수 있다. 따라서 이러한 것을 불평등회피(inequality aversion)라고 부른다. 어떤 사람이 불평등회피적이라면 다른 사람보다 덜 버는 것에 대해서 비효용(disutility)을 얻는다는 것을 의미한고 다른 사람보다 많이 버는 것에 대해서도 비효용을 얻는다. 이것은 다른 사람과 더 공평한 결과를 얻기 위해 물질적인 보수(payoff)의 일부를 희생할 각오가 되어 있음을 의미한다.

불평등회피 결과는 무엇인가? 불평등회피는 1절에 요약된 실험 데이터를 이용하여 잘 설명할 수 있다. 예를 들어, Alan이 다른 사람보다 더 많은 수익에 회피하는 경우, 독재자게임 또는 최후통첩게임에서 양(+)의 금액을 제안하려고 할 것이다. 마찬가지로 Anna이 다른 사람보다 적은 수입을 회피하는 경우, 최후통첩게임에서 낮은 제안을 거절하고, 공공재게임에서 무임승차자를 처벌하려고 할 것이다. 이것을 공식화하기 위해 불평등회피에 대한 좋은 모형이 필요하다.

여기서 두 가지 모형을 찾아보자. 주요 차이는 어떤 사람이 어떤 정보를 가지고 있다고 가정하는 것이다. 첫 번째 모형에서 사람들이 다른 사람의 행동을 모르는 불완전한 정보(incomplete information)가 적용된다. 두 번째 모형에서 사람이 다른 사람의 모든 행동을 알고 있는 완전한 정보(complete information)를 가지고 상황에 적용할 수 있다. 이러한 구별을 설명하기 위해 <표 8.2>로 돌아가서 시나리오D와 E를 비교하자. 불완전한 정보에서 어떤 사람은 자신의 보수(payoff)가 $26인 것을 알고 있다. 공공재에 전체 기부가 $40가 되어야 하고 평균보수(average payoff)가 $26인 것을 추론할 수 있지만 어떤 사람 1명이 무임승차자인지 아닌 지에 대해 알 수 없다. 완전한 정보 하에서의 게임에서는 다른 개인의 기부금을 알고 있고, 사람 한 명이 $10 또는 $0의 기부 여부를 알 수 있다.

일부 설정은 불완전한 정보와 완전한 정보에 적용될 수 있다. 직관적으로 이 사람이 시나리오D와 E에 대해 다르게 생각할 지도 모르게 때문에 차이가 있을 것이다. 따라서 두 모형 모두 필요하다.

1. 불완전정보로 인한 불평등회피

공평(Equity), 상호수혜(Reciprocity)와 경쟁(Competition)로 요약되는 ERC모형은 Bolton and Ockenfels(2000)가 제시하였고, 불완전정보로 인한 불평등회피를 반영하기에 좋은 연구이다. 그들이 제시한 일반적인 모형의 특별한 경우를 간단하게 살펴보자.

게임을 하는 n명의 사람들로 구성된 그룹이 있고, $(u_1, \cdots, u_n)$의 물질적인 보수(payoff)을 얻는다. 여기서 Miguel이라는 어떤 사람에게 초점을 맞추자. Miguel이 효용을 계산할 때 먼저 해야 할 일은 다음과 같은 방정식을 사용하여 전체 보수(payoff)에 대한 상대적인 비율(relative share)을 계산하는 것이다.

$$s_M = \frac{u_M}{\sum_i u_i}$$

Miguel의 효용을 가정하면 다음과 같다.

$$U_M(u_1, \ldots, u_n) = u_M - \theta_M\left(s_M - \frac{1}{n}\right)^2$$

여기서 θ_M은 Miguel의 불평등회피의 강도를 나타낸다. 만약 Miguel이 불평등회피에 신경을 쓰지 않는다면 $\theta_M=0$이고, Miguel의 효용은 간단하게 그의 물질적 보수(payoff)인 u_M이 된다. 만약 Miguel이 불평등회피에 신경을 쓴다면 같은 비율의 사회적 기준점(social reference point)에 얼마나 가까운 지에 대해 신경을 쓰게 된다. Miguel은 다른 사람의 물질적 급여의 평균보다 더 많이 또는 더 적게 버는 것을 싫어한다. 제곱항은 Miguel이 사회적 기준에서 더 멀면 멀수록, Miguel은 평균 이상 또는 미만으로 버는 것을 더 싫어한다. 따라서 평균에서 너무 많이 떨어져 있는 것을 좋아하지 않으며 평균보다 많이 버는 것도 좋아하지 않는다.

이 모형을 더 설명하기 위해 앞 절의 실험적인 게임을 이용할 수 있다. 문제를 더 간단하게 하기 위해서 물질적인 보수(material payoff)와 받은 돈을 동일시 하지만 이렇게 하는 것이 합리적인지 또는 아닌지에 대해 생각해 볼 필요가 있다.

먼저, 독재자게임으로 시작하자. 만약 제안자인 Miguel이 \$10를 나누고 \$p를 가진다면 그의 물질적인 보수(payoff)는 p이고 Miguel의 효용은 다음과 같다.

$$U_M = p - \theta_M\left(\frac{p}{10} - \frac{1}{2}\right)^2$$

이 경우 사회적 기준점은 \$5이고 불평등회피는 \$5 이상이나 \$5 미만으로 가지는 것에서 얻게 되는 비효용을 의미한다. 더 구체적으로 하기 위해서 p에 대한 효용을 극대화할 수 있고, 다음과 같은 식을 얻는다.

$$1 = \frac{2\theta_M}{10}\left(\frac{p}{10} - \frac{1}{2}\right)$$

이를 다시 쓰면 다음과 같다.

$$p = \min\left\{5 + \frac{50}{\theta_M},\ 10\right\}$$

따라서 적어도 \$5를 가지고 있고, 만약 $\theta_M \leq 10$이면 \$10을 가질 것이다. 만약 $\theta_M > 10$면 Miguel은 상대적으로 너무 많이 벌지 않도록 하기 위해서 수신자에게 얼마의 돈을 줄 것이다. 예를 들어, 만약 $\theta_M=25$면 Miguel은 \$7을 유지하고, 수신에게 \$3을 줄 것이다. 이러한 것은 <그림 8.1>과 일관된다.

이것은 최후통첩게임의 연장선 상에 있는 것으로써 상대적으로 간단하다. 왜냐하면 제안자는 독재자게임과 동일한 효용함수를 가지기 때문이다. 따라서 오직 응답자가 할 일과 그들이 할 수 있는 모든 일이 수락될 지 또는 거절될 지에 대해서만 생각해야 한다. Anna가 응답자라고 가정하자. 만약 Anna가 수락한다면 효용은 다음과 같다.

$$U_A = 10 - p - \theta_A\left(\frac{10-p}{10} - \frac{1}{2}\right)^2$$

만약 거절한다면 $U_A = 0$이다. 따라서 다음과 같으면 제안을 받아들인다.

$$10 - p \geq \theta_A\left(\frac{10-p}{10} - \frac{1}{2}\right)^2$$

이를 정리하면 다음과 같다.

$$\frac{100(10-p)}{(5-p)^2} \geq \theta_A$$

만약 $\theta_A = 0$이라면 어떤 양(+)의 제안도 받아들이겠지만 θ_A가 클수록 제안을 받아들이기 전에 제안이 커져야하는 필요성이 생긴다. 예를 들어, 만약 p=$9.5이면 $0.5에 대한 제안을 수락하고, 만약 $\theta_A >_{2.5}$면 거절할 것이다. 이것은 $0.5의 물질적 이득이 Miguel보다 덜 버는 것에 대한 비효용에 대한 보상으로 충분하지 않기 때문이다. 만약 Anna가 사회적 기준점으로 $5를 제안받는다면 확실히 수락할 것이다.

선형 공공재게임과 함께 ERC모형을 살펴보자. 처벌이 없는 경우를 먼저 고려하자. 여기서 아무도 기부를 하지 않는 독특한 균형이 될 것이라고 증명할 수 있다. 모든 사람들이 같은 금액(C*)을 기부한다고 가정하자. Miguel같은 사람들이 C*보다 적은 금액을 기부한다면 무슨 일이 일어날까? Miguel은 금전적인 이익을 얻는다. 왜냐하면 Miguel의 기부가 적기 때문이다. 그러나 지금의 Miguel은 다른 사람보다 덜 기부하기 때문에 평균 이상으로 돈을 벌고 있다. 그러나 평균보다 약간 더 버는 것에서도 어떠한 효용손실도 없다는 것을 기억하자. 따라서 Miguel은 다른 사람보다 적게 기부를 한다면 Miguel의 효용은 그만큼 증가할 것이다.

<표 8.3>에서 시나리오A와 F를 비교한다. 만약 Miguel이 기부를 $19로 낮춘다면

표 8.3 ERC모형과 선형 공공재게임. 만약 Miguel이 처벌받지 않는다면 $20(시나리오A)보다 $19(시나리오F)를 기부하여 이익을 얻는다. 만약 처벌받으면(시나리오G) $20을 기부하는 것이 최선이다. Anna는 사회적 기준점보다 낮게 버는 것이 싫다면 Miguel이 $19를 내는 것에 대해 처벌하는 것이 낫다

시나리오		사람				기준점
		Anna	Alan	3	Miguel	
A	기부	20	20	20	20	
	물질적 보수	32	32	32	32	
	다른 사람과 비교	0	0	0	0	32.00
F	기부	20	20	20	19	
	물질적 보수	31.6	31.6	31.6	32.6	
	다른 사람과 비교	−0.25	−0.25	−0.25	+0.75	31.85
G	기부	20	20	20	19	
	물질적 보수	31.4	31.6	31.6	30.6	
	다른 사람과 비교	+0.1	+0.3	+0.3	−0.9	31.3

$0.6을 얻는다. 그리고 불평등회피로 인해 $0.75^2\theta_M=0.56\theta_M$ 손실이 발생한다. 만약 $\theta_M \leq 1$면 이것은 좋은 거래이다. Miguel이 기부를 낮췄을 때 이익을 얻게 된다. 모든 사람들이 이렇게 생각한다면 이론이나 실제상황에서 아무도 기부하지 않을 때까지 기부는 낮추는 쪽으로 이동할 것이다.

여기에 처벌이 더해지면 어떨까? 처벌은 보상(payoff)의 분포에 대해 완전한 정보가 필요하므로 불완전한 정보를 더 이상 가정할 수 없다. 그러나 이를 무시하고 모형에 적용하자. 따라서 두 명 이상의 사람들이 처벌할 수 있다면 $20를 기부하는 것은 모든 사람에게 이익이 될 수 있다. 즉, 처벌하는데 t=0.1이라고 가정하자. 사람들이 $20보다 $19를 기부하려고 하는 것을 막으려고 한다고 하자. Anna는 $2로 $19를 기부하는 사람들의 보수(payoff)를 낮추는 것을 위협한다고 하자. 이를 위해 Anna는 $0.2를 지불해야 한다. 또한, 만약 Anna가 $19를 기부한다면 Alan이 $2로 자신의 보수를 낮추겠다고 위협한다고 가정하자. 이것이 작동할까?

<표 8.3>에서 나타난 것처럼 이러한 상황은 작동한다. 먼저 처벌의 위협이 Miguel이 $19로 기부를 낮추는 것을 멈추게 한다는 것을 알아 둘 필요가 있다. 시나리오A와 G를 비교하면 만약 Miguel이 $19를 기부하고 처벌을 받는다면 Miguel은 물질적인 보수(payoff)와 상대적인 항을 둘 다 잃는다. 이것은 Miguel이 $19를 기부하려고 하는 것을 충분히 단념시킬 수 있다. 다음으로 Anna가 처벌할 것이라는 것을 체크해야 한다. 이것

은 약간 비약적이지만 시나리오F와 G를 비교하면 처벌함하는 결과를 알 수 있다. Anna는 물질항를 잃고, 상대적인 항을 얻는다. 사회적 기준점에 가까운 것으로부터 얻는 효용이 처벌의 지불로 $0.2를 초과하면 Anna는 처벌하려고 할 것이다.

따라서 상대적으로 Anna와 Alan과 같이 불평등회피가 있는 사람이 있다면, 높은 기부는 처벌의 위협에 의해 유지될 수 있다. 더 일반적으로, ERC모형이 1절에서 살펴본 증거들을 설명하는데 좋은 역할을 할 수 있다. 심지어 완전정보인 상황에서도 가능하다. 그러나 머지않아 사람들이 완전한 정보를 가지게 될 때 사람들의 효용은 ERC모형에서 살펴볼 수 없는 어느 면에서 개인의 행동에 의존할 것이다. 따라서 완전정보의 상황에서 더 잘 맞는 모형을 도입하도록 하자.

2. 완전정보에서의 불평등회피

Fehr and Schmidt(1999)는 완전정보 하에서 발생되는 불평등회피 모형을 개발하였다. 일반적으로, Fehr-Schmidt 모형이라고 부른다. 앞에서와 같이, 게임에 참여하는 n명으로 이루어진 그룹이 있고, u_1, u_2, …, u_n은 물질적인 보상(payoff)를 받는다고 가정하자. Miguel의 효용을 구하기 위해, Miguel보다 많이 버는 사람과 적게 버는 사람을 구분하자. 그리고 Miguel보다 더 버는 사람의 집합을 $H_M=\{j: u_j > u_M\}$이라고 하고 덜 버는 사람의 집합을 $L_M=\{j: u_j < u_M\}$라고 하자. 그렇다면 Miguel의 효용은 다음을 이용하여 구할 수 있다.

$$U_M(u_1, \ldots, u_n) = u_M - \alpha_M \frac{1}{n-1} \sum_{j \in H_M} (u_j - u_M) - \beta_M \frac{1}{n-1} \sum_{j \in L_M} (u_M - u_j)$$

여기서 $\beta_M \leq \alpha_M$은 Miguel의 불평등회피 정도를 측정한다.

α_M은 다른 사람보다 덜 버는 것에 대한 Miguel의 비효용(disutility)이다. Miguel보다 물질적인 보수를 많이 받는 사람들 때문에 보수(payoff)에 대한 차이에 비례해서 효용손실을 겪는다. α_M이 클수록 다른 사람보다 더 적게 버는 것을 싫어한다. β_M은 다른 사람보다 더 버는 것으로 인한 Miguel의 비효용을 나타낸다. Miguel보다 더 낮은 보수(payoff)를 받는 모든 사람들 때문에 Miguel은 보수(payoff) 차이에 비례해서 효용손실을 겪는다. $\beta_M \leq \alpha_M$의 가정은 Miguel이 다른 사람들보다 덜 버는 것 때문에 얻는 비효용이 더 크다는 것이므로 직관적으로 다른 사람보다 더 많이 벌고 있는 것으로 보인다.

이 모형을 더 잘 표현하기 위해, 독재자게임과 ERC모형에 관한 같은 예를 들 수 있다. 만약 Miguel이 \$10를 나누어서 자신은 \$p를 가지고 수신자가 \$(10−p)를 얻는다고 하자. 만약 $p<\$5$이면 Miguel의 효용은 $p-\alpha_M(10-2p)$이 되고 $p\geq\$5$이면 $p-\beta_M(2p-10)$가 된다. 주어진 $\beta_M\leq\alpha_M$에서 \$5이상을 줄 어떤 인센티브도 없다. 따라서 p에 대해 $p-\beta_M(2p-10)$을 극대화 한다. 다음으로 $\beta_M<0.5$이면 Miguel은 \$0를 주고 $\beta_M\geq0.5$이면 \$5를 주어야 한다. 이것은 <그림 8.1>의 결과와 완전히 일치하지 않지만 적어도 제안자가 일부의 몫을 가지는 것에 대한 인센티브가 있어야 한다는 것을 알 수 있다.

최후통첩게임에서 제안자는 독재자게임에서처럼 같은 효용함수를 가진다. 따라서 수신자가 할 행동에 대해 생각할 필요가 있다. 제안자는 최대한으로 같은 크기의 몫, 즉 $p\geq\$5$를 제안한다고 하면 수신자인 Anna의 효용함수는 Anna가 수락할 지 또는 거절할 지에 의존한다. 만약 Anna가 제안을 수락하면 $10-p-\alpha_A(2p-10)$을 얻고 거절을 하면 \$0을 얻는다. 따라서 Anna는 만약 다음과 같은 조건이라면 제안을 수락할 것이다.

$$p<10\left(\frac{1+\alpha_A}{1+2\alpha_A}\right)$$

만약 Anna가 Miguel보다 덜 버는 것을 싫어하지 않고, $\alpha_A=0$이면 Anna는 어떤 제안이든지 수락한다는 것을 의미한다. 그러나 만약 불평등회피도가 높아서 α_A가 증가한다면 오직 동등한 몫에 가까운 제안만 받아들일 것이다. 예를 들면 $\alpha_A=1$라면 Anna는 $\frac{1}{3}$ 이하의 몫은 거절할 것이다.

거절의 가능성은 제안자를 조금 더 생각하게 만든다. 독재자게임에서와 같이, 만약 $\beta_M\geq0.5$이면 Miguel은 동등한 몫을 제안하고 이것은 수락될 것이다. $\beta_M<0.5$이면 Miguel이 제안하지 않을 수도 있다. Miguel은 수락될 수 있는 최소한의 금액을 제안하는 것을 원할 것이다. Anna의 불평등회피에 대해 알 것 같지 않으므로 최소한의 금액을 모를 것이다. 대신에 Miguel은 응답자가 할 것에 관해 어느 정도 예측을 만들어야 해야 한다. 그리고 적절한 몫을 제안해야 한다. 따라서 Miguel은 리스크가 있는 선택에 마주치게 된다.

여기에 경쟁을 추가해보자. 제안자 경쟁이 있는 최후통첩게임(ultimatum game with proposer competition)에서 수신자가 가장 좋은 제안을 수락할 것이라고 가정하는 것이 자연스럽다. 모든 다른 제안자가 0을 얻는 반면에 수신자와 한 명의 제안자는 양(+)의 물질적 보수(payoff)를 얻을 것이기 때문에 확실히 불평등이 존재하게 된다. 이와 같이 주어진다면, 제안자의 목적은 수락될 금액을 제안하는 것이 되어야 한다. 다른 사람들보다 적게 버는 것보다 나은 다른 사람들보다 최소한 더 많이 벌어 들이게 되는 방식이다. 만약 모든 제안자들이 자신들의 제안이 받아들여지는 것을 목적으로 하면 그들은 거의 모든 돈을 제안해야 한다. 이것은 <그림 8.10>에서의 결과와 일맥상통한다. 응답자 경쟁(responder competition)에서 무슨 일이 일어날 지는 과제로 남긴다.

마지막으로 선형 공공재게임(linear public good game)을 살펴보자. 사람들이 얼마나 불평등회피가 있느냐에 따라 공공재에 기부하는 정도가 균형일수도 있고, 아닐 수도 있다. <표 8.4>에서 이유가 나타난다. 모든 사람이 $20를 기부한다고 가정하자. Anna는 덜 기부하고 싶을까? <표 8.4>에서 시나리오 A와 H를 비교하면 $1의 기부금을 줄이면 물질적인 보수(payoff)에서 $0.6를 얻지만 Anna의 보수(payoff)와 다른 사람과의 보수(payoff) 사이의 갭은 $1만큼 커진다. 만약 Anna가 다른 사람보다 더 많은 돈을 버는 것을 싫은 경우인 $\beta_A > 0.6$이면 Anna는 $20을 기부하는 것이 최선이다. 만약 Anna가

표 8.4 Anna의 관점에서의 선형 공공재게임과 Fehr-Schmidt모형. Anna는 다른 사람들보다 덜 기부하기를 원하지 않는다(시나리오 A와 H). 그러나 다른 사람들이 $0을 기부하면 덜 기부하려 한다(시나리오 I와 J). Anna는 $0을 기부하는 사람을 처벌하려 할 것이다(시나리오 I와 K)

시나리오		사람			
		Anna	2	3	Miguel
A	기부	20	20	20	20
	물질적 보수	32	32	32	32
	다른 사람과 비교	–	0	0	0
H	기부	19	20	20	19
	물질적 보수	32.6	31.6	31.6	32.6
	다른 사람과 비교	–	+1	+1	+1
I	기부	20	20	20	0
	물질적 보수	24	24	24	44
	다른 사람과 비교	–	0	0	−20
J	기부	19	20	20	0
	물질적 보수	24.6	23.6	23.6	43.6
	다른 사람과 비교	–	+1	+1	−19
K	기부	20	20	20	0
	물질적 보수	21.5	24	24	19
	다른 사람과 비교	–	−2.5	−2.5	+2.5

다른 사람보다 더 버는 것을 꺼려하지 않는다면, 즉 $\beta_A < 0.6$이면 Anna는 \$0을 기부할 것이다. 따라서 높고 낮은 기부는 선호에 의존한다.

1절에서 관찰한 이질성(heterogeneity)을 고려할 때, 가장 현실적인 것은 어떤 사람들은 높은 β를 가지고 있고 어떤 사람들은 낮은 β를 가지고 있다고 보는 것이다. 높은 β를 가지고 있는 모든 사람들에게 \$0를 기부할 필요가 있으며 \$0을 기부한다. <표 8.4>에서 시나리오I와 J에서 Anna가 \$19나 \$20을 기부하고 Miguel이 \$0을 기부할 때 어떤 일이 발생하는 지를 비교할 수 있다. 이 경우에 Anna가 기부를 \$1을 낮출 때 Anna는 자신과 Miguel 사이의 차이를 낮춤으로써 \$0.6의 물질적인 보수(payoff)를 얻는다. 그러나 다른 두 명과의 차이를 증가시킴으로써 손실이 발생한다. 결국 Anna는 $\$0.6 + 0.33\alpha_A > 0.67\beta_A$이면 이익이 된다. 이것은 Anna 또한 \$0을 기부하는 것을 막기 위해서는 β_A가 최소 1.8 이상은 되야 한다는 것을 의미한다. 따라서 한 사람이 \$0를 기부하면 다른 세 명도 역시 그렇게 할 것이다. 이것은 <그림 8.7>에서 나타나는 하락하는 기부와 일관된다.

사회적 선호의 모형을 보다 수학적으로 살펴보자. 선형 공공재게임에서 만약 Anna가 를 기부하고, Miguel이 c_M을 기부한다면 무슨 일이 일어나는 지에 상관없이, 그들의 물질적인 보수(payoff)의 차이는 $u_A - u_M = c_M - c_A$가 기부의 차이가 된다. 만약 n명의 사람들이 각각 \$20을 받고 기부를 $c_1, c_2, \cdots, c_n$ 한다면 Anna의 효용은 다음과 같다.

$$U_A = 20 - c_A + m\sum_j c_j - \alpha_A \frac{1}{n-1}\sum_{j \in H_A}(c_A - c_j) - \beta_A \frac{1}{n-1}\sum_{j \in L_A}(c_j - c_A)$$

이제 K사람들이 \$0을 기부한다고 가정하자. 그리고 나머지 사람들이 \$20을 기부했다고 하면 Anna는 기부하길 원할까? 만약 Anna가 \$20을 기부한다면 그녀의 효용은 다음과 같다.

$$U_A = 20m(n-K) - \alpha_A \frac{20K}{n-1}$$

만약 Anna가 \$0을 기부한다면 효용은 다음과 같다.

$$U_A = 20 + 20m(n-1-K) - \beta_A \frac{20(n-1-k)}{n-1}$$

따라서 Anna는 다음과 같은 조건하에서 \$0을 기부하는게 더 낫다.

$$(1-m)(n-1) > \beta_A(n-1-K) - \alpha_A K$$

또는 \$0을 기부하는 비율은 다음과 같다.

$$\frac{K}{n-1} > \frac{\beta_A + m - 1}{\alpha_A + \beta_A}$$

이는 얼마나 많은 사람들이 다른 사람들에게 기부하는 것이 필요할 지를 측정할 수 있게 해준다.

상상한 대로 처벌을 추가함으로써 분석을 복잡하게 만들 수 있다. 따라서 처벌을 도입할 때 기부하는 모든 사람들에게 균형이 될 수 있도록 제약을 가하자. 사실 한 명의 사람이 처벌할 것이라는 것을 보자. 만약 $\beta_A > 0.6$이고 모든 다른 사람들이 기부한다면 Anna도 \$20을 기부할 것을 알고 있다고 가정하자. Anna는 \$25로 \$0을 기부하는 사람의 이익을 감소하도록 위협을 한다고 하면 Anna는 $t=0.1$이므로 \$2.5의 비용이 발생한다. 이러한 것은 작동할까? 처벌의 크기는 사람들이 \$0을 기부하지 못하게 하지만 Anna 또한 그 만큼을 지불해야 한다. <표 8.4>에서 시나리오I와 K에서 Anna가 \$0을 낸 Miguel을 처벌한다. Anna는 물질적 보수를 \$2.5를 잃겠지만 Miguel의 뒤에서 내는 \$20보다 다른 사람들의 앞이나 뒤에서 내게 되는 현재의 \$2.50만 내면 된다. 만약 $5\alpha_A - 5/6\,\beta_A > \$2.50$라면 $\alpha_A \geq \beta_A > 0.6$이므로 Anna의 후생은 더 나아진다. 따라서 Anna는 물질적인 보수의 차이를 좁히기 위해서 Miguel을 처벌하려 할 것이다.

3. 불평등회피모형에 대한 평가

ERC모형과 Fehr-Schmidt모형은 둘 다 1절에서 요약된 실험적 데이터를 적합하게 설명하는데 좋은 역할을 한다. 특히 처벌이 있는 공공재게임같은 모형에서 협력에 대해 설명할 수 있다. 그리고 처벌이 없는 공공재게임에서는 협력의 부족을 설명할 수 있다. 두 모형은 또한 상대적으로 간단하고 적용하기에 쉬운 장점이 있다. 그러나 조금 더 나아가면 ERC와 Fehr-Schmidt모형이 다른 데이터에 적합하지 않는 역할을 하는 단점도 있다. 따라서 이 모형들에 제약이 있고 그것은 불평등회피 외에 다른 것을 생각할 필요가 있다. 어떤 상황에서 간단하게 보여주기 전에 두 모형보다 더 나은 결과를 보여

표 8.5 분포게임에서의 보수, 예측과 선택, 사람2는 A, B, C가 존재하는 보수의 분포를 선택하게 된다

보수	세금게임			선망게임(envy game)			부유게임(rich game)		
	A	B	C	A	B	C	A	B	C
사람 1	8.2	8.8	9.4	16	13	10	11	8	5
사람 2	5.6	5.6	5.6	7	8	9	12	12	12
사람 3	4.6	3.6	2.6	5	3	1	2	3	4
예측									
효율성	A			A			A		
ERC			C		B	C	A		
F-S	A					C	A		
최소극대화	A			A					C
선택									
%	84	10	6	77	13	10	27	20	53

Source: Engelmann and Strobel (2002).

줄 수 있는 불평등회피의 다른 모형들이 있다.

Engelmann and Strobel(2002)은 피험자에게 다양한 분포게임(distribution game)을 하라고 요구한다. <표 8.5>에서 주어진 3개의 다른 게임에서 사람 두 사람은 보수의 분포 A, B, C를 결정할 수 있다. 불평등회피에 대한 다른 모형은 다른 예측을 보여준다. 예를 들어, 세금게임(taxation game)에서 Fehr-Schmidt모형은 옵션 A를 예측하고, 반면에 ERC모델에서는 옵션 C를 예측한다.

<표 8.5>의 마지막 행에서 예측들을 비교하여 실제로 선택한다. ERC모형이 예측한 데이터에서 상대적으로 덜 적합하다. 이것은 피험자가 보수(payoff)의 완전한 분포를 고려한다는 것을 나타낸다. 피험자에게 가장 중요하게 보이는 것은 어떤 사람이 받는 최소보수(minimum payoff)을 극대화하고 있다는 것이고 이는 공정성(fainess)의 최소극대화(maximin)의 개념이 된다. Fehr-Schmidt모형은 어떤 사람이 다른 사람보다 더 버는 것으로부터 비효용을 얻을 것을 예측하기 때문에 어느 정도 효과를 알 수 있다. 그러나 이 모형은 돈을 덜 버는 사람의 보수를 증가시키는 것보다 더 버는 사람의 보수를 더 낮출 것을 예측하게 되는데 선망게임(Envy game)은 이에 해당하지 않는 결과이다.

분포게임에서 최소극대화를 기반으로 한 불평등회피 모형은 데이터를 적합하게 한다. 그러나 최소극대화는 최후통첩게임이나 처벌이 있는 공공재게임 또는 없는 공공재게임에서 데이터를 적합하게 하지 않는 경우가 많다. 다른 모형들이 얼마나 다른 전략

적 셋팅이 필요하다. 불평등회피를 기반으로 하지 않은 다른 모형들도 살펴볼 필요가 있다.

제3절 의도와 사회적 규범

불평등회피 모형에서 다른 사람들보다 적지도 많지도 않게 버는 사람들은 스스로 동기부여를 가지는 것이다. 이러한 예외가 나타나는지 설명하기 위해 최후통첩게임으로 돌아가서 제한된 선택이 있는 최후통첩게임(ultimatum game with restricted choice)을 살펴보자. 제안자는 자신이 선택한 어떤 방식으로든 $10을 나눌 수 있다. $8과 $2로 나누는 제안은 자주 거절된다. 겉보기에는 불공평한 보수이기 때문이다. 이제 제안자에게 $8, $2로 나누거나 $10, $0로 나누도록 제약을 가하자. $8, $2로 나눈 제안은 그렇게 불공평하게 보이지 않는다. 그래도 여전히 거절될까?

Falk, Fehr, and Fischbacher(2003)의 연구에 의하면 네 가지 다른 게임을 고려한다. 각 게임에서 제안자는 두 가지 가능한 제안 중에서 선택해야 한다. <표 8.6>에 요약한 것처럼 제안 중에 하나는 항상 $8과 $2로 나눈다. 여기서 $8, $2로 제안하는 것을 인지하는 것이 제안자가 하는 다른 제안에 비해 어떻게 변하는가에 대한 것을 알 필요가 있다. 만약 응답자가 오직 불평등회피에 대해서만 신경 쓴다면 응답자는 여전히 $2를 얻고 제안자가 $8을 얻기 때문에 다른 제안은 차이를 만들지 못한다. 그러나 분명히 차이가 있다는 것을 볼 수 있다. 만약 응답자가 $10과 $0로 나누자고 제안하고, 제안자가 $5와 $5로 나누자고 제안한다면 응답자는 $8와 $2로의 나누는 것을 보다 더 거절하려 할 것이다.

표 8.6 제안된 비율과 $8, $2를 거절하는 비율은 제약적인 선택을 가진 최후통첩게임에서 나누어진다.

게임	제안자의 선택		$8, $2제안의 해석	$8, $2제안의 비율(%)	$8, $2제안을 거절하는 비율
	A	B			
(5/5)	$8, $2	$5, $5	불공정	31	44
(2/8)	$8, $2	$2, $8	상대적으로 공정	73	27
(8/2)	$8, $2	$8, $2	선택안함	100	18
(10/0)	$8, $2	$10, $0	공정	100	9

자료: Falk, Fehr, and Fischbacher(2003)

이 결과는 불평등회피와 일관되어 있지 않다. 여기서 놓치고 있는 것은 불평등회피가 제안자의 의도를 고려하지 않았다는 것이다. Miguel이 \$10, \$0으로 제안할 수 있을 때 \$8, \$2로 제안한다면 Miguel은 공정한 것을 의도할 것이다. 그러나 Miguel가 \$5, \$5로 제안할 수 있었음에도 Miguel이 \$8, \$2로 제안한다면 불공정한 것을 의도할 것이다.

이미 <그림 8.9>의 달빛게임에서 유사한 것을 살펴 보았다. 의도가 없는 실험에서 컴퓨터가 제안자의 제안을 무작위로 선택하는 경우, 응답자가 제안자에게 약간의 보상이나 처벌을 했다는 것을 기억할 것이다. 만약 다시 컴퓨터가 제안을 만든다면 제안자 쪽에서는 의도가 없으며 이것은 중요하다. 따라서 의도를 갖추어 공정한 모형을 만드는 것이 필요하다.

1. 의도에 근거한 공정모형

의도(intention)를 고려하여 공정모형(model of fairness)을 살펴보자. 공정모형은 Rabin(1993), Dufwenberg and Kirchsteiger(1994)의 연구에 기초를 두고 있다. 불행하게도 이 모형은 불평등회피 모형만큼 쉽지 않다. Miguel과 Federica라고 불리는 누군가가 게임을 한다고 생각해보자. 핵심은 Miguel은 Federica가 게임에 참가할 것이라는 믿음(belief)과 Federica도 Miguel이 게임에 참가할 것이라는 믿음이다. 이러한 믿음은 의도에 대하여 생각할 수단을 만들어 준다. 여기에 그 이유가 있다.

Miguel이 행동 a_M을 선택하고 Federica가 a_F를 선택했다고 가정하자. 그들은 각각 $u_M(a_M, a_F)$과 $u_F(a_M, a_F)$의 물질적 보수(payoff)를 얻는다. 만약 Miguel이 Federica가 b_F를 선택한다고 믿는다면 Miguel은 행동 a_M을 선택해야만 하고 그들의 보수는 $u_M(a_M, b_F)$, $u_F(a_M, b_F)$가 된다. 이것은 Miguel이 아래의 집합에서 둘 중 하나를 보수로 선택할 것이라는 것을 생각할 수 있다.

$$U(b_F)=\{u_M(a_M,\ b_F),\ u_F(a_M,\ b_F) \mid a_M \in S_M\}$$

S_M은 Miguel이 선택할 수 있는 행동의 집합이다. 위의 식에서 파레토효율이 아닌 보수(payoff)의 쌍(pair)은 무시하자. 그리고 $U_F^h(b_F)$와 $U_F^l(b_F)$가 Federica가 $U(b_F)$에서 얻을 수 있는 가장 높고 가장 낮은 보수(payoff)라고 하자. 아래의 식을 도출할 수 있다.

$$U_F^e(b_F) = \frac{U_F^h(b_F) + U_F^l(b_F)}{2}$$

이것은 가장 높은 보수(payoff)와 가장 낮은 보수(payoff)의 중간으로 나타나며 공평한 보수(equitable payoff)가 된다. 이제 모형의 난점에 도달하는데 Federica에 대한 Miguel의 호의(kindness)는 Miguel이 행동 a_M을 취하고 Federica가 행동 b_F를 선택한다는 것을 믿는다는 가정 하에 아래의 식이라고 말할 수 있다.

$$k_MF(a_M, b_F) = u_F(a_M, b_F) - U_F^e(b_F)$$

따라서 만약 Miguel이 Federica에게 공평한 보수(payoff) 이상을 줄 것이라는 Miguel의 믿음에 대한 행동을 선택한다면 Miguel은 호의적이다.

다음으로 Federica가 Miguel에게 호의적이라면 Miguel도 Federica에게 호의적일 것을 가정한다. 한가지 문제는 Miguel은 Federica의 믿음을 모르기 때문에 Federica가 Miguel에게 호의적일 지 또는 아닌 지를 모른다는 것이다. 따라서 Miguel은 Federica가 호의적지 또는 아닌 지에 대한 믿음의 형태가 필요하다. Miguel의 믿음 b_M에 대해 c_M으로 나타내자. Miguel이 행동 c_M을 선택할 것을 Federica가 믿는다는 것을 Miguel이 믿는다는 것이다. 이제 Federica가 Miguel에게 얼마나 호의적일 것인 지에 대한 Miguel의 믿음은 다음과 같다.

$$\lambda_{MF}(c_M, b_F) = u_M(c_M, b_F) - U_M^e(c_M)$$

호의에 대한 이러한 식은 자연스럽게 호의를 확장할 수 있다. Miguel의 효용함수는 최종적으로 다음과 같이 쓸 수 있다.

$$u_M(a_M, b_F, c_M) = u_M(a_M, a_F) + u_M k_{MF}(a_M, b_F) \cdot \lambda_{MF}(c_M, b_F)$$

u_M은 상호수혜(reciprocate)에 대한 Miguel의 바램이다. 만약 Miguel이 공정성(fairness)을 신경쓰지 않는다면 $u_M=0$이다. 그리고 Miguel의 효용은 물질적 보수(payoff) u_M이 된다. 만약 Miguel이 공정성을 신경쓰고 Federica가 호의적이라고 믿는다면, $\lambda_{MF}(c_M, b_F) > 0$이다. 따라서 Miguel은 호의적으로써 효용을 증가시킬 수 있다($k_{MF}(a_M, b_F) > 0$). 만약 Miguel이 Federica가 호의적이지 않다고 믿는다면, Miguel 또한

호의적이지 않기를 원할 것이다. 따라서 상호수혜에 대한 바램을 효용함수로 넣을 수 있다.

믿음이 현실과 대응되므로 $a_M = b_M = c_M$ 그리고 $a_F = b_F = c_F$라면 공정성 균형(fairness equilibrium)이 있다고 할 수 있다.

이 모형은 아마도 완벽히 이해하는데 약간 어려울 수 있다. 그러나 기초적인 아이디어는 상대적으로 간단하다. 만약 Federica가 Miguel에게 호의적이라면 Miguel도 Federica에게 호의적이기를 원한다. 그리고 역도 성립한다. 상황을 복잡하게 만드는 것은 호의적인가, 아닌가를 정의하는 것이다.

제안자 Miguel이 $\$a_M$만큼 줄 것을 제안하고, 반면에 수신자 Federica가 동시에 최소 $\$a_F$만큼 되면 수락할 것을 설정하자. 만약 $a_M \geq a_F$라면 Federica는 제안을 받아들인다. 만약 Miguel이 Federica가 b_F만큼의 제안을 수락하거나, Miguel가 제안하는 $\$10 = U_F^h$이거나 $\$b_F = U_F^l(b_F)$사이의 어떤 것이든 선택한다고 믿는다면 결과적으로 파레토효율이 된다.

따라서 공평한 보수(equitable payoff)는 아래식이 된다.

$$U_F^e(b_F) = \frac{10 + b_F}{2}$$

Miguel의 호의는 다음과 같다.

$$k_{MF}(a_M, b_F) = a_M - \frac{10 + b_F}{2}$$

이것은 Miguel이 호의적으로 고려되기 위하여 많이 줘야 한다는 것을 의미한다. 예를 들어, $b_F = \$32$일 때 \$6의 제안이나 그보다 적은 제안은 호의적이지 않음을 의미한다.

만약 Federica가 Miguel이 b_M을 제공할 것이라고 믿는다면 Federica는 $a_F > b_M$에서 거절하거나 $a_F \leq b_M$에서 수락할 수 있다. 그러나 거절은 절대로 파레토 최적이 될 수 없다. 이것은 $\$10 - b_M = U_M^l(b_M) = U_M^h(b_m)$이 성립함을 뜻한다. 만약 Federica가 수락한다면 Federica의 호의는 0이다. 그리고 만약 Federica가 거절한다면 호의성은 $k_{MF} = (10 - b_M)$이 된다. Federica는 이 게임에서 절대 호의적일 수가 없다.

Federica가 호의적이지 않다고 주어진다면, Miguel은 Federica의 호의에 의해 이익을 얻을 수 없다. 그러나 Miguel은 여전히 Federica가 거절하지 못할 만큼 충분한 금액을 제공해야 한다. 만약 Federica가 a_M만큼의 제안을 수락한다면 Federica의 효용은 이 된다. 그리고 만약 Federica가 거절한다면 다음과 같다.

$$u_F k_{MF}(b_M,\ a_F)\cdot\lambda_{FM}(b_M,\ c_F)=-u_F(10-b_M)\left(b_M-\frac{10+c_F}{2}\right)$$

따라서 $b_m=c_F=a_M$인 균형에서 만약 $2a_M\geq uF(10-a_M)^2$면 Federica는 받아들일 것이다. 따라서 만약 $u_F>0$일 때, 0을 제안하는 것은 거절될 것이지만, 충분히 높은 금액을 제공한다는 제안은 받아들여질 것이다.

이러한 결과들은 불평등회피 모형에서 얻어진 결과들과 유사하다. 이 모형이 또한 의도의 중요성을 획득할 수 있을까? 그 대답은 그렇다고 말할 수 있다. 제한된 최후통첩게임(ultimatum game with qualified choice)으로 다음과 같이 예상할 수 있다. 응답자가 ($5/$5)와 ($2/$8)게임에서 $8, $2로 나누는 것을 거절하지만 ($8/$2)나 ($10/$0)게임에서 $8, $2로 나누는 것을 거절하지 않을 것이다. 이것은 제안된 분할이 앞에 두 게임에서는 호의적이지 않고, 뒤에 두 게임에서는 호의적이거나 중립적이기 때문이다. 따라서 그 모형은 의도를 고려한다. 그러나 이것은 데이터와 잘 맞지 않다. 왜냐하면 $8, $2 분할의 제안이 모든 게임에서 어느 때에 거절되었기 때문이다.

2. 공정함은 무엇인가?

의도에 근거한 공정모형의 가장 중요한 점은 효용이 공평한 보수(equitable payoff)위나 아래에 있는 지의 여부에 의해 호의가 판단된다. 이 공평한 보수는 손실과 이익으로 측정되는 공정한 기준점(fair reference point)의 한 예로 생각할 수 있다. 3장과 4장의 주제는 기준점의 임의성(arbitrariness)이었다. 이것들은 여기서도 다를 바가 없다. 공평한 보수는 가장 높은 것과 가장 낮은 것 사이의 중간에 가능한 파레토 효율적인 보수이다. 그러나 왜 공평한 기준점은 이것에 해당되고 다른 나머지 것들은 되지 않을까?

이러한 모형은 어떠한 공평한 기준점도 이용할 수 있어야 하므로 공평한 보수에 충실할 필요가 없다. 그러나 어떤 기준점을 계속 사용해야 할까? 지금까지 2개의 후보를 살펴보았다. 불평등회피 모형에서 개인의 물질적 보수의 공정함은 다른 개인들의 보수와 관련하여 판단하였다. 따라서 공정한 기준점은 다른 개인들이 무엇을 얻는가이고 가장 공정한 결과는 모두가 동일한 물질적 보수를 획득하는 것이다. 또한, 의도를 기반으로 한 모형에서 개인의 보수에 대한 공정성은 가질 수 있었던 최악과 최상의 물질적인 보수와 관련하여 판단되어 왔다. 가장 공정한 결과는 최악과 최상 사이에서 최소한 절반을 얻는 것이다.

제약이 없는 선택의 최후통첩게임(ultimatum game with unconstrained choice)과 같이 대칭적인 게임(symmetric game)에서는 이러한 공정한 기준점의 두 개념은 같은 것이다. 그러나 일반적으로 두 개념이 같은 것은 아니다. 예를 들어, ($10/$0)선택을 제약이 있는 최후통첩게임에서 $8, $2로 분할하는 것은 제안자가 수신자보다 많이 얻기 때문에 불평등회피의 표준에 의하면 공정하지 못하지만 수신자가 자신이 한 것보다 덜 얻을 수 있으므로 의도기준 모형에서는 공정하다.

제약이 있는 최후통첩게임(ultimatum game with constrained choice)에서 얻은 결론은 공정한 기준점의 두 가지 개념은 중요하다. 같은 모형 내에서 두 가지 요소를 합하는 것은 가능할까? Falk and Fischbacher(2006)는 만약 호의의 다른 정의인 의도에 기초한 공정한 모형을 사용할 경우, 이러한 것이 가능하다는 것을 보여 주었다. 이러한 수정된 모형에서 Miguel의 호의는 두 가지 부분으로 구성된다:

$$k_{MF}(a_M,\ b_F) = \delta_{MF}(a_M,\ b_F) \cdot \vartheta_{MF}(a_M,\ b_F)$$

첫 번째 부분 $\delta_{MF}(a_M,\ b_F)$로 불평등회피를 포착할 수 있으며, 다음과 같이 계산한다:

$$\delta_{MF}(a_M,\ b_F) = u_F(a_M,\ b_F) - u_M(a_M,\ b_F)$$

만약 Miguel에 Federica에게 자신보다 많은 금액의 물질적인 보수를 줄 것을 기대하는 행동을 선택했을 때 Miguel은 호의적이다라는 것을 뜻한다. Miguel이 Federica에게 자신보다 적은 금액의 물질적인 보수를 줄 것을 기대하는 행동을 선택한다면 Miguel은 호의적이지 않다. 두 번째 부분, $\vartheta_{MF}(a_M,\ b_F)$은 의도를 나타내고 의도요인(intention factor)라고 부른다. $u_M(a_M,\ b_F)$과 $u_F(a_M,\ b_F)$라고 하고 이것은 계산할 때 사용한다.

$$\vartheta_{MF}(a_M, b_F) = \begin{cases} 1 & \text{if } u_F > u_M \text{ and there exists } \alpha \text{ such that } u_F(\alpha, b_F) < u_M \\ \epsilon & \text{if } u_F > u_M \text{ and there is no } \alpha \text{ such that } u_F(\alpha, b_F) < u_M \\ 1 & \text{if } u_F > u_M \text{ and there exists } \alpha \text{ such that } u_F(\alpha, b_F) > u_M \\ \epsilon & \text{if } u_F > u_M \text{ and there is no } \alpha \text{ such that } u_F(\alpha, b_F) > u_M \end{cases}$$

이것은 아마 복잡하게 보일지도 모르지만 그렇지 않다. 첫 번째 두 구간은 Federica가 Miguel보다 많은 물질적인 보수를 버는 경우를 나타낸다. 이것은 호의적인 것처럼 보인다. 그러나 다음과 같이 질문하자. Miguel은 호의적인 것 이외의 다른 대안이 있는가? 만약 Miguel이 그렇다면 의도요인은 하나이고 Miguel은 의도적으로 호의적인(intentionally kind) 것으로 생각할 수 있다. 만약 Miguel이 그렇지 않다면 의도요인은 $\varepsilon < 1$이므로 Miguel은 의도적이지 않게 호의적(unintentionally kind)인 것으로 생각할 수 있다.

유사하게, 아래의 두 구간은 Federica가 Miguel보다 적게 버는 경우로 생각할 수 있다. 이것은 호의적이지 못한 것처럼 보인다. 그러나 Miguel이 선택권이 없다면 어떨까? 만약 그렇다면 의도요인은 하나이다. 그리고 만약 Miguel이 그렇지 않다면 의도 요인은 $\varepsilon >_1$이다. 예를 들어, ($10/$0)게임에서 $8, $2로 나눈 제안은 의도적이지 않은 비호의성(unintentional unkindness)이다. 그래도 이것은 ($5, $5)게임에서 $8, $2로 나누기로 제안하는 의도적인 비호의성(intentional unkindness)만큼 나쁘지 않다.

이 모형은 불공평회피와 의도를 모두 포함한다. 그리고 제약이 있거나 없는 최후통첩게임의 데이터와 맞추는 작업을 수행할 수 있다. 따라서 이 모형은 의도를 기초로 한 모형이 무엇이 공정함과 호의에 대한 개념을 고려할 수 있을 만큼 충분히 유연하다. 그러나 그것은 여전히 어떤 호의를 고려해야 하는 지의 문제가 남는다. 불평등회피 모형에서처럼 Falk and Fischbacher모형은 공정함이 주로 사람들의 상대적인 물질적 보수를 비교해서 판단한다. 공정성으로 어떤 사람이 가질 수 있는 최상과 최악의 보수(payoff)를 상대적으로 판단해야 하는 상황이 있을까? 있다. 바로 재산권(property rights)이다. 지금까지 설명한 모든 실험 중에서 피험자의 역할은 무작위로 정해졌다. 이번 경우에 공정성은 같은 물질적 보수를 버는 사람인 지의 여부에 의해 판단된다. 지금 사람들이 어떤 방식으로 물질적인 보수를 받고, 자신들의 물질적인 보수를 넘어 소유권(ownership)이나 재산권의 강한 감정을 가지고 있다고 가정하자. 다른 사람보다 더 많이 벌어들인 사람이 이것을 주어야 하는 것은 공정한가?

이 질문에 대답하기 위해서 받고 버는 독재자게임(dictator game with take and earnings)를 살펴보자. <그림 8.11>은 List(2007)에 의해 연구된 결과이다. 기저선 처리에서 제안자와 수신자는 $5(나타난 비용)를 받고, 제안자는 수신자에게 나누어 줄 수 있는 $5를 추가적으로 받는다. 이것은 <그림 8.1>의 standard ($5)에 대응된다. <그림 8.11>의 Take$1과 Take$5 처리에서 제안자는 수신자에게 $5를 제안할 수 있을 뿐만 아니라, 수신자에게 $1 또는 $5까지 가져올 수 있다. Earned $5처리에서 제안가와 수신자는 기부단체의 자선모금에 대한 편지를 구분하고 보내는 일을 함으로써 돈을 'Earn'

그림 8.11 받고 버는 것이 있는 독재자게임에서 독재자가 소유하는 금액. 돈을 가져가거나 버는 기회가 있을 때 소유는 낮아진다

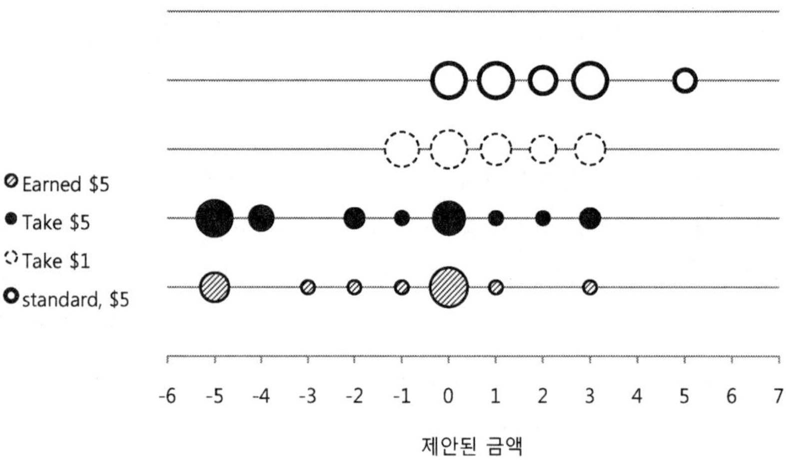

자료: List(2007)

할 수 있다.

부분의 제안자들이 돈을 제안하는 기본 처리에서 제안자와 수신자의 보수 사이에 조금 더 공평한 결과가 나타난다. Take $1과 Take $5실험에서 적은 사람들이 돈을 준다. 그들이 돈을 가져갈 수 있다는 사실은 돈을 주지 않으려는 변명으로 나타난다. 이것은 제안자와 수신자의 보수가 얼마나 공평한 지에 의해 판단되는 것이 아니라 제안자는 수신자에게 할 수 있었던 최악에 의해 판단되는 호의가 있는 곳에서 의도를 기초로 한 모형의 공정한 모형과 일치한다. Earned $5 실험에서 적은 제안자들이 돈을 가져가거나 제안하는 것을 알 수 있다. 겉보기에 번 돈은 그럴만한 돈이다.

여기서 알 수 있는 것은 재산권이나 규범(norm) 또는 제도는 사람들이 주는 것에 영향을 미치므로 공정함과 호의성이 무엇인지 어렴풋이 알려준다. 돈을 가져가는 것은 돈을 주는 것과 다르다. 돈을 취득했다고 하는 것은 무작위로 돈을 주어진 것과는 차이가 있다. 다른 연구들도 유사하게 다음과 같이 보여준다. 공정함 또는 호의적인 것에 대한 인식은 어떻게 문제가 프레임화되어 있고 이러한 것을 일깨워 주는 사회적 규범에 의존할 것이다. 때때로 금전적인 보수의 공평함(equity)에 의해 호의성을 판단하는 것은 자연스럽다. 또한, 한 사람이 다른 사람에게 좋게 또는 나쁘게 하는 지의 여부에 따라 호의를 판단하는 것도 자연스럽다. 따라서 어떤 기준점이 되어야 한다는 것은 없다.

제4절 자선단체에 기부

많은 사람들은 자선기금을 위해 돈과 시간을 포기한다. 예를 들어, 2009년 Charities Aid Foundation의 설문조사에 의하면 영국 성인의 54% 이상이 정기적으로 자선단체에 매달 평균 $31을 기부했다는 것을 알 수 있다. USA 재단은 2007년에 $306억이 기부하였다고 추산하였다. 이것은 엄청난 수이다.

왜 많은 사람들이 많은 돈을 기부하는 지에 사회적 선호에 대해 생각할 필요가 있다. 그러나 지금까지의 내용으로 자선기부를 이해하기에는 불완전하다. 왜냐하면 이전에는 다른 사람을 돕거나 기부하는 이유에 조건이 붙어 있었기 때문이다. 사람들은 불쌍해 보이거나 자신보다 돈을 적게 버는 사람을 돕는다. 다른 사람을 무조건적으로 돕는 사람들의 순수한 이타심이 있을까? 이러한 것은 그럴 듯 하다. 왜냐하면 많은 사람들이 자신보다 돈을 더 버는 지, 아니면 사람들이 호의적인 지 또는 아닌 지의 여부와 관계없이 돈과 시간을 자선단체에 기부하기 때문이다.

그렇다면 왜 사람은 자선단체에 돈과 시간을 기부하는 것일까? 세 가지 설명이 있을 수 있다. 그들은 단지 사람을 돕기를 원한다. 이것은 순수한 이타심(pure altruism)이다. 그들은 명예, 존경, 사회적 인정이라고 불리는 것 때문에 기부하고 그 이후에 스스로 기쁨을 느낀다. 이것은 자부심(warm glow)과 기부의 즐거움(joy of giving)으로 불린다. 마지막으로 그들이 기부하지 않는다면 사회적인 불인정이나 죄스러움에 의해 스스로 나쁜 감정을 느낄 지도 모른다. 마지막 두 가지 이유는 사람이 기부로부터 직접적인 이익을 받는 순수하지 않은 이타심(impure altruism)을 유발한다. 기부에 대한 동기도 순수하게 이타적이지는 않다. 그러나 순수한 이유인 지 또는 아닌 지가 문제가 되는가? 그렇다. 최소 두 가지 이유에 대해 살펴보자.

1. 밀어내기 효과

Federica가 자선단체에 기부할 계획을 세웠지만 다른 누군가가 이미 기부를 했다는 것을 알았다고 가정하자. 만약 Federica가 순수한 이타심으로 기부하려 했다면 Federica는 더 이상 기부하는 것을 원하지 않는다. 왜냐하면 다른 누군가가 Federica를 위해 좋은 일을 했기 때문이다. 이것을 밀어내기 효과(crowding out)라고 한다. 만약 Federica가 순수하지 않은 이타심에 의한 인센티브를 가졌다면 Federica는 여전히 기부하는 것을 원할 지도 모른다. 사실, 다른 기부자와 경쟁을 하기 위해 더 큰 인센티브를 느낄지도 모른다. 밀어내기 효과가 덜 이루어지게 된 것이다.

이 문제를 설명하기 위해 Andreoni(1990)가 개발한 자부심 모형(model of warm glow)의 특별한 경우를 살펴보자. 즉, 자선단체나 공공재에 기부하는 개인의 그룹을 보자. Federica의 효용함수는 다음과 같다.

$$U_F(w_F - c_F,\ C, c_F) = w_F - c_F + \eta_F\sqrt{C} + \rho_F\sqrt{c_F}$$

여기서 w_F는 Federica의 재산, c_F는 Federica가 공공재에 기부한 금액, C는 전체 기부금, 그리고 η_F와 ρ_F는 파라미터이다. 만약 $\rho_F=0$이면 Federica가 신경쓰는 것은 기부 후의 재산과 자선단체의 전체 기부금이기 때문에 Federica는 순수한 이타주의자라고 할 수 있다. 만약 $\rho_F>0$이면 기부로부터 효용을 얻기 때문에 Federica가 순수하지 않은 이타주의자가 된다. 만약 $\eta_F=0$이면 Federica는 오직 자부심을 얻기 위해 기부한다.

최적의 기부를 나타내는 관계식은 다음과 같다.

$$1 = \frac{\eta_F}{2\sqrt{C}} + \frac{\rho_F}{2\sqrt{c_F}}$$

만약 $\rho_F=0$이면 다음과 같다.

$$c_F = \frac{\eta_F^2}{4} - C_{\_F}$$

여기서 $C_{_F}$는 Federica를 제외한 전체기부이다. 따라서 순수한 이타주의자는 $\eta_F^2/4$의 기부가 되는 것을 원하고, 기부하는 사람에 대해 신경쓰지 않는다. 만약 $C_{_F}$가 증가한다면 Federica는 c_F를 감소시킬 것이다. 그리고 완전한 밀어내기 효과가 될 것이다. 만약 $\eta_F=0$이면 다음과 같다.

$$c_F = \frac{\rho_F^2}{4}$$

따라서 주어진 금액은 다른 사람에 의해 주어진 금액과 독립적이다. 밀어내기 효과는 제로가 될 것이다. 기부의 여부는 순수하거나 순수하지 않은 이유 때문에 중요해진다.

밀어내기 효과가 있는 지의 여부를 검증하는 것은 자선기금에 대한 실제 데이터나 실험실에서 이루어질 수 있다. 실험실에서의 결과는 완전한 밀어내기 효과를 나타나지 않는다. 예를 들어. Andrenoi(1993), Bolton, and Katok(1998)은 밀어내기 효과의 한계를 검증하기 위해 두 개의 완전 다른 실험을 했다. 그리고 밀어내기 효과 71.5%와 73.7%로 매우 유사한 결과를 알아냈다. 한 사람이 누군가가 기부하는 매 $1을 위해 $0.715 또는 $0.737로 자신의 기부를 줄인다고 보았다. 자선기금에서 실제 데이터는 밀어내기 효과와 많이 가깝다는 것을 보여준다. 예를 들어, Ribar and Wilhelm(2002)은 1986~1992년에 미국에서 125개의 국제구호 및 개발조직단체에 개별적으로 하는 기부를 보았다. 정부나 다른 단체들의 기부가 개인의 기부를 18%로 밀어냈다는 것을 알 수 있었다. 따라서 밀어내기 효과는 있지만 완벽한 밀어내기효과는 아니다. 얼마의 밀어내기 효과가 있어야 동의하기 어려울까?

실험적인 결과와 경험적인 결과 사이에 발생하는 차이를 재조정할 수 있을까? Ribar and Wilhelm(2002)은 잠재적인 기부자의 수를 고려함으로써 재조정할 수 있다는 것을 제시하였다. 설명을 위해, Federica는 순수한 이타심과 자부심로부터 효용을 얻는 순수하지 않은 이타주의자라고 가정하자. 순수한 이타심때문에 총기부금이 $\eta_F^2/4$ 만큼 충분히 높기를 바란다. 기부의 즐거움(joy of giving)때문에 Federica는 적어도 $\rho_F^2/4$만큼 확실한 금액을 기부하는 것을 원한다. 만약 다른 잠재적 기부자들이 적다면 실험실 결과에서처럼 총 기부금은 낮아질 것이고, 순수한 이타심은 Federica의 결정에 큰 영향을 끼칠 것이다. 만약 현실생활에서 많은 잠재적 기부자가 있다면 총 기부금은 높아질 것이고 기부의 기쁨이 Federica의 결정에 가장 큰 영향을 미칠 것이다. 모형에서 이것을 보기 위해 모든 기부자들이 동일한 금액을 기부할 것이라고 가정하자. 그렇다면 C=nc라고 대신할 수 있다.

$$c = \frac{1}{4}\left(\frac{\eta_F}{\sqrt{n}} + \rho_i\right)^2$$

만약 n이 크다면 η_F는 상관없고, 오직 자부심만이 문제가 된다. 만약 n이 작다면, η_F는 적절한 이타심이 문제일 것이다.

따라서 자부심과 기부에 대한 이타적 이유의 혼합을 관찰할 수 있다. 밀어내기 효과의 한계는 다른 잠재적인 기부자 수에 의존한다.

2. 누가 보고 있을까?

순수한 이타주의자는 자신이 기부하는 것을 아는 사람이든 아니든 상관없이 기부할 것이다. 순수한 이타주의에 동기부여를 받은 어떤 사람은 만약 기부하는 것이 관찰된다면 더 많이 기부할 것이다. 그 이유로 기부는 어떤 사람이 자신들에 대한 좋은 신호를 제공할 수 있는 방법이기 때문이다. 예를 들어, 기부는 관대함과 부를 상징할 수도 있다. 만일 관찰된다면 더 많이 기부하려는 사람들은 잠재적으로 기부를 증가시키는 중요한 이유가 된다. 이에 대한 증거로 어떤 사람들은 실제로 신호를 주기 위하여 기부한다. 그러나 그러한 증거를 보기 전에 이타주의와 자부심이 공존하는 신호적인 상호작용이 어떻게 작용하는 지에 대해 살펴볼 수 있는 간단한 모형을 살펴보자.

기부가 사람의 관대함을 나타내는 신호라고 가정하자. 이해를 하기 위해, 사람들이 얼마나 관대한 지에 대해 약간의 변동이 필요하다. 자부심 모형에 의하면 개인들의 η와 ρ의 값이 다르게 되고, 높은 η와 ρ은 관대한 것을 나타낸다. 다음의 두 가지 유형의 개인이 있다고 가정하자. 관대한 사람은 $\eta=0$ 그리고 $\rho=2$을 가진다. 그리고 관대하지 못한 사람의 η와 ρ 모두 0이다. 만약 기부가 관찰되지 않는다면 관대함은 첫 번째 사람에게 주어질 것이고 자부심을 얻을 것이다. 반면에 두 번째 사람은 0을 받을 것이다. 자선이 관찰된다면 어떻게 될까?

신호모형에 대한 두 번째 구성요소로 어떤 개인은 반드시 다른 유형의 주체로 보이는 것을 원해야만 한다. Federica라는 관대하지 못한 개인이 있다면 Federica는 너그럽게 보이려고 노력할 것이다. Federica는 $c_F=1$을 줌으로써 그렇게 될 수 있다. 만약 Federica가 다른 사람으로부터 자신이 관대하다고 인식이 되면 명예의 보너스 P를 받게 된다. 만약 다른 사람들에 의해 Federica가 관대하다고 인식되지 못하면 0, 확실하지 않다면 0.5P를 받는다고 가정하자. 기부비용은 1이지만 적어도 0.5P의 보너스를 받을 것이므로 만일 $0.5P>1$이면 Federica는 기부할 것이다. 그러나 만약 Miguel이라는 관대한 사람도 명예의 보너스를 받는다면 어떻게 되는가? Miguel은 Federica와 다르게 보이기 위해 더 기부하기를 원할 것이다. 0.5P보다 조금 더 기부함으로써 Miguel은 Federica가 더 이상 따라 잡으려 하지 않을 것이라는 확신을 가질 것이다. 따라서 Miguel은 보너스 P를 통째로 얻을 수 있을 것이다.

요약하면, 만약 단지 너그럽지 못한 사람이 관대한 사람으로 인식되기 위한 보너스를 받는다면, Federica와 Miguel 둘 다 $c_M=c_F=1$를 기부를 것이다. 만약 관대한 개인들이 그 보너스를 받는다면, Federica는 아무 것도 기부하지 않을 것이므로 $c_F=0$이 되고

Miguel은 보다 많은 $c_M = 0.5P$을 기부할 것이다. 관대하기 보이기 위한 바램은 관대한지의 여부에 따라 기부를 증가시킬 수 있다. 여러 가지 보편적인 모형에 의하면 신호의 함축적인 의미는 보다 복잡해지겠지만, 기부는 항상 증가하는 것으로 보인다. 그렇다면 기부하는 사람들에게 어떤 증거가 신호의 이유가 될까?

어떠한 것을 위해 신호가 중요하다 것에는 많은 증거가 존재한다. 가장 설명이 되지 않는 증거는 소수의 기부자들이 익명으로 남는다는 것이다. 그러나 공공재 실험에서 익명성이 높을수록 기부가 줄어드는 것을 알 수 있다. 그리고 조금은 다른 요점이지만, 이를 설명하기 위해 Dana et al.(2007)를 검토해 보자.

연구에서 제안자들은 기부를 하지 않는 변명을 하지 않거나 이유를 대거나 하는 독재자게임의 변동을 연기한다. 그 결과는 <표 8.7>에 요약되어 있다. 모든 실험에서 제안자들이 몇 개의 변화로 공정한 $5, $5 분할이나 불공정한 $6, $1 분할을 제안할 수 있다. 1절에서 주어진 바와 같이 기준치 처리에서 대부분의 제안자들이 공정한 옵션을 선택한다. 다른 처리에서는 제안가들이 그럴듯한 이유를 대고 공정한 옵션을 선택하지 않는다. 공정한 옵션을 선택한 비율이 급격하게 떨어지는 것을 알 수 있다.

숨겨진 정보 처리에서 제안자는 자신의 보수(payoff)를 알지만 수신자의 보수(payoff)를 알아내기 위해 선택해야만 한다. 비록 비용없이 끝날 수 있었다고 해도 거의 제안자의 절반이 수신자의 보수를 알게 되는 것을 선택하지 않았다. 그리고 대다수의 사람들은 불공정한 옵션을 선택했다. 두 독재자 처리에서 제안은 두 명의 독재자에 의해 동시에 결정되고, 이 중의 하나는 공정한 제안을 보내도록 강요할 수 있었다. 가능한 무작위로 처리에서 일정한 마감시간 전에 선택을 하지 않는다면 제안자의 선택은 무작위로 정해질 것이다. 대부분은 마감시간 전에 선택을 했지만 여전히 불공정한 옵션을 선택했다.

이 연구가 잘 보여주는 것은 신호가 의도와 얼마나 서로 상관되어 있는 지이다. 기준치 처리에서 제안자의 선택은 의도를 매우 확실하게 하였으므로 수신자나 자신들을 숨

표 8.7 도덕적 익명성의 여러 금액이 있는 독재자게임에서의 제안

처리	공정한 옵션을 선택하는 비율	기타사항
기준치	74%	
숨김	38%	피험자의 56%가 수신자의 보수를 밝히는 것을 선택
두 독재자	35%	
가능한 무작위	34%	참여자의 76%가 임계시간 전에 선택

길 수 없었다. 이것은 제안자의 행동이 확실한 신호를 보냈다는 것을 의미하므로 좋은 신호를 보내는 유인을 가지거나 자부심을 받거나 죄스러움을 피하는 유인이 된다. 다른 3개의 처리에서 제안자들의 선택은 그들의 의도에 관해서 훨씬 덜 드러난다. 이것은 좋은 신호를 보낼 인센티브를 줄이고, 대다수의 피실자들이 공정한 제안을 선택하지 않기에 충분하다. 따라서 기부를 하지 않는 약간의 자유재량권이 주어진 기부금액을 감소시키는데 충분하게 될 수 있다. 신호는 이것에 대해 가장 그럴듯한 설명이 된다.

3. 왜 사람들은 기부하는가?

사람들은 다양한 이유를 가지고 기부한다. 기부는 오로지 순수한 이타심으로 나타나지는 않지만 기부하지 않았을 때의 죄책감, 자부심, 신호, 순수한 이타심의 혼합이다. 이것의 이해하는 것은 사람들이 기부하는 것에서 더 많이 얻는다는 점에서 유용하다. 이러한 요점을 설명하기 위해 Alpizar et al.(2009)의 연구를 보자.

그들은 2006년 코스타리카에 있는 포아스 국립공원(Poas National Park)에 국제 방문자들이 기부하는 것을 보았다. 기부를 요청받은 마지막에 방문자들을 자의로 선별하여 방문에 대해 개인적으로 인터뷰하였다. 세 가지로 다양했다. 일부은 $3의 가치의 작은 선물을 받았고, 일부는 대부분이 보통 $2, $5, $10의 기부를 한다고 말했다. 그리고 일부는 인터뷰하는 사람이 얼마나 기부했는 지 모르는 상태로 기부를 하였다.

이 결과는 <표 8.8>에 요약되었다. 상대적으로 높은 비율이 기부를 했지만 낮은 기준점에서 기부한 사람들의 비율이 증가하는 것이 뚜렷하게 나타난다. 어떤 것을 기부하는데 조건을 다는 기부는 익명으로 처리되는 것에 비교하여 비익명인 경우에 25% 기부

표 8.8 Poas National Park에 기부하는 사람의 비율, 평균 조건부 기부와 평균 기부

처리	기부자 비율	조건부 기부	평균기부
선물없음	48	5.09	2.43
선물	56	4.56	2.56
익명	51	4.36	2.21
비익명	53	5.21	2.77
기준없음	47	6.00	2.84
$2 기준	61	3.61	2.20
$5 기준	50	3.95	1.98
$10 기준	49	5.97	2.95

자료: Alpizar et al.(2009)

가 더 높다. 즉, 기부가 많을수록 기준점이 높다. 사실 많은 기부자들이 기준금액에 매칭된다. 이러한 발견은 순수한 이타심을 인센티브로 하여 기부하는 사람과 본인의 보수만을 신경 쓰는 사람과 같다고 보는 것은 불가능하다. 대신 그들은 기부에 대한 인센티브의 혼합이 필요한 것을 제시하고 있다.

제5절 물가와 가격경직성

어떤 국가에 실업자 수를 살펴보면 매우 큰 수인 것을 볼 수 있다. 미국과 영국의 실업률은 전형적으로 노동인구의 5%이상이다. 일부 유럽 국가에서는 실업률이 20%정도인 곳도 있다. 이 중 일부분은 자발적 실업일 수 있지만 분명히 모두 자발적인 실업은 아니다. 이것은 노동시장이 적어도 단기적으로 청산되지 않음을 의미한다. 만약 노동력이 초과공급 상태라면 일반경제학에서 노동의 가격이나 임금이 시장이 시장청산이 나타날 때 또는 수요과 공급이 일치할 때까지 떨어져야 한다. 만약 임금이 어떤 이유로 떨어지지 않는다면 이것을 임금경직성(wage stickiness)라고 부른다. 만약 규제나 노동조합같은 것이 존재하면 임금경직성이 나타나는 것을 볼 수 있으나 여기서는 상호수혜와 공정성에 초점을 두기로 하자.

왜 상호수혜의 문제여야만 하는가? 고용주와 노동자 사이의 관계는 주인-대리인 관계(principal-agent relationship)이다. 고용주 또는 주인은 일을 할 대리인 또는 노동자를 고용한다. 고용주의 보수는 노동자가 자신의 일에 얼마나 노력을 하는 지와 인센티브에 의존하고, 고용주는 노동자가 열심히 일할 인센티브를 부여하는 방법을 찾는 것이 필요하다. 그러나, 결정적으로 대부분의 업무에서 고용주가 노동자가 얼마나 일을 하는가에 대해 확실히 말하는 것은 불가능하다. 적어도 노동자는 자신이 한 일보다 더 열심히 일한 것처럼 보이도록 하는 방법을 알고 있을 지도 모른다. 따라서 고용주는 노동자에게 인센티브를 부여하는 방법에 대한 신중한 생각이 필요하다.

상호수혜(reciprocity)에 대해 생각해보자. 긍정적인 상호수혜적인 면에서 만약 고용주가 노동자를 호의적으로 대하면, 노동자도 고용주를 호의적으로 대하게 될 것이라는 것을 암시한다. 부정적인 상호수혜면에서 만약 고용주가 노동자를 비호의적으로 대하면, 노동자도 고용주를 비호의적으로 대하게 될 것이라는 의미이다. 여기서 호의와 비호의는 무엇인가? 이것은 기준점에 따를 것이다. 그러나 앞 장에서 배웠던 것은 대부분

표 8.9 10% 임금삭감이나 증가가 노동자의 노력을 변화시킬 것이라고 생각하는 고용주의 비율과 10%보다 더 노력할 것이라고 생각하는 고용주의 비율. 예를 들어, 10% 임금삭감은 74.7%의 블루칼라 노동자가 10%보다 더 많이 노력하지 않을 것이라고 예상

임금변화	예상되는 노력의 변화	노력을 변화시킬 것이라는 노동자 변화		
		화이트칼라 노동자	블루칼라 노동자	비숙련 노동자
10% 삭감	감소	85.8%	92%	91.3%
	10% 이상 감소	61.7%	74.7%	78.8%
10% 증가	증가	55.8%	52.1%	53.2%
	10% 이상 증가	19.4%	18.7%	22.5%

자료: Campbell III and Kamlani(1997)

의 명백한 기준점은 이전에 받은 임금 또는 현재 다른 사람들에게 지불되는 임금과 비교하는 것이다. 임금삭감이나 다른 사람보다 낮은 임금을 지불하면 비호의적인 것으로 보일 것이고 임금상승이나 다른 사람에 비해 높은 임금은 호의적으로 보일 것이다.

따라서 고용주가 노동자의 인센티브 부여와 긍정적인 상호수혜를 위해 높은 임금을 지불할 것을 예측할지도 모른다. 고용주는 임금삭감과 노동자의 인센티브를 저해하는 것을 부정적인 상호수혜 때문에 주저했을 것이다. 수많은 조사에서 고용주는 이들 두 영향과 특히 후자에서 발생하는 영향을 발견했다. 예를 들어, Campbell Ⅲ and Kamlani(1997)은 184개 기업에 대해 불황에서 그들이 할 수 있는 만큼 임금을 삭감하지 않는지를 물었다. 고용주의 주요한 걱정은 대부분의 생산적인 노동자가 떠날 것이다(역선택 논쟁)였으며 두 번째에 가까운 것은 노동자의 노력이 줄어들 것이었다(상호수혜 논쟁). 예를 들어, <표 8.9>는 노동자의 노력에 심각한 영향을 가져오는 임금의 10% 삭감 또는 인상을 생각한 고용주의 비율을 보여준다. 임금 인상은 일부에서 이점을 가지나 임금삭감은 부정적인 영향을 가져올 것이라는 것은 명확하다.

만약 고용주가 부정적인 상호수혜를 일으키기 때문에 임금삭감을 꺼린다면 임금경직성(wage stkckiness)에 대한 그럴듯한 이유를 가지게 된다. 그러나 이 설명을 조금만 더 철저히 검증할 필요가 있다. 논쟁을 조금 더 수식화 하기 위해 공정성 모형을 사용하고 몇 개의 실험적인 결과를 찾아보자.

1. 노동자 상호수혜 모형

어떻게 상호수혜가 임금경직성을 만드는 지를 수식화하기 위해 3절과 <그림 8.12>에서 봤던 의도를 기반으로 한 공정성 모형을 살펴보자.

Miguel이라는 노동자는 많은 노력 또는 적은 노력 e=∈{H, L}의 둘 중 하나를 투입할 수 있으며 많은 노력은 Miguel에게 C를 지불한다. 만일 노력이 높다고 가정하면 e=H이고, 고용주 Federica는 수익 R을 가지며 만일 노력이 적으면, e=L, Federica는 0의 수익을 가진다. Federica는 임금 w를 선택하고, 이윤 또는 (수익−w)의 물질적 보수(payoff)를 만든다. Miguel은 (w−노력비용) 의 물질적 보수를 얻을 수 있다.

Federica은 공정성에 신경쓰지 않으며 단순히 이익을 극대화한다고 하자. Federica는 높은 임금을 지불해야만 하는가?

Miguel은 많은 노력을 하면서 호의적일 수 있고 적은 노력을 하면서 비호의적일 수 있다. Federica의 수익은 첫 번째 경우에서 R이며 후자에서는 0이다. 따라서 공정한 보수는 0.5R−w이다. Miguel의 호의는 Miguel은 높은 노력 또는 적은 노력을 가했는 지에 따라 이와 같이 0.5R 또는 −0.5R이다. Federica는 실제적으로 0과 R 사이에서 어느 임금도 줄 수 있으므로 공평한 보수(equitable payoff)는 0.5R이며 Federica의 호의는 w−0.5R이다.

만약 Miguel이 많은 노력을 가한다면 효용은 다음과 같다.

그림 8.12 노동자 상호수혜의 단순 모형. Federica는 임금 w를 선택하고 Miguel은 노력을 선택한다. Federica의 물질적 보수는 w의 수익이고, Miguel의 w는 노력의 비용이다

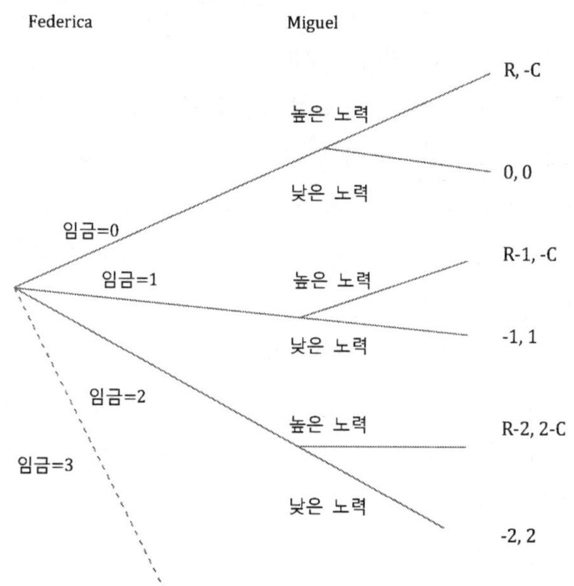

$$w - C + \mu_M\left(w - \frac{R}{2}\right)\frac{R}{2}$$

만약 Miguel이 낮은 노력을 가한다면 효용은 다음과 같다.

$$w - \mu_M\left(w - \frac{R}{2}\right)\frac{R}{2}$$

상호수혜에 대한 Miguel의 바램은 μ_M이라고 하자. 따라서 Miguel은 다음과 같은 조건에 높은 노력을 할 것이다.

$$w > \frac{r}{2} + \frac{c}{\mu_M R}$$

만약 Federica가 호의적이고 0.5R의 공정한 보수보다 높게 임금을 지불한다면 Miguel이 높은 노력을 가할 것이라고 알 수 있다.

Federica는 이러한 임금을 지불할 의향이 있을까? 만약 Miguel이 많은 노력을 가한다면 Federica는 R의 수익을 얻으므로 Federica는 R보다 적은 어떤 임금을 지불하려 할 것이다. $w < R$로 놓으면 $2C < \mu_M R^2$이 된다. 따라서 노력의 비용이 상당히 적거나 또는 Miguel이 상호수혜에 대한 충분한 바램을 가지고 있다면, Federica는 Miguel이 많은 노력을 할 것에 대한 충분히 높은 임금을 지불하려는 것을 주저할 것이다.

이 예에서 만약 고용주가 호의적이고 공평한 임금보다 높은 임금을 제시한다면 노동자는 열심히 일하려 할 것이다. 또한 어떻게 상호수혜가 실업과 임금경직성을 일으키는지 알 수 있다. 예를 들면, R이 나중에 낮아졌으나 Miguel은 여전히 예전의 임금 w와 호의를 갖게 한다고 하자. Federica가 더 이상 Miguel이 원하는 임금을 지불한 여유가 없기 때문이거나, Miguel은 임금을 삭감하는 것이 비호의적으로 생각하는 임금경직성 때문에 실업을 발생할 수 있다.

그러나 상호수혜를 나쁜 것으로써 생각하지 않는다. 즉, 임금경직성과 실업의 발생할 것이라고 생각하는 것이 이유가 될 수 있으나 이러한 이유없이 Miguel이 결코 높은 노력을 하지 않을 것이고 Federica는 이윤을 얻을 수 없다. 따라서, 상호수혜는 유익하지만 부정적인 부작용을 가질 수 있다.

2. 실험실에서의 임금경직성

실험실은 임금경직성을 제한된 환경에서 임금경직성을 보다 더 잘 설명하고 상호수혜의 중요성을 보여준다. 설명을 위해 Fehr and Falk(1999)을 살펴보자. 실험의 기본 설계는 1절의 선물교환 게임(gift exchange game)이라는 점에서 유사하다. 주요 차이는 사전 단계인 이중 경매(double auction)를 통해 매칭되는 고용주와 노동자에 있다. 이러한 경매에서, 노동자는 그들이 받아들일 임금을 말할 것이며, 고용주는 그들이 지불할 수 있는 임금을 말할 것이다. 만약 노동자와 고용주가 임금에 동의했다면 그들은 그러면 선물교환 게임을 한다. 이 과정은 10번 반복되거나 고용주는 그 노동자가 누구인지 결코 알지 못한다. 따라서 명성 쌓기(reputation building)를 위한 기회는 주어지지 않는다. 실험의 주요 해결책은 11명의 노동자와 7명의 고용주가 존재하여 노동자들의 공급초과이므로 실업은 불가피하다.

<그림 8.13>은 주요 결과를 나타낸다. 유보임금(reservation wate)은 받아들일 가장 낮은 임금을 부른다. 따라서 유보임금은 고용주가 제공하고 노동자가 그 임금을 가진다. 고용주가 지불했던 것과 비교할 수 있다. 먼저, 노력이 계산되지 않은 처리에서 보면 노동자의 보수는 노력에 의존하지 않는다. 이 처리에서 높은 임금 지불을 위한 인센티브가 없으며 그 결과 평균 임금은 낮고 유보임금과 비슷하다는 것은 알 수 있다.

그림 8.13 **실험실 노동시장에서의 평균임금과 유보임금. 노력이 없는 처리에서 평균임금은 상대적으로 낮다. 노력이 문제가 될 때 고용주들은 상대적으로 높은 임금을 지급하고 있으며 어떤 노동자가 수용하는 최소보다 높다**

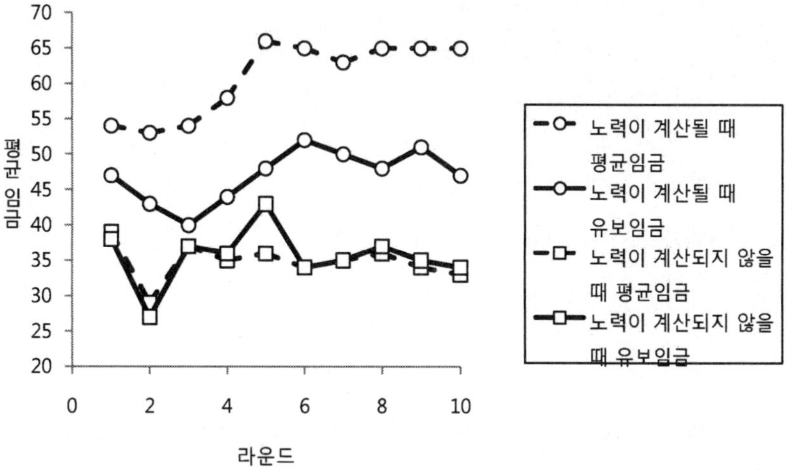

자료: Fehr and Falk(1999)

이제 계산된 노력에 많은 관심을 가지고 있는 처리에 대해서 보자. 그러한 임금은 상대적으로 높으며 유보임금보다 높다. 따라서 고용주는 임금이 싼 노동자를 고용할 수 있으나 그렇게 하지 않는다. 그들은 높은 임금을 원하는 노동자를 고용하기로 선택한다. 이것은 좋은 결정일까? 노동자의 34%가 임금을 조건으로 하여 노력을 하는 것이 아니고 66%는 높은 임금에 많은 노력으로 화답했다. 이것은 높은 임금이 더 높은 수익으로 돌아온다는 것을 나타내기 충분하다.

이 실험은 어떻게 노동자로부터 높은 임금을 지불하는 것이 가치있게 만들 수 있는 긍정적인 상호수혜인지 증명한다. Fehr and Falk(1999)의 두 번째 연구는 높은 임금의 지불로 인해 가치있게 만들 수 있는 부정적인 상호수혜를 보여준다. 그들은 최대한의 노력을 하는 노동자에게 노력비용을 변화시킬 수 있기 때문이다. 낮은 임금을 받는 노동자들은 여전히 평균적으로 그들의 노력을 낮추지만, 지금은 그것도 자신의 비용이다. 따라서 노동자들은 적게 지불하는 고용주를 벌하기 위해 스스로의 금전적 임금을 희생하는 것을 주저하게 된다.

3. 임금변화를 잊기 위해 얼마나 걸리는가?

상호수혜는 노동 시장 안에서 중요하며 임금경직성에서 중요한 원인인 것은 명백한 것 같다. 마지막 이슈가 하나 남아있다. 이미 3장과 4장에서 시간이 지날수록 어떻게 기준점이 변할 수 있는가에 대해 설명하였다. 만약 어떤 고용주의 임금이 변한다면 기준점 또한 결과적으로 변해야 한다. 이것은 고용주가 긍정적인 상호수혜를 통해 노동자에게 인센티르 부여를 하기 위해서 지속적으로 임금을 높이는 것이 필요하다는 것을 보여준다. 이것은 4장에서 말했던 증가하는 임금과정을 위한 바램과 일관된다. 새로운 임금에 조정하기 위해 사람들은 얼마나 오랜 시간이 걸리는가에 어떤 생각을 가지고 있는가?

Gneezy and List(2006)에서 임금 증가를 잊는 것은 긴 시간이 걸리지 않는다고 나타난다. 그들은 대학교 도서관의 데이터 입력과 집집마다 모금과 같은 지루한 업무를 할 사람들을 모집했고, 일부는 예상치 못한 증가된 임금을 주었다. 이들은 처음 90분 동안 더 열심히 일했으나 그 이후는 증가된 임금을 받지 못한 사람들의 수준으로 떨어졌다. 최종적으로 임금증가는 일하는 것보다 가치가 낮았다.

Kube et al.(2006)의 유사한 실험에서 임금상승에서 보았던 Kneezy and List의 유사한 결과가 나왔다. 그러나 그들은 또한 예상치 못한 임금삭감이 더 길게 지속되는 결과를 고려했다. 아마도 임금증액은 금방 잊지만 임금삭감은 결코 잊지 않는 것일까? 이것은 <표 8.9>에서 임금의 감소가 임금의 상승보다 노동자의 노력에 더 강한 효과를 주는 것과 같은 비대칭성을 볼 수 있었다. 이러한 비대칭성은 손실회피와 일치하며 왜 상호수혜가 임금경직성을 만들어내는 지에 대한 중요한 설명이 된다. 임금을 증가시키는 것이 노동자의 노력에 더 좋은 것보다 임금을 삭감하는 것이 노동자의 노력에 더 나쁘게 작용한다. 따라서 회사들은 임금 삭감은 피해야 한다.

4. 기업의 가격책정

경직화될 수 있는 것은 임금뿐만이 아니다. 만약 상품에 대해 초과수요가 발생하면 기업은 수요와 공급이 같아질 때까지 가격을 올려야 한다. 그러나 종종 큰 초과수요를 볼 수 있다. 예를 들어, 슈퍼볼(Superbowl) 또는 월드컵결승전(World Cup Final)과 같은 주요한 스포츠 경기를 위한 티켓은 여러 번 매진될 수 있다. 유사하게도, 스키 리조트들은 크리스마스와 신년에 수용할 수 있는 능력을 늘리려고 한다. 왜 가격을 더 올리지 않는 것일까?

좋은 논쟁은 이것이 공정함과 상호수혜를 위한 열망때문이라고 말한다. 임금경직성과 매우 유사한 설명이 가능하다. Kahneman et al.(1986)의해 이루어진 연구의 결과의 일부를 통해서 설명하자. 그들은 아래와 같은 질문으로 가계 설문조사를 수행하였다.

> 한 철물점은 눈삽을 $15에 팔아 오고 있다. 큰 눈폭포가 지난 아침, 그들은 가격을 $20로 높였다. 이 행동에 대해 매우 공정한 지, 받아들일만한 지, 불공정한 지, 매우 불공정지로 평가하라.

초과수요 시기에 기업들은 가격을 상승하는 것은 합리적이나 조사에서 응답자의 82%는 이 가격 상승은 불공정하다고 생각했다. 상호수혜로 인해 이 불공정은 사람들의 눈삽의 구매를 억제할 수도 있다.

임금과 같이, 가장 명백한 기준가격은 아마도 이전의 가격 또는 다른 사람들의 의해 변경된 가격이다. 이것은 가격상승 또는 상대적으로 높은 가격은 비호의적인 반면 가격 인하와 상대적으로 낮은 가격은 호의적이다는 것을 의미한다. 가격 경직성을 얻기 위해 높아진 가격이 낮아진 가격보다 더 나쁘다는 비대칭성이 필요하다. 예를 들면, 다른 질문이 있다고 하자.

> 자동차의 인기 모델을 인해 부족량이 생겼고, 고객들은 현재 배달을 위해 두 달을 기다려야 한다. 딜러는 판매가격에 이들 자동차들을 판매해왔다. 현재 그 딜러는 이 모델을 판매가격보다 위인 $200에 판매한다.

71%는 이것이 불공정하다고 생각했다. 다른 응답자들은 이렇게 말했다:

> 어떤 딜러가 판매가격보다 아래인 $200의 할인가격에 이들 자동차를 팔아왔다. 현재 그 딜러는 판매가격(정가)에 이 모델을 팔고 있다.

58%가 이것은 받아들일 만하다고 했다.

그렇다면, 가격이 높이진 것은 받아들일만 할까? 조사대상 대부분의 사람들은 소비자에게 도매비용에 있어 증가시키는 것은 공정하다고 생각했다. 그들은 기업이 받아들일 수 있는 수준의 이익을 만드는 것이 필요하다고 받아들이는 것으로 보이므로 이것을 수용하는 것을 주저한다. 불공정하다고 여기는 것은 기업의 상승하는 시장지배력(market power) 때문에 가격을 올리는 것이다. 눈삽 질문에서 이것은 명백하게 나타난다. 따라서 예상했던 것처럼 이전의 가격보다 기준점은 조금 더 미묘해 진다.

어떠한 것이 공정한지, 그렇지 않는지에 동의하지 않을지도 모르지만, 중요한 것은 기업이 가격상승에 대한 고객들의 인식을 고려할 필요가 있다는 것이다. 사람들이 최후통첩게임에서 거부하는 것을 알고 있기 때문이며 그들은 아마 너무 비싼 가격을 매겼다고 생각되는 제품을 사지 않을 것이다. 따라서 기업은 아마도 가격상승을 꺼릴 것이며 많은 시장에서 초과수요가 일어날지도 모르는 결과가 나타난다.

사실 시장이 초과수요가 인 곳에서 더 구체적일 수 있다. 우선적으로 수요의 변동이 큰 시장이 될 것이나 비용에 있어 작은 변화가 있고 고객의 충성도가 중요한 시장이 될 것이다. 이것은 초과수요와 수요의 변동이 크기 때문일 것이나 고객 충성도의 중요성은 기업들이 가격을 인상하기를 꺼리게 만들 것이다. 이것은 종종 스포츠와 공연에서 일어난다. 사실, 호텔과 운동 경기에서는 수요에 따라 가격이 다양하지만 다양한 실험에서 그들이 피크타임에 초과수요를 멈출 정도로 충분히 변화하지 않는 것을 보였다. Kahneman et al.은 스키 산업에 대한 설명을 인용하였다. 만약 당신이 크리스마스에 그들이 값을 부당하게 올린다면, 그들은 3월에 다시 가지 않을 것이다.

CHAPTER

09

행복과 효용

CHAPTER 09

행복과 효용

이제, 사람들이 어떻게, 왜 행동하는지를 살펴보고, 그러한 행동에 대한 후생과 정책적 함의에 대해 살펴볼 것이다. 본 장에서 살펴보려고 하는 기본적인 질문은 다음과 같다. 사람들이 자신들에게 가장 큰 만족과 행복을 가져다 주는 경제적인 선택을 하는지의 여부이다. 만약 그렇지 않다면 다른 누군가가 선택을 할 것인가에 초점을 둔다. 이러한 질문에 답하기 위해 무엇이 우리를 행복하게 하는 지, 무엇이 사람들을 행복하게 만드는 지에 대해 아는 지, 얼마나 많은 사람이 선택에 가치를 두는 지에 대해 살펴볼 필요가 있다.

제1절 무엇이 우리를 행복하게 만드는가?

이 책의 대부분에서 설명하고자 하는 것은 사람이 효용을 극대화하려고 시도하는 것이다. 대부분 행복의 척도로 효용을 생각할 수 있다. 따라서 만약 사람들이 효용을 극대화한다면, 사람들은 행복을 극대화할 수 있다. 기존의 경자학자들은 '무엇이 사람들을 행복하게 만들까?'라는 질문에 답하려고 한다. 따라서, 간단히 답하면 '사람들이 하는 것 무엇이든지'라는 결론에 이르게 된다. 만약 영화관에 가는 Emma를 관찰한다면, 영화관에 가는 것이 Emma를 행복하게 만드는 것을 추측할 수 있다. 그 외의 것이 Emma를 영화관에 가도록 하는 이유는 무엇일까? 만약 Alan이 자동차보험을 구매하는 것이 관찰된다면, 보험에 드는 것이 Alan이 행복하게 만드는 것을 추측할 수 있다. 그 밖의 것이 Alan이 보험을 구매하도록 하는 이유가 있을까? 이것은 Emma와 Alan의 행동이 자신들의 선호를 드러냈기 때문에 현시선호(revealed preference)라고 한다.

그러나 사람의 선택이 자신들을 행복하게 만드는 것을 진정으로 드러낼 수 있을 것이라고 확신할 수 있을까?

이 질문에 답하기 위해 사람을 행복하게 만드는 대안적인 측정수단을 가질 필요가 있다. 하나의 대안으로 사람들에게 현재 그들이 얼마나 행복한 지에 대해 물어보고, 그들의 인생에서 일어난 일들에 따라 얼마나 변화하는 지에 대해 살펴보는 것이다. 예를 들어, 만약 Emma가 직장을 가지는 것을 관찰하고, 그 후 현시선호에 의해 직장을 가지는 것이 더 행복하다고 설명할 것이다. 만약 Emma가 직장을 얻기 전에 얼마나 행복했었는 지를 말하고 직장을 얻은 후에 얼마나 더 행복한지를 확인 할 수 있다면 얼마나 더 행복해졌는 지에 대해 알 수 있다.

다행히, 사람들은 자신들이 얼마나 행복한 지에 대해 말하는 자료가 많이 존재한다. 예를 들어, World Values Survey는 응답자에게 다음과 같은 질문을 한다. '모든 것을 고려했을 때 요즘 전체적으로 당신의 삶이 얼마나 만족스럽습니까?' 많은 다른 설문조사도 비슷한 질문을 한다. 이러한 자료는 어떤 일관된 결과가 나타난다. 따라서 그것이 믿을만한 자료라고 추정할 수 있다. 이것은 선택이 정말 사람들을 행복하게 만들 수 있다는 것을 나타내는 지 또는 아닌 지를 체크할 수 있게 된다. 그러나 그것을 하기 전에 사람들이 그들을 행복하게 만드는 지를 살펴보는 것이 유용한다.

연구방법 9.1 대수의 법칙(The Law of Large Numbers): 행복 자료를 신뢰할 수 있는가?

행복을 측정할 수 있는다고 말하는 두 가지는 사람들에게 다음과 같은 질문을 던지는 것이다. '요즘 전체적으로 당신의 삶이 얼마나 만족스럽나요? 또는 그들에게 사건을 되돌아보는 것을 요청하고 사건을 겪는 동안 느끼는 즐거움, 아픔이나 효용을 회상하도록 한다. 사람들은 이러한 질문에 안정적인 응답을 하는가?

이러한 질문에 사람들의 답변은 현재의 기분과, 질문이 어떻게 프레임화 되어 있는 지에 따라 영향을 받는다. 이러한 조사를 진행하기 전에 'Dime(미국·캐나다의 10센트짜리 동전)을 찾을 만큼 충분히 행운이 있는' 조사대상자의 절반이 Nobert Schwarz에 의한 실험에서 설명하였다. Dime을 발견한 사람들은 더 높은 삶의 만족을 기록하였다. 그러나 사람들이 만약 2주 이상을 따로 떨어져 지내는 것을 요청받는다면 얼마나 행복한 지에 대해 꽤 다른 응답을 하였다. 따라서 분명히 행복 측정에 약간의 의심을 할 필요가 있다.

따라서 모든 행복 자료를 사용해야 하는가? 그것은 아마 이 책의 목적을 보면 자료의 양은 충분할 것이다. 많은 사람들이 자료를 종합할 것이기 때문이다. 예를 들어, 실업자가 취업자보다 덜 행복한 지에 관심이 있을 것이다. 만약 많은 실직자와 취업자에게 행복한 지에 대해 질문하여 반응의 평균을 내면, 취업한 사람들이 더 행복한 지에 관한 믿을 수 있는 측정 결과를 얻어야 한다. 만약 자료가 다소 믿을 수 없거나 잡음이 있다면, 그 후에 더 많은 사람들에게 질문해야 할 지에 대해 모르지만 여전히 믿을 수 있는 정보를 얻을 수 있다.

연구방법 9.2 **행복의 대체 수단.**

하루 휴식방법(day reconstruction method)은 참가자에게 전날 발생한 일들을 요약한 일기를 작성하게 한다. 그들은 했던 것, 그들이 그것을 위해 얼마나 오래했는지, 그들이 하루의 각 사건들이 발생하는 동안 어떻게 느꼈는지 등을 설명해야 한다. Kahneman et al. (2004)는 텍사스에서 일하는 909명의 여성을 대상으로 조사하였다. 자료의 결과는 <표 9.2>에 나타난다. 순효과는 양(+)에서 음(−)의 경험을 빼고, 상대적으로 높고 낮은 순 영향을 준다는 것은 놀라운 일이다.

표 9.1 하루 휴식방법: 순효과는 양에서 음을 뺀 감정을 측정, 모든 반응은 6점 척도이므로 6은 가장 높은 양의 점수이고 대부분 음은 0으로 처리

활동	시간소비	순 영향	U-index
친밀한 관계	0.23	4.83	0.040
퇴근 후 사회활동	1.14	4.15	0.073
휴식	2.17	3.96	0.078
저녁	0.81	3.94	0.074
점심	0.57	3.91	0.078
운동	0.22	3.85	0.088
기도/예배	0.45	3.78	0.105
직장 사회활동	1.12	3.78	0.100
TV 시청	2.19	3.65	0.095
집에서 통화	0.93	3.52	0.126
낮잠	0.89	3.35	0.131
요리	1.15	3.27	0.138
쇼핑	0.41	3.23	0.157
컴퓨터(일이 아닌)	0.51	3.22	0.165
가사	1.12	2.99	0.161
양육	1.10	2.99	0.199
저녁통근	0.61	2.77	0.209
일	6.89	2.68	0.211
아침통근	0.47	2.09	0.287

행복을 측정하기 위해 하루의 휴식방법을 사용하는 한가지 방법은 U-index이다. U-index는 한 사람이 즐겁지 않는 활동에 얼마나 소비하는 지를 질문한다. 활동이 즐겁지 않을 때, 간단한 정의는 없다. 그러나 한가지 가능성은 가장 강렬한 긴장을 느낄 대 음(−)의 어떤 사건으로 계산하는 것이다. <표 9.1>에서 하루의 여러 시간에 걸친 활동에 U-index를 비교한

다. 예를 들어, 하루의 28%는 통학을 불쾌하게 보냈다.

<그림 9.1>에서 행복, 가계소득, 나이의 기준척도에 대한 U-index를 비교하고, 두 척도 사이에 강한 상관관계를 알 수 있다. 그러나 U-index라는 표준측정을 통해 하나의 큰 이점을 가진다. 즉, 사람들 상호비교는 그럴 듯 하다. 얼마나 사람들이 그들 스스로 비율을 선택하는 10점 기준의 만족도는 행복의 차이가 없어도 사람들마다 다를 수 있으므로, 만족도 질문에 초점을 맞출 때 사람간의 상호비교는 믿기 어렵다. 따라서 Maria는 그녀 스스로 7로 평가하는 것과 Alan의 6은 Maria가 Alan보다 더 행복하다고 설득력 있게 말하기는 어렵다. U-index는 직관에 의해 더 객관적으로 측정한다. 사람들은 사건이 불행한지 아닌지 더 확실하게 기억할지 모르고, 불행한 사건을 수행하는 시간소비는 즉시 이해가능한 측정으로 바꾸어 준다.

그림 9.1 U-index는 삶의 만족도를 비교한다. 더 낮은 삶의 만족도를 가진 사람들은 더 짧은 시간을 불행하게 보냈다

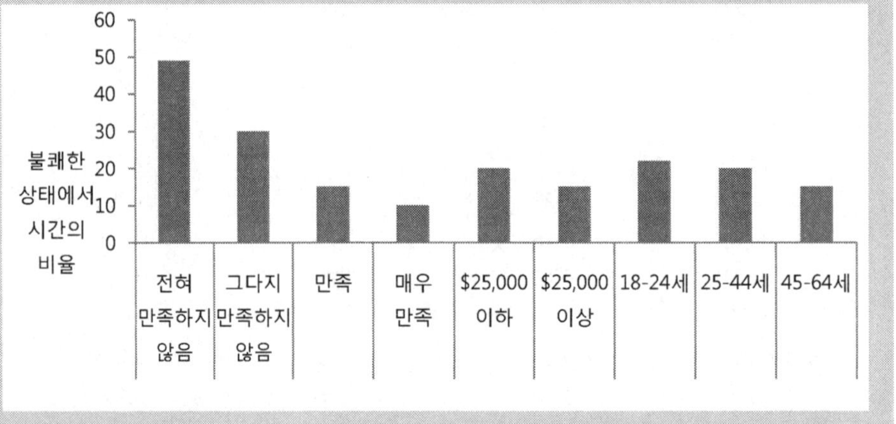

출처: Kahneman and Krueger(2006).

1. 행복은 상대적이다

현재 사람들이 얼마나 행복한 지 또는 사람들이 그들의 삶이 얼마나 행복한 지에 대해 살펴보면 놀라운 결과들이 존재한다. 1970년대 경제학적인 연구와 심리학적인 연구 두 가지를 살펴보자.

Brickman, Coates, and Janoff-Bulman(1978)은 복권당첨자와 사고희생자, 무작위로 전화번호부에서 선택된 통제그룹의 행복을 비교했다. 복권당첨자는 일리노이주 복권에서 $5만-$100만 사이의 상금을 받았다. 사고희생자는 사고의 결과로 하반신마비가 되거나 사지마비 환자가 되었다.

그림 9.2 인생이 변하는 사건에 따른 보고된 삶의 만족도 변화

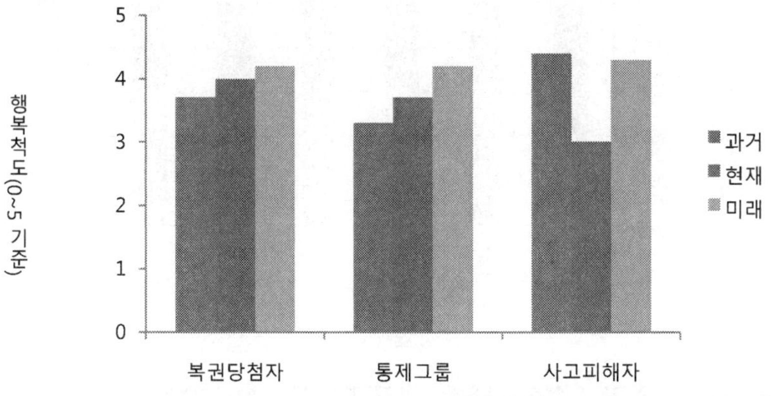

자료: Brickman, Coates, and Janoff-Bulman(1978)

연구의 주요한 결과는 <그림 9.2>에 나타나 있다. 첫째, 복권당첨자와 통제그룹 사이의 보고된 행복의 차이는 거의 없다. 복권에 당첨되는 것이 사람을 더 행복하게 만들지는 않아 보인다. 놀랍게도, 사고가 난 경우에 더 낮은 행복을 나타내고, 지난 행복의 인식을 증가키는 명백한 효과를 나타낸다. 그리고 더 놀라운 것은 행복의 하락은 그다지 크지 않고, 미래의 행복에 대한 예상은 복권당첨자의 행복과 다르지 않다. $1백만에 당첨되는 것과 하반신마비환자가 되는 것은 분명히 삶을 변화시키는 사건이지만 연구자들이 예상하는 것만큼 삶의 만족을 변화시키지 않는다.

Easterlin(1974)은 행복이 소득과 상관관계를 가지는 지에 대한 여부를 살펴보았다. <그림 9.3>은 US population 1970년 조사의 데이터를 나타낸다. 예상한대로 더 높은 소득을 가진 사람은 더 행복하다고 보고되었다. 그러나 만약 증가한 소득이 증가한 행복으로 연결된다면, 다음과 같은 면에서 논리적인 것처럼 보인다. (1) 평균적으로 더 높은 소득을 가진 나라의 사람들은 더 행복해야 한다. (2) 만약 시간이 지나면서 소득이 증가한다면 사람들은 평균적으로 더 행복해져야 한다. Easterlin이 지적한 대로 위의 결론이 나타나지 않는다. <그림 10.4>는 최근 보고된 행복의 국제비교를 나타낸다. 그리고 더 높은 소득이 더 높은 행복으로 전환되지 않는다는 것을 일 수 있다(예를 들어, 영국, 르완다, 터키 그리고 남아프리카와 미국을 비교).

<그림 9.5>는 시간경과에 따라 보고된 미국의 행복을 나타내는데, 실소득은 이기간 동안 3배 변화했음에도 불구하고 보고된 행복은 최종적으로 약간 변화하는 것으로 나타난다.

그림 9.3 삶의 만족도와 소득. 소득이 높을수록 삶의 만족도가 높다

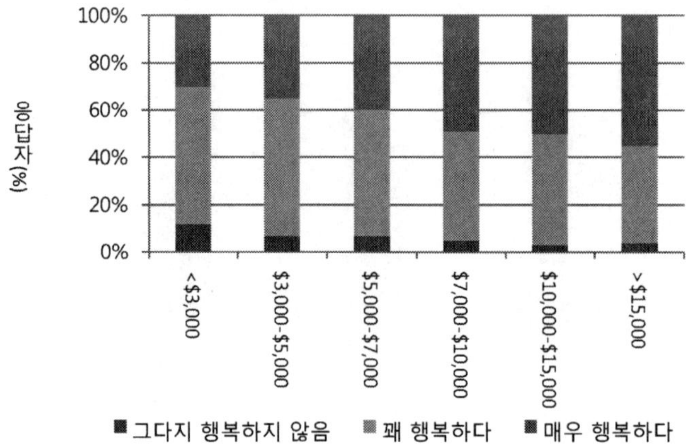

자료: Easterlin(1974)

그림 9.4 각 국가의 삶의 만족도. 한 국가의 평균소득과 만족도 사이에 명확한 상관관계가 나타나지 않는다

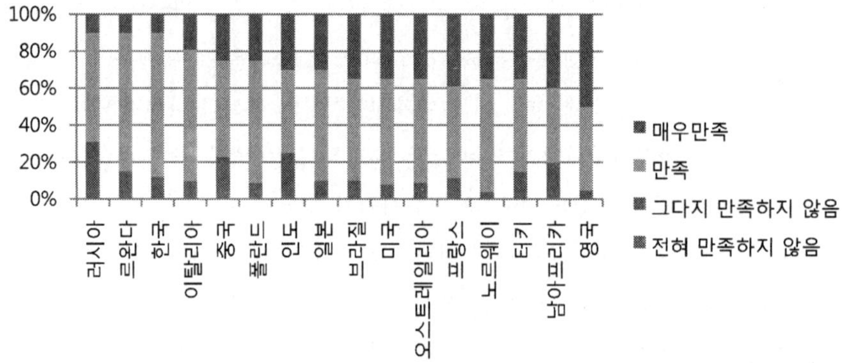

자료: World Values Survey(2005)

행복과 불행의 차이가 약간 눈에 띈다. 이것의 중요한 의미를 살펴보기 전에, 왜 그러한 일이 일어나는 지에 대해 질문할 필요가 있다. 기준점 의존(reference dependence)이 하나의 설명이 될 수 있다. 만약 행복이 소득, 건강과 같은 절대적인 수준보다 상대적인 수준에 의존한다면, 그 후 절대적인 수치의 변화는 행복을 변화시키지 못한다. 가장 가능성 있는 두 가지 기준점은 다른 사람이 현재 가지고 재산과 그 사람의 과거 재산이다. 두 가지 중에 후자에 초점을 두고 간단히 첫 번째의 영향에 대해 생각해 보자.

만약 사람들이 친척이나 친구만큼(그리고 앞 장에서 그들이 수행한 증거를 보았다) 많은 소득을 벌긴 원한다면, 상대적으로 많은 소득을 가지는 사람들은 상대적으로 적은

그림 9.5 시간에 따른 삶의 만족도와 소득. 중간 소득은 많이 증가하지만 보고된 만족도는 그렇지 않다

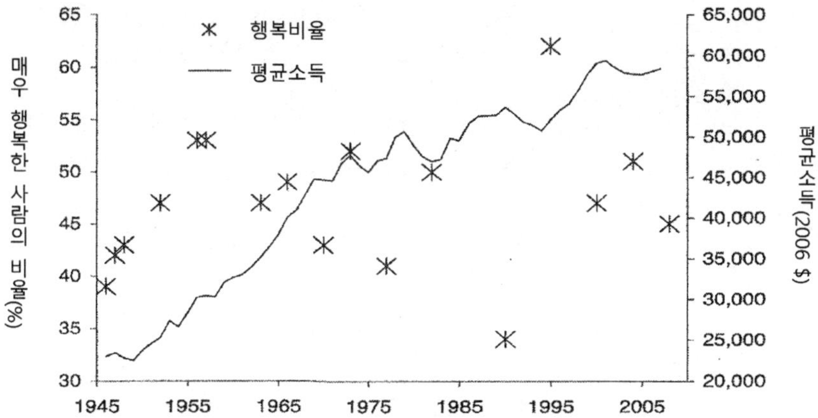

자료: Easterlin(1974), Gallup and US Census Bureau

돈을 버는 사람들보다 상대적으로 더 행복하다. 이것은 논리적으로 <그림 9.3>과 일관성이 있다. 그러나 거기에는 상대적으로 더 버는 사회 구성원과 적게 버는 사회구성원이 항상 존재해야 한다. 이것은 평균행복과 시간에 따른 소득 사이에 상관관계가 없으며 또는 국가 사이에도 상관관계가 없는 이유를 설명한다. 따라서 사람들은 수입이 다른 사람들과 상대적이라고 그들 스스로 판단한다. 그러나 그것은 지금 보는 것과 같이 모든 것을 설명할 수는 없다.

2. 적응과 습관화

<그림 9.2>를 다시 살펴보면, 행복이 다른 것에 비해 상대적으로 환경에만 의존하지 않는다는 것을 알 수 있다. 복권당첨자는 상대적으로 부유해지지만 행복하지는 않다. 사고희생자는 상대적으로 건강이 나쁘고, 질문했을 때 덜 행복했으나 미래에 덜 행복해질 것이라고 예상하지 않았다. 이것을 설명하기 위해, 적응(adaptation)과 습관(habituation)의 개념을 도입할 필요가 있다.

'인생이 변하는 사건'에 대해 사람들이 행복이나 만족의 변화를 어떻게 보고하는지에 대해 알아보자. Clark et al.(2003, 2008)은 1984년에서 1997년의 독일의 데이터를 이용하여 사람들의 삶의 만족도를 추적하였다. 개인의 만족수준의 기본적인 수치를 알기 위해, 처음 5년 또는 7년짜리의 패널 조사를 사용하고, 결혼, 이혼, 출산, 그리고 실업과 같은 사건 후에 몇 년 동안 만족도가 얼마나 변화하는 지를 살펴보았다. 이러한 사건의

그림 9.6 인생이 변화하는 사건들의 전후에, 기준선에 대한 상대적인 행복의 변화

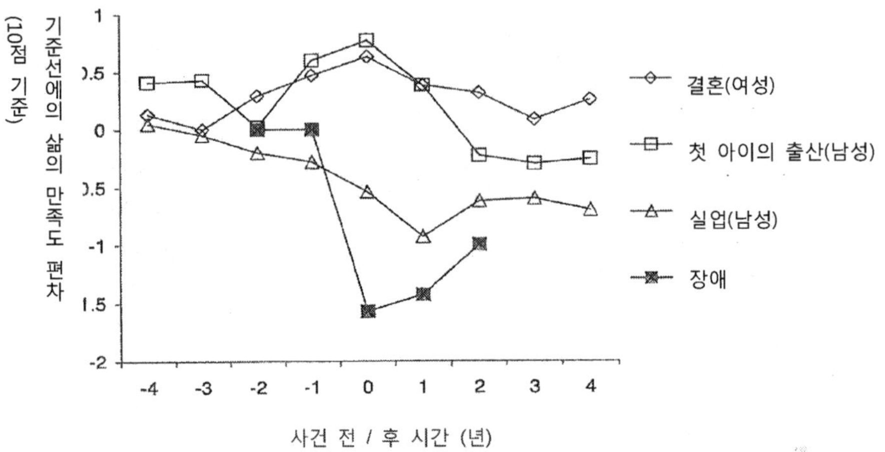

자료: Clark et al.(2003), Oswald and Powdthavee(2008)

대부분은 예측가능하므로 더 예측하기 어려운 사건에 관한 일부 자료를 가지고 있어야 한다. 신체장애에 대해 다룬 Oswald and Powdthavee(2008)의 자료에서 예측하기 어려운 것을 살펴볼 수 있다.

<그림 9.6>은 사건의 이전과 이후에 행복이 증가하거나 감소하는 것을 보이기 위해 결혼, 첫 아이의 출산, 그리고 해고와 같은 예측이 가능한 것을 나타낸다. 신체장애와 같은 것은 예측이 어느 정도 불가능하기 때문에 행복이 갑자기 점프(jump)를 하게 된다. 결혼이나 첫아이의 출산과 같은 사건이 발생한 후, 행복이 기본 수준(기준치)으로 되돌아 오는 것을 알 수 있는데 이를 적응(adaptation)이라 한다. 신체장애의 경우에도 적응이 있으나 실업은 적응이 없다.

행복은 좋거나 나쁜 사건이 일어난 후에 기본수준으로 되돌아온다는 것을 내포하기 때문에 적응은 가능성있는 설명이 된다. 이것은 정책적 함의를 가지게 되며 삶을 바라보는 방법에 대해 깊은 영향력을 가지게 된다. 왜 그러한 것이 일어날까? 네 가지 다른 해석이 가능하며 서로 밀접한 관련을 가지는 원인들을 살펴보자.

효용의 실제 변화로부터의 나오는 두 가지 영향으로 구분할 수 있다. 부정적인 사건의 관점에서는 사람들이 자신들의 삶을 실행하기 위해 새로운 방법을 찾는 재조정(readjustment)을 할 지도 모른다. 예를 들어, 풋볼하는 것을 좋아했지만 하반신마비가 된 환자가 휠체어 농구를 배울 수도 있다. 이러한 경우, 효용함수 또는 기준점은 변하지

않지만 사람들은 어떻게 효용을 극대화하는 지에 대해 다시 배워야 한다. 습관화(habituation)는 사람이 새로운 삶에 익숙해지는 곳에서 일어난다. 예를 들어, 복권당첨자는 비싼 물건을 사는 것에 익숙해지고, 사고희생자는 휠체어를 타는 것에 익숙해진다. 이것은 기준점의 변화 또는 효용함수의 변화를 나타낸다.

사람들이 현재 얼마나 행복한 지에 초점을 두는 효과를 구분할 수 있다. 한가지는 모든 미래의 사건이 판단되는 것에 의해 규모를 변화시켜 극도로 좋거나 나쁜 사건이 있는 대조효과(contrast effect)이다. 예를 들어, 복권에 당첨되는 것처럼 좋지 않거나, 사고를 당하는 것만큼 나쁘지 같지 않다. 여기서 한단계 더 나간 것이 포부트레드밀(aspiration treadmill)[6]이다. 포부트레드밀은 사람들이 일반적으로 경험하는 만족도에 동경을 조정하는 것이다. 결과적으로 복권당첨자는 현재 만족도를 전에 경험했던 것과 비교하여 과소평가하고, 사고희생자는 현재 만족도를 과대평가한다.

재조정과 습관화는 효용이전의 수치로 다시 되돌아 오는 것을 의미한다. 대조효과와 포부트레드밀은 효용이 이전 수치로 다시 되돌아 오지 않을 수 있지만, 얼마나 만족을 느끼는 지에 관한 질문에 대한 응답이다. 이것은 중요한 차이를 가진다. 불행하게도 아직 적응(adaptation)을 훌륭하게 설명하는 좋은 답을 가지지는 못한다. 따라서 효용이 기본수준으로 되돌아 가도록 할 필요는 없다.

적응은 단지 어떤 시점에서 발생한다. 어떤 사건의 종류에 대해 적응은 불완전하고 긴 시간이 걸린다. 예를 들어, <그림 9.6>에서 실업 후에 적응의 증거를 거의 찾아볼 수 없다. 다음의 <그림 9.7>에서 남자의 삶의 만족에서 실업의 추정 효과이다. 실업은

그림 9.7 **노동자 대 실직자의 삶의 만족도의 추정된 영향. 실직에 적응의 증거가 없다**

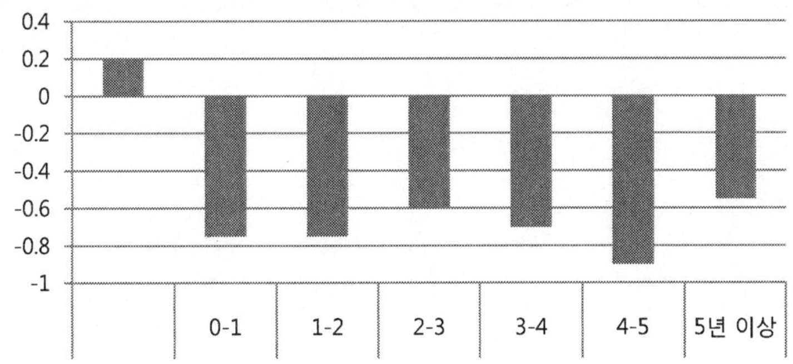

자료: Clark et al. (2008)

6) 트레드밀은 너비가 넓은 벨트로 된 바닥을 모터로 회전시키고, 그 위를 회전방향과 반대 방향으로 걷거나 뛰는 장치를 말한다.

장기적인 영향을 미치고, 따라서 적응은 매우 약하다.

사람들은 충분히 빨리 적응의 결과로 돌아올 것이지만, 사람들의 선택이 그들을 행복하게 만드는 것을 드러내는 지에 관한 질문으로 돌아가보자.

제2절 무엇이 우리를 행복하게 만드는 지에 대해 아는가?

예를 들어, 여름 휴가로부터 이탈리아로 막 돌아온 Ian에게 전화하여 얼마나 행복한지와 왜 이탈리아로 선택했는 지에 대해 묻는다고 하자.

현시선호(revealed preference) 관점에서, Ian이 휴가를 간 사실로 되돌아 오자. 이탈리아에 휴가를 가기 위한 의사결정효용(decision utility)은 프랑스로 휴가를 가는 것보다 크거나, 집에 머물면서 비행기나 호텔에서 $2,000를 쓰는 것보다 크다. Ian은 이탈리아로 휴가를 가는 것을 결정했다는 것을 알기 때문에 효용이 크다는 것을 안다. 보다 일반적으로, 의사결정효용은 사람의 행동으로부터 나타난다. 사실, 지금까지 효용을 언급할 때마다 의사결정효용에 대해 이야기 하고 있었다.

다소 다른 관점에서, 순간효용(instant utility)의 개념을 살펴보자. 순간효용은 Ian이 특별한 시점에서 경험했던 기쁨이나 고통을 측정한다. <그림 9.8>은 Ian의 휴가 코스와 유사하다. 산을 올라가는 것과 같이 좋은 휴가 시에는 효용이 증가했다가, 식중독에 걸

그림 9.8 이탈리아에서 휴가에 대한 시간에 따른 Ian의 순간효용

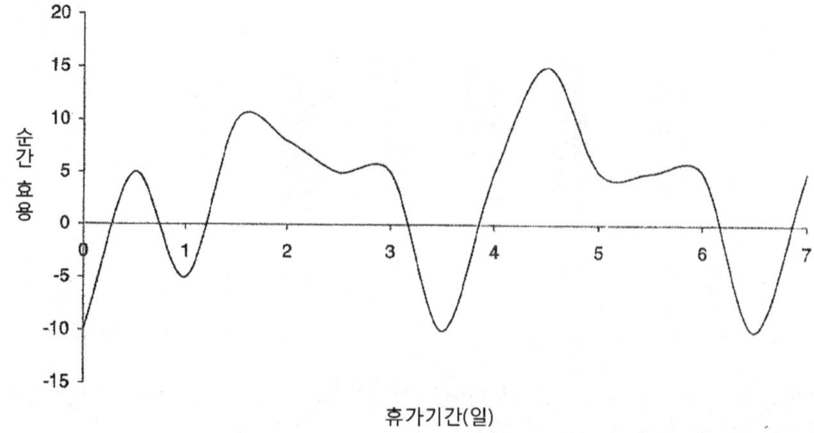

리면 순간효용이 내려가는 것을 알 수 있다. 이제, 순간효용의 합계인 총효용(total utility)을 계산할 수 있다. 예를 들어, 총효용은 순간효용 곡선아래의 면적이 되며, 축 위에 양(+)의 면적과 축 아래의 음(−)의 면적 사이를 구분하면 된다. 양의 면적이 더 크고 음의 면적이 더 작아지면, 총효용은 더 커진다.

사람들에게 얼마나 행복 한 지에 대해 질문했을 때, 일정 시점에서 순간효용을 알게 된다. 이것으로부터 총효용을 추정할 수 있다. 따라서 행복에 대한 자료는 총효용을 측정하는 방법을 제공하며 이것은 행복을 측정하는 좋은 수단이 된다. 여기서 총효용과 의사결정효용이 일치하는 지에 대해 생각 할 필요가 있다. 만약 그렇다면, Ian의 선택은 자신을 행복하게 만드는 것으로 나타나므로 행복하게 만드는 것이 무엇인 지에 대해 의식적으로 또는 잠재의식적으로 알아야 한다. 모든 것은 훌륭하게 작동한다. 그러나, 만약 의사결정효용과 총효용이 다르다면 어떨까? 그 후 문제는 복잡해지고, 다를 수 있다는 두 가지 훌륭한 이유가 있다. 이제 차례로 살펴보자.

1. 기억된 효용

과거의 경험을 되돌아 보면, 사람들은 전형적으로 총효용을 기억하지 못하는 것처럼 보인다. Daniel Kahneman et al.(1993)의 연구에서 피험자가 고통을 경험하고 평가하는 것이다. 피험자에게 60초 동안 차가운 물에 손을 담그는 것을 요청한다. 물은 섭씨 14도이다. 7분 후, 피험자는 차가운 물에 90초 동안 담그는 것을 요청한다. 이 때, 물은 60초 동안 14도로 유지하고 그 후 점진적으로 15도로 증가시킨다. 7분 후에, 각 피험자에게 3번 물에 손을 담그는 것을 요청하는데 60초 동안 손을 넣는 시도와 90초 동안 손을 넣는 시도를 결정할 수 있다.

모든 것이 수행된 후, 피험자에게 실험을 하는 동안 불편함의 수치를 도표화 하도록 요청한다. 만약 이러한 결과를 순간효용으로 바꾼다면 <그림 9.9>와 같은 결과를 얻는다. 보고된 불편함이 90초 시도의 처음 60초와 60초의 실험의 결과는 같다. 이것은 불편한 나머지 30초가 있기 때문에, 총효용은 60초 시도보다 90초 시도가 더 작아야 한다. 그렇다면 사람들은 90초 시도보다 60초의 시도를 반복하는 것을 확실히 선호할까? 사실 피험자의 69%는 90초 시도의 반복을 선호한다고 말했다.

<그림 9.10>은 몇 개의 기준으로 피험자가 60초 시도와 비교해 90초 시도를 어떻게 평가하는 지에 대해 나타낸다. 피험자가 90초 시도가 더 길다고 정확히 알고 있으나 덜 나쁘게 기억한다. 왜 그럴까? 오직 2개의 시도 사이에서 가능한 설명은 90초의 시도의

그림 9.9 손을 60초 또는 90초 동안 차가운 물에 담그는 동안의 순간효용

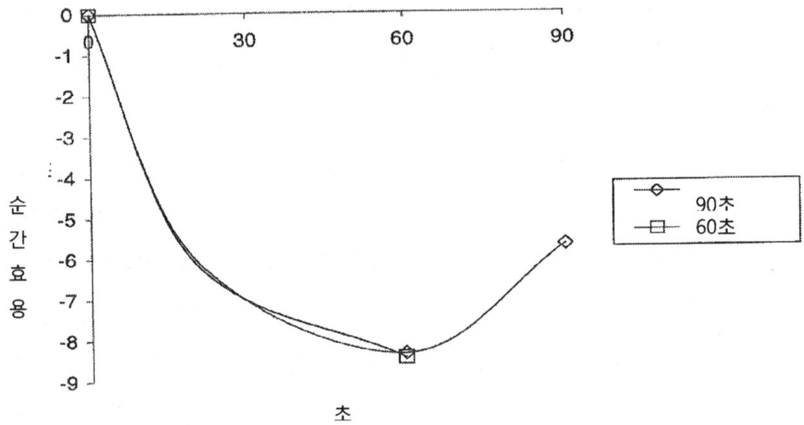

자료: Kahneman et al.(1993)

그림 9.10 90초의 시도는 60초의 시도와 어떻게 비교되어 평가되는가. 90초의 시도는 길이를 제외하고 모든 것이 더 좋게 평가된다

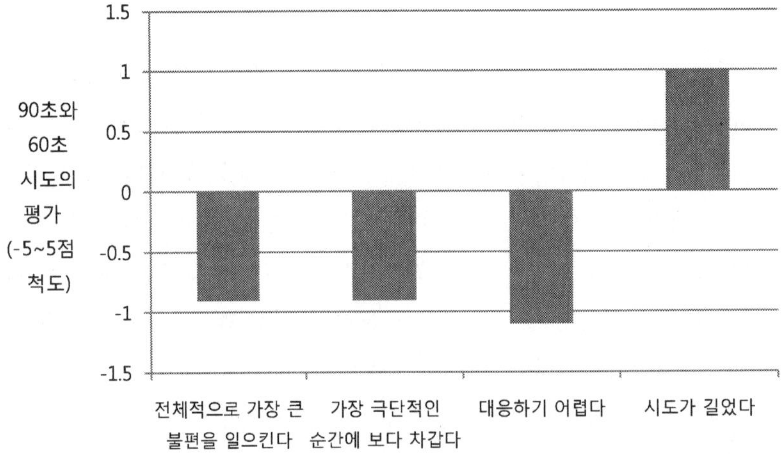

자료: Kahneman et al.(1993)

끝이 더 좋다는 것에 있다. 만약 사람들은 그들이 사건에 대해 기억하는 마지막 것에 추가의 가중치를 둔다면, 왜 피험자가 90초의 실험을 선호했는 지에 대해 알 수 있다.

이 연구와 많은 다른 연구들에서 사람들이 항상 총효용에 기초하여 결정을 하지 않는다는 것을 보여준다. 또한, 사람들이 자신들에게 사건이 준 효용이 얼마인 지 잘 기억하지 못한다. 사건이 사람들에게 일으키며 사람이 생각하는 총효용의 양을 측정하는 것을 기억된 효용(remembered utility)이라고 부른다. 또한, 사건의 준비된 효용은 순간효

용의 평균적인 최고수준과 순간효용의 마지막 수준을 평균하여 기억된 효용을 측정한다. 이것을 최절정-끝(peak-end)평가라고 한다.

따라서 Ian의 휴가는 최상의 또는 최악의 순간에 순간효용과 휴가 마지막 날의 순간효용으로 기억된다. 이것은 기억된 효용과 총효용, 또는 의사결정효용과 총효용 사이의 중요한 차이가 있다는 것을 알게 해 준다. 따라서 사람들이 반드시 가장 높은 총효용을 주는 것을 선택하리라고 기대하는 것은 어렵다. 아마 Ian은 집에서 머물렀다면 $2,000를 절약했을까?

이것은 몇 가지 어려움을 나타내지만 훌륭한 질문이다. 예를 들어, 최절정-끝(peak-end)평가는 지속기간을 무시하는 것을 의미한다. 지속기간의 무시(duration neglect)는 사건의 지속기간이 사건 발생으로 인해 얼마나 좋고 나쁜 지에 대한 것들이 기억에 영향을 미치는 못하는 것이다. 즉, 사람들은 많은 물건, 기억들을 잃어버릴 수 있으며 일시적으로 사건을 기억한다는 것이다. 따라서 최상의 것은 무엇일까? 가장 높은 총효용을 주거나, 더 높게 기억된 효용을 줄 사건인가? 피험자는 총불편함을 덜 겪으므로 60초 시도를 더 선호하거나, 피험자가 불편함 덜 기억하기 때문에 90초 시도를 더 좋아하는가? 만약 60 또는 90초보다 오히려 일, 달, 또는 년에 대해 이야기 한다면 어떨까?

2. 투사편향

투사편향(projection bias)은 지금 자신이 처해있는 상황을 기준으로 선택을 하기 때문에 일어나는 편향을 말한다. 사람들은 아마도 자신의 과거를 회상하는데 정확하지 않았기 때문에, 다음으로 미래를 예측하는데 있어서도 익숙한 지에 대해서 물어보자. 만약에 사람들이 일상의 삶에 얼마나 적응할 것인 지와 어떻게 취향과 선호가 바뀔 것인지에 대해서 예측할 수 없다면, 적응(adaptation)은 과거의 회상과 미래의 예측에 모두 익숙하지 않게 된다. 그렇다면, 사람들은 자신들의 취향과 선호가 어떻게 적응할 것인지에 대해서 예측할 수 있을까? 이 질문에 대한 단순한 답변으로는, 대부분의 사람들은 정확하게 변화의 방향은 예측할 수 있겠지만 변화의 크기는 예측할 수 없다는 것이다. 이러한 답변은 투사편향(projection bias)을 초래하는데, 사람들은 미래의 선호와 취향이 현재의 선호와 취향과 얼마나 훨씬 유사한 지에 대해서 과대평가하는 것을 말한다. 투사편향은 앞으로 다양한 다른 방식으로 등장할 것이다.

만약, 어떤 사람이 하나의 사건이 그 후에 나타나는 효과보다도 더 큰 효과를 줄 것이라고 예상한다면, 충격편향(impact bias)이 존재한다. 충격편향이란 자신의 정서적인

그림 9.11 신장 이식수술 전이나 후의 실제적으로 비교되어 예측되거나 상기된 삶의 질. 삶의 질은 예상했던 것보다 덜 증가한다. 사람들은 삶의 질이 더 악화된 것으로 상기했다

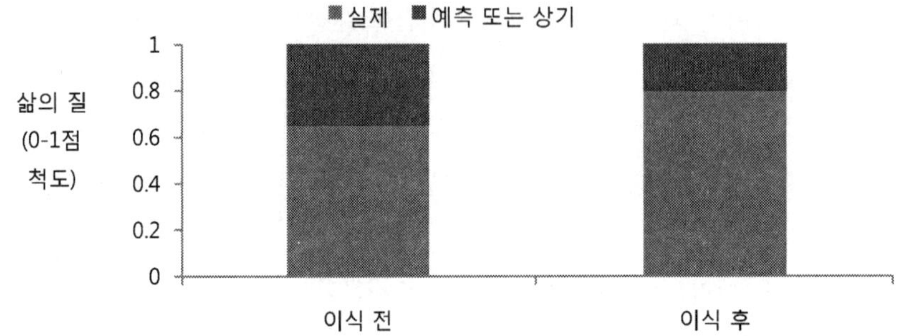

자료: Smith et al.(2008)

반응이 강하게 오래 계속될 것으로 예상하는 것이다. Smith et al.(2008)에 의한 한 연구를 살펴보자. 이 연구에서는 신장 이식수술을 준비중인 환자들과 신장이식 수술 후에 12개월이 지난 시점의 환자들을 조사대상으로 하였다. <그림 9.11>은 주요 결과를 요약하여 보여준다. 실제로 일어난 것보다 삶의 질이 증가하는 것을 예상하는 환자들에게 더 큰 충격편향이 일어난다. 또한, 과거에 실제적인 삶의 질보다보다 훨씬 더 나쁜 것으로 삶의 질을 기억한다. 신장 이식 수술 후에 기억된 효용을 관찰하지만 반면에 순간효용을 미리 관찰하기 때문에 이러한 것들 것 발생할 수 있다.

충격편향의 정반대가 작용할 수도 있는데, 어떤 사람이 하나의 사건이 후에 효과가 전혀 없을 것이라고 예상하지만 실제로는 효과가 나타나는 경우이다. 이것에 대한 가능한 하나의 원인은 소유효과(endowment effect)이다. 소유효과는 사람들로 하여금 그들이 어떤 물건을 소유하고 있을 때 그것에 더 가치를 부여하도록 한다는 것이다. 사람들은 이러한 효과를 예측하는가? Loewenstein and Adler(1995)는 한 연구에서 이러한 질문을 제기하였는데, 머그잔을 받기 전후에 가치를 평가하는 피험자들로 구성하였다. <그림 9.12>에서 다음의 결과를 알 수 있다. 피험자들은 머그잔을 받기 전에는 대략 $3.5에서 $3.7 사이에서 팔 것이라고 대답하였다. 그러나 머그잔을 받은 후에, 요구가격을 올렸다. 머그잔을 받기 전에 예측이 영향을 받지 않던 통제그룹은 한 번 소유했던 머그잔을 판매하려는 의사의 좋은 척도가 되는데 이들은 머그잔의 가격을 50%~100% 더 높게 책정하였다. 즉, 피험자들은 머그잔을 소유하는 어떤 효과가 팔려는 의사에 반영된다는 것이다.

소유효과를 예측하는 것에 대한 실패와 충격편향은 사람들이 어떻게 사건들에 적응

그림 9.12 **소유효과. 피실자들은 머그의 소유권이 어떻게 머그의 가치를 평가하는 지 예측하지 못했다**

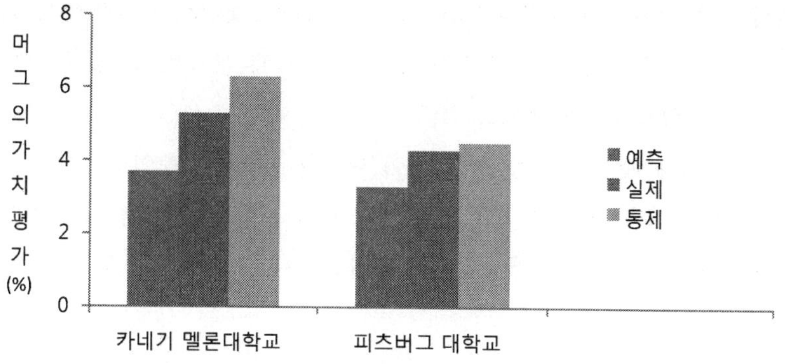

자료: Loewenstein and Adler(1995)

해가며, 어떻게 그들의 기준점이 시간이 흐름에 따라 변해가는 지에 대해 예측하는 것에 취약한 지를 설명해 준다. 사고희생자는 불구가 된 것에 대한 장기효과를 과대평가할 것이다. 그리고 복권당첨자는 새로운 그의 재산에 익숙해져서 얼마나 기준점이 높아질 것인 지에 대해서 과소평가할 지도 모른다. 마지막으로 살펴보고자 하는 효과는 단기 상황의 효과를 과소평가한다는 것이다.

Read and Leeuwen(1998)의 예를 들자. 그들은 암스테르담에 있는 200명의 직장인들에게 몸에 좋은 스낵부터 불량 스낵으로 이루어진 스낵 중에서 무엇을 구매하고 싶은 지에 대해 1주일 후에 선택하도록 하였다. 그들은 점심 시간 이후 또는 오후 늦게 질문을 받고, 점심시간 이후 또는 늦은 오후시간에 간식을 받을 것이라고 대답했다. 사람들은 늦은 오후 시간 때에 배가 고플 것이나 점심시간 이후의 간식에 질릴 수도 있으므로

그림 9.13 **한 주 동안 건강에 좋지 않은 스낵을 선택한 사람의 비율은 현재의 배고픔에 의존한다**

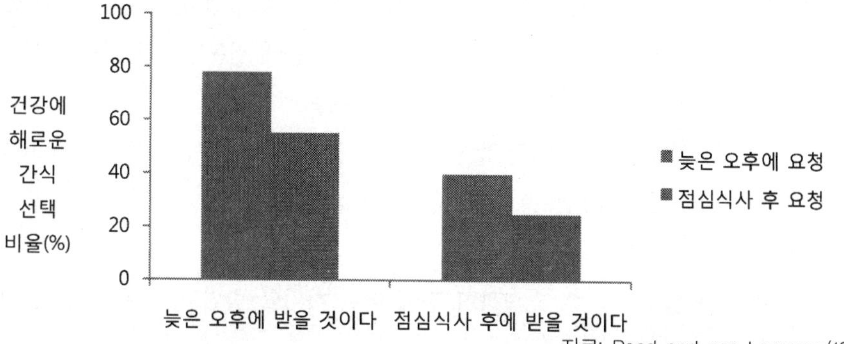

자료: Read and van Leeuwen(1998)

사람들의 선택에 영향을 끼칠 것이라고 예상되었다. <그림 9.13>의 결과는 이러한 예상이 맞았다. 왜 현재의 배고픔이 1주일 후에 원할 것에 영향을 미칠 이유가 없다. 그러나 많은 사람들에게 있어서 현재의 배고픔은 그들이 원하는 것이 무엇인지 예상하는 데에 영향을 끼치는 것처럼 보였다. 상대적으로 질문받았을 때 배고픈 사람들은 상대적으로 더 쉽게 불량 간식을 선택하였다.

요약하자면, 사람들은 미래 선호와 취향이 현재의 선호와 취향이 비슷한 지에 대해 과대 평가하고, 반면에 사건들에 적응하는 지와 현재 상황에 의해 영향을 받는지에 대해 과소평가하는 것을 통해서 투사편향을 관찰할 수 있다.

제3절 선택과 구속

투사편향, 의사결정효용과 기억된 효용 사이의 차이점으로 인해 사람들이 아마도 그들에게 무엇이 최선인지 알지 못한다. 사람들이 그들에게 무엇이 최선인지 알지라도, 그들은 현재편향때문에 최선의 선택을 하지 못할 것이라는 것은 이미 살펴보았다. 그러면, 사람들은 투사편향과 시간의 동태적 비일관성을 극복할 수 있을까? 극복할 수 있는 하나의 방법은 바로 사전구속(pre-commitment)이다. 즉, 사람들 스스로가 행동 계획에 미리 구속을 시키거나 또는 누군가로 하여금 그들 대신 선택을 하도록 허락하는 것이다.

위의 질문에 대한 출발선으로서, 조금 더 음식 주제에 대해 토론해보도록 하자. Read and van Leeuwen의 연구에서 직장인들은 1주일 후에 소집되었고 다시 간식에 대한 선택을 하도록 제안 받았다. 이번에는 자신들이 선택한 간식을 받았다. <그림 9.14>과 같이, 몸에 좋은 간식을 원한다고 말했던 많은 사람들은 실제로는 불량 간식을 선택했다. 이것은 5장에서 보았던 동태적인 시간적 비일관성(dynamic time inconsistency) 문제와 같아 보인다. 그러나 흥미롭게도, 많은 사람들이 전에 선택하였던 몸에 좋은 음식을 선택하는 것을 고집한 것처럼 보인다. 이것은 자신들이 처음에 질문받았던 시간이 이후의 선택에 영향을 주었는 지에 대한 이유를 설명해 준다.

Gilbert, Gill, and Wilson(2002)를 보자. 이 연구는 식료품 쇼핑에 있어서 배고픔의 효과를 살펴보고 있다. 식료품점을 이용하는 사람들에게 계획된 쇼핑리스트를 요청하는 조사에 참여하도록 하였다. 일부는 그 리스트을 되돌려 받았고, 일부는 돌려받지 못했다. 그리고 또한 일부 사람은 쇼핑하기 전에 머핀 하나를 받았고, 일부 사람은 받지

그림 9.14 사람들은 예상했던 것보다 건강에 좋지 않은 스낵을 더 많이 선택하지만, 만약 건강에 좋은 스낵을 선택한다고 말한다면 건강에 좋지 않은 스낵을 덜 선택한다

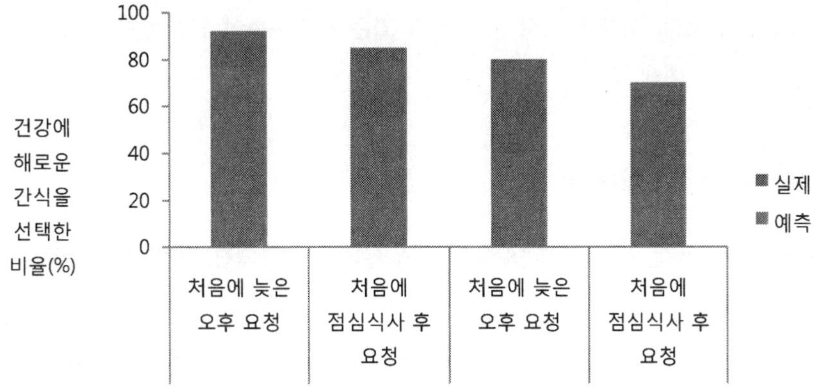

자료: Read and van Leeuwen(1998)

않았다. 이후, 구매자들이 구매하였으나 리스트에 없는 품목의 수가 기록되었다. <그림 9.15>는 주요 결과를 요약해서 보여준다. 놀랍지 않게, 구매자들은 자신들이 기록했던 것보다 더 많은 품목들을 구매하였다. 머핀을 먹지 않았기 때문에 상대적으로 더 배고팠던 사람들이 더 많은 계획되지 않은 품목들을 샀다는 것은 투사편향과 일치한다. 그러나 흥미롭게도, 쇼핑 리스트를 가지고 있는 사람들은 겉보기에도 그들의 현재 기분상태에 훨씬 덜 영향을 받았다.

이러한 두 가지 예에서 알 수 있듯이, 행동은 다소 느슨한 사전구속에 의해서 영향을 받는 것처럼 보인다. 첫 번째 경우에서 자신들은 몸에 좋은 간식을 먹을 것이라고 말한

그림 9.15 얼마나 계획하지 않은 상품을 가진 구매자들은 머핀을 먹었는 지의여부와 손에 쇼핑리스트를 가졌는 지에 의존한다

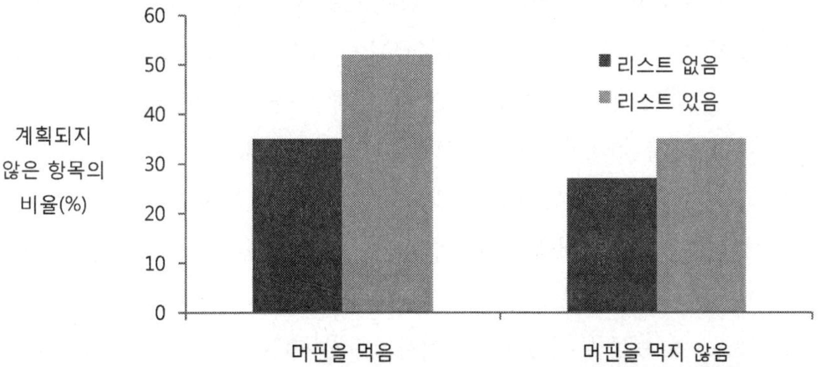

자료: Gilbert, Gill and Wilson(2002)

사실을 아는 경우, 그들의 선택을 고수하도록 하는 것처럼 보였다. 두 번째 경우에서, 쇼핑목록의 형식으로 작성했던 것을 가지고고 있다는 것은 그들에게 계획했던 것을 더 고수하도록 만들었다. 이제 여기서 하여야 할 일은 사전구속이 일반적으로 얼마나 유용할 수 있는 지에 대해 질문을 하는 것이다.

1. 현재편향은 중요한가?

사전구속이 효과가 있는 지에 대해 더 세부적으로 살펴보기 전에, 투사편향과 현재편향과 같은 것들이 실제로 효용을 감소시키는 지에 대해서 반문해 보자. 마지막 절에서 투사편향은 효용을 줄일 수 있다는 점을 보여줄 것이다. 여기에서 현재편향을 살펴보고 그것이 효용을 줄이는 지에 대해서 질문해 보자.

여기서 첫 번째 문제는 어떻게 효용을 측정하는 지에 관한 것이다. 여기서 사용하려는 측정 방법은 현재편향을 무시하고 총효용을 이용하는 장기적인 관점을 사용한다. 만약에 1기에서 T까지의 효용이 u_1에서 u_T라면, 총효용은 다음 식과 같다.

$$u^0(u_1,\ u_2,\ \cdots,\ u_T) = u_1 + \delta u_2 + \cdots + \delta^{T-1} u_T = \sum_{\tau=1}^{T} \delta^{\tau-1} u_\tau$$

여기서 δ는 장기 할인자(long-run discount factor)이다.

상쾌한 휴가를 보낸 Ian이라는 한 사람이 있다고 가정하자. 이제 Ian은 학위 논문을 언제 끝내야 할 지에 대해 결정하려고 하고 있다. 오늘은 4월 1일이고 이 논문은 4월 30일까지 제출되어야 한다. Ian은 다음과 같이 생각하고 있다. 만약, 이 논문 작업을 하지 않는다는 것은 심리적으로 중요한 작용을 하는데, 매일 자신의 효용은 99이지만 논문을 완성하면 하루의 효용은 100이 된다. Ian은 논문을 완성하는데 하루가 걸리고 그 날의 효용은 0이 될 것임을 알고 있다. <표 9.2>는 4월 1일의 이러한 이후의 경우를 잘 보여주고 있다. 만약에 논문을 즉시 작성한다면 제일 높은 총효용을 얻을 것임은 분명하다. 그렇다면, 그가 현재편향을 가지고 있다면 어떠할까?

<표 9.2>에서 Ian의 효용은 언제 논문을 완성하느냐에 달려 있다. 총효용은 어떠한 현재편향도 무시하기로 하고, 반면에 의사결정효용은 현재편향을 고려하기로 하자. δ=1이고 ß=0.98이다. 총효용은 논문을 즉시한다면 가장 높다. 그러나 현재 편향이 있다는 것은 지속적으로 이 논문을 내일까지 연기하고 4월 30일에 할 것임을 의미한다.

표 9.2

계획	각각의 날에 대한 효용					총효용	의사결정효용	
	1일	2일	3일	4일	30일		오늘	내일
오늘 하는 것	0	100	100	100	100	2900	2842	–
내일 하는 것	99	0	100	100	100	2899	2843	2744
3일에 하는 것	99	99	0	100	100	2898	2842	2742
30일에 하는 것	99	99	99	99	0	2871	2816	2719

5장에서와 같이 의사결정효용을 다음과 같이 쓸 수 있다.

$$U^T(u_1, u_2, \cdots, u_T) = u1 + \beta\delta u2 + \cdots + \beta\delta^{T-1}u_T = u_1 + \beta\sum_{\tau=1}^{T}\delta^{\tau-1}u_\tau$$

여기서 β는 현재편향에 대한 측정치로서, β를 0.98이라고 가정하자. 이것은 Ian이 매우 작은 현재편향을 가지고 있음을 의미한다. 이 정도의 수치이면 내일 논문을 완성시키는 선택이 더 높은 의사결정효용을 가져온다. 논문을 내일 한다면, 총효용은 한 단계만 낮아지기 때문에 이것 자체로는 큰 문제가 없어 보인다.

그러나 문제는 내일이 되면 Ian은 다시 또 그 다음 날로 논문 작업을 연기하고, 이러한 과정을 계속 되풀이한다는 점이다. 이것은 Ian이 만약에 현재편향에 대해 인식하지 못하면, 결국 4월30일까지 논문을 연기할 것이고 총효용은 29만큼을 잃게 된다.

Ian의 순수한 현재편향은 총효용을 1%까지 감소시킬 것이다. 그 손실이 얼마나 큰지 또는 작은 지에 대해서 언급할 필요는 없다. 여기서 주목해야 할 점은 약간의 현재편향만으로도 총효용의 큰 손실로 쌓인다는 것이다. Ian은 현재편향 때문에 특정한 하루 동안의 총효용의 1단위를 희생시킨다. 불행히도, 매일 1단위씩의 효용을 희생한다는 것과 Ian이 생각했던 것보다 더 큰 총손실을 얻게 된다는 사실을 모르고 있다.

만약에 Ian이 섬세한 사람이므로 현재편향에 대해 알고 있다면, 논문을 당장 완성할 것이다. 그러나 섬세함때문에 항상 현재편향의 후생손실을 피할 수 있다고 할 수는 없다.

Anna의 예를 들어보기로 하자. Anna는 매우 섬세한 여자이고 가장 좋아하는 작가의 최신판 책을 사고 싶어 한다. Anna가 그 책을 사자마자 읽을 것이고 100이라는 효용을 얻게 될 것이다. 더 복잡하게 하기 위하여 서점은 책의 가격을 $29에서 시작해서 매일 $1씩 할인해주는 행사를 시작한다고 하자. <표 9.3>은 Anna가 직면하는 선택을 잘 요약해서 나타낸다. β는 역시 0.98이라고 가정하자. Anna가 할 수 있는 최선의 선택은

표 9.3 Anna의 효용은 책을 사는 시점에 의존한다. δ=1, β=0.98로 가정하자. 총효용은 책을 사는 것을 기다린다면 가장 높다. 현재편향에 의해 Anna는 그것보다 빨리 사게 되므로 최종적으로 오늘 사게 된다

	각각의 날에 대한 효용					총 효용	의사결정효용	
	1일	2일	28일	29일	30일		28일	29일
오늘 사는 것	71	0	0	0	0	71	–	–
28일에 사는 것	0	0	98	0	0	98	98	–
29일에 사는 것	0	0	0	99	0	99	97	99
30일에 사는 것	0	0	0	0	100	100	98	98

가격이 $0로 떨어질 때까지 기다리는 것이다. 만약 Anna가 무엇을 할 지에 대해 모른다고 해도, 섬세하기 때문에 오늘 책을 사야 할 것이다. Anna가 29일째 날에 산다는 것은 28째 날에 그 책을 사야 한다는 것을 의미하고, 이러한 과정을 되풀이해서 오늘까지 이르게 되기 때문이다. 또 다시, 매일의 작은 손실이 훨씬 더 큰 총손실로 축적이 된다.

이러한 예시는 일상적으로 발생하는 것을 잘 나타낸다. 만약, 비용이 즉각적으로 발생하고 이익이 그 후에 나타난다면, 순수한 현재편향을 가지고 있는 누군가에겐 총효용의 큰 손실을 초래할 수 있다. 만약 이익이 즉각적으로 발생하고 비용이 나중에 발생한다면, 섬세하지만 현재편향을 가지고 있는 누군가에게도 역시 총효용의 큰 손실을 초래할 수 있다.

따라서, 현재편향은 잠재적인 문제점이다. 만약 누군가가 어떤 것을 계속해서 연기하거나 또는 계속해서 앞으로 미리 가져온다면, 손실은 축적될 것이다. 그리고 섬세해지는 것만으로는 그러한 손실을 회피하는 데에 충분치 않다. 오히려 그것은 더 악화시킬 뿐이다.

2. 사전구속

이제 현재편향과 투사편향이 실제로 문제점으로 작용하고 사전구속이 효과가 있는지에 대해 알아보자. 원칙적으로, 사전구속은 효과가 있다. Ian은 오늘 논문을 완성할 것이라고 친구와 내기를 함으로써 구속할 수 있다. Anna도 돈을 이달 말일까지 안전한 장소에 둠으로써 사전구속을 할 수도 있다. 앞의 리스크와 선택에서 이미 사람들은 아마도 사전구속을 원한다고 주장하였다. 이제 이러한 주장에 대해 몇 가지 데이터를 살

펴보자. Ariely and Wertenbroch(2002)가 수행한 연구부터 시작해 보자.

이 연구에서는 사람들은 대략 10장 정도 되는 3개의 텍스트를 포함하는 교정 작업에 참여하도록 모집되었다. 사람들은 자신이 발견한 모든 오류사항마다 돈을 지불받지만 마감기한을 넘어서면 매일 $1씩 공제하였다. 그리고 다음과 같은 세 가지 조건 중에 하나를 무작위로 할당받았다. 첫째, 일정기간 간격의 마감조건으로서 마감시한은 각각의 텍스트마다 7일 간의 간격으로 설정되어 있다. 둘째, 마감일 조건으로서 3개의 모든 텍스트가 21일째 되는 날에 동시에 제출되어야 한다. 셋째, 자기 부과 마감 조건으로서, 직접 다음 21일 동안 3개의 텍스트가 언제 제출 되어야 할 지에 대한 것인데 자신들의 마감 시한을 만들도록 유도하고, 정한 마감 시한을 지키도록 하는 조건이 된다.

만약 어떤 사람이 어떠한 현재편향도 가지고 있지 않다면, 마감일 조건 또는 자기 부과 조건을 선호할 것이다. 이것은 그들이 일을 할 때, 최대의 유연성을 부여하기 때문이다. 만약, 누군가가 현재편향과 섬세함을 가지고 있다면, 그들은 자기 부과 조건을 선호함에 틀림없다. 그들은 가장 이상적인 계획을 할당할 수 있기 때문이다. <그림 9.16>은 무엇이 발생했는 지에 대해 나타낸다. 결과의 관점에서 일정기간 간격의 마감조건이 제일 상위이고, 두 번째는 자기부과 조건, 마지막이 마감일 조건임을 알 수 있다.

이러한 결과는 일반적으로 예상할 수 있는 것처럼 보이는 것을 잘 포착한다고 할 수 있다. 즉, 사람들은 가능한 한 사전구속을 원하는 것처럼 보인다. 이것은 사람들이 현재편향에 대해서 어느 정도까지는 섬세하다는 것을 암시한다. 그러나, 아마도 그들은 약속을 할 때 최선의 계획을 선택하지 않을 지도 모른다.

이것에 대한 결과를 설명하기 위해서, 헬스장 예시를 한 번 떠올려보자. 회원권을 구

그림 9.16 텍스트 교정작업의 성과. 성과는 마감시간이 일정하게 간격화, 자기부과 또는 마감일에 있는지의 여부에 의존한다

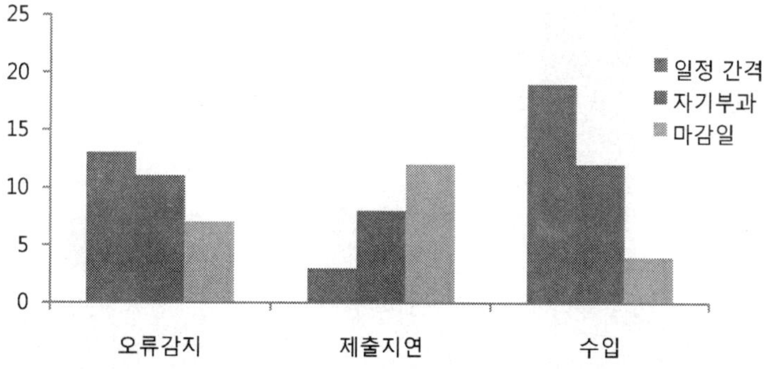

자료: Ariely and Wertenbroch(2002)

매하는 것은 아마도 Ian이 헬스장에 가는 것을 사전구속하는 것은 현재편향을 극복할 수 있는 하나의 방법이다. 그러나 문제점으로 아마도 현재편향의 강력한 힘을 과소평가하고 여전히 헬스장에 가지 않는다는 것이다. 결국에 효과가 없는 사전구속 장치에 많은 돈을 지불하게 된다. 따라서, 사전구속은 현재편향에 대한 만병 통치약이 아니다. 그것은 아마도 몇 가지 특수한 상황에서, 일부에게만 효과가 있을 것이다. 그러나, 가끔 그것은 오히려 Ian이 헬스장에 가는 경우의 예시처럼 상황을 더 악화시킬 지도 모른다.

만약, 사람들이 항상 최선의 선택을 하지 않고 다른 사람들은 잠재적으로 더 나은 선택을 할 수 있다면, 그 사람들로 하여금 결정하도록 하는 것은 자연스러운 것처럼 보인다. 비록 사람들이 큰 선택을 한다고 해도 여전히 다른 누군가가 결정하기를 선호할 것이다. 따라서 유혹과 같은 종류의 심리적 비용을 회피할 수 있을 것이다. 이것은 부분적으로 자유와 자유로운 선택의 이상(ideal)과 대치되는 것처럼 보인다. 그러나 만약 다른 사람들이 선택하지 않는 것을 선택한다면, 자유로운 선택의 이상은 다소 혼란스럽게 된다. 이와 관련된 문제에 조금 더 접근하기 위해서 사람들이 선택을 하는 것을 선호하는 지에 대해 의문을 제기해 보자.

3. 사람들은 선택을 선호하는가?

사람들이 선택에 대해 어떻게 반응하는지 설명하기 위해서, Iyengar and

그림 9.17 **돈보다 오히려 초콜릿을 선택한 비율은 참여자들이 제한된 선택권을 가지는지 또는 광범위한 선택권을 가지고 있는 지의 여부와 자신이 선택한 초콜릿을 맛보거나 실험자가 선택한 초콜릿을 맛보는지에 의존한다**

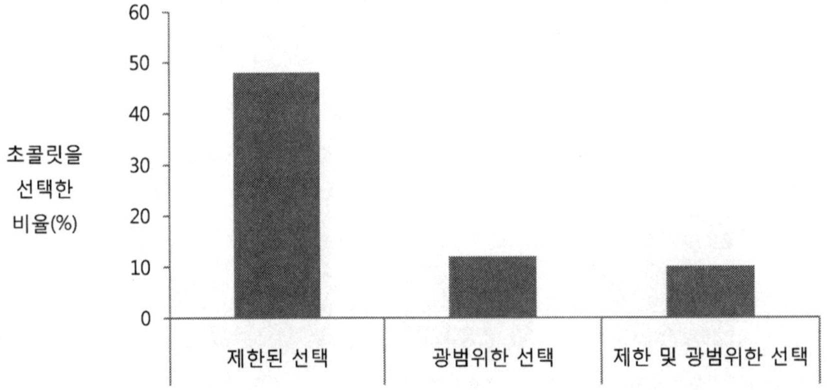

자료: Iyengar and Lepper(2000

Lepperd(2000)의 연구를 살펴보고자 한다. 이 연구에서 피험자들은 제한된 선택인 6개 또는 더 광범위한 선택인 30개의 초콜릿 중에서 하나의 초콜릿을 선택하도록 요구받는다. 피험자들 중의 과반수는 자신들이 선택한 초콜릿의 맛을 보았고, 나머지 과반수는 실험자가 선택한 초콜릿의 맛을 보게 된다. 이 실험을 끝마치고 나서, 실험 참여에 대한 보수로서, 피험자들은 현금 $5를 받을 지 또는 $5에 상응하는 초콜릿 1박스를 받을 지에 대한 선택이 주어졌다. 이것에 대한 주요 결과는 <그림 9.17>에 나타나 있다. 제한된 범위에서 선택을 하고 선택한 하나를 맛보기가 허용되었던 피험자들에게서 현금보다 초콜릿을 선택한 비율이 훨씬 높았다는 것을 알 수 있다.

왜 이러한 차이가 발생할까? <그림 10.18>은 몇 가지의 단서를 제공한다. 참여자들이 제한적인 선택권을 가지는 지 또는 광범위한 선택권을 가지는 지에 따라 인식에 있어서 중요한 차이점이 존재한다. 흥미롭게도, 참여자들은 더 많은 선택권을 가지고 있을 때 선택하는 것을 더 즐기는 것처럼 보인다. 그러나 다른 측정에서 살펴보면, 참여자들은 제한된 선택권으로부터 더 많은 이익을 누리는 것처럼 보인다. 즉, 더 빠르고, 덜 어려우며, 덜 좌절감을 안겨주었다. 그리고 그들은 그들의 선택에 보다 더 만족하였다.

초콜릿에 관한 이 실험은 장기적인 관점에서 보면, 자유로운 선택의 이점에 관한 결론을 내리게 해주는 것처럼 보인다. 또한, 일반적으로 훨씬 더 관찰된 두 가지 결과를 훌륭하게 설명해 준다. 첫째, 더 많은 선택이 항상 좋지 많은 않다는 사실이다. 그것은

그림 9.18 만약 피험자가 초콜릿의 제한된 선택권이나 광범위한 선택권을 가졌다면 의견이나 행동이 어떻게 변했는가

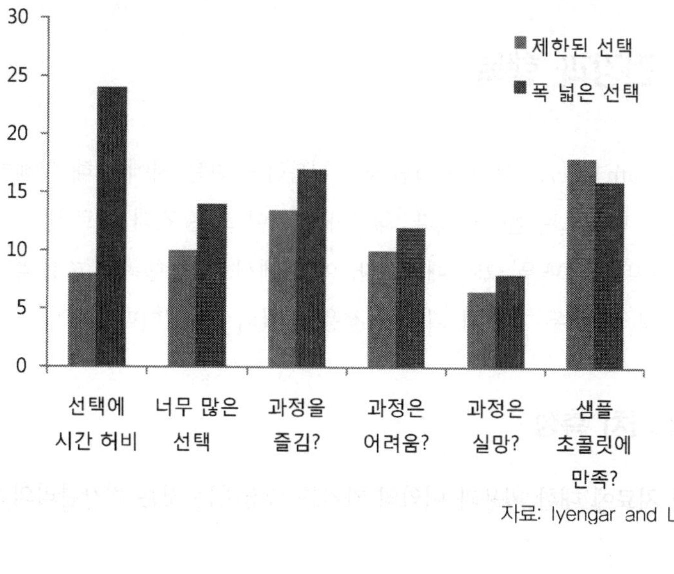

자료: Iyengar and Lepper(2000)

결정을 더 복잡하게 하고 자기 통제에 대한 욕구와 유혹을 일으키므로 더 많은 선택은 오히려 독이 될 수도 있다. 이것은 3장에서 살펴보았던 것과 일맥상통한다. 즉, 많은 사람들은 어려운 결정에 대해 지연(delay)하기를 선호하며 한 제안에 관해서 너무 많은 선택권이 있으면 압도당하는 것처럼 보였다.

그렇다면 사람들이 선택하는 것을 배제시켜야만 하는가? 그렇지 않다, 두 번째 결과는 사람들이 선택하는 것을 좋아하는 것을 보여주기 때문이다. 피험자들은 만약 실험기간 동안 선택했던 초콜릿을 맛보았었다면, 현금보다 초콜릿을 더 원했다는 것이다. 즉, 피험자들의 선택은 중요하다. 더 일반적으로, 사람들은 선택하는 것을 좋아한다는 증거는 강력하다. 이것에 대해서 한 설명이 가능하다. 즉, 사람들은 자신의 행동을 통해 자기-결정적인(self-determined) 것에서 더 큰 흥미와 인센티브 부여를 가지게 된다.

따라서 보다 많은 선택에 직면에 있을 때, 많은 사람들은 결정을 하는 것을 연기하고 또는 그들이 한 결정에 덜 만족한다. 이것이 이른바 선택 과부화(choice overload)이다. 그러나, 사람들은 통제와 선택권을 가지는 것을 좋아한다.

위와 같은 상황들을 하나로 모으면 다소 이상한 결론이 도출된다. 사람들은 선택하기를 좋아하지만 어려운 선택은 싫어한다. 따라서, 사람들이 가장 바라는 것은 쉬운 선택이다. 이것이 과연 공정한 결론이라고 말하는 기에는 충분하지 않다. 단지 대체적으로 설득적이라는 의미이다. 왜냐하면, 어떤 색깔의 펜을 사용할 것인지 또는 게임 캐릭터에 어떤 이름을 지어줄 지와 같이 선택이 다소 상관없는 특성을 가질 때 선택은 동기부여에 있어서 가장 큰 증가를 만들어 내기 때문이다.

제4절 건강과 행복

건강관리(health care)는 무엇이 사람들을 행복하게 하는 지에 대해 이해하는 데에 중요한 요소라는 맥락으로 볼 수 있다. 왜냐하면 병이 드는 것과 치료 받는 것의 잠재적인 이익 또는 비용은 매우 크기 때문이다. 이 절에서 이미 행복과 효용의 본성에 관해 공부했던 것에 대한 두 가지의 가능한 적용을 살펴 볼 것이다.

1. 치료의 가치 측정

의학적인 치료에 대한 비용과 이익의 가치를 측정하는 것은 건강관리의 자원을 효율적으로, 그리고 가장 효과적으로 배분하는 것에 있어서 가장 기본적인 토대가 된다. 특히 영국의 National Health Service와 같이 국가에서 재정이 지원되는 건강관리 시스템에 있어서 적용된다. 제한된 자원이 이용가능하다면, 다른 것보다 더 높은 이익을 가져다 주는 치료에 우선권이 주어져야 한다는 것이다. 이것은 더 높은 순이득을 주는 다른 환자에 대한 치료가 존재하기 때문에, 어떤 환자에 대한 치료가 재정지원이 되지 않을 수도 있음을 의미하므로 이러한 개념은 종종 논란의 여지가 있다. 그러나 이러한 논리는 불가피하다. 따라서 논란의 여지가 없어야 한다. 논란의 대상이 될 수 있는 것은 어떻게 치료의 순이익을 측정할 수 있는 지에 관련된 문제이다.

치료의 순이익을 측정하기 위해서, 치료의 비용과 이득을 측정할 필요가 있다. 비용은 원칙적으로 측정하기에 상대적으로 객관적이다. 예를 들어, 약과 의사의 시간적 비용은 쉽게 계산될 수 있다. 이익을 측정하는 것이 훨씬 어렵다. 이익에 대한 두 가지 가능한 측면이 있다. 즉, 치료는 삶의 질을 개선시킬 수 있어야 하고 또한 생명을 연장시킬 수 있어야 한다. 어떻게 삶의 질의 개선할 수 있고 남은 여생의 삶의 가치를 측정할 수 있는가?

QALY(Quality Adjusted Life Year)라는 한 가지 방법이 있다. 매년 완벽한 건강은 QALY의 1로써 계산된다. 완벽한 건강보다 덜한 한 해는 1보다 더 적은 QALY 된다. 삶의 질이 낮으면 낮을수록, 죽음과 동일한 가치인 0으로 더 낮아진다. 치료의 전반적인

그림 9.19 두 가지 가능한 치료인 A, B 또는 치료가 없는 것에 따른 삶의 질의 변화

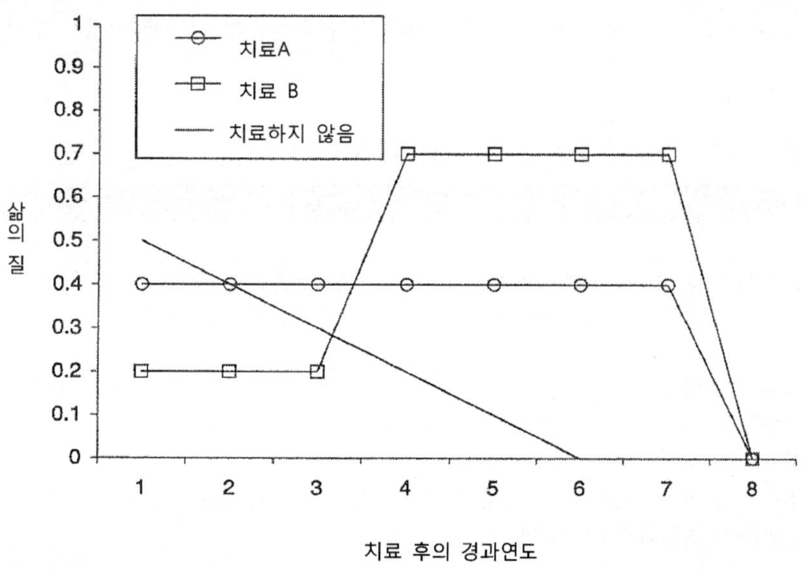

가치를 얻기 위해서 환자의 이후의 삶에 대한 치료의 QALY을 추적한다. 설명하자면, <그림 9.19>는 만약 환자들이 어떠한 치료도 받지 않거나 2 가지 가능한 치료인 A, B를 받았을 때의 삶의 가치를 추적해서 나타낸다. 치료가 없다면 삶의 질은 악화된다. A치료를 받으면 환자는 안정되고 그들의 삶은 연장된다. B치료를 받으면 환자의 삶의 질은 부작용 때문에 처음에는 악화되지만 점차 상대적으로 높은 수준으로 증가한다.

치료가 없다면 환자는 1.5의 QALY를 얻는다. 첫 해에는 0.5, 둘 째 해에는 0.4, 그리고 계속해서 합하면 1.5가 된다. A치료를 받으면 환자는 2.4의 QALY를 얻고 B의 치료를 받으면 2.7을 얻는다. 따라서, 치료 A의 순이익은 2.4-1.5=0.9가 되고 치료B는 1.2QALY가 된다.

이 예시에서 치료B가 치료A보다 더 좋은 것처럼 보인다. 그러나, 비용을 고려할 필요가 있다. 치료A가 £10,000, 치료B가 £20,000의 비용이 든다고 가정해 보자. 공적으로 조성된 건강서비스에 있어서, 누군가는 이 정도의 돈이 지불할 가치가 있는 지에 대해 결정해야 한다. 영국에서는, National Institute for Health and Clinical Excellence 이라는 기관이 이러한 결정을 수행한다, 그리고 £30,000의 QALY 내에 있는 치료들이 대개 자금이 조성된다.

QALY를 계산하기 위한 자료를 얻기 위하여 EQ-5D 시스템이 종종 사용된다. 환자들은 이동성, 고통, 자기 관리, 근심, 정상적인 활동을 할 수 있는 능력에 관한 5가지 질문으로 구성된 질문지에 대한 답변을 기재하도록 요구 받는다. 각각의 질문에 세 가지의 가능한 답변이 있다. 그리고 나서 한 공식에 의해 이러한 답변들을 QALY 가치로 전환된다. <표 9.4>는 몇 개의 예시를 제공한다. 만약 환자들이 시간에 걸쳐서 추적되

표 9.4 QALY의 예시들은 EQ-5D 시스템을 사용하여 측정한다.

설명	QALY
문제 없다.	1.000
걷는 것에 문제 없다; 자가 치료에 문제가 없다; 일상적인 활동을 수행하는데 약간의 문제가 있다; 약간의 고통 또는 불편이 있다; 극도로 불안하거나 우울하지 않다.	0.760
걷는 것에 문제가 있다. 혼자 손을 씻거나 옷을 입는데 약간의 문제가 있다; 일상적인 활동을 수행할 수 없다; 적당한 고통이나 불편이 있다; 극도로 불안하거나 우울하다.	0.222
침대에 갇혀 있다; 혼자 손을 씻거나 옷을 입을 수 없다; 극도의 고통이나 불안이 있다; 적당하게 불안하거나 우울하다.	−0.429

자료: Philips and Thompson(2009)

고 EQ-5D 질문지를 작성한다면, <그림 9.19>를 그릴 수 있다. 그러나, 전체 과정은 <표 9.4>는 공식에 의해서 결정되고 이러한 과정이 바로 공부했던 것들이 유용하다.

QALY 측정치를 계산하기 위해 사용되는 공식은 시간상충 가치평가 기법(time trade-off valuation technique) 또는 시각사상척도(visual analogue scale)를 사용한다. 두 가지 모두 무작위로 추출된 사람들이 <표 10.4>에서 보여지는 것처럼 삶의 특정한 질을 가정해보자. 시간상충 가치평가 기법은 사람들이 생각하기에 완전히 건강한 상태보다 긴 기간의 삶의 질과 같은 지에 대해 묻는다. 시각사상척도는 직접적으로 선형 척도에서 삶의 질을 점수화하라고 묻는다. 사람들은 이러한 종류의 판단을 정확히 할 수 있을까?

적응과 습관화에 대해 알고 있는 것을 고려하면, 위의 질문에 대한 대답은 아마도 그렇지 않다는 것이다. 상대적으로 건강한 사람들은 아마도 그들보다 더 건강하지 못한 사람들보다 삶의 질을 과소평가하기 쉽다. 반대로, 상대적으로 건강하지 못한 사람들은 아마도 그들보다 더 건강한 사람들보다 삶의 질을 과대평가하기 쉽다. 만약, 사람들이 다른 사람들보다 더 건강하지 않은 상태에 적응하기 쉽다는 것을 알게 된다면, 이것은 중요한 문제가 된다. 그리고 적응의 정도가 다양할 수 있다는 것을 살펴보았다. 그 문제를 설명하기 위해서, <그림 9.20>은 어떻게 한 사람이 치료에 적응해 가는 지에 대해 표시하고 있다. 그 사람이 치료B 덕택에 얻어진 건강 상태에 매우 잘 적응하고 있음을 알 수 있다. 그들은 치료A나 치료가 없는 경우로부터 발생하는 건강 상태에는 보다 덜

그림 9.20 적응을 고려한 두 가지 가능한 치료에 따른 삶의 질의 변화

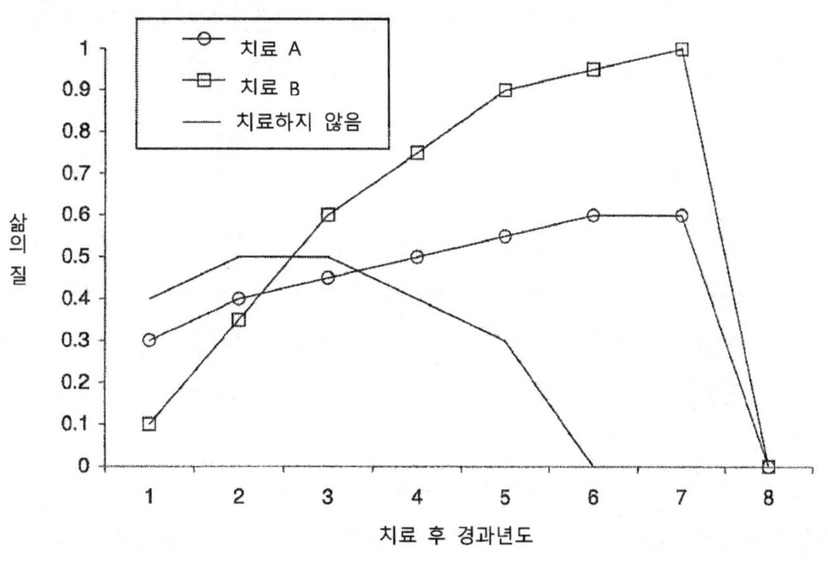

적응하고 있음을 알 수 있다.

만약 일반인들에게 그러한 치료를 하는 것이 어떠할 지 생각해 보도록 요구한다면, 아마도 실제 환자들이 치료 후에 느끼는 것보다 더 낮은 수치를 얻을 것이다. 이것은 적응의 가능성을 무시하면 치료가 더 좋게 보이게 만든다. 만약 치료 6년 또는 7년 후에 환자들에게 질문한다면, 그들은 더 긍정적일 것이고 그 중에서도 치료B에 대해서 특히 더 긍정적으로 느낄 것이다. 이것은 그들이 적응했다는 사실을 기억하지 못하게 해준다. <표 10.4>에 있는 것처럼 건강 상태를 평가하는 것뿐만 아니라 얼마나 빨리 환자들이 쉽게 이러한 건강 상태에 적응해 가는지 생각해 보는 것이다. 그리고 나서 QALY가 작동하는 지에 대해서 계산을 하는 것이다.

불행히 QALY를 계산할 때 적응을 고려하는 것은 현재의 관행이 아니다. 적응에 대한 개념이 다소 논란의 여지가 있는 것처럼 보이는 것이 한 가지 이유가 될 수 있다. 왜냐하면 이것은 다음과 같은 질문을 제기할 수 있기 때문이다. 만약, 사람들이 나쁜 건강 상태에 적응한다면 왜 그들은 치료가 필요한가? 이 질문은 <그림 9.19>와 <그림 9.20>을 비교하기 전까지는 까다로운 질문처럼 보인다. 만약 어떠한 치료도 없는 상황에서 무엇이 발생하는지 지켜본다면, 적응이라는 것은 정말로 삶의 질을 개선시킨다. 그러나 중요한 점으로 적응은 치료를 받음으로써 훨씬 더 삶의 질을 증가시킨다는 것이다. 즉, 사람들은 나쁜 건강 상태에 적응할 수도 있지만, 잠재적으로 치료의 결과인 완전한 건강 상태보다 덜 적응할 것이다. 따라서, 적응은 다소 추천할 만한 치료가 될 것이라는 것을 의미하지 않는다.

삶의 질의 개선을 평가하는 것은 논란의 여지가 있고 어려운 문제이다. 그러나, 만약 최선의 건전한 선택을 해야 한다면, 이러한 측정을 할 필요가 있다.

2. 치료의 기억된 효용 개선

건강 문제의 효과성을 위해 사람들이 합당한 심사 절차를 받는 것은 중요하다. 예를 들어, 결장염 검사는 암과 관련된 죽음을 일으키는 것 중의 하나인 결장 직장 암을 밝혀내는 심사 절차이다. 만약 환자들이 그다지 유쾌하지 않은 과정을 경험하면 결장염 검사는 생명을 구할 수도 있다. 그들이 기꺼이 그렇게 할 지의 여부는 이전의 치료나 절차에 대한 회상에 달려 있다. 마지막 결장염 검사를 매우 고통스럽고 유쾌하지 것으로써만 기억하는 누군가는 아마도 이후의 결장염 검사를 받지 않을 것이다. 이것은 과정에 기억된 효용을 개선시킬 수 있는 어떤 것은 매우 좋은 것임에 틀림없다.

Redelmeier, Kahneman, and Katz(1996, 2003)는 이것이 행해질 수 있는 지에 대해 연구를 하였다.

이 연구에서, 결장염 검사가 예정되어 있는 외래환자들이 참여하였다. 검사과정 동안에 환자들은 0에서 10의 눈금으로 불편함을 나타낼 수 있고 손으로 작동 가능한 장치를 받았다. 이후, 환자들과 의사들은 그 과정 동안에 얼마나 많은 고통과 불편함을 겪었는 지에 대해 질문 받았다. 이러한 과정은 몇 분에서부터 한 시간에 걸쳐 지속될 수 있다. 그러나, 눈에 띄는 점은 환자들의 고통과 불편함에 대한 회상은 얼마나 오랫동안 그 절차가 지속되었는 지와는 독립적이라는 것이다. 대신에 그들은 최고의 극에 달한 고통과 마지막 고통에 매우 의존적하고 있었다. 이것은 지속기간의 무시(duration neglect)에 대한 한층 깊은 증거이다.

지속기간의 무시와 최절정과 마지막 고통에 있어서 마지막 고통을 줄이고 과정의 시간을 길게 하는 것은 환자들에게 보다 덜 고통스럽게 느끼게 한다. 이것을 검증하기 위해서, 무작위로 추출된 실험을 하였다. 이 실험에서 선택된 환자들에게 결장염 검사가 3분까지 확장되었다. 남은 3분 동안 불편함이 나타났지만 그 검사의 최절정 부분보다는 덜 했다. <그림 9.21>에서 최절정-끝 평가(peak-end evaluation)에서 마지막 고통은 연장된 과정에서 덜 했으며 고통에 대한 회상 평가도 역시 더 적었다. 환자들은 이후에 되풀이된 결장염 검사를 받았는지 알아보기 위해 추적되었고, 그 추적 기간은 대략 5년이었다. 연장된 과정에 참여했던 사람들은 근소하게 더 많은 검사를 받았던 것으로 보인다.

반복되는 결장염 검사를 받았던 환자들의 비율의 영향은 이 연구에서 그렇게 크진

그림 9.21 반복되는 결장염에 대한 고통과 돌아온 사람의 비율의 측정은 과정이 연장되었는 지의 여부에 의존한다

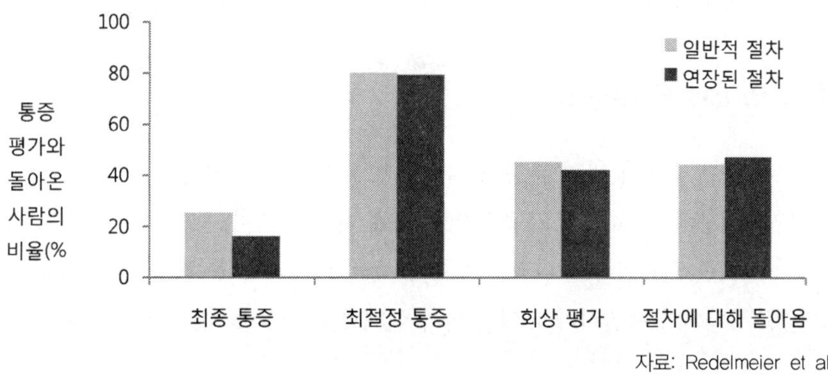

자료: Redelmeier et al.(2003)

않았다. 그러나, 만약에 그것이 단지 3분의 여분 시간 동안으로부터 나온 결과이고 그것이 1명 내지 2명의 사람이 암으로부터 더 적은 고통을 겪는 것을 의미한다면, 매우 큰 수확이다. 다른 더 중요한 변화가 더 큰 영향을 줄 수 있는지는 알지 못하지만 그것은 호기심을 자극하는 가능성이다. 이러한 가능성은 기억된 효용과 총 용을 구별하는 것으로부터 발생한다.

연구방법 9.3 이중 맹검법 실험

다수의 치료들을 갖춘 한 실험에서 때때로 연구자들이 특정한 피험자가 어떠한 치료를 받고 있는지가 중요한 관심사이다. 이것은 Redelmeier의 연구에서 사실일 것이다. 만약에 의사가 특정 환자가 연장된 절차의 치료를 받고 있다는 것을 알고 있다면, 그 또는 그녀는 아마도 그 환자를 다르게 치료할 것이다. 이것을 회피할 필요가 있다.

이중 맹검법 실험은 연구자가 실험 기간 동안에 어떠한 치료가 진행되고 있는지 모르는 조건의 실험이다. 일반적으로, 이것은 그렇게 매우 간단하진 않지만 이 실험을 가능하게 할 수 있는 몇 가지 방법이 있다. 이 특이한 실험에서 피험자에게 할당된 치료는 무작위로 결정되었고 동봉된 봉투 안의 한 서류에 적혀있다. 오직 그 절차가 거의 완성될 무렵에 그 봉투가 열릴 것이고 임상 의학자는 그 절차가 확장되었는지의 여부를 알 것이다. 이것은 이중 맹검법을 달성하는 정돈된 방법이다.

제5절 저축과 은퇴

앞 장에서 저축과 대출, 그리고 생애 주기에 있어서 선택과 시간의 비일관성의 밀접한 관계를 살펴보았다. 이 절에서 이 주제를 다시 한번 상기시키는 것은 자연스럽다. 여기서 투사편향의 영향을 살펴보자.

1. 저축에 있어서 투사편향

5장에서 Maria가 소비의 과거 수준에 길들여진 습관 공식의 모형을 살펴보았다. 그러한 습관화는 적응의 한 표현이고, 소득의 증가에 따라 저축이 증가하는 것을 보았다. 그 단계에서 어떠한 현재편향도 가정할 필요가 없었다. 마지막 장에서, 중독(addiction)을 논의할 때, 누군가가 습관화가 되면 얼마나 현재편향이 중요해지는지에 대해서 조금 더 살펴보았다. 여기서 지금 하고자 하는 것은 투사편향을 덧붙이는 것이다.

왜 투사편향이 중요한 지에 대해 알아보기 위하여 예를 들어보자. t년도의 Ian의 효용은 다음과 같다고 가정하자.

$$u(c_t, h_t) = \begin{cases} \sqrt{c_t - h_t} & \text{if } c_t \geq h_t \\ -\sqrt{h_t - c_t} & \text{if } c_t < h_t \end{cases}$$

여기서 c_t는 소비를 나타내고 $h_t = c_{t-1}$은 습관화된 소비의 기준수준(reference level)이다. 그래서, Ian의 기준수준은 매년 이전의 소비에 적응된다.

투사편향때문에 Ian은 얼마나 많이 기준수준이 적응해가는지를 과소평가하는 상황을 가정해보자. 특히, 다음과 같이 믿는다고 가정하자.

$$h_t = \alpha h_{t-1} + (1-\alpha)c_{t-1}$$

α는 파라미터이다. 만약 α가 0이라면, Ian은 투사편향을 가지고 있지 않다. 그러나 α가 0보다 크면 투사편향을 가지고 있다.

<표 9.5>는 투사편향이 어떠한 결과를 가져올 수 있는지 설명한다. Ian의 소득이 다음 2년 동안에 증가할 예정이고 3년이 되는 해에 감소하는 것을 알 수 있다. 이것을 노동과 은퇴의 간략한 형태로 볼 수 있다. Ian은 어떻게 그의 소비를 최대한으로 평활화(smoothing)할 수 있을까? 할 수 있는 최선은 소비를 천천히 증가시키는 것이다. 만약, α가 0이고 투사의 편향이 없다면 소비를 천천치 증가시킬 것이다. 투사편향을 가지

표 9.5 간단한 예에서의 투사편향의 결과. Ian의 소득은 3년째에 떨어진다. 만약 투사편향이 없다면 점진적으로 소비를 증가시키는 것을 선택하고 총효용 3을 얻는다. 투사편향이 있으면 일정한 소비를 선택하고 예상했던 것보다 더 적은 효용을 얻는다

	시간				투사된 효용	실제 효용
	0년	1년	2년	3년		
소득	1	4	4	1	–	–
계획된 소비						
$\alpha=0$	1	2	3	4	3.00	3.00
$\alpha=1$	1	3	3	3	4.23	1.41
$\alpha=0.5$, 0년차	1	2.33	3	3.67	3.47	2.79
$\alpha=0.5$, 1년차	1	2.33	3.14	3.53	2.94	2.68

고 있다면 어떠할까?

$\alpha=1$일 때 가장 강력한 편향을 가지고 있다. 이 경우, Ian은 증가된 소비에 적응할 것이므로 현재 기준수준과 가능한 비슷하게 소비를 증가시키고 있다는 것을 알 지 못할 것이다. 첫 번째 연도에는 행복하겠지만, 두 번째, 세 번째 연도에는 행복하지 않을 것이기 때문에 이러한 상황은 실제로 그렇게 잘 발생하지 않는다.

더 현실적인 경우는 $\alpha=0.5$이다. 따라서 Ian은 적응한다는 것은 알지만 얼마나 적응할 지는 과소평가되는 경우이다. $\alpha=0$과 $\alpha=1$일 때 선택하는 것들 중에 가운데 계획을 선택할 것이다. 소비는 증가하지만 최적보다 다소 평평하다. 흥미로운 점은 첫 번째 연도 이후에 발생하는 것들이다. 이 시점에서 Ian은 얼마나 많이 적응하는지를 과소평가하고 있다는 것을 깨닫게 되고 계획을 변경할 것이다. 흥미로운 점은 Ian이 제시한 새로운 계획은 원래의 것보다 더 악화되었다는 것이다. 기본적으로, Ian이 기준수준보다 위에 있기 위해서는 생각하는 것보다 더 많이 현재의 소비를 증가시킬 필요가 있다는 점을 알게 된다.

전형적인 예시이지만, 저축과 은퇴에 있어서 투사편향의 두 가지 중요한 영향을 설명해 준다. 첫째, Ian은 은퇴를 위해서 해야만 하는 것보다 덜 저축한다. 둘째, 동태적 시간비일관적이게 될 것이고 은퇴를 위해서 계획했던 것보다 덜 저축하게 된다. 두 번째 연도에 그가 생각하기에 얼마나 많이 저축할 것인 지와 실제로 얼마나 저축할 것인지를 이 둘 사이의 차이가 0.14임을 통해 확인할 수 있다.

여러 해에 걸쳐 은퇴를 위한 저축에 있어서 실제적인 감소를 누적시킬 수도 있다. 이것을 회피할 수 있을까? 원칙적으로, Ian은 자신의 생각을 바꾸지 않도록 하기 위해서 저축계획에 사전구속을 시킬 수 있기 때문에, 최소한 두 번째 문제는 회피할 수 있다. 다음 장에서 어떻게 그런 계획이 효과가 있는지 알게 될 것이다. 첫째 문제는 Ian에게 더 많이 저축하게 강제함으로써 피될 수 있지만, 이것은 다시 선택과 자율의 문제로 회귀시키는 결과를 가져온다.

2. 투자자 자율성

은퇴를 대비하여 더 많이 저축하도록 사람들에게 강요하는 방법은 자동적으로 저축계획에 가입하게 하는 것이다. 이것을 다음 절에서 다룰 예정이지만 4절에서 고찰했던 것들로부터 어느 정도 추측할 수 있을 것이다. 즉, 사람들은 대개 그런 계획을 고수한다. 비록 사람들이 계획을 변경하더라도, 현재편향에 의해 내일까지 그러한 행위를 연기할 것이고 결국 변화하지 않는다는 것을 알 수 있다. 그래서, 지금 Ian이 저축하도록 강요하는 것과 같은 자동적인 가입에 대해서 상상해보자.

이것은 좋을 수도 있지만, 다음 문제에 직면하게 된다. 만약 자동적으로 Ian을 저축 계획에 가입시킨다면, 어디에 투자를 해야 할 지, 얼마나 많이 투자할 지 등을 결정해야 한다. 우리가 결정해야만 하는가 아니면 Ian으로 하여금 결정하도록 해야 하는가? 이것은 선택이 좋은지 나쁜지에 관한 질문의 매혹적인 상황이다. Benartzi and Thaler(2002)의 연구를 살펴보자.

이 연구의 첫 부분에서, UCLA 계획에 가입한 사람들에 관한 정보를 수집했다. 어떠한 의무 불이행 선택권이 없기 때문에 참여자들은 자신의 포트폴리오를 선택해야만 했다. 이러한 정보에 기초하여, 만약 스스로 투자한 포트폴리오 a, 평균 포트폴리오인 b, 중간 포트폴리오인 c에 투자하는 경우 한 사람이 기대할 수 있는 은퇴 수입을 예측했다. 여기서 중간 포트폴리오는 평균 포트폴리오와는 상당히 다르다. 왜냐하면 평균 포트폴리오는 상당히 현금에 더 많이 투자하는 쪽으로 기울어져 있기 때문이다. 이 연구에서, 참여자들은 어떠한 포트폴리오가 자기 것인지 모른 채, 각 포트폴리오가 얼마나 매력적인 지에 대해 1에서 5까지의 등급으로 평가하도록 요구받는다. <그림 9.22>에서 볼 수 있듯이, 중간 포트폴리오가 자신의 포트폴리오보다 더 높은 평가를 받았다. 실제로, 참여자들의 21%만이 자신의 포트폴리오를 가장 높게 평가하였다.

이 연구의 두 번째 부분에서, Benartzi and Thaler는 Swedish American Health System에 근무하는 직원들을 조사하였다. 직원들은 투자 관리 회사로부터 선택된 개인적인 포트폴리오를 자동적으로 제공받았으나 자신의 포트폴리오를 선택할 수 있는 가능성도

그림 9.22 UCLA와 SwedishAmerican에서 평균적인 평가의 포트폴리오

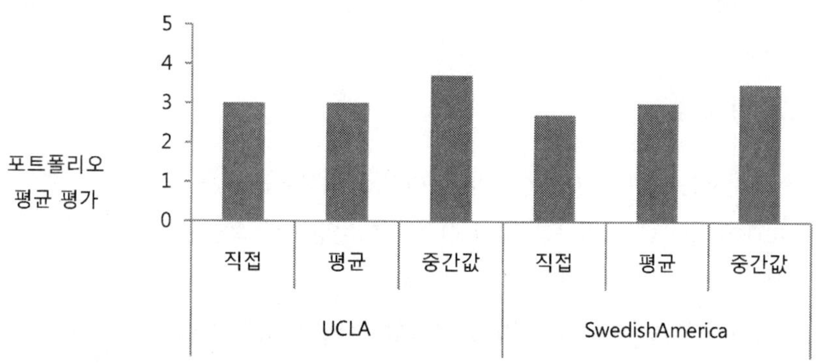

자료: Benartzi and Thaler(2002)

가지고 있다. 선택권을 행사하기로 한 직원들에게 보다 중점을 두기로 하면서, 은퇴 수입을 예측하였고 참여자들에게 자신의 포트폴리오 a와, 투자 관리 회사에 의해 제공된 평균 포트폴리오 b, 의무 불이행 포트폴리오 c를 평가하도록 요청하였다. 이번에는 의무 불이행 포트폴리오가 가장 높은 평가를 받았음을 <그림 9.22>에서 확인할 수 있다. 오직 20%의 참여자들만이 자신의 포트폴리오를 선호하였다. 참여자들은 자신의 포트폴리오를 선택하기 위해서 의무 불이행 포트폴리오를 저버렸던 것을 이전의 경우를 상기해보자.

이러한 결과는 투자자 자율성(investor autonomy)이 그렇게 가치있지 않다는 것을 설명한다. 두 가지 경우 모두, 참여자들은 자신들에 의해 선택되지 않았던 포트폴리오를 더 높게 평가하였다. 이것이 주식시장 등에서 무엇이 발생할 지에 대한 기대가 서로 다르기 때문이라는 것을 알 수 있다. 그러나 조사할 때, 대부분의 참여자들은 무엇이 발생할 지에 대해 강한 믿음을 표현하지 않았다. 더 그럴듯한 설명으로 풀이하자면, 참여자들은 그들의 선호에 대한 최선의 포트폴리오를 선택하기 위한 기술과 정보를 가지고 있지 않았다.

그렇다면, 사람들이 어디에 투자할 지에 대해 선택하도록 해야 하는가? 이에 대한 단순한 답변은 '아니오'인 것처럼 보인다. 그러나 신중할 필요가 있다. 첫째, 돈이 어디에, 그리고 어떻게 최선으로 투자되어야 할 지에 관한 문제가 있다. 이 연구에서 20%가 그들이 선택한 포트폴리오에 가장 행복해 했다면 다른 80%의 사람들의 이익을 위해 이들에게서 선택권을 박탈하는 것을 정당화 할 수 있는가? 두 번째 문제는 사람들이 안 좋은 선택을 할 지라도 그들은 선택하기를 좋아한다는 것이다. 현명하지 못한 투자의 잠재적 비용은 엄청나다. 따라서 사람들은 선택이 훨씬 더 중요하도록 실제로 선택을 하기를 선호해야 할 것이다. 그렇다고 하더라도, 투자자들이 선택권을 부여하는 것에 대해서 고려해 보아야 한다.

3. 연금제도의 활용

합리적인 소비자는 현재소비의 기회비용, 미래의 예상되는 소득, 자신의 수명, 그리고 자신이 미래에 얼마나 소비하고 싶어 하는지를 바탕으로 오늘 얼마나 소비하고 저축할 것인지를 결정한다. 따라서 정부가 사람들의 소비나 저축에 대해 관여할 이유가 없다. 단, 소득이 너무 낮아 최저생계비를 충족할 수 없을 경우 합리적 판단에 의해 소비를 결정한다고 할 수 없다. 이러한 경우에 정부가 생활비를 지원하고 저소득층의 노후 연금 대책을 지원하는 것이 필요하다.

그러나 실제로 대부분의 사람들은 소득이 충분한데도 노후를 대비한 충분한 저축을 하지 않는 것으로 나타난다. 저축 수준을 합리적으로 결정하기 위해서는 미래의 소득, 자신의 수명, 미래에 어떤 수준의 생활을 원하는지 또 그러기 위해서는 얼마나 자금이 필요한지에 대해 예측하고 이를 바탕으로 저축계획을 세워야 한다. 그러나 이러한 정보는 사실 거의 얻기가 어렵다. 또한, 정보를 얻을 수 있다 해도 저축한 자금을 어떤 방법으로 투자할 지 등에 대한 결정은 전문가의 도움이 없이는 어려울 경우가 많다. 또한, 대부분의 사람들은 그러한 정보를 얻으려고 노력한다든지 미래에 대해 준비를 한다든지 하는 것에 대해 그렇게 많은 시간을 투자하지 않는다.

앞엣 살펴본 저축행태의 결과는 다음과 같다. 1980년대 초, 미국의 소득 대비 저축률은 약 10% 수준이었으나 지금은 마이너스 상태이다. 사람들이 돈을 빌려 소득보다 더 많은 소비를 하고 있다. 한 설문조사에 따르면 76%의 사람들이 필요한 수준보다 적게 저축하고 있는 것으로 나타난다. 이러한 격차를 메우고 국민들의 노후 생활 안정을 위해 대부분의 선진국에서는 연금제도를 도입하고 있다. 우리나라와 같은 국민연금제도는 현재 경제활동을 통해 소득을 창출하고 있는 사람들에게 세금을 부과하여 확보된 자금으로 은퇴자들의 연금을 지급하는 제도이다(Pay As You Go System). 이러한 제도는 일반 보험회사에서 보험납입금을 받아 이를 주식이나 부동산 등에 투자하여 그 수익으로 가입자의 연금을 지급하는 방식과는 전혀 다른 체제이다. Pay As You Go System은 대부분의 선진국이 인구의 고령화가 진행됨에 따라 세금을 내는 젊은 층 인구비중이 은퇴한 노령인구보다 빠르게 감소함에 따라 세금의 비중이 가중되어 장기적으로 유지되기 어렵다. 따라서 연금제도의 개선과 함께 개인저축을 증가시킬 수 있는 정책이 필요하다.

미국의 연금제도를 보다 자세히 살펴보자. 미국의 노후보장시스템은 3단계 사회보장제도를 갖추고 있다. 1단계인 사회보장연금은 공적 연금이고 2단계의 기업연금과 3단계의 개인퇴직계좌는 사적연금이다. 일반적으로 다른 나라들은 GDP 대비 공적연금 규모가 10%가 넘는데 미국은 공적연금의 비중이 상대적으로 작아서 4.6% 수준이다. 대신 다양한 형태의 기업연금 및 개인연금이 기업차원의 복지제도나 개인 저축을 확대하기 위한 유인제도로 활용되는 것이 특징이 있다. 1단계인 사회보장연금(Social Security)은 기초연금(Supplemental Security Income, SSI)과 소득비례 연금(Old-Age and Survivors Insurance and Disability Insurance, OASDI)이 있다. 기초연금은 인정소득액 이하인 65

세 이상 노인과 장애인 등에게 지불되고 있으며 재원은 정부의 일반 재정에서 충당되고 있다. 이는 저소득 계층에 대한 공적 지원시스템의 하나이다. 소득비례 형인 연금(OASDI)은 우리의 국민연금과 비슷한 성격으로 보험료의 성격을 띠고 있는 사회보장세(payroll tax)를 노사 양측에서 반씩 지불하는 형식으로 충당하고 있음. 2004년의 경우 노사 양측이 각각 5.3%를 노령·유족연금 (OASDI) 사회보장세로 지불하고 있다(한국은 회사와 직원이 각각 월 급여의 1.5% 납부).

2단계인 기업연금제도는 자발적 가입이며 유형이 다양하다. 기업연금은 가입하는 것은 자유지만, 한번 가입하면 해지가 어렵고, 59.5세 이전에는 연금을 수령할 수 없다. 기업연금은 연금납부 및 수령의 방식에 따라 확정급부형(Defined Benefit plan, DB)과 확정납부형(Defined Contribution plan, DC)으로 분류된다. 확정급부형 연금은 미리 정해진 급여산정방식에 의해 연금수령액이 정해진다. 확정납부형 연금은 노사 양측이 각각 부담해야 하는 납부액을 정하고, 이를 금융시장에서 운용하며 실제 수령액은 운용실적에 따라 결정됨. 근로자는 가입 시 얼마나 저축할 것인지 그리고 자신의 저축을 어떤 방법으로 운용할 것인지를 결정해야 한다. 현행의 대부분 기업연금은 확정납부형으로 그 비율이 지속적으로 증가하여 왔다 1998년에 이미 기업연금의 92%가 확정납부형 방식이고, 가입자 수에 있어서는 69% 수준이다. 기업연금제도의 가장 전형적인 형태는 조세법 401조 k항에서 허용하고 있는 401(k) plan으로, 이는 가입자가 세전 급여의 일부를 적립하여 퇴직 후에 받을 수 있도록 하는 제도이다. 401(k) plan은 근로자의 선택에 따라 급여의 10%까지 연금기금으로 적립하게 되는데, 고용주가 이 금액에 매칭하여 추가적으로 적립하는 제도이다. 연금 적립금에 대하여는 소득공제를 받도록 하고, 이자소득세를 면제하는 등의 세재혜택을 주고 있다. 근로자가 연봉의 1%까지 401(k)에 적립 시 회사에서 100% 보조한다. 연봉의 1% 초과 ~ 6% 이하는 회사에서 50%까지 보조한다.

3단계인 저축성 개인연금(Individual Retirement Account, IRA)은 기업연금 이외에도 저축의 성격을 띠고 있는 개인연금이다. 1974년 의회가 도입한IRA는 기업연금의 혜택을 받지 못하는 개인들의 노후를 위한 저축성 예금이었으나, 1981년에는 기업연금의 수혜대상이 되는 개인들에게 까지 그 대상이 확대되었다.

한국도 지난 세대까지는 부모 노후에 자식들이 부모를 부양하는 것으로 받아들여졌으나 최근 세태의 변화로 이제 부모가 스스로 자신의 노후 대책을 해야 하는 것으로 변하고 있다. 그럼에도 불구하고 실제 저축은 빠르게 감소하고 있는 추세가 나타난다.

더구나 고령화 사회로 변화하면서 현재 시행되고 있는 국민연금, 의료보험 등이 조만간 적자로 전환되어 유지되기 어려운 것으로 판단된다. 따라서 선진국에서 시행되고 있는 민간부문의 연금저축 제도가 도입되고 국민들의 노후대책 저축을 증대시킬 수 있는 정책이 필요하다.

저축의 무계획성에 대해 살펴보면 연금제도의 필요성이 존재한다. 다음과 같은 실험이 있다고 하자. $2,400의 부수입이 다음과 같이 생겼을 때 얼마나 저축할 것인가? $2,400가 한 달에 200달러씩 1년 동안 제공될 경우에 사람들은 대체로 한 달에 $100씩 지출하고 나머지 $100를 저축하여 총 $1,200 저축한다. 그러나 한꺼번에 $2,400를 받을 경우 바로 $400를 사용하고 한 달에 $35씩 총 $785 저축한다. 만일, $2,400를 저축계좌에 넣어 5년 뒤 이자와 함께 받을 경우에 대부분이 올해에는 한 푼도 사용하지 않겠다고 답변하였다.

합리적인 소비자라면 세 경우 모두 같은 소비행태를 보여야 한다. 그런데 상황에 따라 소비 및 저축액이 달라진다는 것은 저축과 소비결정에 비합리적인, 동물적 충동이 작용한다는 것을 의미한다.

또 다른 사례를 살펴보자. 자동연금 가입제도(Save More Tomorrow Plan)이다. 연금저축에 자동으로 가입하게 한 후, 저축률을 높이기 위해 급여 인상에 맞추어 지속적으로 납부 비율을 높여 가는 제도를 말한다. 즉, 매년 봉급이 3% 정도씩 인상된다면, 향후 3-4년간 매년 납부 비율을 봉급의 3%씩 증가시키는 plan이다. 이러한 전략적 프로그램을 통해 근로자들의 평균 저축률을 2배로 증가시킬 수 있었다. 이러한 사례 또한 사람들의 저축행태가 합리적 계산에 의한 것이라기보다는 주어진 여건에 심각하게 영향을 받을 수 있는 충동적 요소가 강함을 보여준다. 이러한 전략은 봉급 증가분이 모두 연금저축으로 전환되는 효과를 갖게 된다.

개인이나 국가나 가난에서 벗어나기 위해서는 저축이 필요하다. 싱가폴은 높은 소득수준에도 불구하고 아직도 세계에서 가장 높은 저축률을 유지하고 있는데, 이는 정부의 저축 정책의 효과이다. 싱가폴은 1955년에 중앙적립기금제도를 도입했다. 이 제도는 취업을 하면 근로자가 소득의 20%, 사용자가 13%를 적립하도록 하는 의무저축제도를 시행하고 있다.

사람들이 더 많은 저축을 하도록 하기 위해서는 자발적으로 가입하는 2단계의 기업연금과 3단계의 개별 연금에 가능한 많은 사람들이 많은 액수를 가입하도록 하는 것이 중요하다. 401(k) 같은 확정납부형 연금에 가입하는 첫 단계는 등록하는 것이다. 기업연금에 납부하는 금액에 대해서는 세금이 공제되고, 많은 경우 회사에서 납부금에 대해 matching을 제공해 준다. 이러한 이점에도 불구하고, 가입 해당자의 30% 정도가 아직 가입을 하지 않고 있다. 영국의 확정급여형 연금에는 전액을 회사가 납부하고 근로자들이 전혀 납부하지 않는 프로그램이 있는데, 이러한 경우에도 실제 가입한 사람이 51%에 그치는데 그 이유는 단순히 가입원서를 작성하는 과정에 귀찮기 때문이다.

또한 연금저축 가입률이 옵트인 방식인지 또는 옵트 아웃 방식인지에 따라 심각하게 차이가 나는 것으로 나타난다. 옵트 인(opt in)은 가입하기 위해서는 적극적으로 가입하겠다는 의사를 표시해야 하는 경우이다. 옵트 아우트(opt out)은 가입하지 않기 위해서는 적극적으로 가입하지 않겠다는 의사표시를 해야 하는 경우이다.

현재는 가입하지 않는 것이 디폴트로 되어 있다. 가입을 원하는 근로자는 가입 양식에, 매달 얼마를 저축할 것인지, 연금 프로그램에 제시된 펀드들에 어떻게 투자를 할당할 것인지 등을 결정해야 한다. 가입 대상자들은 이러한 절차가 귀찮다고 생각하고 가입을 미루게 된다.

한 가지 대안은 디폴트로 자동 가입을 도입하는 것이다. 즉 근로자가 명시적으로 가입하지 않겠다는 의사를 표시하지 않으면 연금저축률과 투자 포트폴리오가 미리 정해진 기업 연금에 자동적으로 가입되도록 하는 시스템이면 된다. 한 연구논문에 의하면 옵트 인 접근법을 택했을 경우 가입률은 고용 3개월 이후에 20%, 그 후에 점진적으로 증가해서 36개월 후에 65%에 이른다. 그러나 자동가입이 채택되자 신입사원의 가입률이 즉시 90%로 뛰었으며, 36개월 후에는 98% 이상으로 증가하였다.

또한, 선택을 쉽게 할 필요성이 있다. 예를 들어, 사람들은 신입직원으로 채용된 후 연금저축에 가입하는 서류 하나 작성하는 것도 미루는 경향이 있다. 디폴트로 자동 가입을 하도록 하는데 대한 한 가지 다른 대안은 근로자가 입사할 때 미리 짜여진 기업연금에 가입할 것인지를 yes or no로 답변하도록 하여 연금가입 여부를 쉽게 선택하도록 하는 것이다. 즉, 신입사원에게 연금저축률(예를 들면 월급의 2-3%)과 투자자산 분배 방식이 정해진 기업연금에 가입여부만 yes or no로 답변하도록 하여 가입절차를 단순화시키는 방법이다. 이러한 전략은 근로자가 저축률과 투자방법을 직접 결정하여 서류를 작성해야 하는 번거로움을 제거하여 가입률을 높이는 것이다.

그러나 미리 짜여진 기업연금에 대하여 디폴트 자동가입이나 단순히 가입여부를 묻는 방법은 다음과 같은 문제점이 있다. 우선, 가입자가 적극적으로 소득의 얼마를 연금에 가입할 것인지를 결정하는 것이 아님으로 2-3%의 낮은 연금저축률을 정할 수밖에 없음. 그러나 2-3%는 적절한 노후를 위해서는 너무 낮은 수준이다. 또한 가입자가 투자포트폴리오에 대해 숙고하여 선택하는 것이 아님으로, 채권이나 장기저축과 같은 리스크가 낮은 그러나 수익성 또한 낮은 투자전략을 제시할 수밖에 없다. 사람들은 한번 가입하면 낮은 연금저축률과 투자포트폴리오를 바꾸지 않고 몇 년씩 그대로 유지하는 경향이 있다.

기업연금 가입은 퇴직 후의 생활을 결정하는 중요한 사안임에도 꼼꼼하게 따져보기보다는 어림짐작으로 대충 계산하여 가입하는 경향이 강하다. 아마 TV나 자전거 또는 테니스 라켓을 살 때는 몇 시간씩 또는 며칠씩 비교하고 검토할 사람들이 중요한 기업연금의 납부 비율과 투자포트폴리오를 선택하는 데는 1시간 이상 소비하지 않는 것으로 나타난다. 대부분의 사람들은 기업연금의 납부 비율에 대해 5%, 10% 등 5의 배수를 선택하는 경향이 있다. 대부분의 가입자가 연금저축 금액을 결정할 때 선택하는 또 다른 방법으로는 회사의 기여 분을 기준으로 연금 납부 비율을 선택하는 경향이 있다. 즉, 회사에서 월급의 6%까지 50%를 분담할 경우 대다수의 근로자들은 6%를 선택한다. 직원들의 저축을 장려하는 기업이라면, 월급의 6% 한도 내에서 50%를 분담하기보다는 월급의 10% 내에서 30%를 분담하는 방식으로 변경하면 쉽게 직원들의 연금 납부 비율을 10%까지 증가시킬 수 있을 것이다.

연금정책에 넛지를 통합하는 경우도 있다. 2006년에 미국은 연금보호법을 통과시켰다. 그 내용 중에 자동연금 가입제도(Save More Tomorrow Plan)을 포함한다. 2007년에 뉴질랜드는 정부에서 운영하는 연금 KiwiSaver 프로그램을 시작하였는데 여기에는 기업연금 가입 시 보조금 1천 달러와 함께 자동가입 제도 등이 포함되었다. 자동등록 방식은 영국에서 2012년에 시행될 국민연금 저축제도에서도 도입할 예정이다.

4. 연금 이론과의 괴리

앞에서 기업연금 가입자를 증가시키기 위한 방법으로 자동가입 디폴트 또는 단순히 가입 여부를 묻는 방식을 도입할 것을 제안하였다. 그러나 이를 위해서는 급여 대비 낮은 연금납부율과 리스크가 낮은 투자포트폴리오 플랜을 제시할 수밖에 없다. 낮은 납부율에 대한 대응으로 일단 가입 후에 Save More Tomorrow 전략을 제시하여 급여가 상승에 비례하여 납부비율을 증가시키는 방안을 제시하였다.

이제 납부한 기업연금을 어떻게 포트폴리오에 투자할 것인가 하는 문제가 남아 있다. 이 문제는 투자자가 얼마나 리스크를 감수할 것인가 하는 것이다. 일반적으로 주식은 수익률이 높은 반면 리스크가 높고 채권이나 예금은 리스크는 낮은 반면 수익률 또한 낮다. 따라서 주식과 채권을 적절히 분산투자 할 필요성이 있다.

은퇴연금의 경우 투자자들이 개별적으로 투자대상 주식을 선별하기 보다는 대부분 뮤추얼 펀드를 통해 투자된다. 뮤추얼 펀드는 유가증권 투자를 목적으로 설립된 법인회사로 주식발행을 통해 투자자를 모집하고 모집된 투자자산을 전문적인 운용회사에 맡겨 그 운용 수익을 투자자에게 배당금의 형태로 되돌려 주는 투자회사이다. 기업연금에 가입한 후 이제 중요한 것은 얼마를 주식에 투자하고 얼마를 채권이나 은행예금에 넣어 놓을 것인가? 아니면 뮤추얼 펀드에서 제공하는 혼합형 펀드에 투자할 것인지를 결정해야 한다.

포트폴리오 설계는 얼마를 주식에 투자할 것인가에 대한 답이다. 1925~2005년까지 80년 기간 동안 투자 대상에 따른 수익률의 차이를 보면 재무성 채권에 $1를 투자하고 연 금리 3.7%를 가정하면 $1는 $18가 된다. 그러나 평균 인플레이션이션 3%를 고려하면 수익률이 높지 않다. 만일, 장기 채권에 투자하면 연 수익률 5.5%이므로 $1는 $71가 된다. 미국 최대기업들에 투자한 뮤추얼 펀드에 투자를 하면 연 수익률 10.4%이므로 $1는 $2,658가 된다. 수익률만을 고려한다면 주식시장에 투자하는 것이 당연하다. 그러나 주식투자는 높은 리스크 수반한다. 1987년 10월 19일 소위 Black Monday에는 하루 만에 전 세계 주가지수가 20% 이상 하락하였다.

사람들의 포트폴리오 구성의 일반적 행태를 살펴보자. 단기적 변동에 대한 과도한 반응이 있다. 휴리스틱(heuristic)을 토대로 한 결정이 많다. 사람들이 주식투자를 싫어하는 이유는 다음과 같다. 첫째, 사람들은 기본적으로 리스크를 회피하려는 경향이 있다. 주가 1포인트 상승에 따른 효용의 증가보다 1포인트 하락에 따른 효용의 감소가 훨씬 크다. 앞에서 본 바와 같이 장기적으로는 주식투자 수익이 높지만, 매일 매일의 주가의 등락은 투자자를 초조하게 하고 주식투자에 실패하게 하는 중요한 요인이다. 따라서 주가 및 투자포트폴리오를 자주 점검하는 단기적 투자자일수록 주식투자를 회피하는 경향을 가지고 있다.

둘째, 고점 매수와 저점 매도인 타이밍이다. 사람들의 이러한 단기적 주식투자 태도는 타이밍에서도 나타난다. 주식투자의 기본은 저점 매수와 고점 매도임. 그러나 일반적인 투자자들은 항상 한 발짝 늦어 주가가 정점에 올라가면 매입하고 떨어지면 매도하는 경향을 가진다. 예를 들어 92년도 뱅가드 뮤추얼 펀드의 신규가입자들은 자산의 58%를 주식에 배분했는데, 주가가 정점에 달했던 2000년에는 74%에 달했다. 주가가 떨어진 그 후 2년 동안 주식에 대한 투자비율이 54%로 하락하였다. 이러한 실패를 몇 번 경험한 투자자들은 주식투자를 회피하는 것은 당연하다.

셋째, 앞에서 나온 고지식한 분산투자인 1/n법이다. 마코위츠는 현대 포트폴리오 이론을 정립한 경제학자로 노벨 경제학상 수상자이다. 그도 은퇴연금계좌의 포트폴리오를 어떻게 배분했느냐는 질문에 그저 50대 50으로 채권과 주식에 투자했다는 대답하였다.

Benartzi Thaler(2001)에 따르면 Halloween Day 포트폴리오 실험을 하였다. Trick or Treat 장난을 하는 아이들을 대상으로 실험하였는데 이웃한 두 집에서 각각 가격이 비슷한 두 가지 종류의 초콜릿을 내놓고 하나씩 고르라고 한 경우와 이웃한 두 집에서 두 가지 초콜릿을 놓고 2개씩 고르라고 한 경우가 있다. 후자의 경우에는 각각 하나씩 선택한 반면 전자의 경우는 하나씩 구색을 맞춘 경우는 48%였으나 조금 숙고한다면 전자나 후자나 모두 하나씩 고를 것으로 생각되나 결과는 같지 않아야 한다.

또한, 한 대학에서 직원들에게 선택 가능한 펀드가 두 가지일 경우 어떻게 선택할 것인지 조사한 결과는 다음과 같다.

주식펀드 vs. 채권펀드 → 50:50
주식펀드 vs. 채권주식 혼합펀드 → 50:50
채권펀드 vs. 채권주식 혼합펀드 → 50:50

주식과 채권에 50대 50으로 투자하는 사람이라면 두 번째와 세 번째에서 채권과 주식의 혼합펀드를 선택하는 것이 당연한데 사람들은 주어진 n개의 선택에서 무조건 1/n로 나누어 투자하는 경향이 있다. 이러한 결과는 사람들이 펀드 조합을 어떻게 할 것인지 깊이 생각하지 않고 선택한다는 것을 알 수 있다. 따라서 제시된 펀드의 조합이 가입자들의 선택에 큰 영향을 미칠 수 있음을 보여준다.

포트폴리오 선택을 위한 바람직한 방법 중 하나는 다음과 같은 라이프스타일 펀드를 제시하고, 각각에 따른 리스크와 예상 수익에 대한 정보를 제공하는 것이다. 보수적 펀드, 중간적 펀드, 공격적 펀드로 나누면 된다. 이들 펀드는 이미 분산투자가 설정되어 있기 때문에 어느 정도의 안전성이 확보되어 있다.

넷째, 자사주 투자에 올인하면 안 되는 이유는 다음과 같다. 금융자산에 대한 투자는 성장성과 리스크를 모두 고려하여 포트폴리오을 구성하는 것이 중요하다. 특히 연금저축과 같이 노후에 대비한 장기적 투자는 한 종목에 올인 하는 것은 리스크하다. 자신이 근무하는 회사의 주식에 투자하는 자사주는 회사에 대한 자부심과 로열티를 높인다는 점에서 장점이 있으나 모든 저축을 자사주에 투자하는 것은 바람직하지 않다. 또한 근로자들은 자신이 근무하는 회사의 장래성에 대해 긍정적으로 평가하는 경향이 있다. 예를 들어, 엔론은 파산 전에 가장 장래성 있는 기업으로 평가되었던 회사이다. 엔론 자사주에 올인 투자를 했던 직원들은 모두 어려움을 겪고 있다.

포트폴리오는 라이프스타일에 따라 보수적, 중간, 그리고 공격적 포트폴리오를 제공할 수 있을 것이다. 라이프스타일 포트폴리오를 선택하지 않는 가입자에 대해서는 포트폴리오가 시간 흐름에 따라 자동 재조정 되도록 선택을 제공할 수 있다.

피드백은 선택할 수 있는 연금저축 플랜에 대한 미래 전망을 쉽게 이해할 수 있도록 제시하여 피드백을 통해 자신에게 유리한 저축계획을 선택하거나 사후에도 조정을 할 수 있도록 지원한다. 대부분의 근로자들은 저축율과 포트폴리오에 따른 기대수익률 등이 노후의 생활에 어떻게 영향을 미치는지에 대해 정확한 이해를 갖지 못하는 경우가 많다. 이러한 추상적인 개념들을 누구든지 이해할 수 있는 개념으로 전환하여 이해를 돕는 것이 필요하다. 예를 들어 저축금액에 따라 노후에 마련할 수 있는 주거여건을 시각적으로 보여줄 수 있다. 즉, 무너질 듯한 아파트와 번듯한 산책길이 있는 번듯한 아파트를 보여준다. 이와 함께 가입자들에게 저축목표와 현재 그 목표 대비 얼마나 달성했는지를 정기적으로 피드백을 통해 보여줌으로서 저축행태를 바람직한 방향으로 변화시킬 수 있다.

제6절 후생상충

이번 마지막 절에서 정책에 관해서 보다 더 명확하게 논의해 보고자 한다. 정책을 만드는데 있어서 근본적인 문제는 다른 정책이 만드는 후생의 결과를 측정하는 것이다. 결국, 목표는 전반적인 후생을 증가시키는 정책과 후생을 측정할 필요가 있다. 여기서, 정책 후생의 결과를 측정하는 두 가지 다른 예를 살펴볼 것이다. 여기서 제시할 수 있는 다른 예도 많이 있지만, 이 두 가지 예가 유용하게 사용할 수 있도록 앞에서 다룬 예이다. 첫 번째 예는 어떻게 현존하는 이론의 빈칸을 채울 수 있는 지에 대해 보여주는 것이다. 두 번째 예는 어떻게 현존하는 이론에서 고려되지 않는 새로운 화제를 끄집어 낼 수 있는 지에 관한 것이다.

1. 인플레이션이션과 실업률 상충관계

거시경제학에서 정부는 사회 후생함수를 극대화하려고 한다. 대개 후생함수로 제시되는 두 가지가 바로 인플레이션이션과 실업이다. 낮은 인플레이션이션과 실업률은 후생함수를 가치를 높인다. 일반 교과서에서는 정부가 인플레이션이션을 감소시키길 바라지만 단기적으로 실업을 일으키므로 사회후생의 손실을 최소화하는 인플레이션이션 완화 정책을 펼친다. 이러한 접근을 이해하기 위해서, 실업 또는 인플레이션이션이 존재할 때 사회후생의 상대적 손실에 대한 몇 가지 개념을 가지고 있어야 할 필요가 있다.

일반적인 접근은 일대일 상충관계를 가정하고, 후생함수는 다음과 같다고 하자.

$$W = -(y-\bar{y})^2 - (\pi-\bar{\pi})^2$$

여기서 $y-\bar{y}$는 최적에서 국내소득이 벗어난 정도를 나타내며, $\pi-\bar{\pi}$는 최적 인플레이션이션에서 벗어난 정도를 나타낸다. 1:1 상충관계를 가정하는 이유는 어떠한 더 나은 개념이 없는 것처럼 보이기 때문이며 얼마나 많은 실업률과 인플레이션이션 감소가 행복을 가져다 주는 지에 대해 측정할 수 있고 상충관계를 관찰할 수 있기 때문이다.

Di Tella, MacCulloch, and Oswald(2001)는 1975년부터 1991년사이에 12개의 유럽 국가에서 데이터를 수집하였다. <표 9.6>은 그들이 제시한 수치들을 요약해서 보여준다. 실업은 행복에 있어서 두 가지 부정적인 효과를 일으킨다. 고용이 되지 않은 사람들은 평균적으로 덜 행복하다는 직접적인 효과가 있다. 추가적인 간접적인 효과가 있는데, 그것은 소위 이른바 실업의 두려움(fear of unemployment)이다. 이것은 고용이 되어 있는 사람들의 행복 수치까지도 낮춘다. 인플레이션이션은 오직 간접적 효과만을 가지고 있다.

<표 9.6>을 살펴보면, 인플레이션이션과 실업의 상충관계를 계산할 수 있다. 실업률이 1% 증가하면 평균적으로 모든 사람들의 만족도를 0.02만큼 낮추고 만족도의 1%에 해당하는 실업의 당사자들의 만족도는 0.33만큼 낮춘다. 따라서, 전반적으로 평균 만족도는 $0.33 \times 0.01 + 0.02 = 0.0233$이 된다. 행복에 있어서 이러한 감소를 보상하기 위하여 필요한 인플레이션이션의 하락을 찾기 위해서 $0.0233/0.014 = 1.66$으로 계산할 수 있다. 그래서, 인플레이션이션의 1.66%의 하락은 실업률의 1%만큼의 증가와 정확하게 상쇄가 된다. 따라서, 실업과 인플레이션이션의 상충효과는 바로 1.66이고 사회후생함수를 다음과 같이 쓸 수 있다.

표 9.6 만약 실업 또는 인플레이션이션이 있다면, 보고된 삶의 만족도에 변화 (1-4 스케일)

	삶의 만족도의 변화
실업이 있다면	−0.33
만약 실업률이 1% 증가 한다면	−0.02
만약 인플레이션이션이 1% 감소한다면	+0.014

자료: Di Tella et al.(2001)

$$W = -1.66(y - \overline{y})^2 - (\pi - \overline{\pi})^2$$

이것이 논의의 끝이 아니다. 왜냐하면, 예를 들어 실업과 인플레이션이션은 사회의 다른 부분에 서로 다르게 영향을 끼칠 수도 있고, 그것에 대한 설명을 필요하다. 또한 실업자가 되는 것은 장기적으로 만족도에 영향을 끼치는 반면에 인플레이션이션은 그렇지 않다는 것을 알 수 있다. 따라서, 1.66이라는 구체적인 수치는 최종적인 값으로서 고려하지 말아야 한다. 그러나 1.66은 어떠한 기본적인 가정보다도 더 많은 정당성을 가진다. 이것은 이상적인 정책을 더 잘 개발하기 위해서 어떻게 행복과 삶의 만족도를 측정할 수 있는가를 설명해 준다. 인플레이션이션과 실업의 상충 관계에 대해 초점을 두었으나 유사한 개념이 최적수준의 실업률과 최적 세율과 같은 폭넓은 다른 정책에 대한 생각도 할 수 있다.

다음으로 넘어가지 전에, Di Tella, MacCulloch(2005)의 연구를 간략하게 언급하는 것은 흥미로울 것이다. 이 연구에서 그들은 정치적으로 우파인 사람들이 정치적으로 좌파인 사람들과 다른 인플레이션이션-실업 상충 관계를 가지고 있는지 살펴보았다. 전형적으로, 우파는 실업보다는 인플레이션이션 감소에 초점을 두고, 좌파는 인플레이션이션보다는 실업률의 감소에 초점을 둔다고 연관시킬 것이다. <그림 10.23>은 자신을 우파라고 평가했던 사람들은 상대적으로 더 낮은 상충관계를 가지고 있었고 좌파인 사람들은 상대적으로 높은 상충관계를 가지고 있음을 보여준다. 이것은 그들이 부유하거나 가난하기 때문이 아니다. 이러한 수치들은 얼마나 만족하는 지를 살펴보는 것이다. 그래서, 이러한 차이는 우파인 사람들이 좌파보다 더 인플레이션이션에 관심을 가지고 있다는 것을 의미하지 않는다. 그것은 우파인 사람들이 좌파보다 삶의 만족도가 인플레이션이션에 더 의존적이라는 것을 의미한다.

그림 9.23 정치적으로 좌파인 사람들이 정치적으로 우파인 사람들보다 인플레이션이션-실업의 상충관계가 더 높은데 이는 소득의 차이때문은 아니다

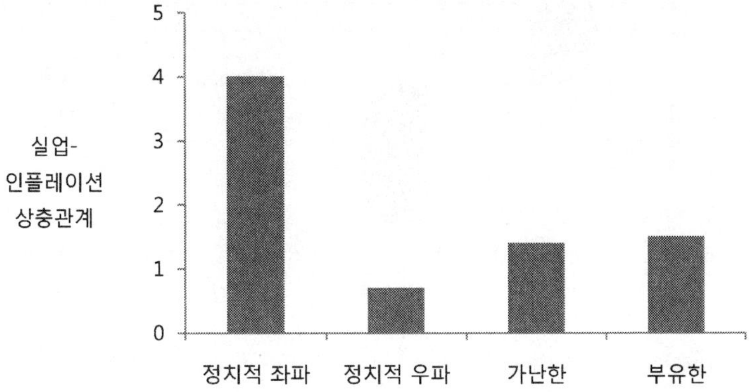

자료: Di Tella and MacCulloch(2006)

2. 세금의 현저성

후생 측정에 있어서 중요한 하나가 바로 세금(tax)에 의해 발생하는 사중손실(deadweight loss)이다. 어떻게 겉보기에 조세의 계획에 있어서 관련없는 변화가 잠재적으로 관련된 후생손실을 변화시킬 수 있는 지에 대한 예시를 살펴보자.

유럽에서 광고되는 상품은 관련 세금을 포함한다. 미국과 캐나다에서는 한 상품이 판매세(sales tax)를 포함하지 않는 것이 일반적이다. 따라서, 구매자가 한 상품의 완전한 가격을 알기 위해서 4%에서 10%의 판매세를 계산하고 추가하여야 한다. 어떤 사람이 계산을 하기 위해 계산기를 가지고 있다고 할 지라도, 어떤 상품은 판매세를 포함하고, 어떤 상품은 포함하지 않으므로 계산하는 것은 쉽지 않다. Chetty, Looney, and Kroft(2009)는 광고된 가격에 거래세를 포함하지 않은 결과에 대해서 알아보았다.

이 연구의 첫 부분은 캘리포니아에 있는 큰 식료품점에서 수행된 실험이었다. 몇개의 상품에는 주요 라벨에 세금을 포함한 그 상품의 가격을 보여주는 라벨을 덧붙였다. 이것은 그 상품의 가격을 변화시키진 않지만 구매자가 보는 가격의 모양은 변화한다.

라벨은 세금이 빠져있는 인식적인 가격을 피할 수 있게 해주므로, 아마도 그런 상품을 더 쉽게 살 것이다. 반면에 그들은 그 라벨이 상품을 더 비싸 보이게 만들기 때문에 그 상품을 사기를 꺼려하기도 쉽다. 어떠한 일이 발생할까?

이 연구는 비교의 방식으로, 판매세를 포함하고 있는 상품(비교상점에서의 비교상품)

그림 9.24 만약 판매세가 있다면 수요의 변화

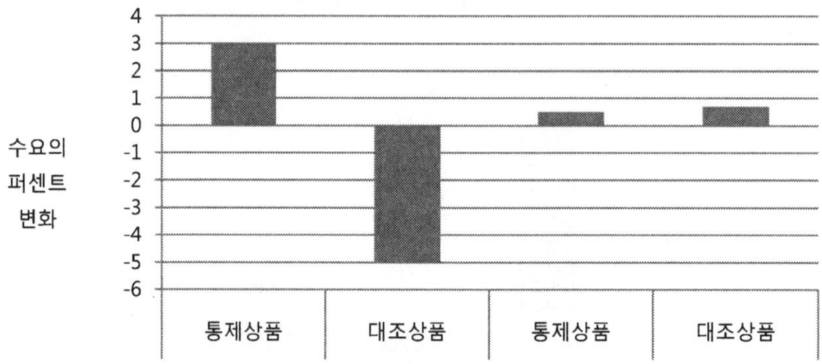

자료: Chetty et al.(2009)

의 수요에 있어서 변화와 그 상점의 유사한 부분에 있는 유사상품(비교상점에 있는 통제상품 또는 대조군)의 수요의 변화, 다른 상점에 있는 같은 상품(통제가게에 있는 통제 및 비교상품)의 수요 변화를 살펴 보았다. <그림 9.24>는 무엇이 발생했는지 요약해서 나타낸다. 내용은 매우 명백하다. 가격에 세금을 포함하고 있는 상품의 수요가 하락하였다. 이러한 하락은 비교 지표로 무엇이 사용되었는 지에 따라 상대적으로 6%에서 8% 정도로 컸다.

이러한 결과를 점검해보기 위해서, 이 연구의 두 번째 부분에서는 술에 대한 수요를 살펴 보았다. 술에는 두 가지 세금이 붙는다. 하나는 가격에 포함된 소비세이고, 다른 하나는 가격에 포함되어 있지 않은 판매세이다. 두 가지 세율의 변화와 수요의 변화를 추적할 수 있다. Chetty et al.는 1970년부터 2003년까지의 데이터를 수집하는 실험을 수행하였고 소비세의 변화가 판매세의 변화보다 훨씬 더 큰 수요의 변화를 일으킨다는 것을 발견하였다. 이것은 구매자들이 소비세를 포함하고 있는 라벨에 있는 가격을 주목하고, 대체적으로 끝에 추가적으로 붙은 판매세는 무시한다는 내용과 일맥상통한다.

광고된 상품이 눈에 잘 보인다. 만약 실질적인 가격은 같다고 해도 라벨의 가격이 더 높다면, 구매자들은 덜 소비할 것이다. 이러한 결과는 무엇을 나타내는가? 그 질문에 답하기 위해서, 소비자 선택의 한 모형을 살펴보자.

바나나와 돈이라는 두 가지 상품이 있다고 가정하자. 만약 Ian이 바나나를 b만큼사고 $y의 돈을 남겨둔다면, 효용은 다음과 같다.

$$u(b, y) = 2\alpha\sqrt{b} + y$$

α는 파라미터이다. 또한 돈을 $m만큼 가지고 있고 바나나의 가격은 세금을 무시하면 p이며, 세금을 고려한 것이 p(1+t)라고 가정해 보자.

만약, Ian이 세금을 고려한다면, 예산제약은 y= m−p(1+t)b이며 제약 하에서 효용을 극대화하려고 할 것이다. 최적은 바나나를 소비하는 것으로부터 한계효용이 가격과 같아지면 된다. 따라서 다음의 식과 같다.

$$\frac{\alpha}{\sqrt{b}} = p(1+t) \text{ or } b_T = \left(\frac{a}{p(1+t)}\right)^2 \text{and} y_T = m - \frac{\alpha^2}{p(1+t)}$$

만약 Ian이 판매세를 고려하지 않는다면, 예산제약은 y=m−pb가 되고 예산제약식 하의 최적화된 해는 다음과 같다.

$$\frac{\alpha}{\sqrt{b}} = p \text{ or } b_T = \left(\frac{\alpha}{p}\right)^2 \text{and } y_T = m - (1+t)\frac{\alpha^2}{p}$$

두 가지 경우 모두 y를 계산할 때 볼 수 있는 것처럼 Ian은 판매세를 지불한다. 이와 함께, Ian이 판매세를 고려할 때와 그렇지 않을 때의 효용의 변화의 차이 $\Delta=u(b_T, y_T)-u(b_N, y_N)$를 식별할 수 있다. 그것은 다음과 같다.

$$\Delta = 2\alpha\left(\frac{\alpha}{p(1+t)}\right) + m - \frac{\alpha^2}{p(1+t)} - \left[2\alpha\left(\frac{\alpha}{p}\right) + m - (1+t)\frac{\alpha^2}{p}\right]$$

다음의 식으로 단순화시킬 수 있다.

(10.1) $$\Delta = \frac{\alpha^2}{p(1+t)} - \frac{\alpha^2(1-t)}{p} = \frac{\alpha^2 t^2}{p(1+t)}$$

만약 Ian이 판매세를 고려하지 않는다면 그는 효용을 잃게 된다. 만약 t가 작다면, 이러한 차이도 작을 것이다. 예를 들어, 만약에 t=0.07375라면, 그것은 캘리포니아와 관련된 수치이다. 다음과 같은 식을 얻는다.

$$\Delta = 0.0051\frac{\alpha^2}{p}$$

만약 α가 크지 않다면, Ian은 바나나를 좋아한다는 것을 의미하고 큰 값이 되지 않는다. 예를 들어, 만약 $\alpha=10$이고 $m=200$, $p=1$, 판매세를 무시하기로 한다면, 100개의 바나나를 사고 $107.38를 지출할 것이다. 만약 판매세를 고려한다면, 효용은 $0.51 더 높아질 것이다. 따라서 큰 소득처럼 보이진 않으므로 판매세를 무시한다고 해서 그다지 큰 손실을 입지 않는다.

이것은 꽤 일반적인 결과이고 여기서 가정한 효용에 대한 함수적인 형태에 국한되지 않는다는 것이 밝혀 내었다. 주요한 이유는 비록 약간 잘못된 가격의 상태이지만 효용을 극대화시킴으로써 Ian은 소비의 변화에 상대적으로 무차별해지는 지점에 도달하였기 때문이다. 따라서 만약 세금을 고려한다면, 행동을 변화시킬 것이지만 그의 효용을 그렇게 많이 변화시키진 못한다. 만약 세금을 무시하는 것이 소비자의 후생손실에 거의 영향을 끼치지 않는다면, 계산기로 상품에 부과된 세금을 계산하는 소비자들을 거의 찾아 볼 수 없다는 것은 놀라운 일이 아니다.

<그림 9.25>와 <표 9.7>로 정부의 영향을 살펴볼 수 있는데 5%와 10%의 세금의 결과를 나타낸다. 만약 어떠한 세금도 없다면, Ian은 100개의 바나나를 사고 $100가 남겨지며 총 300의 효용을 얻을 것이다. 더 높은 세금에 있어서 그가 세금을 고려하는 경우와 그렇지 않은 경우, 그의 효용과 조세수입(tax revenue)을 비교할 수 있다. 가장 단순화시킨 것이 후생을 효용과 조세수입의 합계로 측정하는 것이다. 따라서 세금이 없을 때 후생은 $300가 된다.

만약 세금이 5%이고 Ian이 세금을 고려한다면, 소비자들은 소비자 잉여를 잃어버리기 때문에 사중손실이 발생한다. 이것은 <그림 9.25>에 있는 B의 영역이고 0.2$1에 달한다. 만약 세금이 10%라면, 사중손실은 B+C+D인 영역이 되고 $0.79에 달하게 된다. 당신은 이것이 그렇게 큰 수치가 아니라고 주장할 수도 있다. 그러나, 만약 1,000 내지 10,000명의 소비자들이 이와 같다면, 전반적인 조세의 사중손실은 늘어나기 시작

표 9.7 $\alpha=10$, $m=200$ 이고 $p=\$1$일 때 5%와 10% 세금의 결과

세율	세금이 현저한가?							
	아니다	그렇다	아니다	그렇다	아니다	그렇다	아니다	그렇다
	구매한 바나나		남은 돈		효용		세금 수입	
t=0	100	100	$100.00	$100.00	300	300	$0.00	$0.00
t=0.05	100	91	$95.00	$104.45	295	295	$5.00	$4.55
t=0.1	100	83	$90.00	$108.70	290	291	$10.00	$8.30

그림 9.25 판매세를 무시한 결과. 만약 Ian이 세금을 고려한다면 B와 D+C+B의 사중손실이 존재한다. 만약 그가 세금을 고려하지 않는다면 사중손실이 없지만 A+B는 Ian에서 정부로 이동된다

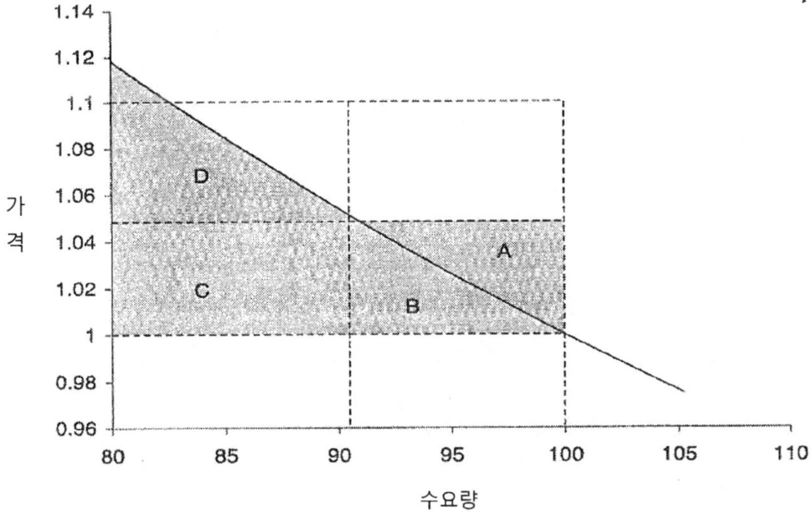

한다.

Ian이 세금을 고려하지 않는다면 어떠할까? Ian은 계속해서 100개의 바나나를 산다. 이것은 만약 세금이 5%라면 더 이상 B영역을 잃어버리지 않음을 의미한다. 대신에 A+B가 정부에게 이전된다. 소비자 효용은 $5만큼 낮아지지만 조세수입이 $5만큼 높아진다는 사실을 통해서 이것을 알 수 있다. 세금의 어떠한 사중손실도 발생하지 않는다. 단지 Ian의 형편이 조금 더 안 좋아지는 형태로 후생이 재분배될 뿐이다.

이것은 중요한 문제이다. 왜냐하면 세금은 효율의 관점에서는 생각하는 것만큼 그렇게 나쁜 것이 아니지만 평등의 관점에서는 아마도 평등을 더 악화시킨다는 점을 암시하기 때문이다. 그러나 궁극적으로, Ian이 세금을 고려하지 않는 것은 전반적인 관점에 있어서 좋다. 이것은 소비자가 주목하는 한계점을 넘어 세금에 과도한 관심을 기울이지 않을 필요가 있다는 것을 말한다. 예를 들어, 만약 Ian이 5%의 세금을 무시하고 10%의 세금에 주목한다면, 세금을 5%에서 10%로 증가시키는 것은 B+C+D의 큰 사중손실을 일으킬 것이다.

이러한 예시는 정책을 계획하는데 사람들의 가능한 행동을 고려하는 것이 얼마나 중요한 지를 설명해 준다. 이것이 명백하게 보일 지도 모르지만 이 예시는 그러한 것들이 약간 민감할 수 있다는 것을 나타낸다.

CHAPTER

10

거시경제학과 행동경제학

CHAPTER 10
거시경제학과 행동경제학

제1절 케인즈학파 이론과 승수

케인즈는 거시경제학 분야에서 아담스미스로부터 이어오는 고전학파 경제학과 대립되는 이론을 제시하였다. 고전학파 경제학은 거래가 자유롭게 이루어 질 경우, 사람들은 이익기회가 있는 거래를 모두 소진하게 되고 경제는 보이지 않는 손(invisible hands)에 의해 균형에 이르게 된다. 즉, 시장에서 수요와 공급이 주어지면 가격의 변화에 의해 균형에 이르게 된다.

노동시장에서도 비자발적 실업이 없게 되므로 정부는 경제에 관여할 필요가 없다. 정부는 시장이 제대로 작동하도록 잘 감시하는 역할로 충분하다. 그러나 이러한 논리는 대공황이나 최근의 동아시아 경제위기 또한 미국 발 서브 프라임 금융위기에서 관측되는 바와 같은 심각한 경기불황과 대규모 실업을 설명하지 못한다. 케인즈는 경제의 변화에는 사람들의 동물적 충동이 중요한 요인임을 지적하고 이러한 동물적 충동은 소비자 신뢰(consumer confidence) 등에 의해 측정될 수 있는 것으로 판단하였다.

케인즈는 현대경제학이 기반으로 하고 있는 합리적 의사결정이 경제현상을 설명하는

그림 10.1 균형의 의미

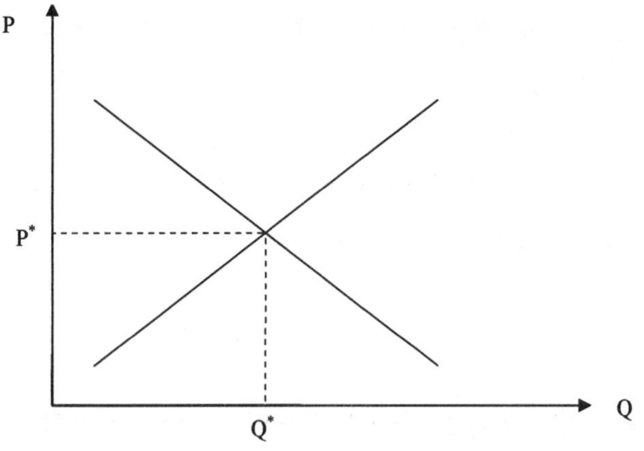

데 중요하지만, 소비자신뢰와 같은 충동적이고 집단적 현상이 경제의 불안전성을 설명하는 중요한 요소임을 인식하고 있었다. 예를 들어 최근의 서브프라임 문제와 같은 부동산 거품으로 인한 경제위기나 동아시아의 외환위기 등을 설명하는 데는 사람들의 동물적 충동과 같은 비이성적인 요소가 중요함을 인식하였다. 즉, 사람들이 부동산 불패를 믿고 너도 나도 부동산 투자에 뛰어 들거나, 또는 증권시장이 호황일 때 너도 나도 집 팔고 은행대출을 받아 주식에 투자하는 행태는 일종의 집단적 사회현상이고, 이러한 현상의 뒤에는 합리적 판단보다는 떼로 몰려다니는 비합리적 군중심리나 집단적 충동 같은 것이 중요한 요인이다.

케인즈가 주장하는 대로 동물적 충동이 경제의 불안전성을 설명하는 중요한 요인이라면, 적정한 수준에서 사람들의 동물적 충동을 억제하는 정부의 역할이 중요할 수 있다. 이는 정부의 역할은 시장이 잘 작동하도록 감시하는 역할에 한정되어야 한다는 고전학파의 주장과는 차이가 있다. 그러나 케인즈가 경제현상을 설명하는데 중요한 것으로 강조했던 동물적 충동 개념은 그 이후에 발전된 거시경제 이론에서는 찾아볼 수 없다. 소위 케인즈파 경제학 이론에서도 동물적 충동 개념은 중요하게 취급되지 못했다. 그 중요한 이유는 경제학자들이 집단적 히스테리나 충동과 같은 비합리적 행동을 경제현상을 설명하는 중요한 요인으로 받아들이기 어려웠기 때문이다. 오히려 합리적 판단에 근거를 둔 사람들의 선택이 중요한 경제현상들을 설명할 수 있다는 점이 다른 사회학문에 비해 경제학이 가지는 매력으로 인식되었고, 이러한 논리적 치밀성이 경제학을 다른 사회과학에 비해 과학적인 학문으로 인정을 받을 수 있도록 한 중요한 요소였다. 그러나 경제학이 과학적 학문이라 하더라도 현재 일어나고 있는 경제현상을 제대로 설명하지 못하고 그에 대한 대책을 제시하지 못한다면 의미가 없다. 케인즈가 중요시 했던 사람들의 동물적 충동이 지금까지 제대로 설명하지 못했던 경제의 불안전성을 어떻게 설명할 수 있는지, 또 정부는 어떤 역할을 할 수 있는지 분석할 필요가 있다.

케인즈학파의 가장 중요한 요소 중 하나가 승수(multiplier) 개념이다. 먼저 지출의 승수효과(expenditure multiplier)를 살펴보자. 케인즈학파 모형에서 소득(Y)은 총수요(Y_{AD}) 또는 총지출(E)에 의해 결정된다. 한계소비성향을 c_1, 세금 T_0, 소비 C, 투자 I, 정부지출 G, 순수출 NX라면 다음이 성립한다.

$$\text{소득 } Y = \text{총수요 } Y_{AD} = \text{총지출 } E = C + I + G + NX$$

여기서 소비는 가처분소득 $(Y - T_0)$에 의존하는 1차함수라 하자.

$$Y=(C_0+c_1\times(Y-T_0))+I_0+G_0+NX_0$$
$$(1-c_1)Y=C_0-c1\times T_0+I_0+G_0+NX_0$$
$$Y=\frac{1}{1-c_1}(C_0-c_1\times T_0+I_0+G_0+NX_0)$$
$$\Delta Y=\frac{1}{1-c_1}(\Delta C_0-c_1\times\Delta T_0+\Delta I_0+\Delta G_0+\Delta NX_0)$$

즉, 소비지출(C_0), 투자지출(I_0), 정부지출(G_0), 순수출(NX_0)의 1단위 증가(감소)는 $\frac{1}{1-c_1}$ 만큼의 소득의 증가(감소)를 가져온다. 만약 한계소비성향 $c_1=0.6$이라면 $\frac{1}{1-c_1}=2.5$가 된다. 즉 C_0, I_0, G_0, NX_0의 1단위의 변화는 소득 Y의 2.5단위가 변화한다. 따라서 승수효과는 한계소비성향이 클수록 증가한다.

그렇다면 지출의 승수효과가 생기는 이유는 무엇인가? ΔCo 만큼의 소비지출이 증가하면 다음과 같다.

$Y=C+I+G+NX$에서 $\Delta Y_1=\Delta C_0$만큼 증가한다.

소비함수 $C=C_0+c_1\times(Y-T)$이므로 소득의 변화에 따른 소비의 변화는 한계소비성향에 의존한다. 따라서 다음이 성립한다.

$$\Delta C_1=c_1\times\Delta Y_1$$

따라서 위의 과정을 반복하면 다음의 과정들이 성립한다.

$$\Delta Y_2=\Delta C_1=c_1\times\Delta Y_1=c_1\times DC_0$$
$$\Delta C_2=c_1\times\Delta Y_2\text{이므로 }\Delta Y_3=\Delta C_2=c_1\times\Delta Y_2=c_1^2\times\Delta C_0$$
$$\Delta C_3=c_1\times\Delta Y_3\text{이므로 }\Delta Y_4=\Delta C_3=c_1\times\Delta Y_3=c_1^3\times\Delta C_0$$

소득의 총변화($\Sigma\Delta Y_i$)를 살펴보자.

$$\Sigma\Delta Y_i=\Delta C_0+c_1\times\Delta C_0+c_1^2\times\Delta C_0+c_1^3\times\Delta C_0+\cdots=\Delta C_0(1+c1+c_1^2+c_1^3+\cdots)$$
$$=\frac{1}{1-c},\ \Delta C_0$$

이 과정은 소비가 증가하면 소득이 증가하고, 다시 소득이 증가하면 소비가 증가하는 과정이 반복되어 나타나는 현상이다.

케인즈의 승수 개념은 소비나 투자의 작은 감소가 승수효과를 통해 대규모의 경기침체로 이행될 수 있는 가능성을 보여준다. 소비의 감소는 기업들의 투자 감소로 이어지고 이는 또 다시 승수효과를 통해 더 많은 국민소득의 감소를 가져온다. 한편 이러한 승수 개념은 재정확대를 통해 정부의 적극적인 경기부양 정책 또한 가능하다는 것을 보여준다. 여기에 정부가 확고한 경제 부양 의지를 보인다면 이는 소비자들의 자신감을 고취할 수 있고 기업들의 투자마인드를 회복하여 빠른 경기회복을 기대할 수 있을 것이다.

제2절 자신감

그렇다면 독립지출이 아닌 자신감도 승수를 만들 수 있을까? 먼저 자신감에 대해 알아보자. 한국의 경제성장 과정에서 우리도 할 수 있다는 자신감은 중요한 성공요소였다. 국내 모그룹의 모회장은 평소에 해보지도 않고 '어렵다' 또는 '안 될 것이다'라고 말하는 수동적이고 비관적인 직원을 제일 싫어했다고 한다. 아무리 어려운 일이라도 자신감을 가지고 적극적으로 추진할 경우에는 성공가능성이 높아진다. 외국 기업들이 중국에서 무모할 정도로 적극적인 투자를 하는 것은 중국경제가 지속적으로 고도성장을 할 것이라는 확신이 있기 때문이다. 현재 한국경제의 문제점은 기업이나 소비자 모두가 한국경제의 장래에 대해 신뢰를 갖기 어렵다는 것이다. 특히 기업들이 국내경제에 대해 비관적으로 판단한다면 국내에 투자하기 보다는 외국에 투자하려 할 것이다. 따라서 기업들이 국내에서 적극적으로 투자하기를 기대한다면 노사관계, 규제완화 등의 측면에서 미래에 대한 확신을 심어줄 수 있는 정책이 필요하다.

사람들의 자신감은 경기변동에 따라서도 변한다. 경기가 좋을 때는 사람들의 자신감이 증가하고 경기침체 시에는 자심감이 위축된다. 따라서 경기회복을 위해서도 사람들의 자신감을 제고시킬 수 있는 정책이 중요하다.

주식시장이나 부동산시장에서도 투자자들의 자신감은 시장의 흐름을 결정하는 중요한 요인이다. 투자자들의 앞으로 장세에 대해 긍정적일 경우는 적극적으로 매입하게 되고 주가나 부동산 가격의 상승이 이어진다. 투자자들이 장래 시장전망에 대해 부정적일 경우는 가격이 하락한다.

그러나 문제는 이러한 자신감이나 이로 인한 투자 등의 경제적 의사결정이 '합리적 판단'이나 확률적 계산에 의한 것이라기보다는 직감이나 또는 다른 사람들의 행태를 따라서 하는 충동적인 경우가 많다. GE의 잭 웰치도 거액의 투자결정을 직감에 의존하여 결정한다. 이러한 직감이나 '동물적 충동'에 따른 결정은 항상 좋은 결정일 수는 없다. 이러한 자신감은 경우에 따라서는 과도한 것일 수도, 경우에 따라서는 과소한 것일 수 있다.

부동산 붐이 일어 너도 나도 은행 대출을 받아 부동산에 투자하고 부동산 가격이 급격히 상승할 때 사회 내에 부동산 불패라는 '자신감 또는 확신'이 충만하다. 이러한 과도한 자신감은 결국 심각한 부동산 버블을 가져오고 부동산의 내재가치를 훨씬 능가하는 부동산 가격 버블은 결국 꺼지게 된다. 부동산 시장에 대한 자신감이 급격히 불안으로 바뀌면서 사람들은 부동산 매도로 돌아서고, 이제 부동산 가격이 급격히 하락하면서 부동산을 담보로 대출한 금융기관들도 결국 부실화 된다. 대출 부실화로 대출 회수가 어려워진 금융기관들은 지불능력을 확보하기 위해 기업대출을 급격히 회수하게 되고 대출연장이 어려운 기업들이 줄지어 도산하게 된다. 부동산 시장에 대한 불안은 이제 경제 전체에 대한 불안으로 확대 되고 경제가 깊은 침체로 빠지게 된다.

승수 개념을 이용하여 소비자의 자신감이나 확신이 1단위 증가할 때 소비, 소득, 기업의 투자 또는 개인의 주식이나 부동산 투자가 얼마나 증가하는지를 측정하는 자신감 승수(confidence multiplier) 개념을 도입할 수 있다. 자신감 승수는 경기가 하락한다든지, 빠르게 상승하거나 또는 부동산 가격이나 증권 가격이 빠르게 상승하거나 하락할 때 더 커질 것으로 예측할 수 있다.

소비자의 경기에 대한 자신감을 측정할 수 있는 변수로는 '소비자 신뢰지수'가 있다. 소비자신뢰지수는 경제 상태를 나타내는 경기선행지수의 하나로, 소비자에게 고용상태와 6개월 후의 지역경제, 고용 및 가계수입에 대한 전망에 대한 다양한 설문조사를 실시하여 경기에 대한 소비자들의 인식을 지수화한 것으로 100을 기준으로 지수가 100을 넘으면 소비자들이 경기를 낙관한다는 뜻이다.

제3절 스토리

인간의 마음은 스토리를 기반으로 느끼고 생각한다. 사람은 슬픈 이야기에 우울해 하고 즐거운 스토리에 행복해 한다. 미래의 희망에 찬 얘기를 들으면서 가슴이 부풀어 오르고 무언가 이루겠다는 다짐을 하게 된다.

발전하는 사회는 구성원들이 바람직한 비전과 이를 달성하는 방법에 대한 광범위한 공감대를 가지고 있다. 이러한 비전과 수단에 대한 공감대는 이야기와 대화를 통해 수렴되고 광범위 하게 전달된다.

뛰어난 리더는 미래에 대한 비전을 제시하고 그 비전을 달성하기 위해 필요한 요소들이 무엇인지를 대화를 통해 구성원들을 설득한다. 즉, 현실에 바탕을 둔 생생한 미래의 스토리를 잘 전달하는 사람이 바로 뛰어난 리더이다.

아프리카 원주민들이나 미국의 인디언 부족들은 구전으로 내려오는 이야기를 통해 부족의 기원과 성장과정을 알려 부족 구성원들에게 자부심을 갖게 하고 위대한 선조들의 이야기를 통해 젊은 부족 원들이 본받을 수 있는 롤 모형을 제시한다.

그러나 많은 경우, 이야기는 사람들에게 전파되는 과정에서 사실과 다르게 과장되거나 증폭되는 경향을 가진다. 이러한 잘못된 이야기가 사람들에게 과도한 낙관이나 맹신을 초래하거나 또는 집단적인 히스테리나 공포를 가져와 사회적 혼란을 야기할 수도 있다. 경우에 따라 개인적 또는 정치적 목적을 달성하기 위해 거짓 사실을 전파하고 사람들의 집단적 히스테리나 맹신을 유도하기도 한다.

잘못된 이야기 사례인 멕시코의 로페즈 포르티요 대통령의 과도한 낙관과 실패를 살펴보자. 멕시코는 호세 로페즈 포르티요 대통령의 통치기간(1976-1982)에 높은 성장과 함께 경제적 자신감이 최고에 달했다. 그러나 이는 과장된 사실을 바탕으로 한 과도한 낙관으로 인한 것으로 그 이후 멕시코 경제는 심각한 파탄에 빠지게 된다. 로페즈 포르티요는 1965년에 고대 아즈텍의 이야기를 바탕으로 한 '케찰코아틀'이란 소설을 발표하였다. 켓찰코아틀(Quetzalcohuātl)은 아스텍 신화에 나오는 날개달린 뱀의 형상을 한 신으로, 뱀은 땅의 권력을 뜻하고 날개는 하늘의 권위를 나타낸다. 아스텍 사람들은 켓찰코아틀이 풍요와 평화의 신으로 사람들에게 살아가는데 필요한 기술, 예를 들어 옥수수 키우는 법이나 베 짜는 법, 시간을 알아내는 법 등을 가르쳤다고 믿었다. 케찰코아틀은 전쟁의 신의 음모로 인해 쫓겨났으나, 아즈텍인들은 켓살코아틀이 미래에 돌아온다는 재래를 믿었다.

그림 10.2 켓살코아틀

Tellerano-Remensis 코덱스에 묘사된 켓살코아틀

자료: Shepard(1990)

이 소설은 1975년 포르티요가 대통령 선거전에 나서면서 재 발간되어 위대한 멕시코의 미래를 전하는 이야기처럼 받아들여졌고 포르티요는 대통령에 당선되었다. 대통령에 당선된 후, 새로운 대규모 유전이 발견되고 2차 석유파동으로 유가가 급등하면서 국민들의 기대감이 한없이 치솟았고, 사람들은 케찰코아틀이 현실화 되어 부유한 멕시코가 되는 것처럼 환상에 젖었다. 코르티요는 채굴되지도 않은 원유를 담보로 많은 외채를 빌렸고, 카리브해 주변국에 싼 값으로 원유를 제공하고 외국 원조에 나섰다. 코르티요가 통치한 6년 동안 멕시코의 실질 GDP는 55%가 증가하였다.

그러나 1980년 유가가 하락하자 멕시코는 경제위기에 빠졌다. 1982년 대통령에서 물러날 때 100%의 인플레이션과 높은 실업에 시달렸고, 부패와 절도는 유례없는 수준으로 치솟았다. 코르티요의 미래는 환상에 지나지 않았고 특히 석유매장량은 심하게 과장되었다는 사실이 드러났다. 결국 코르티요는 사람들이 듣고 싶어 하는 이야기를 과장되게 만들어 내었고, 이러한 이야기가 사람들에게 환상과 함께 심각한 경제적 폐해를 가져왔다.

멕시코의 경험에서 얻을 수 있는 두 가지 사실은 다음과 같다. 첫째, 이야기를 통해 전달되는 자신감이나 두려움은 그것이 사람들의 행동 및 의사결정에 집단적으로 영향을 줄 때 소비와 투자 그리고 경제 전반에 심각한 영향을 줄 수 있다. 이러한 스토리가 근거 없이 부풀려질 경우 과도한 집단적 낙관과 패닉을 가져오고 이것이 경기과열, 증시폭등, 급격한 경기 침체 등 단순히 경제이론으로 설명이 되기 어려운 경제현상의 중요한 요인이 될 수 있다. 둘째, 이야기가 사람들 사이에 퍼지는 양상은 전염병에 비유될 수 있다. 전염병은 질병의 감염율과 질병이 낫는 제거율에 의해 설명이 되는데, 이때 핵심적인 초기 조건은 병에 걸린 사람의 수와 병에 취약한 허약한 사람의 수이다. 그러나 이러한 요인 외에도 바이러스의 변이와 같은 돌발적인 요인에 의해 전염속도가 달라질 수 있다. 질병이 전염을 통해 퍼지듯이 스토리와 이로 인한 자신감이나 두려움도 사회에 빠르게 확산될 수 있다.

제4절 허드이론

herd는 떼를 말한다. 여기서는 일종의 유행이라고 생각할 수 있다. 1960~1970년대에는 긴 머리 유행하였고 몇 년 전부터는 짧은 머리가 유행하였다. 또 다른 예로 주변 동료들로부터 받는 심적 압력(peer pressure)가 있다. 어린 학생들이 친구들 유행을 따라 하지 않으면 따돌림 받는 것처럼 느낀다든지 하는 심리적 부담을 말한다. 예를 들어 시장운동화를 신으면 놀림을 당할 것이 두려워 다른 아이들과 같은 명품 운동화를 신고 싶어 한다든지, 친구들과 집단으로 한 친구를 왕따 시킨다든지 하는 행위가 심적 압력 또는 암묵적인 집단압력에 연유하는 경우가 많다.

사회적 집단압력의 극단적 사례를 살펴보자. 짐 존스라는 사이비 교주는 인민사원(People's Temple)의 창시자였다. 1978년에 탈세 혐의를 받자 1000명에 달하는 추종자들을 샌프란시스코에서 남미의 가이아나 밀림 속의 작은 정착지로 이주시키고 이곳을 존스타운이라고 불렀다. 강제노역, 아동학대와 고문행위에 대해 연방정부의 수사가 시작되자 존스는 추종자들과 함께 집단 자살을 하게 되는데, 추종자들이 먼저 자신의 아이들을 독살하도록 한 다음 스스로 자살하였다. 물론 일부 강한 저항이 있었지만 모두 서로 팔짱을 끼고 누워 있는 상태로 발견되었다. 따라서 사람들은 주변 다른 사람들의 말이나 행동에 쉽게 영향을 받는 것을 알 수 있다. 극단적인 경우에는 사회적인 압력 때문에 잘못된 믿음을 가지는 경우에 집단 히스테리와 같은 행태를 보인다. 따라서 사회적 압력은 존스타운과 같은 부정적 사태를 야기 시킬 수도 있으나, 긍정적인 측면에서는 예의를 지킨다든지 공중도덕을 지킨다든지 하는 현상을 설명하는데도 중요한 요소가 될 수 있다.

주변 동료들로부터 받는 심적 압력(peer pressure)은 다음과 같은 사례에서 보는 것처럼 부정적이거나 또는 긍정적 효과를 가져 올 수 있다. 첫째, 다른 십대들이 아이 가지는 것을 목격한 10대 소녀들은 임신할 확률이 비교적 높다. 둘째, 방송사들이 서로를 모방하여 프로그램의 일시적 유행을 양산한다. 비슷비슷한 여성보컬그룹, 1박2일 및 유사프로그램, 및 비슷비슷한 미드의 수사물 등이 있다. 셋째, 청소년들은 공부, 놀기, 취미 등에 있어 친구들의 영향을 많이 받는다. 따라서 좋은 친구를 사귀는 것이 미래에 중요한 영향을 줄 수 있다. 넷째, 판사들도 동료 판사의 선택에 영향을 받는 경향이 있다. 보수적 판사도 진보적 판사들과 함께 할 때는 진보적 경향을 보인다. 반대로 진보적 판사도 보수적 판사들과 판결을 같이 할 때는 보수적 경향을 보인다. 따라서 사람들은 쉽게 타인들에 의해 영향을 받는다.

집단동조의 예인 개를 보고도 고양이라고 말하는 이유를 살펴보자. 여섯 명으로 구성된 시각 인지 실험이다. 커다란 흰색 카드에 선 1개가 그려져 있고, 스크린에 투영된 3개의 선 중에서 카드에 있는 선과 같은 크기의 선을 찾는 간단한 실험으로, 돌아가면서 큰 소리로 같은 크기의 선을 말하도록 요구한다. 세 번의 실험에서는 모두가 정답을 말하는데, 네 번째 실험에서 앞의 다섯 사람이 모두 명백히 틀린 선을 같은 선으로 지적할 경우 여섯 번째 사람의 반응은 어떨까? 아주 간단한 문제임에도 적어도 1/3 이상의 사람들이 앞서 다른 사람들이 말한 틀린 답을 정답으로 답변하였다. 같은 실험을 17개국 이상의 나라에서 130여 차례 진행. 적어도 20-40%의 사람들이 다른 사람들의 틀린 답에 동조. 실험 자체가 아주 간단하다는 점에서 상당히 높은 수치이다. 같은 실험에서 익명으로 하거나 혼자 결정을 내릴 때는 잘못된 답에 동조하는 경향이 훨씬 낮아진다. 따라서 남이 나를 본다는 사실을 인식할 때 동조 가능성이 높아진다는 것은 주변 동료들로부터 받는 심적 압력(peer pressure)과 같은 사회적 압력이 작용한다는 것을 의미

비슷한 실험으로 사람들을 어두운 방에서 들어가게 한 뒤 어느 정도 떨어진 위치에 작은 불빛을 설치한다. 이 불빛은 고정되어 있으나 자동운동 효과라는 착각으로 인해 움직이는 것처럼 느낀다. 사람들에게 이 불빛이 움직이는 거리를 측정하라고 요구한다. 개별적으로 물었을 때 사람들의 답변은 모두 다르고 같은 사람도 실험 때마다 답변이 달랐다. 이는 불빛이 움직이지를 않으니 당연한 결과이다. 그런데 여러 개의 소규모 집단으로 실험을 하고 자신의 판단을 공개하도록 할 경우 각 집단 별로 쉽게 합의가 구축

되고, 각 집단은 합의된 값을 고수하는 경향이 있었다. 각 집단별로 실험을 반복할 때 각 집단은 앞의 실험에서 동조했던 값과 비슷한 값을 유지하는 경향이 있었다.

이러한 현상은 집단이나 사회가 어떻게 이질적인 의식과 믿음을 갖게 할 수 있는지를 보여준다. 처음에 시작된 아주 사소한 차이가 장기적으로는 이질적인 믿음으로 확립되어 지속적인 갈등을 야기할 수 있다.

같은 실험에서 다른 참가자들이 모르게 동조자를 투입하고 이들이 자신 있게 자신의 의견을 제시하도록 한다. 그 결과 이들의 단호한 주장이 전체의 결정에 크게 영향을 주었다. 이렇게 영향을 받은 사람들은 1년쯤 지난 뒤 새로운 그룹의 사람들과 같은 실험을 했을 때, 1년 전에 받은 영향을 그대로 주장한다. 즉, 한번 받은 영향이 지속적으로 유지됨을 알 수 있다. 인터넷 상의 떠도는 그릇된 주장들은 점차 동조하는 그룹이 확대됨에 따라, 정확한 사실과 증거들이 나타남에도 그러한 사실들을 받아들이지 않으려는 경향이 있다.

일반적인 여론형성 과정에서 사회적인 쟁점에 대해 소수의 의견을 다수의 의견으로, 또는 다수의 의견을 소수의 의견으로 잘못 인지하는 현상인 다원적 무지(pluralistic ignorance)도 있을 수 있다. 강성의 목소리를 내는 사람 몇 명이 의견을 제시하면 대다수는 침묵하고 그 침묵은 무시된 채로 방향이 정해지는 경우가 많다. 또한 익명성이 보장되는 사이버 공간에서의 여론형성은 더욱 문제가 크다. 사이버 공간에서의 여론 역시 일부 폭력적인 소수에 의해 좌우되기 쉽다. 이는 대수의 법칙보다 소수의 법칙의 문제점에 속하는 것이며 표본추출의 문제와도 연결된다. 하나의 이슈에 대해 강성 목소리를 내는 몇몇 네티즌들이 전체 분위기를 한곳으로 몰아가고 소수의 의견들은 '전체 네티즌의 이름으로' 철저히 유린당할 수 있다.

한 실험에서 '다음 중 우리나라에서 당면한 문제 중 가장 중요한 문제는 무엇이라고 생각하는가?'라는 문제가 주어졌다. 보기는 경기침체, 교육, 테러, 범죄, 부정부패 등 다섯 가지 이었다. 이 중 테러를 선택한 사람은 12% 수준이었다. 그러나 다른 사람들이 모두 테러를 선택했다는 전제를 제시하자 48%가 이것을 답으로 선택하였다. 이와 유사한 실험에서 "자유 발언은 권리라기보다 특권임으로, 위협감을 느낄 때는 사회가 자유 발언을 중지시키는 것이 적절하다."라는 의견에 대해 동의하지 않는 사람이 19%에 불과했다. 그러나 겨우 네 사람 만이 이에 동의했다는 전제가 주어지자 동의하지 않는 사람의 수가 58%로 증가하였다. 이러한 결과는 '나치주의'나 '북한사회' 그리고 '인민사원'과 같은 극단적인 사회적 현상이 어떻게 가능할 수 있는지 설명할 수 있다.

그림 10.3 텍사스를 더럽히지마 로고

자료: Shepard(1990)

지금까지 살펴본 사회적 압력은 긍정적으로 사용될 수도 있다. 예를 들어, 건강을 위해 운동을 장려하기 위해서는 단지 정부가 '얼마나 많은 사람들이 정기적으로 운동을 하고 있는가'하는 사실을 언급하는 것만으로도 사람들의 운동습관에 영향을 줄 수 있다.

또 다른 예로 Texas의 "Don't Mess with Texas"가 있다. 텍사스 주는 고속도로 변에 버려지는 쓰레기를 줄이기 위해 처음에는 막대한 예산으로 문화시민을 강조하는 캠페인을 벌였으나 실패하였다. 주로 쓰레기를 투기하는 18-24세의 남자들은 문화인 스타일의 캠페인에 무관심하였다. 텍사스 주 당국은 댈러스 카우보이 풋볼 팀 선수들이 쓰레기를 줍고 맨손으로 맥주 캔을 찌그러뜨리며 'Don't mess with Texas'라고 큰소리로 위협하는 광고를 제작하였다. 윌리 넬슨 같은 유명 인사들도 광고제작에 참여하였다. 1986년에 이 새로운 캠페인이 시작된 후 1년 뒤 텍사스 주의 쓰레기는 29%가 감소했고 도로변의 쓰레기가 72% 감소하였다. 한편, 이 표어는 2006년 미국에서 가장 사랑받는 표어로 선정되었다.

사람들이 사회 규범이나 유행에 동조하기 위해 노력하는 이유는 다른 사람들이 나의 행동을 주목한다고 생각하기 때문에 조명효과가 발생할 수 있다. 그러나 실제로 생각하는 만큼 다른 사람들에게 관심을 갖지는 않는 것으로 나타난다.

또한, 다음과 같은 실험이 있다. 배리 매닐로우라는 가수를 커다랗게 그려 넣은 티셔츠를 입힌 사람을 학생들이 설문지를 작성하고 있는 방으로 들여보낸 후 1분 뒤에 다시 데리고 나왔다. 배리 매닐로우가 선택된 이유는 티셔츠에 가장 어울리지 않을 것으로 생각되었기 때문이다. 그런데 방에 있던 학생들 중 배리 매닐로우를 알아맞힌 학생은

21%에 불과 했음다 즉 사람들은 다른 사람들에 대해 그리 큰 관심을 갖지는 않는다는 것을 보여주는 실험이었다.

이제, 무작위와 예측 불가능성에 대한 실험을 살펴보자. 앞의 실험은 사람들은 다른 사람들에 대해 그렇게 관심을 갖지 않는다는 것을 보여준다. 그럼에도, 사람들은 다른 사람들이 자신에 대해 주목한다고 생각하기 때문에 그들의 기대에 부합하려고 노력한다. 다른 사람들의 기대에 부합하려는 노력은 이들의 행위에 동조하는 형태로 나타난다.

젊은이들에게 인기가 있는 웹사이트 방문자 14,000여명과 함께 모의 음악시장을 만들고, 한 그룹의 참가자들에게는 무명밴드들이 부른 생소한 노래들을 듣고 다운로드할 노래를 선정하여 점수를 매기도록 요구하였다. 다른 참가자들은 8개의 뮤직월드에 무작위로 배정하였다. 이들은 자신이 속한 개별 뮤직월드에 속한 곡들의 다운로드 횟수를 볼 수 있도록 허용하고 다운로드할 곡들을 선정하도록 하였다. 후자 그룹에 속한 사람들의 선곡은 기존 곡들의 다운로드한 횟수에 의해 심각하게 영향을 받는 다는 것을 알 수 있다.. 즉 다운로드 횟수가 많은 곡을 다운로드 하는 경향이 강하였다. 이는 독자적으로 판단했던 전자 그룹의 결과와는 현저한 차이가 있었다.

이러한 결과는 성공한 가수나 당선된 국회의원 또는 도지사가 떨어진 사람과 능력이나 품성 등에 있어 특별히 차이가 나지 않을 수 있다는 가능성을 보여준다. 즉, 다른 사람들이 우연히 선택한 것을 그대로 따라서 선택한 것일 수 있다. 즉, 이들의 성공이 능력의 차이일 수 도 있으나 어쩌면 우연한 결과일 수도 있다. 이러한 현상은 특히 선거에서 자주 나타남. 정치적 선거가 선거 공약이나 능력에 대한 평가보다는 인상, 머리 스타일 등에 의해 좌우 되는 경향이 있다. 비슷하게 미인대회 심사위원은 내가 좋아하는 미인을 선정하는 것이 아니고 다른 사람들이 좋아할 것 같은 미인에 높은 점수 부여한다.

제5절 경기침체의 원인

고전학파 이론에 의하면 사람들이 합리적으로 판단하는 한 장기적인 불황은 존재할 수 없다. 대부분의 경제학자들에게 사람들이 합리적이라는 가정은 부정하기가 쉽지 않으며, 이러한 가정이 경제학을 매력적인 학문으로 만드는 중요한 요소이다. 먼저, 고전학파의 균형이론을 살펴보자. 총수요곡선과 총공급곡선을 통해 물가와 총생산에 대해

그림 10.4 총수요곡선

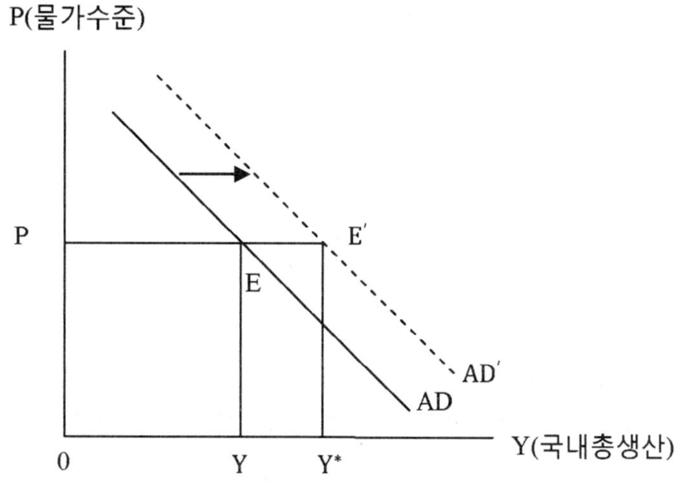

알 수 있다.

총수요곡선(Aggregate Demand, AD)은 물가수준과 총수요량 간의 관계를 보여주는 우하향하는 곡선으로, IS곡선과 LM곡선에서 유도될 수 있다. 총수요곡선 이동요인은 다음과 같다. 먼저, 물가 P 이외에 IS curve와 LM curve를 이동시키는 요인들은 모두 AD곡선을 이동시킨다.

소비 C_0, 투자 I_0, 장부지출 G_0, 순수출 NX_0, 통화공급 M^s의 증가는 AD곡선을 우측으로 이동시킨다(AD → AD'). 반면 세금 T, 통화수요 M_0의 증가는 AD곡선을 좌측로 이동시킨다.

총공급곡선은 물가수준 P와 총공급량과의 관계를 보여주는 곡선으로 노동시장 균형 조건과 생산함수에서 도출된다. 먼저, 노동시장의 균형을 살펴보자. 노동수요에 있어 노동수요곡선은 기업의 이윤극대화 가정으로부터 도출될 수 있다. 기업은 근로자를 고용하여 상품을 생산하고 판매하여 이윤을 얻는다.

노동수요함수: $W = P \times f'(N)$

W = 명목임금, P = 물가, $f'(N)$ = 노동의 한계생산

노동의 수요함수는 노동 1단위를 추가적으로 고용하는데 소요되는 한계비용 W가 추가적으로 생산되는 제품을 시장에 팔았을 때 얻게 되는 한계수입 $P \times f'(N)$과 같아지는

그림 10.5 노동의 수요함수

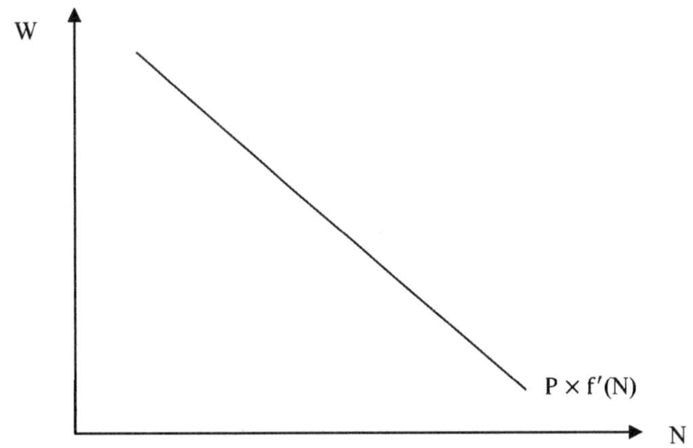

점에서 노동 수요가 결정되는 것을 보여준다. 임금이 상승하면 기업들의 노동수요가 감소하고 임금이 하락하면 노동수요는 증가한다. 따라서 노동수요는 임금에 대해 우하향하는 함수로 나타난다.

물가가 상승하면 명목임금이 변하지 않는 한 총수익이 증가함으로 생산을 증가시키고 따라서 고용을 증가시킨다. 이 경우 노동수요곡선은 위로 이동한다. 노동의 한계생산성(Marginal Productivity of Labor, MPL)이 증가하면 노동 1단위 증가할 때 생산량이 증가하고 총수익이 증가함으로 고용을 증가시킨다. 따라서 노동수요곡선이 위로 이동한다.

노동공급에 있어 노동공급함수는 소비자의 효용극대화 과정에서 도출된다. 소비자의 효용은 소비(C)와 여가(24-L)로부터 얻어진다. 소비자는 일을 하고 받는 소득으로 소비를 하고 일하고 남는 시간에 여가를 즐긴다.

노동공급함수: $W = P^e \times h(L)$

W = 명목임금, P^e = 물가예상, $h(L)$ = 노동과 소비의 한계대체율

노동공급함수는 노동을 추가적으로 1단위 공급할 때 얻어지는 소비의 한계가치가 지급받는 임금과 같아지는 곳에서 노동의 공급이 이루어진다는 것을 보여준다. 노동과 소비의 한계대체율 h(L)은 양(+)의 값을 가지는이데 이는 노동공급시간이 증가함에 따라 사람들이 어려움을 더 느끼게 됨으로 노동 1단위를 증가시키기 위해 보상해야 하는 소

그림 10.6 노동공급함수

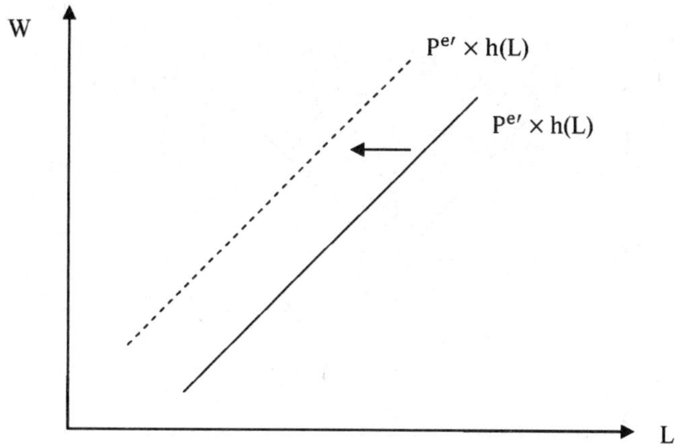

그림 10.7 노동시장의 균형

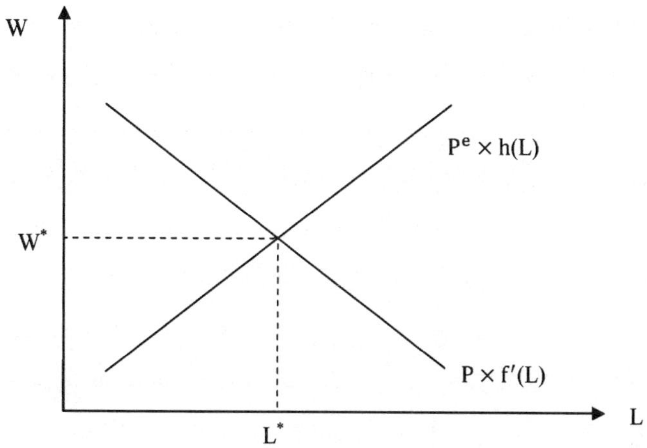

비의 양이 증가한다는 것을 의미한다. 근로자들은 물가상승예측 P^e가 증가하면 실질소득 예상되는 실질소득 W/P^e가 감소함으로 일을 하려는 의지가 감소하고 노동공급함수는 위로 이동한다.

노동시장 균형은 노동수요과 노동공급이 일치될 때 일어난다.

그렇다면 물가상승이 노동시장에 미치는 효과는 어떨까? 첫째, 만약 화폐환상이 없거나 또는 정보가 완전하여 사람들이 물가변화를 실시간으로 즉시 안다면 항상 $P^e=P$가 되고 따라서 노동의 수요곡선과 공급곡선이 같이 움직인다. 아래 그림에서 물가 P가

그림 10.8 화폐환상이 없는 경우의 물가인상 효과

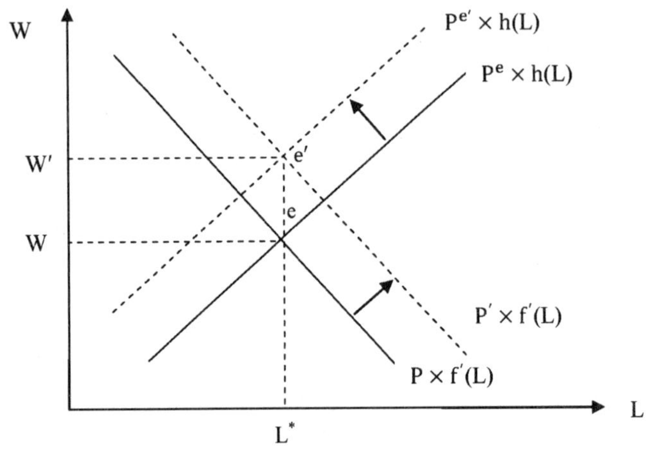

P'로 증가하였다고 가정하자.

항상 P^e=P이므로 노동의 수요와 공급이 같이 위로 이동한다. 이 경우에는 고용에 변화가 없고 명목임금 W가 물가 상승과 비례하여 상승하고 실질임금 W/P는 변하지 않는다.

만일, 화폐환상이 존재하면 사람들은 실질임금보다는 명목임금에 더 관심있게 되고 이 경우 물가 P나 예상물가 P^e의 변화는 노동공급에 영향을 주지 못함. 또는 정보가 불완전하여 물가 P가 변할 때 물가 예상 P^e는 변화하지 않게 된다. 이 경우 물가의 변화

그림 10.9 화폐환상이 존재하는 경우

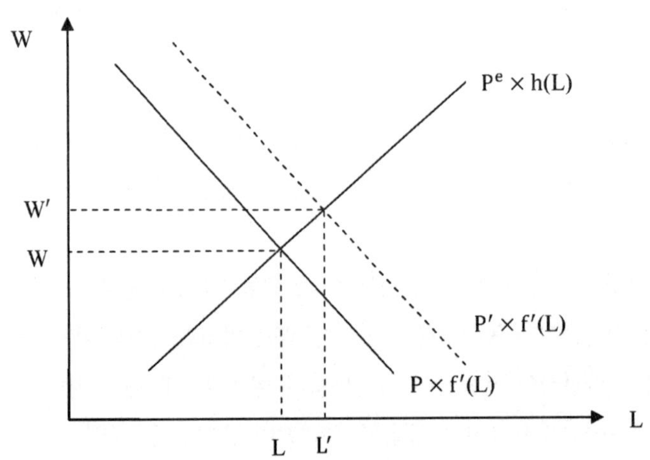

그림 10.10 총공급곡선

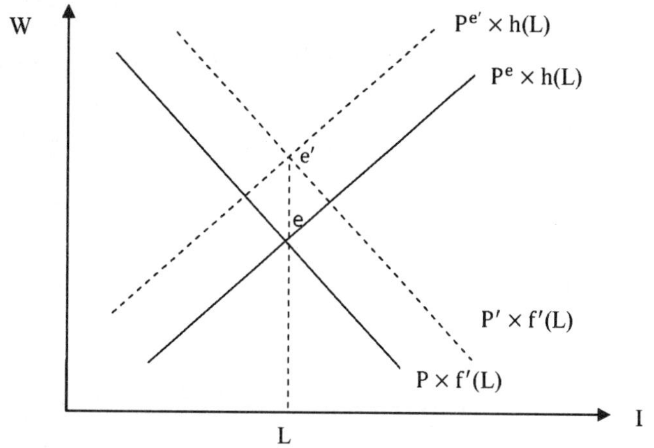

는 노동공급곡선을 이동시키지 않고, 수요곡선만 위로 이동한다. 이에 따라 고용이 증가하고(L→L') 명목임금도 W'로 증가한다. 그러나 P는 많이 증가하는 반면 W는 물가가 오른 것 보다는 적게 증가하기 때문에 실질임금이 하락하고 실질임금이 하락하게 때문에 고용이 증가하게 되는 것이다.

따라서 화폐환상이 존재하거나 정보가 불완전하여 사람들의 물가상승을 인식하지 못하는 한, 따라서 실질임금의 하락을 인식하지 못한다면 물가의 상승은 실질 임금을 낮춰 고용을 증가시킬 수 있다.

이제 총공급곡선을 살펴보자. 화폐환상이 없거나 또는 정보가 완전할 경우의 공급곡선은 다음과 같다. 물가가 P에서 P'로 상승했다고 가정하자. 노동의 수요와 공급곡선이

그림 10.11 생산함수

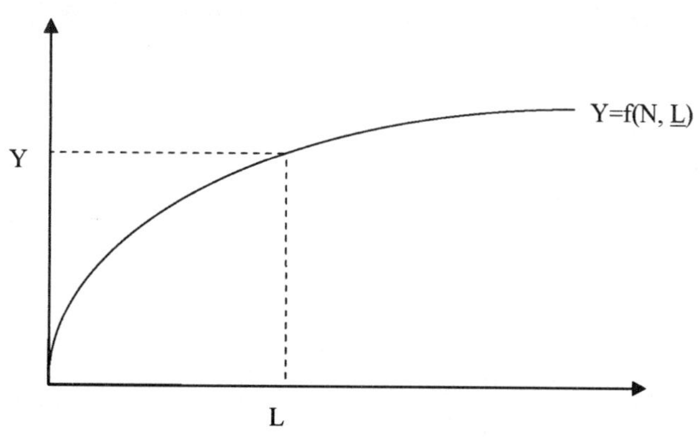

그림 10.12 화폐환상이 없을 경우 총공급곡선

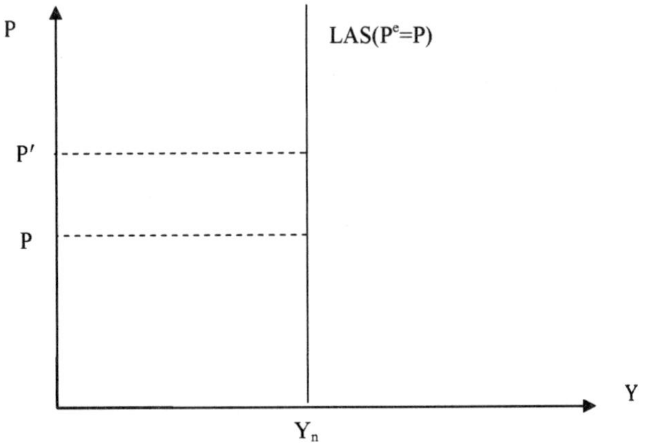

모두 이동한다. 따라서 실질임금과 고용에 변화가 없고 명목임금만 물가가 상승한 만큼 증가한다.

화폐환상이 없거나 정보가 완전하면 총공급곡선은 Yn에서 수직선으로 나타난다. 이는 장기 총공급곡선(LAS)이다.

화폐환상이 존재하거나 또는 정보가 불완전할 때의 총공급곡선은 우상향한다. 화폐환상이 존재하면 사람들은 명목가격의 변화가 실질소득 변화에 영향을 주는 것을 정확히 인식하지 못한다. 물가가 P에서 P'로 상승하였다고 가정. 노동수요함수는 물가가 상승함에 따라 우측으로 이동하지만 노동공급함수는 화폐환상으로 인해 실질임금의 감소를 인식하지 못함으로 노동공급함수는 그대로 있게 된다. 따라서 실질임금이 감소함에 따라 고용의 증가와 함께 생산이 증가한다.

따라서 우상향하는 단기 총공급곡선(SAS)이 도출된다. 우상향하는 단기 총공급곡선은 물가예측이 변화하면 곡선이 이동한다. 사람들의 물가예측이 Pe에서 Pe'로 증가하면 예측되는 실질임금이 감소함으로 노동공급곡선이 위로 이동한다. 이에 따라 생산이 감소하고 총공급곡선은 위로 이동한다.

그림 10.13 화폐환상이 존재하는 경우의 노동시장과 단기 총공급곡선

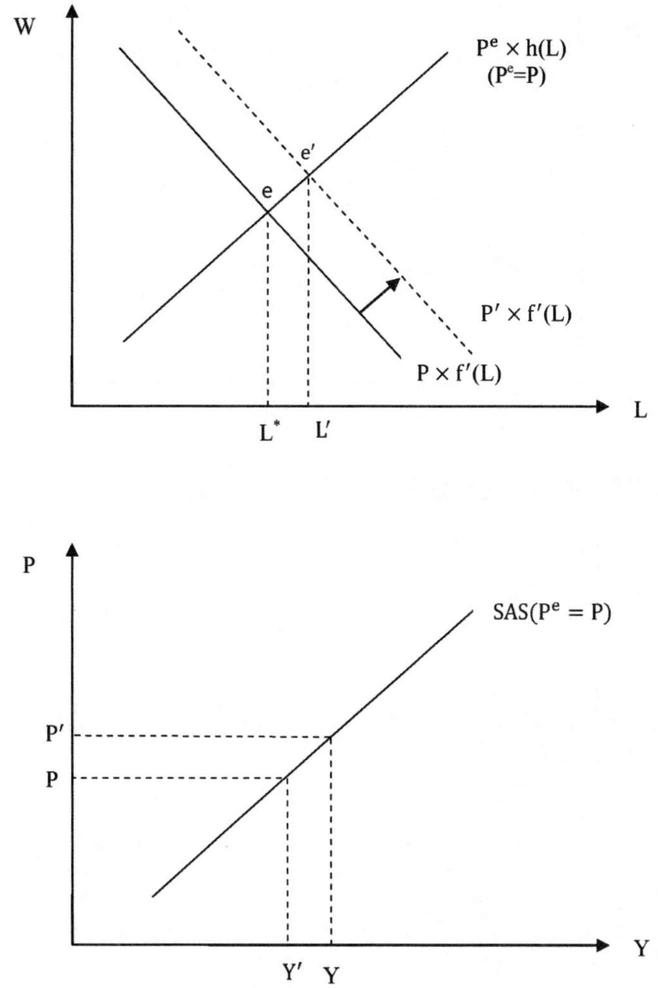

자료: Shepard(1990)

그림 10.14 총공급곡선의 이동(노동시장)

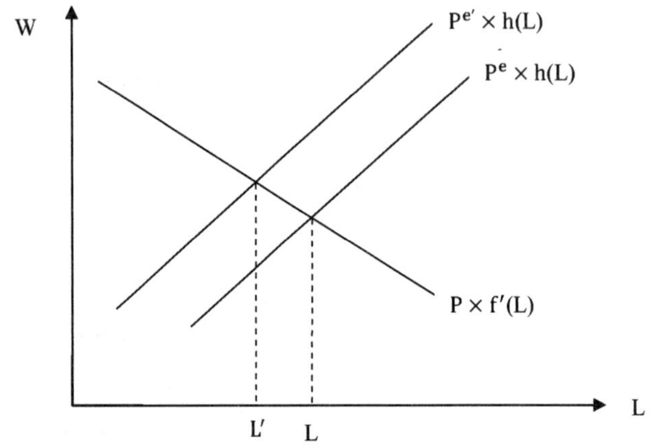

그림 10.15 총생산함수와 단기 총공급함수

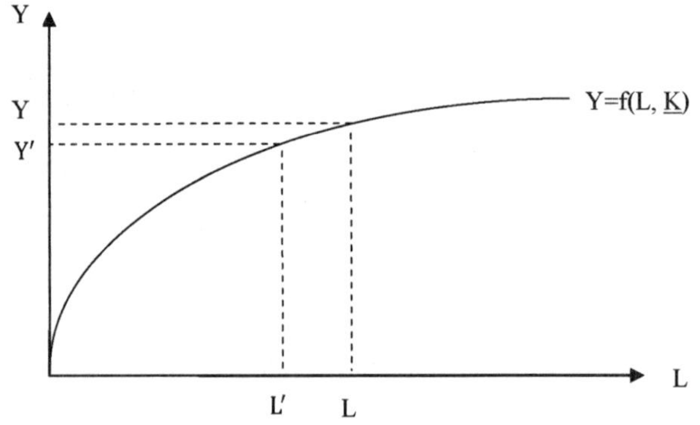

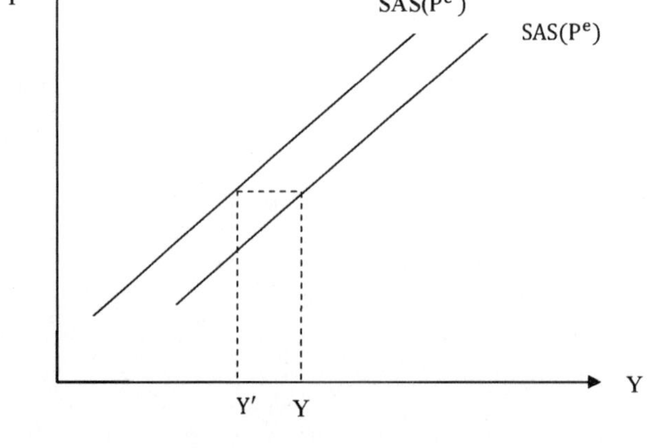

그림 10.16 상품시장의 균형

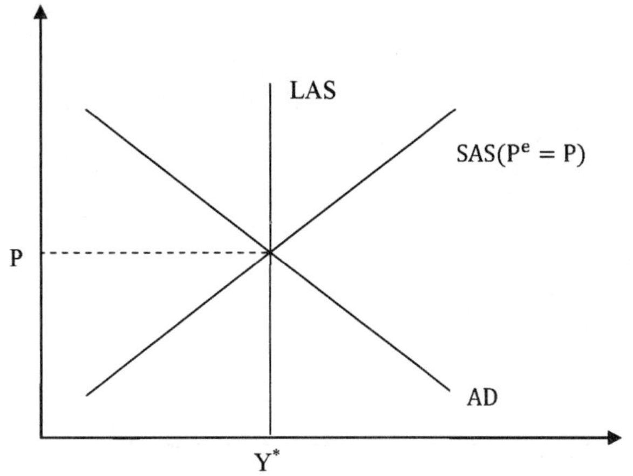

상품시장 균형은 장기 총공급곡선(LAS), 단기 총공급곡선(SAS) 그리고 총수요곡선이 만나는 점에서 균형이 이루어진다.

고전학파의 균형이론 하에서의 경제 충격효과를 살펴보자. 이제 서브프라임 사태와 같은 대규모 경제충격으로 사람들의 소비가 감소함에 따라 총수요곡선이 밑으로 이동하고 물가가 하락한다. 고전학파가 가정하는 대로 화폐환상이 없고 정보가 완전하다면, 사람들은 물가가 하락함에 따라 물가예측을 하향조정하게 된다. 물가하락에 따라 기업들의 노동수요가 감소하고 노동수요곡선이 아래로 이동한다. 근로자들은 물가가 하락

그림 10.17 화폐환상이 없는 경우의 노동시장

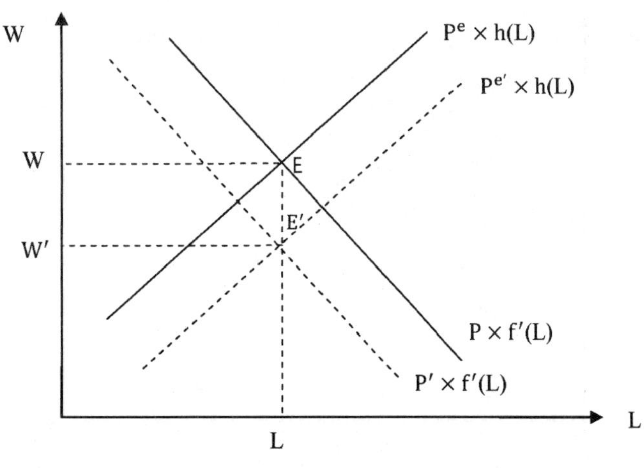

그림 10.18 화폐환상이 없는 경우의 총공급곡선과 총수요곡선

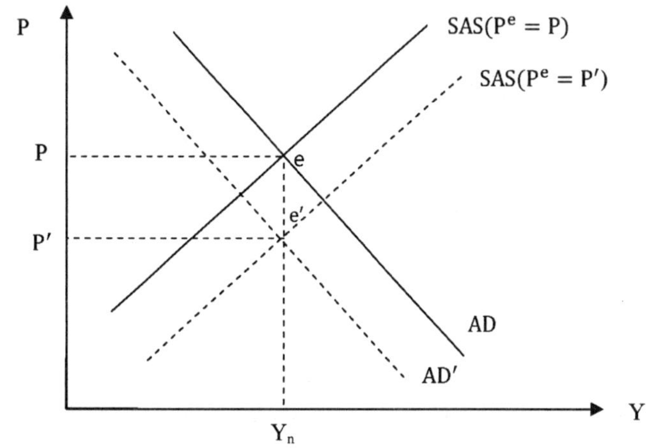

자료: Shepard(1990)

함에 따라 예측되는 실질임금이 상승함으로 노동공급을 증가시키고 이는 노동공급곡선을 아래로 이동시킨다. 따라서 노동시장 균형은 E → E'로 변하고 고용은 불변이다.

노동공급이 증가함에 따라 단기 총공급곡선은 우측으로 이동한다. 즉, SAS(Pe=P) → SAS(Pe=P'). 물가가 하락하고 명목임금은 하락했으나 실질임금, 고용, 그리고 생산은 변화가 없다. 고전학파가 주장하는 대로 정보가 완전하여 화폐환상이 없다면 경기변동이 생겨날 수 없다. 이러한 가정 하에서 경제는 항상 완전고용 수준에서 균형에 있어야 한다.

그림 10.19 화폐환상이 있을 경우의 노동시장

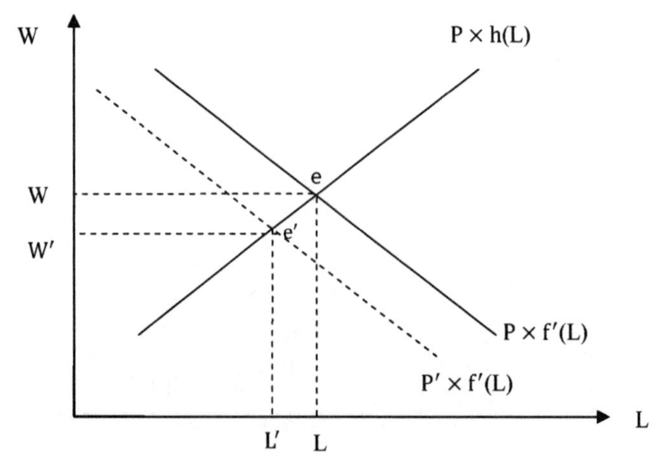

그림 10.20 화폐환상이 존재하는 경우의 총공급곡선과 총수요곡선

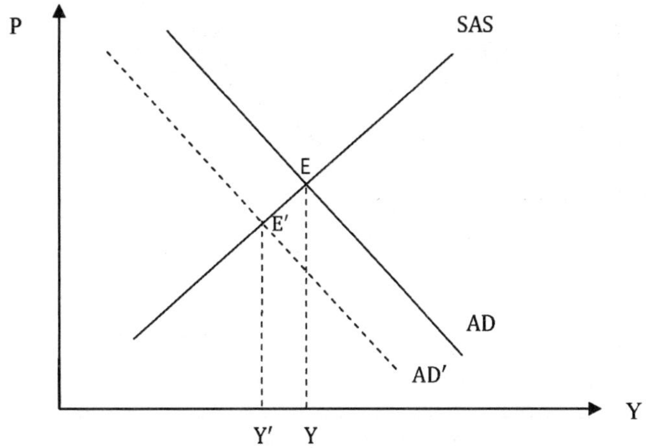

그러나 실제로 현실경제에서는 경기상승기와 경기침체기를 오가는 경기변동(business cycle)이 존재하고 경우에 따라서는 대공황, 아시아 금융위기 또는 최근의 서브프라임 사태에서 보는 바와 같이 장기간에 걸친 경기침체를 겪을 수 있다. 이러한 극심한 경기침체는 화폐환상, 자신감, 공정성, 부패, 스토리 등의 동물적 충동이 중요한 요인으로 작용한다.

그렇다면 화폐환상이 있을 경우의 거시경제 조정은 어떨까? 화폐환상이 있을 경우 근로자들은 명목임금의 변화가 없는 한 노동공급을 변화시키지 않는다. 따라서 경기침

그림 10.21 불공정함이 도입된 노동시장

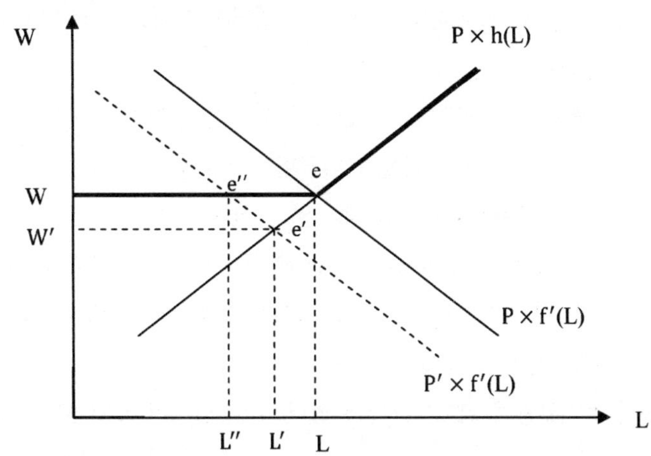

그림 10.22 불공정함이 도입된 경우의 총공급곡선과 총수요곡선

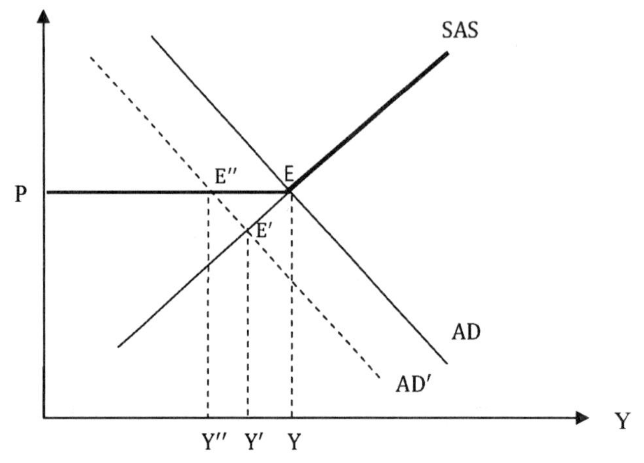

체로 수요가 줄고 가격이 하락할 때 노동수요곡선은 아래로 이동하나(P x f'(N)→P' x f'(N)) 공급함수에는 변동이 없다. 이 경우 노동시장의 새로운 균형은 e'에서 이루어지고 고용은 L'로 감소한다.

이에 따라 상품시장 균형도 E에서 E'로 이동하고 소득은 Y에서 Y'로 하락한다. 이제 임금결정에 공정성 개념이 개입될 경우를 살펴보자.

근로자들이 명목임금의 삭감이 불공정하다고 인식하게 되면 총수요가 감소하여 물가가 하락해도 근로자들은 명목임금의 하락을 받아들이지 않는다. 이 경우 노동공급곡선은 W−e−P x h(L)을 잇는 꺾어진 함수로 주어진다. 따라서 명목 임금은 W에서 유지되나 고용은 큰 폭으로 감소하여 L"에서 이루어진다.

이 경우 총공급함수도 P−E−SAS로 이어지는 꺾어진 형태를 갖게 되고 생산은 Y"으로 큰 폭으로 감소한다.

근로자들이 임금하락을 불공정하다고 인식하게 되면 불황의 폭이 깊어진다는 것을 알 수 있다. 더구나 불공정하다는 인식은 임금협상에서 과격한 파업으로 쉽게 이전이 되고 파업이 격화되면 불황이 더욱 심각해 질 수 있다.

미국의 1890년대 불황을 예로 들어보자. 1890년대의 장기적 불황을 설명하는 데는 불황기에 증가한 부패, 전염병처럼 퍼지는 스토리들이 초래한 자신감의 붕괴, 임금하락이 극히 불공정하다는 인식, 그리고 화폐환상 등의 동물적 충동이 중요한 요소이다.

불황은 주식시장의 활황에 뒤이어 시작되었다. 1890년부터 92년 5월까지 17개월 사

이에 물가상승을 조정한 실질 종합주가지수는 36%나 상승했다가, 1893년 7월까지 14개월 동안 27% 하락하였다.

불황을 초래한 명백한 계기는 1893년의 금융혼란이었다. 경제에 대한 자신감이 갑작스럽게 붕괴되면서 대규모 예금인출 사태가 야기되었다. 과거의 경험에서 경기가 침체되고 금융경색이 나타나면 은행이 파산하고 예금통장이 휴지조각이 된다는 사실이 기억과 함께 스토리를 통해 사람들에게 확산되었다. 이에 불안을 느낀 사람들은 패닉에 빠지게 되고 은행 앞에 길게 줄을 서게 되었다. 이러한 금융패닉은 전염병처럼 경제 전체에 확산되었다. 충분한 준비금을 가지고 있지 못했던 은행들은 현금을 확보하기 위해 기업대출을 회수하기 시작하였고 그 결과 단기금리가 폭등하고 기업부도가 증가하였다. 당시 미국에는 최종대부자(lender of last resort)의 역할을 할 수 있는 중앙은행이 없었다. 불황이 깊어지면서 1893년 2월부터 94년 12월까지 22개월 동안 도매물가가 18% 하락하였다.

물가가 하락하고 실업이 증가하면서 고용의 유지를 위해서는 물가가 하락하는 만큼 명목임금의 삭감이 필요하나 근로자들은 화폐환상과 또한 임금삭감은 공정한 정책이 아니라는 인식으로 임금삭감에 단호하게 반발하였다. 이들은 모든 근로자의 임금삭감보다는 몇 사람의 해고가 더 낫다고 생각하였다. 물론 이러한 선택 뒤에는 나는 해고되지 않을 것이라는 기대가 작용하였다. 이 기간 동안 미국의 실업률은 1894년에 18.4%까지 증가하였다.

임금삭감과 관련하여 파업이 잦아지고 이는 근로자와 경영자 사이에 심각한 불신을 초래하였다. 1882년 카네기 철강회사에서 임금협상을 둘러싼 분쟁이 벌어지고 노조원과 회사가 고용한 300명의 용역직원들이 12시간 동안 충돌하였음. 그 결과 9명의 노조원과 7명의 용역직원이 사망하였다. 1884년에는 풀먼팰리스 객차회사에서 파업이 발생하여 노조원과 군인 간 충돌로 12명이 사망하고 2000량의 객차가 파괴되었다. 1894년에 50만 명의 노조원이 참여하여 1400회의 파업이 있었는데 이는 19세기 최고의 기록이었다.

불황이 시작되면서 신문에는 부패가 크게 증가되었다고 보도하였다. 이는 경기침체로 기업도산이 증가하고 증시가 붕괴하면서 투자 손실을 만회한다든지 또는 기업도산 위기에서 자금 확보를 위해 안간힘을 쓰는 과정에서 자연스럽게 부정행위가 증가하고 횡령액 또한 크게 증가하게 되었다.

그렇다면 1920년대의 과열경기가 1930년대의 불황을 가져온 중요 요인은 무엇일까?

금융패닉으로 인해 경기침체가 심각해지는 여러 번의 경험을 겪으면서 금융패닉을 완화할 수 있는 시스템의 도입에 대한 논의가 활발하게 이루어짐. 그 결과로 1913년에 연방준비은행 제도가 도입되었다. 1920년대 들어서면서 경기가 과열화 되는 경향을 보이고 주가가 급격히 상승하였다. 그러나 연방준비은행은 사태의 심각성을 깨닫지 못하고 경기과열을 방치하였다. 경기상승을 수반한 1920년대의 주가상승에는 낙관적인 자신감과 흥분 그리고 이를 끌어가는 루머 등으로 비이성적인 측면이 강했다. 은행들은 투자자들에게 전화하여 돈을 빌려 주식에 투자 하라는 권유가 일반적이었고, 주식시장에 대해 회의적인 의견은 거의 들리지 않았다. 1929년 10월 28-29일에 주식시장이 급격히 붕괴하면서 분위기는 완전히 패닉상태로 바뀌었다. 미국과 영국의 실업율은 1929~30년에 10%를 넘었고 1933년에 25% 수준에 달했으며 독일은 최대 33%까지 증가하였다.

과거의 경험에서와 마찬가지로 물가는 하락하였지만 근로자들은 공정성, 화폐환상으로 명목임금의 하락을 받아들이지 않았다. 오히려 실질임금을 올려 소비를 증가시켜야 경기를 살릴 수 있다는 논리가 지지를 얻었다. 그러나 실질임금이 증가하면 고용이 감소하고 결국은 더 심각한 경기침체를 가져올 수 있다는 사실은 무시되었다. 이 당시 소비자 물가가 10% 이상 하락했는데도 명목임금 하락은 2-3%에 지나지 않았다. 이로 인해 1939년경 실질임금은 20% 이상 상승하였다. 이 당시 노사분규는 전 세계적으로 확산되었는데, 그 이유는 기업가를 노동계급에 대한 착취계급으로 인식하면서 정치투쟁화 하였기 때문이다.

기업들은 경기불황이 끝나더라도 노조의 정치투쟁으로 좌경화된 사회적 분위기로 인해 기업 활동에 대한 많은 규제가 도입되고 자유기업체제가 위축될 것으로 예상하였다. 이러한 우려는 기업들의 자신감과 함께 기업투자를 위축시키고, 이로 인해 대공황이 오래 지속되게 된 또 다른 요인이었다.

제6절 공정성과 형평성

앞에서 공정성이 도입되는 경우를 살펴보았다. 경제학에서는 사람들이 합리적 추론을 바탕으로 경제적 의사 결정을 내린다고 가정한다. 합리적 의사결정은 시장동기적인 유인을 바탕으로 모든 가능한 정보를 이용하여 내리는 의사결정을 의미한다. 그러나 사람들의 경제적 의사결정에서 공정성에 대한 고려가 합리적인 경제적 동기보다 훨씬 중요한 경우가 많다. 경제학 교과서에서는 소득분배에 관한 분석 외에는 공정성에 관한 문제를 거의 다루지 않고 있다.

그러나 신뢰게임에서 사람들은 공정한 제안을 하지 않는 상대방에 대해 자신의 비용을 들여서라도 응징을 하려는 행태를 보인다고 하였다. 예를 들어, 폭설이 내린 후 철물점에서 눈삽의 가격을 $15에서 $20로 올렸다. 이는 공정한 가격결정인가? 경제적으로는 수요가 증가하면 가격이 오르는 것은 당연하다. 따라서 이윤을 극대화 하는 동네 철물점에서 눈삽의 가격을 올리는 것은 합리적 결정이다. 그러나 이 질문에 대한 응답자의 82%가 불공정하다고 답변하였다. 홈디포(Home Depot)와 같은 유통업체들은 이러한 소비자들의 반발을 고려하여 허리케인 피해와 같은 어려움이 있을 경우 비용 상승을 자체적으로 흡수하고 소비자 가격을 그대로 유지하는 경우가 많다.

앞에서 나온 예를 다시 들어보자. 더운 해변에서 시원한 맥주를 마시고 싶은 생각이 날 때 근처 호텔과 허름한 가게에서 맥주를 구입할 수 있다고 가정하자. 호텔에서 파는 맥주에 더 높은 가격을 지불할 용의가 있는지 여부를 살펴 보았다. 질문에 답한 사람들이 적어도 호텔에서 파는 맥주에 75% 이상 더 가격을 지불할 용의가 있다고 답변하였다. 합리적 의사 결정자라면 해변에서 같은 맥주를 마시는데 더 높은 가격을 지불할 이유가 없다. 그러나 사람들은 같은 맥주라도 허름한 맥주가게에서 높은 가격을 받는 것은 공정하지 않다고 느낀다.

또 다른 예로, 실험 사람들에게 일정액의 돈을 나누어주고, 각자 남이 모르게 돈의 일부 또는 전부를 항아리에 넣은 후 항아리 속에 있는 돈의 1.5배를 모두 동등하게 나눠 가지는 게임을 반복하였다. 협력적인 게임에서 가장 적절한 전략은 모두 전액을 넣고 각각 1.5배씩 나눠 가지는 것이다. 비협력적인 상황에서는 가능하면 적게 돈을 넣으려고 할 것이다. 이 경우 개인적으로 최적 전략은 항아리에 한 푼도 넣지 않는 것이다. 처음에는 어느 정도 협력하면서 게임이 진행되지만 반복횟수가 증가하면서 점차 무임승차 하는 사람들이 증가하게 되고 게임이 종료된다.

이때 사람들은 무임승차 하는 사람들에 대해 불공정하다고 느끼게 되는데, 만약 무임승차 하는 사람들에 대해 비용을 들여 처벌하도록 규정을 바꾸면 결과는 어떻게 될까? 사람들은 불공정하게 행동하는 사람들에 대해 비용을 들여서라도 처벌하기를 원하고, 실제로 처벌할 수 있는 제도가 도입되면서 무임승차가 감소하고 게임이 지속되었다. 따라서 처벌할 기회를 위해 돈을 지불한다는 것은 그만큼 사람들이 공정성을 중요하게 생각하고 불공정 행위를 하는 사람들에 대해 분노한다는 것을 의미한다.

형평성이론(equity theory)에 대해 알아보자. 경제학에서 거래는 시장에서 필요로 하는 재화나 서비스를 제공받고 그 가치에 해당하는 가격을 지불하는 행위이다. 시장거래에서 가장 중요한 것은 수요자와 공급자가 해당 재화에 대해 얼마나 가치를 부여하느냐 하는 것이다. 그러나 사회학에서 거래는 시장에서 재화나 서비스의 거래에 제한되지 않고 가족이나 친구 또는 동료와의 관계에서 일어날 수 있는 모든 형태의 거래를 의미한다. 이러한 거래에서 가장 중요한 요소는 가치가 아니라 공정성이다.

예를 들어, 사람들은 직장에서 자신이 모르는 것에 대해 도움을 받으려고 할 때 직장상사보다는 동료에게 의존한다. 상사에게 묻는 것은 폐가 될 뿐 아니라 공정성의 관점에서 맞지 않기 때문이다.

또 다른 예로, 공무원들이 서로 다른 수준의 전문성을 가지고 있을 때 전문성이 낮은 사람이 전문성이 높은 사람에게 조언을 구하는 경우는 거의 없다. 오히려 전문성이 낮은 사람과 의논하는 경우가 대부분이다. 이는 전문성이 낮은 사람이 높은 사람에게 조언을 구하는 것은 형평성에 맞지 않다고 느끼기 때문이다. 따라서 이러한 일련의 행태는 사람들의 의사결정에서 공정성이 얼마나 중요한 요소인지 알 수 있다.

제7절 복수

그렇다면 공정하지 않은 경우에는 어떤 현상이 발생할까? 듀마(Alexandre Dumas)의 몬테크리스토 백작은 복수를 주제로 하는 소설에 보면 현실세계에서 이 소설에서와 같이 치밀하게 복수를 하는 경우는 거의 없으나, 일반적으로 사람들은 억울한 일을 당하거나 손해를 볼 경우 해를 입힌 당사자가 내가 당한 만큼 불행을 당하기를 바라는 마음이 있다. 복수를 위해 많은 비용이 들어갈 경우에도 사람들은 복수 후에 얻는 쾌감으로 복수를 하고 싶어 한다는 것은, 복수심 또는 앙갚음은 인간 깊숙한 곳에 자리 잡고 있는 본성의 하나이다.

남에게 해를 줄 때 당사자가 끝까지 쫓아와서 복수하려는 마음이 사람에게 본성으로 존재한다는 사실 자체가 남에게 해를 주는 행위를 자제하려 하고 사회적 신뢰와 질서를 유지하도록 하는 중요한 요인의 하나가 될 수 있다. 사회의 질서를 지키는 법체계나 공공조직이 존재하지 않던 원시사회에서는 개인이 위해를 당할 때는 개인이 그에 대한 응징을 할 수 밖에 없고, 이러한 응징 본능이 인간의 DNA에 입력된 것으로 볼 수 있다.

과거 일본통일 전 사무라이 시대에는 배반에 대한 원수를 갚는 것은 배반당한 사람의 가족이나 부하의 당연한 의무인 것으로 받아들여졌는데, 이는 영주들 간의 오랜 전쟁에서 배반이나 모함이 일반화 되고 이를 억제해서 질서를 유지하려는 사회적 합의라고 볼 수 있다. 조직폭력배들 사이에서 세력다툼은 종종 배반과 복수를 가져온다. 서로 세력이 비등해서 복수의 가능성이 클 경우 긴장감이 도는 안정이 유지되는 경향이 있다.

사회적 선호에서 살펴본 대로 Fehr and Fischbacher(2004)는 신뢰게임(trust game)을 이용해 복수의 본질을 알아내려는 실험을 생각해 보자. 상대방을 모르는 두 사람이 짝을 이루어 실험에 참여한다. 두 사람은 각각 $10를 지급 받고, 이 돈을 상대방에게 줄 것인지를 결정된다. 만약 어느 한 사람이 먼저 돈을 자신이 갖기로 하면 거기서 게임이 끝난다. 어느 한 사람이 먼저 다른 사람에게 $10를 주기로 결정하면, 게임 진행자는 $10의 4배를 더해 총 $50를 상대방에게 전해준다. 이제 $50를 받은 사람은 이 돈을 반으로 나눠 $25를 처음에 $10를 준 상대방에게 줄 것인지, 아니면 $50를 모두 자신이 가질 것인지를 결정한다. 만약 이 사람이 $10를 먼저 준 사람의 기대를 배반하고 $50를 혼자 가질 경우, 상대방은 자신의 비용으로 $50를 독차지한 사람에 대해 복수로 처벌할 수 있다. 즉 개인 돈으로 일정액을 지불하면 게임 진행자는 배반한 사람에 대해 그 금액의 2배를 추징할 수 있다. 만약 $25를 내면 $50를 혼자 차지한 사람에게 $50를 모두 추징할 수 있다. 이렇게 배반자에 대한 응징이 가능할 경우 거의 대부분의 참여자가 상대방을 신뢰하여 $10를 기꺼이 내주었을 뿐 아니라, $50를 받은 사람도 기꺼이 $25씩 나누어 가졌다. 이는 응징의 가능성이 상호 신뢰를 만들어 낸 것이다.

한 가지 재미있는 것은 $50를 혼자 독차지 한 배반자에 대해 거의 대부분의 사람들이 자신의 비용을 들여 복수를 했는데, 그것도 $50 이상을 추징하는 것이 대부분이었다. 또한 실험을 진행하는 동안 양전자 단층촬용(Positron Emission Tomography, PET)를 이용해 두뇌 단층촬영을 하였는데, 배신자를 응징하는 실험참여자들 사이에서 선조체(stritum)이라는 부분이 활성화되었다. 선조체는 어떤 일을 보상받을 때 활성화 되는 부분으로 사람들은 누군가에 복수를 할 때 쾌감을 느낀다는 것을 의미한다. 따라서 복수는 앙갚음을 함으로써 억울함을 달래는 이상의 의미가 있다.

복수와 신뢰는 신뢰게임에서 보는 바와 같이 동전의 양면과 같아 복수의 가능성이 강하게 존재할 경우 신뢰가 유지된다. 신뢰를 바탕으로 성립된 사회 계약이 깨졌을 경우 우리가 크게 분노하는 것은 바로 이러한 경향 때문이다. 우리가 사회 계약을 깨뜨린 사람에 대해 시간과 돈, 신체적 리스크까지도 감수하면서 복수를 하려고 하는 이유는 아마도 사회적 신뢰가 깨져 무질서한 사회에서 사람들이 겪어야 하는 피해가 엄청나게 크기 때문일 수 있다.

복수에 대한 충동은 다른 동물에게도 존재한다. 독일 라이프치이의 진화인류학 연구소의 Keith Jensen, Josep Call, and Michael Tomasello은 침팬지를 연구하였다. 침팬지들도 공정한 관계에 대한 욕구가 있는지에 대한 연구였다. 두 개의 침팬지 우리를 준비하고 가운데 음식이 가득 차려진 테이블을 놓았다. 양쪽의 침팬지는 테이블을 당겨 음식을 먹을 수 있도록 하고, 테이블의 다리에는 양쪽으로 로프가 묶여 있는데 이 로프를 당기면 테이블이 넘어져 음식이 바닥으로 쏟아지게 되어 있다. 양쪽의 침팬지가 사이좋게 음식을 나누어 먹을 때는 문제가 없지만, 어느 한쪽이 테이블을 자기 쪽으로 당겨 혼자서 먹으려 할 때는 다른 한 마리가 로프를 당겨 테이블을 넘어뜨릴 뿐 아니라 음식을 못 먹게 된 쪽은 강한 분노를 표출한다.

이 실험은 침팬지도 인간과 마찬가지로 공정한 관계를 바랄 뿐 아니라 자신의 손해를 감수하고라도 복수를 하려는 의지를 가지는다는 것을 보여준다.

작은 무례에도 발동하는 복수심도 있다. 커피숍에서 고객에게 다가가 실험에 참여해 달라고 부탁하고, 실험에 참여하면 $5를 지급하겠다고 제안한다. 실험 내용은 임의로 알파벳이 타이핑 된 종이에서 S가 연속 2개 있는 경우를 찾아내는 것으로 참가자들이 실험을 마치면 $5를 지급하고 영수증을 받는다. 그런데 실제로는 잘못 센 것처럼 하여 $1짜리 지폐를 $6에서 $9까지 지급하고, 돈을 세어보고 영수증에 사인해서 테이블 위에 놓아줄 것을 요구한다. 영수증은 잠시 후에 돌아와 회수한다. 실험대상자를 두 그룹으로 구분하여 한 그룹에게는 정상적으로 진행하고, 다른 그룹에서는 실험 내용을 설명하는 도중에 12초 정도 전화를 받는 척 하고 상대방을 기다리게 하여 불쾌감을 유발하고 사과 없이 설명을 계속한다.

실험의 의도는 참여자에게 불쾌한 행위를 하고 사과도 하지 않을 경우, 더 지급받은 돈을 반환하지 않음으로서 불쾌한 행위에 대한 응징 의도가 얼마나 증가하는가 하는 것을 측정한다. 실험결과에 따르면, 설명 도중 전화를 받는 것과 같은 불쾌한 행위를 하지 않았을 경우 45%의 사람들이 초과지급된 것을 돌려주었다. 그런데 상대방에게 불쾌한 행위를 하고 사과도 하지 않았을 경우에는 돈을 돌려준 사람이 14%로 감소하였다. 12초 정도의 짧은 전화통화였음에도 불구하고, 이러한 정도의 불쾌감이 돈을 돌려주지 않는 방법으로 응징하려는 사람들의 의지를 증가시켰음을 알 수 있다.

즉, 사과는 사람들의 분노를 누그러뜨린다. 그런데, 불쾌한 행위에 대해 사과를 할 경우에 결과에 차이는 어떨까? <실험> 앞에서와 같은 실험을 하되 다음과 같이 다른 상황들을 설정한다.

정상: 전화를 건다든지 하는 불쾌한 상황 없이 정상적으로 진행
불쾌한 상황: 실험 참가자들에게 전화를 거는 행위와 같은 불쾌한 상황을 연출하고 사과 없이 진행
정중한 사과: 전화를 거는 것과 같은 불쾌한 상황을 연출하고 정중한 사과후에 진행

예측한 바와 같이 정중한 사과는 실험 참가자들의 분노를 거의 완벽하게 치료하여, 정상적으로 진행된 경우와 비슷한 빈도로 초과지급된 보상금을 돌려주었다. 이 실험과 관련하여 보상금을 지급하고 영수증을 받기까지의 시간이 15분 정도로 길어지게 되면 초과 지급된 보상금을 돌려주는 빈도가 높아지는 것으로 나타났다.

이는 시간의 경과 또한 분노를 누그러뜨리는 중요한 요소라는 것을 입증하는 것이다.

배반에 대한 분노 대신 전화위복의 기회로 될 수도 있다. 법과 질서가 갖추어진 현대 사회에서 배신으로 인한 분노를 불법적인 또는 윤리에 어긋나는 복수로 해소하는 것은 좋은 방법이 아니다. 그러나 주변에서 보면 이러한 분노를 누르고 그것이 동기가 되어 더 큰 성취를 이루는 경우를 어렵지 않게 찾아볼 수 있다. 예를 들어, 19세기 말 Accessary Transit Company라는 증기선 회사를 소유하고 있던 Cornelius Vanderbilt는 장기 휴가를 계획하고 유럽에 요트여행을 갔다 오니 다른 2명의 공동경영자가 Vanderbilt의 지분을 자신들이 인수하는 식으로 회사를 빼앗아 버렸다. 휴가에서 돌아와 그 사실을 알게 된 Vandervilt는 이들을 고소하는 대신, 자신의 요트를 여객선으로 개조하여 사업을 재개하고 자신을 배신한 이들과 경쟁하여 결국은 빼앗긴 회사의 경영권까지 되찾았다. 비슷하게 월트디즈니에서 부당하게 해고된 제프리 카젠버그 이야기가 있다. 제프리 카젠버그는 디즈니의 성공에 크게 기여했음에도 당시 CEO 마이클 아이즈너에게 부당하게 해고된 후 드림웍스를 공동설립하고 슈렉, 쿵푸 팬더 등 성공작을 만들어냈다. 슈랙에 나오는 악역 Loard Farquaad는 자신을 밀어낸 아이즈너 전 디즈니 CEO를 패러디 한 것으로 유명하다. 복수심을 충족시키기 위해 고소 고발을 하거나 또는 불법적인 수단을 사용하기 보다는 그 열정을 오히려 건설적인 방법에 사용하면서 동시에 즐거운 복수를 할 수 있는 방법을 찾는 지혜가 필요할 것이다.

제8절 화폐환상

앞 절에서 화폐환상이 존재하는 경우를 모형을 통해 살펴보았다. 화폐의 구매력은 실질가치(M/P)에 의해 결정된다. 따라서 합리적인 사람들이라면 경제적인 의사결정을 할 때 화폐의 명목가치(M)보다는 실질가치(M/P)의 변화를 기준으로 해야 한다. 화폐환상은 사람들이 경제적 의사결정을 화폐의 실질가치 보다는 명목가치 변화를 기준으로 하는 비합리적 행태를 의미한다.

Eldar Shafir, Peter Diamond, and Amos Tversky(1997)에 따르면 길이를 나타내는 미터나 야드, 무게를 나타내는 톤, 전기량을 나타내는 와트, 인터넷의 통행량을 나타내는 바이트 등 단위를 나타내는 모든 척도는 그 절대적 크기나 가치가 불변이다. 그런데 화폐단위를 나타내는 원이나 달러 등은 그 상대적 가치가 변한다. 전 세계적으로 화폐를 사용한 거래량을 고려한다면 화폐가치를 측정하는 단위의 가치가 절대적으로 주어지지 않고 변화한다는 것은 경제적으로 심각한 문제점을 야기할 수 있다. 예를 들어, 동아시아 금융위기, 남미의 경제위기 등은 결국 화폐가치의 급격한 변화로 인해 야기된 것으로 위기 극복에 엄청난 비용이 투입되었다.

이렇게 측정단위의 기본인 화폐가치가 변화함에 따라 화폐가치를 명목가치로 평가하는지 또는 실질가치로 평가하는지가 중요한 문제일 수 있다. 화폐의 가치는 구매력, 즉, 화폐 1단위로 구입할 수 있는 재화나 서비스의 양이 중요함으로 명목가치보다는 실질가치가 중요하다. 그런데 사람들은 화폐가치를 평가할 때 실질가치 보다는 명목가치를 기준으로 하는 경향을 가지게 되는데 이를 화폐환상이라 한다.

합리적 의사결정을 기본 가정으로 하는 경제학, 특히 고전파 경제학이나 또는 화폐론자들은 화폐환상이 없다고 가정한다. 이 경우 통화정책은 실물경제에 영향을 줄 수 없다. 이를 화폐의 중립성(Neutrality of Money)이라고 한다. 그러나 실제로 화폐환상이 존재한다면 통화정책이 실물경제에 영향을 줄 수 있게 된다. 화폐환상은 명목임금이나 또는 물가가 경직성을 가지는 사실을 설명할 수 있고, 이 경우 통화량의 변화는 실물경제에 영향을 줄 수 있다.

다양한 실험들을 통해 실제로 사람들의 의사결정 과정에서 실질가치보다는 명목가치를 기준으로 하는 화폐환상이 존재함을 보여줄 수 있다. 기준의 다양한 표현 방식 또는 프레이밍에 대해 알아보자. 사람들은 기준을 표현하는 방식에 따라 의사결정에 차이를 보인다. 즉, 프레이밍(framing)에 따라 의사결정이 달라진다.

예를 들어, 선택 가능성을 총액으로 표현하는 경우와 손실 또는 수익액으로 표현하는 경우

- 현금 $25만 vs. $24만 또는 $26만 5천을 받을 확률이 각각 반반일 경우
- 현금 $25만 vs. $1만를 잃거나 또는 $1만 5천을 딸 확률이 각각 반반일 경우

사실 위의 제안은 실제적으로 동일하다. 그런데도 총액으로 표현될 경우에는 기대값이 $25만 2천 5백인 리스크가 있는 쪽을 선택한다. 그러나 잃거나 딸 수 있는 액수로 표현될 때는 안전한 25만 달러를 선택하는 경향이 있다.

또 다른 예로, 수술 후 '100명 중 95명이 생존'하는 경우 vs. '100명 중 5명이 사망'하는 경우가 있다고 하면 위 사례에서 사람들은 결과적으로 같은 선택임에도 불구하고 기준의 표현방식이 현저하거나(salient) 또는 단순하거나 하여 인식이 쉬운 쪽에 영향을 강하게 받는 경향이 있다.

<사례1>에서는 잃거나 따는 액수로 표현된 경우 리스크에 대해 더 생생하게 느끼게 되고 <사례2>에서는 생존율보다는 사망률 쪽에 더 반응한다. 이러한 관점에서 본다면 사람들이 화폐환상을 가지는 이유는 실질가치보다는 명목가치가 더 쉽고 생생한 기준이 될 수 있기 때문이다.

실험을 통해 화폐환상은 소득, 거래, 계약, 투자 등 다양한 형태의 경제활동에서 나타난다는 것을 알 수 있다.

첫째, 소득과 관련한 실험을 살펴보자. 사람들의 소득에 대한 만족은 실질가치만이 아니고 다른 사람과 비교하여 상대적 크기에도 많은 영향을 받는다.

Carol은 초임 평균이 $4만인 회사에서 초봉 $3만 6천로 일을 시작한다. 반면 Donna는 초임 평균 $3만인 회사에서 초봉 $3만 4천를 받는다. 180명의 사람들에게 누가 더 만족을 할 까 하는 질문에 80%가 Donna라고 답변하였다. 다른 기업에서 스카우트 제안을 받을 때 누가 이 제의를 받아들일 가능성이 큰 가 하는 질문에 66%가 Carol일 것으로 답변하였다.

사람들은 보수의 절대액은 크지만 동료보다 적게 받는 Carol이 불만이 크고 이직가능성이 큰 것으로 평가하는 것을 알 수 있다. 인플레이션이션이 있는 경우 사람들은 소득을 평가하는데 실질소득보다 명목소득에 집착하는 경향을 보임. 이는 소득평가에 화폐환상이 작용한다는 것을 보여준다.

또 다른 예를 들어 보자. Ann은 대학 졸업 후 초봉 3만 달러로 직장생활을 시작하였

고, 인플레이션이션이 없는 상태에서 1년 후에 봉급이 2% 인상되었다. Barbara는 초봉 3만 달러로 시작하여, 1년 후 4%의 인플레이션이션 하에서 봉급이 5% 인상되었다. 사람들에게 다음과 같은 질문을 하였다.

- 경제적 여건: 1년 후 어느 쪽이 경제적으로 더 좋아졌는가? Ann 71% Barbara 29%
- 만족도: 1년 후 어느 쪽이 더 만족하겠는가? Ann 36% Barbara 63%
- 누가 먼저 이직할 가능성이 높은가? Ann 65% Barbara 35%

사람들은 인플레이션이션 하에서 Ann이 경제적으로 더 여건이 좋다는 것을 인정하면서도, 한편 만족도나 또는 이직가능성에 대해 임금의 명목상승률이 높은 Barbara가 우월한 것으로 평가하고 있다. 이는 인플레이션이션 하에서 소득을 평가하는데 명백히 화폐환상이 존재함을 보여준다.

둘째, 거래측면을 살펴보자. 소득을 평가할 때와 마찬가지로 인플레이션이션이 있을 경우 거래를 평가함에 있어서도 화폐환상이 작용한다.

Adam, Ben, Carl이 20만 달러짜리 집을 구입하고 다음과 같은 조건으로 1년 뒤에 매각하였다. 누가 가장 거래를 잘 했는지 순위를 매기는 실험을 실시하였다.

- Adam: 아담이 주택 구입 후 1년간 25%의 디플레이션이 있었고 아담은 23% 가격이 하락한 15만 4천 달러에 매각
- Ben: 주택 구입 후 물가가 안정되었고 주택을 1% 가격이 하락한 19만 8천 달러에 매각
- Carl: 25%의 인플레이션이션이 있었고, 1년 후 23% 상승한 24만 6천 달러에

표 10.1 화폐환상의 존재

	Adam	Ben	Carl
Nominal transaction:	−23%	−1%	+23
Real transaction:	+2%	−1%	−2%
Rank:			
1st:	37%	17%	48%
2nd:	10%	73%	16%
3rd:	53%	10%	36%

매각

실질 가치 면에서 보면 Adam이 가장 좋은 성과를 얻었음에도 명목가격만을 보면 가장 성과가 나쁜 것으로 보인다. 사람들의 평가는 명목가격에 집착하는 경향을 보인다는 점에서 명백히 화폐환상이 작용한다는 것을 알 수 있다.

인플레이션이션 하에서 사람들의 구매행위와 매각행위를 평가하는데 차이가 있는지 여부를 하는 실험 결과는 다음과 같다.

현재 25%의 인플레이션이션을 경험하고 있음. 모든 물가와 함께 임금도 25% 상승하였다.

- 6개월 전에 살려고 할 때 $400인 가죽의자가 현재 $500가 되었다. 지금 같은 의자를 살 가능성은? More 7% Same 55% Less 38%
- 6개월 전에 팔려고 했던 고가구가 $400에서 현재 $500이 되었다. 지금 팔 생각이 있는가? More 43% Same 42% Less 15%

모든 물가와 임금이 25% 상승했음으로, 의자 가격이 25% 올랐다고 해도 실질가격에는 영향이 없다. 따라서 구매하든지 또는 매각하든지 전혀 차이가 없어야 한다. 그런데 실제 선호의 분포를 보면 명목가격이 오름에 따라 사기보다는 팔려는 경향이 강해졌음을 알 수 있다. 따라서 화폐환상이 작용하고 있음을 알 수 있다.

셋째, 계약에서도 화폐환상은 존재한다. 계약은 서비스나 재화를 제공하거나 받는 대가로 미래에 정해진 금액을 지급받거나 또는 지급할 것을 약정하는 거래이다. 인플레이션이션이 있을 경우 미래에 지급하거나 받는 거래는 리스크를 수반한다.

리스크회피자는 미래의 리스크를 피하기 위해 물가에 연동하는 거래를 선호할 것이다. 한편 물가에 연동하는 거래는 명목가격의 변동을 수반하게 됨. 만약 계약자가 화폐환상으로 명목 화폐가치를 우선한다면 오히려 명목가격의 변동을 회피할 가능성이 있다.

다음의 실험결과, 명목가격기준으로 설명하는지 또는 실질가격기준으로 설명하는지의 프레임(framing)에 따라 선택이 달라짐을 알 수 있다.

컴퓨터 제조회사에서 2년 후에 신기종 컴퓨터를 인도하고 대금을 받기로 계약한다. 현재 컴퓨터는 대당 $1,000이나 향후 20% 정도의 인플레이션을 예측된다. 다음과 같은 계약 중 어느 쪽을 선택할 것인가?

- 계약내용을 실질 가치를 기준으로 설명할 경우
- 계약 a: 컴퓨터를 $1,200에 팔기로 계약한다. 따라서 인플레이션이션이 20% 미만일 때는 이익을 보나 20% 이상일 때는 손해가 된다. 따라서 이익은 실제 인플레이션이션율에 따라 달라진다(19%).
- 계약 b: 컴퓨터 가격을 물가에 연동된다. 따라서 물가변동에 상관없이 실질 수입은 변동이 없다(81%).

실질가치를 기준으로 설명을 하면 계약b가 안전한 계약으로 인식된다. 따라서 사람들이 계약 b를 선호하게 된다.

- 계약 내용을 명목가격을 기준으로 설명할 경우
- 계약 c: 2년 뒤 물가에 관계없이 대당 $1,200에 판매한다(41%).
- 계약 d: 대당 가격을 물가에 연동된다. 따라서 물가가 20% 이상 오르면 컴퓨터 가격은 $1,200보다 높아지고 인플레이션이 20%보다 낮으면 가격은 $1,200보다 낮아진다(59%).

계약 a와 계약 c 그리고 계약 b와 계약 d는 서로 같은 내용이다. 그럼에도 명목가격을 기준으로 한 설명에서 계약 d가 오히려 가격 변동이 심하고 따라서 물가변동에 리스크가 더 노출되어 있는 것 같이 느낌을 준다. 이러한 차이가 사람들이 계약 a, b의 경우에 비해 계약 c, d에서 c를 상대적으로 더 많이 선호하게 하는 이유이다.

- 계약 내용을 중립적으로 설명
- 계약 e: 2년 뒤 실제 가격에 상관없이 컴퓨터 1대당 $1,200에 판매 한다(46%)
- 계약 f: 물가에 연동하여 대당 2년 후 가격으로 판매한다(54%)

결과는 계약 c, d와 비슷하게 나타나고 있다. 이는 과반수 이상(54%)의 사람들이 실질가치가 안정되는 것을 선호하지만, 그래도 상당히 많은 사람들(46%)이 명목가격이 안정되는 것을 선호한다는 것을 보여주고 있다. 이는 일반 경제학에서 가정하는 '합리적 의사결정'에 문제가 있다는 것을 의미한다.

넷째, 투자부분을 살펴보자. 포트폴리오 투자의 경우, 인플레이션이션이 있다면 물가상승으로 인해 투자대상 금융상품의 명목가치가 지속적으로 상승하게 된다. 만약 투자들이 명목가격으로 추정한 수익률에 관심을 가지는다면 (즉, 화폐환상이 있다면) 인플레이션이션 하에서 조금 더 수익성이 높고 리스크가 높은 투자전략을 추구할 가능성이 있다.

투자 전문가들을 대상으로 리스크성이 낮고 또한 수익성이 낮은 A 상품(평균 실질수익 0.25%/월, 표준편자 0.18%)과 리스크성이 높고 수익률 또한 높은 B(평균 실질수익 1%/월, 표준편차 3.5%)를 제시하였다.

- 두 개의 팀으로 나누어 각각 400회씩 투자 모의실험을 시행
- 인플레이션이션이 없다고 가정했을 경우: A 57.7% B 42.3%
- 10%의 인플레이션이션이 있다고 가정: A 28.5% B 71.5%

인플레이션이션 하에서 리스크를 감수하는 경향이 증가한다. 이는 10% 인플레이션 하에서 5%의 명목수익을 얻을 경우 사람들은 -5%의 손해를 봄에도 불구하고 인플레이션으로 인한 명목수익의 증가를 실질 소득의 증가로 환상하는 경향을 보이기 때문이므로 화폐환상이 존재한다.

다섯째, 심리적 회계(mental accounting)를 살펴보자. 넛지를 이용한 심리적 회계는 사전에 예정된 예산을 다른 용도로 쉽게 전용하지 않는 심리적 회계를 이용해 지출을 억제하고 저축을 증가시키는 수단으로 사용된다. 심리적 회계는 화폐환상을 야기하는 또 다른 중요한 요인이 된다. 디플레이션 하에서 모든 물가가 하락하는데도 불구하고 명목임금의 하락을 받아들이지 않는다든지 또는 부동산 침체로 가격이 하락하는데도 주택을 매입한 값 이하로는 팔지 않으려 한다든지 하는 것이 심리적 회계의 좋은 사례이다.

두 개의 경쟁하는 책방 A와 B가 있다고 하자. A는 넛지를 1년 전에 20달러에 구입하여 44달러에 판매하여 24달러 차익(1년전 20달러에 구입했으나 인플레이션을 고려하면 원가는 현재 22달러이다. 따라서 실제 차익은 22달러)을 남겼다. 1년 동안 10%의 인플레이션으로 인해 B는 최근 같은 책을 22달러에 매입하여 45달러에 판매하고 23달러 차익을 남겼다. 어느 쪽이 성과가 더 좋았는가 하는 질문에 대부분의 사람들은 A 책방이 더 성과가 좋았다고 답변하였다. 따라서 사람들은 명목 이익이 더 큰 것만을 고려한다.

여섯째, 공정성과 도덕성(fairness and morale)에 대해 살펴보자. 경기가 나빠짐에 따라 임금삭감이 불가피한 상황이다. 두 그룹의 사람들에게 각각 의 기업에 대해 불공정

한지 여부를 평가하도록 요구하였다.

- 인플레이션이션이 없는 상태에서 A기업은 임금을 7% 삭감 (불공정 62% 공정 38%)
- 12%의 인플레이션이션 하에서 B기업은 5% 인상 (불공정 22% 공정 78%)

두 기업은 실질임금 면에서는 모두 7%가 삭감되었으나, 명목임금이 인상된 기업의 경우 불공정 평가가 상대적으로 적었다. 따라서 화폐환상이 존재한다.

제9절 실업

1. 고전학파 이론과 효율적 임금이론

고전학파 이론에 의하면, 근로자들은 합리적으로 판단하고 시장에서 가격기구가 유연하게 작동함으로 노동시장에서 실업이 존재할 수 없다. 경제충격에 의해 일시적으로 시장불균형이 생기더라도 곧 시장의 가격기구에 의해 불균형이 해소된다. 그런데 실제로 노동시장을 보면, 충격이 없는 상태에서도 비자발적 실업이 존재한다. 자발적 실업은 현재의 임금수준에서 일하기를 원하지 않는 근로자를 말한다. 비자발적 실업은 현재

그림 10.23 노동시장

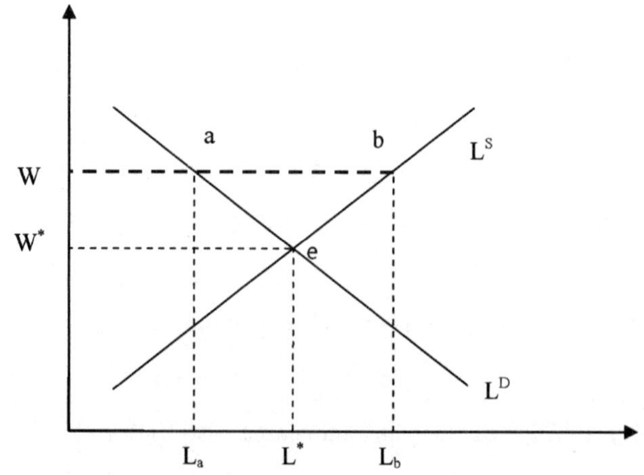

시장에서의 임금수준에서 일하기를 원함에도 직장을 찾을 수 없는 경우를 의미한다.

비자발적 실업이 존재한다는 것은 현재의 임금수준이 시장균형 임금수준보다 높게 책정되어 있다는 것을 의미한다. 그렇다면 왜 임금이 시장균형수준으로 하락하지 않는가?

효율적 임금이론(Efficiency Wage Theory)에 의하면 기업들은 시장의 균형임금보다 높은 임금을 지급하여 근로자들의 일하려는 의욕을 고취시키고 생산성을 증가시키는 효과를 얻을 수 있다. 대부분의 기업들이 시장임금보다 높은 임금을 지급한다면 당연히 비자발적 실업이 존재하게 된다.

효율적 임금이론은 실제 임금이 균형임금보다 높아 비자발적 실업이 존재할 수 있다는 사실 외에도, 같은 업종 내에서 같은 내용의 업무를 하는 근로자 사이에도 임금수준이 다른 사실을 설명할 수 있다. 예를 들어 1951년 보스턴에서 세탁물을 운반하는 운전사는 시간당 1.2달러를 받는데 비해 잡지를 운반하는 운전사는 그 두 배인 2.25달러를 받았다. 이러한 현상은 사람들이 임금을 비교할 때 비슷한 업종과 비교한다는 것을 나타낸다. 따라서 같은 운전을 하는 직업의 경우에도 업종이 다를 경우 임금 차이를 받아들인다는 것을 의미한다. 1988년 25-65세 사이의 남성이 받는 주급의 상위 10%와 하위 10% 사이에는 4배가 넘는 임금격차가 있었는데 이 격차의 50%는 개인적인 기술의 차이보다는 근무처에 따라 결정되었다. 또한 임금이 높은 근무처나 산업에 근무하는 사람들의 이직률은 상대적으로 훨씬 낮게 나타났다. 이는 효율임금 이론이 실제로 근로자들의 근무 회사에 대한 자긍심을 높이고 생산성을 높여 실제 비용을 낮출 수 있다는 실증이 될 수 있다. 효율성 임금의 효과를 실증적으로 보여주는 사례는 1914년 헨리포드 1세가 포드 자동차 근로자들에게 하루 임금 5달러를 지급한 사례이다. 당시 하루 5달러 임금은 통상 임금의 두 배 이상으로 소비자물가지수를 이용해 계산하면 2008년 현재 하루 111달러에 해당하는 수준이다. 높은 임금의 효과는 즉각적으로 나타나, 당시 디트로이트의 가장 우수한 기술자들이 포드자동차에 몰려들었고 이직률이 낮아져 신입 직원 훈련비용이 감소하였음. 이로 인해 생산성이 획기적으로 증가하였다.

효율적 임금이 생산성을 증가시킬 수 있는 요인은 ①태만의 억제, ②이직의 감소, ③도덕적 해이 완화, 그리고 ④공정성 개념 등이 있을 수 있다.

첫째, 태만(shirking)의 억제를 살펴보자. 기업은 근로자가 열심히 일하기를 기대하고 그렇지 않을 경우 해고한다는 위협을 무기로 한다. 그러나 만약 임금이 균형수준에서 책정되고 시장이 완전고용상태에 있다면 해고된 근로자는 언제 어디서나 항상 새로운 직장을 찾을 수 있다. 이러한 상황에서는 열심히 일하지 않을 경우 해고하겠다는 위협은 별 효용이 없다. 더구나 근로자가 얼마나 열심히 일하는지는 측정하기가 쉽지 않다. 단순조립과 같은 작업에서는 성과측정을 통해 얼마나 열심히 일하는지를 쉽게 측정할 수 있으나, 단순조립 업무를 제외한 일반적인 기업 활동에서는 성과측정이 쉽지 않은 경우가 대부분이다. 이러한 여건 하에서 시장균형임금보다 높은 임금을 지급하는 것은 한 가지 좋은 대안이 될 수 있다. 높은 임금수준 하에서는 항상 실업이 존재함으로, 태만으로 인해 해고될 경우 새로운 직장을 찾기가 어려움. 따라서 열심히 일하려는 유인을 갖게 된다. 높은 임금으로 근로자들의 태만이 감소한다면 근로자들을 감시하는데 소요되는 비용(monitoring costs)을 절약할 수 있다.

둘째, 이직의 억제이다. 기업들이 신입직원을 뽑아 일정기간 훈련 기간을 거쳐 독자적으로 일을 할 수 있도록 하는 데는 많은 비용이 소요된다. 또한 능력있는 인재는 기업의 중요한 자산으로 성장하는 기업들은 훌륭한 인재를 확보하기 위해 노력한다. 그런데, 경기가 나빠지고 기업의 재정사정이 어려워질 때 임금을 삭감한다면, 다른 기업에서 쉽게 직장을 찾을 수 있는 우수한 인재가 먼저 이직하고 기업에 남는 사람들은 능력이 상대적으로 낮은 사람들만이 남게 될 것이다. 따라서 기업들은 경기가 나빠져도 쉽게 임금을 낮추지 않는다. 결과적으로 임금은 균형임금보다 높을 뿐 아니라 하방경직성을 갖게 된다. 이러한 정책은 근로자들의 이직을 감소시켜 신입직원을 뽑고 교육하는 비용이 감소될 뿐 아니라, 근로자들의 기업에 대한 충성심을 갖게 하여 생산성을 높일 수 있다.

셋째, 역선택 문제가 존재한다. 노동시장에는 직원을 채용하는 기업과 직장을 찾는 근로자 사이에 근로자의 능력과 행태에 대한 정보비대칭이 존재한다. 기업들은 성실하고 우수한 인재를 채용하기를 원하지만 구직자들 중에 누가 자신들이 원하는 인재인지를 구분하기 어렵다. 반면 구직자들은 자신의 능력이나 성격 그리고 행태 등에 대해 어느 정도 파악하고 있다. 이러한 상황에서 기업이 시장에서 수요와 공급에 의해 결정되는 균형 임금을 지급할 경우 근로자나 사용자 모두 상대방에 대해 평가하고 선택할 수 있는 기회가 주어지지 못한다.

또한, 기업이 협상을 통해 임금을 낮게 제시하는 근로자를 뽑는다면 기업들은 상대적으로 능력이 낮은 근로자를 선택하게 될 가능성이 높아진다. 따라서 역선택 문제가 존재한다. 이러한 문제들을 완화하기 위해 기업은 균형임금보다 높은 임금을 제시하고, 해당 기업에 응시하는 많은 근로자들 중에서 원하는 근로자를 다양한 스크린 수단을 사용하여 추려낼 수 있을 것이다. 스크린(screening) 기준은 학력, 성적, 자격증, 인턴경력, 해외연수경력, 면접 등이 될 수 있다. 따라서 응시자들은 다양한 방법을 통해 자신이 우수한 근로자라는 것을 보이려고 노력한다. 신호행위(signaling)란 학력, 성적, 해외연수, 인턴경험 등 기업의 스크린 기준에 맞추어 신호를 보낸다. 또한 우수한 기업일수록 상대적으로 높은 임금을 제시할 수 있을 것이고 근로자들은 자신이 우수한 인력이라고 판단하게 되면 임금이 높은 좋은 기업에 응모하게 된다. 따라서 자기선택(self-selection)이 존재한다.

마지막으로 사회학적 모형인 공정성(fairness)이 존재한다. 사람들은 다른 사람들 또는 다른 그룹과 비교하여 자신들의 임금에 대해 평가한다. 또한 대부분의 근로자들은 회사에 충성심을 가지고 회사의 가치를 공유하고 회사에 자부심을 가지고 있기 때문에, 만약 주변의 비교대상 기업이나 사람들에 비해 자신들의 보상이 상대적으로 낮다고 판단하면 불공정하다고 인식한다. 대부분(적어도 80% 이상)의 사람들이 자신이 남보다 우수하다고 생각하기 때문에 비교대상보다 낮은 임금을 받아들이기 어렵다. 또한 기업이 경기가 나쁘다거나 하여 임금을 삭감한다면 이는 기업주가 자신의 이익을 챙기기 위해 근로자들의 임금을 삭감한다고 판단하고 불공정하다고 인식하는 경향이 있다.

사람들은 자신을 공정하게 평가하고 대우하는 경우에는 상대방에 대해 보상하려는 심리가 존재한다. 반면에 불공정하게 대하거나 이용한다고 생각하면 비용을 들여서라도 상대방을 응징하려는 의지를 가진다. 이러한 행태는 자주 임금삭감이나 해고에 대해 강력하게 반발하고 심각한 노사분규가 발생하는 요인이 된다. 근로자들의 공정성에 대한 이러한 태도는 실제 임금이 균형임금보다 높고 하방 경직성을 가지며 따라서 실업이 존재하게 되는 사실을 설명할 수 있다.

2. 인센티브 이론

인센티브는 양날의 칼을 가지고 있다. Robert Yerkes and John Dodson은 전기충격의 강도와 생쥐들의 학습능력의 관계를 실험하였다. 상자 안에 여러 가지 색으로 구성된 미로를 만들고, 실험용 쥐가 특정 색이 칠해진 미로로 들어갔을 경우 전기충격을 주는 실험이다. 학습이 반복되면서 쥐는 전기충격이 없는 미로를 따라 안전한 장소를 찾아가게 된다. 이 실험에서 전기 충격이 약할 때는 쥐들의 행동이 느리고 학습효과가 약하다. 그러나 전기 충격의 강도가 증가하게 되면 행동이 빨라지고 학습능력이 증가하는 것을 알 수 있다. 그러나 전기 충격의 강도가 아주 강해지면 오히려 쥐들이 무력해지고 학습강도가 떨어진다. 이는 쥐들이 공포에 사로잡히면서 기억력이 더 떨어지는 것으로 판단

그림 10.24 인센티브와 성과

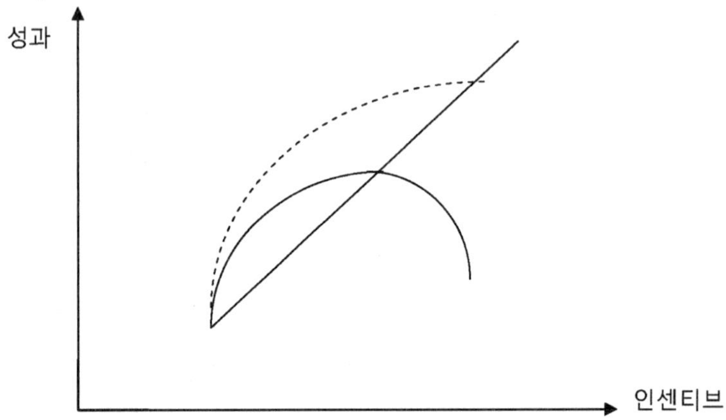

되었다.

인센티브나 징계가 양날의 칼로 작용할 수 있다. 어느 정도의 인센티브나 또는 징계는 학습능력을 높이지만 너무 강도가 강하게 되면 오히려 역효과가 나타난다. 그렇다면 이러한 실험결과가 사람들에게 그대로 적용 가능한가? 즉, 노동시장의 임금과 동기부여의 관계에도 그대로 적용가능하다.

<그림 10.24>는 인센티브(보수, 충격)와 성과 사이의 상관관계를 나타낸다. 직선은 단순 상관관계로서 더 많은 인센티브가 항상 더 높은 성과로 이어진다. 그러나 점선은 일정 수준이상에서는 더 많은 인센티브를 지급하더라도 성과가 더디게 증가하는 것을 나타낸다. 구부러진 실선은 동기부여의 수준이 낮을 때에는 더 많은 인센티브가 더 높은 성과로 이어지지만 동기부여의 수준이 높을 때에는 더 많은 인센티브를 지급하는 것이 오히려 역효과를 부른다. 이를 역U자형 관계라고 한다.

인도에서 실험자들에게 몇 가지 종류의 게임을 시키고 성과에 따라 보상을 지급하는 실험이다. 게임은 아래와 같이 창의력, 집중력, 기억력, 문제해결능력을 요하는 것으로, 각 게임을 10회씩 반복하여 모두 마치는데 1시간 정도 소요된다. 실험을 인도에서 한 이유는 미국에서는 높은 성과급을 주어야 하는 실험의 경우 많은 비용이 소요되기 때문이다(인도에서는 일반 근로자 하루 임금이 20루피로 한국 돈 500원 정도임). 실험 절차는 먼저 참여자들에게 주사위를 던지도록 하여 보너스 등급을 정하게 하고 게임을 시작한다.

그림 10.25 인도에서의 실험에 사용된 여섯 가지 게임

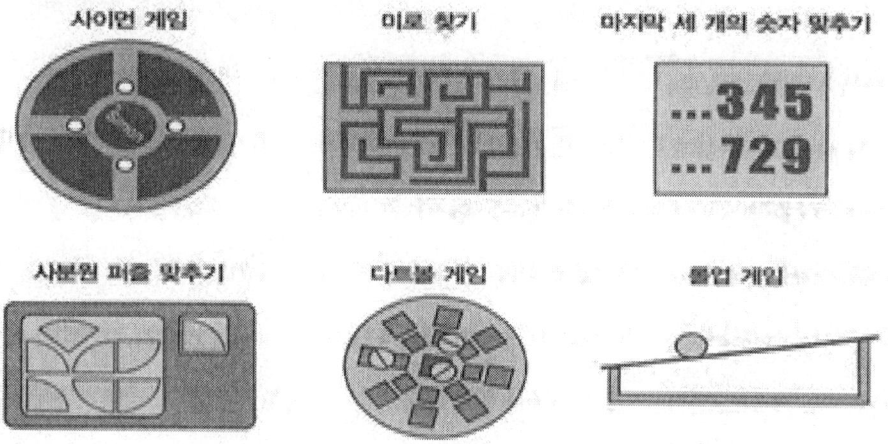

- 예를 들어 주사위 숫자 4가 나오면 중간 정도의 보너스를 받게 되는데, 각 게임을 모두 '매우 좋음' 등급을 받게 되면 게임당 40루피를 받게 되어 최대 240루피(인도 근로자 2주에 해당하는 수입)의 보너스를 받게 된다.
- 그러나 각 게임에서 '좋음'등급보다 낮게 받으면 보상이 지급되지 않는다.
- 주사위에서 1이 나오면 낮은 등급의 보너스를 받게 되는데, 이 경우 모든 게임에서 가장 높은 등급을 받을 경우 각 게임당 수입이 4루피로 보너스 총계는 24루피이다. 이는 인도 근로자 하루에 해당하는 수입이 된다.

주사위 던지기에서 6이 나오면 제일 높은 수준의 보너스를 받게 되고 이 경우 각 게임의 최고 등급 수입은 400루피이다. 만약 모든 게임에서 제일 높은 등급을 받으면 보너스 총계가 2400루피로 이는 일반 근로자 5개월 치 임금에 해당되는 액수이다.

실험 결과를 정리한 <그림 10.26>은 높은 수준의 보너스가 게임에 참여한 사람들의 성과를 오히려 저해한다는 것을 보여주고 있다. 즉, 가장 높은 보너스를 제시 받은 사람들의 성과가 제일 낮았는데, 이는 높은 수준의 보너스에서 비롯되는 높은 스트레스가 성과에 부정적으로 작용한 결과이다.

높은 보너스의 부정적 효과는 긴장이나 스트레스에서 오는 것이라면, 더 높은 인지능력을 요구하는 임무일수록 이러한 부정적 효과가 커질 수 있다. MIT 학생들을 대상으로 인지능력을 필요로 하는 임무와 단순작업을 하는 경우 보상이 미치는 영향을 실험하였다. 컴퓨터 자판을 누르는 단순 작업에서는 높은 수준의 보상이 높은 성과로 이

그림 10.26 인도 실험의 결과

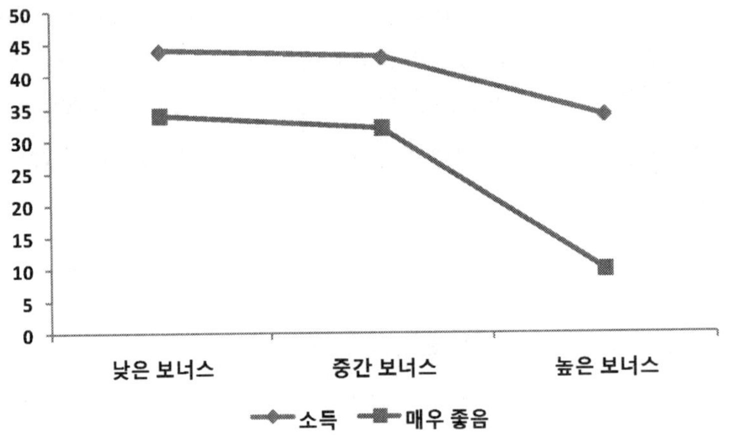

어졌으나, 간단한 수학문제를 푸는 것과 같은 인지능력을 필요로 하는 경우에는 높은 수준의 보상이 오히려 낮은 성과로 이어졌다.

단순 작업을 하는 근로자들에게는 높은 보상이 생산성을 증가시킬 수 있으나, 대기업 CEO들과 같이 인수합병이나 마케팅 또는 투자전략을 수립하는 임무를 수행하는 사람들에게는 높은 수준의 보너스를 제시하는 것이 오히려 부정적 결과를 초래할 수 있다. 그러나 높은 보수를 받는 금융회사 또는 대기업들의 CEO들은 높은 보상으로부터 오는 긴장이나 스트레스가 오히려 업무 성과를 저해할 수 있다는 이론에 대해 받아들이지 않는다. 자신들은 경험과 능력을 갖춘 사람들로 업무 스트레스를 충분히 이겨낼 수 있다고 믿음에서 올 수도 있다.

업무 스트레스와 성과는 어떨까? 대표적인 CEO들을 실험에 참여시킬 수 없음으로 농구선수들 중 소위 clutch player들의 녹화 경기를 분석하였다. clutch player들은 종료시간을 두고 큰 활약을 하는 선수들로, 다른 선수들보다 높은 연봉을 받는다. 이들은 경기 중 압박을 가장 많이 받는 종료시간 직전에 결정적인 활약을 할 것으로 기대된다. 특히 종료 직전에 양 팀의 점수 차이가 3점을 넘지 않는 '중요한 경기'에서 clutch player들의 역할이 클 것으로 기대할 수 있다. 이들의 녹화 경기를 분석한 결과, clutch player들은 중요한 경기의 마지막 5분 동안 확연하게 높은 득점력을 나타냈는데, 높은 득점력은 슛의 성공률이 높아진 것은 아니고 더 많은 슛을 던진 결과인 것으로 나타났다. 이들은 다른 선수들에 비해 높은 연봉을 받고 스트레스를 받는 어려운 상황에서 높은 능력을 발휘할 것을 기대하지만, 실제로 능력이 높아지는 것은 아니고 더 많은 슛을 던져 득점력이 높아진 것이다.

지나친 부담감은 오히려 독이 될 수도 있다. 사람들은 중요한 임무를 수행할 때 오히려 긴장하거나 허둥대다가 실패할 경우가 많다. 모의고사 때 성적이 좋은 학생이 긴장으로 인해 실제 시험에서는 나쁜 점수를 받는 경우가 많다. 특히 사회적 압박(social pressure)이 있을 경우 긴장으로 인해 성과가 나쁠 수 있다.

시카고대학 학생들을 대상으로 anagram(주어진 알파벳을 재배열하여 정확한 단어를 찾아내는 게임)을 시행하였다. 예를 들어, 다음과 같다.

suhoe → house
taudi → audit
ganmaar → anagram
old west action → clint eastwood

13개의 문제 중 8개는 개인용 칸막이 안에서 풀고 나머지 5문제는 강의실 앞에 있는 커다란 칠판에 다른 학생들이 지켜보는 상황에서 풀도록 했다. 예상할 수 있는 바와 같이 실험 참여자들은 개인용 칸막이 안에서 문제를 훨씬 잘 푸는 것으로 나타났다.

사회적 압력으로 인해 성과가 저하되는 것은 사람만이 아니고 다양한 다른 동물에서도 똑같이 나타난다. 사회심리학자 Robert Zajonc, Alexander Heingartner, and Edward Herman(1969)은 바퀴벌레를 이용하여 실험을 하였다. 한 가지 상황에서는 바퀴벌레 한 마리가 동료없이 혼자 임무를 수행하도록 하고, 다른 상황에서는 다른 바퀴벌레 한 마리가 유리로 나눠진 공간에서 지켜보도록 하였다. 직선 통로를 따라 달리는 단순 임무에서는 지켜보는 동료가 있을 때 훨씬 빠르게 달렸지만, 복잡한 미로에서 목적지를 찾아가는 어려운 임무의 경우에는 지켜보는 동료가 있을 때 성과가 더 나빴다.

이는 사회적 압력이 사람에게 부정적으로 작용하는 것과 같은 결과이다. 사회적 압박이 성과에 부정적 영향을 미치는 것은 거의 대부분의 동물실험에서 나타나는 현상이다.

최적의 인센티브를 만들어 내는 것은 어려운 작업이다. 인센티브의 조건은 동기를 촉진하는 요소를 유지하면서 과도한 압박감으로 생산성을 저해하는 요소를 배제해야 한다. 그러나 실제로 구체적 조건은 업무의 성격, 여건, 개인의 특성에 따라 달라질 것이다.

3. 일한다는 것의 의미

한 사람의 삶을 구성하는 수많은 요소들 중 직업은 사람들의 정체성을 구성하는 핵심 요소로, 대부분의 사람들이 직업을 통해 자부심과 삶의 의미를 찾고 있다. 왜 일하는가?

예를 들어보자. David라는 졸업생은 지난 10주 동안 합병과 관련한 프로젝트에 참여하여 연일 야근을 하며 프레젠테이션 자료를 작성하였는데 합병 건이 무산되었다. 비슷한 사례로 대학 출판사의 에디터인 Deborah는 열심히 편집을 끝낸 역사책 출간이 무산되었다. 이들은 많은 시간을 들여 진행한 임무가 무산된데 대해 크게 실망하였다.

일반적으로 사람은 목적을 추구하고 목적을 달성했을 때 만족감을 느끼게 된다. 열심히 노력했음에도 목적을 달성하지 못하여, 노력한 것에 대해 아무런 의미를 부여할 수 없게 된다면 사람들은 많은 실망을 느끼게 된다.

공짜 먹이보다 찾아먹는 먹이가 좋다. 새 동물원에서 자원봉사를 한 경험을 통해 새들이 알에서 부활하고, 성장하고, 새들끼리 교류하고, 방문객들과 상호작용하는 경험을 한 사람이 있다. 그 후 온 몸에 화상을 당하고 장기간의 치료과정에서 Jean Paul이라는 앵무새를 키우는데, 앵무새가 심심한 것을 싫어하고 어느 정도의 지적활동을 요구하는 것을 알게 된다. Paul을 위해 몇 개의 장난감을 구입하게 되고 그 중 하나가 Seekatreat이다. Seekatreat은 그림과 같이 몇 개의 판자를 겹쳐서 줄로 연결해 놓은 것으로 판자에 구멍을 파서 먹이를 숨겨 놓는 새들의 놀이 겸 먹이 기구이다.

Seekatreat에는 contra-freeloading이라는 개념이 숨어 있다. contra-freeloading은 동물들이 아무 때나 쉽게 먹을 수 있는 먹이보다 자신이 직접 찾아서 먹는 먹이를 더 좋아하는 성향을 나타내는 용어로 동물심리학자인 Glen Jensen이 만들었다. Jensen의 흰쥐 실험에서 Jensen은 흰쥐를 특별한 장치가 부착된 상자에 넣고 먹이를 주는 실험을 하였다.

- 상자에는 막대가 부착되어 있는데, 먹이통에 등불이 들어 와 있는 동안에는 막대를 누르면 먹이가 나오도록 되어 있다. 다른 한 편에는 먹이가 들어있는 컵이 놓여 있다.

그림 10.27 Seekatreat

- 쥐는 불이 들어와 있는 동안에는 컵에 들어있는 먹이를 먹거나 또는 막대를 눌러 먹이를 먹을 수 있다.
- 실험 결과에 의하면 44%의 쥐들이 컵에서 쉽게 먹이를 먹을 수 있는데도 어렵게 조종막대를 눌러 먹는 것을 선호하였다.
- 물고기, 새, 흰쥐, 원숭이, 침팬지 같은 동물들에 대한 실험에서도 쉽게 먹이를 얻는 것보다 간접적인 방법으로 어렵게 먹이를 얻는 것을 선호하는 것으로 나타났다.
- 유일하게 고양이가 게으른 방법으로 쉽게 먹이를 얻는 것을 선호하였다.

동물들은 일을 함으로써 자신의 먹이를 찾는 것을 선호함을 알 수 있다. 이러한 동물들의 습성은 최소한의 노력으로 최대의 이익을 얻으려 한다는 경제학의 기본 가정과 상치된다.

사람들이 일에 의미를 부여하게 되는 것은 보상 이외에 다양한 형태의 성취감을 느낀다. 누군가로부터의 인정, 다른 사람들에게 조그만 도움이 될 것이라는 기쁨, 누군가가 내가 쓴 글을 읽을 것이라는 기대 등의 조그만 성취감이나 만족이 사람들에게 열심히 일을 하게 하는 동기를 부여한다. 예를 들어, 최근 인터넷의 발전으로 블로그가 일반화되었다. 사람들이 블로그에 글을 쓰는 이유는 블로그의 두 가지 특성 때문이다. 우선 하나는 누군가가 자신의 글을 읽을 것이라는 기대. 블로그의 글은 전 세계의 사람들이 읽을 가능성이 있을 뿐 아니라, 방문자의 숫자가 기록됨으로 인해 더 많은 글을 올리도록 하는 유인이 된다. 방문자들도 댓글을 달 수 있어, 자신의 글에 대한 다른 사람들의 반응을 즉각적으로 알 수 있다. 이러한 요인들이 블로그에 열심히 글을 쓰게 하는 요인이 된다.

참가자들에게 레고 '바이오니클' 시리즈를 주고 로봇을 조립하게 하는 실험으로, 첫 번째 조립을 완성하면 $2를 시작으로, 두 번째, 세 번째, 네 번째 등 계속해서 11센트씩 감한 금액을 지급하였다.

- 첫 번째 상황에서는 참여자가 조립한 로봇을 책상 밑의 상자에 집어넣었다.
- 두 번째 상황에서는 참여자가 다른 로봇을 조립하는 사이에 먼저 조립한 로봇을 천천히 분해하여 상자에 넣었다. 참여자가 로봇을 더 조립하겠다고 할 경우에 대비한다는 명분이다.

첫 번째 상황에서는 조립한 로봇을 보존함으로서 로봇 조립에 대한 의미가 부여되지만, 두 번째 상황에서는 조립한 로봇을 그 자리에서 분해함으로 해서 임무에 대한 의미가 없어지게 된다. 실험 결과를 보면 예상한 바와 같이 첫 번째 상황에서 더 많은 로봇을 더 즐겁게 조립한다. 첫 번째 상황에서 참여자들은 평균 10.6개의 로봇을 조립하고 $14.40의 보상금을 받아 간데 비해, 두 번째 상황에서는 평균 7.2개의 로봇을 조립하고 $11.52의 보상금을 받아 갔다. 작업에 의미를 주는 작은 환경의 차이가 로봇 조립에서 3.4개의 차이를 낳고 있다.

이러한 실험결과는 근로자들의 생산성을 높이기 위해서는 보상도 중요하지만 자신의 일에 대해 의미를 부여할 수 있도록 작업 환경을 만들어 주는 것이 중요하다는 것을 보여준다.

종이에 무작위로 알파벳을 나열하고, 참가자들에게 S가 연속으로 나오는 10개를 모두 찾는 실험이다. 보상은 첫 작업에 50센트를 지급하고 그 후에 5센트씩 감소시켰다.

- 인정조건: 첫 번째 실험조건에서는 참여자가 완료된 자료를 제시하면 종이에 참여자의 이름을 쓰도록 하고 감독자가 작업종이를 자세히 보고 고개를 끄덕인 다음 참여자 앞에 반듯하게 쌓아 놓았다.
- 무시조건: 두 번째 상황에서는 이름을 쓰도록 하지 않고 제출된 작업지를 보지도 않고 책상에 쌓아 놓았다.
- 파기조건: 세 번째 상황에서는 제출된 작업지를 보지도 않고 문서파쇄기에 넣어 파기하였다.

실험결과는 인정조건하에서는 평균 9.03장의 작업을 수행했고, 무시조건하에서는 6.77장, 그리고 파기조건하에서는 6.34장이었다. 아주 단순한 작업임에도 인정을 받아 일에 의미를 부여하는 경우와 그렇지 않은 경우에 생산성에 큰 차이를 보이고 있다.

이와 더불어 분업에 대해 생각할 수 있다. 분업이 최선일까? 아담 스미스는 국부론에서 핀공장의 예를 들어 분업이 생산성을 획기적으로 증가시킬 수 있음을 보여주었다. 헨리 포드는 분업의 개념을 확장하여 세계 최초로 자동차 조립 라인에 컨베이어벨트 시스템을 도입하였다. 그러나 너무 과도한 분업화는 근로자들이 자신의 일에 의미를 부여하기 어려울 뿐 아니라, 근로자들 자신이 일종의 부속품화 되는 현상이 발생한다. 하루 종일 조립라인에서 나사를 조이는 일만 하는 근로자가 자신의 일에 자부심을 갖기는 어렵다. 따라서 과도한 분업화는 오히려 생산성을 저해할 수 있고, 특히 지적 업무를

그림 10.29 총수요곡선과 총공급곡선

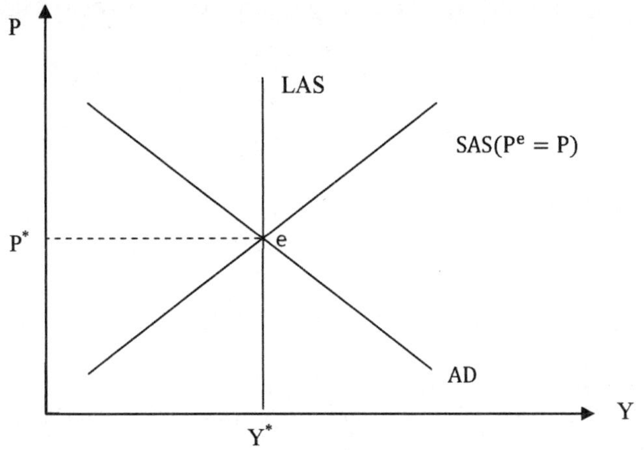

그림 10.30 총수요곡선과 총공급곡선

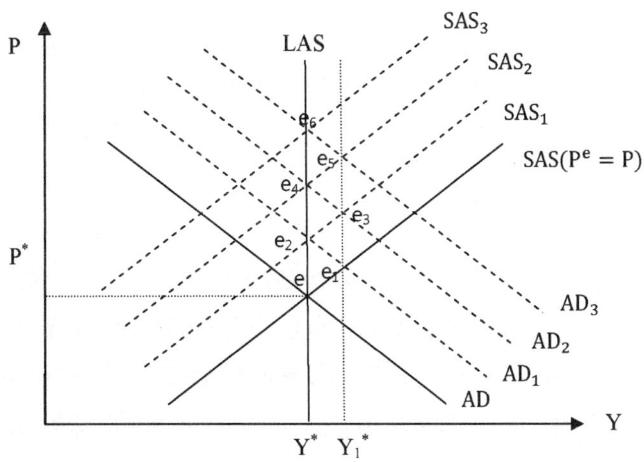

그림 10.28

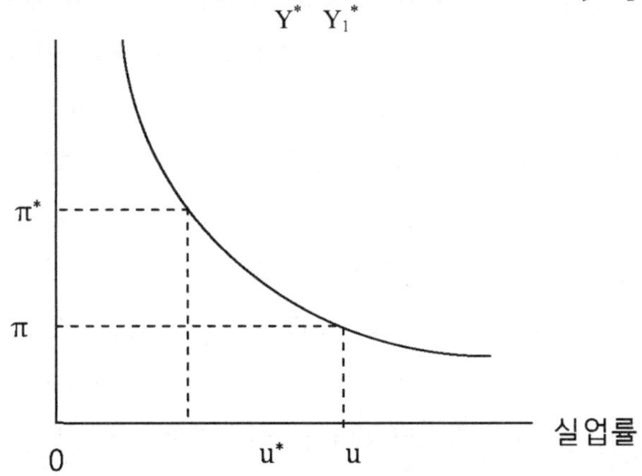

하는 경우에는 이러한 부작용이 더 심할 수 있다. 최근에는 이러한 문제점을 완화하기 위해 2~3명이 1조로 냉장고나 TV의 전체 조립을 책임지도록 하는 시스템을 도입하는 사례가 있다.

제10절 필립스 곡선

영국의 경제학자 필립스는 1950년대 말 인플레이션이션과 실업률 사이에 음(−)의 관계가 성립하는 것을 발견하였다. 이는 정책적으로 중요한 의미를 가진다. 즉, 어느 정도의 물가 상승을 받아들이면 실업률을 낮추는 것이 가능하며, 반대로 인플레이션을 억제하기 위해서는 어느 정도의 실업을 감수해야 한다는 것을 의미한다.

필립스 곡선의 이론적 배경을 살펴보자. 필립스 곡선은 우리가 살펴본 총수요곡선과 총공급곡선에서 바로 유도될 수 있다. 현재 총수요 총공급곡선이 아래와 같이 주어지고 e에서 균형이 이루어지고 있다.

현재 e점에서의 실업률이 너무 높다고 판단한 정부가 통화량을 2% 증가시켜 실업률을 현재보다 낮추기로 결정하였다고 하자.

총수요곡선이 AD → AD_1으로 이동하고 균형은 e → e_1으로 이동한다. 소득수준은 Y* → Y_1으로 증가하고 이에 따라 실업률도 감소한다. 그러나 조만간 사람들은 물가가 상승한 것을 알 게 되고 더 높은 임금을 요구하게 된다. 공급곡선이 SAS → SAS_1으로 이동하면서 균형점은 원래 소득수준인 e2로 이동하고 실업률도 다시 높아진다. 정부는 다시 통화를 2% 증가시켜 총수요곡선을 AD2로 이동시키면 새로운 균형 e3에서 소득이 증가하고 실업률이 낮아진다. 그러나 사람들이 새로운 물가수준에 적응하면 총공급곡선이 다시 위로 이동하게 된다. 이러한 과정이 반복된다면, 통화가 지속적으로 증가하고 물가가 지속적으로 상승하게 되어 소득수준은 Y_1과 같은 Y*보다 높은 수준에서 유지될 수 있고 이에 따라 실업률도 낮아질 수 있다. 즉, 경제가 균형점 e에 있을 때 소득이 Y*이고 이때 실업률을 6%라고 한다면, 통화를 지속적으로 매년 2% 증가시키고 이에 따라 인플레이션이 2%로 지속 될 때 소득은 Y_1수준 그리고 실업률은 그에 해당하는 4% 수준으로 낮출 수 있을 것이다. 만약 정부가 4% 수준의 실업률에도 만족하지 못하여 이를 3% 수준으로 더 낮추고 싶어 한다면 통화증가율은 2%보다 높은 4% 수준으로

그림 10.31 필립스 곡선

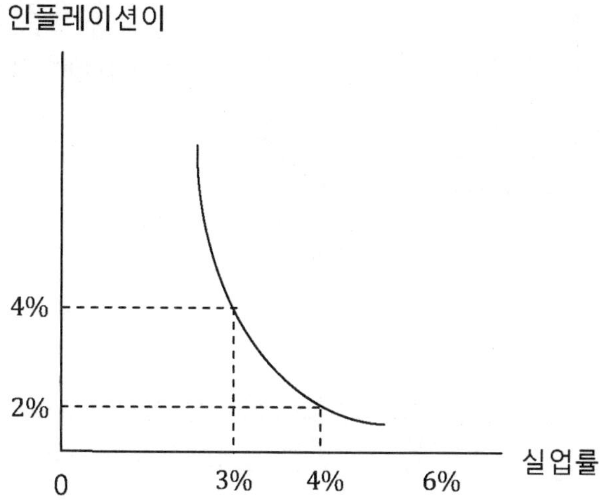

증가되고 이에 따라 인플레이션도 4% 수준으로 증가하게 될 것이다. 소득은 Y_1보다 더 높은 수준에서 유지될 수 있을 것이다.

한 가지 중요한 점은 필립스 곡선과 같은 인플레이션과 실업률이 음의 관계를 갖기 위해서는 정보가 불완전하다든지, 화폐환상, 또는 공정성에 대한 인식과 같은 동물적 충동 요소가 있어야 한다. 만약 화폐착각이 없이 사람들이 합리적으로 판단한다면, 인플레이션이 생기는 즉시 이를 임금에 반영하게 되고 총공급곡선이 즉시 상향이동을 하게 되어 소득증가효과가 없게 된다. 사람들은 이제 통화량이 증가하면 물가도 상승하게 되는 통화와 물가와의 관계도 알게 됨으로, 정부에서 통화량을 증가시킨다는 것을 아는 즉시 임금과 함께 총공급곡선을 상향조정하게 됨으로 경제는 장기공급곡선을 벗어나지 않고 통화량 증가에 따른 인플레이션이션 증가만을 경험하게 된다.

한편 통화주의 학파들의 이러한 주장이 맞는다면 인플레이션이션 실업의 증가 없이 안정될 수 있다. 인플레이션이션이 심한 경제에서 정부가 통화량 감소를 통해 인플레이션이션을 억제하려고 한다면, 총수요곡선이 하향 이동한다(AD → AD'). 근로자들은 이제 물가가 하락할 것이라는 것을 알고 즉시 임금을 삭감하고 총공급곡선을 하향조정할 것이다($SAS(P^e=P) \rightarrow SAS(P^e=P')$).

근로자들의 이러한 합리적 결정은 균형을 e에서 e'로 이동시켜 물가는 P'로 낮추되 소득은 변화가 없다. 따라서 실업의 증가 없이 물가를 안정시킬 수 있다. 그러나 근로자들이 화폐환상이 있거나 또는 공정성 문제를 제기하여 임금삭감을 받아들이기를 거부

그림 10.32 통화주의 학파의 경우

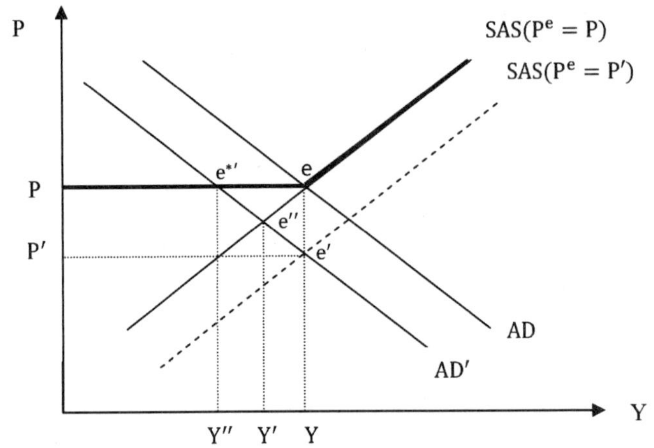

한다면 통화긴축을 통해 인플레이션을 안정시키려는 정부의 정책은 높은 실업률을 감수해야 할 것이다. 화폐환상만을 고려하면 공급곡선이 이동을 하지 않음으로 균형이 e"로 이동하여 물가는 조금 하락하고 소득은 Y'로 감소한다. 만약 근로자들이 명목임금 하락을 불공정의 문제로 받아들여 거부한다면 총공급곡선은 P^e – SAS(P^e = P)로 주어지고 이 경우 소득은 Y"으로 감소하고 실업이 높은 수준으로 증가할 것이다.

캐나다의 인플레이션이션 정책을 살펴보자. 1987년 캐나다에서는 존 크로우가 중앙은행 총재로 선임되었는데, 크로우는 프리드만의 신봉자로 인플레이션이션을 큰 비용 없이 안정시킬 수 있을 것으로 확신하였다. 당시 캐나다의 인플레이션은 4.8%였는데 그는 물가를 안정시키는 것이 자신의 소임으로 생각했다. 크로우는 강력하게 긴축정책을 추진하여 1993년 인플레이션이션을 1.3% 수준으로 낮출 수 있었다. 그러나 실업률이 11.3%에 달했고 캐나다는 대공황 이후 가장 심각한 장기 경제 불황을 겪어야 했다. 캐나다의 사례는 화폐환상이 없고 사람들이 합리적으로 의사 결정한다고 가정하는 일반 경제학이 실제 경제 현상을 설명하는데 한계가 있음을 보여주는 사례이다. 실제로 노동시장에서 화폐환상이 존재하고 근로자들이 임금의 삭감에 대해 불공정하다고 인식하는 한 인플레이션을 억제하기 위한 긴축정책은 그 비용이 화폐주의자들이 주장하는 것보다 심각하게 클 수 있다.

제11절 경기변동

1. 부패와 불신

부패와 불신은 사회적 문제일 뿐 아니라 심각한 경제적 문제를 야기할 수 있다. 많은 경제학자들이 후진국에서 성공적인 경제성장을 이끌어 내기 어려운 중요한 이유가 조직화 된 부패라는 점을 지적하고 있다. 이러한 국가들에서는 외국 원조물자가 필요한 사람들에게 도달하기 전에 중간에서 없어진다든지, 또는 외국 차관으로 건설하는 도로가 정글 한가운데서 끝난다든지 하는 경우가 일상화 되어 있다.

또한, 신뢰가 없는 사회는 거래비용의 증가로 인해 경제성장이 어렵다. 예를 들어 거래 상대방을 믿지 못 할 경우에는 작은 규모의 거래에도 변호사를 써서 거래가 계약대로 이행되지 못할 경우에 법적조치를 할 수 있도록 계약서를 작성해야 한다. 만약 법체제가 미흡하고 부패로 인해 법의 이행과정을 신뢰할 수 없다면 결국 거래를 포기하든지 아니면 극단적인 경우 마피아와 같은 범죄조직에 비용을 지급하고 거래의 이행을 보장받게 됨. 이러한 경우에는 거래비용이 급격히 증가하게 된다. 거래 상대방을 믿을 수 있다면 전화 한통화로 몇 억 규모의 거래도 쉽게 이루어질 수 있다. 따라서 신뢰가 있는 사회에서는 거래가 활성화 되고 경제성장이 가속화 될 수 있다.

부패나 불신은 경제가 안정된 선진국에서도 심각한 문제를 야기할 수 있다. 특히 금융 산업 분야에서는 80년대 이후 정보통신 산업의 발전과 급격한 글로벌화가 진전되면서, 새로운 금융기법과 새로운 금융상품이 규제나 감시가 불가능할 정도로 빠르게 발전하고 있다. 더구나 금융 산업의 글로벌화는 어느 한 국가에서의 경기 침체나 충격이 전 세계로 짧은 시간에 확산되는 결과를 가져왔다. 예를 들어 엔론과 같은 대기업의 회계부정으로 인한 충격은 금융시스템에 파급되고 이는 다시 전 세계로 경제적 충격이 확산되는 효과를 가진다.

엔론은 2001년의 경기침체와 관련이 깊다. 2001년에 발생한 경기불황은 1990년대의 주식투자 열풍과 거품이 붕괴된 결과이다.[7)]

인센티브는 일정수준까지는 학습동기를 부여하고 높은 성과를 내도록 하는 효과를 가진다. 그러나 일정 수준을 넘어서면 오히려 성과에 대한 압박이 커지면서 긴장이 심해지고 집중력을 떨어뜨려 성과를 저해할 수 있다.

---

7) 삼성경제연구소(2002. 3), 엔론 파산의 파장과 교훈, 보고서 일부 요약 발췌

그러나 당시 엔론 사태로 대변되는 기업의 부패 스캔들 역시 중요한 요인 중 하나였다. 엔론은 미국 7대 기업으로 세계 최대 에너지 기업인데 그 파산규모도 500억 달러로 미국 최대 기록이다. 엔론의 파산은 경영실패뿐 아니라 정경유착, 도덕적 해이, 감독기능 마비 등 미국 경영시스템의 전반적인 문제점이 복합적으로 작용한 결과이다.

천연가스 및 전기를 공급하는 소규모 회사였던 엔론은 1990년대 초반에 에너지 산업 규제완화와 함께 급격히 성장하였다. 에너지산업 규제완화 이후 전력 중개 사업을 시작하였다. 전력이 남아도는 지역과 부족한 지역 간의 전기 현물거래를 주도하고 전력수요 피크를 대비한 선물시장도 창출하였다. 엔론의 주요 사업은 가스송유관, 발전, 에너지 중계, 전력회사 등 에너지 관련 종합회사를 지향하였는데 핵심 역량을 기반으로 다양한 분야에 사업영역을 확장하여 1990년대 월스트리트에서 가장 각광받는 기업으로 평가되었고 창업 15년 만에 포춘 7대 기업으로 선정되었다.

그러나 리스크의 확대 및 회계부정이 존재하였다. 엔론은 기존의 에너지 온라인 거래 확대와 새로운 사업 영역으로의 진출을 위해 파트너십(partnership)이라는 특수 법인을 활용하였다. 파트너십 은 특정 프로젝트 수행을 위한 투자자금 조달을 목적으로 설립된 비공개 비상장 합자회사이다. 파트너십은 엔론과 개인투자자들의 출자로 설립되었다. 파트너십은 금융기관으로부터 자금을 차입하여 엔론이 보유하고 있는 자산을 매입하고 이들 자산으로부터 발생한 수익을 투자자 및 금융기관에 반환하였다. 파트너십은 독자적인 기업으로 인정됨으로 엔론의 자금조달, 부채은익, 이익과대 계상의 수단으로 사용하였다. 파트너십이 엔론으로부터 비싸게 자산을 매입하여 엔론의 수익을 부풀리고, 파트너십을 통해 차입함으로서 엔론의 부채를 은닉하였다.

또한 엔론의 회계부정 수법은 수익을 부풀리고 비용을 축소하는 전형적인 방법이었다. 당시 엔론의 요청으로 이루어진 증권거래위원회의 새로운 규정에 의하면 천연가스의 판매 및 구매에 대한 장기계약이 체결되면, 그 계약기간에 걸친 미래의 기대수익을 현재의 수익으로 계상할 수 있었다. 예를 들어 인도의 다볼에서 추진한 천연가스 발전 프로젝트는 발전소 건설에 수년이 걸리고 또한 많은 불확실성으로 발전소 건설이 취소될지도 모르는 상황에서 이미 엔론의 수익으로 계상되었다.

2000년 엔론과 산하 파트너십 간의 거래에서 막대한 부실이 발생되었음이 밝혀짐에 따라 엔론의 불투명한 장부 외 거래에 대한 의혹이 현실화되었다. 엔론이 partnership을 운영하면서 12억 달러에 달하는 기업가치가 소멸되었다는 사실과 엔론의 외형과 실적이 과대포장 되었음이 밝혀지면서 회복불능 상태로 추락하였다. 엔론은 2001년 12월

4일 공식적으로 파산을 선언하게 되었다.

또 다른 사례인 저축대부조합(Savings and Loan Association)과 1991년의 경기침체에 대해 살펴보자. 저축대부조합은 장기 주택담보 대출을 전문으로 하는 금융기관으로 1982년부터 1993년까지 10여 년 동안 1300개 이상의 S&L이 도산하였으며 구제 금융에 1500억 달러 이상의 정부자금이 소요되었다.

저축대부조합 위기의 원인을 살펴보자. 저축대부조합은 상대적으로 안전한 주택에 대해 장기 담보 대출을 전문으로 하는 금융기관이다. 1980년대 금융규제가 완화되면서 상업용 건물에 대한 대출이 가능해지고, 더구나 자산의 10%까지는 정크본드나 직접투자도 가능하게 됨에 따라 리스크가 높은 부동산 개발사업 및 상업용 건물에 대한 대출과 정크본드에 대한 투자가 급격히 증가하여 금융기관의 부패 및 도덕적 해이가 증가하였다. 예금 보험도 1인당 4만 달러에서 10만 달러까지 보상이 가능해졌다. 이제 예금자들은 금융기관의 안전성에 대해서는 걱정할 필요가 없음으로 은행보다는 높은 이자를 지급하는 저축대부조합을 선호하게 되었다. 이는 예금자의 도덕적 해이이다. 이러한 요인들로 인해 S&L 간에 예금자에게 높은 수익률을 보장하는 경쟁이 촉발되고 예금자에게 높은 수익을 보장하기 위해서 S&L은 리스크가 높은 부동산 개발 및 정크본드 투자에 경쟁적으로 자금을 투입하였다.

그런데 80년대 초에 Fed가 인플레이션을 낮추기 위해 이자율을 높이고 긴축정책을 추진하였다. 경기가 위축되면서 텍사스를 중심으로 기업 도산이 증가하고, 이에 따라 부동산과 정크본드에 대규모로 투자한 S&L의 도산도 증가하기 시작하였다. 이 당시 미국 S&L의 절반이 자산 잠식 상태가 되어 지급 불능 상태에 빠진 것으로 추정된다. 이러한 상황에서도 경영자들은 개발업체나 또는 정크본드 발행업자들로부터 정크본드를 인수해 주는 조건으로 뒷돈을 챙기는 사례가 많았다.

그러나 당시의 레이건 행정부는 부실 S&L을 폐쇄하고 자기자본 규제를 강화하기 보다는 자기자본 규제를 오히려 완화하고 일시적인 자금지원을 통해 경기가 호전되면서 문제가 완화되기를 기대 하였으나 오히려 문제가 악화되었다. 정부의 도덕적 해이가 문제를 악화시킨 것이다.

1989년에 와서야 연방예금보험공사(Federal Deposit Insurance Corporation, FDIC)가 중심이 되어 정리신탁공사를 설립하여 본격적인 부실조합 정리에 착수하고 필요한 자금을 투입하였다.

마지막 사례로 서브프라임 모기지 사태와 2007년에 시작된 경기침체를 살펴보자.[8)]

모기지대출(mortgage loan)이란 주택을 담보로 금융회사로부터 대출을 받은 이후 일정기간 동안 정기적으로 원금과 이자를 나누어 상환하는 주택담보대출상품의 일종이다. 이러한 모기지대출을 취급하는 모기지 시장은 미국의 경우 크게 1차 대출시장과 2차 유동화시장으로 구분된다.

미국의 1차 대출시장은 차입자의 신용도에 따라 크게 우량고객을 대상으로 하는 프라임(prime)시장과 저신용-저소득 고객층을 대상으로 하는 서브프라임(sub-prime)시장, 그리고 그 중간단계의 Alt－A시장으로 분류된다. 서브프라임 모기지는 일반은행보다는 주로 Countrywide Financial, New Century, Option One 등과 같은 전문 모기지 회사들이 취급한다. 서브프라임 모기지는 신용도가 낮은 고객을 대상으로 하기 때문에 높은 리스크도로 인해 우량모기지(prime mortgage)에 비해 금리가 2~3%p 정도 높다.

한편 문제가 된 서브프라임 모기지대출의 약 80%는 하이브리드 형태의 금리조정조건부(Adjustable Rate Mortgage, ARM) 형태로 취급된다. 즉, 처음 2년 정도는 미끼금리 형식으로 낮은 고정금리를 적용하다 나머지 기간 동안에는 높은 변동금리로 전환하는 옵션형태의 금리조정 조건부 대출의 형태를 취한다.

서브프라임 모기지대출은 2001년 이후 저금리와 부동산가격 급등에 힘입어 급증하기 시작하여 전체 모기지 시장에서 서브프라임 대출이 차지하는 비중은 잔액기준으로 2002년 말 약 3.4%에서 2006년 말 13.7%로 큰 폭으로 상승하였다. 특히 모기지 금융회사 간 대출경쟁이 격화되면서 빠르게 증가하여 2004~2006년 중에는 매년 5~6천억 달러 이상씩 급증하였다.

한편 2차 유동화시장은 모기지대출 취급기관으로부터 인수한 대출채권을 기초로 유동화증권을 발행하여 투자은행 및 헤지펀드 등 투자자에게 매각하는 시장을 의미한다. 모기지 업체들은 신규대출을 위한 자금조달을 위해 부동산대출 관련 채권을 모아서 Morgan Stanley나 Goldman Sachs 등과 같은 대형 투자은행에 판매한다. 대형 투자은행들은 사들인 모기지 채권을 기초로 다양한 파생상품을 만들어 다시 고수익을 노리는 헤지펀드나 보험사와 같은 투자자들에게 판매된다. 실제로 미국 서브프라임 모기지대출의 약 54% 정도가 수익률이 높은 유동화 증권으로 만들어져 투자자들에게 판매하였다.

서브프라임 모기지는 어떻게 부실화되었을까? 2006년 이후 금리상승과 주택가격 하락으로 연체율과 주택압류가 급증하는 등 서브프라임 모기지론의 부실화가 빠르게 진전되었다. 특히 2004년 하반기 이후 17차례에 걸쳐 5.25%까지 기준금리가 인상되면서

8) 한국금융연구원(2007), 서브프라임 모기지 사태의 분석과 전망, 보고서 요약 발췌

서브프라임 모기지 대출을 부실화시키는 중요 요인으로 작용하였다. 한편 금리상승과 함께 발생한 주택가격의 하락은 담보가치 하락을 통해 급격한 서브프라임 모기지 부실을 초래하였다.

이러한 서브프라임 모기지대출의 부실화는 대출서비스를 제공하는 모기지 업체의 부실로 연결되었다. 모기지 업체가 부실화 된 데는 방만한 대출취급이 근본이 원인이다. 대출의 종류를 보면 Piggyback대출(다운 페이먼트가 없는 대출), No-doc대출(증빙자료 없이 대출자가 자신의 소득을 밝히는 대로 인정하여 제공되는 대출), Interest-only대출(이자만 상환하다가 나중에 원금을 일시 상환하는 방식의 대출) 등이 있다.

서브프라임 모기지 부실은 세계 금융시장을 전염시켰다. 모기지대출 및 모기지 업체의 부실이 모기지대출을 기초로 유동화증권을 발행한 업체와 여기에 투자한 헤지펀드, 투자은행 및 보험회사의 부실로 연결되었다. 2007년도 초부터 부각되기 시작한 서브프라임 부실문제는 6월 이후에는 미국을 비롯한 국제 금융시장의 불확실성을 증폭되었다. 특히 신용경색을 동반하면서 일부 헤지펀드가 파산하는 등 파급이 전 세계 금융시장으로 광범위하게 확산되었다. 지역적으로도 미국 이외의 EU, 영국, 캐나다, 호주, 나아가 아시아 금융시장으로 충격이 빠르게 확산되었다.

이러한 결과로 세계 금융시장에의 영향 및 전 세계적 불황을 만들었다. 중국을 제외한 주요국 경제에서 주가가 동반 하락하면서 심각한 경기 침체와 그리스 아일랜드 등 국가부도로 확대되었다.

지금까지 살펴본 사례에서 다음과 같은 공통점을 가지고 있다. 급격한 규제완화의 문제점이 존재한다. 급격한 금융규제의 완화 및 감시기능의 미흡은 저축대부조합, 서브프라임 사태, 그리고 동아시아 금융위기에서 보는 바와 같이 금융시스템의 불안정성을 증가시키는 부작용이 심각할 수 있다. 또한 규제완화로 인해 경쟁이 심화될 경우 경쟁에서 이기기 위해 부정에 대한 유혹이 강화되는 경향이 있다. 특히 경쟁에 밀려 생존의 위협을 받게 될 경우 선택의 여지없이 부정행위를 저지르게 된다. 따라서 규제완화가 바람직한 것이라 하더라도 감시기능의 강화 등 부작용 가능성에 대한 철저한 대책이 전제 되어야 한다.

CHAPTER 11 신경경제학

CHAPTER 11

신경경제학

사람들은 의식적인 것과 상관없이 생각하고 결정을 하는데 뇌를 사용한다. 만약 두 뇌의 활동이 어떻게 이루어 지는 지에 대해 이해한다면, 사람들은 경제적인 행위에 대해 보다 잘 이해할 수 있을 것이다. 그러나 뇌는 매우 복잡한 것이므로 생각만큼 이해하기 쉽지 않다. 그러나 지난 20년 동안 사람들이 뇌를 이해하거나, 뇌의 활동을 측정하는 능력은 상당히 많이 발전해 왔다. 이러한 발전으로 인해 신경과학은 경제학자들이 경제적인 행위를 해석하는데 중요한 유용한 도구가 되고 있다. 이 장에서 뇌와 관련된 것에 대해 사람들이 무엇을 연구해 왔는 지에 대해 살펴보자.

제1절 뇌의 소개

뇌가 어떻게 활동하는 지에 대해 기초 지식이 없다면 이 장에서 더 이상 진행하는 것이 쉽지 않다. 비록 이 주제에 대해서 깊게 다루지는 않겠지만, 현실적으로 뇌에 대한 간단한 모형이 필요하다. 경제학자들은 모듈성(modularity)을 가정한다. 모듈성에 대한 기본적인 아이디어는 다음과 같다. 뇌는 많은 요소들로 나누어 질 수 있고, 뇌의 모듈들(brain modules)은 숨쉬거나, 보거나, 이타적이거나 화를 내는 것과 같은 특정한 기능들을 책임진다. 이러한 뇌의 모듈들을 뇌에서 각각 다른 영역으로 생각할 수 있으므로 사람들은 서로 다른 것들에 대해 책임을 지는 영역으로 두뇌를 나누게 된다. <그림 11.1>에서 이를 간략하게 나타내었다. 이 모든 것을 통제하는 것은 모듈들의 결과를 모니터하고 해석하며 반응하는 해석기(interpreter)이다.

모듈성은 뇌가 어떻게 작용하는 지에 대한 매우 원시적인 모형이다. 예를 들어, 모듈들은 다른 모듈들과 수평적으로 작용하고, 수평적으로 작용하는 동안에 서로 대화한다. 사람들은 이타모듈(altruism module)이나 분노모듈(anger module)만큼 단순한 것은 어디에도 없다는 것을 알고 있으며 어떠한 분류에 빠지면 안되게 된다. 그러나 모듈성은 그다지 나빠 보이지 않고 이것은 경제학자들이 연구를 할 때 매우 유용한 모형이 된다.

그림 11.1 모듈성의 구조도. 뇌는 특정한 기능을 수행하는 모듈로 구성되어 있다. 해석기는 모니터하고 이러한 모듈과 상호 작용한다

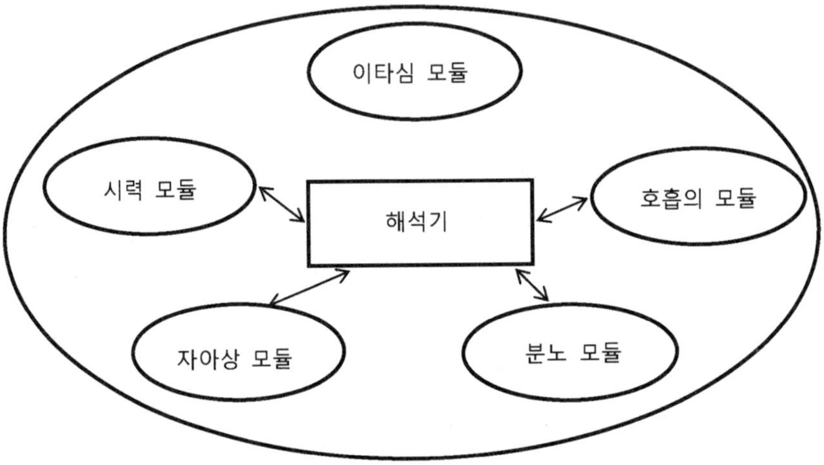

특정한 어떠한 행동을 일으키는 것을 잠재적으로 추론할 수 있게 해주므로 이는 매우 유용하다. 예를 들어, Rob이라는 사람이 Federica에게 돈을 줄 기회가 있고 그렇게 했다고 가정하자. 또한, 뇌의 모듈은 이타심과 관련이 있고 자아상과 관련되어 있다고 하자. 만약 Rob이 돈을 줄 때 뇌가 모니터하여 이타심 모듈이 활성화되고 있다는 것을 알고 있지만 자아상 모듈은 활성화되지 않는다면, Rob이 다른 사람에게 호의적으로 돈을 주었고 자아상을 진행시키지 않는다는 것을 추론할 수 있다.

이를 위해 뇌의 활동을 측정할 필요가 있다. 역사적으로, 신경과학은 여러 이유로 인하여 뇌의 한 영역에 상처를 입은 사람들에 대해 많은 것을 연구해 왔다. 만약 그 사람이 화를 내는 것과 같은 기능을 수행하는 능력이 상실한다면, 분노모듈은 뇌가 손상입은 영역이라는 것을 추론할 수 있다. EEG, PET, fMRI와 같은 최근의 기술들로 인해 뇌의 활동을 직접적으로 측정할 수 있다(연구방법 11.1). 원칙적으로, Rob이 이야기를 하거나 화를 낼 때 뇌의 어느 부분이 활성화되는지 알 수 있고 뇌의 활동 강도를 측정할 수 있으므로 사람들은 그가 어떻게 화를 내는 지 알 수 있다.

사람들이 뇌 활동의 강도를 측정한다는 것은 어려우면서도 흥미롭다. 왜냐하면 사람들이 행복하고, 고통스럽고, 쓸모있는 것을 측정할 수 있기 때문이다. 이러한 생각을 깊이 할 때는 주의가 필요하다. 왜냐하면 적어도 뇌의 모듈성 모형은 아직 많은 부분을 필요로 하기 때문이다. 원칙적으로 Rob이 돈을 줄 때 이타주의, 자아상, 이기적인 모듈

의 활동을 측정하고 Rob은 활동의 강도로부터 선택할 것이라는 것을 예상할 수 있다. 예를 들어, 만약 이기심 모듈이 많이 발동했다면, 사람들은 아마도 그가 돈을 지키고 싶어한다는 것을 예상할 수 있을 것이다.

이것은 뇌를 볼 때에 두 가지 관점을 나타낼 수 있다. 두뇌의 어느 부분이 활동하는 지, 그리고 얼마나 많이 활동하는 지에 대한 것이다. 잠재적으로, 이러한 것들은 행동을 관찰하는데 조금 더 잘 이해할 수 있도록 한다. 이를 위하여 사람들과 가장 밀접하게 관련된 두뇌의 부위를 소개하고 뇌 활동의 차이에 대해 알아보자.

연구방법 11.1 뇌의 활동 모니터링

여기에는 세 가지 기본적인 뇌 이미지 방법이 있다. 뇌파도(Electro-Encephalogram, EEG), 양전자 단층 방사 촬영(Positron Emission Topography, PET), 그리고 기능성 핵자기 공명장치(functional Magnetic Resonance Imaging, fMRI)이다. 각각의 방법들은 다른 뇌의 부분에서 일어나는 뇌 활동을 측정하는 다른 기술들이다. 실험에 의하면, 뇌 활동은 어떠한 사람이 그들에게 돈을 얻게 되었다고 이야기 하는 것과 같은 기본작업이나 실험적인 이벤트를 하는 동안에 측정된다. 뇌의 활동에 있어서 기본작업과 실험적인 이벤트 사이에는 차이가 있다. 실험적인 이벤트를 통해서 이것은 어떠한 부분의 뇌가 활동하는지, 또 얼마나 작용하는지에 대한 실마리를 제공하기 때문에 중요하다.

EEG는 세 가지 방법 중에서 뇌의 활동을 직접적으로 측정하는 유일한 방법이다. 이것은 뉴런이 활성화될 때 두피(scalp)에 부착된 전극(electrode)을 통해 전류를 감지하는 방법이다.

PET와 fMRI는 활동적인 뉴런은 에너지를 필요로 하고, 이 에너지를 혈액에 있는 포도당(glucose)으로부터 얻는다는 사실을 이용한다. 따라서 뉴런의 활동은 혈액의 흐름을 빠르게 한다. 또한, 활성화된 뉴런은 산소가 아닌 혈액의 포도당으로부터 에너지를 얻기 때문에 상대적으로 혈액의 산소양을 증가시킨다.

PET 스캐너는 뇌에 있는 혈액의 속도를 측정한다. 이를 위하여 방사성 동위 원소 추적자(radioactive tracer isotope)는 혈액의 순환에 주입되게 된다. 이 동위원소가 적어지면서 감지할 수 있는 광자(photos)를 생산하는 전자(electrons)들과 만나서 양자(positrons)를 방출한다. 방사된 광자의 수를 세어보는 것을 통해 뇌의 서로 다른 부분에서 혈액의 흐름과 혈액이 얼마나 많이 있는 지를 생각하는 가능성을 제공한다.

fMRI 스캐너는 혈액에 있는 산소를 측정한다. 이를 위하여 머리를 자기장에 놓는다. 혈액이 자기장과 상호작용하는 방법은 혈액의 산소함유량에 따라 발생한다. 뇌에서 산소의 함유량이 작거나 또는 클 때, 뉴런의 활동이 더 빠르거나 느릴 수 있다는 것을 확인할 수 있다. 이것은 오늘날 신경경제학에서 가장 넓게 쓰이는 방법이다.

이러한 EEG, PET 그리고 fMRI와 같은 기술들은 흥미롭다. 그러나 주요 관심사를 궁극적으로 해결해 주지는 못한다. 그러나 한 가지 가치있는 것은 다음과 같다. 아직 뇌의 활동을 측정하는 최선의 방법은 아니라는 것이다. EEG는 뇌의 활동 시간을 밀리 초까지 매우 정확하게 기록할 수 있다. 그러나 상대적으로 어디에서 활동하는지는 또는 뇌의 어느 부분에서 활동을 발생하는지에 대해 부정확하다. PET와 fMRI 스캐너는 어느 위치에서 뇌의 활동이 발생하는 지에 대해 일반적으로 2-3밀리미터 사이에서 매우 정확하게 기록한다. 그러나 활동 시간에 대해서는 정확함이 많이 떨어진다. 또한, 어떠한 방법도 사용하기에 친숙하진 않다. EEG는 PET나 fMRI에 비해서 상대적으로 간단하고 이용하기 좋다. 그러나 여전히 더 많은 정상적인 경제실험에 참여하는 것보다 더 많이 연관되어 있다.

1. 경제학자들의 뇌에 대한 지도

신경과학의 용어는 전문가가 아닌 사람들이 접근하기에 상당히 난해하다. 그러나 이 용어를 이해하는 것은 유용하다. 이를 위해 의학 용어가 아닌 경제학 용어를 위주로 설명해 보자.

전통적으로 큰 그림에서 시작하고 점진적으로 의미를 좁혀 나가기로 하자. 따라서

그림 11.2 뇌의 의학적 표면으로부터 살펴본 뇌의 영역. 즉 뇌를 가운데에서 절반으로 자른 단면

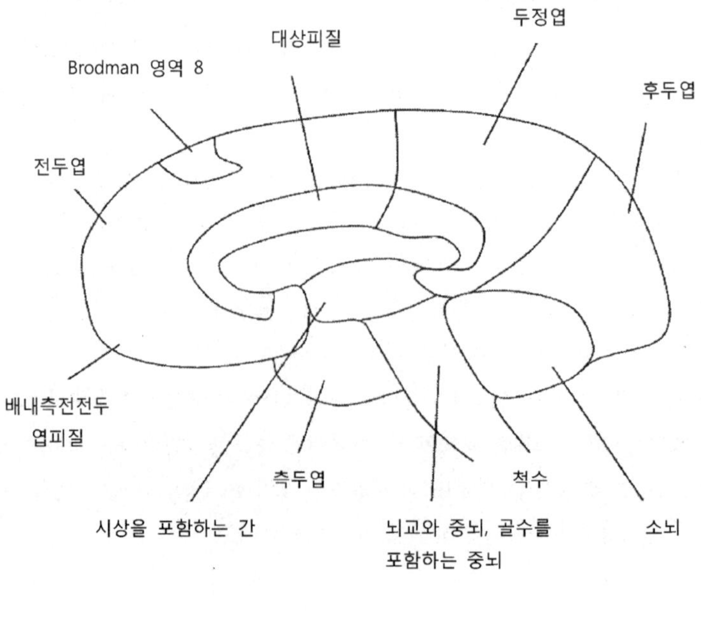

표 11.1 중추신경계의 부분과 각 부분의 주요 역할

중추신경계의 부분	포함되는 역할
뇌간(뇌교, 골수, 중뇌 포함)	-심박동수, 호흡, 기침과 같은 반사작용 통제 -보상과 기쁨의 기본적인 측면 -시스템에서 정보통로
소뇌(작은 뇌)	-부드럽게 조화된 움직임에 대해 필요한 감각모터 기술
간뇌(시상 포함)	-체온, 배고픔, 목마름과 같은 항상기능과 생식기능 역할의 통제

신경계(nervous system)부터 시작하자. 신경계는 신체의 한 부분에서의 신호를 다른 부분으로 전송한다. 개별 신경은 내부의 변화와 환경을 감지할 수 있고 변화들을 분석하며 다른 뉴런에 응답하게 된다. 이들 중 후자의 두 가지는 중추신경계(central nervous system)에 집중하려고 하므로 여기에서 중요한 역할을 한다. 중추신경계는 7가지 기본적인 부분으로 구성된다. 척수(spinal cord), 소뇌(cerebellum), 골수(medulla), 뇌교와 중뇌(pons and midbrain), 이들을 합하여 뇌간(brainstem)으로 부르며 간뇌(diencephalon)와 대뇌(cerebrum)가 있다. <그림 11.2>는 뇌를 나타낸다.

소뇌, 중뇌, 간뇌는 경제학자들에게 흥미로운 영역이지만 대부분의 경제학자들은 대뇌에 집중한다. 대뇌는 높은 수준의 정보처리와 의사결정의 책임을 지는 뇌의 큰 부분이기 때문이다. 또한, 대뇌는 다른 부분과 구분될 만큼 충분히 크고 대뇌를 나누는 데에는 다양한 방법이 있다.

익숙한 한 가지는 뇌의 좌측면과 우측면에 대응되는 좌대뇌반구(left cerebal hemispheres)와 우대뇌반구(right cerebal hemispheres)로 나누는 것이다. 아마도 대뇌를 바깥 뇌와 안쪽의 뇌로 나누는 것은 익숙하지 않을 것이다. 대뇌 피질(cerebral cortex)은 대뇌의 독특한 바깥 막을 나타내고 약 2~4밀리미터의 두께인 신경의 쭈글쭈글한 면이다. 이 사이에서 사람들은 대뇌핵(basal ganglia)이라고 불리는 것을 찾을 수 있다.

좌뇌와 우뇌, 바깥 뇌와 안쪽 뇌를 나누는 것 이외에도, 대뇌피질과 대뇌핵의 영역으로 고정시켜 보자. 직관적인 설명을 위해 어떤 국가의 지도를 상상해 보자. 특정한 위치를 고정시키기 위해 사용하는 산과 바다와 같은 자연적인 특성이 있을 수 있다. 또한 이용하려고 하는 시나 도와 같은 인위적인 특성이 있을 수 있다. 때때로 자연과 인공적인 것은 일치할 수도 있으나 그렇지 않을 수도 있다. 대뇌를 지도화하는 것도 이와 유사하다.

피질과 인위적인 특성에 대해서 이야기를 시작하자. 한 가지 분류는 4개의 부분으로 나누어진다. 전두엽(frontal lobe), 두정엽(pariental lobe), 측두엽(temporal lobe), 후두엽(occipital lobe)이다. 이는 등쪽전전두엽피질(dorsolateral prefrontal cortex)과 배내측전전두엽피질(ventromedial prefrontal cortex)로 나누어진다(연구방법 11.2). 만약 이러한 단어들이 약간 어렵다면, 원래에 Brodmann에 의해서 구분된 분류를 선호할 수도 있다. 이러한 경우에 뇌의 피질은 Brodmann 영역으로 알려진 52개의 영역으로 나누어진다. 각 영역은 뇌의 피질의 특정 영역에 대응된다. 예를 들어, 8번 영역은 <그림 11.2>에 나타나 있다. 이러한 영역들은 반드시 뇌의 자연적인 특성에 대응할 필요가 없느나 뇌의 피질의 특정 위치를 고정할 수 있게 된다.

다양한 용어가 뇌의 특정 위치를 설명하기 위해 사용하게 된다. <그림 11.3>은 이를 나타낸다.

가장 간단하게는 다음과 같다. 머리의 앞과 뒤를 지칭하는 전측(anterior)과 후측(posterior)이 있다. 위와 아래를 나타내는 상뇌(superior)와 하뇌(inferior)가 있다. 바깥과 안에 위치함에 따라 안쪽 뇌(medial)와 바깥쪽 뇌(lateral)로 나누어진다.

다른 방법은 몸과 뇌를 축으로 그려서 설명할 수 있다. 등쪽(dorsal)은 등이나 몸 또는 뇌가 중심인 것에 의존하는 몸의 위쪽 절반 부분을 나타낸다. 복부(ventral)는 앞이나 아래의 절반을 말한다. 부리(rostral)는 코의 앞쪽 방향이고 꼬리(caudal)는 뒤쪽을 향한다.

그림 11.3 뇌의 부분을 설명하기 위한 용어

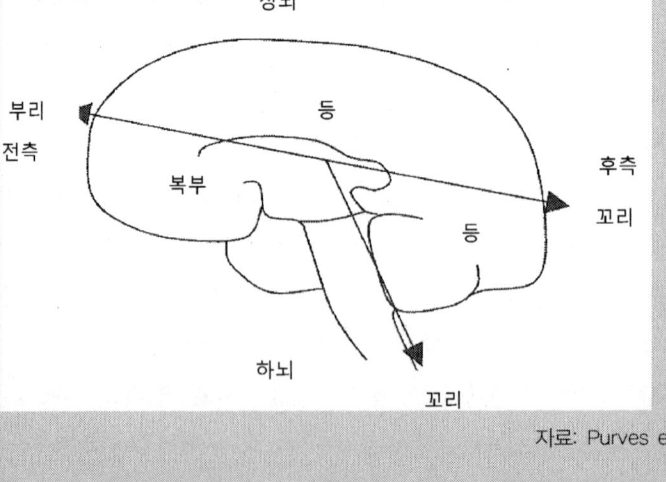

자료: Purves et al.(2008)

이것은 후두정엽피질(posterior pariental cortex)이나 전대상피질(anterior cingulated cortex)

등을 이해하는데 도움이 된다. 여기서 알아야 할 단 한가지의 것은 전두엽(frontal lobe)은 일반적으로 전두엽의 앞쪽에 위치한 전두엽대뇌회(frontal gyri)에 대응되는 전두피질(prefrontal cortex)과 전두엽의 뒤에 위치한 중심전회(precentral gyri)에 대응되는 중심피질로 나누어진다. 이제 등쪽전두엽피질과 배내측전전두엽피질을 이해할 수 있을 것이다.

조금 더 자연스러운 특징은 다음과 같다. 대뇌피질은 쭈글쭈글한 종이와 같다고 하였다. 눈에 잘 보이는 두꺼운 종이 조각과 같은 것을 대뇌회(gyri)라고 부른다. 반면에 사이사이 오목한 것들을 대뇌구(sulci) 또는 외측대뇌열(fissures)이라고 부른다. 뇌의 산과 강이 있고 대뇌피질의 특정 위치를 고정시키기 위한 자연스러운 방식이 된다. 예를 들어, 뇌양회(cigulated gyrus)와 대상구(cingulated sulcus)를 포함하는 대상피질(cingulated cortex)은 Brodmann 위치 23, 24, 26, 29, 30, 31 그리고 32에서 전두엽과 두정엽의 아래부분을 따른다.

인위적이고 자연적인 특성들을 서로 합치는 것은 소뇌의 편도체, 해마, 뇌도와 같은 당신이 익숙할 수 있는 몇 개의 이름을 더 잘 합치도록 한다. 이러한 것들은 뇌의 중앙을 향하는 경향이 있고 반드시 대뇌피질일 필요는 없다. 예를 들어, 편도체(amygdale)는 측두엽의 전두극(anterior pole)에 위치한 신경의 집합체인 세포핵으로 구성되어 있다. 해마(hippocampus)는 측두엽의 안에 위치한 피층의 구조이다. 뇌도(insula)는 대뇌피질의 전두엽과 측두엽 사이에 곱게 접혀 있는 한 부분이다.

마지막 일은 대뇌피질 안에 있는 대뇌핵(basal ganglia)의 부분을 나누는 것이다. 선조

표 11.2 대뇌의 부분과 각 부분의 주요 기능

대뇌의 부분	포함된 역할
전두엽(frontal lobe)	–행동 통제 –조직, 계획 그리고 의사결정
두정엽(pariental lobe)	–시력적 측면을 포함한 신체 느낌 –언어적 측면 –자극의 수행
측두엽(temporal lobe)	–청각 –시각적 업무의 높은 명령 –자극의 인식
후두엽(occipital lobe)	–시각 정보의 초기 처리
편도체(amygdala)	–감성적 처리의 부분
뇌도(insula)	–미각과 같은 본능적이고 자동적인 역할
해마(hippocampus)	–기억과 같은 특정 부분

체(striatum)라고 불리는 전체적으로 설명되는 피각(putamen)과 미상핵(caudate)이라고 불리는 두가지 세포핵이 가장 중요하다.

뇌의 특정 위치를 고정시킬 수 있다는 것은 신경과학에서 매우 중요하므로 위의 용어를 이해하는 것은 신경경제학에서 중요하게 쓰인다. 그러나 Brodmann 영역 41이 정확히 어디인 지 알 필요는 없다. 신경과학자들에게 이것을 남겨두자. 더 중요한 것은 뇌의 다른 영역이 다른 역할을 한다는 것이다. <표 11.1>과 <표 11.2>는 기본적인 기능들에 대한 아이디어로 작용할 것이다. 이제 뇌의 처리과정에 대해서 조금 더 설명해 보자.

2. 뇌의 처리과정

신경과학은 뇌의 지도만으로 채우는 것을 의미하지 않는다. 이것은 결정이 이루어지는 처리과정을 이해하는데 도움을 줄 수 있다. 왜 그런지 살펴보기 위하여 통제와 자동, 인지와 정서적인 처리과정을 2차원적인 면에서 뇌의 활동을 생각해 볼 필요가 있다. 이것의 요약은 <표 11.3>에 나타나 있다.

이미 앞에서 지각, 직관, 추론을 비교하면서 통제와 자동 처리과정 사이를 구분하는 것을 간단하게 알았다. 통제 처리과정(controlled processes)은 누군가가 어떠한 문제나 사건을 통해서 의식적으로 생각하는 단계적 논리이다. 자동 처리과정(automatic processes)은 의식에 접근 가능하지 않고 많은 일들이 동시에 수행하는 것을 가능하게 하면서 병렬식(parallel)으로 이루어진다. 어떤 사람은 일을 하는 동안 또는 이후에 자동 처리과정이 어떻게 작동하는 지에 대해 거의 의식적인 생각을 하지 않을 것이다.

정서적인 처리과정(affective processes)은 어떠한 일을 추진하거나 원하는 결과가 나올 수 있도록 하는 감정들을 포함한다. 예를 들어, Rob이 두려움을 느끼고 도망가기를

표 11.3 네 가지 다른 뇌의 처리과정

	인지 처리과정 감정의 자유	정서적인 처리과정 감정의 수반
통제 처리과정 단계적 인식	예를 들어, 수학문제를 통해서 생각하는 것	예를 들어, 배우가 연극에서 자신의 역할을 더 잘 할 수 있었다고 화내던 기억의 회상
자동 처리과정 병렬식 무의식	예를 들어, 골프를 치는 것	예를 들어, 큰 소음을 들었을 때 점프하는 것

원하거나, 배고픔을 느끼고 먹기를 원하는 것과 같은 것이다. 인지처리과정(cognitive processes)은 모든 다른 것과 같이 단순하게 생각하게 되므로 자유로운 감정이나 거의 자유로운 감정을 생각할 수 있다. 예를 들어, Rob이 차를 운전하거나 저녁을 준비하는 것 등이다.

상식적으로 사람들이 하는 일의 대부분은 자동 처리과정에 포함된다. 글을 쓰면서 숨을 쉬고, 심장이 뛰고, 손가락은 키보드를 누르고 있으며 눈은 화면을 보면서 글을 쓰며 차 소리와 새 소리를 들으면서 어떤 것을 적을 지에 대해 생각한다. 이외에도 많은 것들이 이에 포함된다. 명백하게 이것들 모두를 의식적으로 할 수 있는 방법은 없다. 이러한 모든 것들이 의식적으로 이루어진다는 보장이 없으므로 대부분은 무의식 중에 일어나게 된다.

이러한 것들을 행하기 위해서, 자동적으로 이러한 것들을 하는 방법을 배울 필요가 있다. 왜냐하면 사람들이 조금 더 자동적이게 된다면 더 잘 할 수 있기 때문이며 골프를 치거나, 피아노를 연주하는 것과 같은 복잡한 것들을 자동적으로 할 수 있다. 목적을 위해서 더 흥미로운 것은 논리를 뒤집는 것이다. 통제 처리과정을 이용하여 무엇을 할 지에 대해 의식적으로 결정할 수 없으므로 무의식적으로 의식적인 통제를 보장해 줄 정도로 충분히 중요한 것에 대해 결정해야 한다.

실행통제(executive control)가 없다면 행동은 디폴트모드(default mode)에 의해 결정된단고 생각할 수 있다. 만약 사람들이 의식적인 생각을 멈춘다면 디폴트로 어떠한 것이 발생할 것인가에 관한 것이다. 삶은 자동적인 처리과정에 따라 진행된다. 뇌에 상처가 있는 젊은 사람들과 일부 성인들은 이와 같은 상태일 것이다. 대부분의 사람들은 이와 같은 상태가 아니다. 일반적인 사람들은 기본모드에서 벗어날 수 있게 하는 통제를 하고 간섭을 하는 실행통제 시스템을 가지고 있다.

따라서 자동 처리과정을 불가피하고 규범으로 생각하는 것은 자연스러운 반면에 통제 처리과정은 보다 희귀하며 자동 처리과정이 통제 처리과정을 놓아줄 때만 발생한다. 이것은 3장에서 강조한 연쇄적 추론을 정당화하는 면에서 중요하다. 즉, 프레이밍과 맥락은 추론에 영향을 미치는 직관과 인식에 영향을 미친다. 처음 사건에 부딪히면 인지적인 것과 정서적인 자동 처리과정이 작동하고 이후에 통제 처리과정이 역할을 하게 된다.

따라서 Rob이 이익이나 손실, 기쁨 또는 화남, 친절함과 불친절함과 같은 것을 인식하는 것을 느끼는 것은 자동적으로 일어나며 무의식적이다. 이것은 어떠한 행동을 할 지에 대한 이후 추론에 대한 시작점에 영향을 미치게 된다. 따라서 프레이밍과 맥락효과를 관측할 수 있게 된다. 정형화된 것이긴 하지만, 경제적 행동을 생각하는데 좋은 방법이고 신경과학은 이러한 생각에 대해 자세한 설명을 가능하도록 할 수 있다. 특히, 자동 처리과정과 통제 처리과정이 어떻게 작동하고 상호작용 하는지에 대해서 조금 더 이해할 수 있게 된다. 따라서 실행통제에 대해 더 알아보도록 하자.

3. 실행통제 시스템

실행통제 시스템이 잘 작동하기 위해서는 약간 중간정도의 처리과정이 필요하다. 가장 중요한 것은 자동에서 통제로 변하는 시점이다. 억제(inhibition)와 과제전환(task switching)에 대해 알아보자. 억제는 더 이상 적절하지 않은 자동 행동을 제거하는 반면에 과제전환은 새로운 행동을 시작하는 것을 포함한다. 이것의 중요한 부분은 다른 행동에 대한 가능한 결과들이 일어나는 시뮬레이션이 될 것이다.

이를 위해 실행통제를 측정하기 위한 한 가지 검증이나 방법은 위스콘신 카드 분류작업(Wisconsin card sorting task)이다. 이 일은 어떤 규칙을 따라 카드를 분류할 참가자를 필요로 한다. 카드의 색깔, 모양, 숫자는 다르고 규칙을 결정한다. 예를 들어, 규칙은 카드를 색에 따라 정리하거나, 카드의 숫자에 따라 분류하는 것이다. 피험자들은 규칙을 듣지 못하지만 카드를 분류하는 것에 대해 듣기 때문에 규칙이 무엇인지를 시도와 실패를 통해 학습할 수 있다. 이 실험의 요점은 실험자들이 들은 것 없이 주기적으로 규칙이 변한다는 것이다. 예를 들어, 색에 따라 분류하는 것에서 모양에 따라 분류하는 것으로 변하는 것이다. 따라서 얼마나 빨리 실험자들이 새로운 규칙에 적응하는가 하는 것이다.

이 실험은 피험자들이 자동적으로 될 만큼 어떤 것을 충분히 잘 학습한다는 것이므로 일정 시점에서 기본모드는 더 이상 작동하지 않고, 이전의 규칙을 억제하며, 새로운 것으로 전환한다. 이들의 일부는 의식적인 단계에서 이루어질 지도 모르지만 실행통제는 더 이상 의식적일 필요가 없다. 예를 들어, 혼자서 고속도로를 운전하는 동안에, Rob은 스스로 무엇인가를 피해야 한다고 인식하기 전에 이미 방향을 바꾸어 피할 지도 모른다.

실행통제 처리과정을 포함한다고 생각되는 뇌의 어떤 영역이 있을 수 있는데 등쪽전전두엽피질(dorsolateral prefrontal cortex)과 배내측전전두엽피질(ventromedial prefrontal cortex)이 이에 해당한다. 이 영역들은 뇌의 다른 영역들과 연결되어 있고 통제하는 능

표 11.4 실행통제 시스템의 주요 요소

뇌의 부분	포함된 역할
등쪽전전두엽피질 (DLPFC)	–기초적이고 바뀌는 행동, 예를 들어 업무의 변화나 행동의 변화 –부적적한 정보를 제거한다는 의미에서의 억제. 예를 들어, 위스콘신 카드 처리 작업에서 오래된 규칙을 잊는 것 –행동의 결과를 시뮬레이션 하고 실제 생활에서 추출
배내측전전두엽피질 (VMPFC)	–행동의 규칙에 얽매이는 면에서의 억제. 예를 들어, 사회 상황에서 적절한 행동 –자극과 보상 사이의 연결에 따라 어떠한 것이 변할 때 학습
전대상피질	–갈등을 알아내고 기본모드로 이행할 지에 대해 결정
대뇌핵	–자극과 보상 사이의 연결을 학습

력을 가지고 있기 때문에 주요한 기능을 할 수 있다. 뇌의 이미지로 이러한 역할을 확인할 수 있는데 <표 11.4>에 요약되어 있다.

이러한 영역들은 경제학자들에게 흥미로운 영역이므로 실행통제 의미에서 중요하지만 이들의 기능은 언뜻 보기에 추상적으로 보이므로 배경에 대해 생각해 볼 필요가 있다. 예를 들어, 자극과 보상 사이를 연결하는 학습과 행동의 결과를 자극하는 것은 경제적 결정을 하는 기본적인 부분이다.

이것들에 따라 세 가지를 차례로 살펴보자. 경제적인 행동에서 초점을 맞추기 시작할 것이다. 즉, 어떻게 결과를 평가될 것인가, 어떻게 결과의 가치를 배우는가, 마지막으로, 어떻게 결정을 하는가에 대해 알아보도록 하자.

제2절 보상과 학습에 대한 가치평가

이번 절에서 경제적 실험을 직접적으로 확인해보자. 그러나 주로 보상과 학습에 대한 가치평가를 주로 하는 자동 처리과정에 초점을 두자. 이것은 경제적인 결정을 포함하는 통제 처리과정을 보다 넓게 살펴볼 것이다. 먼저, 보상의 가치평가에 대해 살펴보자.

1. 보상의 가치평가

가장 기본적인 질문인 보상의 과정을 어떻게 진행할까 하는 것으로 시작하자. 한다. 예를 들어, 만약 Rob이 $10를 얻거나 $10를 잃었다고 하면 뇌에서 어떠한 일이 일어나

표 11.5 VTA와 연결된 뇌의 두 가지 영역은 경제적 가치평가와 의사결정에서 중요하다

영역	설명
중격의지핵(NAcc)	–꼬리가 있는 세포 핵에서, 기저 핵에서, 이것들은 대뇌 안에 있다.
배내측전전두엽피질(VMPFC)	–전두엽과 피질의 영역, 이것들은 대뇌 외부에 있다.

는 것일까? 이러한 행동은 중뇌(midbrain)에서 시작하는 것으로 보인다. 신경전달물질(neurontransmitter)인 도파민(dopamine)은 보상의 가치평가에서 깊숙히 관여하며 도파민과 관련된 중뇌에는 중요한 두 가지 구조가 있다. 백질(substantia)과 복측피개부(Ventral Tegment Area, VTA)가 이에 해당한다. 뇌의 다른 중요한 영역으로 투사하는 통로이기 때문에 결정을 하는데 가장 중요한 것은 아마도 복측피개부일 것이다. 특히 이것은 전두엽으로 통하는 통로를 포함하고 편도체, 해마, 대뇌핵과 같은 감정이나 정서적인 처리과정에 중요한 영역으로 투사하는 통로이다. 따라서, 어떠한 일이 일어났는지를 뇌의 다른 영역으로 메시지를 전달하는 통로로써 복측피개부를 생각할 수 있다.

원칙적으로, 복측피개부와 복측피개부와 연결된 모든 영역에서 어떠한 일이 일어났는 지를 추적할 필요가 있다. 조금 더 쉬운 용어로 설명하도록 하자. 경제학에 초점을 두기 위해 <표 11.5>와 같이 뇌의 두 영역으로 설명하자. 첫 째는 중격의지핵(Nucleus accumbens, NAcc)이며 배내측전전두엽피질(VMPFC)이다. 왜 이 두 영역으로 나누는 것일까? 이것들은 서로 VTA와 연결되어 있기 때문이다. 중격의지핵은 대뇌핵의 한 영역이다, 즉, 이것은 대뇌의 내부에 있고 보상에 대한 가치 평가를 포함하는 반면에 VMPFC는 피질의 한 영역이므로 대뇌의 외부에 있고 실행통제의 중요한 영역이다. 따라서 이 두 영역을 계속적으로 집중하는 것은 어떤 일이 일어나는지에 대해서 설명할 수 있다. 사실, 여기서 중격의지핵을 복부선조체(ventral striatum)와 같은 것으로 생각하고 VMPFC를 와안전두피질(orbitofrontal cortex)과 같은 것으로 부르자. 사실 이것은 같은 것들은 아니지만 일반인들이 이해하는데 문제가 없다.

몇 개의 자료들을 살펴보자. Breiter et al.(2001)은 연구의 각 라운드에서 피험자들게 하나의 원(circle)이 금액이 붙은 세 가지 구역으로 같은 크기로 나누어진 것을 보여준다. 예를 들어, 원의 구역 하나는 $10, 다른 것은 $2.50, 또 다른 것은 $0가 붙어 있다. 화살이 돌아가고 결국 어느 하나의 구역에 멈추게 되면 피험자는 그 구역에 상응하는 돈을 얻게 되는 것이다. 만약 화살이 $10 구역에 멈추면 피험자는 $10를 얻게 된다. 여기에는 다른 원들이 사용된다. 즉, 좋은 것($10, $2.50, $0), 중간의 것($2.50, $0, $–

그림 11.4 약 2초 후에 원을 볼 때 중격의지핵에서의 활동성과 약 8초 동안의 얼마나 얻을 지에 대해 아는 것

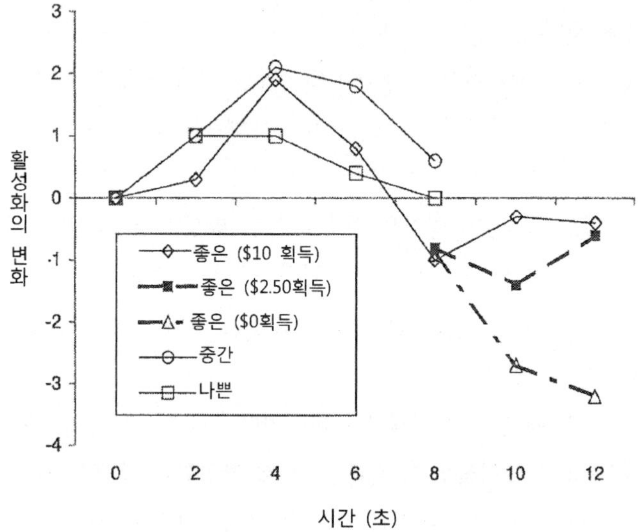

자료: Breiter et al.(2001)

그림 11.5 약 2초 후에 원을 볼 때 배내측전전두엽피질에서의 활동성과 약 8초 동안의 얼마나 얻을 지에 대해 아는 것

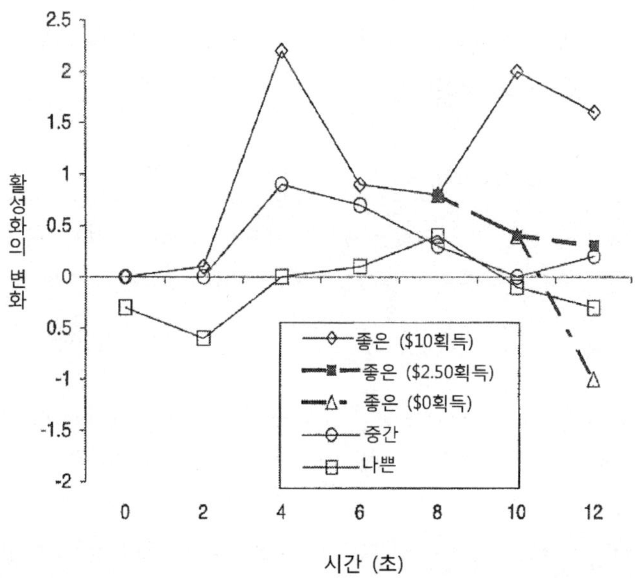

자료: Breiter et al.(2001)

1.50) 그리고 좋지 않은 것($0, $−1.50, $−6). 흥미로운 것은 피험자들이 어떠한 원이 사용될 지를 보고 반응하는 것과 피험자들이 얼마나 많은 금액을 얻었는 지에 대해 아는 것에 반응하는 것이다.

<그림 11.4>는 NAcc에서 어떠한 반응이 일어났는 지에 대해 나타내고 <그림 11.5>는 VMPFC에서의 어떠한 반응이 일어났는 지에 대해 나타낸다. 수직축은 기준치에 대한 뇌의 적절한 영역으로부터의 신호변화를 나타낸다. 따라서 양(+)은 이 영역이 평소보다 활성화되어 있고 음(−)의 영역은 평소보다 덜 활성화 된 것이다. 가로축은 시작점에 대한 시간을 나타낸다. 이러한 경우에 피험자들은 약 2초 정도 후에 사용된 원을 확인하고 약 8초 정도 후에 그들이 얻은 것을 보았다. 따라서 일들이 일어마녀서 활성화의 변화를 추적할 수 있다.

여기서 좋은 경우의 원에 대한 결과만 나타내었다. 그러나 NAcc와 VMPFC 모두 원을 바라보면서 활성화를 확인하였고, 결과를 알 때 활성화를 확인하였다. 게다가, 활성화는 사용되는 원과 금액에 대한 바램과 관계되어 있는 것으로 보인다. 더 좋은 원에서는 더 좋은 활성화가 관찰되었고 더 좋은 결과는 더 좋은 활성화로 나타난다. 또한, 결과가 양(+)인 것을 알고 난 후에 VMPFC가 어떻게 활성화되는 지와 음(−)일 때 NAcc가 어떻게 활성돠되는 지에 대해 주의할 필요가 있다.

한 가지 연구에서 너무 많은 것을 읽는 것에 주의할 필요가 있다(연구방법 11.3). 그러나 여기서의 결론은 다른 연구에서도 나타나는 대표적인 사례이다. 다시 말해, NAcc와 VMPFC는 보상에 반응하고 또 보상의 크기와 관련된 양에도 반응한다. 따라서 효용함수를 알 수 있을 지도 모른다.

연구방법 11.3 표본크기와 신뢰구간

신경경제학에 대한 비판 중의 하나는 표본의 크기가 작다는 것이다. 예를 들어, Breiter et al.(2001)은 12명의 피험자들을 대상으로 하였다. 신경과학에서는 상당히 전형적인 일이다. 그런데 이것이 충분할까? 물음에 답하기 위해서, 통계적 검증과 신뢰구간의 설명으로 연결되어 한다.

뉴런의 여부에 상관없이 사람들은 한 가지 또는 다른 휴리스틱을 사용하는 비율을 찾는 것이 목적인 실험을 보자. 예를 들어, 사람들이 1단계나 2단계의 추론을 사용하는 사람들의 비율에 흥미 있을 지도 모른다. 피험자들을 실험실로 초청하고 많은 수의 게임을 하도록 한다. 이를 통해서 (1) 개별 피험자들에 의한 사용된 휴리스틱을 추정하고 (2) 일반 모수에 대해 추정한다. 이후에 분석을 시도한다.

여기서 '추정하다'라는 단어는 중요하다. 왜냐하면 이 두 가지 질문에 대해서 어떠한 것에도 정확한 답을 알 수 없기 때문이며 그것이 표본크기의 문제이기 때문이다. 신뢰구간의 세부적인 영역까지 살펴보지 않겠지만 기본적인 것을 살펴보자. (1) 라운드가 많아질수록 피험자들은 자신이 사용하는 휴리스틱에 대한 추정치를 실험자가 가질 수 있다. 그리고 (2) 피험자가 많을수록 일반적인 모수에 나타나는 추정치에 대해 보다 신뢰할 수 있게 된다. 따라서 많은 라운드와 많은 피험자가 필요하다. 다행스럽게도, 대수의 법칙은 여기에 해당되므로 많다는 것은 너무 많은 것을 의미하지 않지만 많으면 많을수록 좋은 것이며 어떠한 것은 100이면 좋고, 50이면 나쁘지 않고, 10이면 너무 작다.

일반 실험에서 쉽게 100명의 피험자를 모집할 수 있고 원하는 만큼의 실험을 한다. 뇌영상과 관련된 비용은 비싸기 때문에 신경과학에서 많이 실험할 수 없다. 실험자들은 개별 피험자가 하고 있는 것을 추정할 수 있는 반면에 보다 넓은 모수로 추정하기 어렵다. 이것이 문제인 지는 명확하지 않다. 통계적인 논리를 계속하는 것이 문제이지만 만약 뇌가 보다 많은 사람들에 대해 비슷하다면 소수로 측정하는 것은 문제가 되지 않는다.

아마도 어떻게 이러한 처리를 포함하는 보다 일반적인 경제적 실험과 관련되는지 궁금할 수 있다. 예를 들어, 피험자가 $10을 나누는 최후통첩게임을 하고 다른 사람은 $100을 나누는 최후통첩게임을 하는 실험이 있다고 하자. 만약 행동이 두 가지 처리에서 다르게 나타난다면 흥미로울 수 있다. 어떤 사람들이 이것을 결론 짓기 위해서는 더 많은 피험자들이 필요하다고 이야기할 수도 있다. 왜냐하면 만약 사람들이 100명의 다른 피험자들을 실험실에서 다른 관찰한다면 일반적인 모수와는 달라야 한다. 경제학은 일반적으로 통계적으로 유의한 차이를 확인하려고 하지만 더 흥미로운 것은 차이의 크기가 될 수도 있다. 이러한 경제학적인 배경인 경우에 신뢰수준으로 추정하기 위해 더 많은 피험자가 더 좋을 수도 있다.

2. 보상에 대한 학습

앞에서 살펴보았던 일련의 사건을 생각해보자. Rob은 룰렛에 베팅을 하고 베팅한 룰렛 숫자에 멈추기를 바라며 돈을 따고, 딴 돈으로 과자를 사고 과자를 먹는다. 최종적으로, Rob은 행복해야 한다. 언제 그가 행복을 느낄까? 베팅을 하는 순간일까, 돈을 땄을 때일까? 과자를 먹을 때일까?

이것은 일차적 강화물(primary reinforce)과 이차적 강화물(secondary reinforce) 사이의 차이로 연결된다. 일차적 강화물 또는 무조건적 강화물은 진화에 따라 중요해지는 물, 음식과 같이 Rob의 뇌에 고정된(hard wired) 것으로 생각할 수 있다. 이차적 강화물은 Rob이 돈과 같이 일차적 강화물이나 다른 이차적 강화물과 간접적으로 관련되어 학습하는 것이다. 진화는 여러가지 많은 중간재들의 혜택을 받으므로 일차적 강화물과 이차적 강화물 사이의 차이가 항상 간단한 것일 필요는 없다. 그러나 기본적인 원리는 간단하다. 즉, Rob은 일차적 강화물에 대해 학습할 필요가 없지만 이차적 강화물에 대해서는 학습해야 한다.

Rob에게 음식은 일차적 강화물이지만 돈은 이차적 강화물이며 룰렛이 멈추거나 시작하는 것을 보는 것은 이차적인 강화물을 훨씬 더 없애게 된다. 따라서 돈을 딸 때 흥분하기 시작할까?

어떠한 일이 발생하는지 나타내기 위해 O'Doherty et al.(2002)을 살펴보자. 이 연구에서 피험자들은 0.5ml의 상쾌한 맛, 불쾌한 맛, 중립적인 맛을 보기 전에 시각적인 신호를 확인한다. VTA와 NAcc를 포함하는 뇌의 일부 영역들은 피험자들이 맛을 느낄 때보다 시각적인 신호를 볼 때 활성화된다. 그러나 VMPFC를 포함하는 다른 영역들은 시각적인 신호보다는 맛에 더 반응을 한다. 한 단계 더 나아가, 이와 비슷한 연구인 Knutson et al.(2001)에서 찾아볼 수 있다. 이 연구는 맛보다는 돈에 대해 실험하였는데 결과는 비슷하다. 만일 미래에 지불한다는 실마리를 알게 되면 VTA와 NAcc는 활성화되지만 VMPFC는 신호보다 보상을 볼 때 더 반응을 하였다.

<그림 11.6>은 피험자들이 0의 지점에서 시각적인 신호를 살펴보고 돈을 따는 지의 여부에 대해 알게 되는 것을 시간의 흐름에 따라 나타낸 것이다. 첫째, 만약 돈을 딴다면 어떠한 일이 일어나는지에 초점을 두자. 따라서 돈을 따는 것을 기대하지만 땄는지에 대해서는 모를 때 NAcc의 활성화를 살펴본다. 여기에는 VMPFC와 같은 효과는 없다. 아직 돈을 땄는 지를 알지 못할 때 NAcc와 VMPFC 둘 다 음(−)의 활동이 나타난다. 이는 <그림 11.4>와 <그림 11.5>에서 알 수 있다.

NAcc와 같은 뇌의 일부 영역에서 어떠한 일이 발생하는 지에 대한 전형적인 이야기는 일차적 강화물과 같은 이차적 강화물을 처리하는 것을 학습하는 반면에 VMPFC와 같이 다른 영역이 어떠한 것을 지속적으로 기록하여 보상받는 것을 예상하는 것보다 보상을 받을 때 더 많이 반응하는 것을 학습하는 것이다. <표 9.4>에서 대뇌핵에서 NAcc를 설명한 실행통제는 이와 일치하고 VMPFC는 특정한 이차적인 강화물에서 발생하는 미래에 얼마나 많은 보상이 예상될 지에 대한 예측을 계속하여 업데이트한다.

흥미로운 예시가 아이오와 도박과제(Iowa gambling task)이다. 이 과제에서 피험자들에게 반복적으로 선택하도록 요구하는 4개의 카드 팩이 있다. A와 B 팩에서 나오는 모든 카드에는 높은 보상(예를 들어 $100)이 있으나 가끔 큰 손해를 보는 카드가 있다(예를 들어 $1,250). C와 D 팩에서 나오는 모든 카드에는 작은 보상(예를 들어, $50)이

그림 11.6 게임에 참여했을 때 중격의지핵과 배내측전전두엽피질에서의 반응과 돈을 따는 것의 여부에 따른 반응

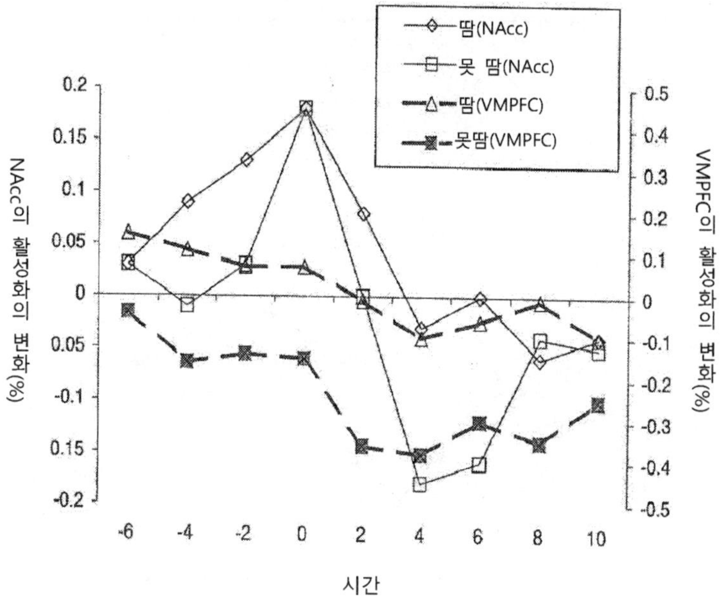

자료: Knutson et al.(2001)

있으나 가끔 작은 손실이 있다. 전체적으로 A와 B에는 음(−)의 기대치가 있는 반면에 C와 D에는 양(+)의 기대치가 존재하며 대부분의 피험자들은 C와 D팩의 카드를 선택한다. 그러나 VMPFC가 손상된 피험자들은 계속해서 A와 B팩 카드를 선택할 것이다. NAcc가 작동하여 A와 B팩이 좋은 선택이라는 것을 VMPFC가 제대로 점검하지 못하는 것처럼 보인다.

O'Doherty et al.(2001)에서 피험자들은 부분적으로 다음과 같은 두 가지 선택 때문에 아이오와 도박과제를 좋아한다. 큰 손실과 작은 보상이 있는 옵션A와 큰 보상과 작은 손실이 있는 옵션 C가 있다. 그러나 일단 피험자들은 옵션C가 최선의 선택이라는 것을 학습하고, 보상구조는 위스콘신 카드 분류작업과 비슷하게 보상구조는 반대로 변한다. <그림 11.7>은 피험자들이 옵션C가 최선의 선택이라는 것을 학습하고 옵션 A가 최선의 선택이라는 것으로 바뀔 때 VMPFC의 두 영역에서 일어나는 것을 나타낸다.

흥미로운 점은 손실에 따라 VMPFC의 한 영역이 어떻게 활성화되는가(측면)와 이득에 따라 다른 영역이 활성화되는가(중간)를 나타낸다. <그림 11.8>은 활성화가 보상과 손실의 크기와 얼마나 상관되어 있는 지를 나타낸다. 여기서 학습에 포함되는 VMPFC

그림 11.7 학습단계의 보상이나 반대 단계의 손실에 따른 VMPFC에서의 두 개의 영역에서의 활성화의 변화

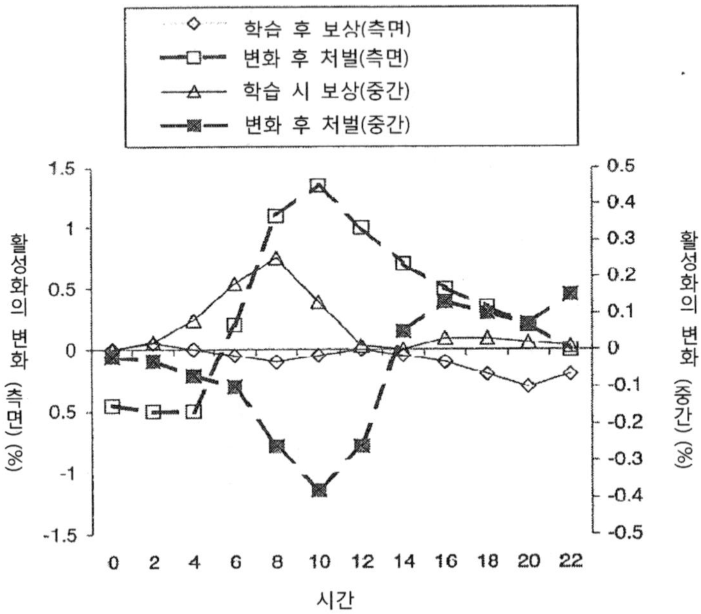

자료: O'Doherty et al.(2001)

와 일치할 뿐만 아니라 VMPFC의 다른 영역들이 보상과 손실에 따라 활성되는 것을 나타낸다. 만약 손실이나 이득이 뇌의 다른 영역에 영향을 미친다면 경제적 행위를 모형화하는데 이러한 구분을 할 수 있게 된다.

그림 11.8 다양한 크기의 보상과 손실에 따른 VMPFC의 두 영역에서의 활성화 변화

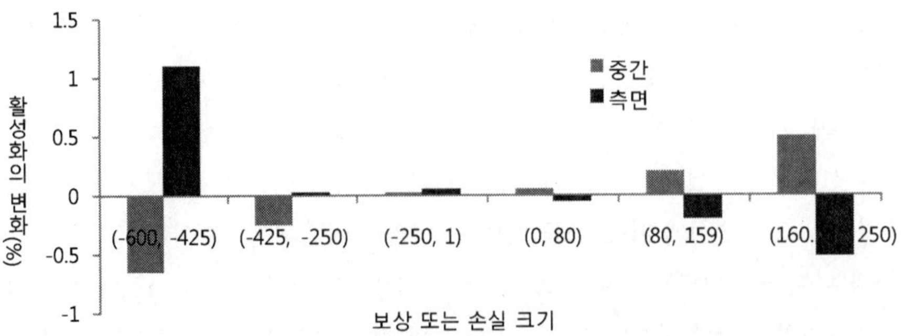

자료: O'Doherty et al.(2001)

3. 리스크와 불확실성

이제 리스크에 대해 알아보자. 앞에서 언급한 대부분의 연구는 어느 정도의 리스크와 연결되어 있다. 예를 들어, Breiteret et al.(2001)에서 피험자들은 어떠한 보상을 받을 것인지를 결정하는 화살을 돌리고 보게 된다. 이는 예상한 보상이 중요한 지의 여부에 대한 질문이 되며 사건의 결과가 알려지지 않았을 때 사람들이 어떻게 학습하는 지에 대한 질문이 된다. 예를 들어, 룰렛이 돌기 시작할 때와 멈출 때 Rob의 뇌에는 어떠한 일이 일어나는가?

Preuschoff, Bossaerts, Quartz(2006)을 살펴보고자 한다. 이 연구에서 피험자들은 두 장의 카드 중에 두 번째 나오는 카드가 첫 번째 카드보다 높거나 낮은 것에 베팅을 하도록 요구하며 숫자는 1부터 10까지 존재한다. 피험자들은 첫 번째 카드의 숫자를 보고, 이어서 두 번째 카드의 숫자를 본다. 두 카드 숫자의 차이가 충분히 크면 피험자들은 돈을 딸 기회가 있다는 것을 알게 된다. 예를 들어, 만약 피험자들이 두 번째 카드가 더 낮은 숫자가 될 것이라고 말하고 첫 번째 카드의 숫자가 9라면, 돈을 딸 기회가 발생한다. 만약 숫자가 5라면, 돈을 딸 기회는 적어지고 리스크는 커진다.

<그림 11.9>는 예상되는 보상과 만약 돈을 딸 확률이 0.5라면 리스크가 큰 수준에 대하여 NAcc에서의 활성화를 측정한 것이다. 활성화는 예상되는 보상에 따라 점점 증

그림 11.9 뇌의 세 가지 영역에서의 값와 활동성 사이의 적합도

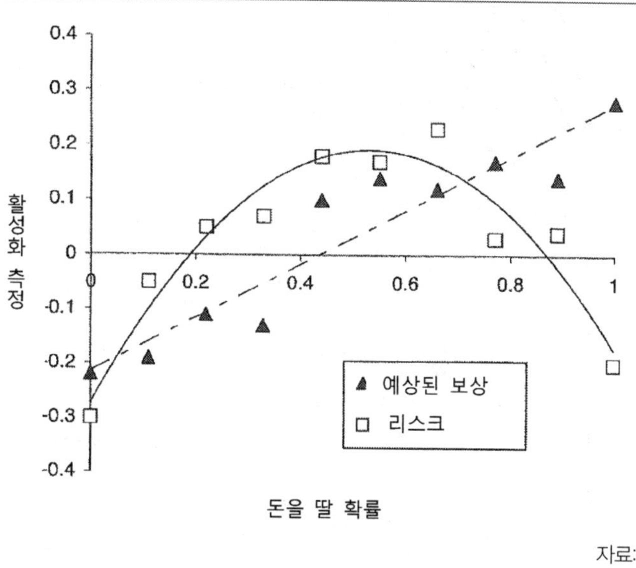

자료: Hare et al.(2008)

가하고, 리스크가 클 때 더 높은 활성화가 나타난다. 이와 비슷한 설명은 VMPFC에서도 하였다. 뇌는 리스크나 예상되는 값과 작동하는데 문제가 없는 것처럼 보인다. 그렇다면, 불확실성과 애매함에는 어떨까?

리스크가 있는 선택을 하는 경우, 다른 결과들에 대한 확률들은 알려져 있으나 불확실성은 그렇지 않다. 예를 들어, Rob에게 20장의 카드 중에서 무작위로 파란색 카드 또는 빨간색 카드에 베팅하도록 요청한다고 하자. 만약 Rob이 10개는 빨간색이고 10개는 파란색이라는 것을 안다면, Rob은 리스크가 있는 선택을 한다. 만약 빨간색과 파란색이 몇 개씩 있는 지에 대해 알지 못한다면, Rob은 불확실성을 가지고 있는 것이다. Hsuet et al.(2005)에서 피험자들에게 불확실성이 차이를 만드는 지의 여부를 알기 위해 이와 같이 리스크가 있고 애매함을 동시에 주었다.

<그림 11.10>은 NAcc의 활성화와 VMPFC에서의 활성화를 시간에 따라 나타낸다. 피험자들은 0초에서 선택을 볼 것이며 선택한 것에 대한 평균적인 결정은 약 6초나 7초 사이에 이루어진다. 불확실성이 있는 선택과 비교하여 리스크가 있는 선택의 경우, NAcc에서 어떠한 일이 일어나는 지를 살펴보자. 일단 결정되면 NAcc는 불활성이 있을 때 보다 덜 활성화되는 데 이는 불확실한 결과에 대해 예상되거나 또는 주관적인 값을 부과하는 것이 리스크가 있는 결과보다 작아진다는 것을 나타낸다. 피험자들은 불확실

그림 11.10 NAcc에서의 활성화는 예상되는 가치나 리스크에 따라 증가한다.

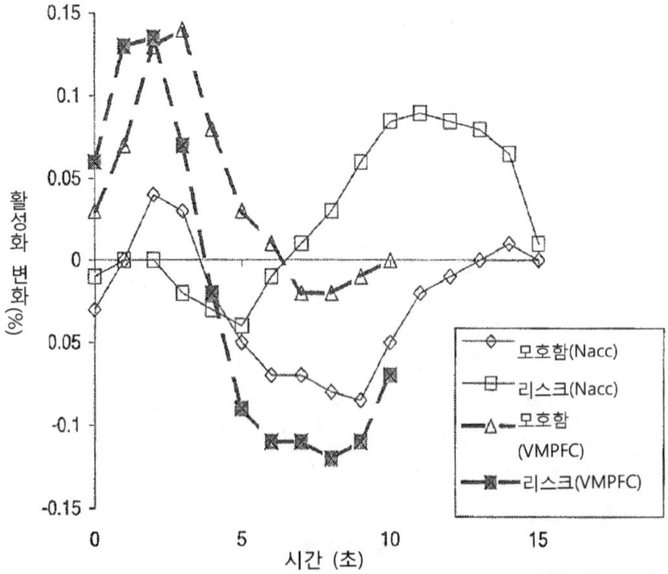

자료: Prcuschoff et al.(2006)

성을 좋아하지 않는 것으로 보인다. 이제 VMPFC에서는 어떠한 일이 일어나는지 확인해 보자. 불확실성이 있을 때와 피험자가 선택하는 것을 결정할 때 더 큰 활성화가 나타난다. 비슷한 패턴은 편도체에서도 발견되는데 이는 뇌의 일부 영역에서 '시도하고 정보를 놓치는 것을 발견하라'고 활성화된다.

따라서 불확실성이 있을 때 뇌는 정보를 놓쳤다는 사실에 놀라게 되고 이것 때문에 불확실성 하의 선택은 리스크가 있는 선택과 같은 크기만큼의 가치를 두지 못한다. 그리고 불확실성의 선택은 리스크의 선택만큼 가치 있지 못하다. 사실, 불확실성이 있는 선택에 대해 보다 낮은 예상되는 보상이 주어진다. 앞 장에서 사람들은 합성복권에서와 같이 애매성 회피를 가지고 있다는 것을 보았다. 보상 유형의 차이에 대해 살펴보자.

4. 보상의 다른 유형

뇌 활성화가 예상되는 보상과 상관관계를 가진다는 것을 살펴보았다. 이러한 생각을 이어나가기 위한 개념으로 보상예측오차(reward prediction error)에 대해 살펴보자. 기본적으로 예상되는 보상과 실제로 받는 것에 차이가 있다. 만약 Rob이 $5를 예상했고 $0나 $10를 받았다면 예측오차는 $-5 또는 $5이다. 보상 예측오차는 Rob이 얼마나 흥미로워 하는 지와 얼마나 미래를 위해서 학습할 것인가를 결정짓는데 매우 중요하다.

지금까지 살펴본 바에 따르면, 뇌의 영역들이 예상되는 보상에 반대되는 것으로써 보상예측오차에 반응하는지를 구별하는 것은 어려운 일이다. 그러나 NAcc는 보상예측오차에 비례적으로 활성화된다. 설명을 위해 Hareet et al.(2008)을 살펴보자.

피험자들은 50종류의 음식 품목에 대해 지불의사를 말하고 지출하는 금액을 받는다. 피험자들은 무작위로 결정된 가격의 음식을 구매하는데 예 또는 아니오로 대답을 하는 반면에 지출하는 금액이 일정 금액만큼 무작위로 증가하거나 감소한다는 것을 학습한다. 예를 들어, 어떤 피험자는 $2에 판매되는 캔디바가 화면에 나타나고 피험자는 지출하는 돈에서 $1을 잃는다.

이러한 실험의 의도는 피험자들의 반응과 선택에 영향을 미칠 수 있는 세 가지 것을 구별하기 위한 것이다. 첫째, 물건에 대한 지불의사가 있다. 둘째, 가격과 지불의사 사이에 차이가 있다. 셋째, 보상예측오차가 있다. 사실 처음 두 가지는 앞의 3장에서 제시된 취득효용 및 거래효용과 같다. <그림 11.11>은 세 가지 다른 값과 연관된 뇌의 다른 세 영역의 활동이 어떻게 나타나는 지에 대해 보여준다. 여기에서 뇌의 영역들은 각 값에 대해 다르게 반응한다. NAcc는 예측오차에 의해 활성화되며 VMPFC의 영역은

그림 11.11 NAcc와 VMPFC에서의 활성화는 선택이 리스크나 불확실성 있느냐의 여부에 따라 달라진다

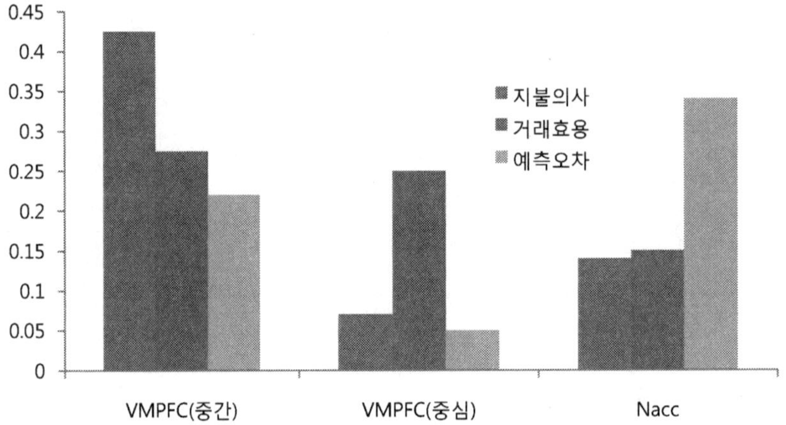

자료: Hsu et al.(2005)

지불의사와 거래효용에 의해 활성화된다.

앞 4장 이후에서 손실과 이득, 리스크와 불확실성, 취득효용과 거래효용을 구분하였는데 다음 단계는 이러한 것들이 선택과 결정으로 연결되는가에 대해 살펴보자.

제3절 결정하기

지금까지 요점은 주로 사람들이 자신의 통제를 많이 넘어서는 사건에 수동적으로 반응하는 지를 살펴보았다. 즉, 비록 실행통제라고 할 지라도 자동 처리과정의 영역에서 다루고 있었다. 이제, 사람들이 선택을 하고 추론과 통제과정을 사용할 때 어떠한 일이 일어나는 지에 대해서 살펴보자.

수동적인 학습과 선택 사이의 잠재적인 차이점을 잘 설명한 O'Dohertyet al.(2004)를 먼저 살펴보자. 이 연구에서 피험자들은 맛있는 주스나 중립적인 보상을 받기 전에 두 가지 옵션에 반복적으로 노출된다. 옵션 중 하나는 60%의 확률로 주스를 얻고, 다른 하나는 30%의 확률로 주스를 얻는다. 따라서 피험자들은 옵션과 보상사이의 상관관계를 학습해야만 한다.

이 연구의 주요 결과는 <그림 11.12>에 설명되어 있다. 왼쪽과 복부선조체를 먼저 살펴보자. 복부선조체(ventral striatum)와 NAcc는 같고 지금까지 예상한대로 이 영역은

그림 11.12 옵션이나 신호를 보면서 일을 학습하거나 보상을 받는 동안의 복부선조체와 등쪽선조체의 활성화. 등쪽선조체의 활성화는 선택이 있는 지의 여부에 의존한다

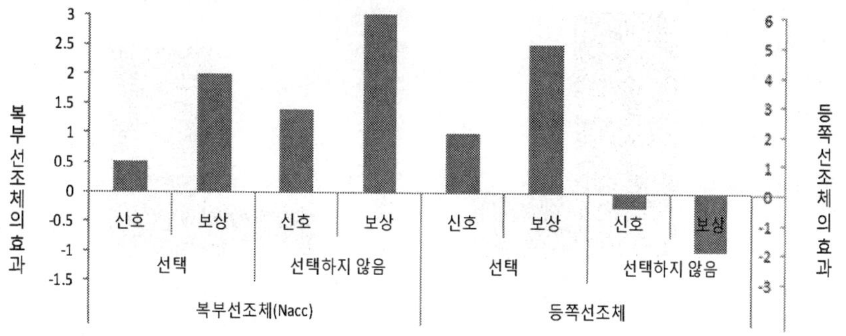

자료: O'Doherty et al.(2004)

예상되는 보상과 보상예측오차에 비례적으로 활성화된다. 이제 등쪽선조체(dorsal striatum)에서는 어떠한 일이 일어나는 지에 대해 살펴보자. 피험자들이 선택을 할 기회를 가질 때 등쪽선조체에서 활성화를 보였으나 컴퓨터가 결정을 할 때는 그렇지 않았다. 이 관계는 복부선조체가 보상을 평가하는 비평가의 역할에 캐스팅되는 반면 등쪽선조체는 무엇을 선택할 지를 결정하는 배우의 역할을 하는 것에 캐스팅되는 배우-비평모형(actor-critic model)을 만들어 낸다.

따라서 다른 영역들이 결정하는데 도움을 주는 것처럼 보이면서 활성화되는 것처럼 선택은 뇌에서 무엇이 진행되는 지에 대한 차이를 만들어 내지 못한다. 흥미로운 점은 사람들이 선택이나 전략을 예상할 때 이를 사용하는 지의 여부이다.

1. 선택과 전략

선택과 전략을 뇌의 활성화와 연결시키기 위해 위험 또는 불확실성이 있는 도박 사이에서 선택해야 하는 피험자가 있는 두 가지 연구를 살펴보자.

Huettel et al.(2006)에서 피험자들은 일부는 리스크가 있고, 일부는 불확실성이 포함되는 도박이나 전망들의 쌍에 놓여져 있다. 예를 들어, 피험자들은 리스크가 있는 도박으로 0.75의 확률로 $12와 0.25의 확률로 $20를 지불하고 알려지지 않은 확률로 $0이나 $35를 지불하는 불확실한 도박이 있다. 이 두 가지 중에 피험자들이 어떻게 선택하는 지에 대해 살펴보았다. 따라서 피험자들이 두 가지 사이에서 어떻게 선택하느냐에

그림 11.13 **배내측전전두엽피질과 두정엽피질의 영역은 애매성과 리스크에 대한 선호가 있을 때 더 활동적이다**

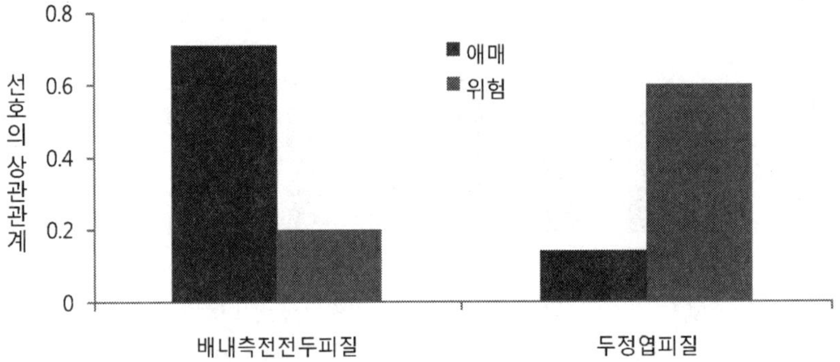

자료: huettel et al.(2006)

대해 리스크나 위험에 대응하여 어떻게 질문할 것인지에 대해 고민할 필요가 없다.

각 피험자들은 무엇을 그들이 선택하는지 보면서, 애매성과 리스크를 얼마나 선호하는 지에 대해 지수를 만들어 낼 수 있다. 그 다음에 피험자들이 선택을 하는 동안에 관측된 뇌의 활성화와 선호를 연관시킬 수 있다. 즉, 뇌의 활성화와 선택 사이를 연관시킨다. <그림 11.13>에서 비록 사람들이 NAcc와 VMPFC와 다른 것을 일시적으로 살펴야 하지만 둘 사이의 관계를 알 수 있다. 애매성을 선호하는 선택을 한 사람들에 대해 애매성이 측면 배부선조체 피질에서 큰 활성화가 나타나는 지에 대해 보여준다. 비슷하게도, 덜 리스크회피적인 선택을 한 사람들에게 두정엽피질에서의 큰 활성화가 나타난다.

따라서 리스크와 애매성이 뇌의 다른 영역을 활성화시킬 뿐만 아니라, 뇌가 얼마나 활성화되는 지를 살펴봄으로써 잠재적으로 선택할 것을 예상할 수 있다. 여기서 한 걸음 더 나아가서 전략을 예상할 수 있을까?

Venkatraman et al.(2009)을 살펴보자. 이 연구에서 피험자들은 다섯 가지 가능한 결과를 포함하는 리스크가 있는 전망을 보게 된다. 예를 들어, 0.25의 확률로 $80 따던지, 0.2의 확률로 $75를 잃게 되는 것 등이다. 피험자들은 전망을 향상시킬 수 있는 두 개의 대안을 가질 수 있도록 선택해야 한다. 예를 들어, 대안은 0.25의 확률로 $100를 따는 것과 0.2의 확률로 $55를 잃는 것이다. 이 시나리오에서 이용할 수 있는 두 개의 기본적인 전략이 있다. '단순한 전략'은 차이를 만드는 확률을 극대화하는 것이다. 예를 들어, 사람들은 $80을 $75를 잃는 것에 더하는 것보다 $80의 결과에 $20를 더하려고 할 것이다. 또한 '복잡한 전략'은 $80에 $20을 더하면서 이득을 극대화 하거나 $75에

그림 11.14 뇌의 다른 영역에서의 보다 활성화되는 것과관계되는 다른 선택들

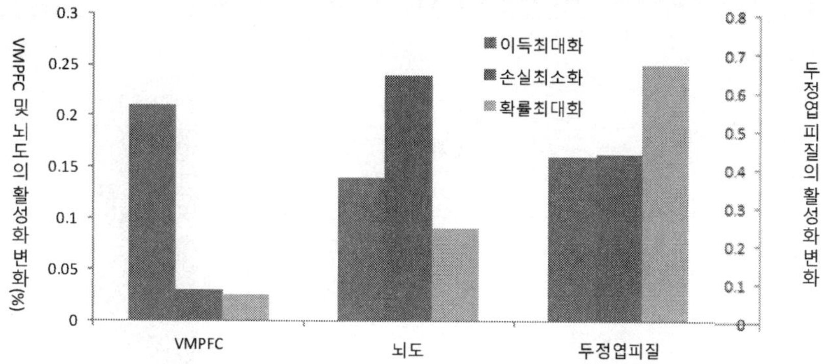

자료: Venkatraman et al.(2009)

$20을 더하면서 손실을 최소화하거나 다른 방법으로 예상효용을 극대화한다.

뇌 영상법을 제외한 일반적인 실험에서 대부분의 피험자들은 단순한 전략을 사용하는 것으로 관측되지만 일부는 복잡한 전략을 사용한다. 그러나 요점은 피험자들이 여러 라운드에 걸쳐 전략을 고정시키는 것처럼 보인다는 것이다.

선택을 살펴보자. <그림 11.14>는 선택은 뇌의 다른 영역에서의 활성화와 상관되어 있다. 예를 들어, 가능한 이득을 극대화하는 옵션은 VMPFC에서 큰 활동성이 나타나고, 반면에 가능한 손실을 최소화하는 옵션은 뇌도(insula)에서 큰 활동성이 나타난다.

이제 전략을 살펴보자. 여기서 알아보고자 하는 것은 누군가가 자신들의 평상 시의 전략과 일관되지 않는 선택을 할 때 뇌의 어떤 영역이 활성화되는가에 관한 것이다. 즉, 일반적으로 단순한 전략을 사용하는 어떤 사람이 이득을 극대화하는 것과 같은 '보다 복잡한' 무엇인가를 결정할 때 어떠한 일이 벌어지는가, 또는 일반적으로 복잡한 전략을 사용하는 어떤 사람이 확률을 극대화하는 '보다 단순한' 문제를 결정할 때 어떠한 일이 일어나는가? 이러한 일이 일어날 때 배내측전전두엽피질은 더 활동적으로 된다, <그림 11.15>는 이를 나타내는데, 배내측전전두엽피질과 선택에 관련된 영역 사이에서 더 큰 연결강도가 나타난다.

따라서 어떤 영역의 활성화는 선택하는 것과 상관되어 있는 반면에 다른 영역에서 보다 큰 활성화는 전략과 상관되어 있거나 선태과 전략사이의 차이와 상관되어 있다. 따라서 마치 뇌에서 발생하는 선택과 전략 사이를 볼 수 있는 것처럼 보이고 이는 매우 흥미로운 일이 된다. 이제 이를 사회적 선호를 이해하는 것과 기간간 선택을 이해하는 것으로 넘어가도록 하자.

그림 11.15 증가하는 연결성은 누군가가 자신의 일상적인 전략과 모순되게 선택을 결정할 때 배내측전전두엽피질과 뇌도, 그리고 등쪽전전두피질 사이에서 관측된다.

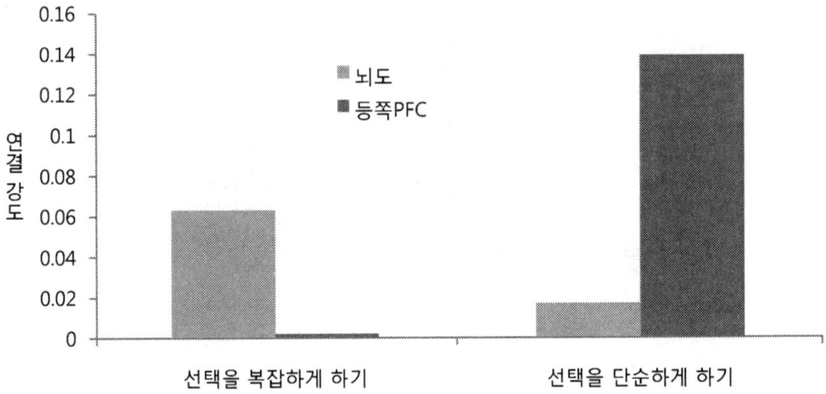

자료: Venkatraman et al.(2009)

2. 공정성과 규범

사회적 선호를 알기 위해서 Sanfet et al.(2003)을 살펴보자. 이 연구에서 사람들이 불

그림 11.16 우측전방뇌도(right anterior insula)의 시간의 따른 활성화는 제안이 공정한 지의 여부에 달려 있다

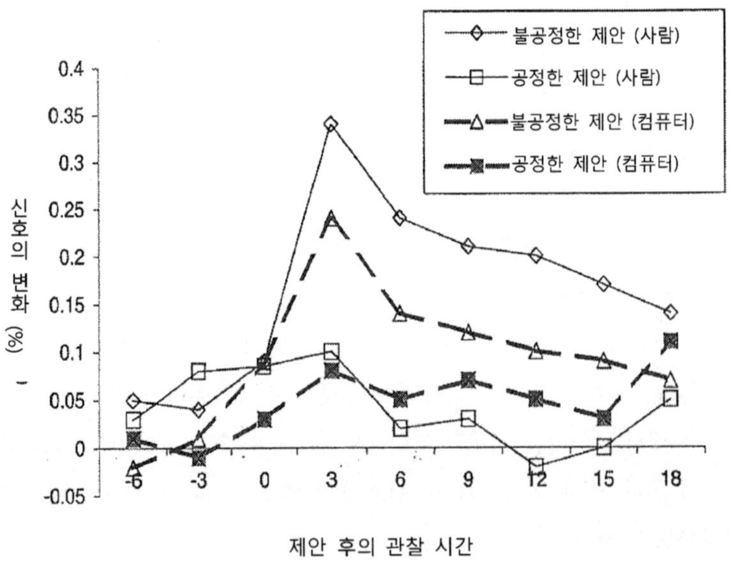

자료: Sanfey et al.(2003)

그림 11.17 제안이 거절되거나 수용된 것에 대한 뇌도와 등쪽전전두엽피질의 활성화

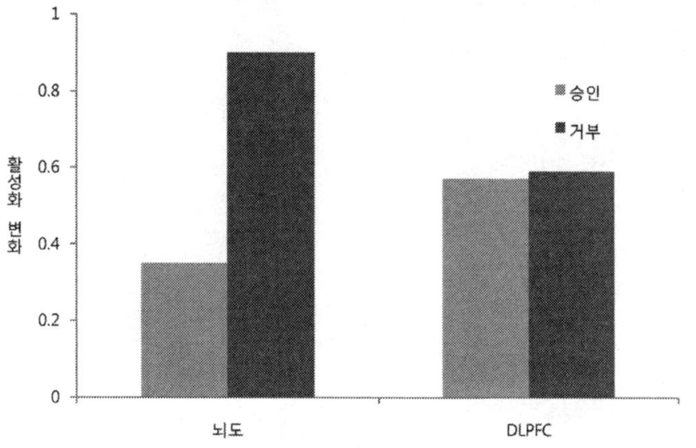

자료: Sanfey et al.(2003)

공정함과 공정함에 대해서 어떻게 반응하는 지를 확인하는 최후통첩게임(ultimatum game)을 기본적으로 다루고 있다. 피험자들은 $5와 $5, $9와 $1, $8와 $2, $7와 $3를 나누는 역할을 부여 받는다. 흥미로운 질문은 피험자들이 $9와 $1와 같이 불공정한 제안에 비해 공정한 제안인 $5와 $5에 어떻게 반응하는 지에 대해 살펴보는 것이다.

사람들이 많이 이야기하지 않는 뇌의 한 영역이 뇌도(insula)이다. <그림 11.16>은 피험자가 불공정한 것보다 더 불공정한 제안을 받았을 때 뇌도가 더 활성화되는 것을 나타내고 그 불공정한 제안을 하는 제안자가 컴퓨터보다 사람인 경우에 뇌도가 더 활성회든 것을 나타낸다. 여기서 더 불공정한 제안일수록 큰 활성화가 나타난다. <그림 11.17>에서 가장 흥미로운 것은 제안을 받아들이는 것과 거부하는 것에 대한 뇌도와 등쪽전전두엽피질(DLPFC)의 활성화를 비교하는 것이다. 제안을 거절하는 것은 상당히 큰 뇌도의 활성화가 나타난다.

<표 11.2>에서와 같이 뇌도는 맛과 같은 내장의 기능이나 자율적인 신경기능을 포함한다. 사실 뇌도와 일관적으로 관련된 것은 고통, 괴로움, 배고픔, 목마름, 그리고 맛이나 냄새에서 오는 혐오감과 같은 음(−)의 감정 상태를 포함한다. 이것은 피험자들이 불공정한 제안을 받는 것에 음(−)의 감정으로 반응하는 수신자의 이야기와 일치한다. 반대로, 등쪽전전두엽피질은 주로 인지적인 처리과정과 실행통제와 연관되어 있으므로 등쪽전전두엽피질은 가능한 더 많은 돈을 얻는 것과 같은 것에 초점이 맞추어져 있다. 이는 거부하기를 원하는 뇌도와 수용하기를 원하는 등쪽전전두엽피질 간의 충돌을 의미한다. <그림 9.17>은 이와 부합하는 결과이다. 이러한 생각에 보다 높은 신빙성은 불

그림 11.18 최후통첩게임에서 불공정한 제안에 대한 수용율과 인식들. 우뇌 DLPFC의 자극(TMS)은 불공정한 제안이라고 하더라도 수용할 가능성이 높다. 가짜 처리에서는 자극은 없다

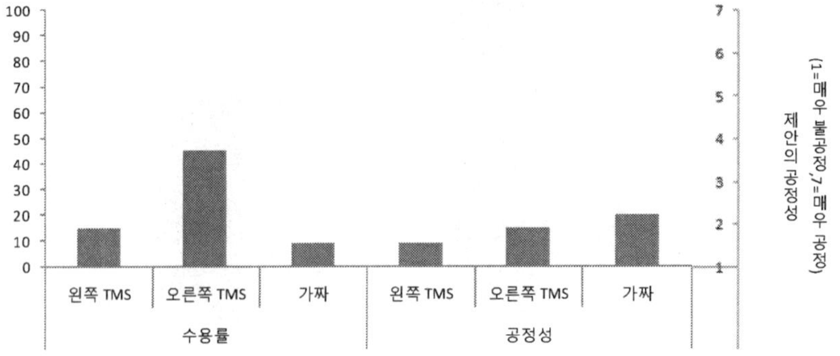

자료: Knoch et al.(2006)

공정한 제안에 대한 전대상피질의 활성화가 증가하면서 발생한다. 이는 갈등해결에 포함된다고 볼 수 있다.

뇌도는 불공정한 제안에 대해서 흥분하고 거부하기를 원하는 반면에 DLPFC는 돈을 원하고 수용하면 행복해 진다. 가끔 뇌도가 승리하기도 하고 때로는 DLPFC가 승리하기도 한다. Knoch et al.(2006)을 살펴보자. 이 연구에서 피험자들의 좌뇌나 우뇌의 DLPFC 둘 중 하나에 저주파의 반복적인 경두개자기장자극(transcranial magnetic stimulation)을 주었다. 이것은 뇌의 일부분의 활동을 억제한다. 기본적으로 좌뇌 DLPFC나 우뇌 DLPFC든 둘 중 하나를 작동하지 못하게 한다. 따라서 DLPFC가 꺼지면 어떠한 일이 발생할까?

만약 DLPFC가 어떠한 제안을 수용하기를 원한다면, 뇌도는 불공정한 제안을 거부하려고 할 것이며 DLPFC를 전환한다면 불공정한 제안에 더 많은 거부가 나타날 것이다. <그림 11.18>은 완벽하게 반대되는 것을 보여준다. 좌뇌 DLPFC가 꺼질 때 또는 둘 중 하나가 꺼질 때보다 우뇌 DLPFC가 꺼질 때 덜 불공정한 제안을 거부한다. 불공정한 제안은 여전히 불공정한 것으로 인식됨에도 불구하고 제안을 덜 거부하는 것이다.

따라서 DLPFC는 공정성 규범 때문에 낮은 제안을 거부하고 뇌의 다른 영역은 수용하며 돈을 얻는다. 이와 비슷하게 우뇌 DLPFC에 자극을 주면 낮은 제안을 인간 제안자보다 컴퓨터 제안자로부터 받을 때 효과는 작아진다. 따라서 어떠한 일이 일어날 지는 명백하지는 않지만 어떻든 간에 우뇌 DLPFC는 상호수혜에 중요한 것으로 보인다.

조금 더 살펴보기 위해서 Spitzer et al.(2007)을 살펴보자. 이 연구에서 피험자들은

여러 번에 걸쳐 두 가지 다른 종류의 게임을 한다. 하나는 한 명의 피험자인 제안자가 125개의 토큰을 받고, 두 번째 수신자인 두 번째 피험자는 25개의 토큰을 받는 독재자 게임에 변화를 준 것이다. 제안자는 수신자에게 100개의 토큰을 줄 수 있다. 두 번째 게임은 수신자는 제안자가 얼마나 많은 토큰을 주는 지를 본 후에 처벌을 할 기회를 가지고 있는 최후통첩게임에 변화를 준 것이다. 수신자는 1개의 토큰을 처벌하는데 지불하고 제안자로부터 5개의 토큰을 빼앗을 수 있다. 예를 들어, 만약 제안자가 수신자에게 토큰을 하나도 주지 않고, 수신자는 제안자를 처벌하는데 25개의 토큰을 사용한다면, 제안자와 수신자 모두 0개의 토큰으로 게임은 끝난다. 일부 피험자들은 다른 피험자들과 최후통첩게임을 하는 반면에 다른 피험자들은 미리 프로그램밍화된 컴퓨터와 게임을 한다.

앞 장에서 살펴봤듯이, 독재자 게임은 얼마나 많은 피험자들이 자발적으로 다른 사람에게 토큰을 주는 가에 대한 것인 반면에 최후통첩게임은 처벌의 위협이 있는 경우에 얼마나 많은 피험자들이 토큰을 주는 가에 대한 것이다. 따라서 관심의 초점은 수신자보다는 제안자에게 두게 된다. 최후통첩게임과 독재자 게임의 활성화를 비교했을 때 최후통첩게임에서 DLPFC와 VMPFC를 포함하는 몇 개의 영역에서 더 좋은 활성화가 나타난다. 또한, 수신자가 컴퓨터가 아니고 사람일 때 뇌도와 위의 영역에서 더 큰 활성화가 나타난다. 이것은 활성화와 제안된 금액 사이의 상관관계가 있다는 것을 의미한다.

제안자가 얼마나 많이 줄 지와 수신자가 얼마나 많이 수용할 지에 대해 생각할 필요가 있으므로 최후통첩게임은 상당히 복잡하다. 따라서 DLPFC와 VMPFC, 뇌도를 포함하는 뇌의 다양한 영역에서 보다 활성화가 된다는 것은 놀라운 일이 아니다. 여기서 돈을 받기 원하는 다른 영역을 확인하는 역할로써 전전두엽피질의 역할인 것처럼 보인다. 더 나아가서 조금 더 흥미로운 영역은 처벌과 평등에 대한 선호를 살펴볼 수 있다.

3. 처벌과 불평등회피

De Quervain et al.(2004)는 처벌에 대한 선호를 보여준다. 이 연구는 투자자는 0을 투자할 수 있고 제안자는 10개의 토큰을 가지고 있는 신뢰게임(trust game)을 살펴보았다. 만약 투자자들이 투자를 한다면 제안자들은 50개의 토큰을 가지게 되고 투자자들에게 0개나 25개의 토큰을 돌려줄 지에 대해 결정해야 한다. 이러한 기본적인 신뢰게임을 변형하였다. 만약 토큰이 투자되었지만 갚지 않는다면 투자자는 제안자를 처벌할 수 있는 옵션을 가지게 된다.

그림 11.19 선조체의 활성화는 처벌의 유형에 따라 다르다

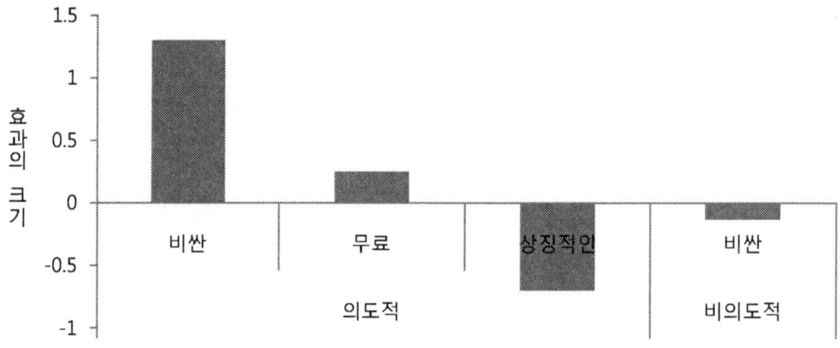

자료: DE Quervain et al.(2004)

투자자들이 투자를 하고 회수를 하지 못하는 경우에 초점을 두면, <그림 11.19>는 선조체(striatum)의 활성화를 나타낸다. 투자자들이 처벌(고의적인)을 결정하거나, 컴퓨터가 처벌을 하거나, 투자자가 처벌하는데 비용이 많이 드는 경우, 처벌이 제안자의 보수를 낮추게 되는(비싸면서 상징적이거나 무료인) 네 가지 경우가 있다. 선조체는 보상에 대한 가치평가를 담당하고 있으므로 투자자들이 제안자들을 의미심장하게 처벌할 수 있는 조건들에서 더 활성화적이다. 또한, 활성화는 처벌금액과 상관되어 있다. 따라서 사람들은 처벌을 통해서 만족감을 느끼는가?

이에 대해 시도하고 대답하는 한 가지 방법은 처벌이 무료일 때와 비싼 비용이 들 때 어떠한 일이 일어나는 지에 대해 비교하면 된다. 일부 피험자들은 처벌이 무료일 때 최대금액으로 처벌하려고 하므로 이러한 활성화의 차이가 처벌하려고 하는 바램의 차이 때문이라고 말할 수 있다. 처벌에 비싼 비용이 들 때보다 처벌이 무료일 때 높은 활성화가 나타나는 사람들에 질문할 수 있다. 이러한 사람들은 처벌을 통해서 만족감을 느낀다는 것을 알 수 있다. 보다 나아간 하나의 증거로 VMPFC는 비싼 비용을 치르는 처벌에서 더 활성화적이라는 것인데, 이는 처벌하려고 하는 바램과 처벌하려고 하는 비용이 상쇄된다는 것을 보여준다.

만약 처벌에 대한 선호가 조금 확실하지 않게 이해된다면 Tricomi et al.(2010)에서 조금 더 긍정적인 결과를 살펴볼 수 있다. 이 연구에서 피험자들은 쌍으로 참가한다. 초기에 각각 $30가 주어지며, 한 피험자에게는 무작위로 또 다른 $50가 주어지며 나머지 사람에게는 아무것도 주지 않으므로 부자인 피험자와 가난한 피험자가 발생한다. 이후에, 피험자들은 자신들과 나머지 피험자에 대한 미래의 잠재적인 지급에 대해 가치평가할 것을 요청받는다. <그림 11.20>의 왼편에서의 평가는 불평등회피(inequality

그림 11.20 이후의 이전에 대한 가치평가에 있어서의 불평등효과와 NAcc와 VMPFC에서의 활성화

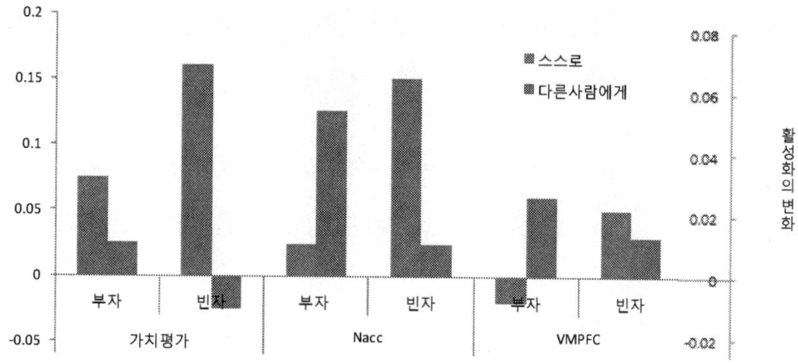

자료: Tricomi et al.(2010)

aversion)와 일치하는 것으로 보인다. 부자 피험자는 가난한 피험자의 지급보다 약간 높게 자신들의 지급을 평가하는 반면에 가난한 피험자는 자신들에게 상대적으로 높은 지급으로 평가하였고 부자 피험자들에게는 지급하는 것은 부정적으로 평가하였다. 따라서 어떻게 불평등회피가 뇌의 활성화로 해석될 수 있을까?

<그림 11.20>의 우측은 NAcc와 VMPFC에서의 가치평가와 활성화 사이에 일관성이 나타난다. 가장 흥미로운 점은 지금까지 살펴본대로 NAcc는 기대된 보상에 의해 활성화된다. 부자인 피험자는 가난한 피험자에게 이전(transfers)함으로써 보다 활성화되는 반면에 가난한 피험자는 부자 피험자에게 이전함으로써 더 높은 활성화를 보인다. 이는 불평등회피의 명확한 증거가 된다. VMPFC의 역할은 돈을 얻는 바램과 보수를 평등화시키는 바램을 상충시키는 것이다.

처벌에 대한 기쁨과 불평등을 바로 잡는 기쁨은 멋진 것처럼 보인다. 그러나 아마도 이것은 뇌에서 경쟁적인 인센티브들을 구분하려고 하는 커다란 원으로 되돌아 가야할지도 모른다. 만약 처벌과 기부가 만족감을 준다면, 기본적인 감정이 돈을 얻기 위한 것인 지 또는 처벌을 위한 것인 지에 대해 명백하지 않다. 따라서 VMPFC와 실행통제시스템이 어떠한 갈등을 정리하거나 억제하는 지에 대해 명확하지 않다. 그러나 충돌하는 인센티브들이 존재하는 것은 의심의 여지가 없다.

4. 갈등에서의 현재편향과 뇌

만약 병렬식 처리과정(paralle process)이 뇌의 모든 영역에서 일어난다면, 가끔 다른

행동을 나타내는데 있어 충돌(conflict)이 발생할 수 있다. 사실, 만약 실행통제 시스템의 기본 목적은 자동에서 통제로 변경시키는 것이므로 자동 처리과정을 억제하는 것이라면, 여기에는 명확하게 충돌이 잠재되어 있다. 따라서 만약 뇌의 한 영역이 어떠한 것을 이야기하고 뇌의 다른 영역이 다른 것을 이야기 한다는 것은 현실에서 동떨어진 이야기가 아닐 수도 있다.

이미 제안된 돈을 가져가는 것 또는 최후통첩게임과 신뢰게임에서 처벌하는 것 사이에서 잠재적인 긴장 상태가 나타나는 것을 살펴보았다. 다른 예를 찾는 것은 어렵지 않다. 자동차에서 깨어있기를 원하지만 잠이 들은 누군가가 있다면 완벽한 예가 될 수 있다. 다른 예로 아마도 스트루프(Stroop) 실험이 있을 수 있다. 스트루프 실험은 색깔이 있는 단어를 빠르게 읽게 하고 어떠한 단어는 잘못된 색깔로 되어 있다. 예를 들어, 파란색이라는 단어가 초록색으로 쓰여져 있는 것이다. 단어와 색깔이 일치하지 않을 때 사람들은 자신들이 얻는 신호들에 충돌이 발생하여 전대상피질(anterior cingulated cortex)이 그 충돌을 분류해 버리기 때문에 사람들은 더 이상 대답하지 않는다.

어떤 사람이 두 가지 생각(of two minds)을 가지는 것은 잠재적으로 매우 중요할 수 있는데, 특히 현재편향(present bias)과 시간의 동태적 비일관성(time inconsistency)에 있어 중요할 수 있다. Maria의 자동 처리과정은 Maria가 오늘 노는 것을 제시하는 반면, 통제 처리과정에 의해 숙제를 해야 한다. 만약 자동 처리과정이 통제 처리과정보다 강하다면 Maria는 숙제를 하려고 할 것이고 숙제를 하는 것이 최선이지만 다른 날로 숙제를 연기할 수도 있다. 이는 시간의 동태적 비일관성에 대한 타당한 설명이 될 수 있다.

이러한 이야기가 자료들과 일치하는 지를 살펴보기 위해 McClure et al.(2004)을 살펴보자. 이 연구에서 피험자들은 조기 또는 지연된 금전적 보상 사이에서 일련의 기간 간 선택을 해야 한다. 때때로 조기에 받는 보상은 즉시 이용 가능하지만 때때로 몇 일이 지연될 수도 있다. 이것은 즉각적인 결과를 포함하는 선택을 통하여 뇌가 보다 활성화적인 영역을 구분하는 것을 가능하게 만들 수 있다. 설명을 위해 <그림 11.21>은 NAcc와 DLPFC의 활성화를 비교하였다. DLPFC의 활성화는 보상을 받을 때까지 지연되는 것에 영향을 받지 않지만 NAcc는 그렇지 않다. 즉각적인 보상은 이러한 영역을 지연된 보상보다 활성화시킨다.

5장에서 지수적 할인을 반영하는 δ와 현재편향을 나타내는 β로 (β, δ)선호에 대한 준쌍곡선적 모형을 설명하였다. 이제 β부분을 알 수 있도록 가능하게 하는 Nacc와 같은 뇌의 영역을 알 수 있고, δ부분을 알 수 있도록 가능하게 하는 DLPFC의 영역을

그림 11.21 NAcc와 DLPFC에서의 활성화는 보상이 즉각적인가 또는 지연되었는가에 달려 있다

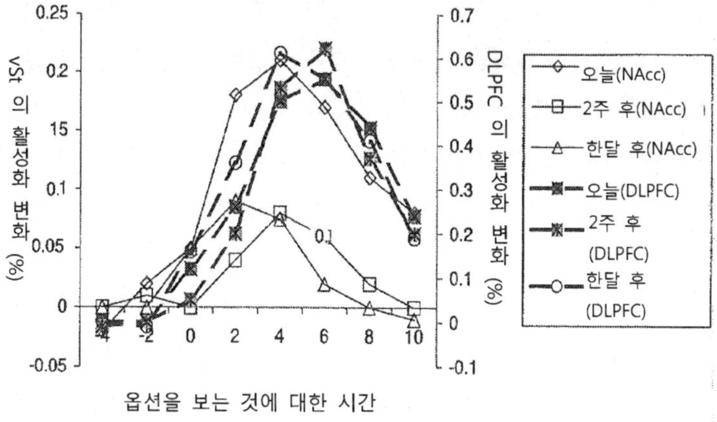

자료: McClure et al.(2004)

확인할 수 있다. 만약 그렇다면, 선택은 각 영역에 연관되어 있는 상대적인 활성화와 상관되어 있어야 한다. <그림 11.22>는 이를 나타낸다. 피험자들이 조기에 받는 옵션을 선택할 때 β부분과 연관되어 있는 뇌의 영역이 보다 활성화되고 지연된 옵션을 선택할 때, δ부분과 연관되어 있는 뇌의 영역이 보다 활성화된다.

이러한 이야기를 전개하기 위해 Diekhof and Gruber(2010)의 연구를 간단히 살펴보자. 첫 번째 단계의 실험에서 피험자들은 정해진 색깔을 선택하는 것에 대해 보상을 받는 것을 학습한다. 두 번째 단계의 실험에서 일정한 횟수만큼 정해진 색을 선택한다.

그림 11.22 즉각적인 보상(β)과 연관된 영역은 피험자가 일찍 받는 옵션을 선택했을 때 보다 활성화되고 지연된 보상(δ)과 연관된 영역은 피험자가 지연된 옵션을 선택했을 때 보다 활성화된다

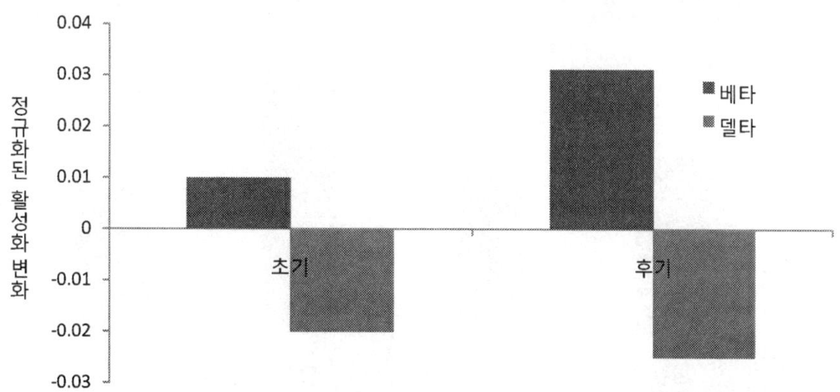

자료: McClure et al.(2004)

이것은 각 색깔에 올바르게 모으는 횟수인 장기간의 목적과 즉각적인 보상을 주는 색깔을 선택하는 충동 사이에서 갈등을 만들어 발생시킬 수 있다. 아마도 보상과 관련된 색은 NAcc의 큰 활성화가 나타날 것이라는 것을 예상할 수 있다. 흥미로운 사실은 두 번째 실험에서 나타난다. 즉, NAcc와 전두엽피질이 반대 방향으로 움직이는 것이 발견된다. 다시 말하면, 전두엽피질이 보다 활성화되면, NAcc는 덜 활성화된다. 더불어, 이 반대 방향으로 움직이는 힘이 더 강할수록 피험자들은 이 실험을 정확하게 수행하는 것으로 보인다.

이 두 연구를 통해 갈등 해결이 나타날 수 있다. 첫째, 가장 크게 활성화되는 뇌의 영역이 나머지 다른 영역을 활성화되지 못하게 억누르게 되면서 갈등을 해결할 수 있다. 따라서 충동은 참을성을 이길 것이며, 처벌하고자 하는 바램은 돈을 얻고자 하는 바램을 이길 것이다. 둘째, 전두엽피질의 영역은 뇌의 다른 부분에서 일어나는 것을 관리하고 지시하는 것이다. 따라서 참을성은 충동을 진압하거나 돈에 대한 필요성이 처벌에 대한 바램을 억누를 수 있다.

조금 전에 살펴본 두 가지 모두 실행통제 시스템에 속하는 부분들이다. 한편, 통제 처리과정은 자동 처리과정과 경쟁을 하지만 다른 한편으로 통제 처리과정은 자동 처리과정에 지시한다는 것이다. 중요한 경제적 결과가 될 수 있는 것은 행동이 실행통제 시스템의 인지부하(cognitive load)에 의존한다는 것이다. 기본적으로 만약 실행통제가 어떠한 것을 찾고 있다면 다른 것을 빠뜨리게 된다.

이것에 대한 흥미로운 예는 Shiv and Fedorikhin(1999)에 있다. 이 연구에서 피험자

그림 11.23 피험자들에게 일곱자리 숫자를 기억해야만 하고 실제로 보여줄 때 초콜릿 케익을 선택하는 비율이 더 높았다

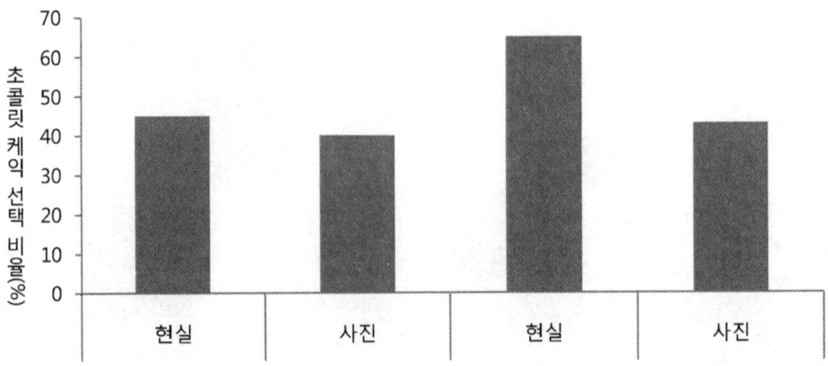

자료: Shiv and Fedorikhin의 연구(1999)

들에게 초콜릿 케익이나 과일 샐러드 중에 선택하는 것을 결정하는 동안에 두 자리 숫자 또는 일곱 자리 숫자를 기억하도록 시켰다. <그림 11.23>은 피험자들이 일곱 자리 숫자를 기억해야만 하고 실제로 보여줄 때 초콜릿 케익을 선택하려고 한다. 만약 통제 처리과정이 다른 일을 처리하느라 바쁘다면 자동 처리과정이 통제 처리과정보다 힘이 강력하다는 사실과 일관된다.

5. 다중자아모형

뇌에서 진행되는 이러한 갈등은 사람들이 자기통제 문제들(self-control problems)을 가지고 있는 이유를 제시한다. 5장에서 Maria가 친구들을 내일 만나는 것에 동의하는 것과 같이 사전구속을 하려고 하는 것은 숙제를 오늘 해야만 한다는 것을 의미한다. 게다가, 유혹을 극복하는 비용을 여전히 피하려고 하기 때문에, 심지어 숙제를 오늘 하는 사전구속을 하려고 한다. 이러한 것은 기존의 경제모형으로 다루기 어렵다. 왜 사람들이 사전구속을 하여 이용가능한 옵션을 줄이려고 할까? 이에 대해 설명해보자.

이것은 자기통제 문제를 이용하면 설명이 어렵지 않지만 한 단계 더 나아가 보기로 하자. 한 가지 가능성은 뇌에서 일어나는 갈등을 명시적으로 모형화하는 것이다. 이것이 바로 다중자아(multiple-self) 또는 이중자아(dual-self) 모형이 된다. 중독(addiction)을 다룰 때 이 모형을 자세히 적용할 것이므로 기본적인 개념만 살펴보자. Thaler and Shefrin(1981)에 따르면 하나의 자기 자신은 생애효용을 극대화하는 계획자(planner)라고 부를 수 있고 오늘의 효용을 극대화하려고 하는 또 다른 자신을 근시안적인 행위자(doer)라고 부를 수 있다.

가장 쉬운 방법으로 행위자는 지금 무엇을 해야 할 지에 대해 항상 결정해야 하는 사람을 생각하면 된다. 이것은 자동 처리과정에 큰 힘이 되고 행위자는 항상 오늘을 위해 미래를 희생하므로 잠재적으로 개인에게 큰 걱정을 끼치게 된다. 다행스럽게도 계획자는 행위자를 제약하는 두 가지 주요한 방법을 가지고 있다. 첫째, 계획자는 행위자의 선호 또는 인센티브를 바꿀 수 있다. 예를 들어, Maria의 계획자는 행위자가 숙제를 하는 것을 좋아하게 만들거나 가장 좋은 숙제 성적을 가지는 친구와 내기를 거는 것이다. 둘째, 계획자는 행위자의 제약을 변화시키는 규칙을 부과할 수 있다. 예를 들어, Maria의 계획자는 친구와 내일 노는 것에 대해 사전구속을 할 수 있다.

이러한 유형의 모형은 사전구속과 자기통제를 이해하고 모형화하는데 매우 유용하다. 이것은 자동 처리과정에 큰 역할을 부여하고 자동 처리과정이 훨씬 크게 나타나는 중독과 같은 것을 생각할 때 매우 적절하다. 따라서 이중자아 모형을 더 많이 사용해야 하는가? 뇌에서 일어나는 자동 처리과정과 통제 처리과정 사이에 실제적인 갈등이 주어진다면 어떻게 될까?

이러한 생각에 너무 깊게 빠지는 것은 위험한 일이다. 이와 같은 갈등은 이미 기존의 경제 모형 내부에 이미 들어와 있다. 예를 들어, Anna의 아침시리얼에 대한 효용 함수를 설명할 때, u(x, TQ, HQ)를 사용하였다. 즉, 돈을 원하는 것과 높은 질의 시리얼을 원하는 것 사이의 갈등이 이미 포함되어 있다. Anna는 돈과 맛있는 시리얼에 상충관계에 잠재적으로 직면해 있으므로 식료품점에서 무엇을 사야할 지에 대한 두 개의 생각으로 시간을 보내게 된다. 이를 반영하기 위해 다중자아모형을 사용할 필요는 없다.

자동 처리과정이나 통제 처리과정 사이에 갈등이 있는 지의 여부는 중요한 문제가 아니다. 사실, 자동 처리과정은 지각과 직관을 통해 모든 결정에 영향을 미친다는 것이 중요한 점이다. 따라서 Anna의 선택은 통제 처리과정과 자동 처리과정 모두를 불가피하게 포함한다. 이것을 모형화하기 위한 보다 좋은 방법이 존재한다. 예를 들어, Anna는 가격이 올랐을 때 자동 처리과정으로 아마도 화를 내고, 여전히 지불하려고 하는 가격을 알고 있는 통제 처리과정에도 불구하고 구매하는 것을 주저할 수 있다. 3장에서 거래효용과 취득효용 사이의 구분으로 이러한 것을 반영하였다.

따라서 이중자아모형은 자기통제문제를 넘어서는 경제적 행위를 얼마나 잘 모형화하는 것을 개선하는 것에는 중요하지 않을 지도 모른다. 공정성과 같은 것이 있을 때 자동적인 '행위자' 행동과 통제된 '계획자'의 목적의 문제들을 푸는 것은 매우 어렵다. 사실, 경제적 행위를 모형화하기 위해 이중자아를 기준점을 결정하는 자동 처리과정과 기준점 주위에서 움직이는 통제 처리과정 사이를 구분하는 것으로 볼 수 있다.

제4절 중독

중독은 사회적으로 큰 이슈이다. 예를 들어, 2008년에 미국의 약물사용과 건강에 대한 조사(National Survey on Drug Use and Health)에 따르면 2007년 한 해동안 12세 이상인 미국인의 14.2% 불법적인 약물을 사용했다고 보고하고 있다. 국가 약물 정보센터(National Drug Intelligence Center)는 약물의 경제적인 비용이 약 $2,150억에 달한다고 추정하였다. 이러한 약물의 남용과 중독에 의한 피해는 사법제도(justice system)

에 과중한 부담을 주고, 건강관리 시스템을 압박하며, 생산성을 잃게 하고, 환경적인 파멸에 이르게 한다(NDIC2010)고 보았다. 담배 및 음주를 제외하고도 상당한 수치가 나타나고 있다.

아마도 중독(addiction)은 경제학적인 영역이 아니라고 생각할 수도 있으나 이러한 영역은 경제학적인 이슈가 된다. 예를 들어, 영국정부는 2009년부터 2010년까지 담배세(cigarette taxation)로 $105억를 걷었으므로 이러한 경제학적인 이슈를 다루는 것은 중요하다고 할 수 있다.

이를 위하여 중독의 정의에 대해 알아 볼 필요가 있다. 한 가지 정의는 Rob이라는 사람이 다음과 같이 어떤 상품에 중독되었다고 한다. (1) 그 상품을 소비할수록 보다 많이 그 상품을 소비하기를 원한다. 이것을 강화(reinforcement)라고 한다. (2) 그 상품을 소비할수록 미래에 그 상품을 소비하면 효용이 보다 낮아진다. 이것을 내성(tolerance)이라고 부른다.

간단한 모형으로 강화와 내성을 분석할 수 있으므로 경제학자들에게 이러한 정의는 좋은 정의이다. 그러나 이것은 너무 넓은 정의이기도 하다. 사실, 이러한 정의에 의하면 장거리 달리기나, 야구를 보는 것과 같은 것에 많은 것도 중독으로 보아야 한다. 그러나 이러한 정의를 중독보다는 습관(habit)으로 생각하고 이러한 정의를 반영하는 모형을 살펴보도록 하자.

1. 합리적 중독모형

합리적 중독모형을 다루는 Becker and Murphy(1988)로 시작하자. 아마도 합리적 이라는 것과 중독을 같이 사용하는 것은 이상해 보일 지도 모르지만 이것은 자연스러운 시작점이 될 수 있다. 다음과 같은 모형을 살펴보자.

Rob은 담배와 같은 중독적인 상품이나 돈과 같은 비중독적인 상품을 소비하는 것을 선택할 수 있다. a_t는 기간t에서 소비하는 담배의 양을 나타내고 c_t는 지출한 금액을 나타낸다고 하자. 담배를 피우는 효용은 이전의 담배 소비에 의존한다고 가정하자. 이를 위하여 과거에 얼마나 많은 담배를 피웠는 지에 대해 추적할 필요가 있다. 이를 다음과 같이 나타내자.

$$S_t = d(S_{t-1} + a_{t-1})$$

여기서 d는 상품의 중독성을 측정하는 과거 소비의 저량(stock of consumption)을 나타낸다. d가 클수록 과거의 소비가 기억되기 때문에 더 중독적인 담배로 보인다. 만약 d=1이라면 과거 소비가 절대 잊혀지지 않기 때문에 담배는 매우 중독적이다.

기간t에서 Rob의 효용은 현재의 소비와 과거 소비의 저량에 의존한다고 가정하자.

$$u_t = \begin{cases} C_t + 10\sqrt{a_t - S_t} \text{ if } & a_t \geq S_t \\ C_t - 10(S_t - a_t) \text{ if } & a_t < S_t \end{cases}$$

또한 기간간 효용을 알기 위해 5장에서 다룬 지수적 할인을 사용한다고 가정하자.

$$u^T = u_1 + \delta u_2 + \delta^2 u_3 + \cdots + \delta^T u_T$$

Rob이 필요한 것은 자신의 중독을 계획하는 것이다. Rob은 담배가 중독적이라는 것을 알지만, 그럼에도 불구하고 담배를 좋아하므로 이후에 중독될 것을 아는 인생 초기에 얼마나 많은 담배를 소비할 지에 대해 계획한다. Rob이 직면한 문제는 5장에서 Maria가 자신의 소비 수준에 익숙해 질 것을 알고 있으며 상품을 소비할 시점을 결정하는 것에 대해 직면하는 것과 유사하다. 약간 다른 점은 Maria는 미래를 위해서 저축하는 것을 통하여 자유롭게 평활화된 소비를 할 수 있었다. 여기서 Rob은 담배나 돈 중에서 하나는 미래를 위해서 저축하지 못한다고 가정하자.

Rob의 담배에 대한 최적소비를 계산하는 것은 수학적으로 복잡할 수 있다. 따라서 약간의 중독계획을 보고 Rob이 계획들에 대해 어떠한 생각을 하는 지에 대해 살펴보자. <표 11.6>은 세 가지를 나타낸다. 여기서 Rob이 얻는 효용은 미래 4기에 담배가격에 따라 어떠한 일이 일어나는 지에 따라 달라진다. 만약 4기 동안 담배의 가격이 $1라면 Rob은 많은 담배를 소비하는 것이 최선이다. 즉, Rob은 증가하는 양을 소비하는 것을 선호하고 4기에 담배에 대해 자신의 돈을 모두 지출한다. 만약 4기에 담배가격이 $2로 오른다면, Rob은 약간 억제하는 것이 최선이다. 즉, Rob은 담배가격이 오르기 전에 너무 중독되지 않기 위하여 1기에서 3기 사이에 더 적은 담배를 소비한다. 만약 담배가격이 $2.50까지 오른다면 모든 기간에 담배를 자제하는 것이 최선이다.

여기서 모두 d=1로 가정하고 있으므로 담배는 매우 중독성이 높다. 만약 d=0.5라면, 담배는 덜 중독적이고 Rob은 계속 많은 담배를 소비하는 것이 최선이다.

이 예에서 합리적인 중독모형의 결과로 많은 예측들을 나올 수 있다. 즉, Rob은 담배

표 11.6 다른 중독 계획에 대한 효용. Rob이 각 기간당 $10를 가지고 있고, 1기부터 3기까지 담배의 가격이 $1달러라고 가정하자. 4기에는 Rob이 소비할 수 있는 담배의 양은 소득에 의해 제약이 걸린다. 만약 언급이 없다면 d=1이다

4기의 가격	기간에 따른 담배				효용
	1	2	3	4	
$1	0	0	0	0	40.0
	1	2	4	10	70.3
	1	1	2	5	51.0
$2	0	0	0	0	40.0
	1	2	4	5	33.0
	1	1	2	5	46.0
$2.50	0	0	0	0	40.0
	1	2	4	4	23.0
	1	1	2	4	36
$2.50, d=0.5	0	0	0	0	40.0
	1	2	4	4	73.6
	1	1	2	4	70.5

가 얼마나 중독적인 지에 대해 현재의 소비를 고려해야 하고, 미래의 담배가격이 어떨지를 고려해야 한다. 만약 담배가 중독적이고 미래에 가격이 상승한다면 금전적으로 여유로울 수 없는 상황에서 다른 것을 소비하지 못하는 상황을 만들지 않기 위해 현재에 소비하지 말아야 한다. 만약 담배가 덜 중독적이고 가격이 상승하지 않을 것이라고 예상한다면 더 많은 소비를 할 것이다. 이러한 행동을 미래지향적 행동(forward-looking behavior)이라 부른다.

미래지향적 행동의 타당성에 대해 의문을 가지기 이전에 Gruber and Köszegi (2001)의 데이터를 살펴보자. 여기서 세금이 발표될 때 담배에 대한 소비의 변화가 일어나는지에 대해 살펴보았다. 세금이 증가할 것이라는 정부 발표와 세금이 실제로 증가하는 것 사이에 2개월 이상의 지연이 있다면 미래지향적인 행동을 확인할 수 있다. 가격이 실제가 오르는 때가 아닌 세금이 오른다고 발표될 때 담배 소비가 줄어들 것으로 예상할 것이다. 그러나 가격이 오르기 전에 담배를 사재기할 기회가 있기 때문에 세금 증가가 발표될 때 담배의 수요가 증가할 것이라고 예상할 수 있다.

Gruber and Köszegi는 담배의 판매와 소비 사이의 일부의 데이터를 살펴보았고 기대효과를 찾아냈다. 판매 데이터에서 세금인상 발표 후에 판매가 증가하는 사재기 효과

(hoarding effect)가 존재하였다. 예를 들어, 1988년 11월, 캘리포니아에서 10센트에서 35센트로 세금을 올린다고 발표를 하였고 1989년 1월에 실효적으로 적용된다고 하였다. 담배판매는 11월에 1인당 평균 6.68갑에서 다시 6팩정도로 떨어지기 전에 12월에는 8.71갑으로 증가하였다. 소비데이터에서는 일단 세금인상이 발표되면 소비감소가 나타난다. 따라서 소비자들은 미래지향적 행동을 사용한다.

이것은 Rob이 자신의 중독을 통제할 수 있고 Rob의 흡연이 다른 사람에게 음(−)의 외부효과를 존재한다면, 정부가 정책적으로 간섭하는 유일한 이유가 된다. 이 책의 다른 부분에서 보았던 편향들은 아마도 놀라운 결론이 될 지도 모른다. 그러나 이것이 이야기의 끝은 아니다. 왜냐하면 이러한 합리적 중독모형과 일관되지 않는 다른 많은 행동들을 관찰할 수 있기 때문이다. 이제 이를 살펴보도록 하자.

2. 편향과 중독

합리적 중독모형은 두 가지 중요한 편향을 나타낼 수 있다. 첫째, 합리적 모형은 미래지향적 행동이 필요하고 Rob과 같은 사람은 현재편향때문에 미래지향적 계획에 집착할 수 없다는 것을 5장에서 살펴보았다. 즉, Rob은 내일 담배를 끊어야지라고 계획하지만 절대로 그렇게 하지 않는다. 둘째, 만약 Rob이 생각하기에 담배가 덜 중독적이라면 Rob은 담배를 더 많이 피운다는 것을 합리적 모형으로 알 수 있으며 6장에서 살펴본 대로 중독을 과소평가하는데 편향되어 있을 지도 모른다. 예를 들어, 확증편향(confirmatory bias)과 대수의 법칙 때문에 흡연이 얼마나 중독적인 지에 대한 과학적인 증거를 무시할 지도 모른다.

이러한 편향들은 다음과 같은 일정한 기본적인 예측을 할 수 있게 한다. Rob은 보다 중독적이게 되고 계획한 것보다 더 많은 담배를 소비한다. 그 증거를 찾는 것은 어렵지 않다. 설명을 위하여 영국에서 발간된 흡연과 관련된 태도와 행동(ONS2004)에 관한 연구의 데이터를 살펴보자. <그림 11.24>는 조사에 참여한 사람들 중에 얼마나 많은 사람이 금연을 원하는 지에 대해 요약한 것이다. 매우 많은 사람들이 이를 원하고 있다. 이를 보면, 흡연자들이 아마도 금연을 시도하고 금연할 것이라는 것을 예상할 수 있다. <그림 11.25>는 얼마나 많은 흡연자들이 금연하려고 시도하는 지를 나타낸다. <그림 11.26>은 12개월 내에 금연을 시도할 계획을 하는 사람들을 나타낸 것이다. 현실적으로 금연이 어렵기는 하지만 전체적으로 사람들은 금연할 기회가 있었던 것보다 낙관적으로 보고 있다.

그림 11.24 나이 그룹별로 금연하기를 원하는 사람들의 조사비율

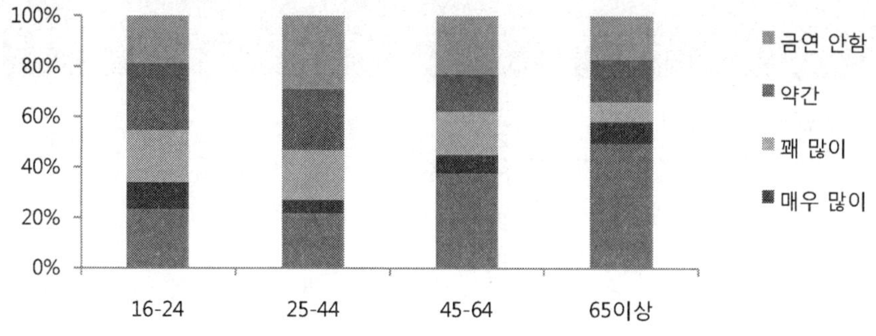

자료: ONS(2004)

그림 11.25 과거에 금연을 시도했던 현재 흡연자의 비율.

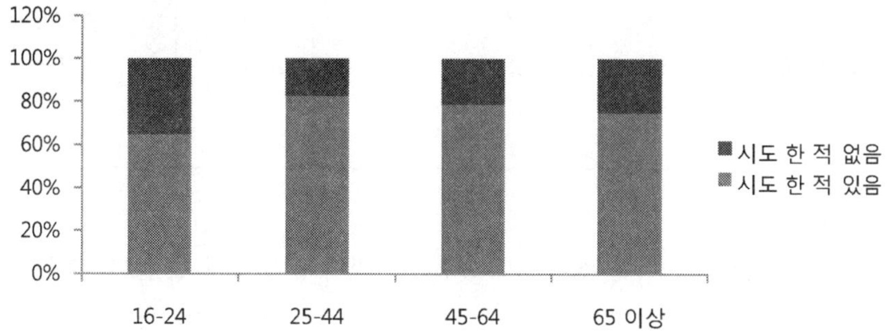

자료: ONS(2004)

그림 11.26 12개월 내에 금연을 계획하고 있는 흡연자들이 12개월 후에 어떠한 것을 예상하는가

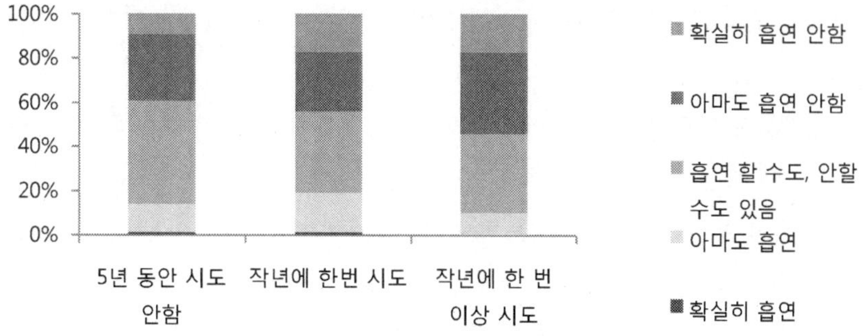

자료: ONS(2004)

여러 데이터는 합리적인 중도모형과 일치하지 않는다. 따라서 사람들은 미래계획적으로 잘 행동하지 못하는 것으로 보이며 금연이 어렵다는 것을 과소평가하고 있다. 보

표 11.7 담배중독성의 과소평가와 현재편향의 결과

편향	기별 담배				기대효용
	1	2	3	4	
없음	0	0	0	0	40.0
	1	2	4	4	23.0
d=0.5	0	0	0	0	40.0
	1	2	4	4	73.6
	1	3	4	4	73.4
	–	2	4	4	51.0
	–	3	4	4	51.2
β=0.8	0	0	0	0	34.0
	1	2	4	4	22.2
d=0.5, β=0.8	0	0	0	0	34.0
	1	2	4	4	62.6
	1	4	4	4	61.6
	–	2	4	4	44.4
	–	4	4	4	44.8

다 어려운 것은 이러한 이유를 정확하게 설명하는 것이다. 이것이 현재편향때문이거나 흡연의 중독성을 과소평가하기 때문인가? 이에 답하기 위해 각 편향들이 어떻게 작동하는 지에 대해 보다 자세히 살펴보자.

<표 11.7>은 기본적인 아이디어를 설명한다. 담배가격이 1기에서 3기까지는 $1로 예상하고 4기에 $2.50로 상승한다고 가정하자. 또한, d=1이므로 담배가 매우 중독적이라고 가정하자. 만약 편향이 없다면 Rob은 흡연하지 않는 것에 최선을 다할까? 만약 편향을 가지고 있다면 어떨까?

만약 현재보다 담배에 덜 중독적이라고 생각한다면, 1기에 2기에는 담배 두 갑을 가지는 것을 계획하는 것을 선호한다. 그러나 2기가 되면 생각했던 것보다 더 중독되었기 때문에 두 갑이 아닌 세 갑을 가지는 것을 선호할 것이다. 계획한 것보다 더 많은 담배를 소비할 것이고, 보다 효용을 극대화하려고 할 것이다.

만약 현재편향을 가지고 있다면 이러한 예에서 많은 일이 일어나지 않는다. 담배를 소비하는 것은 약간 더 유혹적이지만 흡연을 여전히 충분하게 보장하지 않는 기대효용으로부터 알 수 있다. 위의 숫자를 보면 알겠지만 만약 Rob이 강한 현재편향을 가지고 있지 않다면 무엇을 할 것인 지에 대한 큰 차이를 만들 지 않을 것이다. 이러한 경우는 뒤에서 다시 다루기로 하자.

Rob이 경계해야 할 필요가 있는 문제는 흡연의 중독성을 과소평가하는 것이다. 그러나 Rob이 흡연의 중독성을 과소평가한다면 현재편향은 차이점을 만들 수 있다. 예를 들어, 만약 Rob이 흡연의 중독성을 과소평가하고 현재편향을 가진다면 2기가 되었을 때 1기에 계획했던 두 갑보다 많은 네 갑의 담배를 흡연하면 행복할 것이다. 따라서 계획했던 것보다 더 많은 흡연을 할 것이며 더 낮은 효용을 얻을 것이다. Rob이 생각하기에 흡연에 대해 중독성이 낮을수록 현재편향을 더욱 중요해진다.

따라서 흡연의 중독성을 과소평가하는 것과 현재편향의 조합으로 인해 Rob은 계획했던 것보다 쉽게 더 많은 흡연을 하게 되고 계획했던 것보다 더 중독된다. 따라서 금연하는 것을 끝으로 원할 지도 모르지만 그렇게 할 수 없다는 것은 관찰한 데이터로 보다 쉽게 설명된다. 또한, 흡연의 중독성에 있어 보다 많은 정보에 대해 확실한 이유가 되고 사람들에게 금연하기를 시도하도록 도움을 주는 것이 이해할만하므로 정부의 역할은 변한다. 그러나 지금까지 설명한 것은 왜 Rob이 중독되었는 지에 대한 것이다. 이제 금연의 잠재적 어려움을 보다 자세히 살펴보자.

3. 신호와 중독

중독에 있어서 한가지 중요한 요인은 신호로 유발되는 행동(cue-elicited behavior)일 수 있다. 이러한 아이디어의 예로 특이한 소리, 냄새 또는 상황과 같은 어떤 신호가 사람으로 하여금 무엇인가에 갈망하도록 만든다는 것이다. 예를 들어, 만약 Rob은 일반적으로 저녁식사 후에 담배를 피는데 친구들과 바에 간다고 하면 담배에 대한 갈망은 평소보다 높아질 수 있다. 어떻게 이차적 강화물이 이러한 영향을 초래하는지에 대한 살펴보았는데 그러한 신호로 유발된 행동은 종종 중독을 끊으려고 시도하는 사람들에게 재발시키는 이유가 되기도 한다. 한 예로, Laibson(2001)은 몇 해 동안 담배를 피우지 않은 한 흡연자의 이야기를 다루는데, 어느 날 해변가에서 흡연하고 싶은 강한 갈망을 하게 된다는 것이다. 이러한 갈망은 인생에서 한 번만 하게 되는 해변가에서 흡연하는 결과이다.

신호로 유발된 행동은 합리적 중독모형에 큰 변화를 시키지 않고도 모형화할 수 있다. 원래의 모형에 추가하고자 하는 것은 신호이다. 매일 Rob은 집에서 저녁을 먹거나 나가서 저녁을 먹는다고 가정하자. 이것은 신호가 될 것이다. 저녁식사 때, 담배를 피울지 말지 결정을 한다. Rob이 얼마나 많은 담배의 저량을 가지고 있는 것 대신에, 이제

부터 집에서 저녁 식사를 할 때 얼마나 많은 담배를 피울 지와 밖에서 저녁식사를 할 때 얼마나 많은 담배를 피울 지에 대해 구분하도록 하자.

이것을 설명하기 위하여 t-1일에 Rob은 외식하는 것을 결정했다고 가정하자. 따라서 다음과 같이 표시할 수 있다.

$$S_t^{out} = d(S_{t-1}^{out} + a_{t-1})$$

이는 외식할 때 과거 담배소비의 저량을 나타낸다.

$$S_t^{in} = S_{n-1}^{in}$$

이는 집에서 식사를 할 때 과거 담배소비의 저량을 보유하는 것을 나타낸다. 유사하게, 만약 Rob이 집에서 식사를 하기로 정했다면 다음과 같이 놓을 수 있다.

$$S_t^{in} = d(S_{t-1}^{in} + a_{t-1})$$

이는 집에서 식사를 할 때 과거 담배소비의 저량을 나타낸다.

$$S_t^{out} = S_{t-1}^{out}$$

이는 외식을 할 때 과거 담배소비의 저량을 보유하는 것을 나타낸다.

Rob의 t기의 효용(utility)은 식사하는 장소와 현재소비와 과거소비의 저량의 차이에 의해 결정된다. 예를 들어, 외식을 할 때 그의 효용은 다음과 같다.

$$u_t = \begin{cases} c_t + 10\sqrt{a_t - S_t^{out}} & \text{if } a_t \geq S_t^{out} \\ c_t - 10(S_t - S_t^{out}) & \text{if } a_t < S_t^{out} \end{cases}$$

만약 집에서 식사를 할 때 효용은 다음과 같다.

$$u_t = \begin{cases} c_t + 10\sqrt{a_t - S_t^{in}} & \text{if } a_t \geq S_t^{in} \\ c_t - 10(S_t - S_t^{in}) & \text{if } a_t < S_t^{in} \end{cases}$$

표 11.8 d=1이고 담배 한 갑의 가격이 모든 기간에 $2라고 가정하는 경우, Rob이 저녁식사를 하는 동안의 흡연하는 욕구에 대한 할인인자의 효과

매기의 담배				효용	
1	2	3	4	δ=1	δ=0.7
0	0	0	0	40.0	25.33
1	2	3	5	28	27.73

기간간 효용을 알기 위하여 지수적 할인을 사용한다고 가정하자.

$$u^t = u_1 + \delta u_2 + \delta^2 u_2 + \cdots + \delta^T u_t$$

모형을 보다 잘 이해하기 위해서, Rob은 매일 외식한다고 가정하자. 그렇다면 모형은 합리적인 중독모형과 같다. 그러나 이전에 미래를 할인하는 것이 없는 할인인자가 δ=1로 가정한 반면에 할인인자에 대해 생각하는 것이 중요해질 것이다. <표 11.8>은 만약 할인인자가 δ=1이 아니라 0.7이라면 어떠한 일이 일어나는 지에 대해 나타낸다. 할인인자가 작아지면 흡연은 상대적으로 더 유혹적으로 보일 것이라는 것을 알 수 있다. 이러한 이유는 담배를 피는 것에 대한 비용은 Rob이 매우 중독된 4기에 주로 발생하는 것이기 때문이다. 할인인자가 낮을수록 Rob이 이러한 비용에 대해 걱정을 덜하게 된다.

기본적으로, 할인인자는 Rob의 선택에 있어서 매우 중요한 문제가 될 수 있다. 여기서 현재편향이 그렇게 큰 영향을 끼치지 않을 것이다. 왜냐하면 흡연의 혜택은 단지 오늘만의 문제가 아니라 초기 몇 기에 걸친 문제이므로 현재편향은 흡연에 대한 대부분의 혜택뿐만 아니라 비용까지도 할인하기 때문이다. 그러나 흡연의 비용은 몇 기간 뒤에 나타나므로 차이가 나타나게 할 지도 모르는 미래에 대해 보다 더 할인하게 된다.

왜 할인인자에 관심을 가져야 할까? 신호를 이해하는데 할인인자가 왜 중요한 지를 살펴보기 위해서 Rob은 1주일에 6일을 집에서 식사를 하고 토요일에는 외식을 한다고 가정하자. <표 11.9>에 나타나는 것처럼, 월요일에 흡연을 할 지에 대해 결정할 때 Rob은 집에서 식사할 때 흡연의 여부가 과거 소비의 저량에 영향을 미칠 것이므로 다음 날 효용에 영향을 미칠 것이라는 것을 안다. 반대로, 토요일에 흡연의 여부를 결정할 때 Rob은 외식할 때 과거 소비의 저량에 영향을 미칠 것이므로 1주일 후까지 효용에 영향을 미치지 않을 것이라는 것을 안다. 이것은 외식하는 것에 대한 실효 할인인자

표 11.9 만약 2개의 신호가 존재한다면 할인인자는 중요하다

요일	신호	흡연한다면 언제 처음으로 문제가 될까
월요일	집에서 식사	화요일
화요일	집에서 식사	수요일
수요일	집에서 식사	목요일
목요일	집에서 식사	금요일
금요일	집에서 식사	일요일
토요일	외식	다음주 토요일
일요일	집에서 식사	월요일

(effective discount rate)가 집에서 식사할 때의 할인인자보다 훨씬 작다는 것을 의미한다. 예를 들어, 할인인자가 $\delta=0.95$라면 집에서 식사하는 것에 대한 실효 할인인자는 $\delta=0.95$이지만 외식을 할 때의 실효 할인인자는 $0.95^7=0.7$이 된다.

이미 낮은 할인인자를 가지고 있다면 Rob은 더 많은 담배를 피게 될 것이라는 것을 보았다. 따라서, 가능한 결과로써 집에서 식사할 때 담배를 피우지 않을 것이지만 밖에서 식사를 할 때에는 아마 담배를 피울 것이다. 이것은 신호가 중요한 이유이고 Rob이 어떤 신호를 얻을 때만 흡연할 것을 결정하는 이유가 된다. 만약 사람들이 현재편향이나 흡연의 중독을 과소평가한다는 것을 더한다면 중독은 신호의존적이게 되는 이유를 알 수 있고, Rob은 자신이 원할 때보다 외식할 때 흡연에 보다 중독되는 이유를 알 수 있다.

신호 의존성(cue dependency)은 사람들이 어떻게 중독에서부터 빠져나올 수 있는 지에 대해 생각하는데에 중요하다. 만약 중독이 신호 의존적이라면 중독을 일으키는 신호를 피함으로써 중독에 빠지는 것을 피할 수 있다. 예를 들어, 만약 Rob이 외식을 할 때 담배 피우는 것에 너무 중독된다면 외식하는 것을 그만두면 문제를 해결할 수 있다. 이것은 중독을 피할 수 있는 방법을 제시하기 때문에 중독으로부터 빠져 나오고 싶어하는 사람들에게 좋은 뉴스처럼 보인다. 그러나 Rob은 자신이 좋아하는 외식을 희생해야 하고 만약 이전에 외식을 한다면 중독을 재점화시키는데 취약하기 때문에 좋은 소식이 아닐 수도 있다. 마지막 부분은 왜 많은 사람들이 중독으로부터 빠져나 오는 것에 대해 힘들어하는 지를 나타낼 수 있다.

4. 중독과 신경과학

경제학자들은 간단한 모형을 좋아하며 비슷한 점들을 이끌어 내는 것을 좋아하지만 가끔 그러한 방법이 논리에 맞는 지에 대해 확인하는 것 또한 필요하다. 익숙한 방법에서 벗어나 중독과 같은 것을 살펴보는 것이 적절해 보인다. 따라서 중독에 대해 살펴본 모형들이 습관이나 보다 일상적인 소비자 구매에도 일반적으로 적용될 수 있을까? 신경과학은 잠재적으로 이에 답할 수 있다.

흥미로운 것들을 학습하기 위하여 중독에 대한 복잡한 신경과학으로 깊이 들어갈 필요는 없다. 사람들은 초기의 강한 약물의 사용이 도파민 전이를 증가시키는 것을 알고 있으며 이것은 일반적으로 긍정적인 보상과 연관이 있다. 따라서 약물이용자는 약물을 기쁨과 연결시키려고 할 것이고 그러한 기쁨으로 약물을 계속하여 사용하는 신호와 연결하려고 한다. 이것은 위에서 살펴본 보상에 대한 가치평가와 같은 것이므로 여기에는 약물을 돈과 같은 다른 것으로 구분하는 단계가 거의 없다.

그러나 만약 어떤 사람이 지속적으로 약물을 사용한다면, 본질적으로 약물사용에 의해 신경회로(neural circuity)가 바뀌게 되는 것처럼 보이는 여러 단계들을 겪게 된다. 이것은 중독으로 치닫게 된다. 중독의 마지막 단계에 VMPFC는 수동적으로 약물을 소비하는 것보다 약물을 요구하는 방법으로 이어지게 된다. 잠재적으로, 이는 영구적이게 될 수 있으며 약물을 끊는 것을 매우 어렵게 된다. 이는 또한 중독자들은 일반적인 보상에 대해 덜 반응적이게 될 것이고 잘 결정을 할 수 없게 될 것이다.

여기서 무엇을 학습할 수 있을까? VMPFC가 약물을 갈망하는데 활성화시키는 신호이기 때문에 중독의 신호에 근거한 모형에 보다 강한 증거가 될 수 있다. 또한 약물은 실제로 중독적이고 사람들은 약물의 효과를 과소평가하기 때문에 약물의 중독성을 과소평가하는 잠재적인 중요성을 만들어 낼 수 있다. 만약 어떤 사람이 실제로 약물 중독의 결과에 대해 알고 있다면 어떤 현재편향은 약물을 여전히 사용하는 것에 대해 매우 극단적이어야만 하기 때문에 현재편향이 다소 덜 적절해 보일 수 있다. 따라서 현재편향은 작동하는 것이 아니라 현재편향과 관계가 없는 약물에 대해 잠재적으로 통제할 수 없는 갈망이 작동하는 것이다.

이것을 아는 것으로 중독모형이 어떻게 보여야 하는 지에 대한 아이디어를 제공할 수 있다. 이는 또는 중독의 문제를 다른 정책을 어떻게 설계하는 지에 대한 방법을 알려 줄 수도 있다. 예를 들어, 약물의 가격을 올리는 전통적인 경제적 인센티브는 효과가 없다. 보다 적절한 것은 중독의 문제에 대해 경각심을 증가시키고 사람들이 중독에 약해지는 신호를 피하도록 도와주는 것이다.

또한 중독과 습관이 매우 다른 것이라는 것을 알 수 있다. 따라서 현재까지 다룬 것을 유추하면, 아마도 약물중독과 야구경기를 보는 습관을 반영하는 모형이 필요할 것이다. 약물은 헤로인부터 카페인과 초콜릿까지 다양한 강도를 가지고 있지만 구분이 필요하기 때문에 약물과 습관을 나누어 그리는 것은 쉽지 않다. 따라서 중독을 모형화하는 방법을 더 잘 학습하고 기준점의존과 같은 것을 확인할 수 있으며 현재편향은 습관을 반영하는데 충분할 것으로 보인다.

CHAPTER

12

정책과 행동

CHAPTER 12

정책과 행동

마지막 장에서 행동경제학이 사람들에게 더 좋은 선택을 할 수 있도록 돕기 위하여 정책입안자의 입장에서 사용할 수 있는 지에 대해 살펴보자. 물론 3장에서 많은 내용을 다루었지만 정책입안자의 입장을 생각해 보는 것은 매우 중요하다. 예를 들어, Maria는 헬스클럽 회원권을 구매했지만 그 후 한 번도 가지 않았다고 하자. Alan은 은퇴를 위해 충분히 저축하지 않았다고 하자. 이러한 사람들에게 더 좋은 선택을 할 수 있도록 변화시킬 수 있을까? 이 질문은 일부 까다로운 문제를 발생시킬 수 있으나 행동경제학의 중요한 목적 중에 하나가 되어야 한다. 사람들을 약간이나 많이 행복해지게 하는데, 좋은 장소로 만드는데 행동경제학 요소가 활용될 수 있다는 것이다.

행동경제학이 정책을 어떻게 알릴 수 있는 지에 살펴보기 위하여, 경제 정책을 두 개의 넓은 범주를 구분하는 것은 유용하다. 첫째, 좋은 일이 일어날 수 있도록 제도를 설계하는 것이다. 둘째, 좋은 일이 일어날 수 있도록 개인 인센티브를 조절하는 것이다. 둘 사이에 일부 중복이 있을 수도 있다. 예를 들어, 좋은 제도를 설계 할 때 개인 인센티브를 제공하는 것이 필요하다. 그러나 구분은 유용한 것이므로 제도를 설계하는 것을 시작으로 해서 차례대로 각각의 범주를 살펴보자.

제1절 좋은 제도를 설계하기

경제 제도는 기본적으로 사람이 상호작용하는 방법과 규칙에 관한 것이다. 이미 앞에서 제도에 관한 많은 예를 살펴보았고 제도가 중요한 이유에 대해 많은 예를 살펴보았다. 예를 들어, 3장에서 시장이 이중경매인지, 게시호가인지, 협상가격제도인지에 관한 것은 중요하였다. 또한, 경매가 영국식인지, 최고가봉인입찰경매인지 등이 중요하다는 것을 살펴보았다. 리더십, 소통, 리베이트나 환급 등과 같은 것은 임계점 공공재를 제공하는데 사람들이 협력하는지를 살펴보았다. 또한, 처벌의 위협이 협력을 유지하도록 도울 수 있다는 것을 살펴보았다.

여기서는 제도 설계하는 세 가지의 매우 다른 예를 살펴보자. 제도의 중요성을 설명할 뿐만 아니라, 이것은 실생활에서의 정책 설계와 개입의 세상으로 이끌 수도 있다. 제도는 시장과 같이 공식적인 제도(formal institutions)와 사회규범과 같이 비공식적인 제도(informal institutions)의 두 가지 기본적인 종류로 나누어질 수 있다. 첫 번째 예로, 비공식인 제도에 대해 살펴보고, 공식적 제도에 대하여 살펴보기로 하자.

1. 공유지의 비극

낚시에 이용되는 저수지가 있다고 생각해보자. 낚시를 원하는 사람은 무료로 갈 수 있고, 원하는 만큼 많이 낚시를 할 수 있다. 무슨 일이 일어날까? 여기서 일어날 수 있는 것은 너무 많은 낚시꾼들이 함께와서 많은 물고기를 잡고, 물고기의 총량이 매우 적어져 지속불가능한 자원의 남용(overuse) 또는 과도한 개발(overexploiting)이다. 사람들은 이러한 일이 일어나기를 바라지 않는다.

저수지는 공유자원의 예이다. 공유자원(common pool resource)은 소비하는 것에 있어 사람들을 배제하기 어려운 상품이지만, 한 사람의 소비는 다른 사람들의 가능한 소비를 낮춘다. 예를 들어, 사람들에게 저수지에서 낚시를 하지 못하도록 하는 것이 어렵다면, 낚시꾼이 잡은 물고기는 다른 사람의 물고기가 될 수 없다. 다른 예로 산림과 식수시스템, 관개용수, 지구의 공기 등이 될 수 있다. 여기에 나열된 것들과 같이, 공유자원은 환경 문제를 생각하는데 있어 상당히 중요하다.

공유자원의 남용을 예상할 수 있는 곳에 공유지의 비극(tragedy of the common)이 존재한다. 즉, 최악을 기대해야 한다. 이유를 알아보기 위하여 일부 실험에서 사용되는 공유자원 게임(common pool resource game)의 특정한 버전을 살펴보자.

Anna를 포함하여 8명은 각각 10개의 토큰을 가지고 있다고 가정하자. 그들은 안전한 수익(safe return)을 가져다 주는 어떤 것에 토큰을 투자하거나 공유자원에서 상품을 추출하는데 지출할 수 있다. 농장에서 식품을 수확하는 지의 여부를 결정하는 것을 안전한 수익이라고 생각하고 지역 저수지에서 낚시하는 것은 수익이 다른 사람들이 하는 것에 의존한다고 생각하자. 토큰은 돈, 시간, 그 둘의 결합을 나타날 수 있지만 여기에서 시간이라고 생각하자. <표 12.1>은 가능성 있는 보상(payoffs)의 결합을 나타낸다. 예를 들어, 만약 Anna가 낚시에 4시간을 보내고 다른 사람들은 14시간을 보낸다면, Anna는 104의 보상을 받는다.

표 12.1 Anna와 다른 7명의 사람들을 포함하는 공유자원 게임에서 가능성 있는 보상의 결합

	공유자원(낚시)에서 상품을 뽑는데 사용되는 토큰					
Anna	그 외 7명					
	0	14	28	42	56	70
0	50	50	50	50	50	50
2	85	78	71	64	57	50
4	118	104	90	76	62	48
6	149	128	107	86	65	44
8	178	150	122	94	66	38
10	205	170	135	100	65	30

<표 12.1>에 있는 수치를 이해하기 위하여, Anna가 만약 농장에서 모든 시간을 보낸다면 이는 확실한 수익이므로 확실한 50을 얻는다. 만약 다른 사람들이 상대적으로 적게 낚시를 하고, Anna가 낚시에 시간을 보낸다면 저수지는 물고기로 가득차게 될 것이므로 보상은 더 커진다. 반대로 만약 다른 사람들이 상대적으로 낚시를 많이 하고 Anna가 낚시에 시간을 보낸다면 물고기가 거의 남아 있지 않기 때문에 보상은 더 작아질 것이다. 어떠한 일이 일어날 것인가?

좋은 결과는 각 사람들이 90의 보상을 얻기 위하여 낚시에 4시간을 보내는 것이다. 그러나, 만약 다른 사람들이 전체 7×4=28시간을 낚시에 보낸다면 Anna는 낚시에 10시간을 보내는 것이 최상이다. 따라서, 각 사람이 4시간만 낚시를 하지 않을 것으로 보인다. 보다 그럴듯한 것은 각 사람이 66의 보상을 얻기 위해 낚시에 8시간을 보내는 것이다. 왜 그럴까? 만약 다른 사람들이 총 7×8=56시간을 낚시에 시간을 보낸다면, 그 후 Anna는 낚시에 8시간을 보내는 것이 최상이므로 모든 것에 보다 적합해진다. 이것은 모든 사람은 4시간 낚시를 한다는 파레토 최적인 반면에 모든 사람은 8시간 낚시를 한다는 내쉬균형 이라는 사실을 나타낸다.

만약 모든 사람이 8시간동안 낚시를 했다면, 공유지의 비극을 관찰할 것이다. 사람들은 너무 많이 낚시를 하고 조금 덜 낚시를 할 수 있었던 것보다 낮은 보수를 얻게 된다. 이것은 좋은 현상이 아니지만 현실에서 어떨까?

증거에 따르면 공유지의 비극은 때때로 피할 수 있다. 실제로 2009년에 노벨 경제학상을 수상한 오스트롬(Elinor Ostrom)은 중앙정부 또는 민영으로부터 어떤 규제없이, 어떻게 지방의 재산이 지역공동체에 의해 성공적으로 관리될 수 있는 지에 대해 설명하여 통념에 이의를 제기하였다. 공유자원을 성공적으로 사용하는 예들은 스위스 알프

스와 일본의 방목지, 스페인과 필리핀의 관개시스템, 로스엔젤레스 주변의 지하수 유역이 될 수 있다. 각 경우에, 자원의 사용자들은 효율적인 수준이나 최소한 남용하는 수준보다 낮은 자원의 사용을 유지하는 방법들을 알아 내었다.

구체적인 예를 살펴보자. 1995년에 알래스카의 어류 중의 하나인 넙치를 잡는 어부들은 개별어업할당(individual fishing quota)이라 불리는 것을 사용하기로 결정하였다. 기본적인 아이디어는 개인들에게 물고기를 잡을 수 있는 총량에 대한 비중이 넘어서면 이에 대한 소유권을 주는 것이다. 조업 시즌의 길이는 가능한 많은 물고기를 잡기 위해 수요가 많은 8월까지만 3일을 조업하게 되는데 이는 지속가능한 해결책이 되었다.

모든 성공적인 예가 있는 반면에 새로운 것이 그다지 좋지 않은 예도 있다. 예를 들어, 다랑어는 지중해에서 위험하게 낮은 수치의 개체수를 나타내고 있지만, 어떻게 개체수 감소가 멈출 수 있을 지에 대한 합의는 거의 없다. 특히 국제적인 수역에서 개별어업할당량을 사용하게 시도한 것은 매우 실패한 사례이다.

따라서 왜 공유지의 비극은 어떤 경우에는 피할 수 있으나 다른 경우에는 피할 수 없을까? Ostrom은 실패로부터 성공을 구별하는 것을 살펴보는 목적으로 공유자원의 사례 연구를 살펴보고 이러한 문제를 설명하려고 하였다. Ostrom(2010)은 다음과 같은 리스트를 포함하고 있다. 사용자와 비사용자 사이의 경계를 지역적으로 명확하게 하고 이해한다. 자원의 사용자는 자원이 어떻게 관리되는 지에 대해 말해야 하고, 자원을 사용하는데 대한 규칙들이 남용을 처벌하는 것을 포함하여 설계되는 지에 대해 말해야 한다.

있을 법한 성공과 실패의 사이를 깔끔하게 나눌 수 있다면 믿기 힘들 정도로 유용하다. 예를 들어, 정부가 공유지의 비극을 피하기 위해 개입하는 것이 필요할 때나 그렇지 않을 때나 정책입안자에게 알리는 것이 도움이 된다. 또한 정책입안자가 이러한 것들을 마련할 수 있도록 돕는 것은 개별어업할당과 같이 자원의 사용들은 스스로를 도울 수 있다는 것이다. 그러나 분명히 이것은 리스트가 올바른 경우에만 작동하는데 성공과 실패사이에 경계가 명확해야 작동하는 것이다. 그리고 사례연구에서 반드시 알레스카와 스페인 어부와 같이 비교하는 것은 어떤 문제가 발생할 수도 있다. 올바른 것인지에 대해 확신하기 위하여 추가적인 한 가지 방법은 실험실 연구이다.

한 번에 한 번 변하는 특정한 요소를 도입할 수 있으므로 실험실 연구는 유용하다. 설명을 위해 Ostrom, Walker, and Gardner(1992)의 연구를 살펴보자. 피험자는 <표 12.1>과 같이 20라운드 동안의 공유자원 문제를 다루게 된다. 처음 10라운드에서 피험

그림 12.1 공유자원 문제를 20라운드의 걸친 최대 퍼센트로 나타낸 평균 순이익. 음(−)의 비율은 피험자가 안전한 수익을 주는 자산에 투자하는 것이 더 좋다는 것을 나타낸다. 100%는 페레토 최적이다. (10)과 (25)는 피험자가 각 라운드를 시작할 때 10개 또는 25개의 토큰이 주어졌다는 것을 나타낸다

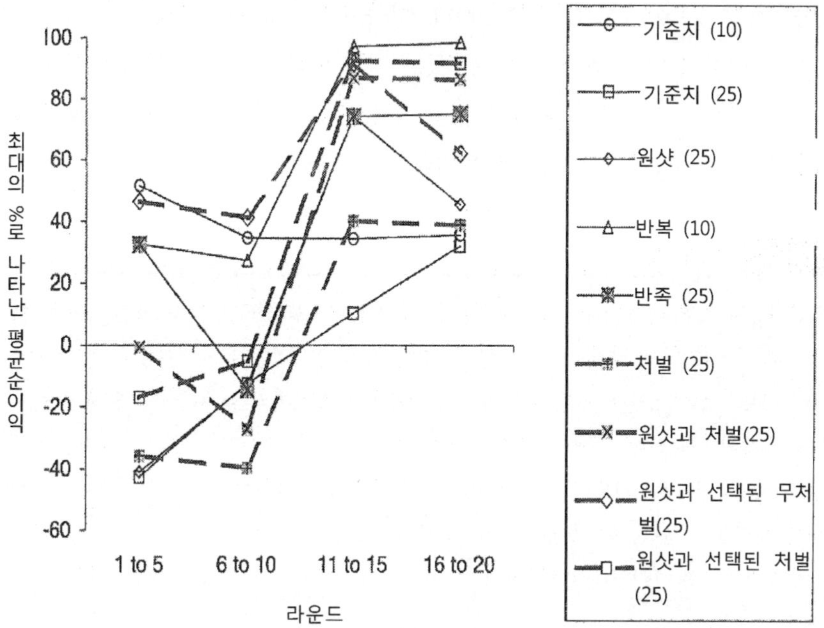

자료: Ostrom et al.(1992)

자는 자원으로부터 얼마나 많이 상품을 뽑아낼 지에 대해 결정해야만 하는데 대부분의 경우 남용이 발생한다. 이후 10라운드에서 피험자들에게 남용을 시도하고 피하는 다양한 방법이 주어진다.

<그림 12.1>은 결과를 나타내는데 다소 복잡하게 보인다. 기준치에서 피험자들게 남용을 피하기 위한 어떤 방법도 주어지지 않았고 이익은 꽤 부족하게 된다. 일부의 처리에서 피험자들은 서로 의사소통을 할 기회가 주어지는데 한 번, 매 라운드, 반복 등이 있을 수 있다(연구방법 12.1). 반복된 의사소통은 긍정적인 영향을 미치며 이익이 지속가능하다. 또 다른 처리에서 피험자들에게 다른 사람을 처벌할 기회가 주어진다(8장의 공공재 게임과 비슷하다.). 이것은 더 적은 영향을 가진다. 다른 처리에서 피험자들은 의사소통하고 다른 사람들을 잠재적으로 처벌할 수 있는 기회가 주어진다. 이것은 다시 피험자들이 남용을 피하는데 도움을 주는 것으로 보인다.

이 연구로부터의 교훈은 처벌 또는 제재의 위협을 조합하여 반복하는 의사소통은 사

람들이 공유지의 비극을 피하도록 도울 수 있다는 것이다. 다른 연구에서 (Schmitt, Swope, and Walker, 2000) 만약 의사소통에 참여하지 않는 외부인(outsider)이 있다면 의사소통의 이익은 보다 덜 하다는 것을 보여주었다.

이것은 사례연구에서 본 것과 비슷하다. 따라서 사례연구와 실험실 연구의 결합은 공유지의 비극이 언제, 어떻게 피할 수 있는 지에 대한 중요한 통찰력을 줄 수 있다. 공유지의 비극을 피하기 위해 중요한 것은 의사소통, 제재의 위협, 외부인을 배제하는 능력, 소유권의 의미가 되는 것으로 보인다.

연구방법 12.1 의사소통

일반적으로 실험실 경제학자는 피험자들이 서로 의사소통 하도록 하는 것을 기피한다. 경제적 행위는 서로 의사소통을 할 수 없는 사람들 사이에서 일어나므로 이렇게 하는 것이 이론적인 이유가 될 수 있다. 또한 실험자들이 통제력을 잃어버리기 때문에 이렇게 하는 실질적인 이유들이 있다. 예를 들어, '강한' 개성을 가진 한 명의 피험자는 전체의 실험을 편향으로 이끌 수 있다. 이론적으로 최소한 표준 경제학에서 의사소통은 중요하지 않아야 한다.

비록 사람들은 종종 의사소통을 하고 직관적으로 그것의 차이를 만들어 내므로 이것을 고려할 필요가 있다. 실험에서 피험자들이 의사 소통을 할 수 있도록 하는 다양한 방법들이 있다.

가장 제한적인 방법은 피험자들에게 피험자가 받아들이려고 계획하는 어떠한 행동을 말하게 하는 것이다. 그래서 피험자가 선택을 하기 전에, 피험자가 선택하려고 계획하는 것을 다른 사람에게 말할 기회를 얻는 약한 연결게임에서 노력수준을 선택하게 하는 것이다. 이것은 실험자가 실험을 통제할 수 없으므로 다양한 방법으로 선호되고 있다.

이것으로부터 한 단계 높아진 것은 피험자들에게 컴퓨터를 통해 대화할 수 있도록 허락하는 것이다. 이제 피험자들은 자유롭게 대화할 수 있으므로 실험자들은 통제를 할 수 없게 된다. 그러나 대화하는 것들이 기록되면 분석은 상대적으로 쉬워진다.

마지막 단계로, Ostrom(1992)의 실험과 같이 피험자들이 서로 얼굴을 마주보고 대화하도록 허락한다. 이제 실험자들은 많은 통제력을 잃으며 어떠한 일이 일어나는 지에 대해 기록하려 하는 것은 불가능하다. 피험자가 대화하는 것을 기록할 수 있으나 바디 랭귀지나 이와 유사한 것을 기록하는 것은 분명히 어렵다. 시험의 마지막 유형은 경제학에서 매우 드물지만 그것이 좋은 것인지는 확신할 수 없다.

2. 매칭시장

3장의 시장을 살펴볼 때, 이중경매, 게시호가, 협상가격제도들을 비교하였다. 이러한 제도들의 기본적인 목적은 구매자와 판매자가 매칭(match)시켜 서로 이익이 되는 거래를 할 수 있도록 하는 것이었다. 이중경매시장에서 매도호가와 매수호가를 받는 경매인은 만약 매수호가가 매도호가보다 크면 판매자와 구매자를 매치시킨다. 게시호가시장에서는 판매자는 자신의 가격을 광고하고 구매자는 그 주위를 맴돌며 자신이 선호하는 가격을 발견한다. 협상가격시장에서는 판매자와 구매자가 서로 주위를 맴돌며 상대방에게 매도와 매수하려는 것을 서로 물어본다. 여기서 살펴보려고 하는 것은 구매자가 지불하려고 하는 가격에서 판매자가 공급하려고 하려고 할 때마다 판매자와 매치되는 구매자들에 대한 것이다.

3장에서 이중경매시장은 효율적이라는 것을 설명하였다. 즉, 구매자와 판매자를 매치하는 가장 좋은 방법이다. 그러나 여기서 초점은 각 판매자는 어떠한 동질의(homogenous) 상품을 판다. 예를 들어, 특정 브랜드의 콜라는 다른 상품들과 비슷해서 구매자는 상대적으로 누가 그 상품을 팔고 있다는 것에 무관심하다. 그러나 많은 경우에 상품은 동질하지 않다. 예를 들어, 같은 집이 두 채가 될 수 없으며, 식당 음식들, 중고차들은 정확하게 같지는 않다. 이것은 구매자와 판매자를 효율적으로 매치하는 것을 보다 어렵게 만든다.

문제를 설명하기 위하여 노동자와 고용주를 매칭하는 것을 살펴볼 수 있다. 많은 직장에서 새롭게 훈련된 졸업자들은 고용주와 함께 진입 수준의 직장을 찾으려고 한다. 여기서 살펴보고자 하는 것은 노동자 또는 노동 공급자와 고용주 또는 노동 수요자 사이를 최선으로 매칭하는 것이다. 그러나 노동자들은 일하려고 하는 사람과 다른 선호를 가질 것이고, 고용주들은 고용하려고 하는 사람과 다른 선호를 가질 것이다. 어떠한 제안도 받지 못하는 지원자가 되어 버리는 상황이 되며 고용주의 제안을 받는 사람이 없어지는 상황이 발생할 수 있다. 최선의 매치를 얻는 것은 결코 쉽지 않다. 이 문제를 해결하려고 하는 직장 중의 하나가 의료업이다.

의료업의 문제는 새롭게 훈련된 의사와 의사를 고용하려고 하는 병원과 매치하는 것이다. 이러한 문제가 존재한다는 것을 설명하기 위하여 미국의 경험을 살펴보자. 1945년 이전에 새로운 의사에 대한 시장은 협상가격 시장과 같이 분권화되었다. 결과는 이것의 결과로 병원이 다른 병원보다 먼저 가장 좋은 지원자를 데려가기 위해 가장 좋은 학생을 미리 고용하여 계약일이 흐트러지는 문제가 발생하였다. 결국, 학생은 졸업하기 2년 전에 고용되었다. 이것은 병원이 학생들이 실제로 얼마나 좋은 지를 볼 기회를 가지기 전에 학생들을 고용하거나, 학생들이 가장 실습하기를 원하는 의술의 유형이 무엇인 지를 볼 기회를 가지는 것을 의미한다. 이것은 비효율적이다.

1945년에 동맹한 의과 대학들은 문제들을 해결하고 개선시키려고 하였으나 새로운 문제가 등장하였다. 이 때, 한 곳으로부터 제안을 받은 지원자들은 만약 선호되는 병원에서 제안을 얻을 것인지를 보기 위해 기다릴 것이다. 이것은 합리적인 것처럼 보이지만, 만약 모든 사람들이 그렇게 한다면, 그 후 모든 사람들은 다른 모든 사람들이 결정을 하기까지 기다리게 된다. 수락을 위한 기한까지 아무 일도 일어나지 않고, 이후 마지막 순간에 결정이 이루어져 거의 생각할 시간이 없게 된다. 이도 비효율적이다.

1952년에 국립 레지던트 매칭 프로그램(National Resident Matching Program)은 지원자들를 위한 정보처리관으로써 설치되었다. 이전의 문제를 피하는 병원과 의사를 매칭시키는 방법이 필요하였다. 1998년 이후, 프로그램은 경제학자 로스(Alvin Roth)가 개발한 매칭 알고리즘(matching algorithm)을 사용했고 처리절차는 훨씬 더 효율적이었다. 여기서 사용되는 알고리즘을 살펴보자.

인터뷰와 방문절차 후에, 의사들은 선호하는 병원들의 순위를 제출하고 병원들은 선호하는 의사들의 순위를 제출한다. <표 12.2>는 작동 사례를 나타낸다. 이후 연기된 수락 알고리즘(deferred acceptance algorithm)이 사용된다. 알고리즘은 다음과 같다. 각각의 의사는 병원에 대한 첫 번째 선택을 할당한다. <표 12.3>은 이러한 예에서 할당한 사람을 추적하는 것을 나타낸다. 각각의 병원에서의 일자리는 그 병원을 가장 선호하는 의사들로 먼저 채워지고 나머지는 거절된다. 예를 들어, Carol은 Birmingham이 Bill을 고용하는 것을 선호하기 때문에 거부된다. 이 단계에서 거절된 어떤 의사는 병원에 대한 두 번째 선택을 할당한다. 각 병원의 일자리는 그 병원을 가장 선호하는 의사들로 다시 채워지고 다른 의사들은 거부된다. 이 때 Boston은 Carol을 선호하기 때문에 Emma는 거부된다. 거절되는 의사가 없을 때까지 이러한 과정은 계속된다.

표 12.2 직장을 찾는 초급 의사들과 초급 의사를 찾는 병원의 가능한 선호

		선호		
		첫 번째	두 번째	세 번째
의사	Bill	Birmingham	New York	Boston
	Carol	Birmingham	Boston	New York
	Emma	Boston	New York	Birmingham
병원	Birmingham	Bill	Carol	Emma
	New York	Bill	Carol	Emma
	Boston	Bill	Carol	Emma

표 12.3 의사가 병원을 할당하는 연기된 수락 알고리즘

	할당된 의사			거절된 의사
	birmingham	New York	Boston	
1라운드	Bill과 Carol	–	Emma	Carol
2라운드	Bill	–	Emma와 Carol	Emma
3라운드	Bill	Emma	Carol	–

예를 들어, 비슷한 지역에 일하는 것을 원하는 사람이 두 명이 있을 수도 있기 때문에 이보다 훨씬 복잡할 수도 있다. 그러나 위의 것은 기본적인 아이디어를 나타낸다. 연기된 수락 알고리즘에 대하여 중요한 것은 어떤 지원자나 병원이 되돌아 볼 수 없고 다른 순위를 가지는 것을 바라지 않는다는 의미에서 안정적인 매칭(stable matching)이 된다.

모든 가능성 있는 알고리즘이 안정적이지 않다. 예를 들어, 다음과 같이 작용하는 우선순위 매칭 알고리즘(priority matching algorithm)을 고려하자. 매칭의 우선순위는 두 가지 순위의 곱이다. 예를 들어, 만약 어떤 의사가 어떤 병원을 첫 번째로 순위를 매기고 병원이 그 의사를 네 번째로 순위를 매긴다면, 곱은 1×3=3이 된다. 만약 어떤 의사가 병원을 네 번째로 순위를 매기고 병원은 그 의사를 두 번째로 순위를 매긴다면, 우선순위는 4×2=8이 된다. 일자리는 우선순위의 순서로 채워진다. 따라서, 의사와 병원 모두 서로를 첫 번째로 순위를 매긴 곳에서 어떤 사람이 매치한 우선순위는 처음으로 채워지며 두 번째 매치한 우선순위가 다음으로 채워지고 모든 빈칸이 채워질 때까지 진행된다. 그 후 두 번째 매치한 우선사항이 채워지고, 공석이 채워질 때까지 이어진다. 이 알고리즘이 안정적일 필요가 없는 이유를 보이기 위하여, 예를 다시 살펴보자. Emma와 Boston사이의 매칭은 세 번째 우선순위가 되는 반면에 Carol과 Boston 사이의 매칭은 네 번째 우선순위가 된다. 이것은 Emma는 Boston에서 끝나고 Carol로 New York로 끝이 날 것이다. 일단 그들이 이를 안다면, Boston은 Carol에게 전화를 해서 Carol이 올 것을 요청하고, Carol은 수락할 것이다. 문제점이 풀리기 시작한다.

만약 알고리즘의 결과가 안정적일 것 같지 않다면, 계약 시간이 풀어질 것이라는 것을 예상할 수 있다. 왜냐하면 Carol과 Boston과 같은 지원자와 병원은 알고리즘을 믿는 것을 꺼리게 될 것이다. 영국은 다른 지역에서 오랜 시간 다른 알고리즘을 사용해왔기 때문에 이에 대한 좋은 실험을 하였다. <표 12.4>는 무엇이 일어났는 지를 요약한다. 여기서 선형 계획 알고리즘에 대해 설명하지 않지만 원칙적으로 불안정한 것이 계약

표 12.4 영국에서 사용되는 다른 방법

지역 시장	알고리즘	불안정	흐뜨려지지 않음
Edinburgh	연기된 수락	그렇다	아니다
Cardiff	연기된 수락	그렇다	아니다
Birmingham	우선 매칭	아니다	그렇다
Newcastle	우선 매칭	아니다	그렇다
Sheffield	우선 매칭	아니다	그렇다
Cambridge	선형 계획	아니다	아니다
London Hospital	선형 계획	아니다	아니다

자료: Kagel and Roth (2000).

시간을 흐트러지게 하지 않기 때문에 어떤 퍼즐이 발생하는 것을 알 수 있다.

이 퍼즐에 답하려고 시도하는 한 가지 방법은 실험실에서 각 매칭 알고리즘을 복사하여 어떠한 일이 일어나는 지에 대해 살펴보는 것이다. Kagel and Roth(2000)와 Unver(2005)의 연구이다. 이 실험들은 25라운드 동안 진행된다. 각 라운드에서 노동자와 고용주의 역할을 하는 피험자는 좋은 매치를 찾으려고 시도하고 피험자들이 매치된 것에 기반하여 $14와 $4 사이를 지급받는다. 흐뜨려지는 가능성을 반영하기 위하여 각 라운드는 −2, −1, 0의 3기로 분리한다. 만약 노동자와 고용주가 −2기에 매치하는데 동의한다면, 각각 $2의 벌금을 지불해야 하고, 만약 −1기에 동의한다면 $1의 벌금을 지불해야 한다. 여기서 보려고 하는 것은 비용이 발생하는 것에도 불구하고, 피험자들이 −2와 −1기에 매치하는 것을 동의한다는 의미에서 어떠한 것을 흐뜨려지는 지에 관한 것이다.

<그림 12.2>는 실험에서 무엇이 일어나는 지에 대해 나타낸다. 매칭이 분권화된 처음 10라운드에 초첨을 맞추는 것으로 시작하면 사용된 매칭 알고리즘은 없다. 피험자들은 조기에 좋은 매치를 얻기 위해 벌금을 지불하는 것으로 나타나므로 계약 시기가 흐뜨려 지는 것이 나타난다. 11라운드부터 매칭 알고리즘은 사용된다. −2기와 −1기까지 매치되지 않는 노동자와 고용주들을 위해 0기가 사용된다. 피험자가 지불하려는 벌금은 아주 급격하게 감소되고 연기된 수락 알고리즘에서는 거의 0이 되는 것을 알 수 있다.

이것은 연기된 수락 알고리즘이 잘 작동하고 있다는 것을 나타낸다. 우선순위와 선형계획 알고리즘은 비용이 여전히 유의하게 남아있어 보다 덜 제대로 작동하고 있다. 따라서 선형계획 알고리즘은 Cambridge와 London 병원을 위해 작동한 것은 우연일 수

그림 12.2 매칭 알고리즘 비교

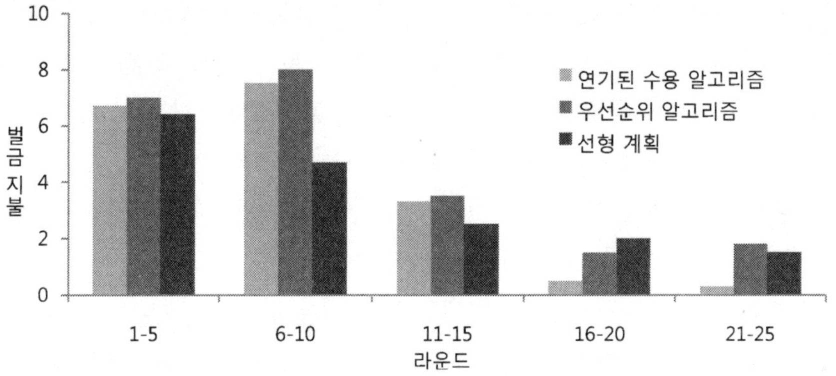

자료: Unver(2005)

있다.

그러나 요점은 이러한 실험이 연기된 수락 알고리즘의 장점을 증명한다는 것이다. 연기된 수락 알고리즘은 이론과 실험에서 둘 다 좋은 잘 작동하는 것으로 보인다. 이것은 실제 세상에서 성공으로 보여진다. 의사와 병원의 매칭하는 것에서 알고리즘은 성공적임을 입증했고, 지금 잠재적인 학생과 학교의 매칭과 같이 다른 영역에서 사용되고 있다.

3. 주파수경매

마지막 사례로 경매설계(auction design)을 살펴보자. 특히 주파수경매(spectrum auction)에 대해 알아보자. 이러한 경매를 경제학적으로 고려하기 전에, 주파수 등에 대해 알아볼 필요가 있다.

전자기파 스펙트럼(electromagnetic spectrum)은 상대적으로 고주파수인 감마 선부터 상대적으로 저주파수인 장파(long wave)까지 존재하는 전자기 주파수의 범위를 나타낸다. 주파수 끝에 있는 저주파수는 9 KHz에서 30 KHz의 주파수인 라디오파(radio waves)이다. 텔레비전, 라디오, 핸드폰, 무선 네트워킹, 비상 연락, 누군가가 자동차 문을 열기 위하여 자동차 전자 열쇠를 누르려고 할 때의 신호, 다른 많은 것들은 모든 라디오파를 통해 전송된다.

이것은 전자기파 스펙트럼의 부분에 대한 경쟁을 일으킨다. 예를 들어, 만약 텔레비전 채널이 특정한 주파수로 프로그램을 전송하고 있다면, 방해가 일어나도록 같은 주파수로 다른 사람이 전송하는 것을 원하지 않을 것이다. 따라서, 일부의 주파수는 텔레비전, 라디오, 그 밖에 작동되는 것과 같은 것으로 분할되고 할당될 필요가 있다.

설명을 위하여 470 MHz와 862 MHz 사이의 주파수는 전형적으로 텔레비전을 위해 할당되는 영역이다. 이것들은 8MHz는 각각 21부터 69까지의 주파수 채널을 주는 49개의 큰 덩어리나 주파수로 나누어 진다. 주파수 채널은 텔레비전 채널을 방송하기 위한 충분 공간이며 디지털 텔레비전을 이용하는 6~8개의 채널이다. 잠재적으로 주파수 채널을 할당받는 방송사업자는 방해를 걱정하지 않고 방송할 수 있다. 그러나 잠재적인 방송사업자들은 주파수 채널을 어떻게 할당 받을 지를 결정할까?

많은 경우에 정부는 기업에게 주파수의 일부를 직접 할당한다. 예를 들어, 정부위원회는 기업이 주파수의 일부분을 사용할 권리를 신청한 후에 결정할 수도 있다. 또 다른 대안으로 주파수의 일부분을 경매로 할당하는 것이다. 3장과 7장에서 경매가 어떻게 작동할 수 있는 지를 살펴보았고, 누구에게 무엇을 줄 지에 대해 결정하는 정부보다는 주파수를 경매하는 것은 시장이 되어야 한다. 이것은 보다 효율적일 수 있고 정부는 보다 많은 수입을 올릴 수 있다.

그러나 주파수경매는 앞의 장들에서 살펴본 것보다 매우 복잡하다. 주파수경매를 설계하는 것은 단순한 것이 아니다. 이것이 복잡한 이유를 설명하기 위하여 젓가락 경매(chopstick auction)라고 불리는 것에 대해 살펴보자.

젓가락경매의 매우 간단한 경우를 살펴보자. Mathan은 어느날 저녁에 좋아하는 중식당을 갔고, 중식당 주인들이 게임을 하기 위해 모였다고 생각하자. 이른 저녁에 주인들은 동시에 10세트의 젓가락을 걸고 동시에 경매를 시작하며 최고가봉인입찰경매(first price sealed bid auction)를 사용한다. 따라서 Mathan은 첫 번 째 젓가락 세트에 얼마를 입찰할 지, 두 번째 세트와 그 이후에 얼마에 입찰할 지를 기록할 필요가 있다. 만약 하나의 젓가락 세트에 가장 많은 금액으로 입찰한다면 그 젓가락 세트를 얻게 된다. 만약 Mathan이 하나의 젓가락 세트를 얻는다면 음식을 먹을 수 있으나 만약 얻지 못한다면 음식을 먹기 위하여 싸워야 할 것이다. 따라서 Mathan은 단 하나의 젓가락 세트만 얻으면 되고 어떠한 것을 얻었는 지에 대해서는 신경쓰지 않는다.

독립적으로 각각의 젓가락 세트를 위한 입찰은 앞의 장들에서 보았던 경매와 매우 비슷하다. 여기에 복잡한 점은 10세트가 동시에 경매되고 있다는 것이다. 이러한 이유로 이를 다량상품경매(multi-unit auction)이라고 한다. Mathan은 각각의 세트에 얼마의 금액으로 입찰해야 하는가?

이것을 답하는 것은 매우 어렵다. 이유를 알아보기 위하여 첫째로 식당에는 10명의 식사하는 사람이 있다고 상상해 보자. 원칙적으로, 10세트의 젓가락이 있고 10명의 식사하는 사람들은 젓가락을 기다리고 있으므로 희망적으로 보인다. 만약 Mathan이 세트1에 $1, 다른 사람인들은 $0를 입찰하고 Emma는 세트2에 $1, 다른 사람들은 $0를 입찰하는 것이 반복되면 그들 모두 $1에 젓가락 세트를 얻을 것이다. 그러나 식사하는 사람들은 협상할 필요가 있다. 세트2와 세트3이 아닌, 세트1에 $1에 입찰하려는 것을 어떻게 Mathan은 알 수 있을까? 만약 식당 주인들이 식사하는 사람들에게 서로 의사소통하는 것을 허락하지 않는다면, Mathan은 알 수 있는 방법이 없으므로 협상실패가 발생할 수 있을 것이다. 이것은 Mathan이 어떻게 입찰해야만 하는 지에 대해 아는 것을 어렵게 만든다. 만약 20명의 식사하는 사람과 10개의 젓가락 세트들이 있거나 다른 세트들보다 비싼 젓가락이 있다면 전보다 문제가 더 복잡해 졌기 때문에 해결하기 어려워 보인다.

이러한 것은 주파수경매에서도 발생한다. 주파수를 이동통신사에 할당하는데 사용하며 최근에 많은 관심을 받은 주파수경매를 살펴보자. 이동통신사는 운영을 위해 주파수의 일부분을 필요로 한다. 예를 들어, 2000년경에 3G 또는 3세대 모바일 표준의 도입으로 이동통신사들은 이러한 서비스의 운영을 시작하기 위해 새로운 주파수를 할당받을 필요가 있었다. 대부분의 서구 국가의 정부는 주파수를 할당하기 위해 경매를 이용하였다.

보다 구체적으로, 영국의 경매를 살펴보자. 영국 정부는 5개의 면허(lincense)를 제공하기로 결정하였는데 주파수의 5부분으로 생각할 수 있다. <그림 12.3>에서 면허A는 총 35MHz로 구성된다. 반대로, 면허B는 총 30MHz로 구성되고 다른 3개의 면허는 총 25 MHz로 구성된다. 면허A는 영국 이동통신 시장(BT, One2One, Orange, Vodafone은 제외)의 신규 사업자만 이용하기로 결정되었다. 젓가락경매와 비교하면 어떨까?

판매를 위해서 5개의 면허와 5개의 젓가락 세트가 있다. 하나의 기업은 오직 하나의 면허만 원하지만, 보다 많은 주파수는 보다 좋으므로 면허A는 면허B보다 좋으며 면허B는 면허C~면허E보다 좋다. 전체적으로 13개 기업이 입찰하였으므로 수요가 분명히 공급을 초과했지만 이들 중 4개 기업은 면허A에 입찰할 수 없다는 것을 기억하자. 어떻게 기업이 이와 같은 환경에서 입찰해야할 것인 지에 대해 아는 것은 매우 어렵다. 경매가 정부위원회가 결정하는 것보다 주파수를 할당하는 더 좋은 방법인가에 대해 그다지 확실하지 않다. 잘 작동시키기 위하여 경매는 매우 잘 설계할 필요가 있다.

그림 12.3 전자기파 스펙트럼의 라디오파 할당과 영국에서 어떻게 할당 되었는가

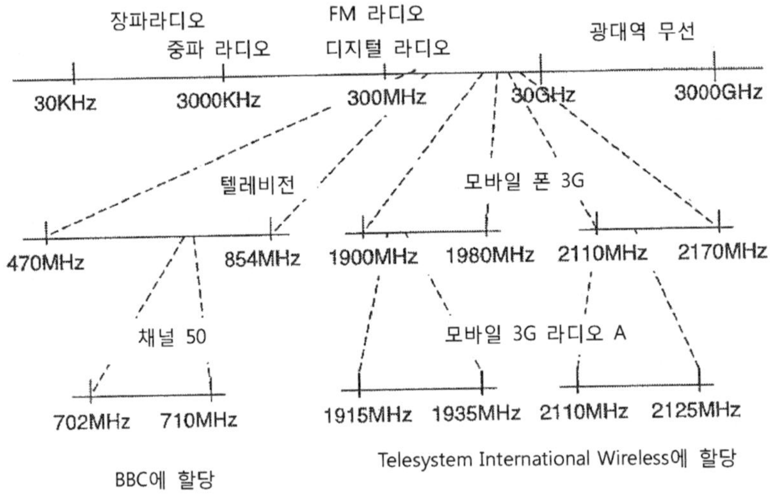

이는 경제학자들이 희망적으로 이용할 수 있는 부분이다. 영국 정부는 영국의 3G 주파수경매에 대한 설계를 위해 Ken Binmore와 Paul Klempere을 포함하는 경제학자팀을 고용하였다. 결국 사용된 설계는 동시승가경매방식(simultaneous ascending auction)인데 미국의 경우를 이후에 살펴보자. 이러한 경매는 큰 성공을 거두었다. 5개의 면허로부터 벌어들인 총액은 225억 파운드인데 예상했던 금액을 초과하였다. <그림 12.4>와 같이 다른 유럽국가에서는 경매로 벌어들인 금액은 훨씬 큰 것으로 나타나고 있다.

<그림 12.4>는 경매의 성공이 경매의 설계 방법에 따라 달라진다는 것을 나타낸다.

그림 12.4 날짜 순서대로 나타낸 다른 유럽국가들의 3G주파수경매의 1인당 유로수입. 영국, 독일, 덴마크 경매는 성공으로 간주된다

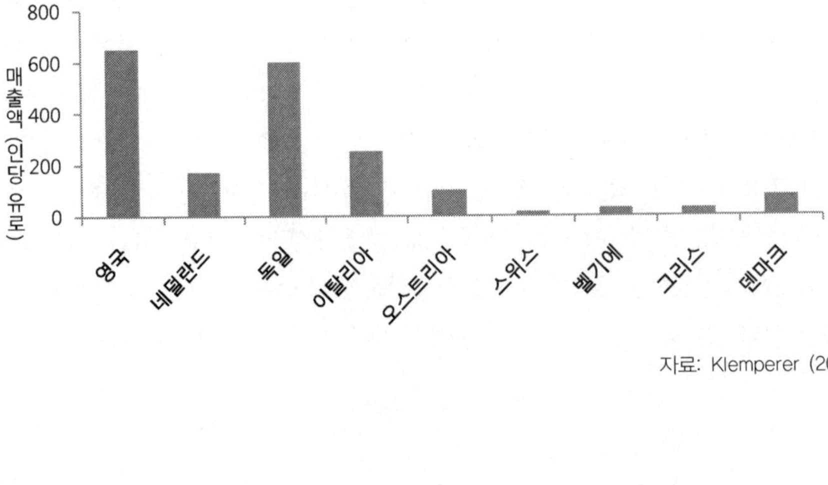

자료: Klemperer (2004)

영국, 독일, 덴마크의 경매들은 성공으로 간주된다. 예를 들어, 네덜란드는 영국과 같은 경매 형식을 사용하였으나 영국의 4개 사업자와 비교하면 5개의 기존의 사업자가 존재한다. 5개의 면허를 위해 기존의 5개사의 입찰로 다른 잠재적인 입찰자들은 입찰하지 않았으므로 예상했던 것보다 훨씬 더 적은 수입을 벌었다. 비슷한 일이 스위스에서도 발생하였다. 따라서 이것은 매우 잘못되었다고 볼 수 있다. 1990년 뉴질랜드의 텔레비전 주파수경매는 악명이 높다. 차점가격봉인입찰경매(second price sealed bid auction)가 사용되었고 예상한 NZ$2억5000만 달러 아니라 NZ$3600만 달러를 벌었다. 하나의 운좋은 기업은 NZ$100,000에 입찰했으나 오직 두 번째로 높은 가격인 NZ$6달러를 지불하면 되었고 또 다른 기업은 NZ$700만에 입찰했으나 NZ$5000만 지불하면 되었다.

만약 이렇게 잘못된 경우가 존재한다면 경매의 설계는 상당히 중요하다. 가장 성공적인 경매는 일반적으로 동시승가경매방식로 나타난다. 동시승가경매방식은 1994년 미국 연방통신위원회(Federal Communications Commission)이 Paul Milgrom, Bob Wilson과 Preston McAfee의 아이디어를 바탕으로 사용하였다 동시승가경매방식의 기본적인 아이디어는 입찰자들이 어떤 상품에 봉인된 입찰이나 입찰하는 것을 원하는 주파수의 부분에 대해 많은 라운드가 존재한다. 각각의 라운드의 마지막에 각 상품의 높은 입찰가와 다음 라운드에서 상품의 최소 입찰가가 게시된다. 입찰자에게 입찰을 위한 인센티브를 주기 위하여, 활동규칙(activity rule)은 만약 입찰자들이 보다 조기의 라운드에서 입찰한다면 한 명의 입찰자만 입찰할 수 있다는 것을 의미한다. <표 12.5>는 어떻게 영국 3G 주파수경매에서 입찰이 진행되었는 지를 나타낸다.

동시승가경매방식의 주요한 이점은 입찰이 진행되는 것을 입찰자들이 보면서 협력할 수 있다는 것이다. 이것은 미국과 독일에서 운영하는 경매에서 특히 중요하다. 이유를 보기 위하여, 젓가락경매로 되돌아 와서, 10세트의 젓가락 대신에 20세트 젓가락경매를 상상해 보자. 이제 Mathan은 오직 2개의 젓가락을 얻는 것을 원하며 이러한 일은 전보다 더 어려운 것으로 보인다. 연속적인 라운드가 진행될수록 입찰자들은 협력하기 어려워진다. Mathan은 자신이 원하지 않는 한 세트의 젓가락이나 과도한 세 세트에 지불하는 것보다 자신이 원하는 두 세트의 젓가락을 얻는 것이 보다 확실한 방법으로 생각할 것이다.

이와 같은 방식으로 젓가락 세트를 분배하고 첫가락 세트보다 젓가락을 파는 것은 불필요하게 복작하게 보인다. 그러나 시장에 얼마나 많은 기업들이 존재할 것인 지를 결정하도록 할 수 있으므로, 주파수경매에서 이치에 맞을 수 있다. 예를 들어, 독일의

표 12.5 영국 3G 주파수경매에서 몇 차례 라운드를 걸친 입찰. 각각의 라운드에서 가장 높은 입찰가는 백만 파운드 단위로 주어져 있다.

라운드	면허				
	A	B	C	D	E
1	TIW 170.0 m	Orange 107.4 m	–	Crescent 89.3 m	Epsilon 89.3 m
2	NTL Mobile 178.5 m	Telefonica 113.1 m	WorldCom 90.2 m	Crescent 89.3 m	Epsilon 89.3 m
3	NTL Mobile 178.5 m	TIW 176.5 m	WorldCom 90.2 m	3GUK 93.8 m	One2One 93.8 m
4	NTL Mobile 178.5 m	Orange 186.7 m	Telefonica 95.3 m	3GUK 93.8 m	One2One 93.8 m
5	Spectrumco 187.5 m	TIW 196.1 m	Telefonica 95.3 m	WorldCom 99.2 m	Epsilon 100.1 m
150	TIW 4,384.7 m	Vodafone 5,964.0 m	BT3G 4,030 m	One2One 4,003.6 m	Orange 4,095.0 m

자료: Ofcom

3G 주파수경매는 주파수의 12개의 영역을 둘이나 셋의 블록(block)으로만으로도 실행 가능한 네트워크를 작동시키기 위하여 충분하다. 여기서 영국은 5개의 영역으로 나눈 것과 비교될 수 있다. 따라서 시장에서 기업의 수는 결국 4, 5 또는 6으로 끝이 나게 된다. 그러나 입찰자가 여러 개의 상품을 얻기 위한 경매를 설계하는 것은 새로운 문제들은 일으킨다. 이것은 입찰자들이 상품을 조합하여 입찰할 수 있는 팩키지(package) 또는 조합 경매(combinational auctions)의 사용으로 이어진다. 예를 들어, Mathan은 젓가락 1에 $1, 젓가락 1과 2에 $5, 젓가락 4에 $3에 입찰할 수 있을 지도 모른다.

4. 행동경제학과 제도 설계

희망적으로 제도는 중요하며 좋은 제도를 설계하는 것은 쉽지 않다는 것을 보았다. 예를 들어, 공유지의 비극을 피하는 것, 의사와 병원을 매칭하거나 판매해야 하는 여러 가지 상품이 다루기 힘들 때 효율적으로 작동하는 경매를 설계하는 것은 어렵다. 공유지의 비극은 일부 상황에서 피할 수 있었으나 일부에서는 그럴 수 없었다. 일부 매칭 시장과 경매는 매우 악화되기도 하고, 다른 것들은 매우 성공적이기도 하다. 제도 설계는 행동경제학과 관련이 있다는 것이다.

예를 들어, 경매설계는 게임이론과 산업조직 이론을 매우 잘 이용할 수 있다. 행동경제학으로 네덜란드와 스위스에서 3G 주파수경매의 형편없는 성과를 예상할 필요는 없다. 산업조직 이론으로도 충분한 것으로 보이지만 더 깊이 살펴보면 행동경제학이 제도 설계에 중요한 도구인 것처럼 보인다.

공유지의 비극과 같은 문제를 해결하기 위해 제도 설계를 살펴보는 것이 더 쉽다. 사회적 선호와 협력하는 능력을 이해하는 것이 어떠한 것이 잘 작동하는 지에 대해 매우 중요하다. 행동경제학의 경우는 경매설계 또는 매칭시장에서는 취약한데 이는 조합적 수학문제와 같기 때문이다. 그러나 행동경제학은 중요한 것으로 입증한다. 한 가지 이유는 제도 설계의 실제적인 이용가능성은 이론적인 능력을 넘어섬으로 실험실 실험은 어떻게 다른 제도들이 수행할 지에 대한 아이디어를 주기 때문에 이론과 더불어 중요하다고 볼 수 있다. 매칭시장을 설계하는 것을 살펴보았다. 영국의 3G 주파수경매팀과 미국의 연방통신위원회(FCC) 경매를 설계하는 팀은 가능한 경매 설계를 검증하기 위하여 실험실 실험을 이용하였다.

따라서 사람들이 어떻게 현실적으로 행동할 지에 대한 예상을 하고 가능한 제도의 중요한 시험대로써 제도 설계에서 중요한 수단이 된다. 사람들은 항상 경제적 인간과 같다고 가정하는 표준 경제 모형을 떠나서 제도를 설계해야 하므로 행동경제학은 중요한 것으로 보인다.

제2절 넛지와 행동변화

정부정책의 두 번째 범주는 개인의 인센티브를 조작하는 것이다. 최근에 행동경제학은 개인의 인센티브에 대해 정책이 보여지는 방법을 변화시킬 수 있다는 것은 매우 흥미로운 일이다. 흥미로운 이유를 알아보기 위해 처음 몇 가지 확실한 것을 지적해 보자.

개인적인 행동에 초점을 두는 것은 새로운 것이 아니다. 예를 들어, 왜 중앙은행이나 정부는 이자율을 인상할 것인가? 답은 인플레이션을 감소시키는 것을 원하지만 이것을 작동시키기 위하여 개인들은 이자율 변화에 응답해야 한다. 예를 들어, Mathan은 주택융자를 가지고 있어, 더 많은 이자를 지불해야 하는 것을 알기 때문에 현재의 소비를 줄이려고 한다. 두 번째 예로, 정부는 은퇴를 위한 저축에 세금을 완화시켜줄 것인가? 아마도, 정부는 은퇴를 대비하기 위해 저축을 증가시키기를 원한다. 다시 한번 이것이 작동하기 위하여 Mathan은 세금 완화는 저축을 더 좋은 거래인 것처럼 보이게 만들기 때문에 소비 계획을 변화하고 더 많은 저축을 해야 한다.

그렇다면 행동경제학은 사람들이 정책을 보는 방법을 변화시키는가? 경제학과 정책의 전통적인 역할은 경제적 인간에 관한 인센티브라고 부르던 변화에 관한 것이다. 이는 어떠한 실수나 편향없이 효용을 극대화하는 사람에게 중요한 인센티브를 의미한다. 이자율의 변화 또는 세금 완화의 변화는 이것과 같다. 행동경제학은 호모 사피엔스에 대한 인센트브도 중요하다고 본다. 이는 주로 어떤 방법으로 편향된 사람에게 중요할 수 있는 인센티브를 의미한다. 저축과 시간의 동태적 비일관성과 같은 사례를 살펴보기로 하자.

1. 저축계좌

만약 사람들이 저축을 결정을 할 때 시간의 동태적 비일관성이 있다면, 적절하게 맞추어진 저축계획은 행동에 영향을 줄 수 있다. 많은 현장의 실험은 이러한 경우를 보여주었다. Ashraf, Karlan, and Yin(2006)의 연구를 살펴보자.

연구는 필리핀의 시골은행인 Geen Bank of Caraga와 협력하였다. 앞부분에 가계 실태 조사는 은행과 거래하거나 이전의 고객 1,777명을 포함한다. 이 조사의 한 가지 부분은 5장에서와 유사하게 가정된 시간적 선호 질문들을 포함한다. 이것은 응답자들이 동태적 시간적 일관성, 동태적 시간적 비일관성 또는 현재 더 많이 인내(할인인자가 미래에 감소하는 현상)하는 것으로 구분된다. 연구의 두 번째 부분에서 실험에 참여한 사람들의 절반은 새로운 SEED(Save, Earn, Enjoy Deposits)계좌를 제공한다. 남아있는 사람들 중의 절반은 더 이상의 연락이 되지 않았고(통제그룹), 그 중 절반은 존재하는 계좌를 사용하여 더 많은 저축을 할 것을 권유받았다(마케팅그룹).

SEED계좌는 특히 고객이 특정한 목적을 구체화할 수 있도록 설계되었다. 이것은 생일을 위한 저축과 같이 날짜에 기초하거나, 새로운 지붕을 마련하기 위한 저축과 같이 금액에 기초할 수 있다. 고객은 목적을 유연하게 설정할 수 있으나, 목적을 설정하게 되면 목적에 도달할 때까지 돈에 접근할 수 없게 했다. 이것은 자금에 매우 제한적인 접근을 의미한다. 또한 SEED계좌의 이자율은 일반적인 저축 예금의 이자율보다 높지 않았다.

시간의 동태적 일관성을 가지는 사람에게 자신의 돈에 접근할 수 없고 높은 이자율을 받지 못하기 때문에 SEED계좌는 나쁜 거래처럼 보인다. 시간의 동태적 비일관성을 가지는 사람에게는 저축을 위한 강력한 사전 장치이며 단기적으로 지출할 충동을 극복할 수 있기 때문에 SEED계좌는 매력적인 것처럼 보인다.

전체적으로 202개의 SEED계좌가 개설되었고 147개는 날짜에 기초한다. 12개월 후에, 116개의 계좌는 만기가 도래하였거나 목적을 충족하였고 모든 사람은 SEED 계좌를 개설할지를 선택하였다. 분명히, SEED계좌는 비교적 인기가 있는 것으로 입증되었다. 가장 매력적인 것은 SEED계좌를 개설한 사람의 안정적인 예측자는 시간의 동태적 비일관적 선호를 가진다는 것이다. 시간의 동태적 비일관성을 나타내는 여성들은 시간의 동태적 일관성을 가지는 사람보다 15.8% 더 SEED계좌를 개설하는 것으로 나타난다. 남성의 수치는 4.6%이다. 이것은 현재편향때문에 저축에 사전구속할 필요가 있는 사람에게 매력적이라는 아이디어와 일치한다.

점검해야 할 필요가 있는 마지막은 다음과 같다. 만약 사람들이 SEED계좌를 개설한다면 더 많이 저축할 지에 관한 것이다. 간단한 대답은 그렇다일 것이다. 12개월 후에 SEED계좌를 제공받은 사람들의 저축은 통제그룹의 사람들보다 82% 더 높고, 마케팅그룹의 사람들보다 훨씬 더 높다. 저축의 증가는 SEED상품이 소비자에게 저축의 유인을 제공하기 때문으로 보인다. 특히, SEED계좌를 개설한 사람은 다른 사람들보다 더 많이 저축을 하였다. 이것은 <그림 12.5>에 분명히 나타난다.

따라서 SEED계좌는 성공적인 것으로 보인다. 더 높은 이자율이나 편향이 없는 사람

그림 12.5 1년 후 저축 행위의 변화. SEED계좌를 개설한 대다수의 사람들은 저축을 증가시켰다. 많은 사람들에게 저축의 증가는 매우 크다.

자료: Ashraf et al. (2006)

들에게 매력적인 어떤 것도 없기 때문에, 경제적 인간을 유혹할 어떤 인센티브도 제공하지 않았다. 그러나 계좌는 호모사피엔스에게 저축할 인센티브를 제공하였고 더 많은 저축을 위한 사전구속을 원하는 현재편향을 가지는 사람에게 매력적인 것으로 보인다.

2. 저축을 하게 되는 디폴트

기금의 제한적인 접근은 급한 지출이 필요한 사람에게 극복할 수 있도록 도울 지도 모른다. 그들은 시간의 동태적 비일관적인 소비자로 효과적으로 작동하지만 섬세함으로 장기적으로 구속할 방법을 찾을 지도 모른다. 시간의 동태적 비일관적인 사람이나 순진한 소비자는 어떨까? 이러한 소비자는 결코 제한적인 저축계좌를 선택하지 않음으로 다른 해결책이 필요하다. 한가지 옵션은 저축계좌에 자동적으로 등록하게 하고 저축의 옵트인 방식(opt in)보다 옵트아웃(opt-out) 방식을 강조한다. 이것이 어떻게 작동할 수 있는 지에 대해 살펴보기 위해 Madrian and Shea(2001)의 연구를 살펴보자.

이 연구는 1998년 4월 1일에 401(k) 은퇴 저축계획을 위한 등록과 자격을 변화시킨 미국의 대기업의 자료를 살피고 있다. 이 날짜 이전에, 직원들은 오직 고용 1년 후에 계획에 등록할 자격이 주어졌고 등록을 선택할 필요가 없었다. 변화 후에, 모든 직원들은 즉시 등록할 자격이 생겼고, 새로운 직원은 등록하지 않는다고 선택만 하지 않는다면 자동적으로 등록되었다. 중요한 것은 변화 전에 1년보다 작게 고용된 직원과 새로운 직원들을 비교하는 것이다. 두 그룹간의 실질적인 차이는 등록이 한 쪽에는 디폴트

그림 12.6 401(k) 은퇴 저축계획의 참여율. 기본으로 저축계획 자동적으로 등록되자 참여율은 상당히 증가한다

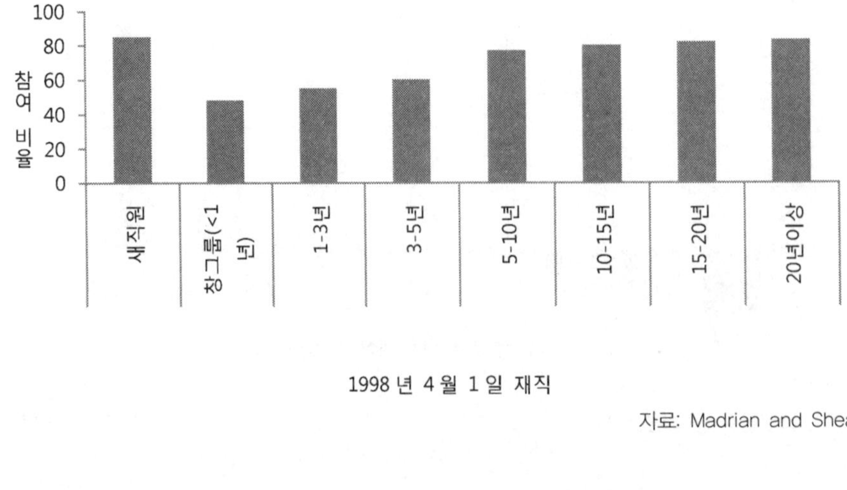

자료: Madrian and Shea (2001)

그림 12.7 새로운 그룹과 창그룹의 기여율과 자산 배분

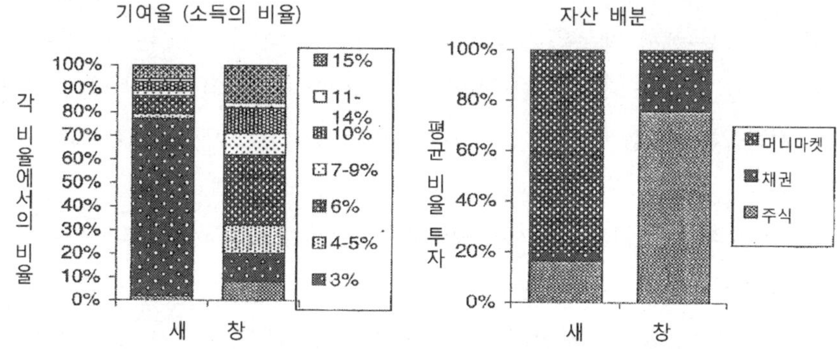

자료: Madrian and Shea (2001)

(default)이고 다른 쪽에는 자동등록되지 않는 것이다.

분명히, 디폴트(default)옵션을 등록하는 것은 참여를 증가시켰고, 이것을 좋은 것으로 볼 수 있다. 그러나 한 가지 문제가 있다. 만약 직원이 자동적으로 등록한다면 자신들의 투자 선택 또한 자동적이게 설정될 필요가 있다. 이러한 특수한 예에서는 두 가지 선택이 있다. 얼마나 많이 기여하고 주식, 채권 또는 다른 투자의 유형에 할 것인 지에 관한 것이다. 선택된 기본은 머니마켓 펀드(money market fund)에 투자된 소득의 3%의 기여이다. 기본적으로, 변화하기 전에 아무도 선택하지 않았지만 자동적으로 등록한 71%는 이러한 기본옵션에 머물렀다. <그림 12.7>은 창그룹과 새로운 직원그룹 사이에 커다란 대비가 나타난다.

분명히, 새로운 직원들은 디폴트를 고수하는 경향을 가지지만 그럼에도 불구하고 아마 이것은 그들이 할 수 있는 최선의 것이 아닐 것이다. 이것은 수수께끼를 제공한다. 증가된 참여는 좋은 것처럼 보이지만, 사람들은 디폴트 투자 선택이 나쁜 것으로 따른다. 참으로, 다른 투자 선택을 저축계획을 위해 옵트인을 선택한 직원은 그가 디폴트 계획에 등록했다면 결국 형편이 나빠질지 모른다.

이제 경제적 인간과 호모 사피엔스 사이의 인센티브의 차이를 살펴보자. 기본옵션을 변화하는 것은 경제적 인간에서 아무런 차이가 없어야 한다. 기본이 무엇이든지 간에, 어떠한 사람은 최적의 저축계획을 작동시키고 제정할 것이다. 시간의 동태적 비일관적인 또는 다른 편향을 가지는 호모 사피엔스에 대해 변화는 중요할 수 있다. 예를 들어, 현재편향을 가지는 사람은 저축을 지연하거나 선택하지 않으려는 바램이 있으나 저축 선택을 지연하거나 결코 저축 선택을 변화시키지 않으려 할 지도 모른다.

3. 넛지

이전의 사례 모두에서, 새로운 계좌의 도입과 저축계획의 자동 등록은 큰 차이를 만들어 낸 것을 알 수 있다. 경제적 인간에게는 큰 차이가 나타나지 말아야 한다. 그러나 일반적인 사람들과 차이를 만드는 것은 그다지 놀랍지는 않다. 이것은 경제학과 정책을 생각하는 새로운 방법들과 연결된다.

두 가지 예는 두 가지 다른 가능성을 설명할 수 있다. 첫 번째 예에서, 새로운 계좌가 개설된 곳에서 사람들이 다른 선택을 했다는 점에서 실제적인 것은 변화되었다. 행동경제학의 아이디어를 이용한 이러한 다른 선택은 인기가 있으며 가치가 있는 것으로 나타나고 있다. 두 번째 예에서 디폴트가 변화된 곳에서 모든 것이 여전히 이전과 같은 선택을 했다는 점에서 실제적 변화는 일어나지 않았다. 그러나 이러한 선택의 프레이밍은 행동경제학의 아이디어는 왜 프레이밍의 변화가 중요한 지에 대해 설명할 수 있다.

따라서 행동경제학은 차이를 만들지 모르는 선택의 변화와 선택의 프레이밍 변화를 제안할 수 있다. 정책입안에서 흥미로운 한가지 이유는 상대적으로 적은 비용이 든다는 것이다. 특히 정부가 일반적으로 저축에 세금 완화를 하는 것과 같은 정책을 수행하는 것과 비교 했을 때, 디폴트를 변화하거나 새로운 계좌를 관리하는 것은 상대적으로 저렴하다. 기본적으로, 호모 사피엔스의 인센티브를 변화시키는 것은 경제적 인간의 인센티브를 변화시키는 것보다 더 저렴하다.

그러나 행동경제학의 좋은 사용을 위하여 작업을 하기 위한 골격이 필요하다. Richard Thaler and Cass Sunstein의 베스트 셀러인 넛지의 아이디어는 이러한 진행을 하기 위한 좋은 한 가지 방법이 될 수 있다. 넛지가 무엇인지 설명하기 위하여 먼저 선택 설계자(choice architecture)에 대해 알아보자. 선택 설계자는 다른 사람들이 받아들일 결정을 프레이밍하는 사람이다. 한 가지 예로, 한 판매원이 Emma에게 구매하는 다른 상품들의 장점을 설명하는 것이다. 판매원은 아마 한 상품의 장점과 다른 상품의 단점을 강조하는 방법으로 선택을 프레임화하는 재량권을 가지고 있다. 두 번째 예로, Alan이 투자를 어떻게 잘 수행할 지를 살펴볼 때 주가를 나열해 보는 것이다. 투자를 알파벳 순서나 성과의 순서로 나열될 수 있으며 떨어지는 주가는 밝은색이나 일반적인 폰트 등으로 나타낼 수 있다.

여기서는 프레이밍의 차이가 중요한 예를 살펴보기로 하자. 예를 들어, 판매세가 가격에 포함되는 지의 여부와 저축계획에서 디폴트로 자동적인 방법으로 등록되는 지의 여부는 프레이밍이 중요한 전형적인 예가 된다. 판매원이 Emma에게 말하는 방법과

Alan의 투자가 화면에 나타나는 방법이 중요하다고 볼 수 있다.

이제 프레이밍이 중요하다는 것을 넘어서 사람들이 더 자은 선택을 하도록 도우는 방법에 있어 결정의 프레이밍을 변화시킬 수 있는 지에 대해 질문해보자. 이것은 넛지(nudge)의 아이디어로 연결된다. Thaler and Sunstein(2008)에 따르면 넛지는 어떠한 옵션들을 금지하거나 경제적인 인센티브를 상당히 변화시키지 않고 예측가능한 방법으로 사람들의 행동을 변화시키는 선택 설계의 어떠한 단면으로 설명하고 있다. 단지 넛지로 간주되기 위해서 개입은 쉬워야 하며 피하기에도 낮은 비용이 존재해야 한다.

따라서 경제적 인간의 인센티브를 변화시키는 것은 넛지가 아닐 수 있다. 호모 사피엔스의 인센티브를 변화시킬 수는 있는 것이 넛지이다. 저축계획에 자동으로 등록되는 디폴트옵션을 변화시키는 것은 자동으로 등록시키지 않는 것보다 좋은 넛지의 예이다. 인간의 옵션들과 경제적 인센티브는 디폴트(default)가 무엇이든지 간에 정확히 같다. 수행한 모든 것은 선택 설계를 변화시키거나 어렴풋이 보기에 작은 방법으로 선택의 프레이밍을 변화시키는 것이다. 이렇게 함으로써 행동에 있어 예상가능하고 큰 변화를 얻어낼 수 있다.

정책입안자는 넛지의 힘을 이용하여 사람들이 더 좋은 선택을 하도록 할까? 질문에 답하기 위하여 두 가지 부차적인 질문에 대해 생각하는 것이 유용하다. 첫째, 사람들이 언제 넛지를 필요로 하는가? 둘째, 사람들에게 어떻게 가장 효율적으로 넛지를 사용할 수 있을까?

첫 번째 질문은 이 책에서 이미 다룬 것이므로 답하기가 상대적으로 쉽다. 사람들은 대부분의 시간에 있어 매우 영리하고 경험을 학습한다. 따라서 넛지는 드물게 필요하지만 Alan같은 사람에게 넛지가 필요한 4가지 이유가 있다. (1) Alan은 매우 복잡한 선택에 직면하면 영리한 것에 상관없이 좋지 못한 선택을 한다. (2) Alan은 무엇이 최선인지에 대해 배울 수 있는 경험이나 기회가 매우 적다. (3) Alan은 선택해야만 하는 것에 대해 상대적으로 정보가 적다. (4) Alan은 편향되어 있으므로 자신이 원하는 선택을 하지 못할 수도 있다.

만약 4개의 질문에 모두 해당되면, 넛지가 필요한 것으로 보인다. 은퇴를 위한 저축은 명확한 예가 될 수 있다. Alan은 나이가 들게 될 것이고 젊은 시절로 돌아가서 다시 시작해서 경험을 통해 배울 기회가 없다. Alan은 30년이나 40년의 시간에 필요할 저축이 무엇인 지에 대한 진정한 생각이 없을 지 모른다. 현재편향으로 인해서 자신이 알기에 현재 해야만 하는 것을 연기할 것이다. 미국에서, 건강관리는 4개의 질문에 모두 해

표 12.6 좋은 선택 설계를 위한 원리. 철자 NUDGES

원리	간략한 설명
인센티브	사람들이 가격과 비용과 같은 인센티브에 반응하지만 오직 이러한 것이 현저한 경우에만 반응한다.
매핑 이해하기	사람들은 자신들이 얻을 결과를 만들어 내는 선택으로부터 매핑을 이해할 필요가 있다.
디폴트	현재편향과 선택이 과도하기 때문에 디폴트는 중요하므로 신중하게 생각해야 한다.
피드백 주기	사람들은 어떤 것이 잘 되거나 그렇지 않을 때 학습하여 피드백을 준다.
오류 예상	사람들은 실수를 하므로 사람들이 하는 실수에 대해 가능한 용서를 할 필요가 있다.
복잡한 선택을 구조화 하기	선택이 복잡할수록 사람들이 더 많은 문제를 가지고 맥락효과는 더 중요할 것이다. 따라서 그것을 간단하게 해야 한다.

자료: Thaler and Sunstein (2008)

당된다.

이것은 넛지가 언제 필요할 지에 대해 생각할 구조를 만들어 낸다. 다음에 생각해야 하는 것은 가장 효과적으로 넛지를 사용하는 방법이다. 이것은 첫 번째 연상기호에 대한 시간이 될 것이다. <표 12.6>은 Thaler and Sunstein은 좋은 선택설계를 하기 위하여 6가지 원리를 제시하였다. 첫째, 경제적 인간을 밀어내는 것을 생각하는 것에 많은 주의를 한다. 따라서 왜 넛지가 필요한 지를 고려하는 것들로 인센티브를 보완해야 한다. 복잡성 줄이는 것(복잡한 선택을 체계화 한다), 경험을 창조하는 것(피드백을 준다), 정보를 향상시키는 것(계획을 이해한다), 편향 등을 피하며 작업한다(디폴트, 인센티브와 오류를 예상한다)가 있다.

이것은 원리적으로 좋은 것으로 보이지만 잘 작동할 수 있을까? 물론 쉬운 것만은 아니다. 예를 들어, 사람들이 저축계획에 옵트인하도록 디폴트 옵션을 사용하는 것만으로 충분하지 않다는 것을 보았다. 또한 참여자에게 좋은 기여율과 주식옵션을 선택하도록 하는 것이 같이 필요하였다. 따라서 사람들을 넛지하는 것은 간단하지 않고 사람들이 할 수 있었던 것을 악화시킬 수도 있다. 그러나 대부분의 사람들에게 올바른 방향으로 움직이게 할 수 있게 하는 기본적인 넛지가 존재한다. 예를 들어, 디폴트 옵션으로 사람들이 저축계획에 가입하게 하는 것은 좋은 일이라고 아마도 대부분의 사람들은 동의할 것이다.

Thaler and Sunstein은 다양한 넛지를 제시하고, 스스로에게 제시할 수도 있다. 자동연금 가입(save more tomorrow)라고 불리는 것을 살펴보자. Mathan과 같은 저축자는 저축계획의 기여분은 자신이 지불을 증가시킬 때마다 자동적으로 증가시킨다는 의미에서 미래의 더 많은 저축을 위해 자신을 구속시킨다. 왜 이것은 이치에 맞을까? Mathan은 현재의 소득이 낮기 때문에 현재의 저축이 너무 적지만 현재의 저축을 증가시키는 것을 원하지 않는다는 것을 알 수도 있다. 만약 Mathan이 '나는 내일 더 저축 할거야'라고 말한다면, 이것은 현재편향 때문에 일어나지 않을 일이라는 것을 알 수 있다. 자동연금 가입은 Mathan이 미래를 위해 저축하는데 구속하는 것이다.

만약 Mathan이 편향을 가지고 있다는 것을 안다면 이러한 제도는 Mathan이 시간의 동태적 비일관성을 극복하고 저축하도록 돕는 커다란 사전구속 장치와 같아 보인다. 이제, 이러한 제도는 작동하는가? Thaler and Sunstein은 매우 성공적이라고 보고하고 있다. 시범적 프로그램에서 많은 직원들은 자동연금 가입을 선택하고 잘 유지하였으며, 가입한 사람들의 저축률은 이 기간동안 거의 4배가 되었다. 이것은 계획없이 일어나지 않았을 것이고, 많은 직원들은 현재 이러한 아이디어를 채택한다고 말할 수 있다. 따라서 이것은 마치 작동하는 것처럼 보이는 넛지가 될 수 있다.

4. 넛지와 행동 변화

넛지에 대해 많은 사람들이 표현하는 한 가지 걱정은 독재자처럼 약간 많은 사람이 존재한다는 것이다. 다른 사람을 대신하여 결정하는 정책입안자는 너무 많으며 정책입안자들이 최선인 것을 알고 있다고 믿어야 하는가?

넛지의 중요한 면은 자유의 희생을 포함시키지 말아야 한다. Thaler and Sunstein은 '어떠한 옵션을 금지하거나, 그들의 경제적 인센티브를 상당히 변화시키지 않는다면……개입은 쉽고 피하기에 비용이 저렴하다'라고 하였다. 따라서 원리적으로 넛지는 개인적인 자유에 영향을 미치지 않아야 한다. 그러나 이것은 정책입안자가 생각하는 방식이 최선인 것에서 넛지가 행동을 변화시키는 것이 아니라고 말하는 것과는 약간 다르다. 기본적으로, 넛지는 Mathan과 같은 사람이 가지고 있는 옵션의 집합을 변화시키지 말아야 하지만 목적은 Mathan이 선택할 옵션을 변화시키는 것이다.

따라서 넛지는 정책입안자가 최선을 알고 있는 지에 대해 생각할 필요가 있다는 점에서 피할 수 없다. 그것은 행동변화(behavior change)에 대한 것이다. 사람들은 넛지나 행동변화가 가장 필요할 때, 지금까지 해왔던 것처럼 한 가지 이유를 생각하게 된다. 그것은 충분한 것인가? 대부분의 사람들이 행동변화에 안락해 하고, 만약 선택이나 자기 결정을 유지하게 하면 다른 것들로 인해 스스로 어렵게 결정한다는 것을 살펴보았다. 넛지는 선택을 유지하게 하므로 충분히 합리적인 것처럼 보인다.

그렇다 하더라도, 행동변화를 촉구해야만 하는 지와 정책입안자가 최선의 것을 아는 지를 믿어야만 하는 지에 생각해 볼 수 있다. 여기서 중요한 점은 선택은 없지만 이것을 수행한다는 것이다.

앞의 장들에서 프레이밍과 맥락효과는 피할 수 없었다. 맥락은 지각과 직관에 영향을 미치고 지각과 직관은 추론에 영향을 미치며 추론은 행동에 영향을 미친다. 이것이 의미하는 것은 행동변화는 정책에 불가피하다는 것이다. UKs Institute for Government (Dolan et al. 2010)를 인용해보자.

> 우리는 정책입안자가 우리의 행동을 어떻게 변화시키는 지에 동의하지 않는다. 그러나 우리가 좋든 아니면 싫던 간에, 정책입안자의 행동, 공익 사업 전문가들, 시장들(markets)과 주위의 시민들은 크고 의도하지 않게 우리의 행동에 영향을 미친다. '아무 것도 하지 않는 것'은 거의 중립적인 옵션이 아니다.

여기에서 중요한 것은 중립적 옵션의 부족이다. Mathan은 저축계획에 가입하지 않거나, 저축계획에 가입하거나, 자동가입 연금에 가입하는 것은 중립적 옵션인가? 매우 간단하게, 중립적인 옵션이 없다면 어떠한 것은 선택되어야만 한다. 이것은 정책입안자들이 선택을 가지고 있지는 않지만 행동을 변화시키는 것을 의미한다. 중요한 것은 올바른 방향으로 행동을 변화시키고 시도하는 것이다.

이것은 두 번째 연상기호를 위한 시간이 된다. UKs Institute for Government는 MINDSPACE의 아이디어를 생각해 냈다. 기본적인 아이디어는 행동변화에 대한 실제적인 방법을 제공하고, 정책입안에 있어 행동경제학과 심리학의 통찰력을 적용하는 것이다. 이것은 영국의 정책입안자들로부터 사용되었고 올바른 방향으로 행동을 변화시키고 시도하기 위하여 행동경제학을 이용한 정책입안자들의 하나의 좋은 사례가 된다. <표 12.7>은 MINDSPACE의 기초가 되는 주요한 원리를 개략적으로 나타낸 것인데 대부분은 이 책에서 다룬 내용들이다.

MINDSPACE의 원리는 정책입안자들에게 가능한 정책들이 어떻게 행동을 변화시킬 수 있을 지에 대해 더 나은 이해를 돕도록 설계되었다. 이것들은 생각해야 하는 일종의 목록들이다. 이러한 목록들이 어떻게 다른 목적들을 제공할 수 있을까? Dolan et al.(2010)을 인용해보자.

표 12.7 MINDSPACE의 개관

원리	설명
메신저	우리는 정보를 소통하는 사람으로부터 강하게 영향을 받는다.
인센티브	강하게 손실을 피하려고 하는 것과 같이, 인센티브에 대한 우리의 반응은 예상할 수 있는 정신적 지름길로부터 형성된다.
규범	우리는 다른 사람이 행동하는 것으로부터 강하게 영향을 받는다.
디폴트	우리는 미리 설정한 옵션의 흐름에 맡긴다.
현저성	우리의 관심은 기발하고 우리와 관련 있는 것에 끌린다.
점화	우리의 행동은 가끔 무의식적 신호에 의해 영향을 받는다.
감정	우리의 정서적인 연관성은 힘있게 우리의 행동을 조각한다.
구속	우리는 대중적 약속에 일치하고 상호수혜적 행동을 추구한다.
자아	우리는 스스로에 대해 더 좋은 감정을 느끼도록 하는 방법으로 행동한다.

자료: Dolan et al. (2010)

- 고취시키다: MINDSPACE는 정책입안자들이 행동을 변화시키기 위한 현재의 시도는 얼마나 개선될 수 있는 지에 대한 이해를 도울 수 있다.
- 소개하다: MINDSPACE의 일부 요소들은 정책입안자들에 의해 광범위하게 사용되진 않지만, 상당한 영향력을 가질 수 있다.
- 재평가하다: 정부는 의도적이지 않게 시민의 행동을 변화시킬 수 있는 방법들을 이해할 필요가 있다. 주정부는 의도적이지 않고 가능한 원하지 않는 행동의 변화를 만들어 낼 수 있다. MINDSPACE로부터의 직관으로 만약 그 도시의 시민들이라면 주정부는 엄격한 방식으로 행동을 조각하고 평가한다.

이것에 대해 좋은 것은 행동경제학이 정책에 긍정적인 영향을 미칠 수 있는 세 가지 다른 방법을 보여준다는 것이다. 즉, 자동연금 가입은 '소개하다'의 사례인 넛지와 같이 새로운 아이디어를 찾아내게 된다. 또한, '고취시키다'의 사례인 자동등록의 디폴트를 변화시키는 것과 같이 현재의 정책을 개선시키도록 도울 수 있다. 마지막으로, '재평가하다'의 사례인 자동등록이 아닌 디폴트는 왜 작동하지 않는가를 평가하는 것과 같이 현재의 정책 문제를 깨달을 수 있도록 도울 수 있다.

따라서 행동변화는 피할 수 없을 뿐만 아니라 정책입안자들이 작동하고 기존의 정책이 하지 못하는 것을 피할 수 있는 정책을 설계할 수 있는 긍정적인 방법을 포함하는 것이 된다.

참고문헌

김상봉(2012), "날씨와 거시변수가 주류시장에 미치는 영향 분석", 산업경제연구, 제25권 제1호, 217-239

남주하·김상봉(2008), "날씨가 주가수익률의 변동성과 주식거래량에 미치는 효과 분석", 금융안정연구, 제9권 제2호, 1-33

남주하·김상봉(2012), "한국의 경제행복지수의 측정에 관한 연구," 국제경제연구, 제18권 제2호, 1-28

남주하·김상봉·이수희(2006), "생애주기가설과 개별 가구의 나이-부의 프로파일 추정", 국제경제연구, 제12권 제3호, 145-178

니콜라 게겐(2006), 고객의 심리에 관한 100가지 실험, 지형출판사

대니얼 카너먼(2012), 생각에 관한 생각, 김영사

댄 애리얼리(2009), 상식 밖의 경제학, 청림출판

댄 애리얼리(2011), 경제 심리학, 청림출판

리차드 탈러, 캐스 선스타인(2009), 넛지, 리더스북

삼성경제연구소(2002), 엔론파산의 파장과 교훈

이승준·김상봉·남주하(2010) "한국 주식시장의 거품의 추정과 검증", 국제경제연구, 제16권 제3호, 101-130

이준구(2008), 미시경제학, 법문사

조지 애커로프·로버트 쉴러(2009), 야성적 충동, 랜덤하우스코리아

Alberti, F and E. Cartwright(2010), "Does Endowment Size Matter in Threshold Public Good Games," School of Economics, University of Kent working Paper

Alpizar, F., F. Carlsson, and O. Johansson-Stenman(2009), "Anonymity, Reciprocity, and Conformity: Evidence from Voluntary Contributions to a National Park in Costa Rica," *Journal of Public Economics*, 92, 1047-1060

Anderson, L. R. and C. A. Holt(1997), "Information Cascades in the Laboratory," *American Economic Review*, 87, 847-862

Ando, A. and F. Modigliani(1963), "The Life-Cycle Hypothesis of Saving: Aggregate

Implications and Tests," *American Economic Review*, 53, 55-84

Ariely, D. and K. Wertenbroch(2002), "Procrastination, Deadlines, and Performance: Self-control by Precommitment," *Psychological Science*, 13, 219-224

Ariely, D., G. Loewenstein, and D. Prelec(2003), "Coherent Arbitrariness: Stable Demand Curves without Stable Preferences", *Quarterly Journal of Economics*, 118, 73-105

Ashraf, M., D. Karlan, and W. Yin(2006), "Tying Odysseus to the Mast: Evidence from a Commitment Savings Product in the Philippines", *Quarterly Journal of Economics*, 121, 635-672

Baicker, K., K. S. Buckles, and A. Chandra(2006), "Geographic Variation in the Appropriate Use of Cesarean Delivery," Health Affairs, 25, 355-367

Barberis, N. and W. Xiong(2010), "What Drives the Disposition Effect? An Analysis of a Long Standing Preference-based Explanation," NBER working paper no.12397

Bateman, I., D. Kahneman, A. Munro., C. Starmer, and R. Sugden(2005), "Testing Competing Models of Loss Aversion: an Adversarial Collaboration," *Journal of Public Economics*, 89, 1561-1580

Becker, G. and K. Murphy(1988), "A Theory of Rational Addiction," *Journal of Public Economics*, 46, 675-700

Benartzi, S. and R. Thaler(1995), "Myopic Loss Aversion and the Equity Premium Puzzle," *Quarterly Journal of Economics*, 110, 73-92

Benartzi, S. and R. Thaler(1999), "Risk Aversion or Myopia? Choices in Repeated Gambles and Retirement Investments," *Management Science*, 45, 364-381

Benartzi, S. and R. Thaler(2002), "How Much Is Investor Autonomy Worth," *Journal of Finance*, 57, 1593-1616

Benartzi, S. and R. Thaler(2007), "Heuristic and Biased in Retirement Savings Behavior," *Journal of Economic Perspectives*, 21, 81-104

Benzion, S., A. Rapoort, and J. Yagil(1989), "Discount Rates Inferred from Decisions: An Experimental Study," *Management Science*, 35, 270-284

Berg, J., J. Dickhaut, and K. McCabe(1994), "Trust, Reciprocity, and Social History," *Games and Economic Behavior*, 10, 122-142

Brandts, J. and D. Cooper(2006), "A Change Would Do You Good⋯An Experimental Study on How to Overcome Coordination Failure in Organizations," *American Economic Review*, 96, 669-693

Brandts, J. and D. Cooper(2007), "It's What You Say, Not What You Pay: An Experimental Study of Manager-Employee Relationships in Overcoming Coordination Failure," *Journal of European Economic Association*, 5, 1223-1268

Brandts, J. and C. A. Holt(1992), "An Experimental Test of Equilibrium Dominance in Signaling Games," *American Economic Review*, 82, 1350-1365

Breiter, H., I. Aharon, D. Kahneman, A. Dale, and P. Shizgal(2001), "Functional Imaging of Neural Responses to Expectancy and Experience of Monetary Gains and Losses," *Neuron*, 30, 619-639

Brickman, P., D. Coates, and R. Janoff-Bulman(1978), "Lottery Winners and Accident Victim: Is Happiness Relative?," *Journal of Personality and Social Psychology*, 36, 917-927

Browning, M. and T. F. Crossley(2001), "The Life-cycle Model of Consumption and Saving," *Journal of Economic Perspectives*, 15, 3-22

Cadsby, C. and E. Maynes(1999), "Voluntary Provision of Threshold Public Goods with Continuous Contributions: Experimental Evidence," *Journal of Public Economics*, 71, 53-73

Camerer, C.(2003), *Behavioral Game Theory: Experiments in Strategic Interaction*, Princeton: Princeton University Press

Camerer, C. and G. Loewenstein(2004), 'Behavioral Economics: Past, Present and Future," in Camerer, C., G. Loewenstein, and M. Rabin(Eds) *Advanced Behavioral Economics*, Princeton: Princeton University Press

Camerer, C. and T-H, Ho(1999), "Experience-weighted Attraction Learning in Normal Form Games," *Econometrica*, 67, 827-874

Campbell III, C. and K. Kamlani(1997), "The Reasons for Wage Rigidity: Evidence form a Survey of Firms," *Quarterly Journal of Economics*, 112, 759-789

Cartwright, E(2011), *Behavioral Economics*, New York: Routledge

Chamberlin, E. H.(1948), "An Experimental Imperfect Market," *Journal of Political*

Economy, 56, 95-108

Chetty, R., A. Looney, and K. Kroft(2009), "Salience and Taxation: Theory and Evidence," *American Economic Review*, 99, 1145-1177

Cheung, Y-W and D. Friedman(1997), "Individual Learning in Normal from Games: Some Laboratory Results," *Games and Economic Behavior*, 19, 46-76

Clark, A. E., E. Diener, Y. Georgellis, and R. E. Lucas(2003), "Lags and Leads in Life Satisfaction: A Test of the Baseline Hypothesis," DELTA working paper 2003-14

Clark, A. E., E. Diener, Y. Georgellis, and R. E. Lucas(2008), "Lags and Leads in Life Satisfaction: A Test of the Baseline Hypothesis," *Economic Journal*, 118, F222-243

Clotfelter, C. and P. Cook(1991), "Lotteries in the Real World," *Journal of Risk and Uncertainty*, 4, 227-232

Coats, J., T. Gronberg, and B. Grosskopf(2009), "Simultaneous Versus Sequential Public Good Provision and the Role of Refunds-An Experimental Study," *Journal of Public Economics*, 93, 326-335

Costa-Gomes, M. and V. Crawford (2009), "Cognition and Behavior in Two-person Gussing Games: An Experimental Study," American Economic Review, 96, 1737-1768

Costa-Gomes, M., V. Crawford, and N. Iriberri(2009), "Comparing Models of Strategic Thinking in Van Huyck, Battalio, and Beil's Coordination Games," *Journal of the European Economic Association*, 7, 365-376

Crawford, V. and N. Iriberry(2007), "Level-k Auctions: Can a Non-equilibrium Model of Strategic Thinking Explain the Winners Curse and Overbidding in Private Value Auction," *Econometrica*, 75, 1721-1770

Croson, R. and M. Marks(2001), "The Effect of Recommended Contributions in the Voluntary Provision of Public Goods," *Economic Inquiry*, 39, 67-80

Darley, J. M. and P. H. Gross(1983), "A Hypothesis-confirming Bias in Labeling Effects," *Journal of Personality and Social Psychology*, 44, 20-33

Della Vigna, S. and U. Malmendier(2006), "Paying Not to Go to the Gym," *American Economic Review*, 96, 694-719

de Quervain, D. J., U. Fischbacher, V. Treyer, M. Schellhammer, U. Schnyder, A.

Buck, and E. Fehr(2004), "The neural basis of altruistic punishment," *Science*, 305, 1254-1258.

Diekhof, E. and O. Gruber(2010), "When Desire Collides with Reason: Functional Interactions between Anteroventral Prefrontal Cortex and Nucleus Accumbens Underlie the Human Ability to Resist Impulsive Desires," *Journal of Neuroscience*, 30, 1488-1493

Di Tella, R. and R. J. MacCulloch(2006), "Some Uses of Happiness Data in Economics," *Journal of Economic Perspectives*, 20, 25-46

Di Tella, R., R. J. MacCulloch, and A. J. Oswald(2001), "Preferences over Inflation and Unemployment: Evidence from Surveys of Happiness," *American Economic Review*, 91, 335-341

Dolan, P., M. Hallsworth, D. Halpern, D. King, and I. Vlaev(2010), "MINDSPACE: Influencing Behavior through Public Policy," Cabinet Offices publication

Dufwenberg, M. and G. Kirchsteiger(2004), "A Theory of Sequential Reciprocity," *Games and Economic Behavior*, 47, 268-298

Easterlin, R.(1974), "Does Economic Growth Improve the Human Lot? Some Empirical Evidence," in David, P. A. and M. W. Reder(Eds) *Nations and Households in Economic Growth: Essays in Honour of Moses Abramovitz*, New York: Academic Press

Ellsberg, D.(1961), "Risk, Ambiguity, and the Savage Axioms," *Quarterly Journal of Economics*, 75, 643-669

Falk, A., E. Fehr, and U. Fischbacher(2003), "On the Nature of Fair Behavior," *Economic Inquiry*, 41, 20-26

Falk, A., E. Fehr, and U. Fischbacher(2008), "Testing Theories of Fairness-Intentions Matters," *Games and Economic Behavior*, 62, 287-303

Farber, H. S.(2005), "Is Tomorrow Another Day? The Labor Supply: The Case of New York City Taxi Drivers," *American Economic Review*, 98, 1069-1082

Fehr, E. and A. Falk(1999), "Wage Rigidity in a Competitive Incomplete Contract Market," *Journal of Political Economy*, 107, 106-134

Fehr, E. and U. Fischbacher(2004), "Third-party Punishment and Social Norm," *Evolution and Human Behavior*, 25, 63-87

Fehr, E. and S. Gächter(2000a), "Cooperation and Punishment in Public Goods Experiments," *American Economic Review*, 90, 980-994

Fehr, E. and S. Gächter(2000b), "Fairness and Retaliation: The Economics of Reciprocity," *Journal of Economic Perspectives*, 14, 151-181

Forsythe, R., J. Horowitz, N. Sarin, and M. Sefton(1994), "Fairness in Simple Bargaining Experiment," *Games and Economic Behavior*, 6, 347-369

Gabrix, X., D. Laibson, G. Moloche, and S. Weinberg(2006), "Costly Information Acquisition: Experimental Analysis of a Boundedly Rational Model," *American Economic Review*, 96, 1043-1068

Gächter, S. and A. Falk(2002), "Reputation and Reciprocity: Consequences for the Labour Relation," *Scandinavian Journal of Economics*, 104, 1-26

Gilbert, D. T., M. J. Gill, and T. D. Wilson(2002), "The Future Is Now: Temporal Correlation in Affective Forecasting," *Organizational Behavior and Human Decision Processes*, 88, 430-444

Gillet, J., E. Cartwright, and M. van-Vugt(2009), "Leadership in the Weak Link Game," School of Economics, University of Kent working paper

Gode, D. K. and S. Sunder(1993), "Allocative Efficiency of Markets with Zero-intelligence Trader: Market as a Partial Substitute for Individual Rationality," *Journal of Political Economy*, 101, 119-137

Goeree, J. K. and L. Yariv(2007), "Conformity in the Lab," National Science Foundation, working paper SES 0551014

Grosskopf, B.(2003), "Reinforcement and Directional Learning in the Ultimatum Game with Responder Competition," *Experimental Economics*, 6, 141-158

Gruber, J. and B. Köszegi(2001) "Is Addiction "Rational?" Theory and Evidence," *Quarterly Journal of Economics*, 116, 1261-1303

Halevy, Y.(2007), "Ellsberg Revisited: An Experimental Study," *Econometrica*, 75, 503-536

Hare, T., J. O'Doherty, C. Camerer, W. Schultz, and A. Rangel(2008), "Dissociating the Role of the Orbitofrontal Cortex and the Striatum in the Computation of Goal Values and Prediction Errors," *Journal of Neuroscience*, 28, 5623-5630

Heath, C. and J. B. Soll(1996), "Mental Budgeting and Consumer Decision," *Journal of Consumer Research*, 23, 40-52

Henker, J. and S. Owen(2008), "Bursting Bubbles: Linking Experimental Financial Market Results to Field Market Data," *Journal of Behavioral Finance*, 9, 5-14

Hoffman, E., K. McCabe, and V. Smith(1996), "Social Distance and Other-regarding Behavior," *American Economic Review*, 86, 653-660

Huberman, G. and W. Jiang(2006), "Offering Versus Choice in 401(k) Plans: Equity Exposure and Number of Funds," *Journal of Finance*, 61, 765-775

Huettel, S., J. Stowe, E. Gordon, B. Warner, and M. Platt(2006), "Neural Signatures of Economic Preferences for Risk and Ambiguity," *Neuron*, 49, 765-775

Hussam, R. N., D. Porter, and V. L. Smith(2008), "Thar She Blows: Can Bubbles Be Rekindled with Experienced Subjects?," *American Economic Review*, 93, 924-937

Iyengar, S. S. and M. R. Lepper(2000), "When Choice is Demotivating: Can One Desire Too Much of a Good Thing," *Journal of Personality and Social Psychology*, 79, 995-1005

Johnson, D. S., J. A. Parker, and N. S. Souleles(2006), "Household Expenditure and the Income Tax Rebates of 2001," *American Economic Review*, 96, 1589-1610

Kagel, J. H. and A. E. Roth(2000) "The Dynamics of Reorganization in Matching Markets: A Laboratory Experiment Motivated by a Natural Experiment," *Quarterly Journal of Economics*, 115, 201-235

Kahneman, D.(2003), "Maps of Bounded Rationality: Psychology for Behavioral Economics," *American Economic Review*, 93, 1449-1475

Kahneman, D. and P. Dolan(2008), "Interpretations of Utility and Their Implications for the Valuation of Health," *Economic Journal*, 118, 215-234

Kahneman, D. and A. B. Krueger(2006), "Development in the Measurement of Subjective Well-being," *Journal of Economic Perspectives*, 20, 3-24

Kahneman, D. and A. Tversky(1973), "On the Psychology of Prediction," *Psychological Review*, 80, 237-251

Kahneman, D. and A. Tversky(1979), "Prospect Theory: An Analysis of Decision under Risk," *Econometrica*, 47, 263-291

Kahneman, D. and A. Tversky(1983), "Choices, Values, and Frames," *American Psychologist*, 39, 341-350

Kahneman, D., J. Knetsch, and R. H. Thaler(1986), "Fairness As a Constraint on Profit Seeking: Entitlements in the Market," *American Economic Review*, 76, 728-741

Kahneman, D., P. Wakker, and R. Sarin(1997), "Back to Bentham? Explorations of Experienced Utility," *Quarterly Journal of Economics*, 112, 375-405

Kahneman, D., D. L. Fredrickson, C. A. Schreber, and D. A. Redelmeier(1993), "When More Pain Is Preferred to Less: Adding a Better End," *Psychological Science*, 4, 401-405

Kaiser Family Foundation(2008), "2008 Update on Consumer," Views of Patient Safety and Quality information, report no.7819

Karlsson, N., G. Loewenstein, and D. Seppi(2005), "The Ostrich Effect: Selective Attention to Information about Investments," *Journal of Risk and Uncertainty*, 38, 95-115

Kooreman, P.(2000), "The Labelling Effect of a Child Benefit System," *American Economic Review*, 90, 571-583

Klemperer, P.(2004), Auctions: *Theory and Practice*, Princeton: Princeton University Press

Knoch, D., A. Pascual-Leone, K. Meyer, K. Treyer, and E. Fehr(2006), "Diminishing Reciprocal Fairness by Disrupting the Right Prefrontal Cortex," Science, 314, 829-832

Knutson, B., G. fong, C. Adams, J. Varner, and D. Hommer(2001), "Dissociation of Reward Anticipation and Outcome with Event-related fMRI," NeuroReport, 12, 3683-3687

Laibson, D.(2001), "A Cue-theory of Consumption," *Quarterly Journal of Economics*, 116, 91-119

Landsberger, M.(1966), "Windfall Income and Consumption: Comment," *American Economic Review*, 56, 534-539

Larrick, R. and S. Blount (1997), "The Claiming Effect: Why Players Are More Generous in Social Dilemmas Than in Ultimatum Games," *Journal of Personality and Social Psychology*, 72, 810-825

Levitt, S. and J. List(2007), "What Do Laboratory Experiments Measuring Social Preferences Reveal about the Real World?," *Journal of Economic* Perspectives, 21, 153-174

Lichtenstein, S., P. Slovic, B. Fischhoff, M. Layman, and B. Combs(1978), "Judged Frequency of Lethal Events," *Journal of Experimental Psychology: Human Learning and Memory*, 4, 551-578

List, J.(2004), "Neoclassical Theory Versus Prospect Theory: Evidence from the Marketplace," *Econometrica*, 72, 615-625

List, J.(2007), "On the Interpretation of Giving in Dictator Games," *Journal of Political Economy*, 115, 482-493

Loewenstein, G. and D. Adler(1995), "A Bias in the Prediction of Tastes," *Economic Journal*, 105, 929-937

Loewenstein, G. and D. Prelec(1993), "Preferences over Sequences of Outcome," *Psychological Review*, 100, 91-108

Lord, C. G., L. Ross, and M. R. Lepper(1979), "Biased Assimilation and Attitude Polarization: The Effects of Prior Theories on Subsequently Considered Evidence," *Journal of Personality and Social Psychology*, 37, 2098-2109

Lucking-Reiley, D.(1999), "Using Field Experiments to Test Equivalence between Auction Formats: Magic on the Internet," *American Economic Review*, 89, 1063-1080

McCall, T. B.(1996), *Examining Your Doctor: A Patient's Guide to Avoiding Harmful Medical Care*, New York: Carol Publishing Corporation

McClure, S., D. Laibson, G. Loewenstein, and J. Cohen(2004), "Separate Neural Systems Value Immediate and Delayed Monetary Rewards," *Science*, 306, 503-507

Madrian, B. C. and D. F. Shea(2001), "The Power of Suggestion: Inertia in 401(k) Participation and Saving Behavior" *Quarterly Journal of Economics*, 116, 1149-1187

Marks, M. and R. Croson(1998), "Alternative Rebate Rules in the Provision of a Threshold Public Good: An Experimental Investigation," *Journal of Public Economics*, 67, 195-220

Mehra, R. and E. Prescott(2003), "The Equity Premium Puzzle in Retrospect," in G. M. Constantinides, M. Harris and R. Stulz. *Handboook of the Economics of Finance*, Amsterdam: North Holland

Miravete, E.(2003), "Choosing the Wrong Calling Plan? Ignorance and Learning," *American Economic Review*, 93, 297-310

Nagel, R.(1995), "Unraveling in Guessing Games: An Experimental Study," *American Economic Review*, 85, 1313-1326

Neumark, D. and A. Postlewaite(1998), "Relative Income Concerns and the Rise in Married Women's Employment," *Journal of Public Economics*, 122, 1067-1101

O'Doherty, J., R. Deichmann, H. Critchley, and R. Dolan(2002), "Neural Responses during Anticipation of a Primary Taste Reward," *Neuron*, 33, 815-826

O'Doherty, J., M. Kringelbach, E. Rolls, J. Hornak, and C. Andrews(2001), "Abstract Reward and Punishment Representations in the Human Orbitofrontal Cortex," *Nature Neuroscience*, 4, 95-102

O'Doherty, J. P. Dayan, J. Schultz, R. Deichmann, R. Friston, and R. Dolan(2004), "Dissociable roles of Ventral and Dorsal Striatum in Instrumental Conditioning," *Science*, 304, 452-454

Ostrom, E.(2010), "Beyond Markets and States: Polycentric Governance of Complex Economic Systems," *American Economic Review*, 100, 641-672

Ostrom, E., J. Walker, and R.Gardner(1992) "Covenants with and without a Sword: Self-governance Is Possible," *American Political Science Review*, 86, 404-417

Oswald A. and N. Powdthavee(2008), "Does Happiness Adapt? A Longitudinal Study of Disability with Implications for Economists and Judges," *Journal of Public Economics*, 92, 1061-1077

Phelps, C. E. and C. Mooney(1993), "Variations in Medical Practice: Causes and Consequences," in *Competitive Approaches to Health Care Reform*(Eds Arnold, R., R. Rich, and W. White) Washington, DC: Urban Institute Press

Philips, C. and G. Thompson(2009), "What is a QALY," Harvard Medical Communications

Pratt, J. W., D. A. Wise, and R. Zechhauser(1979), "Price Differences in Almost

Competitive Markets," *Quarterly Journal of Economics*, 93, 189-211

Purves, D., E. Brannon, R. Cabeza, S. Huettel, K. LaBar, M. Platt, and M. Woldorff(2008), *Principles of Cognitive Neuroscience*, Sunderland, Massachusetts: Sinauer Associates

Rabin, M.(1993), "Incorporating Fairness into Game Theory and Economics," *American Economic Review*, 83, 1281-1302

Rabin, M.(2000), "Risk Aversion and Expected-utility Theory: A Calibration Theorem," *Econometrica*, 68, 1281-1292

Rabin, M.(2002), "Inferences by Believers in the Law of Small Numbers, *Quarterly Journal of Economics*," 117, 775-816

Read, D. and B. van Leeuwen(1998), "Predicting Hunger: The Effects of Appetite and Delay on Choice," *Organizational Behaviour and Human Decision Process*, 76, 189-205

Redelmeier, D., J. Katz, and D. Kahneman(2003), "Memories of Colonoscopy: A Randomized Trial," *Pain*, 104, 187-194

Roth, A., V. Prasnikar, M. Okuno-Fujiwara, and S. Zamir(1991), "Bargaining and Market Behavior in Jerusalem, Ljubljana, Pittsburgh, and Tokyo: An Experimental Study," *American Economic Review*, 81, 1068-1095

Sanfey, A., J. Rilling, J. Aronson, L. Nystrom, J. Cohen(2003), "The Neural Basis of Economic Decision-making in the Ultimatum Game," *Science*, 300, 1755-1759

Selten, R., K. Abbink, and R. Cox(2005), "Learning Direction Theory and the Winner's Curse," *Experimental Economics*, 8, 5-20

Selten, R. and T. Chmura(2008), "Stationary Concepts for Experimental 2x2 Games," *American Economic Review*, 98, 938-966

Shafir, E. and R. Thaler(2006), "Invest Now, Drink Later, Spend Never: On the Mental Accounting of Delayed Consumption," *Journal of Economic Psychology*, 27, 694-712

Shafir, E., I. Simonson, and A. Tversky(1993), "Reason-based Choice," *Cognition*, 49, 11-36

Shepard, R. N.(1990), *Mind Sights*, New York: Freeman and Company

Shiller, R. J.(2003), "From Efficient Markets Theory to Behavioral Finance," *Journal of Economic Perspectives*, 17, 83-104

Shiv, B. and A. Fedorikhin(1999), "Heart and Mind in Conflict: The Interplay of Affect and Cognition in Consumer Decision Making," *Journal of Consumer Research*, 26, 278-292

Siemens, J. C.(2007), "When Consumption Benefits Precede Costs: Towards an Understanding of 'Buy Now, Pay Later' Transactions," *Journal of Behavioral Decision Marketing*, 20, 521-531

Simon, H.(1955), "A Behavioural Model of Rational Choice," *Quarterly Journal of Economics*, 69, 99-118

Simonson, I. and A. Tversky(1992), "Choice in Context: Tradeoff Contrast and Extremeness Aversion," *Journal of Marketing Research*, 29, 281-295

Slonim, R. and A. Roth(1998), "Learning in High Stakes Ultimatum Games: An Experiment in the Slovak Republic," *Econometrica*, 66, 569-596

Smith, V. L.(1962), "An Experimental Study of Competitive Market Behavior," *Journal of Political Economy*, 70, 111-137

Smith, V. L.(2002), "Markets, Institutions and Experiments," in Nadel, L.(Eds) *Encyclopedia of Cognitive Science*, London: John Wiley & Sons

Smith, V. L., G. Loewenstein, C. Jepson, A. Jankovich, H. Feldman, and P. Ubel(2008), "Mispredicting and Misremembering: Patients with Renal Failure Overestimate Improvements in Quality of Life after a Kidney Transplant," *Health Psychology*, 27, 653-658

Smith V. L., G. L. Suchanek, and A. W. Williams(1988), "Bubbles, Crashes, and Endogenous Expectations in Experimental Spot Asset Markets," *Econometrica*, 56, 1119-1151

Spitzer, M., U. Fischbacher, B. Herrnberer, G. Grön, and E. Fehr(2007), "The Neural Signature of Social Norm Compliance," *Neuron*, 56, 185-196

Terrell, D.(1994), "A Test of the Gambler's Fallacy: Evidence from Pari-mutuel Games," *Journal of Risk and Uncertainty*, 8, 309-317

Thaler, R. H.(1981), "Some Empirical Evidence on Dynamic Inconsistency," *Economics*

Letters, 8, 201-207

Thaler, R. H.(1988), "Anomalies: The Ultimatum Games," *Journal of Economic Perspectives*, 2, 195-206

Thaler, R. H.(1990), "Anomalies: Saving, Fungibility, and Mental Accounts," *Journal of Economic Perspectives*, 4, 193-205

Thaler, R. H.(2008a), "Mental Accounting and Consumer Choice," *Marketing Science*, 27, 15-25

Thaler, R. H.(2008b), "Mental Accounting and Consumer Choice: Anatomy of a Failure," *Marketing Science*, 27, 1-14

Thaler, R. H. and H. M. Shefrin(1981), "An Economic Theory of Self-control," *Journal of Political Economy*, 89, 392-406

Thaler, R. H. and C. R. Sunstein(2008), *Nudge: Improving Decisions about Health, Wealth, and Happiness*, London: Yale University Press

Tversky, A. and D. Kahneman(1974), "Judgment under Uncertainty: Heuristics and Biases," *Science*, 185, 1124-1131

Tversky, A. and D. Kahneman(1981), "The Frame of Decisions and the Psychology of Choice," *Science*, 211, 453-458

Tversky, A. and D. Kahneman(1986), "Rational Choice and the Framing of Decision," *Journal of Business*, 59, S251-S278

Tversky, A. and D. Kahneman(1992), "Advances in Prospect Theory: Cumulative Representation of Uncertainty" *Journal of Risk and Uncertainty*, 5, 297-323

Tversky, A. and E. Shafir(1992), "Choice under Conflict: The Dynamics of Deferred Decision," *Psychological Science*, 3, 358-361

Unver, U.(2005), "On the Survival of Some Unstable Two-sided Matching Mechanisms," *International Journal of Game Theory*, 33, 239-254

Van Huyck, J., R. Battalio, and R. Beil(1990), "Tacit Coordination Games, Strategic Uncertainty, and Coordination Failure," *American Economic Review*, 80, 234-248

Venkatraman, V., J. Payne, J. Bettman, M. Frances Luce, S. Huettel(2009), "Separate Neural Mechanisms Underlie Choices and Strategic Preferences in Risky Decision Making," *Neuron*, 62, 593-602

Walker, M. and J. Wooders(2001), "Minimax Play at Wimbledon," *American Economic Review*, 91, 1521-1538

Weber, R. A.(2003), "'Learning'with No Feedback in a Competitive Guessing Game," *Games and Economic Behavior*, 44, 134-144

Weizsäcker, G.(2010), "Do We Follow Others When We Should? A Simple Test of Rational Expectations," *American Economic Review*, 100, 2340-2360

World Values Survey1981-2008, Official Aggregate v.20090901, 2009. World Values Survey Association(www.worldvaluesurvey.org). Aggregate File Producer: ASEP/JDS, Madrid

찾아보기